BIBLIOTHECA
SCRIPTORVM GRAECORVM ET ROMANORVM
TEVBNERIANA

BT 2023

AELI DONATI QVOD FERTVR
COMMENTVM AD ANDRIAM TERENTI

EDIDIT ET APPARATV CRITICO INSTRVXIT
CARMELA CIOFFI

DE GRUYTER

ISBN 978-3-11-051509-1
e-ISBN (PDF) 978-3-11-051540-4
ISSN 1864-399X

Library of Congress Cataloging-in-Publication Data
A CIP catalogue record for this book has been applied for at the Library of Congress.

Bibliographic information published by the Deutsche Nationalbibliothek
The Deutsche Nationalbibliothek lists this publication in the Deutsche Nationalbibliografie;
detailed bibliographic data are available on the Internet at http://dnb.dnb.de.

© 2017 Walter de Gruyter GmbH, Berlin/Boston

Printing: Hubert & Co. GmbH & Co. KG, Göttingen
♾ Printed on acid-free paper

Printed in Germany

www.degruyter.com

MAGISTRIS OMNIBVS
CARISSIMISQVE PARENTIBVS MEIS

HOC LIBRO CONTINENTVR

PRAEFATIO

Anni peracti plus quam C ab eo tempore sunt, quo primum Aeli Donati Commentum in Terenti comoedias critice editum est a Paulo Wessnero.[1]

Postea, cum insignis codex Vaticanus Chisianus H VII 240 (= K)[2] inuentus sit et nouae eruditorum disputationes,[3] quae praecipue ad codicum recensionem et ad Donati exegeticam artem attinent,[4] in lucem prodierint, quis dubitare potest quin noua editio, magni scilicet momenti opus magnaeque molis, proponenda optandaque sit?

Paucis hoc loco uerbis non modo stemmatum lineamenta codicumque necessitudines explanabo, sed etiam quam uiam et rationem adhibere mihi uisum sit ad huiusmodi opus edendum; separatis uero curis, nempe Prolegomenis criticoque commentario instructo, fusius dicam quae singulis codicum familiis uel immo quae cuique codicum ipsorum indoles sit – exceptis illis qui, maiore auctoritate pollentes, intentius iam alibi ueluti propriis tractationibus singillatim commendati sunt[5] –, quibus praeterea

---

1   P. Wessner, *Aeli Donati quod fertur Commentum Terentii...*, Lipsiae 1902–1905.

2   De quo uide: M. Warren, *On five new Manuscripts of the Commentary of Donatus to Terence*, Harvard Studies in Classical Philology 17, 1906, 31–42; O. Zwierlein, *Der Terenzkommentar des Donat im codex Chigianus H VII 240*, Berolini 1970.

3   Huius nouae editionis fundamenta praecipua iure facienda erunt quae post Wessner et Zwierlein diligentissime M. D. Reeve posuit; confer praesertim: M. D. Reeve, *The Textual Tradition of Donatus' Commentary on Terence*, Hermes 106, 1978, 608–618; id., *The Textual Tradition of Donatus' Commentary on Terence*, Classical Philology 74, 1979, 310–326; id., *Commentary on Terence*, in L. D. Reynolds, *Texts and Transmission. A Survey of the Latin Classics*, Oxonii 1983, 153–156.

4   Praecipue R. Jakobi, *Die Kunst der Exegese im Terenzkommentar des Donat*, Berolini 1996.

5   C. Cioffi, *Ricerche sulla tradizione manoscritta del Commento di Donato a Terenzio*, Materiali e discussioni 69, 2012, 145–186; ead., *Il codice Parisinus lat. 7899 e il Commentum di Donato a Terenzio*, Materiali e discussioni 70, 2013, 101–132; ead., *Un problema stemmatico: il Vaticanus Regin.*

uiis Graeca ad nos peruenerint quibusue libris seruata, qui denique antiquis editionibus fontes habitusque peculiares. Critico item
commentario significabitur quibus locis Donati tradita uerba
emendanda sint.

* * *

Omnes qui exstant codices ab uno et eodem archetypo deriuatos
esse mihi quidem pro certo habendum uidetur, licet perdocti uiri
duo[6], Kauer inquam et Lindsay, extra archetypi progeniem testes P
(Parisinum Lat. 7899) et D (Victorianum) collocauerint. Cum autem de Parisino iam separatim tractauerim,[7] contra argumenta
quibus usus Lindsay contendit pauca illa in D seruata scholia col-
lato ω textu praestantiora apparere, satis habeas quae P. Wessner[8]
scripsit considerare, excepta Victoriani lectione ad *An.* 720
(*dolorem/laborem*), de qua uiro doctissimo J. N. Grant lectorem
commendo[9] ac in Prolegomenis meis doceo.

ω   Quaestio sequitur de origine et aetate archetypi ω, de quibus
difficile est certas proferre sententias. Teste Hieronymo discipulo
curauit Donatus Terenti fabulas ut ueterum philologorum scriptis
fultus explicaret.[10] Ut uero Zetzel ostendit,[11] Donati Commentum
olim continuum ignotis manibus in frustula discerptum est, quibus repleti librorum Terenti margines scholia receperunt grauiter
planeque mutata: uerba quaedam addita sunt, quaedam alia deleta
aut alio loco rescripta uel quoquo modo adulterata. Postea disiecta

    Lat. 1595 (B) e la tradizione donatiana, Materiali e discussioni 73, 2014,
    113–136; ead., *Riconoscere la contaminazione*, Hermes 143, 2015, 356–378.
6   R. Kauer, *Zu Donat*, Wiener Studien 33, 1911, 144–154 et 323–335; M.
    Lindsay, *The Donatus-Extracts in the Codex Victorianus (D) of Terence*,
    The Classical Quarterly 21, 1927, 188–194.
7   C. Cioffi, *op. cit.*, 2013, 101–132.
8   P. Wessner, *Zu den Donatauszügen im Cod. Victorianus (D) des Terenz*,
    Philologische Wochenschrift 47, 1927, 443–448.
9   J. N. Grant, *Studies in the Textual Tradition of Terence*, Londonii 1986,
    67–68.
10 *Contra Rufinum* 1, 16.
11 J. E. G. Zetzel, *On the History of Latin Scholia*, Harvard Studies in Clas-
    sical Philology 79, 1975, 335–354.

Commenti membra compilator quidam ita collegit, ut continuum rursus opus fieret: e pluribus denuo unum, at quantum mutatum ab illo! Hinc, deperdita in *Hautontimorumenon* explanatione, archetypum nostrum credo descendisse, quod omnibus consideratis exeunte saeculo VIII uel ineunte IX uerisimile uidetur esse exaratum.[12]

Cum autem critici ueteres, recentiumque perpauci, propriis iudiciis conati sint ea quae supersint scholia a temporis uulneribus uindicare atque praecipue a recentioribus additamentis purgare, textum Donati ut ita dicam uerum uanis temptamentis sectari nolui: censui enim ne ultra archetypum pergerem. Verba tibi, lector, ualeant quae Michael Reeve lepide ac luculente scripsit:[13]

> That the latter (sc. commentary) is at best an adaptation of the former, demonstrated by Parrhasius, has annoyed Terentian scholars more than it would have annoyed Donatus himself, who knew the usefulness of scissors and paste. For an editor it sets two tasks of reconstruction, the second impossible. The first task, reconstructing the archetype of the extant witnesses, is difficult enough [...] Then comes the impossible task, reconstructing the original commentary.

* * *

Quod ad *Andriam* pertinet, libri qui supersunt manu scripti a duobus deperditis exemplaribus descendunt, quorum prius Maguntinum nuncupatum, ab illo loco ubi Aurispa duce inuentum est anno sancti concilii Basiliensis (*sc.* 1433), alterum autem Carnotense, auspiciis eiusdem anno 1447 repertum. Hoc, ex Reeuiana

---

12 Ex plurima commentationum congerie uide praecipue: H. Usener, *Vier lateinische Grammatiker, III: Evanthius von Constantinopel*, Rheinisches Museum 23, 1868, 493–496; E. Löfstedt, *Die Bembinusscholien und Donatus*, Eranos 12, 1912, 43–63; P. Wessner, *op. cit.* 1902, XLV; R. Grant, *op. cit.* 1986, 60–96. Qua scriptura ω exaratum sit, notitiam praebet C. H. Beeson, *The text tradition of Donatus' Commentary on Terence*, Classical Philology 17, 1922, 283–305.

13 M. D. Reeve, *op. cit.*, 1983, 153 et 156.

sententia[14], fuisse uidetur exemplar a quo codex originem traxit
K   iam supra memoratus Chisianus H VII 24, circa medium saeculum
XV exaratus;[15] ut uere dicam, tantummodo in secunda Commenti
sectione haec tribui potest origo: nam Donatianam expositionem
M. Reeve monstrauit in octo posse diuidi partes et pro certo
habuit Chisianum librum non deriuasse nisi in secunda a Carnotensi codice.

Ex omnibus testibus pauci sunt qui antiquitate insignes sint:
P   Parisini uidelicet Lat. 7899 (P),[16] exeunte saeculo X exaratus, et
A   Lat. 7920 (A), qui recte XI saeculo tribuitur, ubi *Andriae* et *Adelpho-
rum* usque ad uersum 65 (sch. 40.2) explanationes legi possunt.[17]

Duobus istis, AP scilicet, libris, quibus K accedere patet, com-
Γ   munem fuisse progenitorem (cui notam Γ damus) iam pridem
demonstratum est, artiore tamen uinculo, nisi fallor, K et P cohae-
rentibus; qua re liceat mihi selectos tantum errores hoc loco tibi
ostendere: *An.* 148.2; *An.* 199.1; *An.* 236.4; *An.* 88.2; *An.* 212.1; *An.*
235.[18]

Scholia tamen quae P tradit optima, iratis nempe dis, rarescunt
in huius libri marginibus ineunte actus primi scaena quinta, quoad
omnino euanescunt. Item ex Γ Donatianus codicis miscellanei Va-
B   ticani Reginensis Lat. 1595 (B) textus profluit, qui post *An.* 320.3
initium capit. Cuius libri quamuis difficilis cognatio sit diiudicatu,
erroribus aliquot illud mihi persuasum est: artiore B uinculo cum
A illigari.[19]

Ad Maguntinum exemplar referendae sunt duae codicum
Σ Θ factiones, quarum consensum nota Σ expressi. Una, littera Θ sig-
nata,[20] testes pleniores comprehendit quattuor: cod. Oxon. Bodl.
C T   Canon. Lat. 95 (C), cod. Vatic. Lat. 2905 (T), cod. Florent. Marucell.
F q   C 224 (F), cod. Mediolan. Ambros. T 114 (q). Certus cum Θ nexus
usque ad *Andriam* 79.1 codicum manipulum μ adstringit, qui sunt μ

---

14   M. D. Reeve, *op. cit.* 1979, 313–315. De octo sectionibus confer M. D.
     Reeve, *op. cit.* 1979, 311 et 320.
15   Vide etiam O. Zwierlein, *op. cit.*, 1970, 5–8.
16   Cf. R. Kauer, *op. cit.*, 1911, 144–145.
17   De codicum descriptione confer P. Wessner, *op. cit.*, 1902, VII–XXIV.
18   Cf. n. 7.
19   Cf. C. Cioffi, *op. cit.*, 2014, 113–136.
20   Eam notam ante me M. D. Reeve, ut alias plures, usurpauit.

O a m Oxon. Lincoln. Lat. 45 (O), Florent. Laur. 53.9 (a),[21] Laur 53.8 (m),
    n Vatic. Ottob. lat. 2070 (n). Quas familias, ubi lectiones congruunt,
ambas sub nota δ indicaui; hanc tamen cum breuissima com-   δ
mentarii portio adhibere concedat, moneo ne usquam a Θ penitus
discrepare putes: qua igitur littera frequentius me usuram profite-
or etiam ubi δ uti licuerit.

Altera uero factio, quae Maguntino e fonte hausit, Λ nomine,   Λ
uiginti fere codices comprehendit, quibus, lector, cauere te uelim
ne fidem habeas: grauem enim atque assiduam contaminationem
perpessus scatet textus corruptelis compluribus uitiatus multipli-
cisque originis additamentis. Cum Λ conspirare manipulum μ inde
ab *An.* 79.1 inuenimus, quo fere loco, uel potius paulo post, a socie-
tate desciscit testis a.

Duplicem Maguntini stirpem si intentius consideraueris, tanta
reuerentia dignum esse Θ consentias quantam ei iam pridem R.
Sabbadini tribuerit: nam ab illo exemplari non multum distat, cum
descriptus sit antequam Carnotensis inueniretur. Extat in codice C
ante *Phormionis* expositionem epistula Petri Candidi Decembrii
Francisco Pizolpasso anno 1436 mense Iunio missa, qua edocemur
Candidum Pizolpassi iussu Donati Commentum transcribere coe-
pisse multa cum difficultate "ob barbariem ueteris scripturae" et
"cariem uetusti operis":[22]

> Nihil est enim tam arduum tam obstrusum, quod labori
> obstet intenso. Quid enim his commentariis scriptum falla-
> cius, quid ineptius? Et tamen litterarum amor me cogit eli-
> cere quod paternitati tuae utile atque iocundum futurum
> putem. Scio quamplurimos lecturos ea quae ad te mitto
> nec secus reprehensuros barbariem quandam ueteris scrip-
> turae et modo litterarum apices modo imperfectos rerum
> sensus derisuros, quasi haec meae culpa sit negligentiae.

Ex uirorum doctorum studiis suspicari licet uetustum illud exemplar, de cuius apographo Candidus in multos questus sese profu-

---

21 Aperte dicam: dum manipulus μ e δ pendet, haud desunt indicia quibus
    a codicem ab O descriptum esse constet.
22 R. Sabbadini, *Storia e critica di alcuni testi latini. Donato terenziano*, Museo
    italiano 3, 1890, 406–407. Eandem epistulam eodem loco et F tradit.

dit, idem ac Maguntinum esse.[23] Quae cum ita sint, haud longe ab illustri exemplari remotum Θ habendum utique est, cuius praecipua suboles sit C. Quod ipse codex C multis correctionibus plurium manuum conspersus sit, id facile intellectu est. Tempus et operam, qua discernere contendi quot manibus C exaratus esset, in cassum isse ingenue fateor; nam arduum est iudicare primusne C² correctionum cumulus, quem sub nota C² indicaui, ab eadem manu profectus exstet, quae textum ipsum transcripserit. Quapropter, lector, caue ne credas me C et C² notis usam manus dissimiles indicare uelle! Nam notaculo numerali quasi apice posito utor ad illam textus transcriptionem uel retractationem indicandam quae paulo post C est noue peracta.[24]

Reliqui a Θ oriundi codices cum C consentire iam correcto (C²) paene uidentur potius quam cum pristina librarii ipsius scriptura. His casibus examinatis, cum a C siue nondum emendato siue correcto TFq[25] describi nequissent, mihi tandem persuasi communem Θ parentem tamquam mobilem, ut aiunt, nobis effingendum esse: e quo fonte iam emendato ille corrector C² denuo hausit (quamuis

---

23 De Maguntino ipso eiusque apographis atque de epistularum interpretatione quaestiones peruallde uexatae sunt; cf. K. Dziatzko, *Beiträge zur Kritik des nach Aelius Donatus benannten Terenzcommentars*, Jahrbücher für classische Philologie 10, suppl., 1879, 691sq.; P. Wessner, *Die Überlieferung von Aeli Donati Commentum Terentii*, Rheinisches Museum 52, 1897, 73–75; R. Sabbadini, *op. cit.*, 1890, 381–452; id., *Storia e critica di testi latini*, Catanae 1914 (1971²), 214sq.; id., *Il carteggio di Giovanni Aurispa*, Romae 1931; S. Rizzo, *Il lessico filologico degli umanisti*, Romae 1973, 108, 212, 319; A. Sottili, *Una corrispondenza epistolare tra Ambrogio Traversari e l'arcivescovo Pizolpasso*, in: G. C. Ganfagnini, *Antonio Traversari nel VI Centenario della nascita*, Florentiae 1988, 287–328. Factionis Θ utrum totus Donatianus textus an solus *Phormio* a Maguntino codice deriuatus sit dubitat Sottili, cf. id., *op. cit.*, 314sq. De his rebus accuratius in Prolegomenis a me dictum est.

24 In codice C additur ante uacuum spatium littera "g" ubicumque Graeca omittuntur, tamquam defectum indicans. Id mihi in instruendo critico apparatu tacere oportunum uisum est.

25 Codicis q prior tantum manus in apparatu laudatur, nam usque ad *An.* 552.3, id est ea parte qua q a Θ deriuatur, multa in ipso textu manus altera nouauit, quae quidem ab aliquo stirpis Λ exemplari pendent ideoque pro nihilo ducenda sunt.

aliquot bonae coniecturae non desint operae acuti ingenii tribuen-
dae).

Qua de causa, perdiu dubitaui an oporteret in apparatu lectiones commemorari in ipso C codicis textu seruatas etiam singula-
res (contra consuetudinem meam, cf. infra); eius enim errores
ueriorem nobis notitiam de ueteris illius exemplaris *Maguntini*
statu praebere possunt, cum codices TFq et C² ab eodem parente
Θ iam maxima ex parte correcto ac coniecturis conferto descen-
dant.

Etiamsi, cum Λ facta comparatione, exemplar Θ maiore fide
dignum uidetur, aliquot tamen inueniri possunt lectiones quas
haud false suspiceris diuinationi deberi, uelut hae: *An.* 176.2
(*OPITULOR*), *An.* 88.1 (*non 'quid symbolam dedit?'*), *An.* 146.4 (*ut*).

De Λ nihil probabilius dicere possum nisi quod egomet principio olim uulgato *recentiores deteriores* sine ulla dubitatione adsen-
tio. Nam eius textum funditus contaminatum esse patet, interdum
periculose refectum, ibi praesertim ubi archetypi lectio absurda
uidebatur uel sensu destituta (exempli gratia confer, lector, *An.*
663.2, *An.* 795). Alibi monstraui nonnullas lectiones a Carnotensi
deriuatas in ipsum fontem Λ irrepsisse:²⁶ plurimi enim sunt errores qui coniungunt K et factionem Λ. Adde autem quod nonnulli
extant codices de Λ pendentes – uel singuli uel manipulatim – qui
contaminati uidentur cum aliquo Γ stirpis exemplari, K simillimo.
Inter quos distingue, lector, manipulum α, cuius textus, quam-   α
quam de Λ haustus, ope codicis correctus esse uidetur optimi, nec
ulli librorum qui supersunt congruentis, quantum quidem iudicare
possum. Manipulum α hi testes componunt quos nunc dicam:
codicis Caesenatis Malatestiani S. XXII.5 manus secunda (M²),   M²
codex Vaticanus Ottobon. Lat. 2023 (t), codex Ferrariensis Ariost.   t
173 NA 6 (f), codex Matritensis Reg. 2 B 4 (h); accedunt ab *An.* 552.3   f h
mutata manu cod. Mediolan. Ambros. T 114 (q) et ab *An.* 608.1   q
usque ad *An.* 842, mutato transcriptionis exemplari, codex Mediolanensis Ambros. D 70 sup. (s), denique ab *An.* 684.2 usque ad *An.*   s
904. 2 codex Vaticanus Palat. Lat. 1629 (p).   p

Nescia non sum quantum periculi sumpserim familiam Λ in
stemmatis ordinem disponendo; iuuat autem quasdam saltem

---

26   C. Cioffi, *op. cit.*, 2015, 356–378.

statuere factiones, in quas Λ diuidi uidetur, ne ignauiae damnanda sim. Suspicio non abest quin maior quaedam librorum congrega-
ε tio, siglo ε significata, textum multo magis retractatum quam ceteri praebeat (codice Escorialensi E III 3, hoc est U, excepto). Inter huius factionis sodales fidelissimi et constantissimi Mhf px Mhf px iudicari possunt, sed etiam alii iure numerandi sunt, quamuis uariis adfinitatum mutationibus obnoxii: Dresdensis D c 132 (= D), D Romanus Corsin. 43 E (Q), Londiniensis Bibl. Brit. Burn. 171 (= J)[27] Q J et ii quos supra dixi usque ad uersum 79 (sch. 52.1) cum Θ conspirare, sub μ congregati. De qua, ut ita dicam, subdiuisione cum diffusius hoc loco dicere non liceat, necesse est quo modo e codices inter se consentiant breuius tibi ostendam: *An.* 28.2, *An.* 69.2, *An.* 228.1, *An.* 319.2, *An.* 702.3.

Oportet me nunc explanare qui fiat ut nonnulli codices ad α adscripti etiam in factionem e cadant: nam codices quos α nuncupaui eundem a Λ profectum textum exhibent atque ε, sed raris locis, praesertim in primis tribus *Andriae* actibus, communis progenitoris – α uidelicet – cum optimo aliquo Γ familiae exemplari collati uestigia clarissima seruant: propter hanc contaminationem fit ut hi libri saepe lectiones praebeant meliores quam reliqui qui ab e pendent.

U   Discrepant ab e codices Escorialensis E III 3 (= U), Romanus
Y N Corsin. 43 G 23 (= Y), Neapolitanus Bibl. Nat. V B 17 (= N), Vatica-
G nus Regin. Lat. 1673 (= G), Londiniensis Bibl. Brit. Add. 11906
H z (= H), Vaticanus Lat. 1513 (= z). Quos tamen procul a uero aberit si cunctos dixero esse communi aliquo parente inter se conexos; manifeste autem patet tam inter G et H quam inter N et Y proximam necessitudinem intercedere.

Iuuat tandem exemplum U codicis sumere, qui quanta contaminatione inquinatus sit et quantum ipse ope ingenii saepe emendatus, si uis scire, sufficiat nunc certe dicere textum eius (cum omnis duobus saltem exemplaribus adhibitis constitutus sit, artius utique ab *An.* 716 usque ad 763) cum codice ex K partim descripto,
V hoc est V (Vaticanus Reginensis lat. 1496), esse cognatum, cuius praecipuarum lectionum uarietatem in ceteris *Andriae* sectionibus

---

27 De QJ codicibus, cf. etiam infra.

aut a secunda aut ab ipsa librarii manu post transcriptionem con-
fectam in U constat additam esse.

Ex ueteribus editionibus, quas ex integro examinaui, princeps
uel a principe proxima Romana (e²) errores quosdam tradit qui   e²
solum in Θ inueniuntur; plane autem Calphurniana codicem cum   *Calph.*
α illigatum contulit. De Stephano uexata quaestio pendet, uerene   *Steph.*
Parisiensis ille philologus egregius uetustum quoddam exemplar
adhibuerit, quod in primae editionis praefatione inter alia enumerat. Quos errores uel etiam bonas lectiones cum Γ communes
seruet diu sum meditata, nec dubito quin codex praesto fuerit
optimus, de quo uelle certius dicere ineptum uidetur: nam Stepha-
nus Marte suo textum adeo retractauit, ut discernendi copiam ex
radicibus nobis eripuerit. Postremo de Lindenbrogi editione   *Lind.*
Reeuianam confirmo sententiam, nullum scilicet codicis deperditi
Cuiaciani uestigium in hac comoedia extare.

* * *

Quantum ad stemma codicum pertinet, praefatio et explanatio in
Andriae prologum sectionem a sequenti distinguendam constitu-
unt;[28] testium enim connexiones tam nouae fiunt ut nouum etiam
stemma describere necesse sit, cuius id praecipuum est, quod
insignis codex K in familiam Maguntinam sine dubio transit, uel,
ut expressius dicam, in factionem memoratam δ. Cum uero usque
ad prologi schol. 24.7 COGNOSCITE (lemma) duo folia de medio
quaternione exciderint, ex hoc libro ante damnum descriptum V
pro K initio commentarii restituendo adhiberi licebit, eadem ac
diximus ratione cum δ coniunctum.[29] K enim, quod modo signifi-
cauimus, prologi perpauca scholia seruat (24.7 praeter lemma –
27.3), quae tamen ad adfinitatem eius cum δ confirmandam, ut
opinor, sufficiunt.

Inter codices quos alibi e Λ pendere inuenimus, immo e factio-
ne ε, QJ cum δ coalescunt, artius cum μ illigati, ita ut eorum con-   δ¹
sensum signo δ¹ indicem. Pauca exempla tibi, lector, satis suffi-
ciant: (praefatio I, 3) *seueri*] *seriue* A: *serti* Θ: *diserti* QJ μ: *parci* U:

---

28 Cf. M. D. Reeve, *op. cit.*, 1979, 320.
29 Cf. Zwierlein, *op. cit.*, 1970, 5.

seui N: *serue* D H Y M szx: om. p; (praefatio I, 8) ante *adhibetur* add. *non* QJ μ; (praefatio I, 7) *distincta*] *detincta* Θ: *detenta* QJ μ.

Quaedam praefationis pars etiam in teste Mediolanensi Ambrosiano Λ 53 sup. (S) seruata est, quem ex Cantabrigiensis emeriti magistri sententia[30] iuxta Σ exemplar, utpote fraterna cognatione adstrictum, collocandum esse patet; eorum communem
η parentem η signaui.

Cum in *Andriam* praefationis minima textus portio in S seruetur, et ideo arduum diiudicatu sit utrum S ab Σ profluat an cum eo communem parentem habeat, ueritas tamen in nocte non latere uidetur obscura: patet enim ex apparatu quem ad Euanthii opusculum de fabula Cupaiuolo instruxit codicem S nonnullos errores uitare quibus Σ lapsus sit, tales scilicet quales ingenio sanari nequisse credam.[31]

Ceteri autem libri talibus sunt rationibus sociandi quales iam ad reliquam *Andriae* explanationem restituendam propositum stemma demonstrat.

* * *

De lemmatibus nunc disputare oportet, quae saepe inter se discrepantia proferunt codices manuscripti: cum in subarchetypo Γ Terentiana uerba tantummodo per singulas litteras punctis discretas exprimere soleant, quod praesertim ex A teste maxima fide digno inferri licet, e contrario raro euenit ut in codicibus Σ familiae unicum habeamus lemma uel indubitate traditum uel a multifera lectionum uarietate probabiliter colligendum; nam scribae Λ codicum (nec aliter fit apud Θ, etiamsi rarius) suo quisque studio lemmata retractant, uerba per litteras breuiata plerumque in integrum restituunt uel alia etiam ex Terentio addunt. Hinc facile

---

30 M. D. Reeve, *op. cit.*, 1979, 323; cf. et Reeve–Rouse, *New Light on the Transmission of Donatus' Commentum Terentii*, Viator 9, 1978, 248–249.

31 Sabbadini coniectura, S ab eo Donato fluxisse, quo Nicolaus de Clamangiis usus est, et id antequam Maguntinus testis in luce produceretur, incertissima (si non falsa) demonstrata est; cf. R. Sabbadini, *op. cit.*, 1914, 210; Reeve–Rouse, *op. cit.*, 1978, 249; D. Cecchetti, *Petrarca, Pietramala, Clamanges*, Parisiis, 1982.

apparet quam difficile sit primam lemmatum formam restituere. Ex quo fit ut haud raro lemma sic scribam ut in Γ fuisse suspicor formatum.

In apparatu, quoad fieri potuit, curam dedi ut te, lector, certiorem facerem quo statu essent lemmata in uniuscuiusque codicum factionis fonte; ubi quid in aliquo lemmate non satis ausa sum statuere (quod plerumque refert ad familiam Θ) uerba quae quisque liber tradit, prolixius fortasse sed diligentiae causa, certo iudicio destituta, transcripsi. Rarissime autem discrepantia tanta est inter lemmatum formas ut omnes ad unam difficile putauerim referre, itaque solos codices laudare deliberaui qui usui fuerant in singulis lemmatibus restituendis (cf. *An.* 33.1).

Ut saepe in commentariis accidit, scholasticorum laboribus genuinae lemmatum lectiones fortuito obscuratae sunt.[32] Adde etiam quod propter compilatoris negligentiam uel cuiusuis naturae errores nonnulla uidentur lemmata perperam esse collocata, aliud scilicet pro alio praemissum, qua re statui ut, quantum liceret et fas esset, ueri similia reponerem pro falsis.

Eo magis integra scholia, cum saepe in ω alio ordine quam Terenti uersus tradita sint, ita disposui ut congruentia facerem.

Quantum ad uerba de auctoribus sumpta, quae easdem fere edendi difficultates obiciunt, idem iudicium ut in lemmatibus sequor.

De rebus orthographicis pauca dicere oportet: cum perparui momenti futurum esset ad scriptionum ineptias animum uertere, eas ex omni fere parte ab apparatu remoui, normam secuta Latinitatis a plerisque comprobatam.

* * *

32 Quibus principiis lemmata scholiorum tractanda sint, praecipue disserunt H. Erbse, *Zur handschriftlichen Überlieferung der Iliasscholien*, Mnemosyne 6, 1953, 1–38; H. van Thiel, *Die Lemmata der Iliasscholien. Zur Systematik und Geschichte*, Zeitschrift für Papyrologie und Epigraphik 79, 1989, 9–26; R. Jakobi, *Grillius*, Monachii – Lipsiae 2005, 10.

Litteras Graecas perpaucis codicibus traditas esse notum est,[33] nec
satis in his omnibus ab initio usque ad finem constanter, quarum
testes haud dubito quin A, B, M⁴ praecipui existimandi sint, minoris uero ponderis t G², cum ceteri relicto plerumque spatio uacuo
litteras minime Latinas omiserint aut in Latinum alphabetum
conuertere temptauerint, corrupta funditus significatione. Singuli
e Λ familiae codicibus, iidemque rari, Graeca ex diuinatione orta
uerba passim exhibent.[34]

Quamquam forte fortuna extat in Andriam commenti codex A,
cuius antiquitas fidem litteris Graecis facit, quas genuinas seruat
uel nulla certe coniectura adhibita scriptas, Graeca uestigia
perexigua modo supersunt. Cum probabile sit nonnullas uoces ad
rhetorum et grammaticorum sermonem pertinentes, quae nunc
ueste indutae sunt Latina, antea Graecis litteris scriptas fuisse,
nullo tamen librorum auxilio, textum archetypi, quantum potui,
restituere contenta fui. In editione Parisiensi curam dedit Stepha-
nus ut fere omnium rhetoricarum definitionum uocabula Graece
promeret, quem iis tantum locis me confiteor secutam, ubi mihi,
praeeunte Wessner, iustum uisum est.[35]

* * *

Aeli Donati ipsissima uerba a posterioribus additamentis separare
uel etiam compilatoris operam[36] discernere editorem solo iudicio
posse minime ueri simile uidetur. Hoc autem haud impedit quin
quaedam aut uerba aut etiam sententiae tamquam ansas editori
dent ut dubitet an Donato tribuenda sint, praesertim quae
interposita esse uideantur aut scholiis omnino conclusis haerentia

---

33 Omnino quod ad Graecarum litterarum corruptelas refert, quibus modis
    uiisque fiant, tum ad alia plura, uide praecipue L. Holtz, *Transcription et
    déformations de la terminologie grammaticale grecque dans la tradition
    manuscrite latine*, in: L. Basset, F. Biville, B. Colombat, P. Swiggers, A.
    Wouter, *Bilinguisme et terminologie grammaticale gréco-latine*, Parisiis –
    Dudleiae (Orbis Supplementa) 2007, 37–56.
34 De fonte, quem M⁴ adhibuit ut Graeca suppleret, uide C. Cioffi, *op. cit.*,
    2012, 171–173.
35 De his et his similibus rebus fusius in prolegomenis dicam.
36 Cf. Wessner, *op. cit.*, 1902, XLVI.

quasi additamenta peregrina. Qua re P. Wessner dubitationes suas non reticuit et, ne iustis quidem argumentis suspiciose dicta funditus delere ausus, inclinatis litteris ea scripsit ut commonefaceret lectorem. Quo adhibito artificio, lineolis quoque praemissis et postpositis quae interiecta esse censuerat distinxit, illa scilicet quae unum scholium in plures partes disiecissent.[37] His de causis saepe in dubium uenit an quicquid tamquam interpositum inclinatis litteris Wessner obsignasset iure aduenticium esset existimandum. Quapropter, quamuis minus ego quam ille in expungendo parca, solas lineolas plerumque adhibui praeterquam ubi textus uacillare uidebatur incertus uel obscurus: quos locos litteris inclinatis significaui. Si quae adnotationes incommode interpositae et a scholiorum textu definito alienae occurrebant, opinata sum librarios uel compilatorem peregrina uerba perperam transposuisse potius quam de falso confixisse.

* * *

Nunc est huius editionis ratio reddenda. Codices fere triginta manu scriptos quattuorque impressos ueteres adhibui (editiones principem, Calphurni, Stephani, Lindenbrogi).

    Factionis μ omnes sodales usque ad *An.* 300.4 collati sunt, ex quibus postea tantum O et a selegi. Actus primi scaenam primam etiam in codice Salmanticensi 78 (= Z) inspexi: cum uero multam Z cum Θ familia adfinitatem exhibeat, prae crebra interpolatione uix usui est editori. Eiusdem actus scaenam eandem in codice quoque Vaticanum Urbin. Lat. 354 (= u) exploraui hoc proposito ut compro- u barem an ab editione Calphurniana eius textus originem duceret.

    Ex quattuor testibus, qui Aeli Donati Commentum quasi Terentiani textus coronam in marginibus transcriptum habent, duo (Leidensis ac Vindobonensis Scottensis 212) cum Donatianas *Leid., Scot. 212* notulas raro seruarent easque recentiori materiae interpositas, separatim, id est in Prolegomenis, transcripsi.

* * *

---

37 Cf. Wessner, *op. cit.*, 1902, XLVII.

Apparatus in tres diuisus est partes, quarum prima docet qui
quoquo loco libri extent siue singuli siue per affinitates sociati
commemorandi; ibidem te certiorem, lector, feci de scholiis uel
scholiorum sectionibus, quae omittuntur a scriba codicis P, quoad
Donatiana exhibet; postremo in eadem parte item excerpta Donatiana e codice Victoriano supra dicto exscripsi et ex Bernensis 276
in Papiam glossis, quarum auctoris nomen nuper patuit,[38] cum
perraro in utroque scholia Donati inueniantur; in secunda
colliguntur loci similes adfinesque; in tertia codicum uariae lectiones continentur.

Ad ipsas codicum lectiones enumerandas, sic ut in apparatum
referuntur, post laboriosam cogitationem perueni, hoc consilio
adducta ut, codicum familiis rite recensis, quidnam unusquisque
paterfamilias scripsisset elicerem. Nam ad struendum apparatum
duo mihi proposita fuerunt, te uidelicet certiorem facere de uaria-
rum lectionum congerie, ut copia daretur probandi textum, simulque efficere ne huiusmodi apparatus ex lectionum nimia uarietate
magnaque mole laboraret. Quam saepe hoc propositum tenere
difficile fuerit, equidem fateor, praesertim quantum ad Σ refert.

Quocirca, si quando indiciis carens unam tantum scribere ne-
quiui lectionem quam progenitori Λ familiae certa persuasione
tribuerem, duas uel plures in apparatum recepi nota 'codd. Λ'
adiuncta. Cum autem Θ exemplaris mobilis esset facies cumque C
ante correctionem pristinum illius statum uel certe antiquiorem
seruare uideretur, ipsius librarii scripturas curiose adnotaui orthographicis uel singularibus erroribus omissis; eadem ratione iis
locis, ubi codices duas lectiones ab eodem Θ distincte profectas
exhiberent, neutram illarum tacere uolui.

Cum autem textum statuere quem communis progenitor familiae Γ habuerit haud nimis arduum uideatur, quoniam ex ueteribus
qui supersunt codicibus maior semper nobis copia praesto est,
perpaucis coniecturis uel interpolationibus incommodantibus, te
tamen admonere uelim ne a uero abducaris. Nam optimus codex P
commentarium, ut ita dicam, non continuum tradit et, quamquam

---

38 De quo teste cf. M. D. Reeve, *op. cit.*, Viator 9, 1978, 235–249; E. Stagni,
    Testi latini e biblioteche tra Parigi e la valle della Loira (secoli XII–XIII), a
    cura di S. Mazzoni Peruzzi, Florentiae 2006, 221–287.

ibi scholia pleraque seruata sunt eaque saepe decurtata, multa nihilominus desunt. Quam ob rem usque ad *Andriam* 321.1 subarchetypum Γ saepe ex A et K solis restituendum est, quod non nego mihi angustias quasdam parasse, praesertim ubi archetypi textus titubare uidebatur.

Restat ut quaedam dicam de codice B qui nobis auxilio est ab *An.* 320.3. Sint sane ista, uerumtamen commonere hoc oportet huius testis scribam multa suo Marte retractauisse, nonnulla etiam suppressisse, breuiorem ut faceret explanationem. Quam propter causam tantummodo ex A et K lectiones communis progenitoris deducere haud raro debui.

Noli igitur mirari, lector, quaeso si horum saltem codicum lectiones in apparatu singulas quotienscumque oportebat laudare malui quam te de textu tantum, quem Γ seruasse suspicata essem, summatim facere certiorem. Editoris enim, nisi fallor, hoc etiam est apparatum parare, qui non soli textui seruiat officio famulari, sed auctoritate sua ipse uigeat et altiorem traditionis notitiam prodat.

Cum subdoli instar hostis ac uere perfidi contaminatio ubiuis serpat, nobis hoc solum est praesidium codices fide digniores sicut socios sinceritate probatissimos nullo modo despicere.

* * *

Quibus meas gratias referre debeam, omnes nominare Herculeus esset labor.

Ut poeta quidam ab Ioue, ego ab Rolando Ferri incipiendum puto, qui primus animum meum ad Aelium Donatum edendum uertit cuiusque praesidio multos Commenti locos emendaui. Pluribus consiliis adiuta gratias infinitas Rainero Jakobi reddendas libenter fateor, qui Donati exegeticae artis peritissimus magnum mihi auxilium tulit: quantum temporis Commenti uerbis saepe obscuris ille mecum impenderit, humana lingua quamuis gratissima dici non potest. Socios eius Halensis colloqui Latini auditores laudibus ascribam, qui saepe Donateas et Terentianas quaestiones copiam disputandi mihi fecerunt.

Iuliae Ammannati merita enumerare hoc opus hic labor est: quanta cura diligentiaque me philologicam artem docuerit et mihi intra multos Donatiani labyrinthi errores uiam aperuerit, desunt uerba quibus expromam.

Sequitur deinde Ernestus Stagni, qui semper ultra officium suum discipulis operam praestat: si essent eius consilia auro remuneranda, pretium ne a rege quidem solui posset.

Ex iis, qui tempore sapientiaque mea scripta iuuere, Michaelum D. Reeve et Marcum Deufert praeterire silentio non licet quamquam grates persoluere dignas non opis est meae. Denique Ioannem Blasium Conte tacere nequeo: quae ab eo Pisis in Schola Normali Superiore Latinae philologiae praecepta didicerim miscendo utile dulci, εἰς ἀεί memoria teneam.[39]

C. C.
Scribebam Pisis Halisque Saxonum
anno MMXV

---

39 Magnae amicitiae uinculis adstricti paribus gratibus celebrandi sunt: Anna Zago, Arianna Gullo, Ilaria Morresi, Silvia di Vincenzo, Stefano Poletti, Tommaso Ricchieri.

Praefatio – Prologus (*An.* 1.1–27.3)

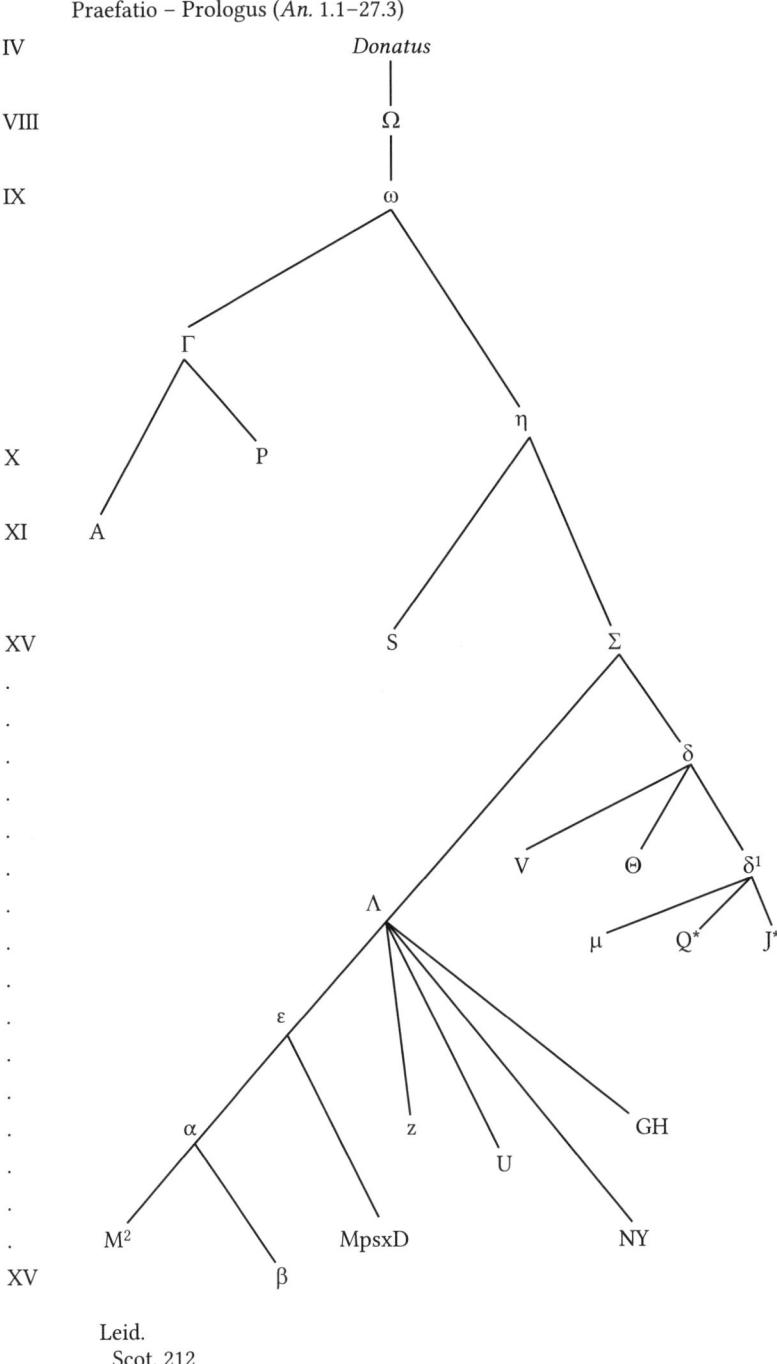

* Testes Q et J post *An.* praef. III 6 (*diuiserunt*) ad factionem Λ transeunt

An. 28.1 – An. 320.3

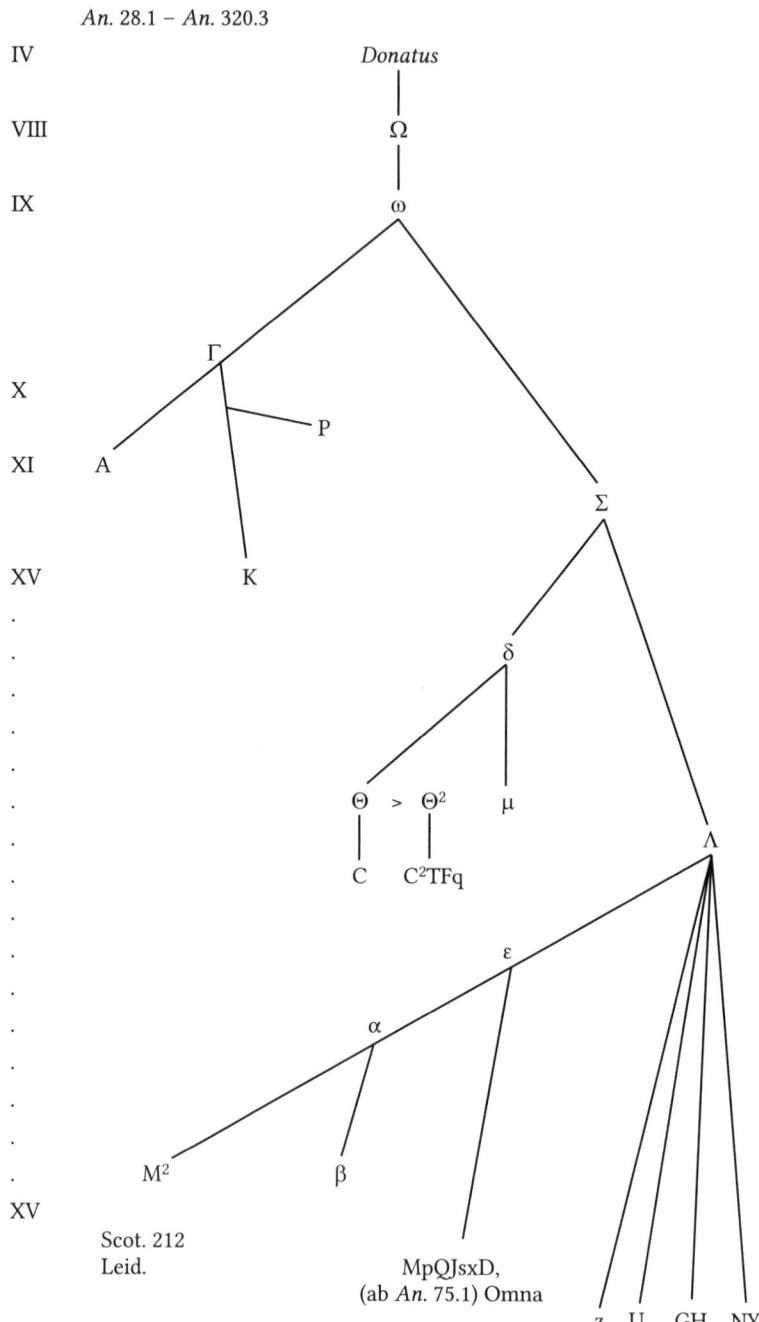

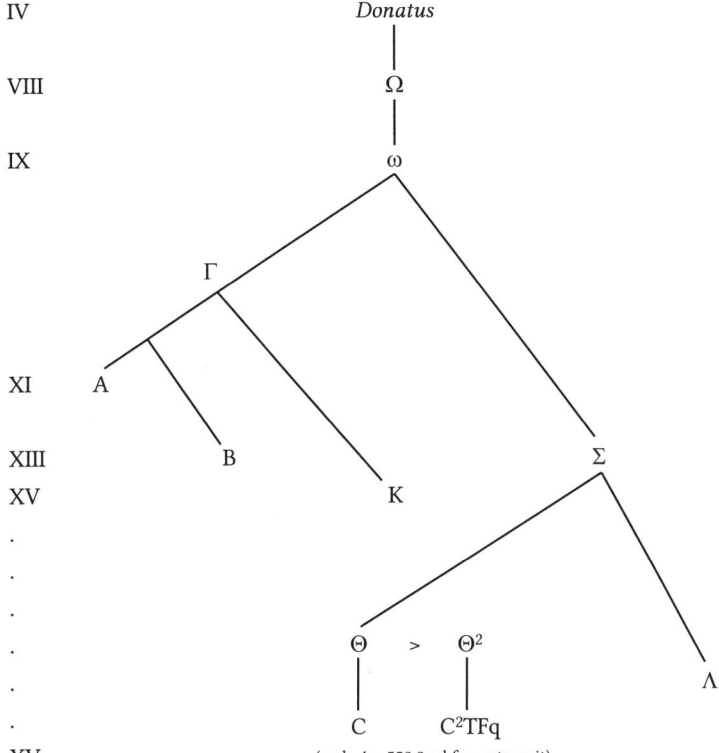

An. 320.3 usque ad finem *Andriae*

IV   *Donatus*

VIII   Ω

IX   ω

                   Γ

XI   A

XIII   B   Σ
XV   K

.

.

.

.

.

                       Θ   > $Θ^2$ Λ

.

XV   C C^2TFq

                    (q ab *An.* 552.3 ad fac. α transit)

CONSPECTVS SIGLORVM

ω   fons omnium qui exstant codicum

Γ   fons codicum ABPK

A	Parisinus lat. 7920, s. XI
A^2	codex A ab eadem manu correctus
P. Daniel	recens codicis A corrector, cuius manus facile agnoscitur

B	Vaticanus Reginensis lat. 1595, s. XIII (incipit ab *An.* 320.3)
B^2	codex B (saepe inter scribendum) ab eadem manu correptus

P	Parisinus lat. 7899, s. X (Donatiana scholia ab *An.* praef. 2 (*Pasibulae*) incipiunt et extant usque ad *An.* 300)
P^2	codex P correctus

K	Vaticanus Chisianus H VII 240, s. XV (ab sch. prologi 24.8 usque ad finem)
K^2	codex K ab eadem manu, ut uidi, correctus

η   fons codicum SΣ

S   Mediolanensis Ambrosianus Λ 53 sup. (extat usque ad praef. I 9), s. XV

Σ   fons codicum δΛ

δ   fons codicum (K) V Θ $δ^1$

V   Vaticanus Reginensis lat. 1496, s. XV (ante initium codicis K adduxi, in reliquis Commenti partibus, ubi extans antigraphum K ad Γ transit, coniecturas tantum laudaui)

Θ   fons codicum CFTq

C	Oxoniensis Bodleianus Canon. Lat. 95, s. XV
C^2	fortasse eadem manus atque C, quae post aliquantum temporis codicem correxit
C^x	manus recentior
F	Florentinus Marucellianus C 224, s. XV
F^2	codex F post correctionem
T	Vaticanus lat. 2905, s. XV

q   Mediolanensis Ambrosianus T 114 sup., s. XV (ab *An.* 552.3 ad α transit)

δ^1 fons codicum QJ (usque ad finem praefationis III 6 *diuiserunt*) μ (usque ad *An.* 75.1)

Q   Romanus Corsin. 43 E 28, s. XV
J   Londiniensis Bibl. Brit. Burn. 171, s. XV

μ   fons codicum Oamn

       O   Oxoniensis Lincoln. lat. 45, s. XV
       a   Florentinus Laurentianus 53.9, s. XV
       m   Florentinus Laurentianus 53.8, s. XV
       n   Vaticanus Ottobon. lat. 2070, s. XV

Λ   fons codicum (a)DfGHhM(m)N(n)(O)pstUxY(QJ)z
D   Dresdensis D c 132, s. XV
f   Ferrariensis Ariost. 173 N A 6, s. XV
G   Vaticanus Regin. lat. 1673, s. XV
H   Londiniensis Bibl. Brit. Add. 11906, s. XV
h   Matritensis Reg. 2 B 4, s. XV/XVI
Q   Romanus Corsin. 43 E 28, s. XV
J   Londiniensis Bibl. Brit. Burn. 171, s. XV
M   Caesenas Malatestianus S. XXII.5, s. XV3/4
M^2 manus quae magnam seriem correctionum fecit fonte **α** usa
M^4 manus quae multa graeca verba suppleuit
N   Neapolitanus V B 17, s. XV
p   Vaticanus Palat. lat. 1629 (a. 1474)
s   Mediolanensis Ambrosianus D 70 sup., s. XV
t   Vaticanus Ottobon. lat. 2023 s. XV
U   Escorialensis E III 3, s. XV
x   Vaticanus Palat. lat. 1630, s. XV
Y   Romanus Corsin. 43 G 23, s. XV
z   Vaticanus lat. 1513, s. XV

α   fons codicum M^2fh (q)(s)(t)
β   fons codicum fh (q)(s)(t)

Hic illic laudantur codices, qui diffusius in Prolegomenis transcripti sunt:

Leid.   Leidensis B. P. L. 191 BF, s. XV
Scot. 212   Scotensis-Vindobonensis 212 (ex 218), s. XV
Par.   Parisinus lat. 16235 (*An.* 28–51), s. X

Testes qui saltem in prima apparatus linea memorati sunt:

cod. Vict. (D)	codex Victorianus Laur. XXXVIII 24
Bern. 276	glossae quae in codice Bernensi 276 inueniuntur Guidonis manui attribuenda. Cuius testis noua materies, asterisco indicata, ab E. Stagni mecum communicata est.

Editiones ueteres quae semper collatae sunt:

e^2	editio princeps Romana 1472
Calph.	editio Calphurnii 1477
Steph.	editio Stephani 1529^1, 1541^2
Lind.	editio Lindenbrogii 1623
	Gron.(uius) *apud.* Lind. = Gronouii lectiones, quae in Lindenbrogii editione (1623) adnotatae sunt.

Editiones Terenti ueteres, quae passim collatae sunt:

mediol.	editio A. Zaroti, Mediolani 1476
Haemmerlin	editio P. Marsi et P. Malleoli, Argentorati 1519
Muretus	editio M. A. Mureti, Venetiis 1555
Westerh.	editio H. Westerhouii, Hagae–Comitum 1726
Zeunius	editio F. Lindenbrogii et M. Io. Car. Zeunii, Lipsiae 1774
Klotz	editio R. Klotzii, Lipsiae 1838
Umpfenbach	editio F. Umpfenbachii, Berolini 1870

Notae criticae:

***	rasurae signum
†	locus desperatus

Abbreuiationes, quae plerumque in apparatu meo in usu fuerunt:

add.	addidit
al.	alia
codd. Λ	pars codd. Λ
corr.	correxit
del.	deleuit
edd. uett.	editores ueteres
eras.	erasuit
exhib.	exhibet
ex Ter.	uerba suppleta ex Terenti textu
exp.	expunxit
in adn.	in adnotationibus
in app.	in apparatu
in ras.	in rasura
in tex.	in textu
incert.	incertum
lac. sign.	lacunam signauit

lac. susp.	lacunam suspexit
lac. stat.	lacunam statuit
om.	omisit
O.L.	omisit lemma
obliq. litt.	obliquis litteris
rest.	restituit
scrip.	scripsit
secl.	seclusit
sect.	sectio(nem)
s. l.	supra lineam
sp. praep.	spatio praeposito
sp. post.	spatio postposito
sp. rel.	spatio relicto
suppl.	suppleuit
tempt.	temptauit
transp.	transposuit

EDITIONES AVCTORVM ET OPERVM QVI IN
APPARATV LAVDANTVR

Apul. *flor.*	Apuleii Florida, ed. R. Helm, Lipsiae 1959.
[Acro]	Pseudoacronis Scholia in Horatium uetustiora, rec. O. Keller, Lipsiae 1902.
Agroec. *orth.*	Agroecii De orthographia, ed. M. Pugliarello, Mediolani 1978.
Alc. *de orth.*	Alcuini De orthographia, ed. S. Bruni, Florentiae 1997.
Ambr. *epist.*	Ambrosii Mediolanensis, Epistulae, CSEL 82,2, ed. M. Zelzer, Vindobonae 1990 (= CSEL 82/2).
Aquila reth. *de fig.*	Aquilae Romani De figuris, ed. M. Elice, Hildesiae [etc.] 2007.
Ar. Byz.	Aristophanis Byzantii Fragmenta, ed. W. J. Slater, Berloni – Noui Eboraci 1986.
Arist. *poet.*	Aristotelis De arte poetica, ed. R. Kassel, Oxonii 1964.
ars Ambros.	Ars 'Ambrosiana'. Commentum anonymum in Donati partes maiores, ed. B. Löfstedt, Turnholti 1982 (= CCSL 133C).
ars Bobiensis	La grammatica dell'Anonymus Bobiensis (= GL I 533–565), ed. M. De Nonno, Romae 1982.
ars Laures.	Ars Laureshamensis, Expositio in Donatum Maiorem, ed. B. Löfstedt, Turnholti 1977 (= CCCM XL A).
Arus. *exem. eloc.*	Arusiani Messii Exempla elocutionum: introduzione, testo critico e note a cura di A. Di Stefano, Hildesiae 2011.
Ascon.	Q. Asconii Pediani Orationum Ciceronis quinque enarratio (quae exstant), ed. A. Kiessling et R. Schoell, Berolini 1875.
[Ascon.]	Commentarii uel scholia Ciceronis orationum (tradita una cum Asconio), ed. T. Stangl, Vindobonae 1912.
Aug. *de ciu.*	Aurelii Augustini De ciuitate dei I–X, ed. D. Dombart, A. Kalb, Turnholti 2003 (= CCSL 47–48).
Aug. *enarr.*	Aurelii Augustini Enarrationes in Psalmos 110–118, ed. F. Gori, Berolini 2015 (= CSEL 95/2).
Aug. *in Hept.*	Aurelii Augustini Quaestiones in Heptateuchum, Libri VII, ed. J. Fraipont, Turnholti 1958 (= CCSL 33).
Aug. *gramm.*	Abrégé de la Grammaire de Saint Augustin, ed. G. Bonnet, Parisiis 2013.
[Aug.] *regul.*	Ps.-Aurelii Augustini Regulae, a cura di Luca Martorelli, Hildesiae 2011.
[Aug.] *rhet.*	Ps.-Augustini De rhetorica, ed. R. Giomini, Stud.Lat.It. 7, 1990, 7–82.

Aug. *serm.*	Augustini Sermones de nouo testamento (51–70a), ed. P.-P. Vebracken, Turnholti 2008 (= CCSL 41A).
Beda *orth.*	Bedae Venerabilis De orthographia, ed. C. W. Jones, Turnholti 1975 (= CCSL 123 A).
Boethius *in top. Cic.*	Boethii In Ciceronis topica, in: Ciceronis Opera, ed. J. C. Orelli et G. Baiter, Turici 1833.
Caecil. *com.*	Caecilius Statius, I frammenti, cur. T. Guardì, Panormi 1974.
Cassiod. *inst.*	Cassiodori Senatoris Institutiones, ed. by R. A. B. Mynors, Oxonii 1961[2].
Cassiod. *orth.*	Cassiodori De orthographia, a cura di P. Stoppacci, Florentiae 2010.
Cassiod. *psalm.*	Cassiodori Expositio psalmorum, ed. M. Adriaen, Turnhout 1958 (= CCSL 97–98); ed. P. Stoppacci, Florentiae 2012 [psalm. 1].
Catull.	Catulli Veronensis Liber, ed. W. Eisenhut, Lipsiae 1983.
CGL	Corpus glossariorum latinorum, ed. G. Goetz, 7 uol., Lipsiae 1888–1923.
Charis. *ars*	Charisii Ars grammatica, ed. C. Barwick, Lipsiae 1964[2].
Cled. *ars*	Ars Cledonii Romani Senatoris Constantinopolitani grammatici: nuova edizione critica, ed. C. Bernetti, Romae 2012 (diss., cf. http://dspace-roma3.caspur.it/handle/2307/4121).
Cic. *Deiot.*	M. Tullii Ciceronis Oratio pro M. Marcello, Pro Q. Ligario, Pro Rege Deiotaro, rec. A. Klotz, Lipsiae 1933[2].
Cic. *diu. in Caec.*	M. Tullii Ciceronis Diuinatio in Q. Caecilum, ed. W. Peterson, Oxonii 1917[2].
Cic. *Catil.*	M. Tullii Ciceronis Orationes in L. Catilinam, ed. T. Maslowski, Monachii – Lipsiae 2003.
Cic. *de orat.*	M. Tullii Ciceronis De oratore, ed. K. Kumaniecki, Lipsiae 1969.
Cic. *inu.*	M. Tullii Ciceronis Rhetorici libri duo de inuentione, ed. G. Achard, Parisiis[2] 2002.
Cic. *Lael.*	M. Tullii Ciceronis De republica – Laelius de amicitia, recogn. breuique adnotatione critica instruxit J. G. F. Powell, Oxonii 2006.
Cic. *Lig.*	u. Cic. *Deiot.*
Cic. *Marcell.*	u. Cic. *Deiot.*
Cic. *Mur.*	M. Tullii Ciceronis Oratio pro L. Murena, ed. H. Kasten, Lipsiae 1972[3].
Cic. *nat. deor.*	M. Tullii Ciceronis De natura deorum, ed. W. Ax, Stutgardiae 1980.
Cic. *orat.*	M. Tullii Ciceronis Orator, ed. H. Westman, Lipsiae 1980.

Cic. *S. Rosc.*	M. Tullii Ciceronis Pro Sex. Roscio Amerino oratio, ed. H. Kasten, Lipsiae 1968.
Cic. *top.*	M. Tullii Ciceronis Topica, ed. T. Reinhardt, Oxonii 2003.
Cic. *Verr.*	M. Tullii Ciceronis Orationes III, Diuinatio in Q. Caecilium, ed. W. Peterson, Oxonii 1917².
Comm. Bern. Lucan.	M. Annaei Lucani Commenta Bernensia, ed. H. Usener, Lipsiae 1869.
Comm. Bruns.	P. Terentii Afri comoediae sex. textum ad fidem codicis Halensis ... edidit ... scholia a uulgatis diuersa ex eodem codice descripsit ..., Halis Saxonum 1811.
Comm. Mon.	Das commentum Monacense zu den Komödien des Terenz. Eine Erstedition des Kommentars zu ‚Andria‘, ‚Heautontimorumenos‘ und ‚Phormio‘, ed. F. Schorsch, Tubingae 2011.
Conr. *fab.*	Conradi de Mure Fabularius, cura et studio T. Van de Loo, Turnholti 2006 (= CCCM 210).
Consent. *de bar. et met.*	Consentii Ars de barbarismis et metaplasmis, édition nouvelle suivie d'un fragment inédit de Victorinus de soloecismo et barbarismo par M. Niedermann, Neoburgi 1937.
Cur. *epit. Don.*	Iacobi Curuli Epitoma Donati in Terentium, a cura di G. Germano, Neapoli 1987.
Don. *ars mai.*	Aeli Donati Ars maior, in: L. Holtz, Donat et la tradition de l'enseignement grammatical. Étude sur l'Ars Donati et sa diffusion (IVᵉ–IXᵉ siècle) et édition critique, Parisiis 1981.
Don. ort.	Donati ortigraphi Ars grammatica, ed. J. Chittenden, Turnholti 1982 (= CCCM 40D).
Dosith. *gramm.*	Dositheus, Grammaire Latine, ed. G. Bonnet, Parisiis 2005.
Enn. *ann.*	Q. Ennii Annalium fragmenta, ed. O. Skutsch, Oxonii 1985.
Euanth. *de com.*	Euanthi De fabula, ed. G. Cupaiuolo, Neapoli 1992².
Fortun.	Consulti Fortunatiani Ars rhetorica, ed. L. Calboli Montefusco, Bononiae 1979.
Frg. Bob. *de nom. et pron.*	Fragmentum Bobiense de nomine et pronomine: Tre testi grammaticali bobbiesi, a cura di M. Passalacqua, Romae 1984.
Frg. Bob. *de nom.*	Il Fragmentum Bobiense de nomine, ed. S. Mariotti, in: Scritti di filologia classica, a cura di S. Mariotti, Romae 2000, 313–341.
FPL⁴	Fragmenta poetarum Latinorum, ed. J. Blänsdorf, Berolini 2011⁴.

Gaius, *inst.*   Gaius, Institutes, texte établi et traduit par J. Reinach, Parisiis 1950.

GL   Grammatici Latini, ed. H. Keil, Lipsiae 1855–1880.

Gloss.   Glossaria Latina iussu Academiae Britannicae edita, ed. W. M. Lindsay, Parisiis 1926–1931.

Gell.   A. Gelli Noctes Atticae, ed. P.K. Marshall, Oxonii 1990².

Grill.   Grilli Commentum in Ciceronis Rhetorica, ed. R. Jakobi, Monachii – Lipsiae 2002.

Her.   Rhetorica ad Herennium, ed. F. Marx, Lipsiae 1894.

Hier. *quaest. hebr.*   Hieronymi Liber quaestionum hebraicarum in Gene-
in gen.   sim, ed. P. de Lagarde, Turnholti 1959 (= CCSL 72).

Hier. *adu. Rufin.*   Contra Rufinum, ed. P. Lardet, Turnholti 1982 (= CCSL 79).

Hor.   Q. Horatii Flacci Opera, ed. D. R. Shackleton Bailey, Berolini – Noui Eboraci 2001⁴.

Hsch.   Hesychii Alexandrini Lexicon, rec. et emend. K. Latte, uol. 1, Hauniae 1953.

Hyperdonat   Hyperdonat, édition électronique de commentaires anciens, Donat, Commentaire des comédies de Térence, ed. B. Bureau – C. Nicolas, Lugduni 1996–.

Isid. *diff.* 1   Isidoro de Sevilla, Diferencias libro I, introd., ed. crítica, trad. y notas por C. Codoñer, Parisiis 1992.

Isid. *diff.* 2   Isidori Hispalensis Liber differentiarum [II], ed. M. A. A. Sanz, Turnholti 2006 (= CCSL 111 A).

Isid. *orig.*   Isidori Hispalensis Etymologiae uel origines, W. M. Lindsay, Oxonii 1911.

Isid. *orig.* II   Isidori Hispalensis Etymologiae II, ed. P. K. Marshall, Parisiis 1983.

Iul. Tol. *ars*   Iuliani Toletani Ars grammatica, poetica, rhetorica, ed. M. A. H. Maestre Yenes, Toleti 1973.

Lab. *mim.*   Decimus Laberius, The Fragments, ed. Costas Panayotakis, Cantabrigiae 2010.

Lact. inst.   Lactantii Diuinarum Institutionum Libri septem, Fasc. 4, edd. E. Heck et A. Wlosok, Berolini et Bostoniae 2011.

Lucil. *frg.*   Lucilius. Satires, ed. F. Charpin, Parisiis 1978–1992.

Macr. *exc.*   Macrobii Theodosii De uerborum Graeci et Latini differentiis uel societatibus excerpta, a cura di P. de Paolis, Uruini 1990.

Macr. *Sat.*   Macrobii Ambrosii Theodosii Saturnalia, recognouit breuique adnotatione critica instruxit R. A. Kaster, Oxonii 2011.

Macr. *somn.*   Macrobii Ambrosii Theodosii Commentarii in Somnium Scipionis, ed. J. Willis, Lipsiae 1963, 1970²; ed. corr. 1994.

Mar. Victor.	C. Marii Victorini Ars grammatica, ed. I. Mariotti, Florentiae 1967.
Mar. Victor. *comm.*	C. Marii Victorini Commenta in Ciceronis Rhetorica, T. Riesenweber, Lipsiae 2013; *ibid.* Anonymus de attributis et personis [*Anonym. de attr. et pers.*]
Mart. Cap.	Martianus Capella, ed. J. Willis, Lipsiae 1983.
Men. *Sam.*	Menandri Reliquiae selectae, ed. F. H. Sandbach, Oxonii 1990².
PCG	Menandri Testimonia et fragmenta, in: Poetae comici Graeci, 6/2, edd. R. Kassel et C. Austin, Berolini – Noui Eboraci 1998.
Mur.	Murethach, In Donati artem maiorem, ed. L. Holtz, Turnholti 1977 (= CCCM XL).
Nigid. *frg.*	P. Nigidii Figuli Operum reliquiae, ed. A. Swoboda, Vindobonae 1889 (Amstelodami 1964²).
Non.	Nonii Marcelli De compendiosa doctrina, ed. W. M. Lindsay, Lipsiae 1913; ed. R. Mazzacane, Florentiae 2014 [I–III]; ed. P. Gatti – E. Saluadori, Florentiae 2014 [V–XX].
Pap. *Corp.*	Corpus Papyrorum Latinarum, ed. R. Cauenaile, Visbadae 1958.
Paul. Fest./Fest.	Sexti Pompei Festi Epitoma de uerborum significatu Verrii Flacci (fragmenta quae extant), ed. W. M. Lindsay, Lipsiae 1913.
Paul. *dig.*	Fragmenta in digestis aliisue collectionibus seruata, ed. O. Lenel, Lipsiae 1889.
Paus.	Graeciae descriptio, uol. 1, ed. M. H. Rocha-Pereira, Lipsiae 1973.
Pers.	A. Persii Flacci Saturarum Liber, ed. W. Kissel, Berolini – Noui Eboraci 2007.
Phoc. *de nom. et uer.*	Focae De nomine et uerbo, introduzione, testo e commento a cura di F. Casaceli, Neapoli 1974.
Plaut.	T. M. Plauti comoediae, rec. W. M. Lindsay, Oxonii 1904–1905.
Plin. *dub. serm.*	Plinius, Il dubius sermo di Plinio, a cura di A. Della Casa, Genuae 1969.
Plin. *nat.*	Pline l'Ancien, Histoire naturelle. Livre IV, ed. A. Silberman, H. Zehnacker, Parisiis 2015; Id., ibid. Livre VII, ed. R. Schilling, Parisiis 1977; Id., ibid. Livre IX, ed. E. de Saint-Denis, Parisiis 1955; Id., ibid. Livre XVI, ed. J. André, Parisiis 1962.
Plat. *Gorg.*	Platonis Gorgias, in: Id. Opera, uol. 7, ed. J. Burnet, Oxonii 1963.

Plut. *Cat. mai.*   Plutarchi Cato maior, in: Id. Vitae parallelae, uol. 1, fasc. 1, ed. C. Lindskog, K. Ziegler, H. Gärtner, Lipsiae 2013.

Plut. *De stoic. repug.*   Plutarchi De stoicorum repugnantiis, in: Id. Moralia, uol. 6/2, recensuit et emendauit M. Pohlenz, Lipsiae 1952.

Poll.   Pollucis Onomasticon, ed. E. Bethe, Lipsiae 1900–1937.

Porph.   Pomponi Porphyrionis Commentum in Horatium Flaccum, rec. A. Holder, Oeniponte 1894.

Prisc. *ars* XVIII   Prisciani Caesariensis Ars, Liber XVIII, pars altera 1, introduzione, testo critico e indici a cura di Michela Rosellini, Hildesiae 2015.

Prisc. *opusc.*   Prisciani Caesariensis Opuscula, uol. 1 (De figuris numerorum, de metris Terentii, praeexercitamina), ed. M. Passalacqua, Romae 1987; ead. Opuscula, uol. 2 (Institutio de nomine et pronomine et verbo, Partitiones duodecim versuum Aeneidos principalium), Romae 1999.

Prob.   M. Valeri Probi Beryti fragmenta, ed. J. Velaza, Barcinonae 2005 (cf. et De M. Valerii Probi Berytii uita et scriptis, ed. J. Aistermann, Ienae 1909).

Prob. *app.*   Appendix Probi (GL IV 193–204), ed. S. Asperti e M. Passalacqua, Florentiae 2014.

Quint. *inst.*   M. Fabii Quintiliani Institutiones oratoriae, ed. M. Winterbottom, Oxonii 1970.

[Quint.] *decl.*   Declamationes XIX maiores Quintiliano falso ascriptae, ed. L. Håkanson, Stutgardiae 1982.

Quint. *decl. min.*   Quintilian, The lesser declamations, edited and translated by D. R. Shackleton Bailey, Londinii 2006.

Rem.   Remigiana, ed. R. B. C. Huygens, Turnholti 2000 (= CCCM 171).

RhLM   Rhetores Latini Minores, ed. K. Halm, Lipsiae 1863.

Sall. *Catil.*   C. Sallusti Crispi Catilina Iugurtha Fragmenta ampliora, ed. A. Kurfess, Lipsiae 1957³.

Sall. *Hist.* I   C. Sallusti Crispi Historiae I: Fragmenta 1.1–146, a cura di A. La Penna e R. Funari, Berolini – Bostoniae 2015.

Sall. *Hist.*   Sallust, Fragments of the Histories. Letters to Caesar, ed. J. T. Ramsey, Cantabrigiae 2015.

Sall. *Iug.*   u. Sall. *Catil.*

[Scaurus]   Ps.-Scauri Ars: A critical Edition and Commentary, A. Reinikka, Helsingiae 2013.

sch. Bern.   Scholia Bernensia ad Vergilii Bucolica atque Georgica, ed. H. Hagen, JbbKl. suppl. IV, 1867 (= phot. expr. Hildesiae 1967); Scholia Bernensia ad Vergilii Georgica 1, 1–42, ed. L. Cadili, Amstelodami 2003.

sch. *Iuu.*	Scholia in Iuuenalem uetustiora, ed. P. Wessner, Stutgardiae 1967[2].
sch. Prud.	Glossemata de Prudentio, ed. by J. M. Burnam, Cincinnatis 1905.
sch. Ter. *Bemb.*	The Scholia Bembina, ed. by J. F. Mountford, Liuerpooliae 1934.
schol. Stat. *Theb.*	Lactanti Placidi ut ferunt (saec. V–VI) Commentarii in Statii Thebaida et Achilleida, ed. E. D. Sweeney, Lipsiae 1997.
Sedul. Sc. *in art. Don. mai.*	Seduli Scotti In Donati artem maiorem, ed. B. Löfstedt Turnholti 1977 (= CCCM XL B).
Sen. *Thy.*	L. Annaei Senecae Tragoediae, rec. O. Zwierlein, Oxonii 1991[4].
Seru.	Seruii Grammatici qui feruntur in Vergilii carmina commentarii, ed. G. Thilo, Lipsiae 1881–1887; accedit Appendix ceteros praeter Seruium et scholia Bernensia Vergilii commentatores continens, ed. H. Hagen, 1902; ed. G. Ramires, Bononiae 1996 [in *Aen.* IX], Bononiae 2003 [in *Aen.* VII]); ed. E. Jeunet-Mancy, Parisiis 2012 [in *Aen.*VI].
Soran.	Sorani Gynaeciorum uetus translatio Latina nunc primum edita cum additis Graeci textus reliquiis a Dietzio repertis atque ad ipsum codicem Parisiensem nunc recognitis a V. Rose, Lipsiae 1882.
Stob.	Ioannis Stobaei Anthologium libri duo priores, qui inscribi solent eclogae physicae et ethicae, recensuit C. Wachsmuth, Berolini 1884.
Suet. *diff.*	Suetoni Tranquilli praeter Caesarum libros reliquiae, ed. A. Reifferscheid, Lipsiae 1860.
Ter.	P. Terenti Afri Comoediae, ed. R. Kauer et W. M. Lindsay. Supplementa apparatus cur. O. Skutsch, Oxonii 1957.
Ter. Scaur. *de orth.*	Q. Terenti Scauri De orthographia, introduzione, testo critico, traduzione e commento a cura di F. Biddau, Hildesiae 2008.
Tert. *anim.*	Q. Septimi Florentis Tertulliani De anima, edited with Introduction and Commentary by J. H. Waszink, Amstelodami 1947 (Hildesiae – Turici 2010[2]).
Tib. Don.	Tiberii Claudii Donati Interpretationes Vergilianae, ed. H. Georgii, Lipsiae 1905–1906.
Ulp. *dig.*	Ulpiani Digesta, in: Corpus iuris ciuilis, rec. P. Krüger, T. Mommsen, Berolini 1902[9].
Varro *ling.*	M. Terenti Varronis De lingua Latina quae supersunt. Accedunt grammaticorum Varronis librorum fragmenta, ed. G. Goetz et F. Schoell, Lipsiae 1910.

Varro *frg.*   Grammaticae Romanae Fragmenta, ed. G. Funaioli,
                        Lipsiae 1907.

Varro *logist. frg.*   M. Terentius Varro, I Logistorici varroniani, ed. E.
                        Bolisani, Paduae 1937.

Vel. *de orth.*   Velii Longi De orthographia, a cura di M. di Napoli,
                        Hildesiae 2011.

Verg. *ecl.*   P. Vergili Maronis Bucolica, ed. S. Ottaviano. Georgica,
                        ed. G.B. Conte, Berolini – Bostoniae 2013.

Verg. *Aen.*   P. Vergili Maronis Aeneis, ed. G. B. Conte, Berolini –
                        Noui Eboraci 2009.

Virg. gramm. *epit.*   Virgilii Maronis grammatici Opera omnia, ed. B. Löf-
                        stedt, Monachii – Lipsiae 2003.

INDEX PHILOLOGORVM ET VIRORVM DOCTORVM
QVI IN ADNOTATIONE LAVDANTVR

Nomina, quae cum asterisco indicaui, nisi alius locus laudatus est, ab Wessneriana editione (1902) excerpta esse scito; quae sine asterisco simulque sine loci laudatione inueniuntur ubi loca illustrium auctorum in Commento memorata sunt, haec ab ultima editione cuiusque auctoris deprompta esse puta.

Adams, J.N. – Mayer, R. G.   Aspect of the Language of Latin Poetry, Oxonii 1999.

Ammannati, G.   Tre congetture a Donato, MD 75, 2016, 189–194.

Basore, J. W.   The scholia on Hypokrisis in the Commentary of Donatus, Baltimorae 1908.

Beare, W.   The Roman Stage, Londinii 1964³.

Bentley*, R.

Blundell, J.   A commentary on Donatus on Terence's Eunuchus 391–453 and 471–614, diss. Oxonii 1987.

Casaubonus*

Cecchetti, D.   Petrarca, Pietramala, Clamanges: storia di una 'querelle' inventata, Parisiis 1982.

Cioffi, C.   Ricerche sulla tradizione manoscritta del Commento di Donato a Terenzio, MD 69, 2012, 145–186.

ead.   Il codice Parisinus lat. 7899 e il Commentum di Donato a Terenzio, MD 70, 2013, 101–132.

ead.   Un problema stemmatico: il Vaticanus Regin. Lat. 1595 (B) e la tradizione donatiana, MD 73, 2014, 113–136.

ead.   Riconoscere la contaminazione, Hermes 143, 2015, 356–379.

ead.   Non è Sallustio. Un caso di falsa attribuzione, RIFC 143/2, 2015b, 346–353.

ead.   Il Commentum di Elio Donato all'Andria di Terenzio. Le ripetizioni, Hermes*.

ead.   Some textual problems, CQ 67.1, 2017*.

Citti, F.   Legitimos filios faciunt partus et sublatio (Don. Ter. An. 464): nota lessicale, Eikasmos 19, 2008, 273–278.

Clericus, J.   Menandri et Philemonis reliquiae, Amstelodami 1709.

Contini, A. M. V.   Il lemma 'temulenta' in Donato e Nonio, Studi Noniani 10, Genuae 1985, 39–44.

Craig, J. D.   Note on Terence Andria 532, CQ 20, 1926, 200.

Demetriou, C.   Donatus' Commentary on Terence, in: The Reception of Terence's Performance, in: Turner, A. J. – Torello-Hill, G. (edd.), Terence between Late Antiquity and the Age of Printing, Leidae – Bostoniae 2015, 181–199.

Deufert, M.	Textgeschichte und Rezeption der plautinischen Komödien im Altertum, Berolini – Noui Eboraci 2002.
id.	Eine verkannte Terenzbiographie der Spätantike: Untersuchungen zur Vita Ambrosiana, Goettingae 2003.
Dziatzko, K.	Über die terentianischen Didaskalien, RhM 20, 1865, 570–598.
id.	Über die terentianischen Didaskalien, RhM 21, 1866, 65–92.
id.	Die Andria des Menander, RhM 31, 1876, 234–253.
id.	Beiträge zur Kritik des nach Aelius Donatus benannten Terenzcommentars, Jahr. f. class. Phil. 10, suppl., 1879, 662–696.
Fantham, E.	Comparative Studies in Republican Latin Imagery, Torontoni 1972.
Fayer, C.	La Familia romana. Aspetti giuridici ed antiquari: Sponsalia matrimonio dote, Romae 2005.
Ferri, R. – Probert, P.	Roman authors on colloquial language, in: Colloquial and Literary Latin, ed. E. Dickey and A. Chahoud, Cantabrigiae 2010, 12–41.
Ferri, R.	An Ancient Grammarian's View of How the Spoken Language Works: Pragmalinguistic Observations in Donatus' Commentum Terentii, in: The Latin of Grammarians: Reflections about Language in the Roman World, Turnholti 2016, 237–275.
Fraenkel, E.	Mc Glynn, Lexicon Terentianum, Gnomon 36, 1964, 778–781.
id.	Zur römischen Komödie, Museum Helveticum 25, 1968, 231–242.
Goetz*, G.	
Grant, J. N.	Studies in the Textual Tradition of Terence, Torontoni 1986.
Grauert, W. H.	Historische und Philologische Analekten, Mimigardefordi 1833.
Hartman, J. J.	De Terentio et Donato commentatio, Lugduni Batauorum 1895.
Heraeus, W.	Noch einmal *haud impigre*, NJbClPh 37, 1891, 501–507.
id.	Aeli Donati quod fertur Commentum Terenti, rec. P. Wessner, WKPh 20, 1903, 261–267.
id.	Kleine Schriften, Heidelbergae 1937.
Heurgon, J.	Sur un édile de Térence, REL 27, 1949, 106–108.
HLL	Handbuch der lateinischen Literatur der Antike, I, ed. W. Suerbaum, Monachii 2002.
Holtz, L.	Transcription et déformations de la terminologie grammaticale grecque dans la tradition manuscrite latine, in: L. Basset, F. Biville, B. Colombat, P. Swiggers,

A. Wouter, Bilinguisme et terminologie grammaticale gréco-latine, Parisiis – Dudleiae (Orbis Supplementa) 2007, 37–56.

Housman, A. E.   Luciliana, CQ 1, 1907, 53–74 (= id. in: The Classical Papers of A. E. Housman, edd. J. Diggle – F.R. D. Goodyear, uol. 2, 1972, Cantabrigiae 662–684).

Ilberg, H.   Q. Ennii Annalium libri primi fragmenta, Bonnae 1852.

Jakobi, R.   Die Kunst der Exegese im Terenzkommentar des Donat, Berolini – Noui Eboraci, 1996.

id.   Argumentieren mit Terenz. Die Praefatio der „Hebraicae Quaestiones in Genesim", Hermes 134, 2006, 250–255.

id.   Das Commentum Brunsianum, in: Terentius poeta, ed. P. Kruschwitz [et alii], Monachii 2007, 37–49.

id.   Textkritisches zu Donats 'Andria'-Kommentar, GFA 2017.*

id.   ceterae coniecturae mecum communicatae.
Jakobs*, Fr.

Karakasis, E.   Terence and the Language of Roman Comedy, Cantabrigiae 2005.

Karsten, H. T.   Commenti Donatiani scholia genuina et spuria separata, Lugduni Batauorum 1912.

Kaser, M.   Das Römische Privatrecht, uol. 1, Monachii 1971.

Kauer, R.   Zu Donat, WS 33, 1911, 114–154; 323–335.

Klotz, R.   P. Terenti, Comoediae cum scholiis Aeli Donati et Eugraphi commentariis, Lipsiae 1838.

Klotz, Ri.   Andria P. Terenti, Lipsiae 1865.

Kohl, A.   Didascaliae Terentianae explicatae, Halis Saxonum 1865.

Köves-Zulauf, T.   Römische Geburtsriten, Monachii 1990.

Kragelund, P.   Evidence for Performances of Republican Comedy in Fourth-Century Rome, CQ 62, 2012, 415–422.

Lefèvre, E.   Das Wissen der Bühnenpersonen bei Menander und Terenz am Beispiel der Andria, Museum Helveticum 28, 1971, 21–48.

Id.   Terenz' und Menanders Andria, Monachii 2008.

Leo, F.   Die Überlieferungsgeschichte der terenzischen Komödien und der Commentar des Donatus, RhM 38, 1883, 317–369.

id.   Plautinische Forschungen. Zur Kritik und Geschichte der Komödie, Berolini 1912², 1895¹.

Linderski, J.   The aediles and the "didascaliae", AHB 1, 1987, 83–88.

Lindsay, W. M.   Syntax of Plautus, Oxonii 1907.

Id.   Notes on the Text of Terence, CQ 19, 1925, 28–36.

Maltby, R.   A Lexicon of Ancient Latin Etymologies, Ledesiae 1991.

Id.   Donatus on Appropriate Style in the Plays of Terence,
                             in: ed. S. Papaioannou, Terence and Interpretation,
                             Cantabrigiae 2014, 201–221.
Mariotti, S.   Il Bellum poenicum e l'arte di Nevio. Saggio con edizio-
                             ne dei frammenti del bellum poenicum, Bononiae 2001.
Marti, H.   Terenz 1909–1959, Lustrum 8, 1963, 5–101.
Meineke, Aug.   Fragmenta comicorum Graecorum, ed. minor, Berolini
                             1841.
Moore, T.   Music in Roman Comedy, Cantabrigiae 2012.
Mountford, I.F. –   Index rerum et nominum in scholiis Seruii et Aelii Do-
    Schultz, I.T.   nati tractatorum, Ithacae 1930.
Mühmelt, M.   Griechische Grammatik in der Vergilerklärung, Mona-
                             chii 1965.
Müller, R.   Sprechen und Sprache: Dialoglinguistische Studien zu
                             Terenz, Heidelbergae 1997.
Nencini, F.   De Terentio eiusque fontibus, Liburni 1891.
Papaioannou, S.   The innovator's poetic self-presentation: Terence's pro-
                             logues as interpretative texts of programmatic poetics,
                             in: ed. ead., Terence and Interpretation, Cantabrigiae
                             2014, 25–58.
Pithoeus*, P.
Pittà, A.   M. Terenzio Varrone, De uita populi Romani. Introdu-
                             zione e commento, Pisae 2015.
Poliziano, A.   La Commedia Antica e l'Andria di Terenzio, appunti a
                             cura di R. Lattanzi Roselli, Florentiae 1973.
Postgate, J. P.   Aeli Donati quod fertur Commentum Terenti, rec. P.
                             Wessner, uol. 1, 1902, CR 18, 1904, 224.
Prete, S.   P. Terenti Afri comoediae, Heidelbergae 1954.
Rabbow*, P.
id.   De Donati Commento in Terentium specimen obser-
                             uationum primum, Diss. Bonnae, Lipsiae 1897 (= JbbKl.
                             Phil. 43, 1897, 305–342).
Rank, L.   Donatea, Mnemosyne 52, 1924, 377–404.
id.   Donatea, Mnemosyne 53, 1925, 133–148.
id.   Donatea, Mnemosyne 55, 1927, 1–22.
id.   Donatea, Mnemosyne 55, 1927, 165–183.
Reich, V.   Sprachliche Charakteristik bei Terenz (Studie zum
                             Kommentar des Donat), WS 51, 1933, 72–94.
Reeve, M. D.   The textual tradition of Donatus' Commentary on
                             Terence, Hermes 106, 1978, 608–618.
id.   The textual tradition of Donatus' Commentary on
                             Terence, CPh 74, 1979, 310–326.
id.   Aelius Donatus. Commentary on Terence, in: L.D.
                             Reynolds (ed.), Texts and transmission. A survey of the
                             latin classics. Oxonii, 1983, 153–156.

id.	The rediscovery of Classical Texts in the Renaissance, in: P. Pecere (ed.), Itinerari dei testi antichi. Esperienze a confronto, Romae, 1991, 115–147.
Reeve, M.D. – Rouse, R.H.	New light on the transmission of Donatus' Commentum Terentii, Viator 9, 1978, 235–249.
Reifferscheid, A.	Donati in commenta Terentiana praefationes ex recensione A. Reifferscheidii, Bratislauiae 1875.
Richter, A.	Donati commentarii quem usum habeant ad illustrandam singularum Terentii uocum corruptelam, Diss. Bonnae 1854.
Ritschl*, F.	
Ritschl, F.	Parerga zu Plautus und Terenz, I, Lipsiae 1845.
Rizzo, S.	Il lessico filologico degli umanisti, Romae 1973.
RLG	Geschichte der Römischen Literatur, uol. 1, ed. M. Schanz, cur. C. Hosius, Monachii 1927.
Sabbadini, R.	Storia e critica di alcuni testi latini. Donato terenziano, Museo italiano 3, 1890, 406–407.
id.	Il Commento di Donato a Terenzio, SIFC 2, 1894, 1–134.
id.	Biografi e commentatori di Terenzio, SIFC 5, 1897, 289–327.
id.	Spogli Ambrosiani latini: Commento di Donato a Terenzio, SIFC 11, 1903, 185–203; 377–383.
id.	Storia e critica di testi latini, Catanae 1914 (= 1971²).
Saekel, A.	Quaestiones comicae de Terenti exemplaribus Graecis, Diss. Berolini 1914.
Sandbach, F.H.	Donatus' use of the name Terentius and the end of Terence's 'Adelphoe', BICS 25, 1978, 123–145.
Scheidemantel, E.	Quaestiones Euanthianae, Lipsiae 1883.
Schoell*, F.	
id.	Menanders Perinthia in der Andria des Terenz, Heidelbergae 1912.
Schopen*, L.	
id	De Terentio et Donato eius interprete dissertatio critica, Bonnae 1821.
id.	Specimen emendationis in Ael. Donati commentarios terentianos ad nouam totius operis editionem indicendam propositum, Gymn.-Progr. Bonnae 1826 (= «RhM» 1, 1827, 151–158).
Schrickx, J.	Lateinische Modalpartikeln: Nempe, quippe, scilicet, uidelicet und nimirum, Leidae – Bostoniae 2011.
Schröder, B.-J.	Titel und Text. Zur Entwicklung lateinischer Gedichtüberschriften. Mit Untersuchungen zu lateinischen Buchtiteln, Inhaltsverzeichnissen und anderen Gliederungsmitteln, Berolini – Noui Eboraci 1999.
Skutsch, O.	Der zweite Schluss der Andria, RhM 100, 1957, 53–68.

Smutny, E.   De scholiorum Terentianorum quae sub Donati nomine feruntur auctoribus et fontibus quaestiones selectae, Diss. Philol. Vindobonenses 6, 1898, 93–137.

Sottili, A.   Una corrispondenza epistolare tra Ambrogio Traversari e l'arcivescovo Pizolpasso, in: Ambrogio Traversari nel VI centenario della nascita. Convegno internazionale di studi (Camaldoli – Firenze 15–18 Sett. 1986), Florentiae 1988, 287–328.

Stagni, E.   Testi latini e biblioteche tra Parigi e la valle della Loira (secoli XII–XIII): i manoscritti di Guido de Grana, in Boccaccio e le letterature romanze tra Medioevo e Rinascimento. Atti del Convegno internazionale "Boccaccio e la Francia", Florentiae – Certaldi 19–20 maggio 2003 – 19–20 maggio 2004, a cura di S. Mazzoni Peruzzi, Florentiae 2006, 221–287.

Teuber*, A.

Teuber, A.   De auctoritate commentorum in Terentium quae sub Aelii Donati nomine circumferuntur, Eberswaldae 1881.

Travis, A. H.   Donatus and the Scholia Danielis: A Stylistic Comparison, HSPh 53, 1942, 157–169.

Turner, A. J.   Unnoticed Latin Hypotheses to Two Plays Mentioned by Terence: The 'Phasma' of Menander and the Thesaurus, Hermes 138, 2010, 38–48.

id.   Problems with the Terence Commentary Traditions: The Oedipus Scholion in BnF lat. 7899, in: Turner, A. J. – Torello-Hill, G. (edd.), Terence between Late Antiquity and the Age of Printing, Leidae – Bostoniae 2015, 138–177.

Victor, B.   A linguistic ghost, Latomus 29, 1990, 161.

Webb, R.   Female Entertainers in Late Antiquity, in: Greek and Roman Actors: Aspects of an Ancient Profession, edd. Easterling, P. – Hall, E., Cantabrigiae 2002, 282–303.

Wessner, P.   Die Überlieferung von "Aeli Donati Commentum Terentii", RhM 52, 1897, 69–98.

id.   Aeli Donati quod fertur Commentum Terenti, 2 uol., Lipsiae 1902–1905.

id.   Aeli Donati quod fertur commentum Terenti. Accedunt Commentum et Scholia Bembina, uol. 3, Lipsiae 1908.

id.   Aemilius Asper. Ein Beitrag zur römischen Literaturgeschichte, Prog. Halis Saxonum 1905.

id.   Die Donatscholien des Codex Parisinus 7899 (P) des Terenz, PhW 41, 1921, 428–432.

id.   Zu den Donatauszügen im Codex Victorianus (D) des Terenz, PhW 47, 1927, 443–448.

Westerhouius, A. H.	P. Terentii comoediae [etc.], Hagae comitum 1726.
Zeunius, J.C.	P. Terentii ... Comoediae sex ex recensione Frid. Lindenbrogii [etc.], Lipsiae 1774.
Zetzel, J. E. G.	On the History of Latin Scholia, HSCPh 79, 1975, 335–354.
id.	Andria 403, Hermes 102, 372–376.
Zwierlein, O.	Der Terenzkommentar des Donat im Codex Chigianus H VII 240, Berolini 1970.

I

1. POETA CVM PRIMVM A. A. S. A. Comoedia Andria cum palliata 35 *W.*
sit fabula, de loco nomen accepit et a Menandro prius et nunc ab
ipso Terentio, qui cum de Chryside loqueretur, sic ait (*An.* 73)
'uereor ne quid Andria a. m.' et hoc commune uocabulum est et in
5 Graeca et in Latina lingua.
2. Haec maiori ex parte motoria est.
3. Continetque actus amatorum adulescentium † ex patriã
prior. d. † callidi serui, ancillae astutae, seueri senes, adulescentulae liberales.
10   4. In hac primae partes senis Simonis sunt, secundae Daui,
tertiae Chremetis et deinceps reliquorum.

---

1 *cf. Don. exc. de com. VI 4, p. 26 W.; Schröder 1999, pp. 33–34* ‖ 2 *cf. Euanth.
de com. IV 4, p. 172 C.; Eun. praef. I 2; Ad. praef. I 2; Hec. praef. I 2; Phorm.
praef. I 2; Quint. inst. 11, 3, 178* ‖ 3 *cf. Apul. flor. 16, 9; Jakobi 1996, p. 169;
HLL I, pp. 173–175* ‖ 4 *cf. Euanth. de com. II 2, p. 164 C.*

A; η: S, Σ {δ [V, Θ (CFTq), δ¹ (μ = Oanm, QJ)]; Λ [ε (α = M²+β, M p x), D GH
NY s U z]}

1 CVM] ENIM ε | A.₁–A.₃ *ex Ter.*: A. A. A. S. A. A: APPVLIT ANIMVM SE (*om.* S) AD
SCRIBENDVM S Cq: APPVLIT ANIMVM V: APPVLIT ANIMVM SIC F: APSVIT
ANIMVM *sp. postp.* T: ANIMVM AD SCRIBENDVM APPVLIT δ¹: GRADVM AD
SCRIBENDVM APPVLIT ε ‖ **2** sit] si sit F: sit sic q: ut ε | nunc] non δ ‖ **3** cum]
om. β | ait] tum ε ‖ **4** a. m.] apportet mali η | et₂] *om.* V ‖ **5** et in] et C (in *rest.*
s.l. C²) T ‖ **6** maiore Sδ ‖ **7** continetque] continuo A: et continet S | *ante* actus
add. in se S, ex se δ | ex–**8** d. A, *cruc. sign.* Jakobi (*1996, p. 169, n. 475*): ex
patribus piorum S (et patrum piorum. ⟨Sunt ibi⟩ *Steph.*, post piorum *lac. stat.*
Reiff.): ex partibus (*hic* patrum *add.* Λ) priorum Σ ‖ **8** callidi *ex* callide C²
astutae ancillae β | seueri *Steph.*: seriue A: serii S: serti Θ: parci V: diserti δ¹:
serue Λ | adulescentulique μ: adulescentuli β V ‖ **9** liberalis μ ‖ **10** hac] hoc A:
hac autem (*ante corr., ut uid.*) S | partis μ | senis Simonis] senis Simoni A:
Simonis seruis S: Simonis senis μ V ‖ **11** relique δ

5. Prologus in hac acer inducitur et in aduersarios non mediocriter asperatus, sed tamen id subtiliter, ut omnia lacessitus facere
36 W. uideatur ac dicere. Hic πρότασις subtilis, ἐπίτασις tumultuosa,
καταστροφή paene tragica, et tamen repente ex his turbis in
tranquillum peruenitur.   5
6. Haec prima facta est, acta ludis Megalensibus M. Fuluio M.'
Glabrione [Q. Minucio Thermo L. Valerio] aedil. curul. Egerunt L.
Atilius [Latinus] Praenestinus et L. Ambiuius Turpio. Modos fecit
Flaccus Claudi [filius] tibiis paribus [dextris uel sinistris]. Et est
tota Graeca, edita M. Marcello C. Sulpicio consulibus.   10
7. Pronuntiataque est 'Andria Terenti' ob incognitum adhuc
nomen poetae et minoris apud populum auctoritatis ac meriti.

6 cf. Marti 1963, pp. 15–16; HLL I, pp. 235–236; Deufert 2002, pp. 94–97 | L.
Atilius] cf. Didasc. Ter. Ad. et Phorm. | Ambiuius Turpio] cf. Don. Phorm. 315
| F. Claudius] cf. Didasc. Ter. Ad. et Phorm.; Don. Eun. praef. I 6; Id. Hec. praef.
I 6; Id. Phorm. praef. I 6 | tibiis] cf. Moore 2012, pp. 56–63 ‖ 7 cf. Don. Phorm.
praef. I 7; Id. Hec. praef. I 7; Id. Ad. praef. I 7; Id. Eun praef. I 7; Euanth. de com.
VIII 1, p. 28 W.; Don. Eun. praef. I 10; Id. Ad. praef. I 8

A; η: S, Σ {δ; Λ}

1 aceri A: act(er) S ‖ 2 asperatur Θ: exasperatur μ: aduersatur QJ (exasperatur
in text. del. Q: aliter asperatur s. l. J) | tamen] om. μ | post subtiliter add. fit Λ
3 πρότασις Wess.: prot(h)asis ω | ἐπίτασις Wess.: epit(h)asis ω ‖ 4 καταστρο-
φή Wess.: katastrofe A: -phe S δ¹ V Λ: cat(h)astropha Θ | traica Θ | turbis]
tribus S (inc.) ε ‖ 5 peruenitur Reiff.*: peruenit ω ‖ 6 facta] acta S | acta] om. η
M.] Marco S FTq ε | post Fuluio exhib. edil. ω (edilẹ A: edile et S Θ QJ: edili et
μ: edilibus et Λ), ante curul. transp. Haemmerlin | M'. Muretus: int. A: M. η
7 Glabrione] glabrio ne A: gabrione uel glabrione codd. η | Q. Minucio
Thermo L. Valerio rest. Heurgon (1949, pp. 106–108), Linderski (1987, p. 87),
cum Dziatzko (cf. seqq.) delend.: Q. Minucio Valerio del. Dziatzko (1866, p. 65):
que minutio ualerio A: q. (quanto Cq: quinto FT) minucio (numitio mutio F)
termonii L. Valerio δ: numicio Valerio Λ: quinto minucio terentium l Valerio
S | aedil. curul. Dziatzko (1866, p. 65): curulibus A Λ: curuli S Θ δ¹: edili curuli
V | egerunt AΛ: egere Sδ: egit Dziatzko (1866, p. 65) praeeunte Kohl (1865, p.
65) | L. Atilius scrip. Dziatzko (1866, p. 65), qui una cum Praenestinus et del.:
La(c)tilius latinus ω ‖ 8 Ambirauius A ‖ 9 filius ω, secl. Muretus | dextris uel
sinistris] secl. Dziatzko (1865, pp. 595sq.) | uel A: et η ‖ 10 C. Muretus: et ω
consulis A ‖ 11 pronuntiataque] quod pronuntiata Θμ: cum pronun- V:
pronunciata QJ | Terenti] Menandri μ | ob] ab C | incognitum] om. μ | adhuc]
hoc μ ‖ 12 et] est μ: om. V | miroris A (uel minoris s.l.) | post meriti add. fuit V

8. Deuerbiis autem et canticis lepide distincta est et successu spectata prospero hortamento poetae fuit ad alias conscribendas.

9. Initium autem προτατικὸν πρόσωπον, id est aduenticiam personam, recepit Sosiae propter euoluendam argumenti obscuritatem. Persona autem protatica ea intellegitur, quae semel inducta in principio fabulae in nullis deinceps fabulae partibus adhibetur.

10. Adnotandum sane puellarum liberalium in proscaenio nullam orationem induci in comoedia palliata praeter inuocationem Iunonis Lucinae, quae et ipsa quoque post scaenam fieri solet.

37W.

II

1. Chremes Atticus, pater Pasibulae et Philumenae, cum ex his duabus Pasibulam perdidisse se falso crederet relictam Athenis nec uisam postea multo tempore, tamquam unicam sibi putabat Philumenam. Quam Charinus adulescens Atheniensis et amabat unice et petebat uxorem, sed pater eam Pamphilo cuidam, Simonis

---

8 *cf. Don. Ad. praef. I 8; Id. Hec. praef. I 8; Id. ibid. 58.1; Id. Phorm. 35.1; Euanth. de com. III 2, p. 168 C.*

A; η: S, Σ {δ; Λ} | Praef. II Γ = (A, P); Σ {δ; Λ}
P *habet praef. II 1–2, interposito Euanthio (de com. IV 5)*

1 deuerbiis] sed quia uerbis V | autem et canticis *Schopen**: autenticis ω *ante* lepide *add.* et V | lepida μ | distincta] detincta Θ: detenta δ¹: descripta V successa C (*corr.* C²) ‖ **2** spectata QJ: aspecta ΑΛ: aspectata S Θ: expectata μ prospera A | hortamento] ornamento A δ ‖ **3** butium A | προτατικὸν πρόσωπον *Wess.*: protaticon prosopon ω (προτατικων πρωσωπων x) ‖ **4** recipit Λ QJ ‖ **5** protactica μ | indocta C ‖ **6** illis Θ δ¹ | *ante* adhibetur *add.* non δ¹ ‖ **7** aut notandum sanę A | in proscaenio V², *hic transp. Wess.*: in pro(h)emio ω (*post* puellarum *exhib.* A S δ: *post* induci *exhib.* β: *post* orationem *exhib.* Λ): in proscaenio *del. Reiff.** ‖ **8** rationem C (*corr.* C²) | comoedia] eo media δ (*corr.* μ) | praeter] *om.* δ ‖ **9** Iunoius A | et] *om.* A | post scaenam] prescenam A: post cenam δ (*corr.* V²?) ‖ **12** duabus] ducibus μ | perdidisse] perdidisset dum Λ | *post* perdidisse *add.* INCIPIT ARGV(MENTVM) AND(RIAE) A ‖ **13** *post* postea *add.* ex μ ‖ **14** et amabat] adamabat Σ (amabant μ) ‖ **15** *ante* petebat *add.* eam sibi Λ | *ante* uxorem *add.* in Λ | sed–eam] *om.* Γ | eam] *om.* C (*rest. s.l.* C²)

filio, ultro desponderat. Qui Pamphilus contra sororem Chrysidis ac peregrinam tum creditam, Pasibulam supra dictam, Chremetis alteram filiam ac sub nomine Glycerii latentem, sic amauit, ut ex ea filium suscepisset inscio patre. Qua re intellecta commotus Simo, Pamphili pater, dum per falsas nuptias temptat animum 5 Pamphili, multis dolis a Dauo ipse deluditur seruo. Periculumque

38 W. Charini et Pamphili et totus error in fabula usque ad eum finem est ductus, dum Athenas ueniens Andrius quidam Crito rem aperiat et nodum fabulae soluat. Per quem agnita Pasibula recipitur a parentibus et traditur Pamphilo amanti; item Philumena 10 Charino despondetur et traditur exoptanti.

2. Perspecto argumento scire debemus hanc esse uirtutem poeticam, ut a nouissimis argumenti rebus incipiens initium

---

1 *error in fabula*] cf. *Euanth. de com. IV 5, p. 173 C.*: Epitasis incrementum processusque turbarum ac totius, ut ita dixerim, nodus erroris; *Don. An. 404.1*: Haec scaena nodum innectit erroris fabulae et periculum comicum [...]; Id. *Ad. praef. II 1*: Quo facto multiplici errore completur fabula 2 cf. *Seru. praef. Aen. p. 4, 16 Th.-H.*: Ordo (*scil.* librorum) quoque manifestus est, licet quidam superflue dicant secundum primum esse, tertium secundum, et primum tertium [...] nescientes hanc esse artem poeticam, ut a mediis incipientes per narrationem prima reddamus et nonnumquam futura

---

Γ (A, P); Σ {δ; Λ}

1 disponsaderat C: dispoderat C² | econtra Λ ‖ **2** ac] at *Reiff.** | *post* peregrinam *add.* per eam (*uel* eum) δ | tum creditam] concreditam Λ: tamen creditam μ | dictam] dictatam C (*corr.* C²) q | Chremetis–**3** filiam] Chremetis altera filia Θ: alteram Chremetis filiam Λ ‖ **3** ac] *om.* Λ | latentem *Reiff.**: latenter ω ‖ **4** filium] filia Θ (*corr.* C²): filiam V | patre *ex* patere C²: parere T **5** pater Pamphili Λ | Simo *post* pater *transp.* P | temptat P an: *om.* A: teneat Θ (tene F) Q: tentat V J Om: tentat *uel* temptat *codd.* Λ ‖ **6** dolis] modis P V ipse] ipso β: *om.* μ | *post* seruo *lac. susp.* Jakobi | periculoque Σ ‖ **7** et totus] motus Σ | in fabula *Kauer* (*1911, p. 146, n. 3*): in fabulis ω: inextricabilis *Leo* (*1895, p. 211*): inenodabilis *Rabbow** | usque – ductus est *Steph.* (est ductus *Wess.*): usque ad eum finem est Γ: qui ad eum ductus est finem Θ V QJ: ad eum dictis μ: qui usque ad eum finem ductus est Λ ‖ **8** *post* dum *add.* in fine μ | Andrius] de Andro Λ | Crito rem] Critonem F: certo rem T ‖ **9** nodum] modum C (*corr.* C²) | soluit AP(*incert.*): aperiat soluat C ‖ **10** Pamphilo–**11** traditur] *om.* A | item *Goetz**: et P δ: *om.* Λ ‖ **11** *ante* Charino *add.* uero Λ **13** argumenti] argumentum Λ

fabulae et originem narratiue reddat spectatoribus auctor, ⟨r⟩em
praesentem ibi exhibiturus, ubi finis est fabulae. Hunc enim
ordinem et circulum poeticae uirtutis non modo secuti sunt tragici
comicique auctores, sed Homerus etiam et Vergilius tenuerunt.

5   3. Difficile est diuisionem actuum in Latinis fabulis internoscere obscure editam: causam iam dudum demonstrauimus (cf.
Euanth. III 1). Unde autem aut quomodo quamuis aegre tamen
intellegi distinguique possint, est operae pretium discere. Principio dicendum est nullam personam egressam quinquies ultra exire
10 posse; sed illa re plerumque decipimur, quod personam, cum
tacuerit, egressam falso putamus, quae nihilo minus in proscaenio
tacens loquendi tempus exspectat. Est igitur attente animaduer-
tendum, ubi et quando scaena uacua sit ab omnibus personis, ita

praeoccupemus, ut per uaticinationem: quod etiam Horatius sic praecepit in
arte poetica [...] unde constat perite fecisse Vergilium; Mühmelt 1965, p. 115
3 diuisionem actuum] cf. Euanth. de com. III 1, p. 167 C.: Comoedia uetus, ut
ab initio chorus fuit paulatimque personarum numero in quinque actus
processit ita paulatim uelut attrito atque extenuato choro ad nouam
comoediam sic peruenit ut [...] ne locus quidem ullus iam relinquatur choro
[...] postremo ne locum quidem reliquerunt –quod Latini fecerunt comici,
unde apud illos dirimere actus quinquepartitos difficile est; Beare 1964³,
pp. 186–208; HLL I, pp. 175–178

Γ (A, P); Σ {δ; Λ} | praef. II.3 A; Σ {δ; Λ}

1 et] om. μ | post originem add. protrahat μ | narratiue] narratione δ
(narrationis VQJ) | reddat] narrat reddat C (corr. C²): assumpta aliunde adeo
ut μ | spectatoribus] spectatores sperent μ | auctor ⟨r⟩em scripsi: auctor
⟨r⟩emque iam Jakobi GFA* (scil. exhibeat): auctorem AP² (ex actorem corr.) μ:
auctoremque cett. ‖ 2 praesentem ibi] finem fabule integre μ | ibi Jakobi:
scilicet ibi Reiff.*: sibi ω | exhibiturus P Θ (exibitus C) J: exhibitur A: exhibi-
turum C²μ: exhibeat QVΛ | ubi–fabulae] om. μ | ubi] ut ε | fabulae est δ
3 ordinem Σ: orbem Γ | post poeticae add. artis uel Σ ‖ 4 sed] om. A | etiam]
om. δ | post Vergilius add. et Terentii μ ‖ 5 Difficile est] ante causam transp.
Λ ‖ 6 obscure A Λ (ante internoscere transp. Λ): ob ΘV: om. μ: propter QJ
editam Reiff.*: dictam A Λ: supra dictam δ (om. μ) | causam] om. μ | iam] ut
iam μ ‖ 7 aegre] agere A ‖ 8 dicere Λ ‖ 10 persona A | cum] qu(a)e μ
11 egressam] ingressam δ ‖ 12 tacens] om. Λ ‖ 13 ubi] uti β | ante uacua add.
et FV | fit A: facta sit ε | ita] om. Λ

39 W. ut in ea chorus et tibicen obaudiri possint. Quod cum uiderimus, ibi actum esse finitum debemus agnoscere. Confundit saepe lectorem illud, quod persona in superiore scaena desinens et in proxima incipiens loqui non intellegitur ingressa, quod ipsum experientes statim diiudicant de rerum [p.] ac temporum quanti- 5 tate. Potest enim fieri, ut et ingressa sit et egressa, quam praue credimus de proscaenio non recessisse. Posse autem quinto egredi personam, non et necesse esse dicimus, ut appareat ultra exire non posse, in tragoedia parcius exire et solere pariter et licere.

III

1. Primus actus in Andria narrationem Simonis apud Sosiam 10 continet argumenti, quod populus hac occasione perdiscit (*sc. 1*), mox querelam apud se Daui de domino et eiusdem cum domino uerba (*sc. 2*), et rursus eiusdem serui deliberationem, quid rerum gerat (*sc. 3*).

2. Secundi actus haec sunt: Charini uerba primo cum Byrria 15 seruo et post cum ipso Pamphilo de nuptiis Philumenae (*sc. 1*), Daui interuentus (*sc. 2*), cum eo disputatio de nuptiis (*sc. 3*), Pamphili sermo cum patre dolo consentientis in nuptias, Byrriae uerba (*sc. 4 et 5*), Daui callida oratio aduersum senem (*sc. 6*).

A; Σ {δ; Λ} | Praef. III Γ (A, P); Σ {δ; Λ}

P *habet praef. III 1–5 (argumenta 1, 2, 3 iterantur, quam ob rem repetita uerba sub P2 indicaui)*

1 et Aδ: uel Λ | obaudiri A: audiri Σ | possit Λ ‖ **2** finitum esse δ ‖ **3** illud A: etiam δ: id Λ | *post* quod *add.* ea δ | in₁ Λ: *om.* A δ | superiore AFq: superiori C V Oa Λ: superiora nm C²T | deficiens δ | in₂] *om.* β ‖ **4** incipiens] incipiet FTq: incepies C | non] *om.* δ | ipsum *Steph.*: ipsam A: *om. hic* Σ ‖ **5** *ante* statim *add.* ipsam Σ | statim] fictam Λ | rerum A: re Σ (R C) | p (pᶜᵃ C²) ω, *secl. Steph.* ‖ **6** enim] tamen δ | et₁] *om.* μ | et₂] ac Λ ‖ **8** *ante* exire *add.* in comoedia μ ‖ **10** Simonis] similis V Θ QJ ‖ **11** hac] *om.* A: ac C ‖ **12** uerba cum domino P: domino uerba C (cum *rest.* C²) ‖ **15** Secundi–sunt] Secundus actus in andria in quo quidem P2 | secunda A β | haec] *om.* Λ ‖ **16** *post* seruo *add.* sunt P2 | et] *om.* V | postea β QJ | Pamphilo ipso P ‖ **17** *post* interuentus *add.* et PP2 Σ ‖ **18** consentiente C (*corr.* C²) | in] *om.* δ | *post* nuptias *add.* et μ **19** aduersum] aduersus μ

3. Tertio actui haec attribuuntur: Mysidis cum obstetrice *40 W.*
colloquium Dauo ac Simone audientibus (*sc. 1*), partus Glycerii
suspectus seni et Daui apud eundem fraudulenta sermocinatio (*sc.
2*), Simonis uerba cum Chremete de nuptiis (*sc. 3*), Daui perturba-
5 tio et Pamphili (*sc. 5*)

4. Quartum actum per haec intellegimus: prima Charini uerba
sunt indignantis uelut fidem sibi non seruatam a Pamphilo (*sc. 1*),
tum Mysidis uerba apud Pamphilum (*sc. 2*) eiusdemque questus
(*sc. 3*), tum Daui administratio doli aduersus Chremen (*sc. 4*).
10 5. In quinto actu Chremetis et Simonis prope iurgium disputatio est (*sc. 1*), tum detectio fallaciarum Daui (*sc. 2*), tum indignatio
patris aduersum filium (*sc. 3*), tum Critonis interuentus et per eum
cognitis rebus in tranquillum res acta ducentibus uxores quas
concupiuerant Pamphilo et Charino (*sc. 4 et 5*).
15 6. Illud nos commouere non debet, quod in horum actuum
distinctione uidentur de proscaenio non discessisse personae
quaedam, sed tenere debemus ideo Terentium uicinitatis mentionem fecisse in principio (*u. 70*), ut modico receptu et adesse et

Γ (A, P); Σ {δ; Λ}

1 Tertio actui] Tertius actus in Andria cui quidem P2 | actu AP | haec] *om.* δ
attribuunt μ | Missus A | obstetrice] obsterteret F: obstitrice μ ‖ **3** susceptus
δ | senis δ¹ | eum Λ | fraudolenter δ (fraudulenter μ J²) | collocutio P2 ‖ **4** uer-
baque μ ‖ **7** uelut] adhuc μ | sibi] *om.* δ ‖ **8** eiusdemque–**9** tum] eiusdemque
questus P Λ: eiusdem quem tu A: eiusdem *seq. ras.* V: eiusdemque tum
(tamen Tq) Θ QJ: eiusdemque et μ ‖ **9** Chremen AP: Chremetem Σ ‖ **10** Simonis et Chremetis Λ ‖ **11** est (et T) *ante* disputatio *transp.* δ (*ante* prope μ): *om.*
Λ | deceptio δ ‖ **12** aduersum] -us PΣ ‖ **13** tranquillum QJV: tranquilla AP:
tranquillam μΘΛ | res acta *Steph.*: rei actae A: redacta P: rem (re V QJ) acta
(actam Fμ) Σ | ducentibus V: educentibus Σ (deducentibus F: adducentibus
μ) ‖ **14** concupuerant A: concupierant V: cupierant μ ‖ **15** *sect. 6 om.* V | nos]
non Λ | commouere] commonere μ | non] nos Λ | debet] habet μ | eorum β
16 uadentur A ‖ **17** uicinitas C ‖ **18** ut] et μ | recepti A

abesse personam intellegamus. Nihil ergo secus factum est ab antiquis, qui ad hunc modum Terentianas fabulas diuiserunt.

---

6 *nihil ... ab antiquis*] *cf. Don. Hec. praef. III 6*: Docet autem Varro neque in hac fabula neque in aliis esse mirandum, quod actus impares scaenarum paginarumque sint numero, cum haec distributio in rerum discriptione, non in numero uersuum constituta sit, non apud Latinos modo, uerum etiam apud Graecos; *Leo 1912, pp. 226–234*

1.1. (= u. 1) POETA CVM PRIMVM ANIMVM A. S. A. principium   *41 W.*
factum a commendatione personae, quod pudens, quod honestus,
quod prudens Terentius. Et honore maiore 'poetam' potius quam
'Terentium' dixit, ut illum hoc ipso nomine, de quo laborat,
5 ornaret. 1.2. POETA CVM P. A. A. S. A. intentio omnis huius prologi
hoc agit, ut nouo poetae ueniam paret et ueteri odium et ut quam
maxime modestum minimeque errantem Terentium probet. 1.3.
POETA CVM P. A. meritum iam poetae dedit 'poetam' eundem
dicendo. 1.4. *Et ab animo eius quem defendit.* 1.5. POETA CVM P. A.
10 A. S. A. sensus hic est: proposuerat quidem poeta noster, ut in
prologis argumenta narraret, sed hoc imputat Luscio Lanuuino
aduersario, quod eum non permisit facere quod proposuerat,
maledictis suis ad respondendum eundem prouocans. 1.6. APPVLIT
'appellere' proprie dicitur, cum ex pelago aut freto quis ad litus

---

1.2 *cf. Euanth. de com. III 2, p. 168–169 C.; Marti 1963, pp. 17–19* ‖ 1.5 *Hier.
quaest. hebr. in gen. praef. (CCL 72, p. 1,2)*: Qui in principiis librorum
debebam secuturi operis argumenta proponere, cogor prius respon-dere
maledictis, Terentii quippiam sustinens, qui comoediarum prologos in
defensionem sui scenis dabat. Urguebat enim eum Luscius Lanuuinus, nostro
Luscio similis, et quasi publici aerarii poetam furem criminabatur (*cf. Jakobi
2006, p. 250); HLL I, pp. 254–255* ‖ 1.6 *cf. Fantham 1972, pp. 42–43* | *cf. Arus.
exem. eloc. p. 6, 19 Di St.; Prisc. GL II 403.10; Non. 356 L.*

Γ (A, P); Σ {δ [V, Θ, μ]; Λ [ε (α, M p QJ x), D GH NY s U z]}
P: 1.1–1.5 S. A. *desunt*; 1.6 *O.L.*

---

1 POETA] POSTEA Θ | A. S. A. A: AD SCRIBENDVM APPVLIT Λ: *om.* δ ‖ **2** *post*
factum *add.* est Λ | prudens A Tμ ‖ **3** poeta μ ‖ **4** Terentius μ | ipso] *om.* Λ
‖ **5** P.–A.₃ A: P. A. FTq: PRIMVM ANIMVM CV μ: PRIMVM ANIMVM AD SCRIBEN-
DVM Λ | intentio] *post* prologi *transp.* Λ | prologi huius δ ‖ **6** agit *ex* ait C² | et
ueteri] uet&eri A | et₂] *om.* α | ut₂] *om.* C (*rest.* C²) ‖ **7** errati A | probet] pro
hec A: probat F ε ‖ **8** CVM–**9** POETA] *om.* A | P. V CT Λ: PRIMVM Fq μ | A.]
ANIMVM μ | *post* A. *add.* a. s. a. Λ | iam meritum Λ ‖ **9** animis Θ | P.] PRIMVM
CT μ | A.₁] ANIMVM μ ‖ **10** A. S. A.] A. A. Θ: AD SCRIBENDVM APPVLIT μ | hic] is
μ | noster] m(ih)i Tq ‖ **11** *post* sed *suppl.* aliter euenit. et *Rabbow** | Luscio]
Lucio TFq Λ: *om.* V | Lanuuino] Lanⁱumo A: Lanuuio V: Lauino Θ μ: lauinio
Λ ‖ **12** quod₁ *scripsi*: qui ω | non permisit facere] facere non permisit Λ

accesserit. Vergilius (*Aen.* 3, 715) 'hinc me digressum u. d. a. o.' 1.7. APPVLIT in secunda lectione 'attulit' fuit, sed 'appulit' magis; nam postea (u. 446) sic 'animum ad uxorem appulit'.

2. (= u. 2) ID SIBI NEGOTI 'negotium' modo pro molestia et cura, non labore.   5

42 W.   3.1. (= u. 3) POPVLO VT PLACERENT 'ut' 'ne non' significat: modo non est ⟨...⟩ coniunctio. 3.2. VT PLACERENT QVAS FECISSET FABVLAS ad 'fecisset' rettulit 'fabulas', non ad 'placerent'. Et est figura σύλλημψις. 3.3. QVAS FECISSET FABVLAS bene 'fecisset', non 'scripsisset'. Unde et poetae [a faciendo] dicti sunt ἀπὸ τοῦ ποιεῖν.   10 Sic Vergilius (*ecl.* 3, 86) 'Pollio et ipse facit noua carmina'.

1.7 Jakobi 1996, pp. 20–21 ‖ *2 cf. Don. An. 842.2; Fest. p. 184 L.* ‖ *3.1 cf. Don. An. 277.2; Id. ibid. 349.3; Id. ibid. 409.1; Id. ibid. 705.2; Id. ibid. 914.1; Id. Eun. 439.1; Id. Hec. 101.2; Id. ibid. 257; Id. Phorm. 59.2; Id. ibid. 965; Id. Ad. 627.2; Poliziano p. 31, 10* ‖ *3.2* σύλλημψις] *cf. Don. ars mai. p. 664, 8 H.* 3.3 *cf. Suet. (frg. 2 Reiff.) ap. Isid. orig. 8,7,2:* Id genus quia forma quadam efficitur, quae ποιότης *dicitur, poema uocitatum est, eiusque fictores poetae; Prisc. GL II 4, 2; Diom. GL I 491, 18:* Similiter atque is qui uersum facit dictus ποιητής, *cum et artifices, cum aeque quid faciant, non dicantur poetae; al.; Maltby 1991 p. 481*

Γ; Σ {δ; Λ}
P: *1.6–1.7 Vergilius – appulit. om.;* 2 ID – negotium *om.;* 3.1 *O.L.;* 3.2 *O.L.;* 3.3–4.1 ἀπὸ – m.₂ *om.*

1 hinc] hic a A: huc Λ | u.–o.] uestris deus appulit oris ΘΛ V: *om. sp. rel.* μ *post* o. (ris) *add.* p. ε ‖ **2** APPVLIT] *om. sp. rel.* μ | attulit *Steph.:* appulit ω | *post* magis *add.* ut Terentius ε ‖ **4** SIBI – negotium *Wess. (praeeunte Klotz):* SIBI negotium A Λ: NEGOCII s. V: negotium SIBI Θ: SIBI NEGOTI μ | *ante* modo *add.* credidit solum dari id negotii sibi μ | modestia V ‖ **5** laborem Γ ‖ **6** *post* PLACERENT *add.* quas fecisset fabulas μ ‖ **7** non ω: enim *Wess.* | *post* est *lac.* agnouit Jakobi (1996, p. 72, n.186) *et suppl.* praepositiua sed subiunctiua FECISSET FABVLAS μ: F. F. A: FECIT FABVLAS ΘΛ: *om.* V ‖ **9** σύλλημψις *Wess.:* sile(m)psis ω | fecisset₂] ficisset A ‖ **10** et] *om.* V Λ | poetae] poeta δ | a (*om.* μ) faciendo ω, *deleui* | dicti sunt AΡΛ: dictus Θμ: dictus est V | ἀπὸ τοῦ ποιεῖν. M⁴tJxG2: ΑΠΟ ΤΟΥ ΝΟω A (*in* ποιεῖ *corr.* P. Daniel): *om. sp. rel.* ΘΛ (ἀποιεω idest facio f²: παρὰ τοῦ ποιεω ῶ z): πασητησ V: a potu poro pois μ **11** *ante* sic *add.* et fingo α | Pollio – **11,1** Vergilius] *om.* Θμ | et] *om.* A (*s.l.* P. Daniel)

4.1. (= u. 4) VERVM ALITER sic Vergilius (*Aen.* 7, 44–45) 'maior
mihi rerum nascitur ordo, m. o. m.'; non enim hoc elegisse se dicit,
sed quasi ex ordine ipso natum sibi esse. 4.2. INTELLEGIT [et] quod
'credimus' plerumque falsum est, quod 'intellegimus' certum est —
5   'aliter' autem 'contra' significat, ut (Verg. *Aen.* 2, 428) 'dis aliter
uisum'. 4.3. VERVM ALITER EVENIRE M. I. adeo nec praeparauerat
nec intenderat quemquam laedere, ut spe falsus lacessitusque hoc
faciat.
    5. (= u. 5) OPERA ABVTITVR 'utimur' fructibus rei, quae †aman-
10 tibus saluo usu nobis subministratur, 'abutimur', quando deperdi-
mus et rem et fructum. Nam 'usui' est ager domus, 'abusui' oleum
uinum et cetera eiusmodi. Cicero (*Top.* 17) 'non debet' inquit 'ea   *43 W.*

---

5 *cf. Don. Phorm. 413.2:* 'Utimur' cum honore, 'abutimur' cum iniuria; *Isid.
orig. 5, 25, 8; Boeth. in top. Cic. 2, 17 Or.-B.:* Quod si cetera quidem utendo
permanent, cellae autem uinariae atque oleariae utendo consumuntur:
aliarum quidem rerum ususfructus esse potest, penus uero non potest usus
esse, sed potius abusus. Ergo quum uir uxori usumfructum bonorum
legauerit, non potuit legare contrarium, quod est abusus; est uero abusus
uini atque olei: uinum igitur atque oleum ad usumfructum mulieris non
potest pertinere; *Poliziano* p. 31, 16

Γ; Σ {δ; Λ}
P: 4.3–5 VERVM – ABVTITVR *deest*; 5 nam – habetur *om.*
5 sch. Vict. (D): Donatus: utimur fructibus manentium rerum

2 rerum] *post* mihi *transp.* ε V: *om.* Θ | nascitur ordo] n. o. A ε | m. o. m.] mo.
m. A: mo Θ: uerum aliter euenire multo intelligit μ: maius opus moueo V
enim] *om.* P | hoc] *om.* A | elegisse se AP: elegisse δ: se legisse Λ | dicitur C
(*corr.* C²) F ‖ **3** natu A | sibi] *om.* C (*rest.* C²) | INTELLEGIT e²: INTELLEGIT et ω
quod–4 est₂] *om.* Λ (*exc.* ε) ‖ **4** credimus] intellegimus A: *om.* μ ‖ **6** *post* uisum
add. est Λμ, *add.* superis V | M. I. A T (*incert.*) Λ: M. V: INTELLEGIT C: M. Fq:
MVLTO INTELLEGIT μ ε | *post* adeo *add.* ut Σ | praeparauerit μ ‖ **7** intenderit μ
lacessitque A ‖ **8** *post* faciat *add.* nam in prologis scribundis μ ‖ **9** ABVTENTVR
A | utimur] abutitur μ | fructibus] fruct. *sp. postp.* (us *eras.*) A: fructibus eius
μ | †amantibus *Wess.*: amanentibus P: amantibus Aδ: a(b) amantibus Λ: a
mancipibus *Rabbow* coll. Tert. apol. 11:* manente *Wieling* ‖ **10** saluo usu]
salua οὐσίᾳ *Rabbow* Schoell** ‖ **11** rem] re A | usui P (*fort.*): usi A V: usio β:
usus μ: usus *uel* usi *codd.* Λ: usu Θ | ager domus e²: agendo usus A: agendo
usu(s) Σ | abusui e²: abusio ω | *post* oleum *add.* et V ‖ **12** umum A | eiusmodi]
huiusmodi Σ

mulier, cui uir bonorum suorum usum fructum legauit, cellis
uinariis ⟨et oleariis⟩ plenis relictis putare id ad se pertinere: usus
enim, non abusus legatus est. ea sunt inter se contraria' [hoc in
Topicis habetur].

6.1. (= u. 6) NON QVI ARGVMENTVM NARRET quod uere prologi 5
est officium. 6.2. QVI pro 'ut'. *Ergo non est modo pronomen.* 6.3. SED
QVI MALEVOLI VETERIS POETAE primum a natura 'maleuoli' deinde
a tempore uel ab inuidia 'ueteris', a signo aemulationis 'poetae'.

7.1. (= u. 7) 'Vetus' plerumque refertur ad laudem, interdum ad
uituperationem, ut hic et alibi (*Eun.* 688) 'uetus ueternosus senex'. 10
7.2. 'Veteris' pro cariosi et quasi rancidi posuit, atque ideo 'maleuoli'. 7.3. Non 'criminibus' sed 'maledictis'. Quid autem inter
maledictum et crimen intersit, docet Cicero in Tusculanis (?, *fort.*
Cic. *Font.* 41; *Flacc.* 11; *Cael.* 30). 7.4. VETERIS ratio inuidiae,
POETAE causa insectationis. 7.5. MALEDICTIS criminatio aduersarii. 15
7.6. VETERIS POETAE M. R. quia senex Luscius edebat fabulas adule-
scentulo tunc Terentio. 7.7. Et eleganter 'maleuoli' 'maledictis'
'ueteris': commendatio poetae a persona aduersarii. 7.8. RESPON-
DEAT excusatio respondentis. 7.9. Et non 'obsistat' sed 'respondeat'. 20

6.1 *cf. Poliziano p. 31, 24* ‖ 6.2 *cf. Don. An. 307.1; Id. Eun. 911.2; Id. ars mai.*
p. 643, 5 H.; Seru. GL IV 439, 22; Pomp. GL V 250, 36; Cled. ars p. 89, 6 B., al.
6.3 *cf. maleuolus] cf. Non. 547 L.* | *uetus] Don. Phorm. 1.3* ‖ 7.1 *cf. Eun. 688.4*
‖ 7.3 *cf. Isid. orig. 5,26,1*

Γ; Σ {δ; Λ}
P: 7.1 et – senex *om.*; 7.2–7.7 Et *desunt*

1 mulier] *iter.* Θ: *ante* ea *transp.* V | usum fructum] usu fructum A ‖ **2** et
oleariis Cic.: *om.* ω ‖ **3** sunt] *post* se *transp.* Λ | *secl. Jakobi* (*1996, p. 104, n.*
272) ‖ **6** pro] *om.* A | *post* ut *add.* qui Λ | modo] *post* ergo *transp.* Λ ‖ **7** MALE-
VOLI] *post* VETERIS *transp.* δ | *ante* VETERIS *add.* ET β | POETAE] PER μ | natura
ex nam C² ‖ **8** ab] *om.* β ‖ **10** et] en α | alibui A ‖ **11** cariosi] a carie dictum *s.l.*
C²: curiosi μ | rancioli A: rancide Θ: rana de Oa: ranci de nm: *om. sp. rel.* J
12 sed] f. A ‖ **13** crim- et maledict- μ V | Tusculanis ω (Tusculana A):
Tulliana *susp. Jakobi* (*1996, p. 104, n. 273*) ‖ **16** M.] MALEDICTIS μ | R.] *om.* A:
RESPONDEAT μ | Lucius AT β: L. Lauinus μ | adulescentulo – **17** Terentio] *om.*
β ‖ **17** maliuoli ΘVε ‖ **18** RESPONDEANT A ‖ **19** Et] quoad β: ut V | absistat A

8.1. (= u. 8) NVNC QVAM REM 'quam' qualem. 8.2. VITIO DENT
uituperent, culpent. 8.3. *'Vituperare' est mala, 'uitio dare' etiam
bona.* 8.4. NVNC QVAM REM VITIO DENT 'nunc animaduertite', non   *44 W.*
'nunc uitio dent'. 8.5. Et oratorie quasi multos facit, cum unum
5   supra dixerit, ut Vergilius (*Aen.* 12, 60) 'desiste manum committere
T.' 8.6. QVAESO propositio. 8.7. ANIMADVERTITE legitur et 'attendite'. Unde manifestum est et 'attendite' et 'aduertite' non esse
plenum, nisi addideris 'animum'.

9.1. (= u. 9) MENANDER FECIT ANDRIAM ET P. iam narratio est.
10 9.2. Et proprie 'fecit': 'scribit' enim Terentius, qui uerba adhibet
tantum, 'facit' Menander qui etiam argumentum componit. Sed
saepe ad laudem Terentii 'fecit' de eo quod est 'transtulit'.

10.1. (= u. 10) VTRAMVIS prima scaena Perinthiae fere isdem
uerbis quibus Andria scripta est, cetera dissimilia sunt exceptis
15 duobus locis, altero ad uersus XI, altero ad XX qui in utraque

---

8.3 *cf. Eugr. ad loc.; Non. I 177, p. 71 Mazz.* ‖ 8.5 *Seru. Aen. 12,60; cf. Jakobi
1996, p. 142, n. 387* ‖ 8.7 *cf. Jakobi 1996, 19sqq.* | *cf. Eugr. ad loc.; Don. Eun.*
44: ANIMADVERTITE nos ἐλλειπτικῶς dicimus ⟨'aduertite' ut⟩ 'attendite',
ueteres plene 'animum aduertite'; *Comm. Mon. An. 8, p. 70 S.; Prisc. XVIII
p. 93, 2 R.; Arus. exem. eloc. p. 16, 17 Di St.* ‖ 10.1 *cf. PCG VI.2, 61; Lefèvre
2008, pp. 85–86*

Γ; Σ {δ; Λ}
P: 8.1 *O.L.*; 8.5–8.6 *desunt*; 9.1 *deest*; 9.2 qui₁ – componit *om.*; 10.1–10.3 *desunt*

1 NVM A | *post* quam *add.* idest μ ‖ **2** uituperent–**3** DENT] *om.* μ | culpent] *om.*
P | mala e²: male ω (*om.* V) ‖ **3** NON Θ | D. animaduertite V | nunc
animaduertite] *om.* β: nunc aduertite ΘV | non] *om.* μΛ ‖ **4** nunc] *om.* CT
post quasi *add.* multa an(te)rem uitio dent et ε | multos *Steph.*: multas A:
multa Σ | unum] *om.* δ ‖ **6** T.] Teucris V: *om.* q μΛ | prepositio δ: praepositio
est Λ ‖ **9** P.] PERINTHIAM μ Λ | iam] *om.* Λ | narratio est] narratione μ CT:
narrationem incipit V ‖ **10** Et] *om.* AP C (*rest.* C²) | proprie] *om.* P | Terentius]
om. μ ‖ **11** fecit δ | composuit μ | Sed] f. A ‖ **12** de AP: ac δ: ab V Λ | est] eas
Λ ‖ **13** IN *ante* VTRAMVIS *add.* β | fere] pene Λ ‖ **15** XI] undecim μ V | ad₂]
aduersus β | XX Λ: ti a(m) *s.l.* A: XXᵗⁱ V: XXam C: uicesimum C²F, *incert.* q:
XXoi T: uigesimum μ: XII β: XXI *susp. Wess.*

fabula positi sunt. 10.2. QVI ⟨VTRAMVIS RECTE NORIT AMBAS NOVE-
RIT id est: qui⟩ norit unam, norit ambas et nouerit omnem rem.
10.3. ⟨Et mire⟩ uno uersu 'norit' ...'nouerit'. 10.4 VTRAMVIS deest
'harum'.

    11.1. (= u. 11) NON ITA DISSIMILI SVNT AR. ordo: 'ita non sunt'. 5

45W. Ergo 'ita' subdistinguendum. 11.2. SED TAMEN discretio est a
superioribus. Et est ἀνακόλουθον, non enim supra posuit 'quidem'. 11.3. NON ITA DISSIMILI SVNT AR. 'ita' pro 'ualde'. 11.4. Et
caute: potuit enim dici 'quomodo ergo duae sunt?'

    12.1. (= u. 12) DISSIMILI ORATIONE [ita] ne Menandrum culpare 10
uideatur, hoc adiunxit, quod laudis est. 12.2. ORATIONE...AC STILO
'oratio' in sensu est, 'stilus' in uerbis. 12.3. 'Oratio' ad res refertur,
'stilus' ad uerba. 12.4. 'Stilus' non est in pectore sed in prolata oratione, 'oratio' autem et in cogitatione est et in prolatu. 12.5. 'Orationem' in sententiis dicunt esse, 'stilum' in uerbis, argumentum 15
in rebus. Ergo et poema 'oratio'.

10.2   *Macrob. exc. p. 7, 3 De P.*: Et [h]isdem penes singulas partes
obseruationibus sermo uterque distinguitur, pares fere in utroque
componendi figurae, ut propemodum 'qui utramque artem didicerit ambas
nouerit' ‖ 11.2 *discretio*]*cf. An. 108.2* ‖ 11.3 *cf. Lindsay 1907, p. 100; Cioffi
2015, p. 135* ‖ 12.1 *cf. Lefèvre 2008, pp. 85–88* ‖ 12.2–12.5 *cf. Cic. de orat. 3,
167; Fest. p. 182 L.; Quint. inst. 2, 21, 1; Pap. Corp. 57, 12; Don. An. 251.3; Isid.
orig. 1, 5, 3*

Γ; Σ {δ; Λ}
P: 11.1 AR. *om.*; 11.3 DISSIMILI, AR. *om.*; 11.4–12.1 *desunt*

1 positi sunt] positis A: posita sunt ε | VTRAMVIS–**2** qui] *add. Wess.* ‖ **2** norit₁]
nora A | norit₂ Λ: nora A: nouerit β: *om.* δ | et Θ V: *om.* A μΛ | nouerit] nouit
C ‖ **3** *add. Wess. duce Bentleio** * | norit...nouerit] nouerit...norit Θ (C²) V
norit] *om.* μ | *ante* nouerit *add. et* β | nouerit] norat C (*in* nouerat *corr.* C²)
deest] *om.* μ ‖ **5** AR.] *om.* A: ARGVMENTO Λμ | **6** subdistinguendum] subd- est
α | TAMEN] *om.* μ | discretio] discreptio β ‖ **7** ἀνακόλουθον M⁴t: ἀνακολοῦθον
G²: ΑΝΑΚΟΛΟΥΘΟΝ A: *sp. rel.* Σ (anac(h)oliton P H h, silemsis m²) | enim]
autem δ ‖ **8** AR. *Wess.*: ORATIONE ω ‖ **9** enim] *om.* C (*rest. s.l.* C²) | duae sunt]
sunt duae Λ ‖ **10** ORATIONE] RATIONE CT | ita] *secl. Rabbow** * ‖ **11** hoc] ita ε
12 Oratio–**15** uerbis] *om.* μ ‖ **13** pectore *Bentley**: tempore ω | prolata ora-
tione PΛ: probata A: probatione ΘV ‖ **14** *post* oratio *add.* est C (*del.* C²) | et₁]
ex A: *om.* Θ | est] *post* autem *transp.* Λ | probatu C: probata T: probatione V
15 dicunt] dictam ΘV ‖ **16** et poema] in poemate Λ | *post* oratio *add.* est qΛ

13.1. (= u. 13) QVAE CONVENERE IN ANDRIAM apparet non de industria sed casu esse translata ea, quae ex Perinthia in Andriam eodem sensu isdemque uerbis perscripta fuerant. 13.2. QVAE CON-VENERE IN ANDRIAM unam ergo, non duas transtulit. 13.3. QVAE
5 CONVENERE IN ANDRIAM quae apta et commoda fuerunt. 13.4. IN ANDRIAM Latinam, non Graecam.

14. (= u. 14) FATETVR TRANSTVLISSE ⟨'se'⟩ scilicet. Quare ergo se onerat Terentius, cum possit uideri de una transtulisse? sic soluitur: quia conscius sibi est primam scaenam de Perinthia esse
10 translatam, ubi senex ita cum uxore loquitur, ut apud Terentium cum liberto. At in Andria Menandri solus est senex.

15.1. (= u. 15) ISTI VITVPERANT 'isti' ad reprehensionem 46 W. sumitur personae: interdum reprehensionem rei significat, ut Vergilius (Aen. 9, 94) 'quid petis istis?' 15.2. VITVPERANT uitium
15 rei parant. 15.3. DISPVTANT immorantur, calumniantur, argumen-tantur.

16.1. (= u. 16) CONTAMINARI 'contaminare' proprie est manibus luto plenis aliquid attingere et — 16.2. 'Contaminare' contingere est

---

14 cf. Lefèvre 2008, pp. 85–86 ‖ 15.1 cf. Don. An. 216; Id. Ad. 852.3; Id. Eun. 192.1; Id. Hec. 784.3; Seru. ecl. 10, 21 ‖ 15.3 cf. Varro ling. 6, 63; Seru. auct. Aen. 8, 522; Isid. orig. 9, 4, 14 ‖ 16.1–16.4 cf. Marti 1963, pp. 23–27; Papaioannou 2014, pp. 30–43

Γ; Σ {δ; Λ}
P: 13.1 o.l.; 13.2–14 desunt; 15.1 o.l., interdum – istis om.; 15.2 o.l.; 15.3 o.l.; 16.2–16.4 desunt

2 et Andria C ‖ 3 scripte μ: prescripta β | fuerant] suerant A: fuerunt Θμ QVAE–4 ANDRIAM] om. ΘV ‖ 7 ⟨'se'⟩ scilicet scripsi: deest 'se' Schoell*: sed ω 11 at] et μ | Menandri] om. μ | senex est ε ‖ 12 ante ISTI₁ add. ID Σ | post VITVPERANT add. FACTVM μΛ | isti₂] om. μ | reprehensionem] uituperationem β ‖ 13 rei reprehensionem Λ ‖ 14 quod A | petis istis Verg.: petistis A δ: petit istis Λ | uitium rei] uicio P: uitium re A ‖ 15 parant] putant δ | immorantur ex imorantur C²: minorant(ur) Λ | post argumentantur add. in eo μ ‖ 17 con-taminare] om. δ: -are uel -ri ante est transp. Λ | est] om. δ | ante manibus add. cum VΘ (C², post manib- add. C) ‖ 18 aliquis A | attingere] et ingere A contaminare] contamirarie C (corr. C²): contaminarie T: contaminari uel -re codd. Λ | ante contingere (atting- Λ) add. et ΘμΛ | est] est et ΘΛ: et V

— polluere. Vergilius (*Aen.* 3, 61) 'linqui pollutum h.' 16.3. CONTA-
MINARI 'contaminari' tangi et relinqui polluta manu ac per hoc
uelut foedari aut maculari, ut ipse ait (*Eun.* 550) 'ne hoc gaudium
contaminet uita aegritudine aliqua.' 16.4. CONTAMINARI NON
DECERE id est: ex multis unam non decere facere.   5

17.1. (= u. 17) FACIVNTNE INTELLEGENDO 'ne' quidam corripi-
unt et cum interrogatione pronuntiant, quidam producunt. Quorum alii 'ne' pro 'nonne' accipiunt, *id est 'non'*, alii 'ne' pro 'ualde',
ut (*Ad.* 540) 'ne ego homo sum infelix' et Cicero (*Catil.* 2, 6) 'ne illi
ueh. e.' 17.2. Et hoc melius, nam statim infert 'quorum aemulari   10
exoptat n. p. q. i. o. d.' 17.3. NE nimis, multum, plurimum.

18.1. (= u. 18) QVI CVM HVNC ACCVSANT NAEVIVM PLAVTVM
47 W. ENNIVM A. in singulis magna ἔμφασις auctoribus, sed ordo non est
seruatus: Ennius namque ante Plautum fuit. Sed quod est
summum auctoritatis, Ennium ultimum dixit. 18.2. QVI CVM HVNC   15
A. N. P. E. Terentium, inquit, specialiter accusantes nesciunt se

---

17.1–17.3   *cf. Don. An. 324.2, 6; Id. ibid. 772.1; Id. ibid. 939.1; Id. Hec. 125; Id.*
Eun. 285.1; Id. Ad. 441.1; Id. ibid. 540.2; Id. ibid. 835.2; Charis. ars p. 244.14 B.;
Id. ibid. 295.14 B.; Diom. GL I 394.20; Id. ibid. 404.17; Dosith. gramm. p. 93,12
B.; Prisc. GL III 84, 16; schol. Bemb. Ter. Ad. 565

Γ; Σ {δ; Λ}
P: 17.1 *o.l.*, et Cicero – e. *om.*; 18.1 *o.l.*; 18.2 *o.l.*

1 liqui *uel* linquit *codd.* Λ | h. (hoc A) VΛ: *om.* μ: hospitum β: b. CT
CONTAMINARI *ante* h. *transp.* Θ ‖ **2** ac] hac C ‖ **3** uelut A: uoluit Σ: uolunt β
ne] *om.* Θμ | *post* hoc *add.* loco δ ‖ **4** uitam μ ‖ **5** DECERE₁] DETERET A: DECERE
FABVLAS μ | unam] *om.* A ‖ **6** FACIVNTRE C (*corr.* C²) | *ante* INTELLIGENDO *add.*
NON Cq | corripiuntur C² ‖ **7** et] *om.* C | cum] eius A ‖ **8** nonne *Wess.*,
Rabbow*: ne Γ Θ: non VμΛ | *post* accipiunt *add.* ne Λ | id est non] *obliq. litt.*
scripsi: om. μ ‖ **9** homo] *om.* μ | *post* sum *transp.* homo P ‖ **10** ueh. A: ne hoc
V: ne h. Θ: *om.* μ: u. Λ | e. *ex Cic. suppl. Wess.* | Et] non A: net C (*corr.* C²)
infere A: refertur β | quorum – **11** plurimum] *post* 15 dixit *transp.* Σ | exoptat
aemulari Σ ‖ **12** ACCVSANT HVNC δ | NEVVM A | *post* PLAVTVM *add.* ET V
13 ENNIVM A. *Wess.*: EMVVMA; A: ENNIVM ACCVSANT Σ | singulis] singula-
ribus μ: singulariter Θ | ἔμφασις *Wess.*: enfalsis A: enfasis P: emphasis ΘV:
emphesis μ: emphasis est Λ | auctoritatis ε ‖ **15** summe Λ | Enmum A: *om.* μ
duxit A (*corr.* A²): dicit V ‖ **16** A.] ACCVSANT VμΛ: AC Θ | P. N. VΘ: PLAVTVM
NEVIVM μ | E.] ENNIVM μ | specialiter] *post* accusantes *transp.* P: *om.* V

bonis omnibus maledicere, quos ille imitatur. Et est argumentum
ab exemplo et auctoritate.

22.1. (= u. 22) DEHINC VT Q. P. M. recte, nam 'quiesce' illi dicitur, qui est insolens et inquietus. 22.2. PORRO 'porro' 'in futurum'
5 dixit. 22.3. MONEO terribiliter dixit. Cicero (*Verr.* 1, 36) 'moneo
praedico a. d.' 22.4. MONEO liberatus culpa etiam terret alibi crimi-
naturus aduersarios.

23. (= u. 23) MALEFACTA NE NOSCANT SVA melius quam si   *48 W.*
dixisset 'audiant'.

10   24.1. (= u. 24) FAVETE ADESTE iam ad auditores conuertitur, a
quibus coepit. 24.2. FAVETE quasi dicat: 'haec aduersarii faciunt,
uos autem, quod in uobis est, fauete', *uos ergo fauorem facite.*
24.3. ADESTE non ut absentibus dicit, quippe qui corporibus
praesto erant, sed: 'intenti estote'. 24.4. FAVETE 'silete'. Sic et
15 pontifices dicunt 'fauete linguis, fauete uerbis', unde Vergilius

22.1 *cf. An. 598.1,3; Id. Hec. 638.3* ‖ 22.2 *cf. [Prob.] GL IV 145,30; Cledon. GL V
74,32; Audax GL VII 351,1; Don. An. 731; Non. p. 601 L.* ‖ 22.3 *Don. Hec. 64.1*
22.4 *cf. Eugr. An. 20:* Subiungit postea epilogorum uirtutem, uti liberatus
culpae terrere incipiat*; Don. Hec. 64.1; Synon. Cic. Charis. ars p. 414.22 B.*
24.2 *cf. Paul. Fest. p.78 L.* ‖ 24.3 *cf. Don. Phorm. 313.2; Id. ibid. 350.2*
24.4 *cf. Porph. Hor. carm. 3,1,2; Seru. Aen. 5,71; Seru. auc. 8,173; Seru. georg.
4,230*

Γ; Σ {δ; Λ}
P: 22.1 *o.l.*; 22.2 *o.l.*; 22.3–22.4 *o.l.*; 24.1 *o.l.*; 24.2–24.3 uos ergo – sed *om.*; 24.4 *o.l.*, sic – etc
om.

1 omnibus] hominibus Λ | ille] iste μ | est] *om.* μ: *post* argumentum *transp.*
Λ ‖ **3** *post* DEHINC *add.* porro β | Q. P. M.] QVIESCANT P. M. Vq: QVIESCANT
PORRO MONEO μ | recte] rete C (*corr.* C²): recte est Λ | nam] non δ | quiescere
δ | ille Tμ ‖ **4** inquietus] quietus Θ (C) V: non quietus C² | porro₂] *om.* μ: pro
Λ ‖ **5** dixit] dicitur V Θ: *om.* β | MONEO₁] MONAT A ‖ **6** a. – MONEO *Wess.:*
moneo A (ad *s.l. praep.* P. *Daniel*): admoneo δ: moneo *uel* admoneo *codd.* Λ
terret] tantum V | alibi] *om.* Λ | *post* alibi *add.* etiam A | criminaturos A q:
-ros *uel* -rus *codd.* Λ ‖ **7** aduersario α T ‖ **8** *sch.* 23 *post* 24.6 *in* ω ‖ **11** cepit *post*
24.2 FAVETE *transp.* Σ | quasi dicat] q. d. VTq: quasi dicat *uel* q. d. *codd.* Λ
12 ergo] autem A: uero Λ | facite] *ex* facte *corr.* A² ‖ **13** ADESTE] at ADESTE
CV: ac (*uel* at) ADESTE qΛ | non] *om.* A | dicat μ ‖ **14** *ante* erant *add.* essent
al(iter) C | et] ut V: *om.* T ‖ **15** pontifex C (*corr.* C²) | unde] *om.* V: ut μ

(*Aen.* 5, 71) 'ore fauete omnes' etc. 24.5. ADESTE 'animis' scilicet: 'auxilium praebete', ut 'adesse' aduocatus dicitur reo. 24.6. AEQVO ANIMO ab honesto; ET REM COGNOSCITE a iusto. 24.7. COGNOSCITE per ⟨...⟩. 24.8. COGNOSCITE sic dixit 'cognoscite, ut pernoscatis', quemadmodum in Hecyra (*prol.* 2, 1–2) 'orator ad uos uenio 5 ornatu prologi: sinite exorator siem'.

25.1. (= u. 25) VT PERNOSCATIS ab utili. 25.2. RELIQVVM sunt qui 'reliquorum' accipiunt, ut sit sensus: de hac fabula sumite specimen, ut sciatis, an ceterae uobis spectandae sint. Nam postmodum dicit in alio prologo (*Hec. prol.* 1, 8) 'alias cognostis eius: quaeso 10 hanc noscite'. 25.3. RELIQVVM quasi diceret 'postremum', —*est ergo quasi aduerbium,* — id est τὸ λοιπόν. 25.4. RELIQVVM siue hoc 'reliquum' dicit siue 'reliquum' pro 'reliquorum', geminata 'u' scribitur.

26.1. (= u. 26) POSTHAC ⟨QVAS⟩ FACIET scribet. 26.2. DE INTEGRO 15 utrum 'denuo' an 'ex integris Graecis' ?

24.6 ab honesto]cf. Don. An. 274.2; Id. ibid. 570.3; Id. ibid. 816.1; Id. Hec. 585.2; Id. ibid. 600.3; al. | a iusto] cf. Don. Ad. 456.3; Id. Hec. 583.2 ‖ *25.1 cf. Don. An. 389.4; Id. ibid. 410.1; Id. ibid. 546.2; Id. Hec. 57.1; Id. ibid. 400.4; Id. ibid. 587.2; Id. ibid. 589.3; Id. Phorm. 493.1* ‖ *26.2 cf. Don. Phorm. 174.1,2*

Γ; Σ {δ; Λ}
ab sch. 24.8 sic dixit incipit K
P: 24.5 ut – reo. *om.*; 24.7 *deest*; 24.8 *o.l.*; 25.1 *deest*; 25.2 *o.l.*; 25.4 *deest*

1 etc. *Wess.*: et cetera A Θ: *om.* V μΛ ‖ **2** adesse] *om. hic* Λ, *post* reo *transp.* reo dicitur Λ ‖ **4** per ω (*cum seq. lemmate iunctum*): pro U (*Wess.*): per⟨cognoscite⟩ Postgate (1904, p. 224) | *ante* COGNOSCITE *lac. stat. Wess.* (*iudicate suppl. Rabbow**) | COGNOSCITE₁] NOSCITE Λ | sic–cognoscite₂] *om.* μ ‖ **6** siem Σ: sim AP ‖ **7** P(RAE)NOSCATIS A | utile A | *post* utili *add.* quid spei sit Λ | sunt qui] quidam reliquum pro Λ ‖ **8** requorum A | sumite] recipite ε specimen] speciem A ‖ **9** uobis ceterae Pμ: recte α | sunt μ | postmodum] postmodo du(m) A ‖ **10** dicit in *Wess.*: dem A: deinde δ: dictum Λ | aliquo A (o *sup.* iq *add.*) | cognostis Λ: cognoscatas A: cognoscitis Θ: cognoscetis C²Kμ ‖ **11** hanc A: bene Σ | noscite *ex Ter.*: cognoscite AΣ | quasi diceret] q. d. K | est] *om.* Θμ: *post* aduerbium *transp.* K ‖ **12** quasi A: queso KΣ | id est δ: uel A Λ | τὸ λοιπόν e²: to am non A: *om. sp. re.* KΣ (exoptandi μ: πολοιπον tM⁴: τὸ αμνον G²) | RELIQVVM–hoc] *om.* A ‖ **13** dicit] *ante* hoc *transp.* A geminato Λ | u] ut A ‖ **15** POSTHAEC AP | scribit Θ | INTEROG° C ‖ **16** iterum β | ex] nocebit A: nec P

27.1. (= u. 27) SPECTANDAE AN E. S. V. P. σύλλημψις, ut supra (u. 3): ad uerbum enim 'faciet' declinauit, non ad 'spectandae sint'. 27.2. SPECTANDAE proprie ut fabulae: probandae. 27.3. EXIGENDAE ἔξω agendae.

27.1 *Pomp. GL V 302.10* ‖ 27.2 *Don. An. 91.2; Id. Eun. 565.2; Id. Hec. 1.1; Eugr. An. 822; Seru. Aen. 6, 687; Id. georg. 1, 197; Id ibid. 8, 151; Breu. expos. Verg. georg. 1,197; Id. ibid. 2, 237; Charis. ars 443 B.; Cur. epit. Don. 839* ‖ 27.3 *Porph. Hor. carm. 4, 15, 18:* 'Exiget' nunc 'excludet' significat, quasi ἔξω aget, ut Ter. (*An. prol. 27*): 'spectandae an exigendae [sint uobis]'

Γ; Σ {δ; Λ}
P: 27.1 AN – P. *om.*

1 SPECTANDAE–**2** ad₂] *om.* Fq | E.–P.] EXIGENDE SINT VOBIS PRIVS μ: EXIGENDE K | σύλλημψις M⁴: CYAAλεAAITΠC A: sile(m)psis PΣ | ut supra] *om.* C (*rest.* C²) ‖ **2** aduerbium C (*corr.* C²): ad uerbum *uel* aduerbium *codd.* Λ enim] *om.* μ | sint–**3** SPECTANDAE] *om.* T ‖ **3** probandae] pro blande CT: propalande Λ ‖ **4** ἔξω agendae *Wess. coll. Porph. Hor. carm. 4,15,18*: exagendae ω (agendae μ: ex β)

49W.   1.1. (= u. 28) VOS ISTAEC INTRO AVFERTE ABITE *in hac scaena*
haec uirtus est, ut ⟨pro⟩ argumenti narratione actio scaenica uidea-
tur, ut sine fastidio longus sermo sit ac senilis oratio. 1.2. VOS ISTAEC
I. A. A. haec scaena pro argumenti narratione proponitur, in qua
fundamenta fabulae iaciuntur, ut uirtute poetae, sine officio pro-   5
logi uel θεῶν ἀπὸ μηχανῆς, et periocham comoediae populus te-
neat et agi res magis quam narrari uideantur. 1.3. VOS ISTAEC I. A.
A. molliter retenturus et separaturus Sosiam imperat, ut remaneat.
Addit etiam causam illis abeundi dicendo 'istaec auferte', ne suspicionem iniciat Sosiam communicandi secreti gratia remansisse. —   10
1.4. Et bene 'auferte': 'auferimus' enim ea, quae cum fastidio cernimus, 'ferimus' ea, quae cum honore tractamus. — Deinde quasi
respicientes increpat dicendo 'abite'. 1.5. ABITE concitatius legen-

1.2 *cf. RLG p. 129; Marti 1963, pp. 17–20; Papaioannou 2014, pp. 43–50*
1.3 *cf. Cur. epit. Don. 5* ‖ 1.4 *cf. Non. V 5, p. 8 G.-S.; Isid. diff. 1, 309, p. 222 C;*
Id. ibid. 1, 238, p. 198 C.; Cur. epit. Don. 90 ‖ 1.5 *cf. Don. Ad. 699.3*

Γ (A, PK); Σ {δ [Θ, μ]; Λ [ε (α, M p QJ x), D GH NY s U z]}
P: 1.1–1.3 *desunt*; 1.4 Et, deinde – abite *om.*

1 ABITE] *om.* μ | in] *om.* Γ ‖ **2** est] *om.* Γ (*spat. rel. 20 fere litt.* A) Θ |
pro *add.* Jakobi GFA*, *cf. sch. 1.2*: in *add. Wess.* | narratione] narratio (*an*/ ratio *ut uid.*
C) ne Θ (C²): narratio esse *Klotz* ‖ **3** ISTAEC] ISTA H(A)EC A (*sic et infra*) ‖ **4** I.
AK C Λ | pr(a)eponitur μ ‖ **5** iaciuntur A: iaciunt C (*corr.* C²) | sine] siue μ
6 uel θεῶν ἀπὸ μηχανῆς *Steph.*: VEL Θ ΘωΝαΠΟΜΗΧαΝεΗ A (*exp.* ε, *ut*
uid.): uel *sp. postp.* ΚΣ: pernoscamus qualiter per cognitionem Andri(a)e μ
et] etiam μ | perioc(h)am AK: peri(n)t(h)iam Σ | com(o)ediae] comedit K:
com(o)ediam μ: commode ε | teneat] *om.* C (*rest.* C² *s.l.*) ‖ **7** et] *om.* K | agi res
K δ: ignes A: res agi Λ | uideatur C (*ut uid., corr.* C²) μ | I. AK: INTRO Σ | A. A.]
AVFERTE ABITE μ ‖ **8** mollit(ur) *ut uid.* A | separaturus p: speraturus AK FTq:
speratus Cμ: experturus Λ (expectaturus β) | Sosiam] Sosie μ | imperat]
imparat KT ‖ **9** addidit AK | causa A | illis AK δ: aliis Λ | ista h(a)ec A | *ante*
auf- *add.* intro KΛ | auferto AK ‖ **10** committendi μ | gratia] causa et β
11 Et] *om.* P | ait *ante* auferte *add.* P² | enim] *om.* K β: autem ε | ea] eam C
(*rest.* C²): *om.* q | cum] *om.* μ | cernuntur A ‖ **12** ea] *om.* δ ‖ **13** abire A: *om.* δ
concitatim Θ: concitate μ

dum est, quia et respectantes properat et discernit a Sosia.
1.6. ⟨SOSIA⟩ Sosiae persona προτατική est, *non enim usque ad*
finem perseuerat, ut est Daui in Phormione, in Hecyra Philotidis et
Syrae.

5   2.1. (= u. 29) ADESDVM 'ades' imperatiuum est, 'dum' παρέλκον   *50W.*
est enim productio. 2.2. PAVCIS deest 'colloqui' aut 'uerbis'. Et est
figura σύλληψις. 2.3. ADESDVM ⟨'dum'⟩ παρέλκον ut (*An.* 184)
'ehodum ad me'. 2.4. DICTVM PVTA ad hoc respondet, ut agi res
uideantur, quemadmodum supra (*An.* 28.2) diximus.

10   3.1. (= u. 30) CVRENTVR RECTE diligenter coquantur. '*Curatio*'
proprie medicorum est, 'cura' reliquorum. Sed coquina medicinae

---

1.6 cf. *Don. An. praef. I 8 (ubi cf. alia); Ferri 2016, 245* ‖ 2.1 *cf. schol. Bemb.*
Ter. Haut. 249: Dum parhelcon et saepe imperati[u]o additum ut (*An.* 29)
'adesdum paucis te uolo'; *Seru. auc. ecl. 7,9*: ADES alii pro imperatiuo
accipiunt, cuius pronuntiatio similis est indicatiuo: Terentius 'adesdum;
paucis te uolo'; *Consent. de bar. et met. p. 20,8 N.; Prisc. opusc. p. 111, 20 P.;*
Cur. epit. Don. 26 ‖ 2.2 *cf. Poliziano p. 37,22* ‖ 2.3 *cf. Don. An. 184.3*
3.1 *cf. Don. Eun. 316.3*: CVRATVRA 'cura' mentis est, 'curatio' medicinae,
'curatura' diligentiae; *Plat. Gorg. 465b; Non. p.791 L.; Cur. epit. Don. 180*

Γ; Σ {δ (Θ, μ); Λ}
P: 1.5 quia – Sosia *om.*; 1.6 *deest*; 2.4 O.L., quemadmodum – diximus *om.*; 3.1 O.L.

1 et₁ ΚΣ: *om.* Αβ | respectantes Α δ: res peccantes K: respicientes Λ | properat
(-rant K) et (ex A)] properanter *Steph.* | a Sosia] *om.* μ | **2** ⟨SOSIA⟩ μ: *om.* ω
Sosiae] Si sic A | personet A (*corr.* A²): person(a)e Θ | προτατική – enim] *om.*
sp. rel. K | προτατική est *scripsi*: ΠΡΟΤΑΤΙΚΑ E(st) A: *om. nul. sp.* Θ:
prostatica est Λ (προτακτικα Μ⁴) ‖ **4** Syrae] Syri μ ‖ **5** ades] *om.* AP C (*rest.*
s.l. C²): addes K | est] es ΓΘ: *om.* μ | παρέλκον *Steph.*: parelcon ω
6 productio Γ δ: adiectio syllabica Λ | *post* productio *add.* ut ehodum ad me P
(*cf. 2.3*) | te uolo *post* PAVCIS *add.* Λμ | det AK | colloquio A (*ante corr.*) | et est]
est enim μ ‖ **7** σύλληψις *Wess.*: syl(l)e(m)psis ω: ellipsis *Lind.* | sch. 2.3. hic
om. P, sed cf. post sch. 2.1 | ADESDVM] *om.* AP C (*rest. s.l.* C²): addes K | dum
add. Jakobi coll. An. 184.3, ibid. 70.1, ibid. 823.1: est *add.* K | παρέλκον *Wess.*:
parelcon ω ‖ **8** e(h)odum] heo dum A | hac A | res agi μ ‖ **9** uideantur]
uideatur μ | quemadmodum] quam μ ‖ **10** ut *ante* CVRENTVR *add.* Λμ | h(a)ec
ante diligenter *add.* Λ ‖ **11** reliquorum] reliquet A

adulatrix est. 3.2. HAEC δεικτικῶς. 3.3. NEMPE VT CVRENTVR deest 'uis' ut sit: 'nempe uis'. 3.4. IMMO ALIVD bene ἀντέθηκεν τῷ 'nempe' τὸ 'immo'. Et deest 'uolo'. 3.5. QVID EST QVOD TIBI MEA ARS EFFIC. ars ἀπὸ τῆς ἀρετῆς dicta est per συγκοπήν. Ἀρετή autem uirtus est. *Virtutis uero quattuor generales sunt species: prudentia,*   5 *iustitia, patientia, fortitudo, sed prudentia in multis rebus descendit.*

4. (= u. 31) EFFICERE 'facere' est in opere esse, 'efficere' autem perfectionem desiderat.

51W.   5. (= u. 32) NIHIL ISTAC OPVS EST A. mire ait: arte non opus est †artibus.   10

6.1. (= u. 33) SED HIS QVAS SEMPER IN TE INTELLEXI SITAS ipse hic signatissime ostendit multas uariasque artes esse, id est ἀρε-

---

3.2 *cf. Don. An. 237.2; Id. ibid. 333.2; Id. Ad. 163.2; Id. Hec. 75; Seru. Aen. 2, 289; Id. ibid. 11, 115; al.* ‖ 3.5 *cf. Maltby 1991, pp. 54–55* ‖ 4 *cf. Don. An. 595.3; Id. Hec. 123.3; Cur. epit. Don. 256*

Γ; Σ {δ (Θ, μ); Λ}
P: 3.4 bene – Et *om.*; 3.5 *O.L.*; 4 *O.L.*; 5 *O.L.*, non – artibus *om.*; 6.1 *O.L.*

1 adulatrix Γ: adulatria δ (adult(er)ata F): famulatrix Λ: *an* adiutrix *dub. Wess.* | δεικτικῶς *Steph.*: dic(h)ticos ω (δικτικῶς *rest.* M⁴: *om. nul. sp.* μ: dic(h)ticos est Λ) ‖ **2** IMMO] ANIMO *uel potius* AMMO A | et *ante* bene *add.* μ ἀντέθηκεν τῷ nempe τὸ *Wess.*: ante EHRENTLENE peto A: ante peto K *sp interp.*: *om. sp. rel.* Θ: aliud quia non intendebat ut uer(a)e fierent nuptiae sed simularentur μ: ante (*uel autem*) *sp. postp.* Λ ‖ **3** QVID(EM) QVOD A: EST QVOD *ut uid.* C | TIBI] *om.* Λ ‖ **4** EFFIC. *Wess.*: EFFIC(IT) A: EFFICIT K: ES. C: EFF(I). TFq: EFFICERE HOC POSSIT AMPLIVS μΛ | ars] arf A: artes autem μ | ἀπὸ τῆς ἀρετῆς G² Q M⁴ ft z: ΑΠΟΥΤΗCΑLΕΤΗ A: ΑΝΟΥΤΗC ΑΡΗΤΗ P: apotu arres quod est uirtus μ: *om. sp. rel.* K Σ | dict(a)e δ | est] sunt δ | συγκοπήν] CynKONN A: sincopem KP Σ | aPETH AP: arete K: *om. sp. rel.* Θ: arretis μ: ar(e)s Λ ‖ **6** patientia] *om.* Λ | *ante* fortitudo *add. et* K: uel P | *post* fortitudo *add. et* temperantia Λ ‖ **7** *ante* efficere₂ *add.* sed Λ | autem] *om.* Λ **8** desiderat] *om.* C (*rest.* C²) ‖ **9** NIHIL] *om.* C (*rest.* C²) | A. Γ: ARTE Σ | ad hanc rem quam paro *ante* mire *add.* μ | non] n(atur)(a)e Θ (esse C, *exp. et* n(atur)e *s.l. scr.* C²): mature μ: nunc Λ | opus] *om.* Fq | est₂] *om.* δ ‖ **10** artibus Γ μΛ, *cruc. signaui: ante* artibus *add.* sed opus est Θ (est artibus *ineunte lin.* C: sed opus est artibus *in marg. post* opus₁ *add. et* est artibus *exp.* C²: sed oper(e) artibus T) ‖ **11** HIS] DE HIS K | IN TE AK CT μ | SITAS] *om.* Θ **12** signatissimas TF | ostendit *ante* sign- *transp.* δ | multasque K | uarias K esse] *ante* artes *transp.* (*ut uid.*) P | *ante* i(d est) *add.* quas i. t. i. Λ | ἀρετὰς *Steph.*: α PHTAC AP: αρ *sp. rel.* K: *om. sp. rel.* Σ τὰς, quae uirtutes intelleguntur. 6.2. SED HIS ζεῦγμα a superiore, quod subauditur 'artibus'. 6.3. SITAS constitutas, positas.

7.1. (= u. 34) FIDE ET TACITVRNITATE 'fides' est commendatorum fida executio uel obseruantia, 'taciturnitas' uero obseruantiae
5 genus, in silentio constituta et in celando secreta. Quaerit autem taciturnitatem, ne prodat Pamphilo secretum, quod ei commendaturus est. 7.2. FIDE ad complenda, TACITVRNITATE ad celanda mandata. 7.3. EXPECTO QVID VELIS 'exspecto' 'desidero', ut Vergilius (*Aen.* 2, 283) 'expectate uenis'. 7.4. QVID VELIS deest 'scire',
10 nam si dixisset 'quod uelis', nihil desideraret.

8.1. (= u. 35) EGO POSTQVAM TE E. A. P. commendatio personae ⟨honestae⟩ quam serui, ne contra filium leui seruo aliquid committi indecore uideatur. 8.2. EGO POSTQVAM TE E. A. P. tale est (Sall. *Iug.* 10, 1) 'paruum ego te, Iurgurtha'. 8.3. EGO POSTQVAM TE E. A.
15 P. non 'emi a paruulo', sed 'a paruulo, ut clemens tibi fuerit *52W.*

6.2 ζεῦγμα] *cf. Don. ars mai. p. 663, 13 H.* ‖ 7.1 *fides*] *cf. Non. I 87, p. 46 Maz.; Isid. diff. 1, 16, p. 92 C.; Id. orig. 8, 2, 4; Cur. epit. Don. 338, 863; Poliziano p. 39, 7* ‖ *7.2 Eugr. An. ad loc.* ‖ *7.3 cf. Don. An. 435.5; Id. Eun. 594.2, Id. Phorm. 155.2; Id. Ad. 109.2; Cur. epit. Don. 289* ‖ *8.1 cf. Eugr. An. 28*: Primum ne quid turpe dominus aduersus filium seruo mandare uideatur, siquidem ille filius hic seruus est, obiecta persona serui est, non illa uulgaris neque in condicione uiuentis neque in turpi officio seruientis, sed cuius animus et integritas fuerit per officia completa liberalis

---

Γ; Σ {δ (Θ, μ); Λ}
P: 7.1 *o.l.*, quaerit – est *om.*; 7.2 *deest*; 7.3 *o.l.*, ut – uenis *om.*; 7.4 *o.l.*; 8.1 – 8.2 *desunt*; 8.3 *o.l.*

1 uirtutes Γ: uirtutes uit(a)e Θ: uirt- in te μ Λ | ζεῦγμα a M⁴: ZEYMA a A: *om. sp. rel.* K: zeuma a (*incert.*) P Σ ‖ **2** scilicet *ante* artibus *add.* Λ ‖ **4** uero] est (*incert.*) P ‖ **5** silentio] silendo *Klotz* | quaeret C (*corr.* C²) | autem] aut TF **6** probat C (*corr.* C²) | commendaturus] -atur A ‖ **7** FIDE *Ter.*: FIDEM ω complendam Θβ: -ndum μ | TACITVRNITATE AK: TACITVRNITATEM Σ ‖ **8** mandata] mendacia α | QVOD A | est *ante* expecto *add.* A | idest *ante* desidero *add.* Θ | ut] *om.* Θ ‖ **9** deest] deesse A ‖ **10** si] *om.* A | dixisset] explicasset Λ | quod *Steph.*: quid ω ‖ **11** E. AK CT: EMI Fq μΛ | A. P. AK TF: *om.* C: A. q: A PARVVLO μΛ | personae honestae *Jakobi* GFA*, Cioffi: personae Γδ: personae potius Λ **12** committi aliquid Λ ‖ **13** indecore ND ε: indedecore ω | *sch.* 8.2 *om.* μ | TE E. A. P. AK CT ‖ **14** te₁ AK Θ: te emi Λ | apud Sal(l)ustium *post* Iugurt(h)a *add.* ε | TE₂ – **15** P.] *om.* Θ ‖ **15** emi] enim K Θ | paruulo₁] paruo δ | sed] *om.* A: sed sci P | a paruulo₂] *om.* A | tibi] *om.* C (*rest. s.l.* C²): *post* fu(eri)t *transp.* T

seruitus, scis' hoc est 'a paruulo scis'. 8.4. vt semper tibi continuationem significat 'semper'.

9.1. (= u. 36) ivsta et clemens f. s ita dixit 'iusta', ut alibi (*Ad.*
51–52) 'non necesse habeo omnia pro meo iure agere'. Quid enim
non iustum domino in seruum? 9.2. ivsta et clemens 'iusta' in   5
qua nihil iniquum iubetur, 'clemens' in qua etiam de iusto multum
remittitur. 9.3. apvd me ivsta et clemens moderata aequalitas,
cui contrarium Vergilius ait (*georg.* 1, 164) 'et iniquo p. r.' et (*georg.*
3, 347) 'iniusto sub fasce u. c. c.' Nam qui 'iustam' debitam nunc
dici putant, nihil afferunt ad iuuandam sententiam. 9.4. ivsta et c.   10
f. s. libertatem imputaturus clementem intulit seruitutem. 9.5. ser-
vitvs mire seruitutem pro 'dominatu' posuit. Sic Sallustius (*Hist.* I
frg. 15 *La Penna-Funari*) 'dein seruili imperio patres p. e.'

8.4 *cf. Eugr. An. 35*: Et cum dixit 'a paruulo' utique beneficiorum suorum
longum tempus ostendit ⟨et⟩ dedit ei continuationem praestandi; *Cur. epit.*
Don. 788 ‖ *9.2 cf. Don. Ad. 51.3; Eugr. ad loc.*: Iusta et clementia sine duribus
laboribus imperasse | *iustus] Her. 3, 2, 3* | *clemens] cf. Don. Ad. 864.2, 6–8;*
Cur. epit. Don. 128,481 ‖ *9.3 cf. [Ascon.] Verr. 2,15 p. 228,11 St.* ‖ *9.5 Cur. epit.*
Don. 789

Γ; Σ {δ (Θ, μ); Λ}
P: 9.1 *deest*; 9.3 cui – sententiam *om.*; 9.4–9.5 *desunt*

1 scis *ex* sis *corr.* C² (*sic fere semper*) | vt] et Λ | semper] *post* tibi *transp.* C
in post tibi *add.* β | *ante* continuationem *lac. suspic. Jakobi GFA*, coll. Eugr.*
An. ad loc. | continuatione F β ‖ **2** significet A ‖ **3** ivivncta C (*corr.* C²) | f. s]
om. δ | iusta] *om.* δ ‖ **4** omnia] uiam μ | agere] regere A ‖ **5** non iustum
(iustam C) Θ: ₙ₍ₒₙ₎iustum A: iniustum K Λ: non solum μ ‖ **6** qua₂] quam A
multum] *ante* de *transp.* P ‖ **7** id est *ante* moderata *add.* Λ | (a)equalitas ω:
aequalis *Steph.*: aequa talis *Rabbow**: aequa leuis *Wess.* ‖ **8** ait *post* Verg(ilius)
habent Γ Θ: *om.* μ: *ante* Verg(ilius). *transp.* Λ | iniquo] in quo KF | p.–**9**
iniusto] *om.* A | p.] pondere μ | r.] ff. K: *om.* μ ‖ **9** iniusto *Verg.*: iniquo ω | u. c.
c.] *om.* μ | debitam–**10** dici A: *uar. cett.* | me *post* debitam a*dd.* K, *post* uel *ante*
dici *add. codd.* Λ (*cf. Cioffi 2015, p. 361*) | nunc] *ante* debitam *transp.* δ: *ante*
putant *transp.* β ‖ **10** putant dici Θ | nihil] in hi(i)s K: nihil *uel* in hiis *codd.* Λ
asserunt μ | c. AK CT ‖ **11** f. s.] servitvs fverit μ | scis *ante* libertatem *add.*
μ | et *ante* servitvs *add.* K ‖ **12** dominatu μΛ: dominabatur AKC² (aliter
praep.): dominatum Θ ‖ **13** seruili *uel* -uuli *codd.* Λ: seruuli AK Θμ | imperio]
miserio A | patresque Λ: p. e. A: quia .i. K: c. *uel* e. Σ (*om.* μ)

10.1. (= u. 37) SCIS FECI EX SERVO VT ESSES L. M. dulcem libertatem fecit operatione et tractatione uerborum dicendo: ex seruo libertum; non enim tantam haberet gratiam, si dixisset 'feci libertus
ut esses'. 10.2. Sed 'ex seruo ut esses libertus' ac si quis dicat 'feci
5 ut esses sanus', non tantam haberet gratiam, quam si dicat 'feci ut   53W.
ex aegro sanus esses'. 10.3. Et MIHI ἔμφασιν habet: quod mihi
libertus factus sis, non filio. 10.4. Aut ideo 'mihi' additum, quia
'libertus' ad aliquid dicitur. 10.5. MIHI bene 'mihi' ne pertimesceret
filium, cui nec liberti munus debebat. 10.6. EX SERVO mire addidit
10 'ex seruo' ut uim beneficii ostenderet. 10.7. SCIS FECI EX SERVO VT
ESSES LIBERTVS MIHI hinc Vergilius (Aen. 12, 142–143) 'nympha
decus f., a. g. n. s. u. t. c. u. q. L.'
    11.1. (= u. 38) ⟨LIBERALITER⟩ bene, quia omne bonum libero
aptum est, malum seruo. Idem alibi (Ad. 662–664) 'factum est a
15 uobis duriter inmisericorditerque et, si est, pater, dicendum magis
aperte, inliberaliter'. 11.2. Et bene admonuit, cur dederit beneficium, eadem et nunc officia quaesiturus. Non enim dixit 'artifi-

---

10.1–10.2 cf. Cur. epit. Don. 291 ‖ 10.3 cf. Don. Eun. 284.1; Id. Phorm. 223.1; Id.
ibid. 1010.1 ‖ 10.4 cf. Don. Ad. 288.4 ‖ 11.1 cf. Don. Ad. 664.1

Γ; Σ {δ (Θ, μ); Λ}
P: 10.2 ac – esses₂ om.; 10.3–10.4 desunt; 10.5 O.L.; 10.6–10.7 desunt; 11.1–11.2 desunt

1 SCIS] om. μ | FECI] FED A: FECIT K | L. Γ: LIBERTVS Σ | M. AK: om. Θμ: MIHI
Λ ‖ **2** caractatione ut uid. K: retractione P: tractione μ | no(n) uel sim. ante
uerborum add. C (del. C²) | dicendo] dicens K (ante corr.) ‖ **3** non] om. Θ | si
ante haberet add. Θ | si dixisset] om. K ‖ **4** Sed – esses] om. q | Sed AP δ: si K:
quam si dicat feci Λ: et susp. Jakobi | si quis] sic A: si quis sic K ‖ **5** tantum
AK | post tantam add. si CT | quam] quantam C | si] sic A ‖ **6** ex] ei C: ea ut
uid. T | post (a)egro transp. feci ut Θ | esses sanus CT | ἔμφασιν Wess.:
emphasim ω | habet] habes AK Θ | quod] -que C | bene ante mihi₂ add. P
7 libertus – sis] om. P | factus] om. δ | mihi additum] additum mihi δ | est ante
quia add. Λ ‖ **8** aliquem ε | MIHI₁] et Λ | post mihi₂ add. non filio ideo P
9 ipsum ante filium add. P | nec] om. K | debeat δ ‖ **10** ex seruo] seruo A: om.
Λ | EX₂] ET A ‖ **11** hic AK | nympha] nim sa A: nimfa K ‖ **12** ante decus add.
haec β | f.–L.] om. δ | g. Verg: c. ω ‖ **13** add. Steph. ‖ **14** malo ε ‖ **15** nobis Λ
inmisericorditerque] an mis- A: ⁱ⁽ⁿ⁾mis- C | dicendum] ante pater transp. K:
post magis transp. ε ‖ **16** aperte] om. C (rest. C²) | liberaliter μ | cur] cui μ
dederit] debuerit α ‖ **17** eodem β | et] om. μ | nunc] om. C (rest. C²) | beneficia
et ante officia add. v

ciose', quia supra ait (u. 32) 'nihil istac opus est arte'. 11.3. QVOD
SERVIEBAS bene imperfecto tempore, non perfecto, ut ostendat
potuisse eum etiam atque etiam seruire. Quale est illud Vergilia-
num (*Aen.* 6, 113–114) 'atque omnis p. m. c. f. i.', ut ostendat eum,
quamuis inualidus esset, tamen adhuc potuisse laborem exitium-   5
que ferre.

    12.1. (= u. 39) SVMMVM PRETIVM libertatem dicit. 12.2. PERSOLVI
54W. TIBI quia 'pretium' dixerat, 'persolui' dixit proprie. 12.3. PERSOLVI
TIBI modeste pretium redditum dixit, non beneficiis praerogatum.

    13.1. (= u. 40) IN MEMORIA HABEO hoc est: non sum ingratus.   10
13.2. HAVD M. F. uetuste: non me paenitet. Nam si quid paeniteret,
infectum uelle dicebant. 13.3. Legitur 'multo'. 13.4. An secundum
ius, quod aduersum libertos ingratos est, ut in seruitutem
reuocentur? Sed hoc non conuenit senem dicere. 13.5. IN MEMORIA
HABEO plus dixit 'in memoria habeo' quam si dixisset 'scio'. Nam   15
quae 'scimus', possumus obliuisci, quae uero 'memoriae manda-
mus', numquam amittimus. 13.6. HAVD M. F. legitur et 'multo', hoc

---

11.3 *cf. Seru. Aen. 6,113–114* ‖ 12.1 *cf. Cur. epit. Don. 847* ‖ 13.2 *cf. Don. Hec.*
730.4; Cur. epit. Don. 380 ‖ 13.4 *cf. Eugr. ad loc.* ‖ 13.5 *cf. Cur. epit. Don. 422*
13.6–13.7 *cf. Don. Hec. 730.4; Cur. epit. Don. 553; Jakobi 1996, pp. 35–36*

Γ; Σ {δ (Θ, μ); Λ}
P: 11.3 *O.L.*, quale – ferre *om.*; 12.3 *O.L.*; 13.1 *O.L.*; 13.2 *O.L.*; 13.3–13.4 *desunt*; 13.5 *O.L.*;
13.6 *O.L.*, hoc – reprehendo *om.*

1 quia] qui AK ‖ **2** usus est *ante* ut *add.* Λ ‖ **3** potuisse *post* ostendat *habent* Γ
Θ: *ante* seruire *transp.* μ: *post* eum *transp.* Λ | sibi *ante* etiam₁ *add.* Λ
4 omnes K | p. δ: q. ΓΘ | m. – i.] *om.* μ | c.f. *Wess.*: c.t. AK Θ: et Λ ‖ **5** inualidum
μ | esset] et(iam) δ | tamen] *om.* Λ | potuisset K | labore A Θ | exitiumque AK
δ: exercitiumque Λ ‖ **7** SVMMVM] *om.* C (*rest. s.l.* C²) | libertatem] *rep.* Cq
8 PERSOLVI TIBI] Et P: PERSOLVITVR μ ‖ **9** *ante* modeste *add.* et P | prorogatum
C (*corr.* C²): pregratum F: sed rogatum μ ‖ **10** MEMORIAM μ | HABEO] HABE A
11 M. F. Γ: MVTO SED Θ: MVTO FACTVM SED μ: MVTO FACTVM Λ | *post* paenitet
add. facti *Jakobi coll.* 40.7 ‖ **12** infecte μ | multo *Jakobi coll.* 40.6 (*1996, p.* 36):
muto ω ‖ **13** ius] uis A *ut uid.* TF | liberto TF: liberos *Steph.* | ingratos *ante*
lib- *transp.* C (*corr.* C²) ‖ **14** reducetur K | hoc] *post* dicere *transp.* δ | seni μ
MEMORIAM A Tμ ‖ **15** memoriam Tμ | scio] *om.* K | namq(ue) *ante* Nam *add.*
μ ‖ **17** M. F. AK: MVTO F. Θ: MVTO FACTVM Λ | et multo] *om.* μ

est 'damno', 'reprehendo'. Quod si est, sic intellegeretur, 'non
nollem factum': nemo enim potest factum infectum reddere. 13.7.
Sed prouerbialiter dixit, ut [dicimus] (*Ad.* 165) 'nollem factum'
(*Ad.* 775) 'nollem hu[n]c exitum'. Ergo 'haud muto factum' non
5   me paenitet facti.
      14.1. (= u. 41) SI TIBI QVID FECI AVT FACIO QVOD PLACEAT SIMO
et fecisse se et adhuc facere ostendit, quamuis manu emissus sit.
14.2. GAVDEO SI TIBI Q. F. A. F. Q. P. felicitatis est, ut et quae
facienda grata sint. 14.3. SI TIBI QVID pro 'aliquid'.
10   15.1. (= u. 42) ET ID GRATVM FVISSE A. T. id est 'apud te', 'penes   *55W.*
te'. 15.2. ADVERSVM TE sine dubio praepositio est. 'Aduersus' et
participium potest esse ab eo quod est 'aduerto'. Sic alibi (u. *37).*
15.3. Ergo 'aduersum ⟨te⟩' dixit 'pro apud te'.

14.3 *cf. Don. Hec. 827; Seru. auc. Aen. 4, 10; Id. ibid. 2, 488* ‖ *15.1–15.3 cf. Don.
An. 265.3; Id. Phorm. 54.5; Prisc. opusc. p. 126,14 P.; Id. ars XVIII 210, p. 43, 11
R.; [Serg.] GL IV 561,10; Arus. exem. eloc. p. 8, 19 Di St.; Id. ibid. p. 43, 1 Di St.;
Cur. epit. Don. 27*

Γ; Σ {δ (Θ, μ); Λ}
P: 14.1 AVT – SIMO *om.;* 14.2 *deest*

1 est₁] *om.* C | *et ante* damno *add.* β | quod si] *om.* δ | est₂] et δ | intellegeretur]
intellegentur *ut uid.* K: -ligeret δ | non] *om.* Λ | **2** nollem] uelle μ | reddere]
redolore A ‖ **3** prouerbialiter *Schopen (1821, p. 55; cf. et Jakobi 1996, p. 35)*:
aduerbialiter Γδ: admirabiliter Λ | *secl. Jakobi* | factum] fuerum A | **4** muto]
multo Γ: muto *uel* multo *codd.* Λ ‖ **5** paenitet me *Schopen (1821, p. 55)* ‖ **6** *ante*
SI *add.* GAVDEO Pμ | FECI] F. C: *om.* T | FACIO] F. Θ | PLACEAT] PL. Cq: PLA. F
SIMO] SIME A ‖ **7** se] *om.* Tβ: *post* et *transp.* F | facere adhuc μ | eum *post*
quamuis *add. Steph.* | manu–sit] manu misisset Σ ‖ **8** GAVDE A | TIB; A | Q.₁]
ante TIBI *transp.* β | F.₁ AK Cq Λ | A. *uel* AVT *codd.* Λ | F.₂] *om.* A Tq: *del.* C² *ut
uid.*: FACIO β | Q.₂] *om.* δ | P.] *om.* A μ | et] *om.* μ: ea Λ ‖ **9** facienda grata sint Γ:
facienda sint grata Θ: sunt facienda sint grata μ: facienda sunt grata sint Λ
10 FVISSE] FVISSET A: F. P Cq | A. T. id est apud te *Wess.*: ATI; apud te A: A. T.
apud te KP: apud te Σ | penes te] poeneste AK ‖ **11** *ante* sine *add.* aduersum
Λ | est] *om.* Γ | et Γ: *om.* Σ ‖ **12** potest esse] potestatem K | aduertor μ ε | sic Q:
sed ω ‖ **13** ⟨te₁⟩ Λ: *om.* ω | dic(it) A | te₂] *om.* μ

17.1. (= u. 44) QVASI EXPROBRATIO EST 'exprobratio' est commemoratio beneficii cum enumeratione factorum. 17.2. QVASI EXPROBRATIO EST IMMEMORIS cito ostendit se in memoria habere. 17.3. Sunt qui ad beneficium referant 'immemor' ut (Verg. Aen. 1, 4) 'memorem Iunonis ob i.'. Quod ⟨si⟩ est, hoc 'immemor' est   5 beneficium, cuius nemo meminerit.

18.1. (= u. 45) QVIN TV VNO VERBO DIC 'uno uerbo' uno ἀξιώ-μᾱτι, una sententia, nam ἀξίωμα sententia est uel enuntiatio uno

---

17.1 cf. [Caper] GL VII 100, 19: 'Exprobrat' qui commemorat quae praestitit; Macr. Sat. 7, 3, 2; Cur. epit. Don. 292 ‖ 17.1–17.3 cf. Cioffi (2012, pp. 168–169) ‖ 18.1–18.3 cf. Don. An. 168.3; Id. ibid. 426.1; Id. Eun. 175.1–2; Id. ibid. 178.1; Id. Ad. 952.1–2–3; Varro ling. l. 24 frg. 29 G.-S. ap. Gell. 16,8; Prisc. GL III 257, 11; Cur. epit. Don. 933

Γ; Σ {δ (Θ, μ); Λ}
P: 17.1 o.l.; 17.2 EST IMMEMORIS om.; 17.3 deest.; 18.1 idest una sententia
17.1 Bern. 276: exprobratio commemoratio beneficii cum enuntiatione factorum
18.1 Bern. 276: axioma multi dicunt anxioma, et sic legitur in commento Donati in Andriam Therentii

1 ante QVASI add. habeo gratiam sed hoc mihi molestum est. Nam istec commemoratio μ | EXPROBRATIO₁] EXPROBATIO Θ (C, corr. C²) | post EST₁ add. immemoris beneficii μ, quae uerba sub 17.2 non habent (cfr. et α) exprobratio₂–3 EST] om. ε, post lemma 17.2 transp. α | exprobratio est₂] et est exprobratio α | exprobratio₂] exprobatio P Θ | est₂–2 commemoratio] iter. A **2** factorum] beneficiorum μ | QVASI ex si C² | **3** EXP. K: EXPROBATIO Θ | EST IMMEMORIS] EST I. IN MEMBRIS AK (cf. inf. et β): om. δ: EST IMMEMOR uel EST – MORIS codd. Λ | beneficii post lemma add. Λ (post beneficii add. et est exprobratio commemoratio – EST IMMEMORIS [IN MEMBRIS β] α) | cito] recte Σ ‖ **4** referunt μΛ | immemor–6 beneficium] om. F | immemor Λ: immemo-rem Γ δ | post immemor₁ add. ut sit sensus: ist(h)(a)ec co(m)memoratio q. e. e. i. b. id est Λ, idem add. post iram α | ut memorem Iunonis – beneficium Γ: Iunonis – beneficium δ: ut memorem – i(ram) α: om. Λ **5** ob i. quod K: ob iy A: o. b. q. Θ: ob iram αμ | add. Wess. | est₁ Γ μ (post hoc transp. μ): e. Θ | hoc Σ: hec K: homo A | immemor est Wess.: immemore (-orie A) Γ CT: immemorem μ: immemoris q: deest F ‖ **6** beneficii μ | meminerit] meminit CF μ | **7** QVIN TV] QVINTV(M) A | DIC AKμ: DIC HIC F: HIC CTq: om. Λ | uno₁–ἀξιώματι Lind.: uno uerbo ἀξιώματι Steph.: uerbo uno αξιΟΜΑΤε A: uno uerbo uno a zio sp. postp. K: uno uerbo uno sp. postp. Θ: uno uerbo .i. μ: mire uariant Λ **8** uel] aut μ Θ (C, corr. C²) | enunciatio e²: nuntiatio ω

uerbo nexam continens et perfectam intelligentiam; ἀξίωμα enim
constat ex nomine et uerbo. 18.2. Sed hic quid est ἀξίωμα? Hoc est   56W.
(u. 168) 'has bene ut adsimules nuptias'. Ergo omnis uirtus ad-
simulatio est. 18.3. QVIN TV VNO VERBO DIC una sententia, ut in
5 Adelphis (uu. 952–954) 'non meum illud uerbum facio, quod tu,
Micio, bene ac sapienter dixti dudum: uitium commune omnium,
quod nimium ad rem in senecta a. s.' Nam male intellegit, qui
putat 'assimules' 'uerbum' significari.

   19. (= u. 46) ITA FACIAM hoc est: uno uerbo dicam. Et quod
10 uerbum promisit? ⟨Illud⟩ ubi dicit (u. 168) 'nunc tuum est officium,
h.b.u.a.n'.

   20. (= u. 47) QVAS CREDIS ESSE HAS N. S. V. N. σύλληψις.

   21. (= u. 48) CVR SIMVLAS IGITVR Vergilius (ecl. 1, 26) 'et quae
tanta f. R. t. c. u.?'

Γ; Σ {δ (Θ, μ); Λ}
P: 18.2–18.3 desunt; 19. deest; 20 QVAS – N.₂] HAS; 21 deest

1 uerbor(um) A | nexam N V²: uox una μ: noxam ω | semper post continens
add. μ | et perfectam e²: imperfectam ω | ἀξίωμα (a ξιωMa A) Aε: a z i o a a a
K: aurioma uel aurroma δ: om. sp. rel. Λ ‖ **2** constat] om. A | hic] dic Λ | quid
est] quod (in ras. A teste Wess.) A: quidem δ | ἀξίωμα (αξιωM a A) A α: a z i o
a a a K: aurioma δ (C², auroma C): om. sp. rel. Λ | est₂] et K ‖ **3** ut] om. Kμ
4 VNO VERBO AK Θ | DIC AK CTq | ut] et ε ‖ **5** non] hic K | meum Steph.: in
eum A: enim KΣ | illud] ullum μ | uerbum] uerbo est A | tu Micio Steph.:
tamicio A: tu initio K: initio Σ ‖ **6** ac ω: et Ter. | dixti] iuxta A: dixisti K: dixit
δ | uitium Λ: initium AK: uicina δ | est ante commune add. δ: post omnium
add. KΛ ‖ **7** nimium–a. s.] narras δ | in senecta AK: i. s. Σ | intellegit] om. AK:
intelligitur C (corr. C²) ‖ **8** significari AK: -re Σ ‖ **9** et] om. Λ | quod uerbum]
quod non bonum K: tenet quod Schoell* ‖ **10** promisit] promittit Λ: promit
Bentley* | add. Rabbow* | ubi] cum Λ | officium est μβ ‖ **11** h.b.u.a. AK: has
bene ut assimules Σ | n. AK: nuptias Σ ‖ **12** QVIS A | ESSE AK: om. Σ | post HAS
add. habes K | N. S. AK | V. N. AK Cq | σύλληψις Wess.: cyΔεMyIC A: om. sp.
rel. K: sile(m)psis P Σ ‖ **14** f. AK: fuit Σ | R. AK T: RO C: ROMA(M) Fq: R. uel
ROMA codd. Λ | t. AK: tibi Θ: t. uel tibi codd. Λ | c.] causa μ | u. AK: uidendi Σ

22.1. (= u. 49) EO PACTO 'pacto' 'modo', quoniam antecedit pactum, sequitur modus. Ergo ab eo quod sequitur id quod praecedit
dixit. 22.2. ET GNATI VITAM ET C. M. C. istae diuisiones sunt: 'gnati
uitam', quoniam dicturus est (u. 51) 'nam is postquam excessit ex
57W. ephebis, Sosia'; 'consilium meum', quia dicturus est (u. 157) 'et   5
nunc id operam do; 'et quid facere in hac re te uelim', quia
dicturus est (u. 168) 'nunc tuum est officium h. b. u. a. nuptias'.
22.3. ET GNATI VITAM ET C. M. C. tripertita distributio. 22.4. ET
GNATI VITAM uitam filii in duas partes diuidit in narratione: in
ante actam bonam et praesentem malam. Et incipit mala ab (u. 69)   10
'interea mulier quaedam'. Et bonae uitae narratio ad eam rem
ualet, ut ostendat, quam iustus dolor patri sit spe decepto.

22.1 cf. Don. An. 884; Cur. epit. Don. 625 ‖ 22.2 cf. Cic. inu. 1,33: Partitur apud
Terentium breuiter et commode senex in Andria quae cognoscere libertum
uelit: 'eo pacto et gnati uitam et consilium meum, cognosces et quid facere
in hac re te uelim'. Itaque quemadmodum in partitione proposuit, ita narrat
primum nati uitam: 'Nam is postquam excessit ex ephebis, Sosia, ...'. Deinde
suum consilium: 'Et nunc id operam do...' Deinde quid Sosia uelit facere, id
quod postremum posuit in partitione, postremum dicit: 'Nunc tuum est
officium [...]'; Eugr. ad loc.; Don. An. 157.1; Sacerd. GL I 460, 15; Mar. Victor.
comm. p. 69.4 R. ‖ 22.3 cf. Eugr. An. 51

Γ; Σ {δ (Θ, μ); Λ}
P: 22.2 M. C. om.; 22.3 deest; 22.4 ET, uitam filii, quaedam om.

1 ante EO add. Rem omnem a principio audies μ | post PACTO₁ add.et gnati
uitam et consilium meum cognosces μ | quoniam] quo Γ: quando μ
antecedis C (corr. C²) ‖ **2** sequitur₁] post pactum habent Γ δ: post modus
transp. Λ | modus–sequitur₂] om. K | praecepit AK ‖ **3** dixit Γ: dicit Σ | C. M. C.
AK | post C.₂ add. nam α | istae–**8** C.₂] om. μ ‖ **4** nam–**5** dicturus est] om. Θ
is] his AK | excessis K ‖ **5** ephebis Sosia] ephoebissos A: ephoebiis sos K | c.
post meum add. Σ ‖ **6** id nunc K | id] id(est) uel id(em) A | operam do]
operando A | et–**7** nuptias] om. Θ | quid AP: quicquid K Σ | facere (f. P)] post
hac transp. K | in] i. P | hac] h. P | re te] recte A: rete K: r.t. P | uelim] u. P
7 ducturus A | officium uel o. codd. Λ | a. nuptias AK: a. n. PΣ ‖ **8** ET₁] E. ε
tripertita AK: tripartita Σ | ET₃] om. P ‖ **9** uitam] om. δ | diuisit δ | narratione
in Steph.: narratione Γ: narrationem Σ ‖ **10** actam Steph.: facta A: factam
KPΣ | post incipit add. a μ | mala AP δ: malam KΛ | ab] ideo μ ‖ **11** quaedam]
om. P | bonae uitae] bene acte Θ | eam] eandem K α: om. Λ ‖ **12** iuste μ
dolor] dolet C: dolear T: debeat μ | sit] ante patri transp. P: sic μ | post
decepto add. obtemperare μ

24.1. (= u. 51) NAM IS POSTQVAM EXCESSIT necessario positum
'is' pronomen, ἀναφορᾷ ad illud 'gnati uitam'; nam si non posuis-
set hoc pronomen, Sosia erat intellegendus. 24.2. NAM IS POSTQ-
VAM EXCESSIT EX EPHEBIS argumenta per coniecturam. 24.3. NAM
5 IS POSTQVAM EXCESSIT EX EPHEBIS 'ephebia' prima aetas adule-
scentiae est, 'adulescentia' est extrema pueritia. 24.4. EXCESSIT EX
EPHEBIS cum sufficeret unum 'ex'.

25.1. (= u. 52) LIBERIVS 'liberius' non est comparatiuus gradus:
non enim libere ante uiuere potuit, (u. 54) 'dum aetas metus   58W.
10 magister prohibebant'. Ergo deest 'aliquanto', ut sit: 'aliquanto
liberius'. 25.2. LIBERIVS VIVENDI deest 'ei'.

24.3 cf. Eugr. An. ad loc.; Don. Eun. 824.1; Non. VI 57, p. 63 G.-S.; Cur. epit. Don.
272 ‖ 25.1 cf. Cur. epit. Don. 502

Γ; Σ {δ (Θ, μ); Λ}
P: 24.1 O.L., ἀναφορᾷ – uitam om.; 24.2 deest; 24.3 O.L., adulescentia est om.; 24.4 O.L.;
25.1 O.L., aetas – prohibebant] e M M P

1 IS] HIS K C (corr. C²) | ex (om. C, rest. s.l. C²) ephebis post P(OSTQVAM) add.
Θ, post EXCESSIT μ | EXCESSIT] DISCESCIT C (EX s.l. C²) | post positum add. est
μ Λ (exc. ε) ‖ **2** is (as A: his K)] ante pron- habent Γ δ: post necessario transp.
Λ | pronomine A | ἀναφορᾷ Wess. (praeeunte Stephano): anastra AK:
anaphora Σ (anastropha β) | illum μ ‖ **3** intellegendus] intellegitur A | NAM IS]
â HIS K ‖ **4** EXCESSIT – **5** POSTQVAM] om. A | EXCESSIT K μ: EXCE. Θ: E. Λ | EX
AK Θμ, E. uel EX codd. Λ | COFEBIIS K | coniecturas Λ: coniecturam uel
coniecturas codd. μ | NAM – **5** EXCESSIT] om. K ‖ **5** post IS add. Pamphilus Σ
EXCESSIT μ: EXCESSITV(M) A: EXCESSIT EXE. F: EXCE Cq: EX TE T: E. uel
EXCESSIT codd. Λ | ante EX add. gnati uita Σ | ephebia] efoebia A: Eophebia K:
ephebeia TFq μ: ex ephebia β: ephebia est P | primo A ‖ **6** est₁ – est₂] om. P
est₁] om. C (rest. C²): ex T | extrema] postrema K | post pueritia est add. C
(del. C²) ‖ **7** perficeret A | ex U²: om. P μ: et AK Σ ‖ **8** LIBERIVS] om. Fq | post
est add. modo P ‖ **9** non] s, (sed apud Kauer 1911, p. 149) P | libere] ante
uiuere transp. Σ | ante] om. C (rest. C²): autem μ ‖ **10** magister] et magister μ:
magisterque uel magister codd. Λ | prohibebatur A: -bat K Θ (-ibeat T, incert.
q): p. P | deest] dicere K | ut – aliquanto₂] om. TF | ut] ac C ‖ **11** deest ei] de
e(ss)et A: dic ei Θ: om. μ: dub. an melius deest 'et' Wess.

26. (= u. 53) QVI SCIRE POSSES AVT INGENIVM 'scimus' quod certum est, 'noscimus' quae adhuc incerta desideramus. Idem alibi (*Hec.* 572) 'forma in tenebris n. n. q. e.'

27.1. (= u. 54) DVM AETAS METVS MAGISTER PROHIBEBANT quidam iungunt 'metus magister' †is quoque†. Potest enim intellegi, tamquam si diceret: 'quid est metus? magister'. 27.2. MAGISTER paedagogus. 27.3. ITA EST intercidit poeta, ne solus Simo loqueretur. Ceterum non erat respondendi locus necessarius.

28.1. (= u. 55) QVOD PLERIQVE O. F. A. haec adiectio dicitur in primo posita loco, — adiectiones uero aut in prima parte orationis aut in ultima adiciuntur. Hic ergo 'plerique' ex abundanti positum est, 'omnes' uero necessario additum est — et alibi (*Eun.* 85) 'iam calesces plus satis'; in ultimo, sicut (*Eun.* 126; *Haut.* 257) 'interea loci'; id est 'interim'. 28.2. Attendenda etiam locutio 'quod pleri-

---

26 cf. Isid. diff. 1, 220, p. 192 C.; Cur. epit. Don. 806 ‖ 27.2 cf. Don. Phorm. 72.3; Fantham 1972, p. 36 ‖ 28.1–28.3 cf. Quint. inst. 1,5,40; Id. ibid. 9,3,50; Don. Eun. 85.3; Id. Phorm. 172.1–2; Eugr. ad loc.; Id. Eun. 255; Id. Haut. 830; Seru. Aen. 1, 181; Prisc. ars XVIII 274, p. 87, 14 R.; Charis. ars p. 261, 6 B.; Diom. GL I 433, 31; Cur. epit. Don. 660, 661, 745

Γ; Σ {δ (Θ, μ); Λ}

P: 26 *o.l.*, idem – e. *om.*; 27.1 *o.l.*, is quoque – magister *om.*; 27.2–27.3 *desunt*; 28.1 *o.l.* una cum adiectio – loco, id est interim *om.*

28.1 Bern. 276: item plus satis et plerique omnes, super quibus bene loquitur Donatus in principio commenti Andrie Therentii

1 POSSIS CF: POSSIT μ: POSSET *uel* POSSES *codd.* Λ | INGENTIVM A: INGENII μ **2** noscimus Θ: nesc- AK Λ, *incert.* P | qu(a)e] quod *fort.* C²: quid T, *fort.* C alibi] abi μ ‖ **3** formam A | n.₂] m. A | e.] c. ω ‖ **4** MAGISTER] MA. Tq: MAGISTERQVE β | PROHIBEBAT AK: PROHI. Fq | quidam – **6** magister₁ AK α (*cf.* Cioffi 2012, p. 152): *om.* Σ | **5** iniungunt K | is quoque] *cruc. sign. Wess., fort. delend.* | enim] eam A ‖ **6** tamquam] tam quasi A | MAGISTER₂] MAGIS AK **7** *post* EST *add.* incipit A: *add.* inquit K | intercidit] interiit et A | poeti A **8** certus *ante* locus *add.* δ | necessarius] *om.* δ β ‖ **9** PLERIQVE] -RVMQVE AK O. AK Θ: *om.* β: OMNES μΛ | F. A. AK Θ: FACIVNT ADOLESCENTVLI Λμ | hic β in] *om.* μ ‖ **10** uero] ñ A: *om.* P | orationis] orat primus A ‖ **11** Hic ergo] *om.* P | plerique] pleno A | (h)abundantia ε ‖ **12** est₁] et A: *om.* K | omnis A | uero] ergo δ | additum] positum C (*corr.* C²) | et – **13** satis] Quod plerique in primo loco hic dicitur P ‖ **13** calescet AK ‖ **14** id est interim *Wess.*: interius .i. A: inter ibi KΣ: *om.* P | attendenda] *om. rel. sp.* C (*rest.* C²) | etiam] sane est Λ plerique] plere .P. A

que o. f. a.' aut enim 'quod' in 'quae' uertendum est, ut sit: 'quae
plerique omnes faciunt adulescentuli', aut 'quod' ad singulare
eorum studiorum adiungendum erit: equos alere, canes ad uenan-   59W.
dum; aut erit certe figurata locutio, ut est illud (*Eun.* 1–3) 'si quis-
5 quam est, qui placere studeat bonis quam plurimis et minime multos l., in his p. h. n. p. s.' et alibi (*Ad.* 634) 'aperite a. a. o.' 28.3. PLE-
RIQVE OMNES F. ἀρχαισμὸς est – nam errat, qui 'plerique' παρέλκον intellegit aut qui subdistinguit 'plerique' et sic infert 'omnes'.
Hoc enim pro una parte orationis dixerunt ueteres eodem modo
10 quo Graeci πάμπολλα et Latini (*Eun.* 85) 'plus satis'. Naeuius in
bello Punico (*frg.* 52 *FPL⁴*) 'plerique omnes subiguntur sub suum
iudicium'. 28.4. Figurate Terentius: παρέλκον τῷ ἀρχαϊσμῷ.

Γ; Σ {δ (Θ, μ); Λ}
P: 28.2 ut est – o. *om.*; 28.3 *O.L.*, Naeuius – iudicium *om.*; 28.4–28.5 *desunt*

1 o.] o. *uel* omnes *codd.* Λ | f. ΓΘ: f. *uel* faciunt *codd.* Λ: faciunt μ | a. Θ: *om.* Γ:
adolescentuli μ: a. *uel* adolescentuli *codd.* Λ | in qu(a)e] inique A ‖ **2** omnes]
o. P | faciunt] f. PΘ | adol-] a. PΘ | singulare] fragularem A: singularem KP
3 eorum] etiam δ | canes ad uenandum] c. a. P | nutrire *ante* ad *add. et del.*
K ‖ **4** erit *hic habet* δ: *om.* Γ: *post* certe *transp.* Λ | figuratiua Λ | est] esset K
5 placere] *ante* bonis *transp.* Λ | se *post* placere *add.* μ | student A | minime]
numeris A | multos (malos C) Θ: *om.* AK: m. Σ ‖ **6** l. AK: *om.* δ, laedere *uel* l.
uel lac. codd. Λ | p. h. n. p. s.] poeta hic nomen profitetur esse suum μ
7 OMNES] *om.* δ | f. AK: *om.* δ: FACIVNT Λ | APXAICMOC A: *om. sp. rel.* K:
om. nul. sp. P: arc(h)aismos Σ (ἀρχαισμὸς M⁴ f²) | est] εst A: *om.* KP | nam]
om. P | errat P (*teste Kauer 1911, p. 148*): erat AK: errant Σ | *post* errat *add.*
autem P | παρέλκον–**8** qui] *om.* P | παρέλκον *Steph.*: prologum AK Θμ:
apologum Λ ‖ **8** intellegit A: intelligit K: intellegunt Σ | qui subdistinguit Γ:
qui subdistingunt Σ (qui *sp. rel.* C: qui subiungunt C²: quibusdam F)
plerique] *om.* P | sic] nunc A | infert Γ: fert Θ: fere μ: inferunt Λ ‖ **9** hoc] qui
hoc K | dixerunt AK μ (*post* ueteres *transp.* μ): dixere ΘΛ ‖ **10** quo Ux: quod ω
(*om.* β: quidem μ) | Gr(a)eci] Graeci ~~et latini~~ C | πάμπολλα *Steph.* (παμπολλα
x: παν πολλα t): pampolla Γ: pompa(l)la δ: *mire uar.* Λ | Neuius] nec unus A
11 punito A | plerumque Γ | omnem A F: omne K | subiguntur A *Lind.*:
subigunt KΣ: subiungunt *Steph.* (*prob. Spangenberg*) | sub] ad δ | suum KΣ,
prob. Mariotti (2001, p. 74): unum A *pler. edd.* ‖ **12** figurat A | terentius μ:
terentium ω | παρέλκον τῷ ἀρχαϊσμῷ *Lind.*: ΠΑΡΕΧωΝ Τω ΑΡΧΑΙϹΜω A:
παρέχων τω αρχαισμω M⁴: παρελχων τῷ αρχαισμων t: *om. sp. rel.* KΣ (per
silempsim μ)

28.5. QVOD PLERIQVE OMNES 'quod faciunt' pro 'quae faciunt' id
est: quae faciunt plerique adulescentuli, horum ille nihil egregie
p.c.s. *Est ergo figuratum, quod rectum esset, si diceret: quae plerique*
omnes faciunt adulescentuli, horum ille nihil praeter cetera studebat.
28.6. ADVLESCENTVLI bene diminutiue, ut propter aetatem facile 5
ignoscat.

29.1. (= u. 56) ADIVNGANT alligent, aptent, accommodent.

60W. 29.2. AVT EQVOS ALERE AVT CANES AD VENANDVM sic et equos ad
uenandum alunt, quomodo canes. Quod multi docti improbant, ut
dicant separata esse et 'ad uenandum' extra rationem esse pro [ad] 10
uenatum, ut (Verg. *Aen.* 4, 117) 'uenatum Aeneas unaque m. D.'

30.1. (= u. 57) AVT AD PHILOSOPHOS mira ἔλλειψις et familiaris
Terentio. Nam possumus subaudire 'audiendos' siue 'sectandos'.
30.2. AD PHILOSOPHOS uitium est quia dixit 'ad aliquod studium'.

28.6 *cf. Don. Ad. 564.3* ‖ 29.1 *cf. Cur. epit. Don. 28* ‖ 29.2 *cf. Seru. Aen. 1, 181:*
'Omnes' enim generale est, 'plerique' speciale: ordo ergo est, quod omnes
faciunt adulescentuli, ut animum ad aliquod studium adiungant, plerique
equos alere, plerique canes; *[Acro] Hor. ars 162, p. 336 K.; Prisc. GL II 411, 17*
30.1 *cf. Jakobi 1996, pp. 114–117*

Γ; Σ {δ (Θ, μ); Λ}
P: 28.6 *O.L.;* 29.1 *O.L.;* 29.2 *O.L.,* ut₂ – D. *om.;* 30.1 *deest*
28.5 Bern. 276: plerique componitur cum omnes ut dicatur plerique omnes secundum
Donatum in commento Andrie Therentii

1 *post* OMNES *add.* F. *Wess.* | pro] .P. A | id est quae faciunt] *om.* β | id est] uel
Γ ‖ **2** illo nichil A ‖ **3** p.c.s. AK: p. c. stu CT: p.c. studebat F: pr(a)eter c(a)etera
studebat μΛ | Est] esset Γ | figuratiuum Λ | iectum A | quae] quod K
4 omnes] horum A | faciunt Γμ: quod faciunt Σ ‖ **6** ignoscatur Θ: ei
ignoscatur μ ‖ **7** ADIVNGENT A²: ADIVNGANT idest α | accommodent AK μ: et
acco(m)modent Θ: aut accom(m)odent Γ ‖ **8** sic–**9** uenandum] *om.* A | sic
Rabbow: si ω | et] *om.* μ ‖ **9** alunt AK: alter Θ: alere μ: aliud ε: aluit Λ | canes
Γ: et canes Σ | quod] quo A | ut *Wess.*: uix A: et ω ‖ **10** dicant AK: dicunt PΣ
separata–**35,1** philosophos] *om.* C (*rest.* C²) | rationem esse] natū ÷ A:
rationem KΣ: orationem *Lind.* | ad₂ ω (*om.* N), *secl. Wess.* ‖ **11** unaque m. D.
Wess.: una Q M D A TF: una q m d miserrima dido K: u μ: u q m d *cett.*
12 AD μ QN ps: *om.* ω | mira ἔλλειψις *Wess.*: mire misis A δ: mira musis K:
eclipsis pulc(h)ra Λ ‖ **14** AD₁] *om.* K

30.3. Aut 'si ad philosophos', separanda erit locutio sic 'ut animum adiungant ad philosophos'.

31.1. (= u. 58) EGREGIE 'egregium' dicitur quod ex grege eligitur sed hic 'egregie' 'ualde', 'nimis'. Non est ergo ad laudem
5 positum: haec, inquit, ut cetera similiter studebat. 31.2. PRAETER CETERA ... MEDIOCRITER ergo non extenuauit rem, sed ad laudem rettulit.

33.1. (= u. 60) GAVDEBAM non dixit 'laudabam' sed 'gaudebam': 'laudat' enim etiam alienus, 'gaudet' qui pater est. 33.2. NON
10 INIVRIA intempestiue Sosia respondet, sed prudentia tantae sententiae compensauit inportunitatem.

34.1. (= u. 61) ADPRIME ⟨'ad'⟩ adiectio est confirmationis, ut 'admirabiliter' dicimus. 34.2. VT NE QVID NIMIS sententia non incongrua seruo, quia et peruulgata. Et non refertur ad personam
15 domini dicentis, sed de qua dicitur. 34.3. An magis, quia ⟨non⟩   61W.

31.1 cf. Don. Hec. 66.3; Seru. auc. Aen. 4,93, Id. ibid. 150; Paul. Fest. p. 70 L.: 'egregie' id est a grege lectae; Cur. epit. Don. 260 ‖ 33.1 cf. Cur. epit. Don. 363 ‖ 33.2 cf. Cur. epit. Don. 710; Ferri 2016, 268 ‖ 34.1 cf. Arus. exem. eloc. p. 14, 7 Di St.; Charis. ars p. 149, 13 B.; Prisc. GL II 91, 18; Id. GL III 69, 26; Cur. epit. Don. 75 ‖ 34.2 cf. [Acro] Hor. serm. 1,106, p. 13 K.; [Ascon.] Verr. 1,29, p. 215,30 S.; Seru. Aen. 10,861: [...] Ea enim quae per naturam mouent animos, in quamuis personam cadunt, illa uero tantum sunt prudentium, quae non nisi consilio et ratione deprehenduntur: unde et Terentius seruis dat plerumque sententias prudentissimas quidem, sed quae se per naturam offerunt cunctis, ut (u. 61) 'ne quid nimis'; Id. ecl. 2,65; Eugr. An. 61; Cur. epit. Don. 559

Γ; Σ {δ (Θ, μ); Λ}
P: 31.1 haec – studebat om.; 31.2 o.l. una cum ergo; 33.1 o.l., sed gaudebam om.; 33.2 o.l.; 34.1 o.l.; 34.2–34.3 desunt
34.1 Bern. 276: item adprime ·|· admirabiliter secundum Donatum in commento Andrie Therentii

1 erit] erat A: est μ: om. β | sic ut Γ: sic Σ ‖ **2** adiungat Θ: adiungunt β ‖ **3** ex grege] egreg(i)e Θ ‖ **4** elegitur A: eligunt δ | nimis] minus A: tamis K **5** positio μ | hoc μ | ut] ut et K: et T: om. F ‖ **6** rem] om. Θμ ‖ **8** laudabam] gaudebam Kq | sed] om. Pμ | gaudebam] laudabam K: om. Pμ ‖ **10** tempestiue A | Sosia] Sosias Λ (exc. β): post respondet transp. P | sed] si K | prudenti(a)e μ ‖ **12** add. Wess. | adiectio est] adiectionem K: adiectio P | ut] et Λ ‖ **13** VT] om. Λ ‖ **14** Et] om. A ‖ **15** domini dicentis KΣ: domi iudicentis A: modo dicentis Rabbow* (prob. Wess.) | sed H: et ω | post sed cruc. stat. Wess. | de qua scripsi: de quo ω | non add. Ammannati (2015, p. 190)

conuenit Sosiae cor eiusmodi, ⟨μιμητικὸς⟩ χαρακτήρ in uerbis est?
34.4. NE QVID NIMIS deest 'agas', ut sit: ne quid nimis agas.

35.1. (= u. 62) FACILE OMNES P. A. P. latens argumentum, quare
filium ad meretricem commeasse errans pater non ad corruptelam
filii sed ad obsequium amicorum traxerit. 35.2. PERFERRE AC PATI   5
'ferre' est cum certo tempore, 'perferre' finem expectat effectus.
'*Feruntur*' *onera et* '*sustinentur*' *supplicia.* 35.3. PERFERRE mediocriter stultos odiososque.

36.1. (= u. 63) CVM QVIBVS ERAT C. Q. V. Figura τμῆσις. 36.2. HIS
SE DEDERE plus est 'dedere' quam 'consentire', quemadmodum in   10
hostium potestatem † hostes † se dedunt. 36.3. DEDERE ergo
pertinacibus. 36.4. HIS SE DEDERE E.O.S 'dedere se' et 'obsequi':

35.2 *cf. Sen. Thy. 307; Cur. epit. Don. 332* ‖ 36.1 *cf. Don. ars mai. p. 671, 3 H.*
36.1–36.4 cf. Cur. epit. Don. 193 ‖ 36.2 *cf. Don. An. 199.2*

Γ; Σ {δ (Θ, μ); Λ}
P: 35.1 *deest*; 35.2 *o.l.*; 36.2 quemadmodum – dedunt *om.*; 36.4 *o.l.*

1 conuenit Sosiae AK: Sosiae conuenit Σ | cor] cur α: *del. pler. edd.*
huiusmodi ε | *add. Ammannati (2015, p. 190)* | χαρακτήρ *Wess.*: cura est A:
cui caracter K: caracter Σ ‖ **2** deest – nimis₂] *iter.* A | ut] et β ‖ **3** P. A. P. AK
CT: P. A. PATI F: P. A. q: PERFERRE AC PATI Λ | argumentum A: argumentatio
KΣ | quare *Rabbow**: quas A: qua K CTq: est qua FΛ ‖ **4** comeasse] *om.* μ
errans pater K δ: errant spatio A: narrat pater Λ | non ad] inde β
corripendam A: corruptendam T: corrupte (*in marg. add.* la) C ‖ **5** amicorum]
animorum A | traxerit A α (*cf. Cioffi 2012, p. 151*): traxerat K: duxerit δ
(dixerat F: duxerat q): *om.* Λ | VEL FERRE A ‖ **6** est] *om.* δ | cum certo δ: certo
AK: cito P: incerto Λ | proferre A | expectat] spectat K: aspectus μ ‖ **7** ferunt
A: efferuntur K | et] *om.* δ | supplicio A (suspicio *in ras.*): *om.* δ ‖ **9** C Q V
Wess.: Є C V A: *om.* P: E. C. N K: C.(E CT) V. Θ: CVMQVE VNA μ: CVMQVE VNA
HIS Λ | figura] effigurate K: figurate AP | τμῆσις *Steph.*: t(h)emesis ω | HIS δ:
ut A: una cum K: una cum HIS PΛ (*cf. Cioffi 2013, pp. 117–118; ead. 2015, pp.*
375–376) ‖ **10** plus – dedere₂] *post* consentire *transp.* δ | dedere₂] debere (*corr.*
man. rec.) A | quae CT: ~~ad~~ quam F: *om.* q ‖ **11** *cruc. statui, ciues Jakobi (coll.*
Sall. Iug. 91, 5) | dedunt Λ: deducunt A: dederunt K: dedere ut δ | *post* ergo
add. se P ‖ **12** *sch. 36.4 post 37.2 in* ω | HIS SE] IVSSE A: HISSE K: HIC SE T
DEDERE₁] DEBERE A | E.O.S. A Θ: *om.* K μΛ | dedere₂ A Θ: *om.* KP μΛ | se et]
sed et ε: sed β: *om.* P | *post* obsequi *fort.* u *in ras.* P

superioribus; 'non aduersari': paribus; 'non se praeponere': inferioribus.

37.1. (= u. 64) EORVM OBSEQVI S. commodis eorum. 37.2. EORVM OBSEQVI STVDIIS talem esse Pamphilum adiuuat argumentum fa-
5 bulae, simul et Charinum. 37.3. NEMINI contradicentium, pertina-   *62W.*
cium.

38.1. (= u. 65) NVMQVAM PRAEPONENS consentientibus. 38.2. ITA VT deest 'faciens', 'uolens', 'agens'. 38.3. VT FACILLIME SINE INVI-
DIA LAVDEM INVENIAS ET A. P. Sallustius (*Iug.* 6, 1) 'et cum omnis
10 gloria anteiret, omnibus tamen carus esse'.

39. (= u. 66) INVENIAS secunda persona pro tertia, ut (Verg. *Aen.* 4, 401) 'migrantis cernas'.

40 (= u. 67) SAPIENTER VITAM I. N. Q. H. T. O. improbatur a sapientibus haec sententia, nam obsequium adsentator debet,
15 amicus ueritatem. Sed in theatro dicitur, non in schola.

37.1 cf. *[Acro] Hor. epist. 1, 18, 65, p. 270 K.* ‖ 39. *cf. Don. An. 460.4; Id. Ad. 431.1; Id. Phorm. 758.1; Seru. Aen. 4,401:* CERNAS honesta figura si rem tertiae personae in secundam referas, hoc est 'si quis cernat'; *Seru. auc. Aen. 8, 691; Jakobi 1996, p. 67* ‖ 40 *cf. Cic. Lael. 89; Cur. epit. Don. 587*

Γ; Σ {δ (Θ, μ); Λ}
P: 37.1–37.3 *desunt;* 38.1 *deest;* 38.3 VT FACILLIME INVENIAS; 40 *O.L.*

1 superioribus Γ δ: superioribus dedere Λ ‖ 3 OBSEQVI S. *Wess.:* OBSEQVIS; A: OBSEQVI STVDIIS K: OBSEQVIIS Σ | commodis eorum *Zeunius:* com(m)odior ω: commodiorum *Steph.* ‖ 4 Pamphilus A: Pamphilom K | adiuuat] id iuuat K 5 simul et] si aud et A (*cf. Rank 1925, pp. 138–139*) | contradicentium *Schoell**: contradicentem ω ‖ 7 PRAEPONES FT: PRAEPONENS SE μ ‖ 8 VT₁ Γ: *om.* Σ | VT₂] AVT A ‖ 9 A. P. AK C: PA T: AMICOS P. F: A. P. *uel* AMICOS PARES *codd.* Λ 10 esse AK: esset Θ: esset *uel* erat *codd.* Λ ‖ 11 INVENIES ε | secunda persona] secundam (II μ) personam δ | pro] *om.* μ | tertia] III μ ‖ 12 nigrantis μ | cernas] cernasque Γ ‖ 13 I. N. Q. A CTq: M. Q. K: IN N Q F: INSTITVIT NAM Λ | H.] B. C²: HOC μ: HOC *uel* H. *codd.* Λ | T.] TEMPORE μ | O] OBSEQVIVM μ | *ante* improbatur *add.* a. u. o. p. Λ ‖ 14 haec] dies A: ex Θ ‖ 15 ueritatem amicus Λ in₁] *om.* Γ

41.1. (= u. 68) OBSEQVIVM AMICOS VERITAS ODIVM PARIT huius
uersus pars improbior est 'ueritas odium p.' Falsum est autem,
quod Cicero putat (*Lael.* 89) 'obsequium' primo dixisse Terentium,
cum et Plautus (*Bacch.* 1082) et Naeuius ante dixerint. Et est
sententia παράδοξος et magis theatro apta quam officio, de qua   5
Tullius multa dicit. 41.2. OBSEQVIVM A. V. O. P. ἀμφίβολος sententia et probabilis magis quam necessaria aut honesta.

63W.   42.1. (= u. 69) INTEREA MVLIER 'interea' est, cum habet instan-
tiam et superiorum actorum. 42.2. MVLIER QVAEDAM sic dixit,
⟨non⟩ quasi ignoraret nomen eius paulo post (u. 85) 'Chrysidem'   10
nominaturus, sed ideo, ut gratam expectationem faciat simulque
auidum lectorem nominis audiendi reddat, ut Vergilius [paulo
post nominaturus] ait (Verg. *Aen.* 2, 57–58) 'ecce manus i. i. p. t. r.
p.' 42.3. INTEREA MVLIER hic digressio est: nam proposuit gnati

41.1 *fort. Probo adtribuendum* (= *frg.* 21 *Aist.*) *coll. Don. Phorm.* 372.2; *cf. Cic.*
Lael. 89: In obsequio autem (quoniam Terentiano uerbo libenter utimur)
comitas adsit; *Quint. inst.* 8, 35: Idem (*scil.* Cicero) putat a Terentio primum
dictum esse 'obsequium'; *Poliziano, p.* 43, 21; *Lefèvre 2008, pp.* 17–18
41.2 *cf. Don. ars mai. p.* 660, 1 *H.* ‖ 42.1 *cf. Don. An.* 363.4; *Id. Eun.* 343.3; *Id.*
Hec. 157. 2; *Seru. Aen.* 1, 479; *Id. ibid.* 5, 1; *al.; Cur. epit. Don.* 423 ‖ 42.2 *cf. Cur.*
epit. Don. 736 ‖ 42.3 *cf. Eugr. An.* 69

Γ; Σ {δ (Θ, μ); Λ}
P: 41.1–41.2 *desunt;* 42.1 *deest;* 42.2 *o.l.,* ut₂–p.₂ *om.;* 42.3 *o.l.*

1 PARIT] POST A | huius] hic Λ ‖ 2 pars μ: per AΘΛ: pro K | improbior *Wess.*:
improbrior Γ: improbiorum Θ: improprium ε: improperium Λ: *an potius*
improprior *dub. Wess.* | p.] parit μΛ ‖ 3 Cicero putat *Wess.* (*coll. Quint. inst.* 8,
35): et tropitatio A: Cicero primo K: Cicero dixit Σ ‖ 4 et₁] *om.* A, *rest.* &
supra cum | ante] *om.* β | dixerint *Steph.*: dixerunt ω ‖ 5 ΠΑΡΑΔΟΞΟC A: *om.*
sp. rel. KΣ (παραδοξοσ M⁴ t: παραθαξος G²: padoxos H: popularis μ: γνωμη
(*sic*) z) ‖ 6 multo A | dicit K: dicat A: dixit Σ | A.–P. Q s: A. V. IO. P. A: *om. sp.*
rel. K: AMICOS VERITAS ODIVM PARIT Σ | ΑΜΦΙΒΟΛΟC A: *om. sp. rel.* KΣ ‖ 7 et
AK: *om.* Σ | magis probabilis Λ | aut Γ: et Σ (quia C) ‖ 8 interea₂] hic ea A
instantium K CT ‖ 9 et Γ: id est Θ: *om.* Λμ | sic dixit] *om.* P ‖ 10 *add. Lind.*
ignoret K ε | eius] et A | paulo–11 nominaturus] *om.* μ ‖ 12 lectorem auidum
Λ | audiendi] *om.* ε | paulo–13 nominaturus] *deleui, post* post *add.* Sinonem
Jakobi GFA, *fort. recte* ‖ 13 ait] *om.* μ | i.₁–r.] i. p. t. r. I t p r T: interea p.r.
reum F: interea post terga reuinctum C: *om.* μ | i.₁ Γ: iuuenem *uel* iuuenum
codd. Σ ‖ 14 p.] *om.* CF μ | pr(a)eposuit C

uitam dicere. 42.4. ABHINC TRIENNIVM artificiose 'triennium' dixit, cum posset plus minusue temporis ponere, ut sit uerisimile unum annum fuisse pudicae parcaeque uitae, sequentem condicionis acceptae, tertium mortis. *Primo ergo anno ignorata est Pamphilo*
5 *domus Chrysidis, secundo est Glycerio cognitus, tertio nupsit Glyce-rium Pamphilo et pariter inuenit parentes.*

43.1. (= u. 70) HVC VICINIAE 'uiciniae' παρέλκον est ut (Plaut. *Capt.* 385) 'adhuc locorum'. 43.2. HVC VICINIAE legitur et 'uici- 64W. niam'.

10 44.1. (= u. 71) INOPIA ET COGNATORVM N. laudatis moribus ⟨eius⟩, qui mox ducet uxorem, superest ut futurae quoque matro-nae, id est Glycerio, probitatem debitam pro persona reddat. Quae quia honesta numquam esse poterit, si sic eam constet ante nuptias impudice eductam esse, partim defendenda partim etiam

---

43.1 *cf. Don. Ad. 618.1; Id. Phorm. 95.2; Id. ibid. 368.3; Cur. epit. Don. 396; Grant 1986, pp. 80–81* ‖ 43.2 *Non. IX 8, p. 137 G.-S.; Prisc. GL III 187, 23* 44.1 *cf. Euanth. de com. III 4, p. 169 C.*: Quin etiam solus ausus est, cum in fictis argumentis fidem ueritatis assequeretur, etiam contra praescripta comica meretrices interdum non malas introducere, quibus tamen et causa cur bonae sint et uoluptas per ipsum, non defit

---

Γ; Σ {δ (Θ, μ); Λ}
P: 43.2 *O.L.*; 44.1 *deest*

---

1 TRIENNIVM] *om.* β | triennium] Terentius β | *post* dixit *sp. rel.* K ‖ **2** posset] *post* ponere (= dicere P) *transp.* P | sit] *om.* C (*rest. s. l.* C²): *post* uerisimile *transp.* β ‖ **3** pudica C: pudicam μ | parcaeque] parteq A: partes K ‖ **4** mortis] *om.* ε (*rest.* α) | est] *om.* K | a *ante* Pamphilo *add.* μ ‖ **5** est A: *om.* K Σ (a μ) **6** Pamphilum A | et] *om.* δ | pariter] partium A | inuenit] moenit A: inueniat K ‖ **7** HVC *Steph. (cf. Grant 1986, p. 80)*: HVIC ω | *ante* HVC *add.* ex andro commigrauit *add.* v | VICINIAE₁] NVPERNE A | uiciniae₂] uicinae A: *om.* Fq μ παρέλκον *Steph.*: A ΡΕΛΚΟΝ A: parelcon P: n.a.p.e.a.c.o.n. Θ: *om. sp. rel.* KμΛ | e(st) AP: e Θ: *om.* KΛ | ut] *om.* Λ ‖ **8** adhuc] huic Γ: huic uel huius δ: huic loco uel huic Λ | *sch. 43.2 post 44.1 in* ω | HVC *Ter.*: HVIC ω | VICINE A uiciniam Γ μ: uicinia Σ ‖ **10** INOPIA] INT(ER)P(RE)TA A | N. K: NⁱA: *om.* Θ: NEGLIGENTIA COACTA μ: NEGLIGENTIA *uel* N. *codd.* Λ | laudatis K Σ: landep(er)tas A: laude impertita eius *Goetz** ‖ **11** matronae] matione A **12** id est] iam A: *om.* μ | Glycerio] *om.* μ | debitam] et debitam μ: debita ε pro] *om.* μ | personam μ | quae] quorum A ‖ **14** eductam *Schopen (1821, p. 57)*: ductam ω

laudanda est Chrysis, cum qua commorata est. Quam quoniam necesse est meretricem fateri, in condicione turpissimi nominis mulierum sumitur excusatio uoluntatis. 44.2. ET COGNATORVM hic iam parat nos ad Critonis aduentum.

45.1. (= u. 72) EGREGIA id est eminenti praestantique. 45.2. AT- 5 QVE AETATE INTEGRA 'integra' est aetas, quae in flore consistit, cui neque addendum iam sit neque adhuc quicquam sit imminutum, ut (Verg. *Aen.* 9, 255–256) 'integer aeui Ascanius'. 45.3. Et contulit duo ad quaestum congrua meretricium.

46.1. (= u. 73) EI VEREOR NE QVID ANDRIA APPORTET MALI 10 'Andria' mire: audiuit enim excessisse ex ephebis Pamphilum illatamque esse mentionem mulieris peregrinae, adulescentulae pulchrae. 46.2. NE QVID ANDRIA eleganter (u. 70) 'ex Andro' ⟨'Andria'⟩ (u. 85) 'Andriae': nomen ostendit et mulieris et fabulae. 46.3. Et bene 'apportet', quia 'portare' ⟨notis, 'apportare'⟩ ignotis 15 est.

47.1. (= u. 74) PRIMVM HAEC PVDICE v. defendit, ut diximus, uitam Chrysidis, ut potuerit apud eam recte morata esse Glyce-
65W. rium, quae ex argumento matrona erit. 47.2. PRIMVM HAEC PVDICE

45.1. *cf. Don. An. 58.1–2 (ubi cf. alia)* ‖ 45.2 *cf. Seru. Aen. 9,255–256; Don. Eun. 473.2; Cur. epit. Don. 424*

Γ; Σ {δ (Θ, μ); Λ}
P: 46.1 *o.l.*; 47.1 *o.l.*, ut diximus *om.*, ut₂ – erit *om.*

1 est] *om.* K | Chrysis] crisis dis FT | quam] *om.* δ | quoniam] *om.* Γ ‖ **2** fateri] *om.* μ ‖ **3** mulierum] multum *Rabbow** | sumere μ | ET] PRET A | hinc μ ‖ **4** iam parte A: parat iam δ ‖ **5** *post* EGREGIA *add.* forma μ | id est] *om.* μ | enitenti μ atque praestanti P ‖ **6** INTEGRA AETATE P | integra₂ – aetas δ: aetas est Γ ε: integra aetas est Λ | consistat A | cui] cuius C: cuique T: cum μ ‖ **7** sit iam ε **8** *ante* ut *add.* est K ‖ **9** congrua] *post* duo *transp.* P | meretricium A *in ras.*: meretricum KΣ ‖ **10** EI] SOSIA (H)EI Γ Θ ‖ **11** Andria Up: Andriam ω | addunt β | Pamphilum *ante* ex *exhib.* P ‖ **12** esse] *om.* P ‖ **13** *ante* pulc(h)r(a)e *add.* et μ | ANDRIA] AND. C (*corr.* C²) ‖ **14** *add.* Wess. ‖ **15** Et] *om.* β | *post* apportet *add.* mali μ | *add. Jakobi GFA** ‖ **17** PRIMVM β μ: *sp. rel.* PRIMVM K: SIMO PRIMVM A Σ | v.] *om.* Θ: VITAM PARCE AC DVRITER AGEBAT μ: VITAM *uel* v. *codd.* Λ defendit – **19** erit] *om.* μ ‖ **18** moratam A Θ: morata *uel* -ratam *codd.* Λ **19** matrone AK | HAEC] LICET K | PVDICE] PVDICI C: P. T: *om.* μ

VI. Bene 'haec', quasi dicat: illa quae coacta est. 47.3. DVRITER
contra rationem regulae: 'dure' ab eo quod est 'durus' dicere
debuit. Et tamen est differentia: est enim 'duriter' sine sensu
laboris, 'dure' autem crudeliter. Illud ad laborem, hoc ad saeuitiam
5　relatum est. 47.4. Sed 'dure' in alterum, 'duriter' in nos aliquid
facimus.

48.1. (= 75) LANA ET TELA VICTVM Q. subdistingue 'tela': finis
enim laboris est 'uictum quaeritans'. Et Vergilius (*Aen.* 8, 408–410)
'cum femina primum c.t.u.c.t. M.i.c.e.s.s.i.' Et deinde finem laboris
10　intulit. 48.2. Non 'cibum', sed 'uictum' dixit. 'Cibus' est enim, qui
etiam delicatis praebetur, 'uictus' in paruis aridisque alimoniis est
constitutus. Unde Vergilius (*Aen.* 3, 649–50) 'uictum infelicem
b.l.c.d.r.' — 48.3. Et post tantum laborem 'uictum', non 'cibum'
dixit, ut Vergilius (*georg.* 2, 472) 'at patiens operum paruoque

---

47.3 *cf. Don. ars mai. p. 641,6 H.; Don. Ad. 662; Non. XI 20, p. 161, G.-S.; Charis.*
ars p. 257,3 B.: Acron 'secundum antiquorum' inquit 'consuetudinem'; *Seru.*
GL IV 439, 11: Nam Terentius ait 'duriter', cum 'dure' dicere debuerit; *Pomp.*
GL V 245,3; Prisc. GL III 70, 4; Cur. epit. Don. 246 ‖ 48.1 *cf. Seru. ad loc.*
48.2 *Cur. epit. Don. 129, 728* | *cibus] cf. Isid. orig. 20, 2, 1*

Γ; Σ {δ (Θ, μ); Λ} | Γ; Σ {Θ, Λ [ε (α, a D M m n O p QJ x), GH NY s U z]}
P: 48.1 *deest*; 48.2 Unde – r. *om.*; 48.3 Et₁ – Et₂ *om.*

---

1 VI.] IV. A: v. P: *om.* δ: v. *uel* VITAM *codd.* Λ | bene] *om.* ε | quasi dicat *P.*
Daniel: quod A: quam quod K: qua(m) P: quidem idem Θ: quidem id est Λ |
cᵒhoacta C: cohacta T | *post* est *add.* inopia. Pudice ad honestatem uite
duriter ad austeritatem uictus μ | IDVRITER A: ET DVRITER P ‖ **2** contra] quam
C (*corr.* C²) | *post* regulae *add.* nam μ | dure] *om.* β | ab–**4** crudeliter] *om. hic*
(*cf. infra*) β | ab eo] habeo Θ | durus] dure K | *post* durus *add.* a datiuo duro o
mutato in e dure habemus et dure μ ‖ **3** debemus μ | Et – est₁ PKΣ: tamen est
A: in his est tam μ ‖ **5** *post* alterum *transp.* 2–4 ab eo – crudeliter, *deinde*
quae sequebantur 4–5 illud – alterum *iter.* β | in nos] *post* aliquid (aliqid A)
transp. K | si *ante* aliquid *add.* μ ‖ **7** Q. C²: QVE AK C: QV(A)ERITANS Fq Λ
subdistingue–**8** quaeritans] *om.* F | **8** enim] *om.* Θv | est laboris Θv | *ante* et
Vergilius *add.* qui est causa ob quam subimus laborem μ | Et] ut β ‖ **9** femina]
post prim. *transp.* Θμ | primum μGH: primo ω | c.t.u.c.t. – e.s.s.i.] *om. sine sp.*
μ | c.t.u.c.t.] C ·T·V·T A: c.t.u.c. K: c· t· u· t T: c·u·t·u·t C: e·t·ut c F: *uar.* Λ | i.c.]
et c Γ | Et] *om.* Θ ‖ **10** non cibum sed] lana et tela uictum quaeritans v | enim]
om. μ ‖ **11** *post* uictus *add.* qui P | paruis aridisque] paribus uilibusque μ |
const- est P ‖ **13** b. l. c. d. r.] *om.* μ ‖ **14** at] ait K: ac C: atque β

assueta i.' — Et non 'quaerens' sed 'quaeritans' dixit. 'Quaerit'
enim, qui ad plenum et perpetuum reponit, 'quaeritat', qui uix
cotidie inquirendo uictum inuenit. 48.4. LANA ET T. V. Q.
artificiose, ut uideatur pudice apud eam futura mater familias
educi posse, quam meretricem necessitas fecit.   5

49. (= 76) SED POSTQVAM A. 'amator' fingi potest, 'amans' uere
amat.

66W.   50.1. (= 77) VNVS ET ITEM ALTER praeter unum duo, ex quibus
alter ut sint tres, nam 'hi tres tum simul a.' Ut (Verg. *ecl.* 8, 39)
'alter ab undecimo'. 50.2. Ergo 'alter' non est secundus sed tertius.   10
50.3. ITA VT INGENIVM EST OMNIVM H. quanta defensio Chrysidis,
ut quae antea fecerit, ipsius sint, quae postea peccauerit, naturae
hominum ascribantur!

51. (= u. 78) PROCLIVE AD LIBIDINEM 'procliue' est 'porro
inclinatum' uel 'pronum inclinatumque'.   15

48.3 *quaeritat*] *cf. Don. Ad. 363.1* ‖ 50.1 *cf. Eugr. ad loc.*: Hoc intelligi et in
Virgilio (*ecl.* 8, 39) uolunt [...]; *Seru. ecl. 8, 39; Cur. epit. Don. 55* ‖ 50.3 *cf. sch.
Iuu. 14, 40, p. 213 W.* ‖ 51. *cf. Prisc. GL III 49, 16; Synon. Cic. Charis. ars p.438,
3 B.; Cur. epit. Don. 684*

Γ; Σ {Θ, Λ}
P: 48.4 *deest*; 49. *O.L.*; 50.3 *deest*; 51. *O.L.*

1 i. AK T: iuuentus Σ | quaerens] quaeris C (*corr.* C²) ‖ **2** quaeritant α
3 cot(t)idie *uel* quot(t)idie] eo die K | inueniat K: inueniunt α | Quasi *ante*
LANA *add.* μ | ET] I. A | T. AK: TELA Σ | v.] v. *uel* VICTVM *codd.* Λ | Q.]
QV(A)ERITANS μ: Q. *uel* QVAERITANS *codd.* Λ ‖ **4** uideat Θ: uidetur μ | futuram
A (*corr.* A²): *om.* TF ‖ **5** & duci A | posse] *om.* μ ‖ **6** A. *Wess.*: AMATOR KΛ: *om.*
A Θ | accessit pretium pollicens *ante* amator *add.* μ | qui *post* amans *add.* μ
8 VT A | ITEM] EST A: *post* ALTER *transp.* Λ | pr(a)eter] pr(a)e Θ (*incert.* q:
propter T) | unum] unum non β ‖ **9** sint] *in ras.* A | tres₁ Γ: tres inquit propter
Θ: tres inquit alter Λ | nam] non μ | hi] ii K: hanc Λ | a. AK: amabant PΣ
11 *sch. 50.3 post 52.1 in* ω | ITA *Ter.*: FIT AK: SIT Σ | H. *scripsi*: HOMINVM H.
(HOC K) AK: HOMINVM Σ: HOMINVM DEINDE QVESTVM CEPIT μ: HOMINVM O
Zwierlein (1970, p. 32) | quanta] alia Λ ‖ **12** aut ea Θ (aut ea eam C, *corr.* C²):
ante Λ | fecerit p: fecerat ω ‖ **14** *ante* PROCLIVE *add.* ita ut ingenium est
omnium hominum a labore μ | PROCLIVE] PRODVE A

52.1. (= u. 79) ACCEPIT CONDICIONEM cum uno, QVAESTVM cum altero, hoc est cum multis. 52.2. CONDICIONEM 'condicio' est cum uno, certam legem in se continens; 'postquam accessit alter', hoc est plures, 'quaestus' iam meretricius factus est.

54.1. (= u. 81) PERDVXERE ILLVC SECVM inuitum isse Pamphilum his uerbis significat; 'perducuntur' enim necessitate coacti. *Hoc etiam uerbum iudices pronuntiare solent.* 54.2. Et hoc est quod supra (u. 63) ait 'his se dedere, eorum obsequi studiis'. 54.3. VT VNA ESSET M. et producte legitur 'ēsset' ut cibum capiat, et correpte, ut alibi. 54.4. VNA 'simul', ut (*Eun.* 373): 'una cibum capias'. 54.5. PERDVXERE ILLVC SECVM secum duxerunt, ut secum esset.

52.1–52.2 *cf. Eugr. ad loc.* ‖ 54.1 *cf. Agroec. orth. p. 91 P.; Isid. Diff. 1, 268, p. 210 C.; Charis. ars p. 480, 19 B.; Cur. epit. Don. 639* ‖ 54.3 *cf. Don. Eun. 540.2; Seru. Aen. 5, 785; Prisc. GL II 456, 18* ‖ 54.4 *cf. Don. Hec. 138.1; Charis. ars* p. 287.5 *B.; Prisc. GL III 87, 9; al.*

Γ; Σ {Θ, Λ}
P: 52.1 *deest*; 52.2 *O.L.*, postquam–est *om.*; 54.1 *O.L.*, hoc–solent *om.*; 54.2 *deest*; 54.3 *O.L.*; 54.5 *deest*
52.2 Bern. 276: Donatus in commento Andrie: condicio est cum uno certamen certam legem continens

1 inclinatumque] *om.* P: inclinatum quia µ | cum₂–**2** est₁] *sic Wess.* (*coll.* 79.2): cum altero non est AK: non est cum altero Θ: cum altero, non est cum altero Λ ‖ **2** multis] mł µ | CONDICIONEM] CONDITIO; A | cum₂–**3** uno] *om.* AK **3** certam AK: certamen certam Σ | alter AΘ: unus et alter KΛ (*cf. Cioffi 2015, p. 360*) ‖ **4** qu(a)estus Θ: questum A: qu(a)estum qu(a)estus KΛ | iam *ante* factus *add.* C (*del.* C²) ‖ **5** *ante* PERDVXERE *add.* qui tum illum amabant forte ita ut sit fili µ | ILLVC] *iter.* K | inuitum] in uterum K: inuitium Cq (*corr.* C²) isse Γ: esse Σ ‖ **6** his] hic CT | necessitate] qui in causam trahuntur µ | cohacti C ‖ **7** pronuntiauere C (*corr.* C²) | hoc] hic K ‖ **8** ait] *om.* µ | his] *om.* ε: cumque his una µ | se dedere] sedere AK | obsequi] *om.* CT ‖ **9** M. AK CT: MEVM FqΛ et₁] *om.* C (*rest.* C²): ut ε | esset] *incert.* K: *om.* µ | *post add.* obsonetur idest µ cibum–**10** ut₁] *om.* Fq | et₂] uel Λ | **10** corrupte *uel* correpte *codd.* Λ | id est *ante* simul *add.* µ | simul] cibum K | ut₂] et *uel* ut *codd.* Λ: id est A C²T: uel K: et C ‖ **11** capias s, *cf. Ter. Eun.* 373: capimus ω: capturus *Goetz* * (*prob. Wess.*): capturum *in append. Wess.* | PERDVXERE] PERDVXERVNT Cq: *sic* µ | ILLVC] ILLVD Θ (C): ILLVM C²q µ | secum₁] *om.* β µ | duxerunt K: dixer(unt) A: duxere Σ (*om.* F: perduxere µ)

67W.   55.1. (= u. 82) EGOMET CONTINVO M. bene 'mecum', ut appareat nihil temere constitutum uel prolatum foras, ⟨sed⟩ hoc ipsum satis quaesitum esse, quod statuit de falsis nuptiis, ut inoffensus esset filio. 55.2. EGOMET CONTINVO MECVM C. C. E. 'mecum': deest 'uoluebam', 'cogitabam', 'uersabam'. 55.3. CAPTVS EST tenetur et 5 irretitur, ex translatione ferarum atque uenatus. 55.4. CAPTVS EST Sallustius (*Iug.* 1, 4) 'sin captus p. c.' 55.5. CERTE sine dubio, pro certo. 55.6. CAPTVS EST ἰδιωτισμός.

56.1. (= u. 83) HABET id est uulneratus est; 'habere' enim dicitur qui percussus est. Proprie de gladiatoribus dicitur 'habet', quia 10 prius alii uident, quam ipsi sentiant se esse percussos. 56.2. HABET sic dicitur de eo, qui letaliter uulneratus est. Vergilius (*Aen.* 12, 296) 'hoc habet h. m. m. d. u. d'. 56.3. Ergo quid sequitur captum nisi occidi? 56.4. HABET OBSERVABAM MANE utrum Pamphilum an

55.1 cf. Don. Eun. 323.2–3; Id. ibid. 515.2; Id. Hec. 107.2 ‖ 55.3 cf. Cur. epit. Don. 108 ‖ 55.4 cf. Don. Eun. 74.1 ‖ 55.6 cf. Ferri-Probert 2010, p. 34 56.1 cf. Ferri-Probert 2010, p. 34 ‖ 56.2 cf. Seru. Aen. 12, 296; Non. 497 L.; Cur. epit. Don. 376

Γ; Σ {Θ, Λ}
P: 55.1 o.l., sed – filio om.; 55.2 o.l.; 55.3 o.l.; 55.4 – 55.6 desunt; 56.1 habere – percussos om.; 56.2 – 56.3 desunt; 56.4 o.l.

1 M. AK T: M⁰ C: MECVM Fq Λ ‖ **2** nihil] non μ | ut *post* nihil *add.* C (*del.* C²) paulatim Fq Λ | *add. Wess.* ‖ **3** quod] indicat cum μ | de] probare cum μ | falso CT | ut *Hartman* (*1895, p. 129*): et ω ‖ **4** c.₁ K: ε. A: ε. CT: CERTE *cett.* | c.₂ CAPTVS Fq: *om.* μ | E.] ε A: r. *ut uid.* K: EST Fq μ | mecum KΘ: metum A: sed μ: *om.* Λ ‖ **5** uolebam Fq | teneba(m) tenetur C (*corr.* C²) ‖ **6** irretitur (inr. AK: *iter.* μ): irritetur C (*corr.* C²): m *sp. rel.* F | est *post* uenatus *add.* C (*del.* C²) | *sch.* 55.4.5.6 post 56 ω ‖ **7** *ante* Sallustius *sp. rel.* β (*suppl.* ἰδιωτισμός t), cf. Cioffi (*2012, p. 165*) | si(m) *ut uid.* μ | p.] uanis Fq: prauis β | c.] cupidinibus Fq | q. *post* c. *add.* μ ‖ **8** ἰδιωτισμός M⁴*in marg.*, *Lind.*: IAOTICMOc A: *om. sp. rel.* K Σ (ΙΛΟΤΙCΜΟC G²) ‖ **9** id est AK Θ: *om.* PΛ | dicitur] *om.* Θ ‖ **10** est] *om.* A dicitur] dicit μ ‖ **11** prius] primis A | ipsi] illi μ | sentiant] *hic habent* AK Θ: *ante sch.* 55.4 *transp.* Λ | se] *hic habent* AK Θ: *post* percussos *transp.* Λ | esse AK: *om.* Σ ‖ **14** utrum Pamphilum an (*om.* CT) Γ CT: *om.* Fq Λ

⟨...⟩. 56.5. MANE aduerbialiter. 56.6. OBSERVABAM deest 'tamen', hoc est: quamuis captus erat et iam habebat, tamen obseruabam.

57.1. (= u. 84) ROGITABAM HEVS P. non 'rogabam' sed 'rogitabam', quia sedulo faciebat.

5 58.1. (= u. 85) DIC SODES 'dic' imperatiuum est: ideo temperauit iniuriam blandimento 'sodes'. Est autem 'si audes', ut 'scilicet' *68W.* 'scias ⟨licet⟩', nam delirant, qui 'σῶος ζῇς' interpretantur 'sodes'. 58.2. DIC SODES exhortantis uox est, ut 'amabo' 'rogo'. 58.3. QVIS HERI CHRYSIDEM opportune intulit nomen Chrysidis. 58.4. QVIS 10 HERI C. H. NAM A. I. Attico more peregrinis meretricibus a patria nomen imponit et simul celebrat nomen comoediae dicendo (*An.* 70) 'ex Andro commigrauit' et nunc 'Andriae illi id erat nomen'.

56.5 cf. Seru. Aen. 4, 341; Porph. Hor. sat. 1, 3, 17; Charis. ars p. 243, 10 B.; Cled. ars p. 89, 3 B.; Pomp. GL V 136, 22; [Asper] GL Suppl. 53, 25 ‖ 56.6 cf. Don. Hec. 248.2; Id. Phorm. 221 ‖ 57.1 cf. Cur. epit. Don. 774 ‖ 58.1 cf. Cic. orat. 154; Don. Hec. 753.3; Id. Eun. 799.3; schol. Bemb. Ter. Haut. 369; [Acro] Hor. ars. app. p. 398 K.; Fest. p. 382 L.: Si audes, ut sis ⟨pro si uis, et ilico⟩ pro in loco. Terentius ⟨in Andria: 'dic⟩ sodes, quis heri Chry⟨sidem habuit?'⟩; Id. ibid. 462 L., Non. II 76, p. 312 Mazz.; Cur. epit. Don. 829 ‖ 58.4 cf. Cur. epit. Don. 85

Γ; Σ {Θ, Λ}
P: 57.1 *o.l.*; 58.1 *o.l.*, ut – sodes *om.*; 58.2 *deest*; 58.3 *o.l.*; 58.4 *o.l.*, et₂ – nomen₃ *om.*

1 *post* an *exhib.* 'illorum seruulos' (*cf. Ter. An. 83*) Fq Λ, *lac. signaui* | MANE] *om.* AK CT | deest] de eo CT (*corr.* C²) | hoc est] *om.* P ‖ **2** erat] esset Fq | et iam AK C: etiam T: et etiam Fq: et Λ | habebat *Wess.*: habet ω | *post* obseruabam *add.* illorum seruulos uenientes aut abeuntes μ ‖ **3** HEVS – rogabam] *om.* F | P. AK: PV. CT: PVER qΛ ‖ **5** DIC₁] SIC A | imperatium C: imperatiue q ‖ **6** ut AK: et Σ | scilicet scias licet *Rabbow** (*cf. Fest. p. 462 L.*)] sit (sic K CT) scias AK C²T: si scias FqΛ: sis si uis *Lind.* ‖ **7** nam – **8** DIC] *om.* μ | delirant *Jakobi (1996, p. 96)*: deliberat ω (delirat H) | qui σῶος ζῇς *Lind.*: quiſ ωοχ ξHO A: quis u o c ξ H C K: qui (quia ε) *postp. spatio* Σ (ως ζης M⁴τ: Νοξης G²) | interpretantur AK CT: interpretatur FqΛ ‖ **8** exertantis A **9** habuit *ante* C(H)RYSIDEM *add.* Θ, *post* C(H)R- *add.* Λ | nomen intulit Λ | sch. 58.4 *post* sch. 59 *in* ω ‖ **10** HERI] H. CT: HE. Fq | C.] *om.* CT: CHV Fq: C(H)RYSIDEM βμ | H. AK CT: HA. F, q (*post* quis *transp.*): HABVIT *uel* H. *codd.* Λ | andrie ille *ante* A. I. *add.* K | A.] *om.* μ: ANDRI(A)E Fq: ANDRIA (-IE) *uel* a. *codd.* Λ | I.] ILLI Fq: ILLI ID β: *om.* μ: ID (I.) ILLI (IL.) Λ | a patria *post* nomen imp- *transp.* C (*corr.* C²) ‖ **11** imposuit Θ β | celebrant CT ‖ **12** et] *om.* Fq ε nunc] nam Fq | andria FΛ | id AK C: *om.* FTq: *ante* illi *transp.* Λ | nomen] nomen non Θ

59. (= u. 86) Et bene 'illi', quasi dicat: quam tu Andriam nominasti.

61.1. (= u. 88) QVID SYMBOLAM DEDIT ⟨...⟩ sed subdistingue 'quid', ut sit uox quaerentis, quid dicat de Pamphilo. 61.2. EHO QVID PAMPHILVS primo sic egit, ut ⟨non⟩ de Pamphilo quaerere 5 crederetur; ad ultimum adiecit nomen, ne quid reliqui faceret. 61.3. QVID cetera in gestu sunt quaerentis, quid dicat de Pamphilo, nec inuenientis. 61.4. SYMBOLAM DEDIT C. mire nulla pro Pamphilo negatio facti est posita, sed per puerilem simplicitatem omnia gesta narrata sunt. Et quod tacitum est, non celatum sed et non 10 factum esse ita uidetur.

69W.   62.1. (= u. 89) ITEM ALIO DIE 'item' similiter. 62.2. Et uide diligentiae tempus adiectum, quasi non suffecerit unus dies.

63.1. (= u. 90) COMPERIEBAM N. A. P. uide, si non patris uerba sunt et de rebus ueneriis circa filii mentionem agentis. 63.2. NIHIL 15

61.1 *cf. Don. Phorm. 339.2; Cur. epit. Don. 737* ‖ 61.3 *cf. Don. An. 722.1; Id. Eun. 523; Id. ibid. 948; Id. Hec. 3.3; Id. ibid. 443.2* ‖ 62.1 *cf. Don. Ad. 50.2; schol. Bemb. Ter. Eun. 398; ibid. Ad. 688; Cur. epit. Don. 478* ‖ 63.2 *cf. Don. Phorm. 80.2; Cur. epit. Don. 568*

Γ; Σ {Θ, Λ}
P: 61.1 *o.l.*; 61.3 *deest*; 61.4 *o.l.*; 62.1 *o.l.*; 63.1 *o.l.*; 63.2 *o.l.*

1 *sch. 59 ante 58.4 in* ω │ dicat Λ: dicatur ΓΘ ‖ **3** *ante* QVID *add.* HEO Fq │ *post* QVID *add.* Pamphilum Fq │ SYMBOLAM *codd. Ter.:* SYMBOLVM ω │ *ante* sed (*om.* P) *lac. signaui* ‖ **4** quid₂] *om.* Θ ‖ **5** et c(etera) *ante* primo *add.* K │ *add.* Schopen (*1821, pp. 57sq.*) │ de] *om.* CT ‖ **6** adiecit *uel* adiciat *codd.* Λ (addicat α): adiciet Γ: adicit C: addicit T v: adiicit Fq │ *post* nomen *add.* id C (*del.* C²), *add.* dubitans v │ ne quid] ne quod *uel* ne quid *codd.* Λ ‖ **7** QVID *Wess.:* CENAVIT ω, *del.* Leo (*1883, p. 331*) │ quid dicant v ‖ **8** SYMBOLAM *codd. Ter.:* SYMBOLVM ω │ c. ACT: *om.* K: c(o)ENAVIT Fq: c. *uel* COENAVIT *codd.* Λ │ nulla] *hic habent* AK Θ: *post* pro Pamphilo *transp.* PΛ ‖ **9** negatio–posita] facta est negatio v **10** quod] quidem Θ │ celatione C (*in textu corr. fort. ipse, sup. lin.* C²) │ et *Rabbow*: om.* Fq: ut ω ‖ **11** factum] *om.* Fq │ esse *Steph.:* est ω │ uidetur Γ: uidetur *uel* uideatur Σ ‖ **13** tempore K │ sufficeret P Σ ‖ **14** COMPERIEBANT A │ N. KC: NIL AT: NIHIL Fq: N. *uel* NIHIL *codd.* Λ │ A. AKCT: AD Fq: A. *uel* AD *codd.* Λ │ P. AKCT │ uerba patris Σ ‖ **15** uenereis *uel* ueneris Σ: ueneri his K: uenerus A filii] *om.* C (*corr.* C²)

AD P. Q. παρέλκον tertium, nam abundat 'quicquam', ⟨ut⟩ (*Hec.* 67)
'nam nemo quisquam illorum'.

64.1. (= u. 91) SPECTATVM 'spectatum' ad Pamphilum, non ad
exemplum refertur. 64.2. *Et* SPECTATVM 'probatum'.

5   65. (= u. 92) ET MAGNVM EXEMPLVM CONTINENTIAE ὑπερβολή
laudis: Pamphilus 'exemplum continentiae'!

66.1. (= u. 93) NAM QVI CVM INGENIIS 'qui' animus scilicet.
66.2. Aut certe 'homo' subaudiendum, et 'neque commouetur animus' deest 'eius'. 66.3. NAM QVI CVM INGENIIS 'ingenia' pro homi-
10 nibus posuit. 66.4. CONFLICTATVR id est atteritur. 'Conflictatio' est
tactus inuicem corporum et collisus.

67.1. (= u. 94) NEQVE COMMOVETVR utrum 'qui' 'animus' an
'homo', ut nunc subaudiamus 'eius'? 67.2. NEQVE COMMOVETVR A.
utrum deest 'eius' an ordo est: qui animus cum ingeniis conflicta-
15 tur eiusmodi neque commouetur in ea re? 67.3. TAMEN ἀνακόλου-   *70W.*
θον, quod non praemisso 'licet' uel 'quamquam' subiecit 'tamen'.
Sallustius (*Hist. frg.* 4 *R., inc. sed.*) 'atque edita undique, tribus
tamen cum muris et magnis turribus'.

64.2 *cf. Don. An.* 27.2 (*ubi cf. alia*) ‖ 66.4 *cf. Cur. epit. Don.* 135

Γ; Σ {Θ, Λ}
P: 64.1 *O.L.*; 66.1–66.2 *desunt*; 66.3 *O.L.*; 67.1 *deest*; 67.2 *O.L.* *una cum* utrum–an;
67.3 Sallustius–turribus *om.*

1 P. AKCT | Q. AKCT | *post* Q. *add.* ACTINERE Fq, *add.* N. A. CT | παρέλκον e²:
Π APE MON A: parelcon P: perarelon q: parerclon F: *om. sp. rel.* K CTΛ
(ναρεμον G²) | tertium *Wess.*: III A: *om.* KΡΣ | abundat–2 nam] *om.* C | *add.*
Wess. ‖ **2** nam–illorum] *om. nul. sp.* P Fq Λ (*exc.* α) ‖ **3** Pamphilum–5
EXEMPLVM] *om.* K ‖ **4** probatur CT ‖ **5** ὑπερβολή e²: ΥΠΕΡΠοΛΝ A:
(h)iperbole P Λ: *om. sp. rel.* KΘ ‖ **7** NAM] *om.* Λ | qui] *om.* Fq ‖ **8** Aut] et K: ad
F: at q | certe] arte K | et] *om.* Λ ‖ **9** omnibus C (*corr.* C²): omnibus omnibus
T ‖ **10** CONFLECTATVR A: CONFLICTANTVR K | id] *om.* A | est₂] *om.* Θ
11 corporum inuicem Λ | inuicem] mittere K | collis Θ: col(l)isio Λ ‖ **13** ut] et
KΛ | NEC C | A.] TE K: *ante* COMMOVETVR *transp.* Σ ‖ **14** est] *om.* P
15 eiusmodi hominum Fq | in ea] mea A C | TVM Λ | ἀνακόλουθον M⁴:
ἀνακοῦθον G²: ΑΝΑΚΟΛΟΡΘΟΝ A: anakoliton P: *om. sp. rel.* K Σ ‖ **16** *ante*
quod *add.* eo Λ | premissio Cq (*corr.* C²): promisso T | uel] *om.* Θ | quamquam
in quicquam *corr.* C² | tamen] tum Λ ‖ **17** edita fQ: edicta AK Λ: dicta Θ
18 tamen] tum Λ

68. (= u. 95) SVAE VITAE MODVM moderationem, regimen.

69.1. (= u. 96) CVM ID MIHI PLACEBAT 'cum' 'praeterquam
⟨quod⟩'. 69.2. TVM VNO ORE OMNES 'omnes', ne pater amore falli
uideretur, et ideo mox ait (*An.* 132) 'bene dissimulatum a. et c. i.'
69.3. CVM ID MIHI P. T. V. O. O. ⟨O.⟩ B. D. ET LAVDARE F. M. ἐμφατι-   5
κώτερον 'fortunas' quam 'fortunam'. 69.4. Et de more, ut (Verg.
Aen. 1, 606; *cf. etiam Aen.* 10, 597) 'qui te tanti t. g. p.' et (Verg.
Aen. 3, 480) 'uade, ait, o felix n. p.' Plautus (*Bacch.* 455) 'fortuna-
tum ... qui illum eduxit sibi'.

72.1. (= u. 99) HAC FAMA I. an uere laudatus sit. 72.2. *Et* singula   10
hic pro argumentis sunt. Et excusatio est, non esse stultitia

---

68. *cf. GL Suppl. 206, 26; Cur. epit. Don. 541* ‖ 69.1 *cf. Don. Phorm. 187.1*
69.3   *cf. Don. Eun. 994.1; Id. ibid. 325.4* ‖   69.4   *cf. Seru. Aen. 1,606*
72.1–72.2 *cf. Seru. Aen. 7, 268*

Γ; Σ {Θ, Λ}
P: 68. *o.l.*; 69.1 *o.l.*; 69.2 *o.l.*; 69.3 CVM – ἐμφατικώτερον *om.*;   69.4 ut – sibi *om.*; 72.1 *o.l.*;
72.2 et₂ – impulsum *om.*

1 moderatione C ‖ **2** TVM Σ | PLACEBIT A | praeterquam ⟨quod⟩ *Steph.*: preter
quam ΓΛ: preter quamquam Θ (C²: preter quicquam C) ‖ **3** VNO–omnes₂]
OMNES ORE C: OMNES V. O. T: VNO OMNES ORE Fq | omnes₂] omne F: *om.* Λ
4 mox] *post* ait *transp.* Λ | *post* ait *add.* et Fq | relatum et dicat *ante*
dissimulatum *add.* K | a. et c. CT *codd.* Λ: a.e.o.c. A: a.c.c.c K: et c.a. P:
amorem et celatum Fq *codd.* Λ | i. Γ: m. CT *codd.* Λ: indicat Fq *codd.* Λ
5 CVM] TVM Λ | ID MIHI] IDE(M) A: MIHI Λ | P.] PLACEBIT K: PL. *uel* PLACEBAT
codd. Σ | ⟨O.⟩ Q: *om.* ω | F.] FORTVNAS MEAS Fq *codd.* Λ | ἐμφατικώτερον M⁴:
ΕΝΦΑΤΙΚΟΝΤΕΡΟΝ A: E N A P O T E P O N C: ENAPIR ONT EPON T: *om.*
sp. rel. K: quin gnatum hominem tali ingenio preditum Fq: meas *sp. praep.* Λ
6 quam A Θ: pro PK Λ (*cf. Cioffi 2013, p. 118*) | fortunam A Θ: unam
fortunam K: una fortuna P: me fortunatum Λ | idem ore A | ut] *s.l.* K: et CF
7 te AK Fq Λ, *errauisse Donatum putat Jakobi* GFA* (*coll. Verg. Aen. 10, 597*):
om. CT, *Verg. Aen. 1, 606* | t. g. p.] talem genuere parentes Fq: t. g. p. *uel* talem
genu- par- *codd.* Λ ‖ **8** ualde AK C (*corr.* C²) ε | n. p.] nati pietate Fq: n. p. *uel*
nati pietate *codd.* Λ | fortunatum ω (*post* fort- *add.* illum β): fortunatum
Nicobulum *Plaut.* ‖ **9** eduxit A²: eduxiti A: ad(d)uxit K Σ (addixit β): produxit
Plaut. ‖ **10** HA A | I.] INPVLSVS K Fq Λ: *om.* C (*rest.* C²) | *ante* an *add.* est K:
add. idest Fq | uere] uerbo Θ | singula] sui gloria Θ ‖ **11** haec Fq | per CT
argumento Fq | *post* argumentis *add.* posita P | et] *om.* Fq | executio C | esse
Steph.: est ω

falsum, sed '⟨fama⟩ impulsum'. 72.3. IMPVLSVS bene 'impulsus': ultro enim uenire impulsus est, qui dat contra officium soceri.

    73.1. (= u. 100) VNICAM GNATAM ⟨s.⟩ abundat quidem 'suam',   *71W.* sed tamen asseueratiuum est. 73.2. VNICAM G. S. quid si taedio
5 multarum filiarum? At 'unicam'.

    74. (= u. 101) CVM DOTE SVMMA quid si pauperem? At 'cum d.s.'.

    75.1. (= u. 102) PLACVIT DESPONDI cum pronuntiatione 'placuit'. 75.2. HIC NVPTIIS D. E. D. utrum constitutus an dicatus, ut (Verg. *Aen.* 6, 138) 'Iunoni i.d.s.'? 75.3. DESPONDI ex uetere more,
10 quo spondebat etiam petitoris pater. Unde et 'sponsus' et 'sponsa' dicitur. 75.4. PLACVIT συντομία: adeo bona conditio fuit, ut quamuis ultro obiceretur, tamen statim placeret. 75.5. DESPONDI proprie, nam 'desponsa' dicitur, quia 'spondet' puellae pater, 'despondet' adulescentis.

72.3 *cf. Don. Ad.* 470.2; *Id. ibid.* 471.2; *Id. ibid.* 967.2; *Id. Hec.* 64.1; *Id. ibid.* 242.3 ‖ 73.1 *asseueratio*] *cf. Don. Ad.* 522.1 ‖ 75.2 *cf. Seru. Aen.* 6,138; *Non.* 431 L. 75.3 et 75.5 *cf. Varro ling.* 6,70sq.; *Don. Ad.* 735.2: Et 'despondet' puellam qui petit, 'spondet' a quo petitur; recte ergo socer futurus 'despondi' dixit; *Seru. Aen.* 10, 79 ‖ 75.3–75.5 *Fayer 2005, 2, p. 38, n. 71*

Γ; Σ {Θ, Λ}
P: 73.1 *o.l.*; 73.2 *o.l.*; 74 *o.l.*; 75.2 ut – s. *om.*

1 falsus TFq | *post* falsum *lac. stat. Wess.*: et non dicit adductum *suppl. Rabbow** | fama *suppleui* | ut pulsum A: impulsus q ‖ **2** qui dat PKΛ: quid at(ur) A: quidam Θ: quod est *P. Daniel* | officium] effectum T: *om. sp. rel.* F **3** GNATAM–**4** VNICAM] *om.* Fq | s. *Wess.*: *om.* ΓΘ: SVAM Λ | abundet CT | *post* suam *add.* est K ‖ **4** G. S.] G. SI. K: GNATAM SVAM Fq Λ | si] *om.* Θ ‖ **5** multarum filiarum *Westerh.*: multorum filiorum ω | At *Steph.*: ait ΓΘ: aut *uel* ait *codd.* Λ ‖ **6** quod AK, *incert.* P | si pauper est P | At–**8** NVPTIIS] *om.* K | at *Steph.*: ait Σ | eum CT | d.s.] dote summa Pq: dote summa *uel* d.s. *codd.* Λ | *post* s. *add.* filio uxorem ut daret v ‖ **8** D.₁] DICTVS P Fq: DICTVS *uel* D. *codd.* Λ | E.] EST P Fq Λ | D.₂] DIES PΛ ‖ **9** Iunoni i.d.s.] in nom *uel sim.* K: iunoni is Θ (iunonius F) | ueteri KΛ ‖ **10** petitoris] pectoris (*iter.*) A: petitores v ‖ **11** συντομία G²: CYNTOMIA A: *om. sp. rel.* KP Σ (συντομα M⁴t) ‖ **12** statim] *post* placeret *transp.* Λ | taceret CT ‖ **13** nam] non Λ | desponsa] sponsa Fq | *post* despondet *add.* et v

78.1. (= u. 105) CHRYSIS VICINA H. M. commemorat nos quae esse Chrysis, ⟨cum⟩ ait 'uicina haec'; supra enim (u. 70) 'ex Andro commigrauit huc uiciniae'. 78.2. VICINA HAEC ἀνάμνησις. 78.3. O FACTVM BENE animaduerte ubique a poeta sic induci comicas mortes, ut cum ad necessitatem argumenti referantur, non sint 5 tamen tragicae. Nam aut meretrix sumitur aut senex aut de duabus simul uxoribus una uxor. Itaque huiusmodi obitus aut mediocri tristitia excipiatur aut etiam gaudio.

72W.   79.1. (= u. 106) METVI ⟨A⟩ CHRYSIDE[M] 'metuo illum' dico, qui mihi ipse aliquid facturus est, 'metuo ab illo', cuius causa possum 10 aliquid mali pati, etiamsi ipse in me nihil mali consulat. 79.2. ⟨METVI A C.⟩ [O FACTVM BENE] quasi qui dixerit (An. 73) 'uereor ne quid Andria apportet mali'. 79.3. BEASTI M. A. C. arti-

---

78.3 cf. Don. Phorm. 750.2: [...] Nec in comoedia possunt nimis miserabiles mortes esse, ne res in tragedia transiret; Id. Hec. 171.2: [...] Ita ex huiusmodi mortibus uel incommodum uitatur uel lucrum insuper nascitur, ut non sit causa lugendi ‖ 79.1 cf. Don. Phorm. 118; Prisc. GL II 391,3; Arus. exem. eloc. p. 67, 19 Di St.; schol. Bemb. Ter. Haut. 531; Cur. epit. Don. 523

Γ; Σ {Θ, Λ}
P: 78.1 O.L.; 78.2 deest; 78.3 O.L.; 79.1 O.L.; 79.2 O.L.; 79.3 O.L.

1 H. M.] H(A)EC MORITVR F: HEC MORITVR uel H.M. codd. Λ | nos AK Λ (cf. Cioffi 2013, p. 102): om. PΘ: nunc α ‖ **2** esset] sit P | add. Rabbow* | ait AP: ut KΛ: om. Θ | haec] om. Fq ‖ **3** huc Steph.: huic ω (h. P) | uicinee A: uicinei K: u. P | ἀνάμνησις Steph.: ANAaCHCIC A: ἀναλΗψις M⁴t (cf. Cioffi 2012, p. 172): ἀνάμισις G²: om. sp. rel. K Σ ‖ **4** BENE-ubique] om. sp. rel. F | animaduertite P: animaduerte uel -tite codd. Λ | sic induci] sic inducit CT: duci sp. praep. F, incert. q ‖ **5** mortes KPΛ: mortis A: om. Θ | cum] non Λ | conferantur ε | non] nisi Λ ‖ **6** tamen (om. β) sint Λ | aut₁] ut K ‖ **7** uxoribus simul uxor una C (corr. C²) | huiusmodi AP CT: eiusmodi KΛ: om. sp. rel. Fq | obitus aut] obitus aut A²U: obitura ut ω ‖ **8** mediocriter K | excipiatur ω: excipiuntur P. Daniel etiam] et Θ ‖ **9** A CHRYSIDE Fq Λ: CHRYSIDEM AK CT (ω?) | de eo post dico add. Rabbow* | qui ex quod C² ‖ **10** ipse Westerh.: ipsi ω | metuo Wess.: timeo ω | ab] ob C (corr. C²) ‖ **11** etiam CT | ipsi Fq | nihil in me Θ ‖ **12** METVI A C. Jakobi: O FACTVM BENE ω ‖ **13** apportet mali] ap(p). mali (m. T) CT | M.] METVI Fq Λ | A.] D. C | C.] CRISIDE FqΛ

ficiose, quod gaudium subiecit, ne mors in comoedia luctu ⟨ut⟩ in tragoedia personaret. 79.4. METVI A CHRYSIDE ἀρχαίως.

80.1. (= u. 107) VNA ADERAT FREQVENS sic 'una aderat frequens' ut supra (An. 63) 'cum quibus erat cumque una'. 80.2. Et
5 ADERAT FREQVENS possumus enim et adesse et frequentes non esse, si praesentes non adhaereamus his, quibus adsumus. 80.3. Et FREQVENS ut miles apud signa.

81.1. (= u. 108) CVRABAT VNA FVNVS 'funus' est pompa exsequiarum, dictum a funalibus: etenim noctu efferebantur propter
10 sacrorum celebrationem diurnam. 81.2. INTERIM 'interim' discretio est huius rei, quae ad narrationem pertinet superiorem. 81.3. CVRABAT VNA F. utrum potuerit in exsequiis non uidere patrem.

82.1. (= u. 109) NONNVMQVAM C. illis enim magis flendi causa fuerat, qui quam amabant amiserant: huic amore propter Glyce-   *73W.*
15 rium suam. 82.2. 'Collacrimat', qui alienis lacrimis suas commodat.

81.1 cf. Seru. Aen. 1,727; Seru. Aen. 6,224; Seru. auc. Aen. 11,143; Isid. orig. 11, 2, 34; Cur. epit. Don. 356; Pittà 2015, pp. 497–503 ‖ 82.2 cf. Eugr. ad loc.: Cum aliorum lacrimis suas quoque miscebat

Γ; Σ {Θ, Λ}
P: 80.1 VNA – FREQVENS om., cumque una om.; 80.3 deest; 81.1 CVRABAT – FVNVS om.; 81.2 O.L.; 82.1 O.L.
81.1 Bern. 276: funus est pompa exequiarum dicta a funibus Donatus in commento Andrie Therentii

1 quia CT | mortis Schopen* | luctu Rank (1925, p. 143): luctus ω | add. Schopen* ‖ **2** tragedie A: tra postp. sp. F | METVI A] METVA A: METVI C ('a' s.l. add. C²) | A P ΧΑΙωC A: ἀρχαισμός M⁴t (cf. Cioffi 2012, 172): a p x a i u e Θ: om. sp. rel. ΚΛ (ibi tum filius cum illis amabant chrysidem v): om. nul. sp. P **3** FREQVENTES K | sic – frequens] om. Σ (exc. α) ‖ **4** eum CT | erat] om. Λ cumque] om. PT | post una add. his sese dedere Fq | Et] om. Θ ‖ **5** enim] om. Λ (exc. β) | et₁] om. Θ | frequens Fq ‖ **6** esse] adesse P ‖ **9** noctu] notu q: om. T: notum F ‖ **10** diuinam Fq | INTERIM₁] INCENA K | interim₂] sic C (m exp. C²): om. Fq | descritio C: discritio C² ‖ **11** est] om. Θ (exc. C) ‖ **12** F. AK: FVNVS P Θ: F. uel FVNVS Λ: om. v | uirum CT | obsequiis K ‖ **13** NVMQVAM A | C.] COLLACRIMABA(N)T Fq Λ | flendi] post causa transp. Θ: ante magis transp. β **14** qui quam] quicquam P CT: qui F: om. q | huic K: hunc AP Λ: hi(n)c Θ: huius α | amore e²: amorem ω | Glycerium] post suam transp. Θ ‖ **15** suum A lacrimas K Λ | commendabat Θ

83.1. (= u. 110) SIC COGITABAM [ac] si dixisset 'hoc cogitabam', sensum tantum cogitationis dicere debuit; sed quia 'sic cogitabam' dixit, ipsum gestum cogitantis exponit. Et dicitur μίμησις. 83.2. [HEM] HIC PARVAE C. C. hoc est conuiuii tantum. 83.3. Et quia dixerat puer hoc solum egisse Pamphilum, nihil aliud: (uu. 88–89) 5 'symbolam dedit, cenauit'.

84.1. (= u. 111) HVIVS MORTEM TAM FERT F. 'familiariter' id est grauiter, nam quae nobis sunt familiaria, grauia sunt animo nostro. 84.2. FAMILIARITER quasi familiaris. 84.3. An potius familiariter ⟨...⟩? 10

85.1. (= u. 112) QVID HIC MIHI F. PATRI 'mihi' circa me. 85.2. Et postquam 'mihi' dixit, pondus intulit nominis dicendo 'patri'. 85.3. QVID HIC MIHI F. P. uide quam uenuste repetierit 'hic'.

86.1. (= u. 113) HAEC EGO PVTABAM *'putare' est eius, qui simplicitate pectoris aberrauerit.* Cicero (*Lig.* 30) 'non putauit, lapsus est'. 15

83.1 *sic*] *cf. Don. An. 180. 2; Id. Ad. 454.6; Id. Phorm. 145.1; Cur. epit. Don. 815; Demetriou 2015, pp. 189–191* ‖ 83.2 *cf. Don. Hec. 555.1* ‖ 84.1 *cf. Eugr. ad loc.* ‖ 84.2 *cf. Cur. epit. Don. 321* ‖ 85.1 *cf. Seru. ecl. 7, 6* ‖ 85.3 *cf. Don. Ad. 967.3; Id. Phorm. 592* ‖ 86.1 *cf. Cur. epit. Don. 720*

Γ; Σ {Θ, Λ}
P: 83.2 *o.l.*; 83.3 *deest*; 84.1 HVIVS – F. *o.l.*; 85.1 *o.l. una cum* mihi; 85.3 QVID – P.] et; 86.1 *o.l., una cum* Cicero – est

1 SIC] SIC(VT) A | ac – cogitabam₂] *om.* F | *secl. Rabbow** | diceret Θ | *post* dixisset *add. et* A ‖ **2** cogitabat Θ (*exc.* C) ‖ **3** cogitationis T: cogitatis Fq | Et – μίμησις α: Et – MIMεCIC; A: et dicitur *postp. sp.* KPΣ (*idem postp. sp.* T: *om. nul. sp.* v): Est igitur μίμησις Wess. ‖ **4** HEM ω, *del. Steph.* | C. C. V: C. AK: CONSVETVDINIS Θ: CONSVETVDINIS CAVSA Λ | hoc] id P | conuiui A: cu(m) manucatum, *fort.* K: co(mmun)i Θ: communi *uel* conuiuii *codd.* Λ ‖ **5** puer] parue v ‖ **6** symbolam *Ter.*: symbolum ω ‖ **7** TAM] *post* FERT *transp.* β | familiariter id(est) f. A, *corr. Wess.*: hoc est P: familiariter id(em) K: familiariter i(dest) Σ ‖ **8** sunt nobis K | animo] *post* nostro (modo Fq) *transp.* Θ ‖ **9** *sch.* 84.2, 84.3 *post* 85.2 *in* ω ‖ **10** *lac. sign.* Wess. ‖ **11** MIHI HIC Fq | F.] FACERET FΛ: FACIET q | *post* PATRI *add.* q. A | mihi₂ – **13** P.] *om.* F ‖ **12** *post* mihi *add.* id est v | patri] patris P (*ante ras.*): pater β ‖ **13** F.] FECIT C: F. *uel* FACERET *codd.* Λ | P.] *om.* AK: PATRI CFq: P. *uel* PATRI *codd.* Λ | uide] *om.* C (*rest.* C²) ‖ **14** HAEC] NEC CT | putare – **15** aberrauerit] *obliq. litt. scripsi* **15** pectoris] cordis P | aberrauerit Γ Λ: oberrauit C: oberauuerit TFq | contra *ante* Cicero *fort. supplendum* | non – est *sic* ω: lapsus est, non putauit *Cic.*

86.2. HVMANI INGENII M. Q. 'humani ingenii' circa Chrysidem, 'mansueti' circa amicos. 86.3. HAEC EGO PVTABAM ESSE cum adhuc *74W.* nihil peccationis ostenderit, tamen dolor in futura prorumpit, ut (Verg. *Aen. 2, 344*) 'gener auxilium P.F. f'.

5   88.1. (= u. 115) IN FVNVS PRODEO 'in funus' 'in pompam exe-quiarum'. 88.2. A 'funalibus' dictum est, id est uncis et aculeis candelabrorum, quibus delibuti funes †et ingenium cerei fomites † infiguntur. 88.3. EGOMET QVOQVE ut et ipse Pamphilus. 88.4. An: 'etiam ego, quem quasi minus crederes'? 88.5. IN FVNVS in ipsum
10 officium. 88.6. EIVS CAVSA eiusdem mansuetudinis et humanitatis. 88.7. Et EIVS Pamphili.

89.1. (= u. 116) NIHIL SVSPICANS ETIAM MALI 'etiam' 'adhuc'. 89.2. NIHIL SVSPICANS ETIAM bene suspendit auditorem. 89.3. ET-IAM alia suspensio audientis et excusatio.

88.1–88.2 *cf. Cur. epit. Don. 356; Seru. auc. Aen. 1,727*: Nonnulli apud ueteres candelabra dicta tradunt quae in capitibus uncinos haberent, quibus affigi solebant uel candelae uel funes pice delibuti; *Id. ibid. 11, 143; Isid. orig. 20, 10, 5*: Funalia candelabra apud ueteres extantes stimulos habuerunt obuncos, quibus funiculi cera uel huiusmodi alimento luminis obliti figebantur. Idem itaque et stimuli praeacuti funalia dicebantur; *Id. ibid. 11,2,34; Id. ibid. 19,4,1* 89.1 *cf. Don. An. 503; Id. ibid. 940.3; Id. Hec. 535.2; Seru. Aen. 2, 292; Id. ibid. 6, 485; Seru. auc. Aen. 11, 352; Id. georg. 3, 189*

Γ; Σ {Θ, Λ}
P: 86.2 HVMANI – Q. *om.*; 86.3 *deest*; 88.1 *O.L. una cum* in funus; 88.2 id est – infiguntur *om.*; 88.3 EGOMET QVOQVE *om.*; 88.5–88.7 *desunt*; 89.1 i. adhuc *sup.* etiam *add. in textu Ter.*; 89.2–90.1 *desunt*

1 M. Q.] MANSVETIQVE Fv | humani ingenii] *om.* v ‖ **2** mansuetus CT | *post* mansueti *add.* animi P, *fort. recte* | ESSE] *om.* Fq ‖ **3** peccatoris T: peccationis F: putationis v | ostenderet Θ | prorupit Θ ‖ **4** P·ff; A: *om. nul. sp.* v | *post* f. *add.* i. β ‖ **6** idest] et Θ: *om.* μ | aculeis *Wess.*: acuneis ω ‖ **7** candelabrarum v delibutis Θ | funes et] *om.* C: funes KC² | et ingenium – fomites] *cruc. signaui*: pice aut cerei fomites *Schopen* coll. Seru. auc. Aen. 1, 727*: pice uel cera *Miller* eod. loco coll.*: et (*om. e²*) cerei fomites *e² Steph.*: cera aut ignium ⟨huiusmodi⟩ fomite *Ammannati (2015, p. 194, coll. Isid. orig. 10, 20, 5)* ingenium AΘ: ingenii KΛ ‖ **8** infinguntur Θ (*corr.* C²) | sch. 89. 1, 90.1 *ante* 88.3 *in* ω ‖ **10** humilitatis Θ ‖ **12** MALI] AMALI A: ALIA CT | adhuc] adhuc etiam pro adhuc K: idest adhuc Λ: *cf. etiam* P *in textu Ter.* ‖ **13** auctorem β **14** *post* alia *add.* est Λ

90.1. (= u. 117) EFFERTVR 'efferre' Graecum est, quod uitans Vergilius (*georg.* 4, 255–56), ne diceret 'efferunt', 'exportant tectis' inquit 'corpora luce carentum'. 90.2. EFFERTVR 'efferri' proprie dicuntur cadauera mortuorum. 90.3. Et 'ire' proprie dicitur ad exsequias. Vergilius (*Aen.* 11, 24–25) 'ite, ait, egregias animas, q. s. 5 n. h. p. p. s.'

75W.   91.1. (= u. 118) VNAM ASPICIO ADVLESCENTVLAM ex consuetudine dixit 'unam', [nam] ut dicimus 'unus est adulescens'. Tolle 'unam' et ita fiet ut sensui nihil desit, sed consuetudo admirantis non erit expressa. 91.2. 'Unam' ergo τῷ ἰδιωτισμῷ dixit. 91.3. Vel 10 'unam' pro quandam. 91.4. FORTE VNAM ASPICIO ADVLESCENTVLAM et hic duo sunt: aetas et forma, quibus additur pudor, quo meretrix non est.

92.1. (= u. 119) FORMA ... ET VVLTV SOSIA 'forma' immobilis est et naturalis, 'uultus' et mouetur et fingitur. 92.2. ET VVLTV SOSIA 15 ADEO quia formae laudatio cum meretrice communis est, progre-

90.1 *cf. Paul. Fest. p. 72 L.; Synon. Cic. Charis. ars p. 419, 2 B.; Non. 462 L.; Agroec. orth. p. 117 P.; Isid. diff. 1, 270, p. 210 C.* ‖ 90.2 *cf. Cur. epit. Don. 257* 91.1 *cf. Jakobi 1996, p. 126; Ferri-Probert 2010, p. 34* ‖ 92.1 *cf. Eugr. An. 119; Non. 689 L; Seru. Aen. 1,683; Seru. auc. Aen. 9,249; [Caper] GL VII 103,3; Charis. ars p. 390,28 B.; Schol. Stat. Theb. 1, 89–90:* Vultus enim mutatur ex animi qualitate, facies semper est simplex; *Suet. diff. p. 295,10 Reiff.:* Quod uultus animi indicium est, facies oris positio; et uultus mutatur, facies manet; *Isid. orig. 11, 1, 34; Id. diff. 1, 378, p. 254 C.; Cur. epit. Don. 354*

Γ; Σ {Θ, Λ}
P: 90.2 *o.l.*; 90.3 Vergilius – p. s. *om.*; 91.1 *o.l.*; 91.4 *o.l.*; 92.1 *o.l.*; 92.2–92.4 *desunt*

1 greci A: gnatum K ‖ **2** efferunt AK (*ut uid.*): efferre β: ef(f)ertur Σ (*om.* v) exportant tectis K: exportante tis A: exportantur (expotant C: expo(r)tatur T) testis Θ: exportat (exportet v) tectis Λ ‖ **3** *post* EFFERTVR *add.* funus v **4** dicitur] *om.* P: dicuntur Λ ‖ **5** ite ait *Verg.*: ita ait AK: *om.* Σ (ite μ) | q.–**6** s.] que sanguine nobis hanc patriam peperere suo v ‖ **6** n.] m. Γ Λ | p.₂] q. C | s.] I. A: *om.* Fq ‖ **7** *ante* ex *add.* et β ‖ **8** dicitur CT Λ (*exc.* v) | nam ω (*om.* V), *del.* Steph. | diximus Σ ‖ **9** fiat K: fit β | sensui] *post* desit *transp.* P | consuetudine C (*corr.* C²) | mirantis Θ ‖ **10** τῷ ἰδιωτισμῷ M⁴: ΤωΙΛωΤΙCΜω A: *om. sp. rel.* P (*sp. post* dixit *transp.*) KΣ ‖ **11** una Θ | quadam Θ ‖ **12** *ante* aetas *add.* et CT meretricum K ‖ **14** ET] EXTRA K | mobilis C (*corr.* C²) ‖ **15** et₁] *om.* Σ stringitur A | ET₄] *om.* Fq ‖ **16** quia–**55,2** ADEO] *om.* A | quia Θ: est quia KΛ communis *Westerh.*: commissa ω

ditur artifex poeta ad laudanda ea, quae honestiora quam forma
sunt. 92.3. ET VVLTV SOSIA ADEO M. quid hic deest, ut eam nurum
dignetur Simo nisi sola cognitio? Et formam probat in puella
Pamphili pater et matronalem modestiam miratur in uultu et
5 uenustatem stupet. Nonne ergo iam cernimus hoc praestruxisse
Terentium, ut cum Chremete filiam esse cognouerit, Simo hanc
potius eligat quam Philumenam nurum? Quamuis ex sororia
pulchretudine et ex amore Charini et Daui laudatione ⟨decoram⟩
ipsam quoque prope demonstrauerit nobis. 92.4. ET VVLTV SOSIA
10 haec laus adiuuat post cognitionem futuram nurum.

93.1. (= u. 120) ADEO MODESTO A. V. 'modestus' ad probitatem   76W.
uultus et morum pertinet, 'uenustus' ad naturam corporis. Atque
adeo 'uultum' sibi fingere multi possunt, 'formam' nemo. 93.2. VT
NIHIL SVPRA ἔλλειψις Terentiana, nam non necesse est subiungere
15 duos uersus.

94.1. (= u. 121) QVIA TVM MIHI excusatio necessaria. 94.2. PRAE-
TER CETERAS id est: plus quam ceterae.

96. (= u. 123) HONESTA AC LIBERALI 'honesta' ad formam, 'liberali' ad uultum rettulit.

93.1 cf. Cur. epit. Don. 542 ‖ 93.2 ἔλλειψις Terentiana] cf. Don. An. 57.1; Id.
ibid. 285.1; Id. Eun. 143.2 ‖ 94.2 cf. Synon. Cic. Charis. ars p. 413, 35 B.

Γ; Σ {Θ, Λ}
P: 93.1 O.L.; 93.2 O.L.; 94.1 deest; 94.2 O.L.; 96. O.L.

1 laudandum v | post honestiora add. arte Λ ‖ 2 sunt] sibi K | M.] om. Θ:
MODESTO Λ | deest ex est C² | nurum A: mirum K Σ ‖ 3 Simo nisi Steph.:
simonis ω ‖ 4 maternalem K: matrone α: matronul(a)e Λ | et₂] om. ε ‖ 5 non
v | hoc] hic K: hec β | prestruxisse K: prestrixisse A: prescripsisse Σ ‖ 6 ut] et
C (corr. C²) ‖ 7 nurum] om. Θ: nurum uel mirum codd. Λ ‖ 8 ⟨decoram⟩ ipsam
Rabbow*: ipsorum ω ‖ 9 prope] proprie K: om. Λ | monstrauerit Σ | ET VVLTV]
QVM TV C: QVI(N) TV T ‖ 10 futurarum C | nurum A: mirum K Σ (om. Fβ)
11 A. V.] ADEO VENVSTO Σ | modesto P ‖ 13 adeo] delendum esse suspicio
multo CT (corr. C²) | possunt] ante multi transp. PΛ | formam ex uultum P²
14 ἔλλειψις Calph.: ellipsis ω | nam] om. Fq | est] om. C ‖ 16 QVIA] QVE Λ
sch. 94.2 post 96 in ω ‖ 17 ceteras Θ ‖ 18 LIBERALI₁] LIBERALIS C | liberale C
(corr. C²)

98.1. (= u. 125) PERCVSSIT ILICO A. hoc est 'suspicio' uel aliquid
tale. 98.2. ATTAT 'attat' interiectio admirantis. 98.3. HOC ILLVD EST
δεικτικόν eius est rei, quam in animo conceperamus. Vergilius
(*Aen.* 4, 675) 'hoc illud [i.] g. f.'?

99. (= u. 126) HINC ILLAE LAC. 'hinc' ex hac causa.   5

100.1. (= u. 127) QVORSVM EVADAS 'euadas' 'exeas' uel 'peruenias'. 100.2. FVNVS INTERIM P. S. 'funus' a funalibus dictum est, ut
supra (*ad An.* 108.1, 115.2) notauimus. Et est 'funus' pompa exsequiarum. 100.3. Et bene 'funus procedit, nos sequimur' dixit quasi:
77W. post ipsum morituri. Unde et 'exsequiae' dicuntur. 100.4. QVAM   10
TIMEO QVORSVM non uidetur adhuc Sosiae plenum amoris argumentum: adeo pendet ad ea, quae dicturus est Simo.

101.1. (= u. 128) FVNVS INTERIM P. ⟨S.⟩ ἀσύνδετον. 101.2. AD
SEPVLCHRVM VENIMVS 'sepulchrum' κατ' ἀντίφρασιν dicimus,

98.2 cf. Don. ars mai. p. 602, 5 H.; Diom. GL I 419, 11; [Sergius] GL IV 562, 21;
Cled. ars p. 111, 9 B.; [Asper] GL V 554, 15; al. ‖ 98.3 cf. Seru. Aen. 4, 675
100.1 cf. Don. An. 176.1–2; Id. Ad. 509; Id. Phorm. 111.5; Seru. Aen. 2, 531; Non.
p. 453 L.; Prisc. GL III p. 250, 16; Cur. epit. Don. 283 ‖ 100.2 cf. Don. An.
115.1–2 (ubi cf. alia) ‖ 101.1 cf. Cic. de orat. 2, 327 ‖ 101.2–101.4 cf. Fest.
p. 456 L.; Seru. Aen. 3,41: Nam sepultus est quasi sine pulsu. Non enim hunc
sepultum possumus dicere, cum sepultura non sit in hoc rite facta, sed
fortuita sit obrutus terra; Varro. frg. 81 G.-S. (apud Charis. 93, 5 B.); Isid. orig.
15, 11, 1; Id. diff. 1, 314, p. 224 C.; Cur. epit. Don. 790

Γ; Σ {Θ, Λ}
P: 98.1 O.L.; 98.2 O.L.; 98.3 deest; 99. O.L. et supra hinc i(dest) ex hac causa scripsit; 100.1 O.L.;
100.2 deest; 100.4–101.1 desunt; 101.2 O.L.

1 ILLICO Σ | A.] ANIMVM Σ (A(N) C) | h(aec) AK | est] om. v ‖ **2** attat₂ AP: i(dest)
K: om. Σ | in terentio C (corr. C²) | HOC] VOCEM Θ | EST] om. Θ ‖ **3** δεικτικόν
Calph. (δικτικόν Scot. 212): dicticon ω | rei est Σ | Vergilius–**5** causa] om. F
4 illud N edd. uett., Verg.: illud i. AK: illud e(st) i. Σ | g. Wess. ex Verg.: c. uel e.
ω ‖ **5** LAC. Wess.: om. AK: LACRIM(A)E Σ ‖ **6** euadas₂] i(dest) Θv | permaneas K
7 P. S. AKT: P. F. C: PROCEDIT SEQVIMVR Fq Λ ‖ **9** Et] om. P | dixit] inquit Λ
10 moritur C: moribus T | et] om. Θ | sch. 100.4, 101.1 post 101.4 in ω
11 post QVORSVM add. euadas FqΛ | **12** adeo ex ergo C² | **13** P.] PROCEDIT Fq
Λ | s. add. Jakobi GFA* | ἀσύνδετον Steph.: A·C·Y·Θ·H·TON A: a.c..y. o.n.
t.o.n. CT: sequimur ad sepulchrum uenimus Fq v: om. sp. rel. ΚΛ (ἀσυνθετον
M⁴: ἀσύνθετον t: ἀσυόθητον G²) ‖ **14** sepulcrum] om. C (rest. C²) | κατ'
ἀντίφρασιν e²: κατὰ ἀντίφρασιν zG² Scot. 212: cata (catha P) antiphrasin

quod sine pulchra re sit. 101.3. An quod ibi sine pulsu sint, id est
mortui? 101.4. An quod illuc animae a uiuis sepellantur, id est
separentur? 101.5. Et 'sepulchrum' dixit futurum [ut in quinto],
non quod iam esset; 'sepulchrum' enim a sepeliendo dictum.
5 Vergilius proprie (*Aen.* 6, 232–233) 'at pius Aeneas i.m.s.i.s.a.u.'.

102.1. (= u. 129) IN IGNEM INPOSITA EST ἔλλειψις: non enim
'quae'. 102.2. Et mire, cum 'funus' supra dixerit. 102.3. FLETVR bene hic impersonaliter 'fletur': ab omnibus; extrema enim quaeque
mortuorum omnes commouent ad lacrimas. 102.4. INTEREA HAEC
10 s. id est: quam dixi sororem esse Chrysidis.

103. (= u. 130) AD FLAMMAM ACCESSIT IMPRVDENTIVS inuenit
affectum sororis, unde omnes uinceret: ceteri enim flent, haec
flammae se ingerit. Sic Vergilius (*ecl.* 5, 20; 22–23)'exstinctum
n.c.f.D. ...' cum complexa s.c.m.n., atque deos a.a.u.c.m.'

102.3 *impersonaliter*] *cf. Don. An. 147.1; Id. ibid. 403; Id. Ad. 474.2; Id. Eun. 583.1*

Γ; Σ {Θ, Λ}
P: 101.5 Vergilius – u. *om.*; 102.1 *o.l.*; 102.3 *o.l.*; 102.4 *deest*; 103. *o.l. una cum* Sic – u.c.m.

(-frasin P: -frasim K) Γ: kata anthiphrasin Θ: *uar.* Λ | dicimus A²KΛ: dixit A
(*ante ras.*) P: diximus Θ
1 quod₁] quia v | An] aut Pq ‖ **2** An] aut P Fq | illuc AP CT: illic K Fq Λ
sepellantur *Rabbow**: sepeliantur ω ‖ **3** separentur *uel* separantur *codd.* Λ
dixit *ex* dicitur C² | ut in quinto ω (*sic* A Θ: *om.* PK Λ), *om. uett. edd.*: ut in VI
(*Aen. 6, 177) Schoell**: *cruc. ante* ut *sign. Wess.* ‖ **4** *ante* iam *add.* iacet uel Θ
a–dictum AK: a – dictum est P: est a – dictum Σ ‖ **6** POSITA Λ | EST] *om.* A
CT | ἔλλειψις M⁴: ΕΛΛΙΨΙC A: eclipsis P Σ: *om. sp. rel.* K | enim] er *sp. rel.* Θ:
est Λ ‖ **7** *ante* supra *add.* ut Θ | dixerint A: dixerat P | hic bene Θ ‖ **8** quoque
Θ ‖ **9** commouerint Θ | ad lac(h)rimas Λ: *om.* KP (*cf. Cioffi 2013, 114)*: lacrime
(-mę A) AΘ ‖ **10** s.] SOROR Σ (*exc.* C) | esse sororem Θ ‖ **11** innuit v
12 uincerit Σ (uicerit Fq) | fletu Θ ‖ **13** Sic] *om.* Θ ‖ **14** n. – D.] nymphae
crudeli funere Daphnim Fq | f.(lebant) *post* D. *fort. restituend.* | cum
complexa] f. o. c. CT | c.] e CT | atque deos] a. d. CT | a. a.] a. AK

104.1. (= u. 131) IBI TVM EXANIMATVS PAMPHILVS a uoluntate, a
facultate, a summo ad imum, ubi sunt dicta et facta, ubi est
pathos. 104.2. Et mire 'ibi'.

78W.   105.1. (= u. 132) BENE DISSIMVLATVM 'bene' multum. 105.2. An
quasi dolens, quia etiam negaturus sit Chremeti, dixit 'bene'?   5
105.3. ET CELATVM INDICAT omnia significanter: non 'ostendit'
inquit sed 'indicat', non 'accedit' sed 'accurrit', non 'uestem' aut
'manus' sed 'mediam mulierem', non 'tenet' sed 'complectitur'.
105.4. Et quia tribus rebus inducitur in alicuius rei gestionem
persona: affectu facto dicto. 'Affectus' est, quod ait 'ibi tum ex. P.',   10
'factum' quod ait 'accurrit m. m. c.', 'dictum' quod ait 'mea Glycerium, i., q. a.? c. t. i.p.?' 105.5. INDICAT 'indicium' proprie est oris
et linguae. Factis ergo indicat, non enim dixit 'amo'.

106. (= u. 133) ACCVRRIT Vergilius (Aen. 4, 645) 'interiora
domus irrumpit limina'.   15

104.1 *cf. Don. An. 234.1; Id. ibid. 342; Id. Hec. 364; Seru. Aen. 1, 484; Id. ibid. 4,
672; Isid. diff. 1, 403, p. 266 C.; Id. orig. 10, 90; GL Suppl. 278, 3; Cur. epit. Don.
29* ‖ *105.1 cf. Don. Ad. 201; Cur. epit. Don. 99* ‖ *105.3 cf. Don. Eun. 53.2
'significanter'] cf. Don. Phorm. 47.1* ‖ *105.4 cf. Eugr. ad loc.; Comm. Bruns. An.
131: exanimatus dolore. Tribus modis deprehenditur hic Pamphilus: affectu
facto dicto* ‖ *105.5 cf. Quint. inst. 5, 9, 8; Don. Eun. 1014.2; Seru. Aen. 2, 84;
Cur. epit. Don. 425*

Γ; Σ {Θ, Λ}
P: 104.1 *o.l.*; 105.5 *o.l.*; 106. *deest*

1 a₁] et ν *(sic etiam* a₃*)* ‖ **2** unum C | ubi₁ H, *cf. Eugr. ad loc.:* ibi ω ‖ **3** *post* ibi
add. est K ‖ **4** an] a(ut) *ut uid.* P ‖ **5** quia AP: quod ΚΣ (C² *ex* q(ui)n *ut uid)*
sit] sic Θ | dixit] *rest. s.l.* P ‖ **6** INDICAT] INDIC. CT (at *rubr. s.l. add.* C²)
significanter Λ: significantur ΓΘ ‖ **8** methiam A | amplectitur Θ ‖ **10** personet
Fq | affecta A | factu Γq | dictu Γ F | est] *om.* A | quod] quid CF | ibi–**11** ait₁]
om. Fq | ex. AK: exanimatus P Σ (exani. T) | p. AK: Pamphilus Σ (pan. T)
11 m.₁] mediam P Σ | m.₂] muli. C: mulierem Fq Λ | c.] complectitur Fq Λ
Glycerium] Gli. AT: *om. sp. rel.* K ‖ **12** i.₁–p.] *om. sp. rel.* K | i.₁] i. A: inquit Θ:
om. Λ | q. a.] quid agis Fq. q. a. *uel* quid agis *codd.* Λ | c.–p. T Λ: c. t. i. pro A:
cur te is perditum Fq: c. d. i. p. C | est proprie Θ ‖ **13** amo] *uel* anima CT: *uel*
sp. postp. F: uel a *sp. postp.* q: anima indicat uel Λ ‖ **14** interio C *(corr.* C²)
15 *post* limina *add.* m. β

107. (= u. 134) MEA GLYCERIVM I. Q. A. 'mea' quasi amator, [hoc]
'Glycerium' quasi familiaris dixit, 'quid agis' quasi perturbatus,
'cur te is perditum' quasi consolatus.

108.1. (= u. 135) VT CONSVETVM FACILE AMOREM C. mire non
5 'suspicarere' dixit sed 'cerneres'. Et est ordo: 'facile cerneres'.
108.2. Sed 'cerneres' sic, ut supra (u. 66) 'laudem inuenias et
amicos pares'.

109. (= u. 136) REIECIT SE IN EVM F. Q. F. obicitur ei et quod a   79W.
Glycerio factum est, ut (Cic. diu. in Caec. 22) 'ecquis umquam tam
10 palam de honore, tam u. d. s. s. c., q. i. a. i. a., ut ne h. m. d. d.'?

110.1. (= u. 137) QVID AIS non interrogantis est sed mirantis.
110.2. REDEO INDE IRATVS ATQVE AE. F. 'iratus' culpa, 'aegre
ferens', quia praeter spem.

111.1. (= u. 138) NEC SATIS AD OBIVRGANDVM mire expressit
15 indulgentiam patris circa filium: erat, inquit, causa sed pro amari-
tudine obiurgationis non erat satis, hoc est non idonea uidebatur.
111.2. NEC SATIS AD OBIVRGANDVM CAVSAE deest 'habui' uel 'erat'
ut Vergilius (Aen. 2, 314) 'nec sat rationis in armis': et hic 'est' uel
'habui' deest ad sententiam. 111.3. DICERET deest 'enim'.

---

107. cf. Don. Phorm. 254.1 ‖ 110.1 cf. Don. An. 301.5; Id. ibid. 616.1; Id. ibid.
872.4 ‖ 110.2 cf. Don. Eun. 825.1 ‖ 111.3 cf. Don. Hec. 229.1

Γ; Σ {Θ, Λ}
P: 107. O.L.; 108.1 O.L.; 109 deest; 110.2 O.L., in text. Ter. s(cilicet) culpa supra iratus, et
s(cilicet) quia praeter spem supra aegre ferens; 111.1 O.L. una cum mire; 111.3 O.L. in text.
Ter. deest enim supra DICERET

1 GLICIT A: GLICE K | I.] INQVIT Σ | Q. A. V: QVOD Γ Θ: QVOD uel om. codd. Λ
hoc ω, del. Q Scot. 212 Steph. ‖ **2** dixit] post agis transp. P | perturbatur Θ
3 consolaturus β: est solatus Θ ‖ **4** C.] CERNERES Σ | Mᶦce non (in ras.) A
5 suspicarere Schopen*: suspicaretur ω ('sus-' in ras. A; suspicareris β
Westerh.) ‖ **6** inuenies CF: inuenias uel inuenies codd. Λ ‖ **8** F.₁–F.₂] FLENS
QVASI (uel QVAM) FAMILIARITER Fq Λ | ei] om. C (rest. C²) | a] om. K ‖ **9** ut]
om. β | ecquis Cic.: et quis ω | umquam tam Θ β: um quantam A: numquam
tam K Λ ‖ **10** tam] om. Λ | i.₁] om. K | i.₂] om. β | h.] hoc Σ ‖ **11** AIS] AISVNT A:
AGIS K: AIT T: AIS nunc dub. Wess. | est] om. β ‖ **12** AE. A: E. CT: (A)EGRE Fq
Λ | F.] F. CT: S. A: FERE K: FERENS Fq Λ | iratus–**13** ferens] om. ε ‖ **13** quia]
om. Fq | propter Θ ‖ **15** circa] erga Σ ‖ **16** ante est add. non K ‖ **17** habui]
habuᶦ A: hũi ex hũc corr. C² ‖ **18** ut] om. Σ | satis K | in] ex et C²

112.1. (= u. 139) QVID FECI mire fiduciam praetulit argumento, quod est in sequenti uersu. 112.2. QVID FECI QVID C. αὔξησις a maioribus ad minora. 112.3. Et 'feci' quasi facinus dixit ('facere' enim quis et homicidium dicitur), 'commerui' minoris culpae est, 'peccaui' multo minoris uel leuioris.   5

113. (= u. 140) QVAE SESE IN IGNEM INICERE VOLVIT illic (u. 134) 'mea Glycerium', hic pronomen dixit: mira dissimulatio, tamquam illam praeter periculum nesciat.

80W.   115.1. (= u. 142) NAM SI ILLVM OBIVRGES V. Q. A. T. argumentum ex coniectura per ratiocinationem a contrario, ut si dicas: 10 forti uiro praemium debetur, si desertori poena constituta est. 115.2. TVLIT pro 'attulit'. 115.3. Sed multa significat, et alias 'pertulit', ut ille (Verg. *Aen.* 2, 407) 'non tulit hanc s. f. m. C.', alias 'sustulit', ut idem (*ecl.* 9, 51) 'omnia fert aetas', *pro 'aufert'.*

112.2 *a ... ad minora*] *cf. Don. An. 236.5:* et est peruersa αὔξησις a maioribus descendens ad minora per amplificationem accusationis ‖ 112.2–112.3 *Cur. epit. Don. 315* ‖ 112.3 *cf. Isid. orig. 5, 26, 2; Poliziano p. 52, 22* 115.1 *cf. Quint. inst. 7,10,6:* Nisi forte satis erit diuidendi peritus qui controuersiam in haec diduxerit, an omne praemium uiro forti dandum sit etc.; *Quint. decl. min. 297, p. 364, 13 B.; Quint. decl. min. 278, p. 280, 11 B.; Mart. Cap. 5,482* ‖ 115.2–115.3 *cf. Don. An. 443.5; Id. Hec. 594.1; Seru. Aen. 8, 256; Id. ecl. 9, 51; Cur. epit. Don. 887*

Γ; Σ {Θ, Λ}
P: 112.1 *O.L.;* 112.2 *O.L.;* 113. *O.L.;* 115.1 *O.L.;* 115.3 s. – C. *om.,* ut₂ – aufert *om.*

2 consequenti K | QVID₂–αὔξησις *Wess.:* QVID C. A U ξH N cie A: uxesis (*om. lemm.*) P: QVID C. dee(st) *postp. sp.* K: aut sis (*signo 7 sim. add.* C) quid est c. CT: AVT QVID COMMERVI Fq Λ (αὔξησις *marg. add.* M⁴) ‖ **3** maioribus– minora Λ (*coll.* 139.3): minoribus – maiora ΓΘ | dicitur C (*corr.* C²) **4** homidium C (*corr.* C²): homedium T ‖ **6** INICERE] ¬ NVCERE A: VINCERE K: CONIICERE β | VOLVIT] v. T: *ante* IN *transp.* Fq ‖ **9** *post* NAM *add. et* K | v. Q.] VITAE QVI Fq Λ | A.] AVXILVM Fq Λ | T. CT: TI A: *om.* K: ACTVLIT Fq: TVLIT Λ **10** ex coniectura AK β (*cf. Cioffi 2012, p. 162*): *om.* Σ ‖ **13** ille] Virg(ilius) Fq | s. f. m.] speciem furiata mente Fq | c.] e. CT: corebus Fq ‖ **14** fero A

116.1. (= u. 143) QVID FACIAS ILLI pro 'illo'. 116.2. QVI DEDERIT
DAMNVM AVT M. 'damnum' rei est, 'malum' ipsius hominis.

117.1. (= u. 144) VENIT CHREMES P. A. M. C. argumentum ex
coniectura de testibus. 117.2. Et mire: supra (u. 100) 'ultro ad me
5 uenit'. Ergo hic causa iusti doloris ostenditur, quando dolet etiam
Chremes; nam potuit non daturus filiam non uenire. 117.3. POST-
RIDIE AD ME C. ut sine dilatione sciri possit. 117.4. Et CLAMITANS
indignantis est, ut (Ad. 91) 'clamant omnes'.

118.1. (= u. 145) INDIGNVM FACINVS C. P. deest 'se'. 118.2. Et
10 incerta distinctio. 118.3. INDIGNVM FACINVS distinguendum, ut per
se intellegatur 'indignum facinus': et ipse dolet corrumpi Pamphilum. 118.4. COMPERISSE ergo ab aliis, ut appareat euersum, quod
ait (u. 96) 'tum uno ore omnes' et (u. 99) 'hac fama impulsus c.'
118.5. PAMPHILVM PRO VXORE H. 'Pamphilum' cum emphasi dixit, *81W.*
15 id est pudentem et bene moratum. 118.6. Et nec 'amicam' sed 'pro

---

116.2 *cf. Don. Eun. 994.4; Cic. Tusc. 3, 34; Varro ling. 5, 176; Isid. orig. 5, 27, 5;*
Id. diff. 1, 145, p. 158 C.; Cur. epit. Don. 195 ‖ 117.1 *arg. ex con.*] *cf. An. 367.2*
117.4 *cf. Eugr. ad loc.; Don. Ad. 60.1–2; Poliziano p. 53, 12; Cur. epit. Don. 131*
118.1 *cf. Don. Ad. 77.4; Id. Eun. 1076* ‖ 118.2–118.3 *cf. Eugr. ad loc.*
118.5 *cf. Don. An. 787.1; Id. ibid. 810.1; Id. Hec. 136.4; Id. Phorm. 114.3*

Γ; Σ {Θ, Λ}
P: 116.1 *O.L.*, pro illo *supra* illi *in text. Ter.*; 116.2 *O.L.*; 117.1 *O.L.*; 118.1–118.2 *desunt*;
118.3 indignum–Pamphilum *om.*; 118.5 *O.L.*

1 QVIS C (*corr.* C²) | F. T: FACIES Fq ‖ **2** M.] MALVM Σ | est] *om.* β | *post* malum
add. uel K ‖ **3** sch. 117.1–4 *post* 118.2 *in* ω | P. A. M. C. *Wess.*: P. T. A. C. AK CT:
POSTRIDIE AD ME CLAMITANS Fq: POSTRIDIE CLAMITANS Λ ‖ **4** de] in Θ | supra]
om. Θ | uenit ad me P Θ ‖ **5** causa] *post* doloris *transp.* Λ | quando AP: quod F
Λ: quam K CT | dolet etiam] l&ticia(m) A ‖ **6** POST TRIDIE A: POST TRI *sqq.*
euan. P: POST TRIDVVM K ‖ **7** C. Γ: CLAE. C: CLA T: CHREMES Fq Λ | sciri e²
(*teste Kauer 1911, 153 etiam* P; *cf. Cioffi 2013, p. 101*): scribi ω | Et CLAMITANS]
EXCLAMITANS A ‖ **8** indignatis A | ut] et β ‖ **9** Et–**10** incerta] et mira K:
incertaque Θ ‖ **10** subdistinguendum Λ ‖ **11** facinus et] facin(us)ri A
13 tum] cum AK CT | flamma A | impulsus] i. P | *ante* c. *add.* est KΛ | c.]
Chremes FΛ ‖ **14** PAMPHILVS A | pro] *om.* AK | H. K CT: HOC A: HABERE Fq
Λ | *post* H. *add.* P. CT: HANC PEREGRINAM *add.* Fq | Pamphilum–emphasi]
Pamphilus infasi A ‖ **15** prudentem ω, *corr. Steph.* | Et nec amicam] *om.* C
(*rest.* C²)

uxore'. Mire ergo, quasi non hoc doleat quod amet, sed quod pro
uxore habeat. Et simul excusatio filiam denegaturi soceri.

119.1. (= u. 146) PRO VXORE HABERE H. P. 'hanc' cum contemptu dictum est. 119.2. *Et* PEREGRINAM ut alibi (u. 469) 'adeon
est d.? ex p.?' nam hoc nomine etiam meretrices nominabantur.   5
119.3. EGO ILLVD SEDVLO quanto affectu pater factum quod uiderat
negabat! 119.4. SEDVLO quomodo 'sedulo', si negabat? An sedulo
σπουδαίως [id est simpliciter]? 119.5. SEDVLO quia non semel
negauit uel ille institit.

120.1. (= u. 147) NEGARE FACTVM impersonaliter. 120.2. NEGARE   10
FACTVM officium patris et simul per hoc expressio probationis.
120.3. ILLE INSTAT FACTVM Plautus (*Mer.* 242) 'instare factum
simia'. Et est ἀρχαισμός. 120.4. INSTAT FACTVM uetuste, id est:

119.2 *cf. Don. An. 469.3; Id. Eun. 107; Id. Phorm. 415.1; Synon. Cic. Charis. ars
p. 439,34 B.; Diff. ed. Beck p. 32,36; Cur. epit. Don. 643* ‖ 119.4–119.5 *cf. Don.
Hec. 673.1:* Reticentia de filiorum uitiis et iam defensione quoque apud
soceros uti parentes saepe Terentius demonstrauit et praecipue in Andria
(*146sqq.*) cum dicit 'ego illud sedulo [...]'; *Non. I 166, p. 68 Maz.; Charis. ars
p. 250, 15 B.; Id. ibid. p. 283,10 B.; Don. Ad. 50.1; Id. ibid. 251.5; Id. ibid. 413.3; Id.
Eun. 138.2; Id. Hec. 63.3; Id. Phorm. 428; [Sergius] GL IV 559,12; [Acro] Hor.
epist. 13,5, p. 250 K.; Seru. auc. Aen. 2,374* ‖ 120.1 *impersonaliter*] *cf. Don. An.
129.3 (ubi cf. alia)* ‖ 120.2 *cf. Don. Hec. 673.1* ‖ 120.3 *cf. Deufert 2002, p. 265,
n. 141*

Γ; Σ {Θ, Λ}
P: 119.1 *o.l.*; 119.2 ut – p. *om.*; 119.3 *o.l.*; 120.3 Plautus – ἀρχαισμός *om.*

1 mire – uxore] *om.* ε (exc. α) | non hoc A Θ: hic non K α: non Λ | sed quod]
si quod K: si quidem α ‖ **2** excusatio *Rabbow**: excusat ω (excusatus P)
denagaturi A ‖ **3** H(OC) P. Γ: HANC PEREGRINAM FΛ | ⟨cum⟩ f: *om.* ω | con-
temptu Cq: contu A: contentu PK FT ‖ **4** ET] *om.* C | ut] et C (*corr.* C²): ait T
a(n) deon A ‖ **5** d.] demens Θ | *ante* ex *add.* ut Σ | p. *uel* peregrina *codd.* Λ
etiam] *om.* Fq: et T ‖ **6** *post* quanto *add.* illud C (*del.* C²) ‖ **8** σπουδαίως *Cioffi
(CQ*, coll. CGL 1907, 251):* Sosi(a)e ω (ut Sosie Θ): studiose *Kauer (1911, p.
153):* ὡσεὶ ἁπλῶς *Rabbow* Schoell** | *deleui (cf. Cioffi CQ*)* | idest] uel P
simp(licite)r *in* simp(le)x *corr.* C² | *sch.* 119.5 *post* 120.1 *in* ω | SEDVLO] SED Θ
simul negabat K ‖ **9** instituit K ‖ **11** per] pro KC | negationis Fq ‖ **12** plaut'us
in ras. A: platus K ‖ **13** simia et *Wess.*: simile ω | ἀρχαισμός M⁴t G²: α P X A C
MOC A: a p r a c m o e Θ: *om. sp. rel.* KΛ | INSTAT *Ter.*: INSTARE ω | idest] uel
K

instat dicere factum esse. 120.5. DENIQVE quid 'denique'? Ad
summam properat et ad finem dictorum. 120.6. DENIQVE id est
'postremo'.

  121.1. (= u. 148) ITA TVM DISCEDO proprie, non enim 'abeo':
5 unde 'discessio'. 121.2. VT QVI SE FILIAM NEGET DATVRVM ut ab eo   82W.
disceditur, qui se filiam neget daturum. Ergo probata res est,
quando qui obtulit negat daturum. 121.3. Probauit quod uolebat
senex Sosiae: adhuc superest, ut ostendat, quam non sit iracun-
dum, ⟨...⟩ quin iuste irascatur.

10   122. (= u. 149) NON TV IBI GNATVM ἀποσιώπησις uel ἔλλειψις:
deest 'inuasisti' 'obiurgasti' 'adortus es'.

  123. (= u. 150) OBIVRGANDVM 'incusandum' 'inclamandum'.

  124. (= u. 151) ⟨TVTE IPSE⟩ HIS REBVS FINEM modo non addidit
'diceret'.

120.5–120.6 *cf. Don. An. 683.1; Id. Hec. 123.3; Id. ibid. 128.1; Id. ibid. 156; Id.*
Phorm. 121.5; Id. ibid. 325.2; Synon. Cic. Charis. ars p. 438, 28 B.; Id. ibid. 446.6
B.; Cur. epit. Don. 201 ‖ *121.2 cf. Prisc. GL III 128, 8:* [...] Deest enim 'ut ab eo,
qui neget' ‖ 122. *cf. Jakobi 1996, p. 115* ‖ 123. *cf. Seru. Aen. 5, 387; Id. ibid. 12,*
758; [Acro] Hor. ars 241, p. 350 K.; Charis. ars p. 388, 14 B.; Id. ibid. 437.5

Γ; Σ {Θ, Λ}
P: 121.1 ITA TVM *om.*; 121.2 *O.L.*; 124. *O.L.*

1 instat] *om.* Fq | factum dicere esse Θ | quid–2 DENIQVE] *om.* Fq
2 properat] probat C (*corr.* C²) ‖ **4** non] tum Λ ‖ **5** unde] idest inde Λ
decessio K: discedo Λ | *de sch. 121.2 cf. Cioffi 2013, p. 103* | FILIAM *ante*
DATVRVM *transp.* Θ | DENEGET Θ (DENEGAT T) | *ante* ut *add.* ita tum ab illo ut
ab eo P ‖ **6** neget] negat A: *ante* se *transp.* P: *ante* filiam *transp.* Σ | daturam
C | *post* daturum *add.* ita tum discedo ab illo ut ab eo disceditur qui se filiam
neget daturum A ‖ **7** attulit C (*in* ottulit *corr.* C²) | quod] *om.* T | uolebat–8
non] *om.* F ‖ **8** quam] quod Λ | irascendum Λ ‖ **9** *ante* quin *lac. stat. Rabbow**
irascatur O: irascitur ω ‖ **10** *post* GNATVM *add.* OBIVRGARE A | ἀποσιώπησις
M⁴: ΑΠωϹΙωΠϹΙϹ A: aposiopesis P: *om. sp. rel.* K Σ (αποσιόπασισ G²:
αποσιῳ^ω πασισ t: prothesis v: aposiopasis H) | uel] VεL A: *om.* PK | ἔλλειψις
M⁴ *in marg.*: ΕΜΙΥΙϹ A: eclipsis Σ: *om. sp. rel.* PK ‖ **11** deest] i(dest) C (*corr.*
C²) | adortus *ex* adhoc C² ‖ **13** *add. uett. edd.* | modo non Γ Θ: modo Λ (non
enim β) | addit C (*corr.* C²)

125.1. (= u. 152) PROPE ADEST CVM ALIENO MORE prope adsunt nuptiae, id est in proximo sunt metae libertatis et ideo auidius uoluptaria sub fine carpenda sunt. 125.2. CVM ALIENO MORE 'cum' pro 'quando'. *Hoc enim significat 'cum'.*

126. (= u. 153) SINE NVNC MEO ME VIVERE I. M. 'meo modo' mea 5
uoluntate, meo arbitrio.

127. (= u. 154) QVI IGITVR RELICTVS EST OBIVRGANDI LOCVS
mire 'obiurgandi', tamquam non incensior patre in filium uideretur; nam supra (u. 149) commotus plus per ἀποσιώπησιν significa-
uerat. 10

83W.   128.1. (= u. 155) SI PROPTER AMOREM V. hoc erat secundum in
diuisione (u. 49) 'et consilium meum c.' 128.2. SI PROPTER AMOREM
VXOREM initium consilii sui demonstrandi. 128.3. NOLIT legitur et
'nolet'.

129.1. (= u. 156) EA PRIMVM AB ILLO ANIMADVERTENDA INIVRIA 15
EST nota participium a passiuo 'animaduertenda', id est:

125.2 *cf. Don. Ad. 299.2, Id. Eun. 406.2, Id. ibid. 522; Id. ibid. 551.2; Id. ibid. 1080;
Id. Hec. 116.1* ‖ *126. cf. Cur. epit. Don. 525* ‖ *127. cf. Don. Phorm. 110.2
129.1. cf. Cur. epit. Don. 67*

Γ; Σ {Θ, Λ}
P: 125.1 *o.l.*; 125.2 *o.l.*; 126. *o.l.*; 127. QVI – LOCVS *om.*; 128.1 *o.l.*; 128.2 *o.l.*; 129.1. *o.l.*
126. Bern. 276: summa ·|· finis. Donatus in commento Andrie modus ·|· arbitrium, uoluntas.
Donatus in commento Andrie Therentii

1 EST *uel* ADEST *codd.* Λ ‖ **2** in] *om.* CT (*rest.* C²) | metae PFq: mete A: more
corr. in mere *ut uid.* K: methe C², *fort. ex* mthe: mote T: met(h)e *uel sim. codd.*
Λ ‖ **3** carpenda sunt] carpendas K ‖ **4** quando *Wess.*: quo ω ‖ **5** I. M. Meo A:
I.M. Adeo K: I. A. (*del.* C²) in adeo C: in mo. adeo T: i. meo Fq: modo adeo Λ
6 uoluntate *Steph.*: uoluptate ω ‖ **7** QVIS TFq ‖ **8** non incensior *Rank (1925, pp.
145–148)*: inincensor AP: incensor K: incensus Σ: mitis censor *Kauer (1911, p.
154)*: ignoscentior *Rabbow** | patre *Rank (1925, pp. 145–148)*: pater ω ‖ **9** ἀπο-
σιώπησιν *Steph.*: aposio pεCIN A: *om. sp. rel.* Θ: aposiopesin (*uel* -sim) KΛ
11 si] *om.* C (*rest.* C²) | v.] *om.* C: VXOREM NOLIT (DVCERE *add.* F) Fq ‖ **12** c.
Wess.: c.m.c. AK: *om.* P: e.m.c. CT: cognosces Fq: cognosces *uel* cognosces
m.c. *codd.* Λ | AMOREM] *om.* Tq ‖ **15** EA] *om.* C (ca *suppl.* C², *ut uid.*) | AB –
ANIMADVERTENDA] AD EST AB. IL. T | ANIMA ADVERTENDA A ‖ **16** EST₁–65,5
INIVRIA] *om.* Θ | EST nota *Wess.*: Et (*om.* P *cum lemm.*) nota Γ: EST et nota Λ
id est AP: *uel* K: *om.* Λ

castiganda ac uindicanda est 129.2. AB ILLO ... INIVRIA id est 'quam
facit', non 'quam patitur'. 129.3. EA PRIMVM AB ILLO ANIMADVER-
TENDA ut iam hoc sit peccatum, quod recusat nuptias, non quod
amat adulescens. Ideo ergo 'primum' dixit. 129.4. ANIMADVER-
5 TENDA INIVRIA EST uindicanda, exsequenda. 129.5. Et bene 'ea ab
illo' dixit 'iniuria': certissimam enim notauit personam, quae
debeat pro iniuriis poenas soluere. Quod si dixisset 'iniuria eius',
amphiboliam fecisset, utrum: quam passus est ab alio, an: quam
ipse aliis intulit.

10   130.1. (= u. 157) ET NVNC ID OPERAM DO VT PER F. N. hic reddidit, quod dixerat (uu. 49–50) 'consilium meum cognosces'.
130.2. ID 'propter id'.

          131. (= u. 158) VERA OBIVRGANDI ἀντίθετον: quia 'falsas' dixit,
intulit 'uera'.

15   134.1. (= u. 161) MANIBVSQVE PEDIBVSQVE prouerbiale, id est
'omnibus uiribus'. 134.2. OBNIXE OMNIA cum conatu, instanter
contra conantem.

129.5   cf. Don. Eun. 557.3: 'Ab eo' amat Terentius pro 'eius' ponere
amphibolia] cf. Don. An. 261.3; Id. ibid. 262. 2; Id. Hec. 167.3 ‖ 130.2 cf. Don.
An. 162.1; Id. ibid. 180.1; Id. ibid. 331.3, Id. ibid. 376; Id. ibid. 535.1; Id. Eun.
393.1; Id. ibid. 393.2; Id. Ad. 791 ‖ 131. cf. Don. Hec. prol. 2, 37; Id. Phorm.
262.2; Id. Phorm. 660 ‖ 134.1 cf. Don. An. 676.1; [Caper] GL VII 92, 9; Non. 716
L.; Cur. epit. Don. 520

Γ; Σ {Θ, Λ}
P: 129.3 ideo – dixit *om.*; 129.4 *deest*; 130.1 *O.L.*; 134.1 *O.L.*; 134.2 *deest*

1 ac Γ: *om.* Λ | uindicanda ΚΛ: uindica A: iudicanda P | id est Γ: *om.* Λ
2 facit Λ: facio Γ | non quam] numquam A | EA] ET Γ | AB ILLO Γ: *om.* Λ | *post*
ANIMADVERTENDA *add.* INIVRIA Λ ‖ **3** hoc sit A: sit hoc P: hic sit K: sit Λ
4 amat Schopen* (cf. Eugr. ad An. 155): peccat ω ‖ **5** EST] *om.* T: *ante* INIVRIA
transp. Fq ‖ **6** *ante* iniuria *add.* animaduertenda P | notatim CT: notat Fq
7 quod] *om.* P ‖ **8** amphiboliam AK Fq: amphibologiam CT: amphiboliam *uel*
amphibologiam *codd.* Λ | fecisse CT | utrum] iniuriam β | quam₁] qui P (*sic et*
seq.): que T | ab alio] *om.* P ‖ **9** ipse] *om.* P ‖ **10** OPERAM DO] OPERANDO AKT
F. AKCT: FALSAS Fq: FALSAS *uel* F. *codd.* Λ | *post* F. *add.* et C | N.] NVPTIAS Fq
11 quae *ut uid.* C (*corr.* C²) | *post* dixerat *add.* superius P | cognoscet A
13 ἀντίθετον M⁴ (*in marg.*): antit(h)eton P Σ: *om. sp. rel.* K | falsas U: falsa ω
dixit *in* dicitur *corr.* C (*ut uid.*) ‖ **15** prouerbiale(m) A ‖ **16** uiribus Fq εU:
uerbis ω | OBIVRE F: OBNIXTE A ‖ **17** conante A

84W.   135.1. (= u. 162) MAGIS ID ADEO 'id' 'propter id'. 135.2. MIHI VT
INCOMMODET noceat, incommodum afferat. 135.3. MAGIS ID ADEO
MIHI VT I. non enim, inquit, prodest filio amare meretricem.

136. (= u. 163) QVAPROPTER mire Sosia interrogat, quasi nulla
causa sit fallendi dominum.   5

137.1. (= u. 164) MALA MENS MALVS ANIMVS ⟨'animus'⟩ uoluntas
est, 'mens' etiam ratio. 137.2. MALA MENS MALVS ANIMVS argumentum a natura et an aliquis ⟨sit⟩ sine causa malus an ab impulsione.
137.3. MALA MENS MALVS ANIMVS quia dixit (*cf.* uu. 162–163):
magis ut laedat, quam ut prosit.   10

138. (= u. 165) SED QVID OPVS EST VERBIS ἀποσιώπησις est
grauissimam poenam ostendentis.

140.1. (= u. 167) QVI MIHI EXORANDVS legitur et 'expurgandus'.
Si 'expurgandus', 'cui' lege, non 'qui', quia et 'cui' per 'q' ueteres
scripserunt. 140.2. ET SPERO CONFORE ab eo quod est 'confit', id est   15
perficitur, futurum tempus infinitiui modi 'confore' facit, id est

---

135.1 *cf. Don. An. 157.2 (ubi cf. alia)* ‖ *137.1 cf. Seru. Aen. 10, 487; Isid. orig. 11,*
1, 11; Isid. diff. 1, 370, p. 250 C.; Lact. inst. 7, 12, 9 ‖ *138. cf. Quint. inst. 9,2,54;*
Seru. Aen. 1,135 ‖ *140.1 cf. Ter. Scaur. de orth. p. 49,13 Bid.* ‖ *140.2 cf. Prisc.*
GL II 450, 21; Cur. epit. Don. 137

Γ; Σ {Θ, Λ}
P: 135.1 *o.l.*; 135.3 *o.l.*; 137.1 *deest*; 137.2 MALA – ANIMVS *om.*; 137.3 MALVS ANIMVS *om.*;
138. *o.l.*; 140.1 *o.l.*; 140.2 *o.l.*
137.1 Bern. 276*: mens .i. a(nimu)s et uolu(n)tas. R(ati)° s(ecundum donat(um) i(n)
co(mmen)to and(r)ᶦe th(e)r(enti)ᶦ

1 *post* ADEO *add.* MIHI Λ | id₂–**2** ADEO] *om.* K Fq | propter P (*incert.*) e²: prope
A: post Σ | MIHI] *om.* β ‖ **2** noceat *ex* nocete *corr.* A² | offerat C (*corr.* C²)
ADEO] AD ET A ‖ **3** VT I. *Wess.*: VTI AK: VT INCOM(M). CT: VT INCOMMODET Fq
Λ ‖ **4** Sosie C | interrogat] *ante* Sosia *transp.* P ‖ **6** *post* MENS *add. et del*
animus K | *add. Wess.* | uoluntas–**7** ANIMVS] AK α (*Cioffi 2012, pp. 151–152*):
om. Σ | uoluntas *Bern.* 276: uoluptas AK α ‖ **7** argumentum] *iter.* C (*corr.* C²)
8 *add. Wess.* ‖ **10** prosit] sit (*in ras.*) A ‖ **11** SED–VERBIS] *cruc. sign. Wess., qui*
ad hoc schol. lemma QVEM QVIDEM EGO SI SENSERO *potius pertinere ait* (coll.
GL VI 468,15) | QVOD AK | ἀποσιώπησις est e² (aposiopesis est Λ):
APOSIOPεSISε A: aposiopesis P: est *praep. sp.* KΘ ‖ **12** grauissima CF
poenam] *om.* Θ ‖ **13** expugnandus Θ ‖ **14** *ante* Si *add.* est K | si expurgandus]
sed expurgandus FTq: *om.* C | lege cui Λ | cui₂–q] cui per q (*seqq. in ras.*) A:
per cui C (*corr.* C²): cui pro qui Λ ‖ **15** scripsere CT | confidit Γ

perfectum iri. Sic in Adelphis (u. 946) 'uerum quid ego dicam? Hoc confit quod uolo'. 140.3. CONFORE 'confieri', 'perfici': unde confectum negotium uel confecta res, quae ad plenum perficiun- *85W.* tur. Vergilius (*Aen.* 4, 115–116) 'nunc qua ratione quod i. cf. p., p.
5 a. d.'.

141.1. (= u. 168) NVNC TVVM E. O. H. hoc ad illud tertium respicit, quod dixit (u. 50) 'et quid facere in hac re te uelim'. 141.2. HAS BENE VT A. N. PTF. D. hoc erat tertium de his, quae dicturum se promiserat. 141.3. ADSIMVLES hoc est 'unum uerbum': 'adsimules',
10 quod dixit (u. 45) 'quin tu uno uerbo dic: q.e.q.m.u.?'

142.1. (= u. 169) PERTERREFACIAS uenuste et poetice. 142.2. OBSERVES FILIVM obseruatio in duabus rebus est: in obsequio et in speculando.

144.1. (= u. 171) CVRABO ut coquus. Et supra (u. 30) sic 'nempe
15 ut curentur recte haec'. 144.2. I PRAE figura ἀναστροφή, quod nos 'praei' dicimus.

140.3 *cf. Seru. Aen. 4, 116* ‖ 141.1–141.2 *cf. Eugr. ad loc.; Don. An. 45.1*
142.2 *cf. Don. Ad. 2.2–3; Id. An. 412.5; Seru. georg. 4,212; [Ascon.] Verr. 1,46
p. 220,23 St.; Non. 571 L.; Diff. ed. Beck p. 49,60; Cur. epit. Don. 588*
144.1 *cf. Don. An. 30.1; Eugr. Ad. 422* ‖ 144.2 *cf. Don. Ad. 167.1; Prisc. GL III 14,
15; Eugr. Eun. 909*

Γ; Σ {Θ, Λ}
P: 140.2 Sic – uolo *om.*; 140.3 *o.l.* una cum perfici, Vergilius – d. *om.*; 141.1 *deest*; 141.2 *o.l.*;
141.3 *o.l.*, q.₁ – u. *om.*; 142.1 *o.l.*; 142.2 *o.l.*; 144.2 *o.l.*

---

1 iri] rei C (*corr.* C²) | uerum *Steph. ex Ter.*: utrum ω | quid] quod Λ
2 confidit AK | CONFORE] CONFORTARE A: CONFORE i(dest) K | confiteri A: conferri T | perficiuntur *ex* conf- C²: conficitur F: perficitur Λ ‖ **4** nunc qua A: non qua K: nequam C: ne qua F: neque Tq: nunc qua *uel* non qua *codd.* Λ ratione] *om.* C: r(atio)ñ F: r(ati)o(n)e Tq | cf.] e.f. CT | p.p.] q(uia) K: p.q. C **6** E. O. H. AK: EST OFFICIVM H. CT: EST OFFICIVM HAS BENE VT ASSIMVLES NVPTIAS Fq: *mire uar.* Λ ‖ **7** dixit] *om.* Θ | quod K | re te] recte A ‖ **8** A. N. (*s.l.* K) AKCT: ASSIMVLES NVPTIAS Fq Λ | PTF. D. AK CT: ET PERTERREFACIAS DAVVM Fq: ET P F D Λ | hec C | tertium – 9 hoc] *om. sp. rel.* F | de – 9 promiserat] *om.* q ‖ **9** adsimules] *om.* Λ ‖ **10** quin tu] quinti A: quin α | q.₁] quid Θ | e.] est Fq: est *uel* e. *codd.* Λ | q.m.] quod me Fq Λ | u.] uelis Fq: u. *uel* uelis *codd.* Λ ‖ **11** uenusto A ‖ **12** in₁] *om.* CT ‖ **14** ut] et Θ ‖ **15** *post* PRAE *add.* sequar β | ἀναστροφή e²: anastrophe Γ Λ: *om. sp. rel.* Θ ‖ **16** praei] pro pre i Γ: pi Θ: pre i Λ (preposteron v)

1.1. (= u. 172) NON DVBIVM EST QVIN V. N. F. peracta narratione iam persona Sosiae non erat necessaria. Ergo substitit senex, per quem agenda sunt reliqua. 1.2. NON DVBIVM EST QVIN V. N. F. ad hoc certus inducitur Simo, ut et magis perturbetur inopinata consensione Pamphili ad ducendam uxorem et propterea nihil 5 agat cum Chremete de tradenda filia confirmandisque nuptiis.

86W. 2.1. (= u. 173) ITA DAVVM MODO TIMERE ⟨S.⟩ non recessit de lo-co senex; 'sensi' ergo: antequam cum Sosia loqui coepisset. 2.2. ITA DAVVM MODO TIMERE SENSI argumentum quod supra, ab eo quod nostri faciunt. 2.3. MODO antequam cum Sosia loqui coepisset. 10 2.4. 'Dauus' ut recte scribatur, 'Dauos' scribendum est, quia nulla littera uocalis geminata unam syllabam facit. Sed quia ambiguitas uitanda est nominatiui singularis et accusatiui pluralis, necessario pro hac regula digamma utimur et scribimus 'DaƑus' 'serƑus' 'corƑus'. 15

1.1 *cf. Don. An. 28.6* ‖ 2.4 *cf. Don. An. 580.1; Quint. inst. 12,10,29; Gell. 14,5,2; Don. ars mai. p. 604,1 H.; Diom. GL I 422,21; Charis. ars p. 95,6 B.; Mar. Victor. ars p. 77,25 M.; Prisc. GL II 27,10; Cassiod. orth. p. 55,43 S.; Cur. epit. Don. 194; Poliziano p. 55, 13*

Γ; Σ {Θ, Λ}
P: 1.1 *o.l.*; 1.2 *o.l.*; 2.1 *o.l.*; 2.4 Dauus – scribatur *om.*

1 V. N. F AK C: VXOREM N. F. T: VXOREM NOLIT FILIVS Fq Λ ‖ **2** substitit] subsistit Θ (C², subscribit C) ‖ **3** V. N. K: VXOREM NOLIT β: *om.* AΣ | F. AK CF **4** *post* hoc *add.* autem P | certus] certa A: *post* inducitur *transp.* P β | ut et P: et ut AK: ut Σ ‖ **5** propterea Q: praeterea ω ‖ **6** tradenda PΛ: trahenda AK Θ **7** DAVVM MODO TIMERE AK β: MODO DAVVM TIMERE Σ | ⟨S.(ENSIT)⟩ ε U: *om.* ω ‖ **8** sensi] *om.* K | 2.2 – 2.3 *om.* A Fq ‖ **9** DAVVM MODO KP: MODO DAVVM Σ SENSI] *om.* P ‖ **11** Dauus *edd. uett.*: Dauus (DAVVS A: daus CT: *om.* F) Simo (SIMO A) Dauus ω (*sp. praep.* Dauus K) | ut *Wess.*: et AKΘ: non Λ | scribatur *Wess.* (*coll. An. 580.1*): scribitur ω | Daus C: Daos v | scribendum est quia] scribendumque Θ ‖ **12** littera] *om.* Λ ‖ **13** nitanda A: notanda C: notandum T pl̄r A: pl(ural)e K | necesse C: necessarie T ‖ **14** dignama A: digna uia K utemur C (*corr.* C²) | ut A | Dauus seruus (ceruus v) coruus] *om. sp. rel.* Θ (δα Dauos Daus Cˣ: Dauus seruus Simo *titulum fingens* T) ‖ **15** *post* coruus *add.* ubi nuptias futuras esse audiuit sed ipse exit foras v

4.1. (= u. 175) MIRABAR HOC SI SIC A. ET E. S. L. Hic locus est, in quo Dauus insinuatur spectatoribus multa gesturus. 4.2. SI SIC ABIRET 'sic' pro 'leuiter' et 'neglegenter', quod Graeci οὕτω dicunt. 4.3. ⟨SIC⟩ significanter: αὕτως, id est 'sic'. Et est de his,
5 quae gestu adiuuanda sunt, ut (Ad. 563) 'tantillum puerum' et (Ad. 163) 'huius non faciam'. 4.4. LENITAS clementia et facilitas, cui contraria asperitas et difficultas. 4.5. ET ERI SEMPER LENITAS 'semper uerebar' an 'semper lenitas', ut sit ὑφέν? Lucretius (1, 124) 'semper florentis Homeri'. 4.6. SEMPER LENITAS ac per hoc
10 simulata usque nunc lenitas. Nam nemo in diuersis actibus semper lenis est nisi forte fictus adsimulator et callidus. 4.7. SEMPER   87W. LENITAS sine differentia est importuna lenitas.

    5.1. (= u. 176) QVORSVM EVADERET ad quam partem erumperet. 5.2. Et 'euadere' est per quamcumque difficultatem ad aliquid
15 peruenire.

4.1 cf. Diom. GL I 389, 16 ‖ 4.2 cf. Don. An. 588; Cur. epit. Don. 816
4.4 cf. Don. Ad. 390.1 ‖ 4.5 ὑφέν] cf. Don. An. 211.4; Id. Ad. 888.2; Id. Hec. 386.
2; Id. ibid. 518.3; Cur. epit. Don. 501 ‖ 5.1 cf. Don. An. 127.1 (ubi cf. alia); Diom.
GL I p. 389, 16 ‖ 5.2 cf. Don. Phorm. 111.5; Seru. Aen. 2, 531

Γ; Σ {Θ, Λ}
P: 4.1 o.l.; 4.2 o.l., quod – dicunt om.; 4.3 deest; 4.4 o.l.; 4.5 o.l.; 5.1 o.l.

1 hic noua scaena in Θ | HOC] om. K q | SI] SIC AK | A.] ABIRET Fq: A. uel
ABIRET codd. Λ | E. AK: H. Σ | s.] post L. transp. Θ | post L. add. uerebar (u. CT)
Θ: uerebar quorsum auerteret add. v | in] om. β | **2** dau^us C | spectoribus A:
spectatori C² | SI] SIC AK ‖ **4** Greci OYTω (αὕτως Steph., dubitanter Wess.:
οὕτως Lind.) dicunt A: Greci sp. interp. dicunt K: praep. sp. (suppl. ουτως
Greci Cˣ) dicunt CTq: Greci dicunt postp. sp. FΛ (οὕτω M⁴ Q²: ουτως G² Q)
SIC₁ add. Wess. | significanter – sic₂] om. v | significanter A: significante K:
significa(n)t Σ | AYTOC A: om. sp. rel. KΣ ‖ **6** huiusmodi v | id est ante
LENITAS add. μ | et] om. Θ ‖ **7** ET₂–**8** lenitas] om. Fq | simonis ante SEMPER
add. v ‖ **8** semper₁] om. v | an semper – ut sit] quorsum abiret v | anne C
ὑφέν Steph. (ὑφεν M⁴): RΦEN A: yfen P: y sp. postp. K: om. sp. rel. Σ (yΘεν G²:
υφεν υφενω Q) ‖ **9** homori A: honori KP | ac – lenitas] om. ε (exc. β) ‖ **11** lenis
est Γ Θ: est lenis Λ | difictus A | ex A ‖ **12** semper ante est add. C
13 EVADERET uel EVADAT codd. Λ: EVADAT AK Θ ‖ **15** peruenire ante ad
transp. P

7.1. (= u. 178) VERBVM FECIT non dixit 'litigium' aut 'rixam', sed 'uerbum'. Istae exiguitates adseuerationis ⟨sunt⟩ et dicuntur cum pronuntiatione, ut intellegatur: ne uerbum quidem. 7.2. NEQVE ID AEGRE TVLIT haec est 'semper lenitas'.

8.1. (= u. 179) AT NVNC FACIET id est 'irascetur', 'denuntiabit', 'loquetur'. 8.2. AT NVNC FACIET subaudiendum 'uerbum'. Et est 'faciet' persona tertia pro prima. 8.3. NEQVE VT OPINOR SINE TVO et comminabitur tibi et minas contemnes, ut ad poenas peruenias.

9.1. (= u. 180) ID VOLVIT aut absolute accipiendum 'id' aut pro 'ob id' positum. 9.2. SIC demonstratio est et magis gestu quam sensu intellegitur, ut supra (u. 175) diximus. 9.3. NECOPINANTIS ὑφέν. 9.4. DVCI 'ducere' est expectatione longi temporis malum prolatare. 9.5. Vel 'induci', ut feras in retia. 9.6. FALSO GAVDIO uelut euitatae senis iracundiae.

10.1. (= u. 181) SPERANTIS IAM AMOTO METV ista singula sunt. 88W. 10.2. Et 'amoto metu' sic dixit, quasi metus brutum corpus sit,

5

10

15

7.1 cf. Cur. epit. Don. 895 ‖ 8.2 cf. Don. An. 775.1 ‖ 9.1 cf. Don. An. 157.2 (ubi cf. alia) ‖ 9.3 cf. Don. An. 175.5 (ubi cf. alia) ‖ 9.4 cf. Don. Ad. 855.3; Cur. epit. Don. 244 ‖ 10.2 cf. Cur. epit. Don. 524

Γ; Σ {Θ, Λ}

P: 7.1 o.l.; 7.2 o.l.; 8.1 o.l.; 8.3 o.l.; 9.2 ut – diximus om.; 9.4 o.l.; 9.6 deest; 10.1 o.l.

2 assiguitates C (corr. C²) | adseuerationis AP C: adseuerationes cett. | ⟨sunt⟩ et dicuntur Rabbow*: dicuntur et ω ‖ 3 intelliguntur Fq | ne edd. uett.: nec ω ID A: QVID v ‖ 4 haec] hoc Σ (exc. β) ‖ 5 sch. 8.1 hic habet Γ: sch. om. Θ: ante 8.3 transp. Λ | id est] id K: om. v | irascetur Γ α (cf. Cioffi 2012, p. 165): om. Σ id est ante denuntiabit add. β ‖ 6 AVT K | subaudiendum] -um est Λ | Et] om. C (rest. C²) ‖ 7 faciat C (e in a corr. C²) | persone tertie v: tertia persona P post TVO add. magno malo v ‖ 8 et₁ A: idest et PK: id est Σ | ante minas add. si v | ut] om. v: et Λ | ad] om. A | peruenias Γ Θ: peruenies Λ ‖ 9 aut₂] om. AΘ pro ob id positum Rank (1927, pp. 1–2): id quomodo PKΛ (cf. Cioffi 2015, pp. 358–359): opposite A: ob Θ (ob sp. postp. T: om. sp. rel. q) ‖ 10 SIC] SI β 11 intelligatur Θ ‖ 12 ὑφέν Steph. (1540): ΥΦΗΝ A Steph. (1529): om. sp. rel. KΣ | ante expectatione add. cum v ‖ 13 prolat(t)are AK: protendere P: prolatari Σ | induc A | rhetia β ‖ 14 euitatae senis Wess. (duce Hartman 1895, p. 132)] exita (ex ira K) et te uite senis AK: ex ira (ora T) et te (de μ) senis uite Σ | iracundiae uel -ie AK Θ: iracundia Λ ‖ 15 pronuntianda ante sunt add. Karsten (1912, p. 26) ‖ 16 metus brutum corpus sit Wess.: corpus sit metus brutum Γ Θ: metus corpus brutum (secutum β) sit Λ

quod cum molimine moueatur. 10.3. OSCITANTIS 'oscitatio' est
animi otium et securitas, dicta ab 'ore ciendo'. 10.4. OSCITANTES
securi, id est nihil prouidentes.

11. (= u. 182) NE ESSET SPATIVM C. A. D. N. miranda locutio, ut
5 si dicas: cogitat ad dicendum.

12.1. (= u. 183) ASTVTE hoc et gestu et uultu seruili et cum
agitatione capitis dixit. 12.2. CARNIFEX aut excarnificans dominum
aut ipse dignus carnifice, ut caro fiat, id est lanietur. Lucilius (*frg.*
91 *Cha., hex. inc. sed.*) 'carcer uix carcere dignus'. 12.3. NEQVE
10 PROVIDERAM 'prouidentia' duplex est: etenim aut animo aut oculis
prouidemus.

13.1. (= u. 184) HEM quasi correptio totius corporis. 13.2. EHO
nutus est intentionem animaduersionemque deposcens eius, cum

10.3 *cf. Non. p. 406 L.* ‖ 12.1 *cf. Quint. inst. 11, 3, 83; Poliziano p. 58, 10*
12.2 *cf. Don. Ad. 363.2; Id. An. 651.1; Id. Hec. 441.3; Isid. orig. 10, 49; Cur. epit.*
Don. 113 ‖ 13.1 *cf. Don. An. 194.1; Id. Ibid. 682; Id. Hec. 339.2; Id. Ad. 266.1; Id.*
ibid. 373.1; Id. ibid. 622.1; Id. Eun. 805.7; Palaemon. Charis. ars p. 311, 12 B.;
Cominian. Charis. ars p. 311, 14 B.; Prisc. GL III 138,15; [Asper] GL V 554,14;
Comm. Mon. An. 270, p. 81 S., al. ‖ 13.2 *cf. Don. An. 500.2; Id. ibid. 748; Id. ibid.*
951.2; Palaemon. Charis. ars p. 311, 12 B.; Diom. GL I 419,9; Agroec. orth. 101 P.;
Comm. Mon. An. 667, p. 96 S.; Cur. epit. Don. 263

Γ; Σ {Θ, Λ}
P: 11. *o.l.*; 12.1 *o.l.*; 12.2 *o.l.*, id est – dignus *om.*; 12.3 *o.l.*; 13.1 *o.l.*; 13.2 *o.l.*

1 molimine] dominio v | moueatur m²: mouentur AK: mouetur PΣ
OSCITANTES Θ ‖ **2** et] ut β | ciendo PΣ (commouendo C²): sciendo AK
3 idest] *om.* K (*rest. s.l.*): uel CT: et Fq: *om.* β | nihil] in hiis K ‖ **4** SPATIVM AK:
NOBIS SPATIVM Σ | C.] COGITANDI v | A.] AD Fq v | D. N.] DISTVRBANDAS
NVPTIAS Fq: DISTVRBANDAS v | miranda Σ: imitanda Γ ‖ **5** dicentium C *corr. in*
dicentum C² ‖ **6** et₁] est ε ‖ **7** dominum *ex* d(i)c(t)um C² ‖ **8** ipsum dignum β
lenitatur AK: laniatur (*e supra* a₂ *rub. col.* C²) CT ‖ **9** carcer *plerr.* Lucili *edd.*:
carcere *uel* carcer *codd.* Λ: carcere KΘ: carcereis A: carcer eris *Marx*: carcer
et is *Warm.* | uix] *om. sp. rel.* C: iure C²Fq ‖ **10** PR(A)EVIDERAM Σ | preuidentia
CFq Λ | etenim aut Γ: aut enim Σ | oculis aut animo P ‖ **11** prouidemus Γ:
pr(a)euidemus CT Λ: uidemus Fq ‖   **12** HEM] ITEM A: HEV K: NVNC Θ
13 nup(er)tus C (*corr.* C²) | animo aduersionemque AK | desposcens A:
possens T

quo uult loqui. 13.3. EHODVM AD ME 'dum' παρέλκον est hoc loco.
13.4. QVID HIC VVLT more seruili et uernili gestu: sic enim uocati a
dominis secum uultuose agunt. 13.5. QVA DE RE negantis uim
habet haec interrogatio; plus est enim 'qua de re?' quam 'nihil'.
13.6. ROGAS hoc cum interrogatione indignantis.   5

14.1. (= u. 185) MEVM GNATVM R. E. A. mire apud seruum
89W. dissimulat id, quod iam probauit. 14.2. MEVM G. R. E. A. grauiter
constanterque senex nondum se fatetur credere nec uerum scire,
ne amittat uim uindicaturi, si rescierit. 14.3. ID POPVLVS CVRAT
SCILICET quia rumigeratio populi est. 14.4. Sed hoc auersus ab illo   10
contumaciter. 14.5. 'Scilicet' semper cum ironia ponitur. Sic Vergilius (*Aen.* 4, 379) 'scilicet is superis l. e'.

15.1. (= u. 186) HOCCINE AGIS id est 'audis'. Alibi sic (*Eun.* 130)
'hoc agite, amabo'; Plautus (*As. prol.* 1) 'uos hoc agite spectatores

---

13.3 *cf. Don. An. 29.1; Cur. epit. Don. 26* ‖ 13.5 *cf. Cur. epit. Don. 722*
13.6 *cf. Don. An. 267.6* ‖ 14.3 *cf. Eugr. ad loc.; Don. An. 434.2* ‖ 14.5 *cf. schol.*
Bemb. Ter. Haut. 358; Schrickx 2011, p. 173ss.; Quint. inst. 9, 2, 50; RhLM p. 38,
5 H.; Cur. epit. Don. 807 ‖ 15.1 *cf. Cur. epit. Don. 42,43*

Γ; Σ {Θ, Λ}
P: 13.3 *o.l.*; 13.4 *o.l.*; 13.5 *o.l.*, plus – nihil *om.*; 13.6–14.1 *desunt*; 14.2 *o.l.*; 14.3 *o.l.* una cum
quia; 14.5 Scilicet semper *om.*, Sic – e. *om.*; 15.1 *o.l.*, Alibi – uultis *om.*

1 dum Γ α: *om.* Σ | παρέλκον *Steph.*: parelcon ω | est] *om.* P: *ante* dum *transp.*
K ‖ **2** more] modo Θ | seruuli *uel* seruili *codd.* Λ | non uili K: uernuli Λ | a
dominis secum] ab domini efficiu(m) A: a dominis sic K: a dominis serui P
3 uoluptuose K: inuidiose P | negantis uim] negant suimus A ‖ **4** haec] oe
h(a)ec A: hoc K | est] tibi A | enim] *om.* K ‖ **5** indignans A ‖ **6** MEVM] AT EVM
A | R.–7 G.] *om.* Θ | R. E. A. K: ε.ε.a; A: RVMOR EST AMARE Λ ‖ **7** MIRVM A | G.
A CT: GNATVM K Fq Λ | R. E. A. AK CT: RVMOR EST AMARE Fq: R.E.A. *uel*
RVMOR EST AMARE *codd.* Λ ‖ **8** ne] nec A ‖ **9** uindicaturi (*om.* P: uindicatura K:
uendicaturi C) si rescierit] uindicaturos ire scierit A | ID(EST) AK | POPVLVS
post CVRAT *transp.* Λ | CVRABIT K ‖ **10** SCILICET] s. TF μ: SIL(ICET) C | quia]
quare K: *om.* T | est] *ante* populi *transp.* P: *om.* Fq | sed AP: si KΣ ‖ **11** ironia
PΣ: roma AK | porro C (ponitur C² in marg.) | Sic–**12** e] *post* contumaciter
exhib. ω, *post* ponitur *transp.* Jakobi (coll. *Quint. inst. 9, 2, 50; RhLM p. 38, 5*
H.) ‖ **12** is] his CT: his *uel* is *codd.* Λ | l. e.] labor est Σ ‖ **13** AGIS *ante*
HO(C)CINE *iter.* CT | sic] si Θ ‖ **14** agite₁ s Scot. 212 (*ex Ter.*): age ω | uos] *om.*
Fq | mei an *post* spectatores *add.* Fq

nunc iam, si uultis'. 15.2. Demostratiue ueluti aurem suam
tangens. 15.3. EGO VERO ISTVC deest 'ago' uel 'audio'.

    16.1. (= u. 187) INIQVI PATRIS EST iniquum est, si nunc uelim
quaerere actus liberos adulescentis. 16.2. NAM QVAE ANTEHAC
5 FECIT 'antehac' pro 'ante haec' consuetudine quam ratione dicitur.
16.3. NIHIL AD ME ATTINET id agit, ut superius consilium seruare
se ostendat.

    17.1. (= u. 188) DVM TEMPVS AD EAM REM T. deest 'se' ut sit:
dum se tempus praebuit, quia supra (u. 151) dixit 'tute his rebus
10 finem praescripsti, pater'. 17.2. SIVI ANIMVM VT EX. S. mira ratio
cur siuerit, ut et hoc quod permisit ad bonam frugem permiserit *90W.*
non ad luxuriam. 17.3. AD EAM REM TVLIT 'tulit' absolute. Et deest
'se'. 17.4. SIVI [autem] distingue; est enim modo 'siui' permisi,
cessaui. 17.5. SIVI antique. Aliter in Adelphis (u. 104) 'non siit
15 egestas facere nos'.

    18.1. (= u. 189) NVNC HIC DIES A. V. A. hoc est: certe et seuere et
inexorabiliter denuntiat. 18.2. ALIAM VITAM pro diuersam et con-
trariam. Sic Vergilius (*Aen.* 2, 428) 'dis aliter uisum'.

15.2 *cf. Don. Hec. 564.1; Basore 1908, pp. 15–16* ‖ 16.2 *cf. Cur. epit. Don. 69;*
Jakobi 1996, p. 90 ‖ 17.3 *cf. Cur. epit. Don. 887* ‖ 17.4 *cf. Don. Ad. 104; Cur.*
epit. Don. 817

Γ; Σ {Θ, Λ}
P: 15.2–15.3 *desunt*; 16.1 *O.L.*; 16.2 *O.L.*; 16.3 *O.L.*; 17.1 *O.L.*; 17.2 *O.L.*; 17.5 Aliter–nos *om.*;
18.1 *O.L.*

1 nunc AK: non Σ | si uultis s (*ex Plaut.*): sultis *P. Daniel* (*in marg.*) A: simul
AK Θ: sumitur Λ ‖ **2** tangentes v ‖ **4** NAM QV(A)E *edd. uett.*: NAMQVE AK: NAM
QVOD (Q. T) Σ ‖ **5** ratione PΣ: rationem AK | dicitur] *om.* P ‖ **6** ADMET K | age
A | superius Γ: *om.* Θ: semper Λ ‖ **7** se] *ante* seruare *transp.* Λ ‖ **8** T. AK:
TVLIT Σ ‖ **10** praescripsti A: praescripsisti KP C²F² Λ: descripsisti Θ | EX. AK:
EXPLERET Σ (EXPLORET C, *corr.* C²) | S. AK: SVVM Σ | mira ratio U v: miratio
ω ‖ **11** cur siuerit] *om. sp. rel.* F | sciuerit C²: siuerat q | et hoc] haec P | quod]
quam A: quae P | permiserit Λ | bonum Fq | frugem] *om.* Θ ‖ **12** tulit₂] *om.* Θ
13 FVI A: *incert.* K: SIVIT CT | autem ω (*om.* C: animum Λ), *secl. Jakobi* | siui₂]
ante modo *transp.* Θ | promisi C ‖ **14** siue Aq | siit *Diom. GL* I 374, 17: sit A: s
ut K: fuit CT: siuit FΛ ‖ **16** HIC] H. T: H. *uel* HAEC *codd.* Λ | A.₁] ALIAM FqΛ
V.A.] *om.* Θ: VITAM AFFERT Λ | certe *Rabbow**: recte ω ‖ **17** pro diuersam]
peruersam Θ ‖ **18** dis Γ: diis Σ | *post* uisum *add.* est β: *add.* alios mores
postulat v

19.1. (= u. 190) TE ORO DAVE grauius illud fecit nomine appel-
lando. 19.2. VT REDEAT IAM IN VIAM 'iam' modo tarditatis signum
est. 19.3. Et 'in uiam' dixit quasi ex deuiis erroris ad rectam uiam.
19.4. DEHINC POST. ἐπανόρθωσις. 19.5. VT REDEAT IAM IN VIAM 'in
uiam' prouerbiale.   5

20. (= u. 191) HOC QVID SIT ἔλλειψις. Deest enim 'quaeris'.

21.1. (= u. 192) ITA AIVNT hoc credunt et loquuntur uniuersi.
Et est tepida consensio et quasi inuiti responsio, ut in Heautontimorumeno (*Haut.* 211) 'ita credo' monente patre filium. 21.2. TVM
SI QVIS MAGISTRVM μεταφορικῶς. 21.3. An quia et paedagogus est 10
⟨ut⟩ (*Phorm.* 71–72) Geta '⟨m. f. r. q. m.⟩'? 21.4. AD EAM REM id est
super eam rem, hoc est super amorem.

91W.   22. (= u. 193) IPSVM ANIMVM AEGROTVM pro aegro, nam animus 'aeger', corpus est 'aegrotum'.

19.1.   *cf. Don. Hec. 482.2; Id. ibid. 510; Id. Ad. 476.4; Id. Ibid. 894.3*
19.2 *cf. Don. Ad. 175.4; Cur. epit. Don. 399* ‖ 19.4 *cf. Don. Ad. 648.1*
21.1   *cf. Don. Ad. 930.3; Id. Hec. 357.2-3-4; Cur. epit. Don. 479*
21.2–21.3 *cf. Don. An. 54.2; Id. Ibid. 476.3; Id. Phorm. 72.3; Seru. Aen. 5, 669*
22. *cf. schol. Bemb. Ter. Eun. 236; Isid. diff. 1, 78, p. 122 C.; Isid. orig. 10, 12;*
Charis. ars 396,9 B.; Seru. Aen. 1,208: 'Aeger' est et tristis et male ualens,
'aegrotus' autem siue aegrotans tantummodo male ualens; *Seru. auc. Aen.*
4,35; [Prob.] nom. 68,22 P.; Alc. de orth. p. 3,13 B.; Beda, orth. p, 9,45; Rem. p. 17,
6 H.; Cur. epit. Don. 261

Γ; Σ {Θ, Λ}
P: 19.1. *o.l.*; 19.2 VT REDEAT *om.*; 21.1 ut – filium *om.*; 21.2 *o.l.*; 21.3 *deest*

---

1 facto Θ | appellando] *om.* Θ ‖ **2** REDDEAT A: REDEAM K | modo] uero A | est
signum Θ ‖ **3** in uiam *ex* inuidiam C²: uiam Fq | dicit qua Fq | ex deuiis erroris
Wess.: exinde (exierat Fq) iussit (*uel* ius sit) erroris Γ Θ: ex errore Λ | *post*
uiam₂ *add.* redire v ‖ **4** POSTVLO Θ | ΕΠΑΝΟΡΘωCIC A: *om. sp. rel.* PKΣ
(επανωρθοσισ M⁴) | in uiam₂] *om.* C (*rest.* C²) Fq ‖ **6** ἔλλειψισ M⁴: ἔλλιψις G²:
ΕΛΛΙΨIC A: eclipsis P f: *om. sp. rel.* KΣ (e. *sp. postp.* C: nescio Fq v) ‖ **7** et] hoc
F: *om.* q ‖ **8** trepida confessio P | quasi] *om.* A | inuia A: in uiri ε (iniurie v)
reprehensio ε | eautontimoru(m) menonon A: ea ita uti K: eutontu(m) Θ:
mult. uar. Λ ‖ **9** monentem C (*corr.* C²) | patrem C (*corr.* C²) | filiam KΛ | CVM
AK ‖ **10** *post* MAGISTRVM *add.* c(o)eperit Λ | μεταφορικῶς *Steph.:* μεταφορι-
κως x: met(h)aphoricos (*uel* -foricos) ω | et C²T: in C: *om.* Fq e²: ex AKΛ
paedagogus Fq e²: pedagogo ω ‖ **11** *add. Steph.* | m.₁–m.₂] *add. Steph.* ‖ **13** pro
egro – aegrotum] *om.* ε (*rest.* α) ‖ **14** est] *om.* P Θ

23.1. (= u. 194) NON HEM 'hem' interiectio est irascentis.
23.2. DAVVS SVM NON OEDIPVS multiplex contumelia: potest enim
senem quasi sphingam dixisse, id est deformem monstrique
similem; potest etiam inhumanum et ferum ut sphinx; potest et-
5 iam per Oedipodem se ultorem promittere futurum atque oppres-
sorem sapientiae senis. 23.3. DAVVS SVM NON OEDIPVS facete se
negat Oedipodem, ut senem sphingam esse confirmet. 23.4. NON
OEDIPVS immutationum duo genera sunt: quaedam necessitas
introducit, quaedam uoluntas. 23.5. NON OEDIPVS si Latine
10 pronunties, genitiuus 'Oedipi' faciet, si Graece, 'Oedipodis'.
    24. (= u. 195) SANE QVIDEM 'sane' ualide, quia qui sanus et
ualidus est.
    25.1. (= u. 196) SI SENSERO HODIE QVICQVAM comminatio. Et sic
pronuntiatur, ut ⟨in⟩ singulis uerbis ardeant minae. 25.2. HODIE

23.1 cf. Don. An. 184.1 (ubi cf. alia) ‖ 23.2 cf. Cur. epit. Don. 840; Turner 2015,
pp. 138–177 ‖ 23.5 cf. [Prob.] GL IV 21,18; Prisc. GL II 272, 7; Id. GL III 445,15;
Phoc. de nom. et uer. p. 48, 22 C.; GL Suppl. Ars Bern. p. 129; Cur. epit. Don. 254
‖ 24 cf. Don. An. 229.1; Id. ibid. 848.2; Id. Ad. 580.2; Id. Hec. 178.2; Id. ibid.
459.4; Cur. epit. Don. 779 ‖ 25.2 cf. Ad. 215.2; Cur. epit. Don. 395

Γ; Σ {Θ, Λ}
P: 23.1 O.L.; 23.2 O.L.; 23.4 O.L.; 24 O.L.; 25.1 O.L.; 25.2 O.L.

1 NON] NAM C | hem₂ Γα: om. Σ | est interiectio K ‖ **3** sphingam PH: fingam
AK: spingam ω | monstrique AK: et monstri P: ministrique Θ: monstroque
Λ ‖ **4** etiam₁ Q e²: enim ω | eum ante inhumanum add. Λ | et] om. C (rest. C²)
ante ut add. dicere Λ | sfinx(it) A: finx K (ut uid.): pinx CT: spinx FqΛ | et-
iam₂] enim Θ ‖ **5** per] om. K | oedippodem AP: ordipoydem K: oedip(p)um Σ
permittere C (corr. C²) | furtum Θ | obpressoru(m) ut uid. K: oppressore C²T
(a pressore C) ‖ **6** (o)EDIPPVS ω (ORDIPPVS K) ‖ **7** oedippodem AP:
ordipoydem K: edippum Σ | sphingam P: sfingam A: fingam K: spingam Σ
confirmem CT ‖ **8** OEDIPVS Wess. (qui lemma crucibus inclusit): OEDIPPVM Γ:
EDIPPVM Σ | immutationum Rank (1927, pp. 9sq.): imitationum AP Θ:
mutationum K: irritationum Λ | sunt genera C v | quaedam] q(uo)d K (ut
uid.) ‖ **9** EDIPPI Σ | si] sed β ‖ **10** edipodis Σ ‖ **11** QVIDEM A Θ: EQVIDEM Λ
ualidê A | qui] quid A | et AK: om. Θ: est PΛ ‖ **13** sic ex si C²: fit PΛ
14 pronuntiatur Zeunius: pronuntiatio ω | ⟨in⟩ h: om. ω | singularis C
min(a)e] nunc ε

'hodie' ad comminationem, non ad tempus plerumque refertur, ut
92W. Vergilius (*Aen.* 2, 670) 'numquam omnes h. m. i'. 25.3. *Et 'dies' pro*
'nocte' accipitur, ut hoc ipsum (Aen. 2, 670) 'numquam omnes hodie
moriemur inulti'.

26. (= u. 197) QVO FIANT MINVS hoc est: quominus ⟨fiant⟩ 5
impediturum.

28.1. (= u. 199) VERBERIBVS CAESVM TE IN PISTRINVM uult et
pronomine et nomine exagitare comminatione seruum, ne quid
relinquat inultum iracundiae. 28.2. DEDAM 'dare' est quod repetas,
'dedere' ad perpetuum. 28.3. *Et* 'damus' etiam amicis, 'dedimus' 10
tantum hostibus.

29.1. (= u. 200) EA LEGE ATQVE OMINE 'lege' ad homines,
'omine' ad rem diuinam refertur, *id est firmamentum per humana*
et diuina. 'Omen' autem est, quicquid ore dicitur. 29.2. EA LEGE
ATQVE OMINE bene 'lege atque omine', quia leges auspiciis seruatis 15

28.1 *Seru. Aen. 1,140* ‖ 28.2–28.3 *cf. Don. An. 63.2; Cur. epit. Don. 193*
29.1 omen] *cf. Fest. p. 213 L.:* 'Omen' uelut 'oremen', quod fit ore augurium;
Diff. ed. Beck p. 40, 108 ‖ 29.1–29.2 *Cur. epit. Don. 497* ‖ 29.2 *Seru. Aen. 1,*
346

Γ; Σ {Θ, Λ}
P: 26 *O.L.*; 28.1 *O.L.*; 28.2 *O.L.*; 29.1 *O.L.*; 29.2 *O.L.*

1 hodie] *om.* Λ | ad comminationem (*sic* Γ Θ: continuationem Λ) *post* hodie
transp. Rabbow*: *ante* refertur ω (*hic fort. seruandum put. Wess.*) | non ad
tempus *Rabbow**, *postposito* ⟨sed⟩ *tempt. Wess.*: ad tempus non ω | plerumque
Rabbow*: plenum quam (*om.* C: quod F) Γ Θ: plenum sed Λ ‖ **2** iniquam A | h.
m. i. AP CT: ho. m. et F:: hodie moriemur (morientur K) inulti KqΛ ‖ **3** hoc]
om. ε ‖ **4** moriemur] *om.* P | multi A: *om.* P ‖ **5** FIANT MINVS AK Θ: MINVS
FIANT Λ | MINVS] *iter.* CT | quominus] *ante* hoc est *transp.* Θ: *om.* Λ | fiant₂]
add. Goetz* | quo (*s.l.* C²) *ante* imped- *add.* Σ ‖ **6** impediturum *Goetz**: *om.* P:
impeditum AK: impeditus Θ: impeditius Λ (impedieris β) ‖ **7** PISTRINVM]
PRISTRINVM AK: PI. T | et] ut CT: *om.* Fq ‖ **8** pronomine et nomine] pro
nomine T: nomine et pronomine Fq v | ne quid] neque id est A ‖ **9** inultum Σ:
om. Γ *Steph.* (*cf. Cioffi 2013, p. 106*) ‖ **10** est *post* dedere *add.* Σ ‖ **12** lege₂–**15**
omine₂] *om.* ε (*rest.* α) | lege₂ Γ Θ: lex α: legem Λ ‖ **13** omine] T: omne(m) A:
omen KP Σ | id est] quod (uel id(est) *s.l.*) A | pro α | humana(m) A ‖ **14** autem]
om. α | est] *om.* Θ | quicquam K ‖ **15** ATQVE] ET Θ | OMINE₁] OMNE A: o. T
bene–omine₂] *om.* β | bene] est bene K: bene aut P | omine₂] omne AK
seruatis Λ: seruatitus A: seruitutis K: seruatitiis P Θ

ferebantur. — 29.3. Ergo sic intellege, quasi dixerit: 'ea condicione'
— Et antiqui auspicato omnia faciebant, quae rata esse uellent.

30. (= u. 201) AN NONDVM ETIAM quartum παρέλκον, quia
abundat 'etiam'.

5   31.1. (= u. 202) IPSAM REM MODO LOCVTVS 'ipsam rem' id est
uoluntatem suam. An interminationem, hoc est pistrinum et poenas seruiles? 31.2. NIHIL CIRCVITIONE 'nihil' pro 'non'. 31.3. CIR-   93W.
CVITIONE τῇ περιφράσει. 31.4. VSVS ES legitur et 'usor es'.

32.1. (= u. 203) VBIVIS FACILIVS admonitio. 32.2. VBIVIS FACILI-
10   VS P. S. Cicero (Verr. 2, 1, 10) 'non est in hac causa peccandi locus,
iud.'.

33.1. (= u. 204) BONA VERBA QVAESO hic εἰρωνεία est. 33.2 Εὐφημισμός quasi dicat: meliora loquere, rogo te. 33.3. Ergo cum
admiratione 'bona uerba' inquit 'rogo te'. 33.4. NIHIL ME FALLIS id

---

30 cf. Don. Ad. 366; Id. Eun. 884.3; Id. Hec. 400.4; Id. Phorm. 88.3; Id. ibid. 250.4
‖ 31.2 cf. Don. An. 204.4–7; Id. Ad. 167.3; Id. Eun. 273. 3; Id. ibid. 511; Id. ibid.
735.1; Id. ibid. 884.4; Id. Phorm. 142.5; Cur. epit. Don. 569 ‖ 32.1 cf. Eugr. An.
199 ‖ 33.1 cf. Prisc. GL II 369, 14; Cur. epit. Don. 103 ‖ 33.4 cf. Lefèvre 2007,
p. 196 (= Lefèvre 2008, p. 94–95)

Γ; Σ {Θ, Λ}
P: 29.2 Et – uellent om.; 30 o.l.; 31.3–31.4 desunt; 32.1 o.l.; 32.2 Cicero – iud. om.; 33.1 o.l.;
33.3 o.l.; 33.4 o.l.

1 sic] iter. A | dixerit KP Σ: diceret A: dicerit C (corr. C²) | ea] se a Θ ‖ 2 et]
om. C | auspicato Θ: auspicat A: auspicati KΛ ‖ 3 AT β | NVNDVM A: NODVM ut
uid. K | post ETIAM add. ipsam rem α | quartum – abundat etiam] om. K
quartum A Θ: om. P Λ | ΠΑΡΕΛΚΟΝ A: parelcon PΣ (παρελεόν x) ‖ 5 IPSAM
REM₁] REM IPSAM Λ | MODO–rem₂] om. Fq | id est] idem K ‖ 6 an] aut PK
seruiles poenas P ‖ 7 NIHIL₁] NIL Θ | nihil₂–non] om. Fq | nihil₂] nil CT ‖ 8 τῇ
Wess.: ti A: te K Θ: om. Λ | περιφράσει–VSVS Wess.: peri fra sensus A:
perifrasi usus K: perifrasin (uel sim.) usus Σ | ES] EST AK F: ET (ut uid.) T
uxor A C: om. sp. rel. F ‖ 9 sch. 32.1 om. C ‖ 10 P. S. AK CT: om. P: PASSVS SIM
Fq Λ | locus] ante in transp. C: ante peccandi transp. TFq ‖ 11 iud. A: om. KΣ
12 hic (in add. Steph.) εἰρωνεία (-εία Steph.). Est εὐφημισμός Wess. (praeeunte
Steph.): hic ei; punia (est) ΕΥΦΗΜΙCΜΟC A: hic yronia (est) P: om. sp. rel. K:
hic sp. postp. Σ (post hic addunt ἰρωνία ευφημισμος G²: εἰρωνία M⁴: ironia f)
14 admiratione ΓΘ: admonitione Λ: adiuratione dub. Wess. | rogo te Γ α: rogo
Θ: om. Λ | NIL Θ | FALSIS A (sic et infra)

est: non te ignoro, non me decipis. Sic Menander (*An., frg.* 35
K.-A.) νῦν δ'οὐ λέληθάς με †nam†. 33.5. NIHIL ME FALLIS figura
ἑλληνισμός: οὐδέν με λανθάνοις ἄν. 33.6. FALLIS lates, ut sit οὐδέν
με λέληθας. 33.7. NIHIL ME FALLIS 'nihil' pro [etiam] 'non'.

    34.1. (= u. 205) NEQVE TV HAVT DICES TIBI NON PRAEDICTVM 5
duae negatiuae unam consentiuam faciunt; tres negatiuae pro una
negatiua accipiuntur, ut hic 'neque haud non'. *Sallustius (Hist. IV,*
frg. 31 R.) '*haud impigre neque inultus occiditur*'. 34.2. Vera ergo
lectio est 'neque tu haud dicas', quod plurimi non intellegunt,
94W. ⟨qui⟩ 'hoc dicas' legunt. — 34.3. NEQVE TV HAVT DICAS TIBI NON P. 10
uera lectio 'neque haut dicas' — : est enim quintum παρέλκον.

33.5 ἑλληνισμός] *cf. Don. An. 543; Jakobi 1996, p. 92* ‖ 33.7 *cf. Don. An. 202.2*
(ubi cf. alia) ‖ 34.1 *cf. Seru. georg. 1,96:* NEQVE NEQVIQVAM id est non sine
causa: nam semper duae negatiuae unam confirmatiuam faciunt: unde male
quidam locum illum legunt in Terentio (*An.* 403) 'pater adest, caue ne te
tristem sentiat' [...]; *Id. Aen. 2,247; Non. XII 44, p. 192 G.-S.; Diom. GL I 455,*
12; [Caper] GL VII 105,9; Cur. epit. Don. 249 ‖ 34.1–34.3 *cf. Jakobi 1996,*
pp. 36–37

Γ; Σ {Θ, Λ}
P: 33.4 Sic – nam *om.*; 33.5 *deest*, ellenis figura *in text. supra* nihil me fallis; 33.6 *deest*;
33.7 *o.l.*; 34.1–34.2 *desunt*

1 te non C | Menander] *cum seqq. om.* K ‖ **2** νῦν δ'οὐ λέληθάς ΜΕΝΑΜ K.-A.:
νῦν δὲ οὐδέν λεληθάσ με ἄν *Lind*: ΝΥΝϬ ΟΥΛΕΝ϶ΘΑϹΜΕΝΑΜ A: νυν
θουαθλήθας ἀλένα G²ᵐ: νῦν δε ου λεληθας με ουδέν με λανθάνεις M⁴: οὐδέν
με λανθάνοις ἄν *Steph.*: *om. sp. rel. cett.* ‖ **3** ἑλληνισμός *Steph.*: ÷ ΛΛΗΝΙϹ
aloco A: *sp. praep.* aloco K: ἑλληνισμός a loco *Lind.*: *cum seqq. om.* Σ | οὐδέν
με λανθάνοις ἄν *Lind.*: ΟΥΕΝΛΙΕΛΑΝΘΑΝΙϹΑΝ A: ἀλεν ἀλίνις G²ᵐ: *om. sp.*
rel. ΚΣ *Steph.* | οὐδέν με λέληθας M⁴: ΟΥΔΕΝΜΕΛΕΛΗΘΑϲ A: *om. sp. rel.*
ΚΣ ‖ **4** etiam ω, *secl. Wess.* | non Θ (nunc C: non Fq: nunc uel non T): nunc
ΓΛ (*ante pro transp.*) ‖ **5** HAVT] HOC Θν ‖ **6** faciunt] *ante* unam *transp.* Θ ‖
7 accipiant ut uid. C (*corr.* C²) ‖ **8** haud *secl. Vogel* coll.* Floro 1, 38, 18 ('Rex
...dimicans inpigre nec inultus occiditur'), *sed cf. Heraeus 1891, 501sq.*
impigre Θ: inpigro A: inpingere *ut uid.* K: impune *uel* impugne *codd.* Λ
neque] *post* haud₂ *transp.* β | multus A ‖ **9** tu haud AK: haud tu Σ | quod] quia
Θ | plurimum Θ | intelligitur Θ: intelligentes *Steph.* ‖ **10** *post* intellegunt
suppl. qui Prete (*prob. Jakobi 1996, p. 37, n. 105*), *cum Wess.* | TV HAVD AK:
HAVD TV Σ | P. *Wess.*: PRAEDICTVM Σ: *om.* AK ‖ **11** est enim AK: est est C: est
T: *om.* Fq: et est Λ | quintum] *om.* Tq | παρέλκον A (ΠΑΡΕΛΚΟΝ M⁴: *om. sp.*
rel. K: parelcon Σ

Plautus in Bacchidibus (*frg. 9 L.*) 'neque ⟨id⟩ haud subditiua gloria oppidum arbitror'; Sallustius *(Hist. IV, frg. 31 R.)* 'haut impigre neque inultus occiditur'.

Γ; Σ {Θ, Λ}

1 hac chidibus AK | *post* neque *suppl.* id *Ritschl* | haud G: hoc ω ‖ **2** arbitror oppidum Λ | Sallustius–**3** occiditur AK (*cf. Jakobi 1996, pp. 36–37*): *om.* Σ **3** multus A: uultus K

1.1. (= u. 206) ENIMVERO DAVE NIHIL L. E. S. hic breuis et comica deliberatio est magna exspectatione populum rerum immi-
nentium commotura aestuantis Daui consideratione proposita.
1.2. ENIMVERO DAVE N. persona aut se ipsam populo commendat
aut ab altero commendatur aut et ab altero et a se ipsa, ut hic Daui 5
et per Simonem supra (u. 164) descripta est, ubi dixit 'mala mens
m. a.' et hic per se, dum hoc gestu ac sermone agit ac disputat
secum. 1.3. ENIMVERO DAVE 'enimuero' significationem habet nimium permoti atque inritati animi. Cicero (*Verr.* 2, 1, 66) 'hic tum
alius ex alia parte: enimuero ferendum non est; u.m.' 1.4. SEGNI- 10
TIAE ad agendum, SOCORDIAE ad consulendum.
    2. (= u. 207) QVANTVM I. 'quantum' pro 'in quantum'.

1.1 *cf. Jakobi 1996, p. 148* ‖ 1.3 *cf. schol. Bemb. Ter. Haut. 320; Don. Phorm.
937.2; Cur. epit. Don. 269* ‖ 1.4 *cf. Eugr. ad loc.; Fest. 374 L.; Cur. epit. Don. 791*

Γ; Σ {Θ, Λ}
P: 1.1 *o.l.*; 1.2 *o.l.*; 1.3 *o.l.*, Cicero – m. *om.*; 2 pro in quantum *supra* QVANTVM *in tex.* Ter.

1 *ante* ENIMVERO *sp. rel.* K: *add.* Dauus *seu sine spatio seu spatium adponentes*
A C² T Λ | NIHIL L. E. S.] E. S. CT: LOCI NIHIL EST F: NIHIL LOCI EST q: NIHIL
LOCI EST SEGNITIAE Λ ‖ **2** populum Γ: plurimarum Σ ‖ **3** commotura Γ Θ:
commotina (*uel potius* commotiua) α: commotam *uel* commota *codd.* Λ
estuantis Γ: excitantis Σ | considerationem Λ | propositam Λ ‖ **4** ñ; A: N. C:
E(N)IM T: E(ST) NON K: *om.* Fq Λ (Daui ε) | persona aut AΘ: persona K ε (*ut
uid.*): aut persona Λ | aut–commendat] *post* commendatur *exhib.* ω, *trans-
posui* | ipsa Θ | commendat] commendatur ε ‖ **5** et₁] ex A: *om.* T: sequi ε
post altero₂ *add.* commendatur Θ | et₂] *om.* C | hinc C (*corr.* C²) | daui] daue
Λ ‖ **6** scripta Θ | dixit Γ F: dicitur Σ ‖ **7** m.a. Γ T: malus animus Σ | *post se add.*
ipsum P | hoc *post* sermone *transp.* P | ac₁] aut K ‖ **9** irretati K: irati PC:
perirritati F | *post* animi *add.* est K | tum Cic.: cum ω ‖ **10** alius *Cic.*: aliis ω
ex] et Θ | *post* ferendum *habent* hoc quidem *Cic. codd*, *om.* ω (Don.?) | non
AK: *om.* Σ | est u.m. AK CT: astu nihil F: est nihil q: astu in Λ (astu est v)
11 SECORDI(A)E Fq | ad₂] et C | considendum C: considerandum Fq
12 QVANTVM Fq Λ: QVANTV A: QVANTO K (*ut uid.*): QVAM C (*corr.* C²) | I.
quantum] u. quantum T: *om.* Fq: i. quantum *uel om. codd.* Λ

3.1. (= u. 208) QVAE SI NON ASTV P. exhortatio a periculo. *95W.*
3.2. QVAE SI NON A. P. 'prouisio' rerum duas significationes habet:
prouidemus enim nobis tam bonum negotium quam malum; malum sicut si quis eminus ueniens telum prouiderit atque cauerit.
5 3.3. Ergo hic 'prouidentur' cauentur, uitantur. 3.4. Et nuptias
ueluti undam nauigio imminentem fecit, quod si quis non undam,
scilicet ex aduerso uenientem, prora exceperit, demersus undis in
pessum abit. Est ergo μεταφορά. 3.5. ME AVT ERVM 'erum' hic:
erilem filium.
10   4.1. (= u. 209) PAMPHILVMNE ADIVTEM AN AVSCVLTEM SENI
semper deliberatiua uerba habent quendam sonum, per quem
exitus rei demonstratur, ut hic ostendit Pamphilum se magis
adiuuaturum quam uerbis senis obtemperaturum.
5.1. (= u. 210) SI ILLVM RELINQVO partium tractatus, quae supra
15 (u. 209) sunt 'Pamphilumne adiutem an auscultem seni'. 5.2. EIVS
VITAE TIMEO ut alibi (*Haut.* 531) 'Syre, tibi timui male'. 5.3. SIN

3.2 *cf. Varro ling. 6, 96; schol. Bemb. Ter. Ad. 421; Prisc. GL III 358,10; Cur. epit.*
Don. 685 ‖ 3.4 μεταφορά] *cf. Don. ars mai. p. 667, 6ss. H.* ‖ 4.1 *cf. Eugr. ad*
loc.; Prisc. ars XVIII 163, p. 10, 5 R.; Id. ibid. 225, p. 52, 14 R.; Id. Ibid. 299, p. 108,
2 R. ‖ 5.1 *cf. Eugr. ad loc.:* Deinde partium tractatus ‖ 5.2 *cf. [Acro] Hor. ep. 1,*
20; Prisc. GL II 391,15; Id. GL III p. 244, 25 ‖ 5.3 *cf. Paul. Fest. p. 201 L.; Cur.*
epit. Don. 610

Γ; Σ {Θ, Λ}
P: 3.1 *O.L.*; 3.2 *O.L.*; 4.1 *O.L.*; 5.1 *O.L.*; 5.3 *O.L.*

1 QVOD AK | P. A T: PATET K: PROVIDENTVR Σ ‖ **3** nobis] *ante* quam *transp.* ε
post malum₁ *add.* quae si non astu prouidentur α (*signo app.* non astu
prouidentur malum/que si sic *add.* M²), *cf. Cioffi (2012, pp. 163–164)* ‖ **4** si]
om. PΘ | eminus ueniens ΓΘ: ueniens eminus Λ | prouiderit Γ: prouidit Σ
ante cauerit *add.* hic Θ: *add.* hoc Λ | caueat K ‖ **5** utantur AK ‖ **6** uelut in unda
CT: *om. sp. rel.* F: uelut undam q ‖ **7** scilicet *Wess.*: sed ΓΛ: si Θ | prora N:
proram ω (per proram q v) | in pessum abit P: in possum abit A: imp(re)ssum
abit K: impessumdabit Σ (-undabat CT) ‖ **8** μεταφορά *Wess.*: met(h)aphora ω
ME – (H)ERVM] MEA VTERVM A: MEA AVT ERVM K: ME AVT RERVM F ‖ **9** erilem]
eri te K: *euan.* P (*fort.* heri te) | filium] *post* hic *transp.* P | **10** AN] AVT Λ
13 adiuuaturum AK: adiuturum PΣ (adiutum FTq) | obtemperatum FT
14 ILLVD A | *post* RELINQVO (R. T) *add.* eius (e. T) uite (u T) timeo (t T) TFq v
15 aduite manascultem A | an] aut Λ ‖ **16** tibi] *post* alibi *transp.* P: *post* timui
transp. Θ | timui] timeo ε

OPITVLOR 'opem ferre' dicitur in malis rebus et his, qui de salute
dubii sint, ut (u. 473; *Ad.* 487) 'fer opem! serua me, o.'. 'Opitulatio'
dicta ab 'opem tollendo', hoc est ferendo. 5.4. HVIVS MINAS subauditur 'timeo'.

    6.1. (= u. 211) CVI VERBA DARE 'uerba dare' fallacia scilicet: ad 5
illud spectat 'nihil me fallis' (u. 204). 6.2. PRIMVM IAM DE AMORE
HOC COMPERIT primo, inquit, iam infensus est senex, deinde grauida e Pamphilo est Glycerium. 6.3. DIFFICILE EST non dixit 'impossibile est'. Ergo ostendit partem se sequi, quae pro Pamphilo
est. 6.4. PRIMVM IAM 'primum iam' ὑφέν: est enim ἀναστροφή pro 10
'iamprimum'. 6.5. DE AMORE HOC COMPERIT 'hoc amore' sic, quasi
cum taedio et reprehensione eius amoris loquatur.

    7.1. (= u. 212) ME INFENSVS S. scilicet de amore filii. Senex me
seruat et reuera timendus est; ad hoc in ipsa re maior est difficultas, quia grauida Glycerium. 7.2. SERVAT φυλάττει. 7.3. NE QVAM 15

6.1 *cf. Don. Eun. prol.* 24.2: 'Dare uerba' decipere est eum, qui cum rem
expectet, nihil inueniet praeter uerba; *[Aug.] regul. p. 69,1 M.; Seru. GL IV 488,
29; Cur. epit. Don.* 896 ‖ 6.4 *cf. Cur. epit. Don.* 680

Γ; Σ {Θ, Λ}

P: 5.4 *deest*, s(clicet) timeo *in text. supra* minas; 6.1 *O.L.*; 6.2 *O.L.*; 6.3 *O.L.*, est₂ – est₃ *om.*;
6.4 *O.L.*; 6.5 *O.L.*; 7.1 *O.L.*

1 *post* OPITVLOR *add.* quod est K | qu(a)e μ ‖ **2** dubi A: dubie K | sint Γ: sunt Σ
serua me o. Γ: serua me obsecro OPITVLOR (*sic* T: OPITVL C: opitulari Fq) Θ
(*prob. Wess.*): obsecro serua me Λ ‖ **3** *post* dicta *add.* est Λ | opem Λ: ope Γ Θ
HVIVS Fq U²G: HAEC SVNT A: HAS KΣ ‖ **5** difficile est *post* DARE₁ *add.* v | uerba
dare CFq: *om.* T v: uerbum dare Γ Λ | scilicet *Rabbow**: est ω ‖ **6** fallis] fallits
C (*corr.* C²) | IAM Λ: *om.* AK Θ | *post* AMORE *add.* comperit v ‖ **7** primo Γ Θ:
primum Λ | grauida] *post* Pamphilo *transp.* Σ ‖ **8** e₁ AP: re K: a Σ | dixit Γ:
dicit Σ ‖ **9** est] *om.* A | partem – sequi *Steph.*: patrem esse quae ω ‖ **10** primum
iam YΘHN A: primum iam hfen P: primum iam *sp. postp.* K: primum *sp.
postp.* Θ: *om. sp. rel.* Λ (ὑφέν M⁴ G²) | ἀναστροφή e²: anastrophe ω
(apostrophe v) ‖ **11** hoc₂] si K ‖ **12** et reprehensione *post* loquatur *transp.* P
loquitur C: loqueretur C² ‖ **13** s. A CT: SED K: SERVAT Fq Λ | scilicet Λ: scit Γ:
sed CT: *om.* Fq ‖ **14** *ante* seruat *om. sp.* 12–15 *litt.* β | in Γ: *om.* Σ ‖ **15** grauida
Q: grauidam ω | Glycerium grauida(m) *transp.* Λ | SERVAT *ut noui sch. lemma
Q Steph., cett. a praecc. non distinguunt* | φυλάττει M⁴ *in marg.*: ΦΥΛΑΤΤΙC
A: *om. nul. sp.* P: *om. sp. rel.* K Σ (φιλαπις G²)

FACIAM NVPTIIS FALLACIAM hoc ad illud spectat (u. 192) 'tum si quis magistrum cepit ad eam rem improbum, ipsum animum ae.'.

9. (= u. 214) QVO IVRE QVAQVE INIVRIA prouerbiale hoc est, qualia sunt 'fas' 'nefas', 'uelis' 'nolis'.

5   11. (= u. 216) SIVE ISTA VXOR SIVE AMICA EST et hoc cum quodam taedio et indignatione stomachi interrumpit.

12.1. (= u. 217) AVDIREQVE EORVM EST OPERAE PRETIVM 'operae pretium' dicitur de mirificis et laudabilibus. Nam et ea quae magna sunt, etiamsi mala, tamen admiramur et libenter audimus, et

10 hoc 'pretium est operae', id est audiendi. 12.2. Et AVDACIAM proprie dixit, ut in Eunucho (u. 994) 'audaciam meretricum specta'.

13. (= u. 218) NAM INCEPTIO EST AMENTIVM HAVT AMANTIVM 97W. amabant ueteres de proximo similia dicere, ut Cicero (*Verr.* 2, 4, 27) 'minus clarum putauit fore, ⟨quod⟩ de armario quam quod de

---

9. cf. *Prisc. ars XVIII 241, p. 61, 9 R.; Cur. epit. Don. 748* ‖ 11. cf. *Don. An. 15.1* (*ubi cf. alia*) ‖ 12.1 *Cur. epit. Don. 611* ‖ 13. cf. *Don. ars mai. p. 665, 7–12 H.* (*ubi cf. alia*); *Sacerd. GL VI p. 458, 18; Diom. GL II 446,13; Pomp. GL V 303, 12; Mur. p. 234,17; Cur. epit. Don. 78*

Γ; Σ {Θ, Λ}
P: 9. *O.L.*; 11. *O.L.*; 12.1 *O.L.*; 13. *O.L.*
12.1 Bern. 276*: op(er)e p(re)ciu(m)/ sup(er) h°(c) d(ici)ᵗ do – /natᵘˢ i(n) co(mmen)ᵗᵒ/ the(rent)ⁱⁱ and(r)ⁱe/ q(uod) op(er)e p(re)tium d(ici)ᵗᵘʳ de mirificiˢ/ (et) laudabilib(us)/ na(m)que ea q(uae) magⁿa/ s(un)t et(iam) si mala/ t(ame)ⁿ admiramᵘʳ/ q(uia) libent(er) au – /dimus et h°(c)/ p(re)ciu(m) (est) op(er)e/ .i. audiendi

1 FACIAM] *om.* P: FACIAS ε | FALLACIAM NVPTIIS P | tum] num ε | si] *om.* Λ
2 cepit] coepit AF: coegit K | (a)e Mxah Y z: a. e. CT: est A: de K (*ut uid.*): (a)egrotum (e- P) P Fq *cett.* Λ: ae. etc. *Wess.* ‖ **3** hoc] *post* est *transp.* K: *om.* P (*ante corr.*) ‖ **4** qualia *Steph.*: quae ω | nolis uelis Θ (*sic* C², uelis nolis C) **5** ISTA] *post* VXOR *transp.* Λ ‖ **7** QVE] QVOQVE ε | operae pretium₂] *om.* CT **8** et laudabilibus] laudibus Fq | magna] magis Λ ‖ **9** etiam mala K: etiam similia α | admiramur AP: admirantur K: miramur Σ | et₁] et *Rabbow*: quia ω | audimus Γ Fq: audiamus Σ ‖ **10** hoc] *post* operae *transp.* Θ | pretium est AK Θ: est pretium Λ | id–Et] audire eorum F | AVDIAT IAM C | *ante* proprie *add.* audacia Fq ‖ **11** spectat C (*corr.* C²) ‖ **12** INCEPTIO AΘ: INTENTIO KΛ AMENTIVM] AMANTIVM C (*corr.* C²) Fq | HAVT] AVT β ‖ **14** minus] nimis ε clarum *Cic.*: carum ω (earum A F) | fore Γ α (cf. *Cioffi 2012, p. 162, n. 2*): siue Σ | *add. Schopen* (*1821, p. 59*)

sacrario fuisset ablatum'. Et quidem si in uerbis sunt, παρόμοια dicuntur, ⟨si⟩ in nominibus, παρονομασίαι.

14.1. (= u. 219) QVIDQVID PEPERISSET maiorem reprehensionem sonat 'quicquid peperisset': paritur enim aut mas aut femina, et solet iustior causa esse tollendi, si marem uxor peperit; sed amoris 5 nimii est non exspectare quid tollas. 14.2. QVICQVID PEPERISSET DECREVERE TOLLERE 'decernere' est de magnis rebus certam proferre sententiam. Unde etiam 'senatus decretum'.

15.1. (= u. 220) ET FINGVNT QVANDAM et argumenti partem narrat et non credit factum esse quod dicit, ut supersit errori 10 locus. 15.2. Et 'fallaciam' et 'quandam', ut nec uerisimilis sit ipsa fallacia: ⟨in⟩ toto uis contemptionis et uilitatis.

16.1. (= u. 221) FVIT QVIDAM OLIM SENEX MERCATOR modo totius summae argumentum populo narratur; sed ut restet aliquid ad

---

13. *de notione* 'παρ.' *et diff. cf. etiam Don. An. 242.3; Id ibid. 776.2; Id. Hec. 168.2; Id Ad. 300.3* ‖ 14.1 *cf. Don. An. 400.3* ‖ 14.2 *cf. Don. An. 238.1; Seru. auc. Aen. 12,695:* Aliter 'decernere' statuere, ut decernere senatum dicimus; *Non. 440 L.; Paul. Fest. p. 92 L.; Cur. epit. Don. 202*

Γ; Σ {Θ, Λ}
P: 14.1 *o.l.;* 14.2 *o.l.;* 15.1 *o.l.,* factum – locus *om.;* 16.1 *o.l.*

1 ablatum fuisset P: fuisse sublatum F: fuisset solatum q | et] *om.* Θ | quidem] quiddam C: quidam C²T: qu(a)edam Fq | παρόμοια *Klotz:* para mo ea A: aromonea KP: paromoea Θ: pari modo ea Λ ‖ **2** *add. Wess.* ‖ **3** REPERISSE C (*corr.* C²) ‖ **4** paritur AP: pariter Θ: parit K Λ | aut₁] ad T: et ad Fq | mas K *Leid.:* mas,culinum A: masculum P Fq: masculina C: masculis T: marem Λ aut₂] et ad Fq | feminam Λ ‖ **5** esse] *ante* causa *transp.* P | tollenda CT uxor(em) C | sed Γ CT: si K Fq Λ | amoris] *ante* est *transp.* Σ ‖ **6** nimii] nimium A: nimis *uel* minus ε | est] *om.* A | QVIᶜQID A: AVT QVID C ‖ **7** DECRE. TOLL. CT ‖ **8** perferre Λ | etiam] et Λ (*om.* β) | decretus C (*corr.* C²) Λ **9** FINGIT C ‖ **10** factum Λ: facturum AK CT: futurum Fq | errori Σ (*post* locus *transp.* Θ): t(er)rori A: terrem K ‖ **11** Et] in C (*corr.* C²) | et] *om.* Σ | ut Λ: et Γ: *om.* Θ ‖ **12** ⟨in⟩ toto uis *Rabbow*: totius ω | contentionis Θ: contemptionis *uel* contentionis *codd.* Λ ‖ **13** MERCATVR A ‖ **14** narrat populo Θ | restet] res et AK: res Θ (*sic* C²: res C)

errorem, abrogatur fides. 16.2. FVIT QVIDAM OLIM SENEX mire a
διηγηματικῷ ad μιμητικόν transit.

18.1. (= u. 223) IS OBIIT MORTEM plene dixit, quod nos 'obiit'   98W.
tantum. Vergilius (Aen. 10, 641) 'morte obita'. 18.2. CHRYSIDIS
5   PATREM† fama est.

19.1. (= u. 224) RECEPISSE ORBAM PARVAM 'paruam' dixit, ut sit
uerum non posse eam facile suos agnoscere. 19.2. FABVLAE † redit
ad narrationem.

20.1. (= u. 225) ATQVE IPSIS COMMENTVM P. 'atque' pro 'at', ut
10   sit 'tamen'. 20.2. COMMENTVM PLACET quod comminiscuntur,
probant.

21.1. (= u. 226) SED MYSIS AB EA EGREDITVR παρασκευή alterius scaenae. 21.2. EGO ME HINC AD FORVM nihil adhuc inuenit
Dauus consilii, nisi ut quaerat Pamphilum moneatque. 21.3. EGO
15   HINC ME AD FORVM uultuose hoc pronuntiatur, ut desit 'pergam'

16.2 cf. Don. Ad. 204; Id. Hec. 131.5; Id. ibid. 148.2; Id. ibid. 805.1 ‖ 18.1 cf. Seru.
Aen. 1, 96; Arus. exem. eloc. p.74, 1 Di St.; Cur. epit. Don. 589 ‖ 20.2 cf. Paul.
Fest. 112 L.; Non. II 57, p. 154 Mazz.; Cur. epit. Don. 138 ‖ 21.1 cf. Hec. 574.1

Γ; Σ {Θ, Λ}
P: 16.2 deest; 19.2 o.l.; 20.1 deest; 20.2 o.l.; 21.1 o.l.; 21.2 o.l.; 21.3 o.l.

2 διηγηματικῷ Steph.: diegematico ω ‖ μιμητικόν Steph.: mimeticum K FT:
minueti cum A: immeticum C² (immenticum C): uar. Λ ‖ 3 OBIIT₁ aliq. codd.
Λ: OBIT ω ‖ obiit₂] obit CT ‖ 4 ante Vergilius add. ut P ‖ obita PΘv N: obita(m)
A: obita est KΛ ‖ 5 fama est ω, cruc. signaui: ad lem. 19.2 FABVLAE pertinere
putat Jakobi GFA* (coll. Seru. Aen. 3, 578), qui huc redit – narrationem
transp.: Phania est Hyperdonat ‖ 6 PARVAM ORBAM P ‖ paruam₂ dixit Steph.:
pr(a)edixit ω: praestruxit Schoell* ‖ 7 eam] hic habet ΓΘ: ante non transp. Λ
agnoscere] cognoscere Λ ‖ redit – narrationem, cruc. signaui: post 18.2
PATREM transp. Jakobi GFA* (cf. supra) ‖ redit KFq: reddit ACT: reddit uel
redit codd. Λ ‖ 9 P. AK: PLACET Σ ‖ atque] legitur et atqui pro sed atque uero
v ‖ ut] om. Θ ‖ 12 παρασκευή Steph.: parasceue AKqΛ: parascenae P:
paresceue C: p(ar)asseue T: para sp. postp. F ‖ 13 scaenae] cene AK ‖ ME HINC
(HINO A: HIC C: H. T) AK CT: HINC ME Fq Λ ‖ dauus inuenit Θ ‖ 15 hoc] ante
uultuose transp. P: om. T ‖ pronuntiatum Fq

aut 'ducam me'. 21.4. MYSIS semper nomina comicorum seruorum
aut a nationibus sunt indita, ut 'Mysis' 'Syrus', aut ex accidenti-
bus, ut 'Lesbia' uelut ebriosa a Lesbo insula, quae ferax est suauis-
simi candidissimique uini, aut a moribus et uernilitate, ut 'Pseudu-
lus', aut ex negotio, ut 'Chrysalus', aut ex qualitate corporis, ut   5
'Thylacus', aut ex specie formae, ut 'Pinacium'.

21.4 *cf. Ad.* 26.1: Nomina personarum, in comoediis dumtaxat, habere debent
rationem et etymologiam. Etenim absurdum est comicum, ⟨cum⟩ apte
argumenta confingat, uel nomen personae incongruum dare uel officium,
quod sit a nomine diuersum. Hinc seruus fidelis Parmeno, infidelis Syrus et
Geta [...]; *RLG, pp. 128–129*

Γ; Σ {Θ, Λ}

1 *post* me *add.* ad forum ne de hac re pater imprudentem opprimat v | Mysis
uel Misis] *hic scaenae initium in* AP Λ, *incert.* K | audiui Archi(l)lis *ante* Mysis
add. hic scaenae initium faciens v ‖ **4** uernilitate] non uilitate K | ut] et CT
Pseudulus] scudulus Θ ‖ **6** Thylacus] Chilacus Aq: Thilatus K: Thilagtus C (g.
del. C²)

1.1. (= u. 228) AVDIVI ARCHYLIS IAMDVDVM haec sunt inuentionis poeticae, ut ad οἰκονομίαν facetiae aliquid addant. Nam
οἰκονομία est, ut accersatur obstetrix et conueniatur Pamphilus; 99W.
facetia scribentis in his uerbis est quod Archylis compotricem
5 potissimum adduci iubere fingitur. 1.2. AVDIVI A. I. frequenter hoc
modo Terentius compendium facit ut egrediens loquatur persona
de eo, quod est gestura, et simul doceat, quid ab altera gestum sit.
1.3. AVDIVI A. I. utrum 'iamdudum audiui' an 'iamdudum iubes',
incerta distinctio est. 1.4. Et sunt qui 'iamdudum' 'quamprimum'
10 intellegant, ut (Verg. Aen. 2, 103) 'iamdudum sumite poenas'.
    2.1. (= u. 229) SANE POL 'sane' 'multum', [alias] 'ualide'; nam-
que 'ualidus' est, qui multum rerum necessariarum habet ad salu-

---

1.1 cf. Jakobi 1996, p. 156 ‖ 1.4 Seru. Aen. 2,103: IAMDVDVM MODO 'quam
primum'; Id. ibid. 1, 580; Id. georg. 1, 213; [Caper] GL VII 98,9; Isid. diff. 1, 286,
p. 214 C.; al.; Cur. epit. Don. 400 ‖ 2.1 cf. Don. An. 195 (ubi cf. alia)

Γ; Σ {Θ, Λ}
P: 1.1 O.L.; 1.2 O.L.; 1.3 O.L.; 2.1 O.L.

1 h(a)ec ΓF: h(a)e Σ │ inuentionis AP: -nes ΚΣ ‖ 2 ut ad οἰκονομίαν
(oikonomian P) P Steph.: ut adeoIKONOMIAN A: om. rel. sp. Θ: ut ad sp.
postp. ΚΛ (sp. post aliquid transp. ε) │ facetiae e²: facere ΓΘ: om. Λ │ nam
οἰκονομία (litt. maiusc. A: minusc. Latinis P: ο γτφο nomia C: ο y k ο nomia
T: auromania F: (o)economia q) est AP Θ: om. sp. rel. K: nam est interp. sp. Λ
(ιοκονομίαν M⁴) ‖ 3 accersatur q: accersetur ΓΛ: accersitur Θ │ conueniatur
ΓΘ: conuocetur Λ ‖ 4 scribentis AP Θ: scribendi ΚΛ │ est] ante in transp. P
quod] quam ut uid. P: quia Θ ‖ 5 adduci] ad duo ε │ iubere Steph.: iubet et ω
fingitur] om. P │ A. AK CT codd. Λ: ARCHILIS Fq codd. Λ │ IAMDVDVM Fq v
6 fecit ε │ loquitur CT ‖ 7 quod] qu(a)e CT │ altera AP Θ: altero K: alio Λ
8 A.] ARCHILIS TFq: om. β │ I.] om. K β: IAMDVDVM Fq v │ utrum] uerum CT
9 distinctio est] distinctione K │ qui PΣ: quod A: om. K │ quamprimum Wess.
coll. Seru. Aen. 2,103: iamprimum ω: nunc primum dub. Wess. coll. schol.
Bemb. Ter. Eun. 448 ‖ 10 intellegunt ΑΛ │ sumito A: sum(un)t T, fort. C ante
ras. (corr. C²) ‖ 11 [alias] ualide Wess.: alias pro ualide P (alias in fine lin., pro
ualide in marg.): alias ualide Λ: alios A: alias ΚΘ ‖ 12 multarum K
necessariorum C (corr. C²)

tem. 2.2. TEMVLENTA producit primam syllabam TE. 2.3. TEMV-
LENTA 'uinulenta', hoc est 'ebriosa', quia 'temetum' uinum, unde
'abstemius' sobrius. Dictum autem 'temetum' ab eo, quod 'temptet
mentem'. 2.4. TEMVLENTA uino, TEMERARIA natura.

3.1. (= u. 230) NEC SATIS DIGNA CVI C. P. bene in conclusione 5
illa specialiter probauit dicendo non idoneam, cui committatur
primus partus mulieris. 3.2. Sed mire signateque dixit 'committas':
etenim 'committimus' magna et quae salutem in dubio habent.
100W. 3.3. NEC SATIS DIGNA CVI COMMITTAS PRIMO duas res: nec 'parientem' nec 'primo partu'. Figura δύο δι' ἑνὸς, ut Vergilius (*Aen.* 3, 10
42–43) 'non me tibi Troia e.t.' et (*Aen.* 9, 448) 'dum domus Aeneae
C. i. s.'

4.1. (= u. 231) TAMEN ⟨EAM⟩ ADDVCAM redit ad illud quod ⟨...⟩
coacta. 4.2. IMPORTVNITATEM SPECTATE 'importunitas' neque loci

---

2.3 *Eugr. ad loc.; Don. Eun. 655.1:* TEMVLENTA ES ebria, a 'temeto', quo nomine
antiqui graue uinum appellabant, ideo quod 'temptaret mentem', id est
labefactaret. Vergilius (*georg.* 2, 94) 'temptatura p. o. u. l.'; *Gell. 10,23,1; Fest.
p. 500 L.; Porph. Hor. ep. 2,2,163; Non. I 7, p. 16 Mazz. (cf. Contini 1985,
pp. 39–44); Seru. auc. Aen. 12, 463; Isid. orig. 10,272; Prob. app. p. 28, 7 A.-P.;
Cur. epit. Don. 874* ‖ 3.2 *cf. Paul. Fest. p. 36 L.; Non. 374 L.* ‖ 3.3 *Figura δ. δ....*]
cf. Don. An. 493.4 ‖ 4.2 *cf. Cur. epit. Don. 414*

Γ; Σ {Θ, Λ}
P: 3.1 *o.l.;* 3.3 *o.l.,* figura – s. *om.;* 4.1 *o.l.;* 4.2 *o.l.*

1 TEMVLENTA₁ et *ante* TEMVLENTA *add.* C | producit ΓΛ: produc Θ | TE] *om.*
K ‖ **2** *ante* uinulenta *add.* i(d est) β ‖ **3** abstremuis A | est *post* dictum *add.* K
ab eo] *om.* C (*rest.* C²) | quod] quia Θ | tentet *ex* temptet C²: t(em)po(r)e T
4 mentes β | TEMIDENTA C | uino] uero Θ | natura] nam Θ ‖ **5** c. A:
CO(M)MITTAS KΣ (COM M. C: COM. M. T) | P. PRIMVM A: primum P (*qui lemma
om.*): PRIMVM CT: PRIMVM duas res K: PRIMO PARTV MVLIEREM Fq: PRIMO Λ
in conclusione] inclusiês C ‖ **7** muri A: miri K | signanterque α ‖ **8** quae] quia
Θ (*corr.* C²) ‖ **9** PRIMO e²: PRIMVM ω (*om.* ε) | res] ines A | nec₂] neque K
10 partum Λ | δύο δι' ἑνὸς Steph.: ΑΙΟΑΙΗΝΟC A: *om. sp. rel.* KΣ (ἔλλειψιν
M⁴: eclipsis f; *cf. Cioffi 2012, p. 173*) ‖ **11** e. t. A: *om.* KΣ | dum] *om.* C ‖ **12** i.]
om. K ‖ **13** ⟨EAM⟩ v: *om.* ω | reddit Θ | illum Θ: aliud β | quod Γ: quia in Θ:
quod in Λ: quamuis Rabbow* | *post* quod *lac. signaui, deest* e. g. 'dixit 'adduci
iubes', Archylidis cum Lesbia amicitia ...' ‖ **14** coacta Γ: quo acta Θ: cohata
(*cum praec. in* coalesc.) Λ | *post* coacta *add.* est Σ

neque temporis habet commoditatem. 4.3. ANICVLE Archylidis
scilicet.

5. (= u. 232) QVIA COMPOTRIX EST in uultu remansit oratio.
Deest enim per figuram ἔλλειψιν 'ideo illam uult arcessi'.

5   6. (= u. 233) IN ALIIS POTIVS PECCANDI utrum 'in aliis mulieri-
bus' an 'in aliis rebus'?

7.1. (= u. 234) SED QVIDNAM PAMPHILVM E. 'exanimatus' est 'perturbatus' ut Vergilius (*Aen.* 5, 805) 'exanimata sequens inp. a. m.',
'exanimus' 'mortuus', ut idem (*Aen.* 9, 30) 'corpus ubi exanimum
10   p. ⟨P.⟩ A.' 7.2. VEREOR QVID SIT 'quid' 'ob quid', 'propter quid sit
exanimatus'. 7.3. Aut aliter 'quid sit' id est: quid sit negotii.
7.4. Sed quidam putant 'quid' pro 'quare' ut (Verg. *Aen.* 1, 518)
'quid ueniant'. 7.5. Aut deest 'propter', ut sit '⟨propter⟩ quid'.

6 cf. Lefèvre 2008, p. 97 ‖ 7.1 cf. Don. An. 131.1 (ubi cf. alia) ‖ 7.2–7.5 cf. Cur.
epit. 737 ‖ 7.4 cf. Don. Ad. 404.1 ‖ 7.5 cf. Don. An. 157.2; Id. ibid. 498.3; Id.
ibid. 853.2; Id. Eun. 555.4; Id. Ad. 256.2

Γ; Σ {Θ, Λ}
P: 6 *O.L.*; 7.1 *O.L.*, p. – A. *om.*; 7.2 *O.L.*

1 Archilidis] Archilias A: archilis P v: Archilidis *uel* Archilis *codd.* Λ ‖ **3** EIVS
post COMPOTRIX *add.* q, *post* EST *add.* F ‖ **4** ἔλλειψιν M⁴: .E.ΛΛΙΨIN A: etlipsin
P: *om. sp. rel.* KΣ | illam] *post* uult *transp.* P β | arcessi AK: accersi P: accersiri
Σ ‖ **7** E. K: ÷ A: EX. V. CT: EXANIMATVM Fq: EXANIMATVM Λ | est] *om.*
v ‖ **8** inp. a. m.] *om.* P v | inp.] in. (AP, *for.* K) *uel* m. p. ω | a. m.] *maiusc. litt.*
A ‖ **9** et *ante* exanimus *add. codd. praeter* P F μ | exanimus PF: exanimis ω
10 quid₁] *om.* Θ | sit *post* quid₂ *add.* Θ ‖ **11** quid sit₁] quid Γ | est] *om.* A
12 sed] si CT: *om.* Fq | quidam] quid nam Θ | putant (– *supra* t) A: putat Θ
13 ueniat CT: inueniant ε | aut] nam ε | propter₁ *Wess.*: p(er)oste A: post CT:
potest Fq (*ut uid.*): *om.* K: nu(m) P: nam Λ | propter₂ *suppl. Wess.* | quid₂–**90,2**
numquidnam] *perquam uarie, ita ut saepe discerni non possint uerborum fines
aut scholiorum distinctio,* quid num (*uel* non *uel* nam) quid nam *iungunt uel
diuidunt exemplaria*

8. (= u. 235) NVMQVIDNAM hoc comicum est et Terentianum
'numquidnam', cum exceptis 'num' et 'nam' sufficere ad interrogationem potuisset τὸ quid.

Γ; Σ {Θ, Λ}

1 NVMQVIDNAM₁ (NVM *ex* NAM C²) A P Θ: NVNC QVAM NAM *fort.* K: NON QVID
NAM Λ (NAM QVID NAM β) | hoc] hic K, *incert.* P | et PΣ: ex AK ‖ **2** excipit F:
excipitis q | num] nunc A | nam] iam A, *sic* P *teste Kauer, sed incert.*
sufficeret A | ad interrogationem] *post* potuisset *transp.* Λ ‖ **3** τὸ *Wess.*: to CT:
& AP: et to K: *om. sp. rel.* Fq: *om.* Λ | quid Σ (*ante* sufficere *transp.* Λ): quid
Pamphilus (*sp. seq.* K) Γ, *cf. Cioffi (2013, pp. 109–110, 112)*

1.1. (= u. 236) HOCINE EST HVMANVM FACTVM A. I. hic inducitur   *101W.*
adulescentis animus circa nuptias, ut ex magnitudine metus
ingens gaudium comparetur in fine fabulae cognita Glycerio. Et
simul id agitur, ut magis magisque per Mysidem Pamphilus
5 excitetur ad resistendum patri nuptias indicenti. 1.2. HOCINE EST
H. F. A. I. ab iracundia et dolore coepit: iracundia ex iniuria descendit, dolor ex miseria. 1.3. HOCINE EST H. F. A. I. quasi deliberatio est, in qua duae partes sunt, una patris, alter amicae; pro
suasore Mysis est. 1.4. Principium ab inuectione est, in qua primo
10 ut hominem accusat, deinde ut patrem. 1.5. HOCINE EST H. F. hoc
est dilatare orationem, ne diceret quod fecit. Et est peruersa
αὔξησις a maioribus descendens ad minora per amplificationem
accusationis. 1.6. FACTVM AVT INCEPTVM in aliis 'factu aut inceptu'
fuit. 1.7. HOCINE EST OFFICIVM 'officium' dicitur ab efficiendo, ab

1.2 *cf. Don. An. 625.2; Cur. epit. Don. 470* ‖ 1.3 *cf. Eugr. ad loc.* ‖ 1.5 *cf. Don.
Hec. 140.1; Id. ibid. 524.2* ‖ 1.6 Sedul. in art. Don. mai. p. 299,77: 'Officium' ab
effectu, quasi efficium, non, ut quidam putant, ab officio uerbo, quod
significat 'noceo'; efficio uero 'perficio' uel 'impleo' ‖ 1.7 *cf. Don. Ad. 69.2;
Paul. Fest. p. 211 L.; Isid. orig. 6, 19, 2; Cur. epit. Don. 604*

Γ; Σ {Θ, Λ}
P: 1.1 *O.L.*; 1.2 HOCINE – I. *O.L.*; 1.3 *O.L.*; 1.5 *O.L.*; 1.7 *O.L.*

1 HECCINE A | AVT Fq Λ | I.] *om.* β ‖ **2** metus *Rabbow**: eius ω: aestus *Rank*
(*1927, p. 11)* ‖ **4** agitur] agatur β ‖ **5** indicenti C²q p: indicentis Γ (-tis *in ras.* A)
CTF: inducenti Λ | EST] E. A ‖ **6** H. F. AKT: HOC FACTVM C: HVMANVM (HV q)
FACTVM Fq Λ | A. I. K: XI A: *om.* Σ ‖ **7** X A: C. K | H. F.] HVMANVM F. F:
HVMANVM FACTVM Λ | A. – **10** F.] *om.* F | A. I.] AVT IN. ε ‖ **8** pro suasore AP Θ:
pro sua fore K: persuasorie *uel* persuasione *codd.* Λ ‖ **9** ab] ad Γ | inuectione
p: inuentione ω | est] *om.* Λ | primo] *om.* Θ ‖ **10** ut₁] et Γ | homines Γ (*cf.
Cioffi 2013, p. 107)* | accuset Σ (C², -sat C) | ut₂] in Γ | HECCINE A | Σ (*om.* β): X
AK | H. F.] H. A: *om.* K | *post* F. *add.* a. i. ε ‖ **11** diceret – a maioribus] *om.* F
quod] quia Σ ‖ **12** αὔξησις z: auxesis ω (auxafisa K: auresis C: ausesis T)
13 factum K F μ | inceptum AK μ ‖ **14** officiendo A: afficiendo K

eo, quod quaeritur, quid efficere [in eo] unum quemque conueniat pro condicione personae.

    2.1. (= u. 237) QVID EST SI HAEC NON CONTVMELIA EST sic dici-
102W. mus de his, quae necessario hoc sunt, quod dicimus. 2.2. SI HAEC NON CONTVMELIA EST 'haec' cum stomacho δεικτικόν quasi aliquo 5 contradicente non esse contumeliam. Cicero (*Verr.* 1, 28) 'quid est, quaeso, Metelle, i. c., si hoc non est?'

    3.1. (= u. 238) VXOREM DECREVERAT DARE SESE MIHI H. *'decer-nere' est de rebus certam proferre sententiam.* 3.2. VXOREM DECREVE-RAT propositio iniuriae. 3.3. NONNE OPORTVIT oportuisse ad 10 patrem refert, nam nec sic consentiret ad nuptias: 'sed fac tu me uelle: nonne oportuit p. m. a.?' dolet autem se spatium non habuisse consilio.

    4.1. (= u. 239) NONNE ... OPORTVIT quam de stomacho repeti-tum est 'oportuit'! 4.2. Et de more 'praescisse me ante'. 4.3. ⟨PRAE- 15 SCISSE ME ANTE⟩ praescisse proprie ad eum refertur, ⟨...⟩ hoc est

---

2.2 *haec... δεικ.*] *cf. Don. An. 30.2 (ubi cf. alia)* ‖ 3.1 *cf. Don. An. 219.2*
4.1 *cf. Don. Hec. 242.1* ‖ 4.3 *cf. Jakobi 1996, pp. 10–11*

Γ; Σ {Θ, Λ}
P: 2.1 *deest*; 2.2 *o.l.*, Cicero – est₂ *om.*; 3.1 *o.l.*; 3.2 *o.l.*; 3.3 *o.l.*, sed – m.a. *om.*; 4.1 *o.l.*

1 quia Θ | quaeritur] confertur K | quid] *om.* C | in eo *seclusi: post* quaeritur *transp. Rabbow** ‖ **3** QVOD A | HAEC – EST₂ K: HAEC NON CONTVMEDIE A: CONTVMELIA NON EST HAEC Θ: HOC (*uel* HAEC) CONTVMELIA NON EST Λ | sic] si C (*corr.* C²) ‖ **4** de his] *om.* ε | quae] qui CT | h(a)ec Λ | quod e²: quid ω (quiᵈ A) | *om.* Fq ‖ **5** NON] *post* CONTVMELIA *transp.* Θ | CONTVMELIAS A (*corr.* A²) EST] *om.* β | *uel* hoc *codd.* Λ: hoc Γ Θ | δεικτικόν *Lind.*: dicticon A: dictum KP Θ: dictum est Λ ‖ **6** quid est *Cic.*: quidem ω ‖ **7** i.] u. C² ‖ **8** *obliq. litt. scripsi, cf. An. 219. 2* | SESE MIHI DARE C | H. CT: HOC; A: H' E(ST) K: HODIE Fq Λ decreuere A ‖ **9** perferre *uel* proferre *codd.* Λ ‖ **10** NONNE Σ: NON K: SINE A **11** sic] si Θ | concitet C: contiret T: continet Fq: consentire β | fac tu me uelle *Wess.*: factu (*fort.*) me uelle K: factum euelle A (m *post* factum *eras.*): factum me uelle Σ: fac tum me uelle *Hyperdonat*: fac me uelle *edd. uett.* ‖ **12** p. m. a.] me praescisse ante Fq: pr(a)escisse me ante Λ | spatium *post* habuisse *transp.* P ‖ **14** *post* OPORTVIT *add.* COMMVNICATVM K Λ | quam AK: *om.* P: o quam Σ **15** PRAESCISSE₂ – **16** ANTE *add. Wess.* ‖ **16** eum] reum *con. Rank (1927, pp. 12sq.), an potius* deum? | *post* refertur *lac. agnou. Wess., dubit. an* qui queritur *supplend.* | hoc – Pamphilus *fort. secludendum*

Pamphilus. 4.4. COMMVNICATVM quod neque huius proprium neque illius est. 4.5. Et 'ante' abundat aut certe 'prae', cum sufficiat 'scisse'. 4.6. COMMVNICATVM quia nuptiarum non omnis potestas in patre est.

5   5. (= u. 240) QVOD VERBVM AVDIO 'uerbum' pro ἀξιώματι more   *103W.*
suo posuit, *id est 'uxorem dare' quod ait* (u. 239).

6.1. (= u. 241) QVID CHREMES transit a patre nunc et ad socerum. Redit τὸ quid non ad Chremetem, sed ad aliud transeuntis
[dicitur] ⟨est⟩ et non considerantis, quid dicat. 6.2. QVID CHREMES
10   irascitur patri, quod cogat, Chremeti, quod non neget uxorem.
6.3. Noue: dolet non odio haberi, non repudiari. 6.4. QVID CHREMES
QVI D. non latuerat Pamphilum repudiasse Chremetem. Unde et
Dauus ait (u. 176) 'qui posteaquam audierat non datum iri filio
uxorem suo'.

4.5 cf. *Karakasis 2005, p. 86* ‖ 4.6 cf. *Don. An. 741.1* ‖ 5 cf. *Don. An. 45.1 (ubi cf. alia)* ‖ 6.1 cf. *Eugr. ad loc.; Don. Phorm.* 147.3: Animaduerte τὸ 'quid' secundum morem cotidianum tum dici, cum fit transitus a mentione alterius rei ad alteram

Γ; Σ {Θ, Λ}
P: 5 *O.L.*; 6.1 *O.L.*; 6.2 *O.L.*

1 Pamphilus A: Pamphilo P: Pamphili K Θ: ad Pamphilum Λ: Pamphilum *Steph.* | quod] qui P: *om.* K | huius PΛ: h(a)ec sunt A: his K: hēs Θ ‖ **2** est *ante* neque *transp.* Σ ‖ **3** sufficeret P | scisse C² *s.l.* | non omnis nuptiarum potestas P: non omnis *sp. rel.* nuptiarum potestas F: non omnis potestas nuptiarum q **5** *sch. 5 post 6.1 in* ω (*sch. 6.1 et 5 om.* C, *rest.* C²) | QVOD] QVIA C²T | pro ἀξιώματι (ἀξιώματε *Wess.*) *scripsi*: pro Αξιωματε A: pro axiomate P: ate *sp. praepos.* K: *om. sp. rel.* Θ (*sine sp.* F: more suo *iter. ante sp.* T): pro *sp. postp.* Λ | more] morose A ‖ **6** id est] *om.* Θ | *post* uxorem *add.* decreuerat P | quod ait] *om.* P ‖ **7** transitio *Schoell** | et ad socerum ΓΛ: ad socerum Θ: ad socerum. et *Wess.* ‖ **8** reddit T | to Γ Θ: *om. nul. sp.* Λ | ad₁] *om.* Θ | aliud *scripsi*: illum ω ‖ **9** dicitur] *post* Chremetem *transp. Steph.*: *secl. Rabbow** ⟨est⟩ *Steph.* (D *teste Wess.*): *om.* ω | non] cum C²: enim TFq ‖ **10** quod₁] quia C: que F | Chremeti V²: Chremetem ω | quod₂] quia Θ ‖ **11** Noue] *om. sp. rel.* F: non ne *uel* noue *codd.* Λ | QVI D. *Ter.*: QVID ω ‖ **12** non] eius *in ras.* A latuerat *Steph.*: latura era(n)t Γ (*in ras.* A) Λ: latera erant Θ | Pamph- repud- *in ras.* A ‖ **13** quid β | audierat] auditum (-tus C) fuerat Θ | datum iri] daturum ε | filio] f. P ‖ **14** suo uxorem Θ: *om.* P

7.1. (= u. 242) ID MVTAVIT noue dixit 'id': τὸ 'id' enim ad 'denegarat commissurum mihi gnatam uxorem'. 7.2. ⟨...⟩ putauerat nuptias, et Chremem mutare sententiam. 7.3. ID MVTAVIT QVONIAM
⟨ME IM.⟩ παρόμοιον. Nam quotiens uerba sunt, παρόμοιον dicitur,
quotiens nomina, παρονομασία.   5

8.1. (= u. 243) ITA NE O. 'obstinate' facere est aliquid in alterius
malum cum conatu facere perseueranter et in alterius perniciem
nimis niti. 8.2. VT ME A GLYCERIO MISERVM A. magna ui usus est
104W. uerbi et proprietate. Unde est illud (Aen. 2, 434–435) '⟨diuellimur
inde⟩ Iphitus et Pelias me cum'. 8.3. ABSTRAHAT magna indigna-   10
tione usus est, tamquam Chremes non tam filiae consultum uelit
quam laesum Pamphilum.

10.1. (= u. 245) ADEON HOMINEM E. I. neminem putat esse in
genere humano ita infelicem ut se, quod est commune omnium,

7.3 cf. Don. An. 218 (ubi cf. alia) ‖ 8.1 cf. Eugr. ad loc.: Perseueranter,
pertinaciter; Paul. Fest. 209 L.; Don. Hec. 454.1; Cur. epit. Don. 590 ‖ 8.2 Seru.
ad loc.

Γ; Σ {Θ, Λ}
P: 7.1 O.L.; 7.2 deest; 8.1 O.L.; 8.2 deest; 8.3 O.L.; 10.1 O.L.

1 ID₁] ID est A | noue] neque F: an q(uae) T | to AK Λ: tu Θ: om. nul. sp. P | ad
denegarat T: adde negarat AC: adde -ret K: ad denegandum P: denegarat F:
adnegarat q: abdenegarat Λ ‖ **2** commissurum] om. P | lac. sign. Wess. (iam
Steph. post nuptias): ante nuptias add. ueras Zeunius, qui scil. putauerat leg.
putauerat AK: parauerat Σ ‖ **3** Chremem K: Chremes A: Chremetem Σ | ID]
ID est A | QVONIAM] QVŌ AK ‖ **4** add. Wess. | παρόμοιον M⁴: ΠΑΡΟΜΟεΟΝ A:
paromoeon P: om. sp. rel. K Σ | Nam–dicitur] om. Θ | sunt παρόμοιον] om. sp.
rel. K | ΠΑΡΟΜΟΙΟ A: paromoio P: παρονομασια M⁴: om. sp. rel. Σ ‖ **5** ΠΑ-
POMACIA A: paronomasia P: om. sp. rel. K Θ: om. nul. sp. Λ ‖ **6** ITANE O.
obstinate Wess.: ITA NEC obstinare A: obstinate P: ITANE OBSTINATE K Σ
(ITANE OBSTINATE OPERAM DAT obstinate operam dare Fq) | est facere Fq
alterius] alicuius P ‖ **7** facere] om. Θ | perseuerantem C (corr. C²): per-
seuerante F | et] om. C (rest. C²) Fq ‖ **8** niti] om. Θ: uti KP | GLICERE A
ABSTRAHA(N)T Fq Λ: om. A | est] om. Θ ‖ **9** illud est Θ | diuellimur inde hic
add. Wess. (coll. An. 519.2), post mecum add. Q: om. ω ‖ **10** ifitus K: iste A:
ifidus Fq: infixus CT: uar. Λ (insitus pler. codd.) | et] est Λ | ABSTRAHIT A
11 est] om. β | tamque C ‖ **13** sch. 10.1 om. A | E. I.] INVENVSTVM ESSE Fq | aut
infoelicem ante neminem add. Fq | esse] post infelicem transp. Λ ‖ **14** est]
post commune s.l. transp. P | omnium] hominibus Λ

qui in aliquo maerore consistunt. Itaque non se, sed condicionem humanam dolet et queritur natum esse quemquam, qui possit esse tam miser ut ipse est, ac per hoc: se. 10.2. ADEON HOMINEM E. I. amatorie amore nominato exsiluit in gemitus. Sic Vergilius (*Aen.*
5 3, 311–312) 'aut, si lux a. r., H. u. e.'? 10.3. INVESTVM AVT I. Q. 'inuenustus' est sine uenere, id est sine gratia, quem omnes respuant repudientque pulchrae et quem deformes appetant. 10.4. INVEN-VSTVM AVT INFELICEM 'inuenustus', cui displicens obicitur, 'infelix', cui placens negatur. 10.5. AVT INFELICEM QVEMQVAM VT EGO
10 SVM adeo se miserum dicit, quod sibi repudiare non licet, ut propter se doleat humanum genus, in quo sit aliquis tam miser. Vt (Verg. *ecl.* 9, 17) 'cadit in quemquam'. 10.6. VT EGO SVM ἀνακόλου-θον est 'ut': 'quam' enim inferre debuit, non 'ut'.

11.1. (= u. 246) PRO DEVM ATQVE H. F. quam ferueat indignita-
15 tione, hinc aspice, quod frequenter exclamat. 11.2. PRO DEVM A. H. F. alia exclamatio est aduersum socerum.

12. (= u. 247) EFFVGERE 'effugere' 'in totum fugere'.   *105W.*

10.3 *inuenustus*] *cf. Don. Hec. 848; Synon. Cic. Charis. ars p. 440, 21 B.; Cur. epit. Don. 427* ‖ 10.4 *infelix*] *cf. Synon. Cic. Charis. ars p. 430, 5 B.; Diff. ed. Beck 64, 15; Seru. Aen. 3, 16* ‖ 10.6 *cf. Don. Phorm. 328.1; Id. Hec. 122.1; al.* 12 *cf. Cur. epit. Don. 258*

Γ; Σ {Θ, Λ}
P: 10.2 amatorie – e. *om.*; 10.3 *O.L.*; 10.4 *O.L.*; 10.5 AVT – SVM *om.*; 10.6 *ab* est *usque ad finem huius comoediae in* P *scholia rarescunt qua re abhinc laudantur solum scholia quae extant.*

1 itaque] *om.* P ‖ **2** queritur] irascitur Fq ‖ **3** *ante* ac *ras. in* P | ac P Θ: et ΚΛ ADEON] ADEO ñ A | E.] ESSE Fq: E *uel* ESSE *codd.* Λ | I.] INFELICEM Fq **4** amatoris Σ (s *eras.* C²) | *ex* amare A² | exsiluit A: ex(h)ibuit Σ: eximit K | in] *om.* Fq | sic] si C: *om.* Fq ‖ **5** aut si lux Fq (lux *om.*) Hvs: auisilice A: *om. sp. rel.* K: aui si lux Σ | a.] alma Fq | r.] recessit Fq | H.] Hector Fq | INVENTVM CT | I.] INFELICEM Fq Λ | Q.] *om.* Fq | *ante* inuenustus *add.* et β ‖ **7** repudiant Θ ‖ **8** est *post* inuenustus *add.* P | inuenus CT ‖ **10** *ex* dix(it) *corr.* C² | quia Θ **11** *post* miser *add.* Virgilius P   ‖   **12** ἀνακόλουθον – **13** ut e²: ANA-ΚΟΛΟΥΡΕΟΝΕ ut A: anacoliton P (*qui abhinc cessat*): ut *praep. sp.* K: est ut *praep. sp. (ubi* ἀναχοαλουθον *add.* M⁴) Σ ‖ **13** qua β ‖ **14** ATQVE] ATQ; *in ras.* (*fort. fid. ante ras.*) A: A. K | HOMINVM Σ | F.] FIDEM Σ | indignationem Θ **15** quod K Λ: qui A: p(ro) Θ | ATQVE F: A. *uel* ATQVE Λ | HOMINVM F Λ | *post* H. *add.* a C ‖ **16** F.] FIDEM F: F. *uel* FIDEM *codd.* Λ ‖ **17** *post* effugere *add.* est Fq

13.1. (= u. 248) QVOT MODIS C. S. si 'Chremes spretus', intellege-
remus Pamphilum dicere, quod operam dederit, ut se repudiaret
Chremes, ut supra dixit (u. 242) 'mutauit, quia me immutatum
uidet'. 13.2. QVOT MODIS C. Pamphilus an Chremes? 13.3. ACTA AC
TRANSACTA prouerbiale est in id negotii, de quo nihil supersit ad   5
agendum. 13.4. FACTA a Pamphilo, TRANSACTA a Chreme.

14.1. (= u. 249) REPVDIATVS R. quasi et haec iniuria sit, repudiare et repetere. 14.2. Et tale est in Eunucho (u. 49) 'exclusit: reuocat'. 14.3. NISI ID EST QVOD SVSPICOR coniecturale argumentum.

15.1. (= u. 250) ALIQVID M. A. duplex contumelia est: et 'mon-   10
stri' et 'aliquid'; minus enim esset 'aliquod monstrum'. Sic alibi
(Hec. 643–644) 'quid mulieris uxorem habes'? 15.2. Et mutauit
genus dicendo 'ea', quod femina est. Sic in Eunucho (uu. 695–696)
'taces? monstrum h., n. d.' 15.3. ALIQVID M. A. EA dum 'monstrum'

13.1 cf. Don. An. 392.1 ‖ 13.3 cf. Seru. auc. Aen. 4, 190: FACTA ATQVE INFECTA
[...] Et est quasi prouerbiale; Cur. epit. Don. 12 ‖ 14.1   cf. Don. Eun. 49.1
14.3 cf. Mar. Victor. comm. p. 159, 16 R. ‖ 15.1 cf. Don. Hec. 643.3–4–5; Id. Eun.
833.2: QVID ILLVC H. E. per genetiuum casum iniuriose dicitur, per
nominatiuum honorifice; Cur. epit. Don. 54 ‖ 15.2   cf. Don. Eun. 696:
Monstrum hominis bene eunucho dictum 'monstrum hominis', hoc est: nec
mas nec femina. Sic et supra (357) 'senem mulierem' dixit ‖ 15.3 cf. Jakobi
1996, p. 83, n. 218

Γ; Σ {Θ, Λ}

1 QVOT] QVOD CT | C.] CONTEMPTVS Fq: C. uel CONTEMPTVS codd. Λ | S.] F.
CT: SPRETVS Fq: S. uel SPRETVS codd. Λ ‖ 2 quia Σ | opem Θ ‖ 3 quia] cf codd.
Ter. ad loc. | me] om. CT ‖ 4 QVOD C: QVO T | C.] ˢC C: E. T: CONTENTVS F: CON
q: CONTEMPTVS uel c. codd. Λ | ante Pamphilum add. spretus Fq | ACTA] ET
VECTA A | AC TRANSACTA KΛ: ASTRANSACTA(M) A: AN TRANSACTA CT:
TRANSACTA Fq ‖ 5 est] om. A | in id] in A: imd K: id ε ‖ 6 post agendum add.
est K | ACTA Λ | post FACTA add. autem Θ | a₁] om. AK | post TRANSACTA add.
et Θ | Chremete Tq Λ ‖ 7 ante R. add. hem Fq | R.] REPETOR Fq Λ ‖ 8 exclusus
AK ‖ 9 sch. 14.3 post 15.3 in ω | ID EST Λ: IDEM (sequebatur q erasum) A: EST
CT: om. Fq | post argumentum add. est K ‖ 10 M. A.] MONSTRI ALVNT Fq Λ
est] om. Θ | monstri et] monstret A ‖ 11 enim minus Θ | esset] est Λ | aliquid
C²T: aliquis C | Sic–14 monstrum₁] om. T ‖ 12 mulieris scripsi coll. Ter. Hec.
et Don. ad loc.: hominis ω | habeas AK | ea] et CF ‖ 13 quod] quoniam K Σ
femina est] feminarum A ‖ 14 n.] om. β | M. A.] A. T: MONSTRI ALVNT F Λ | C.
A. C: om. F

dixisset, 'ea' subiunxit tamquam non uerbis sed sententiae seruiens. 15.4. EA QVONIAM NEMINI OBTRVDI mire 'obtrudi' quasi inuito. Et totum cum iracundia. 15.5. OBTRVDI infligi, impingi.

16.1. (= u. 251) ITVR AD ME dotem amator non cogitat et ad   *106 W.*
utilitatem trahit, quod ultro uenit et quod se repetit Chremes.
16.2. ITVR AD ME quasi ad hostem. Plautus in Pseudolo (u. 453) 'itur ad te' et Vergilius (*Aen.* 9, 423–424) 'simul ense recluso ibat in Euryalum' proprie. 16.3. ORATIO HAEC ME M. etiam pauca uerba ueteres 'orationem' dicebant.

17.1. (= u. 252) NAM QVID EGO DICAM DE PATRE quasi dicat: quid ego de patre dicam, qui alienum accusauerim Chremem? 17.2. NAM QVID EGO DICAM DE PATRE redit ad patrem, in quo noue hoc accusat neglegenter eum agere, quod nolit fieri.

18.1. (= u. 253) TANTAMNE REM T. N. summum uoti ac nuptias.
18.2. PRAETERIENS MODO hic specialiter ostendit, quid peccauerit pater. 18.3. PRAETERIENS MODO M. A. F. undique conflatur accusatio: ex facto, quod 'praeteriens'; ex tempore quod 'modo'; ex loco, quod 'in foro'; ex modo et uerbis ⟨'uxor tibi d.e.h.'⟩.

15.4 *cf. Don. Hec. 296.2; Id. Hec. 701* ‖ 15.5 *cf. Eugr. ad loc; Fest. pp. 209–210 L.; Cur. epit. Don. 591* ‖ 16.2 *cf. Cur. epit. Don. 480* ‖ 16.3 *cf. Cur. epit. Don. 618*

Γ; Σ {Θ, Λ}

1 dixisset *scripsi*: dixit K Σ: dixerat A | sed] si Fq | sententiae] sensui K ‖ **3** Et e²: ei ω | infligi] infringi Θ ‖ **4** ANATOR A | et] *om.* Fq ‖ **5** utilitatem] uilitatem *Steph.* ‖ **7** *ex Plaut. scripsi*: ad me ω | et] *om.* F: ut T | reclusa CT | in – proprie] *om. sp. rel.* K ‖ **8** proprie (proprieque Λ), *fort. post* Vergilius *transponendum* (*cf. Don. An. 128.5*) | ORATRIX K | *post* ME *add.* ME C: EXAMINATVM F: EXANIMAVIT q | M.] METV Fq: MI. *uel* MISERVM *codd.* Λ ‖ **9** orationes β ‖ **10** DICAM] *om.* A *ante corr.* | dicat] dicam C ‖ **11** dicam Vp: dicebam ω Chremetem TΛ ‖ **12** P(RE) *ut uid.* A | reddit C: rediit F: redidit T ‖ **13** eum] *om.* C (*rest. s.l.* C²) | nolit A: uoluit nolit K: uoluit Σ ‖ **14** T.] TAM Fq | N. summum] NEGLIG. AGERE Fq: N. i(dest) summum β | uoti] nati Θ ‖ **15** hęc A ‖ **16** unde Fq | excusatio C (*corr.* C²) ‖ **17** ex facto] *om.* T | ex tempore] exte(m)pr(re)s A: eo tempore CT | *ante* loco *add.* hoc CT ‖ **18** quod] quia Σ et] ex Θ | *post* et *add.* in A | *add. Wess.*

19. (= u. 254) VXOR TIBI D. E. H. mire 'ducenda': semper hoc genus declinationis necessitatem ostendit, ut Vergilius (*Aen.* 11, 230) 'aut pacem T. ab r. p.'; Sallustius (*Hist.* 1 *frg.* 53 *La Penna-Funari*) 'agendum atque obuiam eundum est, Q.'

20. (= u. 255) ID MIHI VISVS EST D. A. C. A. S. T. ad 'hodie' 'cito' 5 rettulit, ad 'uxor tibi ducenda est' 'suspende te'.

107W.   22.1. (= u. 257) AVT VLLAM CAVSAM I. S. F. duo sunt in defensione: aut uera aut ad tempus ⟨ac⟩commodata. 22.2. 'Ineptum' est, quod a quouis reprehendi potest, 'falsum' est, quod etiam prudentem possit fallere.   10

23.1. (= u. 258) QVOD SI EGO RESCISSEM ID. P. si mecum communicasset prius. 23.2. QVID FACEREM SI QVIS M. R. ipse se reprehendit. 23.3. QVOD SI RESCISSEM ὑποφορά.

---

19 *cf. Don. Ad. 729.3; Id. Ibid. 839.2; Id. ibid. 840.2; Id. Eun. 97; Hec. 609.4*
22.2 *ineptus*]*cf. Don. Ad. 375.3:* 'Ineptum' est stultum tantum; *Id. Eun. 1079.6; Cic. de orat. 2, 17:* Quem [...] nos ineptum uocamus, is mihi uidetur ab hoc nomen habere ductum quod non sit aptus [...] Nam qui aut tempus quid postulet non uidet aut plura loquitur aut se ostentat aut eorum, quibuscum est, uel dignitatis uel commodi rationem non habet [...] Is ineptus esse dicitur; *falsus*] *cf. Don An. 4.2; Id. ibid. 334.1; Id. ibid. 423.3; Id. Eun. 104.1–4; Cur. epit. Don. 428* ‖ *23.3 cf. Don. An. 396.1; Id. Hec. 838.3; Id. Phorm. 781.1*

Γ; Σ {Θ, Λ}
P: 23.3 *o.l.*

1 D. EST Θ: D. E. *uel* DVCENDA EST *codd.* Λ | H. *uel* HODIE *codd.* Λ: *om.* Θ ‖ **3** aut *Verg., Don. Eun. 97:* ut ω: et *Seru. auc. Aen. 4, 483* | T.] tibi Σ | ab] ob C ‖ **4** Q. A CF: *om.* K: QVOD T: Q. *uel om. codd.* Λ ‖ **5** ID] ID(EST) A: *om.* T | VISVS] VIS ET CT | D.] DICERE Θ ε | A.₁] ABI Σ | C.] CITO Θ | A.₂] A.C. CTq: ET F Λ | S. T.] SVSPENDE TE Fq ‖ **7** CAVSAM I. *Wess.:* CAVSA EST A: CAVSAM K: CAVSAM INEPTAM Σ | S. F. AK: SALTEM FALSAM Σ | sunt *scripsi:* tempora ω: temptantur *Rank (1927, pp. 14sq.):* patent *Rabbow (prob. Wess.)* | defensione e²: defensionem ω ‖ **8** ⟨ac⟩commodata *Heraeus (1903, 266):* commodata AK Fq: commendata CT Λ ‖ **9** reprehendit C: reprehendat C²: reprehendet T | potest] *post* CT | etiam] *ante* possit *transp.* ε | prudentem] sapientem ε ‖ **10** posse T: potest ε ‖ **11** ID] IDEST A | PRIVS Fq Λ ‖ **12** M. R.] ME ROGET Θ ‖ **13** QVI Θ RESCISSEM *Wess. ex Ter.:* RESCISCERET Γ (A², RES SCISCERET A): RESCIERIT Σ ὑποφορά M⁴: YPOφOPA A: υπο fora P: *om. sp. rel.* K Σ

24.1. (= u. 259) VT HOC NE FACEREM ut tacerem. 24.2. Et nota 'facerem' pro 'tacerem'. 24.3. SED NVNC QVID PRIMVM E. deliberatio et partes eius.

25. (= u. 260) DIVERSAE TRAHVNT pro 'in diuersa'.

5   26.1. (= u. 261) AMOR MISERICORDIA haec oratoria sunt, cum unum negotium in multas distrahimus partes. 26.2. AMOR a necessario, MISERICORDIA ἀπὸ τοῦ ὁσίου. — 26.3. MISERICORDIA ⟨H.⟩ ἀμφιβολία — NVPTIARVM SOLLICITATIO a perturbatione; quibus colligit consulere se non posse. 26.4. SOLLICITATIO 'sollicitudo' est,
10 quae inhaeret mentibus, 'sollicitatio', quae ab alio fit.

27.1. (= u. 262) TVM PATRIS PVDOR QVI ME TAM L. P. hoc ad illud spectat (u. 151) 'tute his rebus f., p.' 27.2. TVM PATRIS PVDOR   *108W.* ἀμφιβολία. 27.3. QVI ME TAM LENI P. explanatio, in quo pudendum sit apud patrem. 27.4. QVI ME T. L. P. atqui accusabat eum: sed
15 amator est.

26.2 *cf. Don. An. 441.1; Id. ibid. 650.4; Id. ibid. 887; Id. Hec. 676.1; Fest. p. 478 L.; a necessario] cf. Don. An. 322.3; Id. ibid. 380.7; Id. Ad. 936.1* ‖ 26.3 *cf. Don. An. 156. 5 (ubi cf. alia)* ‖ 26.4 *cf. Don. Phorm. 441.1; Cur. epit. Don. 830* 27.2 *cf. Don. An. 156.5 (ubi cf. alia)*

Γ; Σ {Θ, Λ}
P: 24.1 *O.L.*; 25 *O.L.*; 26.3 *O.L.*

1 NE] ME CT (*corr.* C²) | ut] pro P | facerem Θ | Et nota] *om.* Λ (*exc.* β) ‖ **2** *post* QVID *add.* hoc CT | PRIMVM] P. ε | EST K CT: EXEQVAR F: EXEQ. q ‖ **4** *sch. 25 post 26.3 in* ω | DIVERSA C (e *sup.* a C²) | TRAHIT Θ ‖ **6** in] *om.* C | detrahamus CT: di(s)trahamus Fq: distribuimus Λ | *post* AMOR *add.* MISERICORDIA Fq **7** ἀπὸ τοῦ ὁσίου Gron. (apud Lind.): ΑΠΟΤΟΥΟΥCΙΟΥ A: *om. sp. rel.* KΘ: a *sp. postp.* Λ: ἀπὸ τοῦ αἰσίου Steph. | MISERICORDIA₂] MIRA CT | *add.* Wess. **8** ἀμφιβολία Steph.: amφibolia A (φ *in ras.*): amphibolona K: amphibologia Σ | SOLLICITVDO KF: SOLITATIO C: SOLICITATIO *uel* SOLLICITVDO codd. Λ **9** consulere] *post* posse *transp.* Fq: *post* non *transp.* β | se] *om.* β SOLLICITVDO F ‖ **10** inhereret C | aliis β ‖ **11** QVI–**12** PVDOR] *om.* Σ (⟨et⟩ ad illud – f.p. Λ *post* 27.3 patrem *rest.*) ‖ **12** tute K: T V te A | TVM Ter.: CVM AK **13** ἀμφιβολία Steph.: amφibolia A: *om. nul. sp.* K: amphibologia Σ | LENI F *ex* Ter. (LE. q): LIBERALI ΓΛ (ω?): L. CT | P.] PA Fq | *post* P. *add.* e.(st) a(nimo) Λ quo Steph.: qua ω ‖ **14** *sch.* 27.4 *post* 28.1 *in* ω | T.] IAM C: TAM Fq | P.] PA Fq atqui AK: an qui Σ | sed] si Λ: *om.* K

28.1. (= u. 263) EINE EGO VT ADVERSER pronomen hoc uim qua-
litatis habet et est 'tali', 'tam bono'. 28.2. EINE EGO VT ADVERSER
uidetur inclinasse, ut secundum patris animum consisteret, sed
amore ad incerta iterum reuoluetur.

29 (= u. 264) QVORSVM ACCIDAT ad quam rem, quo uersum.　　　5

30.1. (= u. 265) SED NVNC PEROPVS EST AVT HVNC CVM IPSA AVT
calliditati femineae et astutiae ⟨ancillae⟩ sententia haec congruit.
30.2. CVM IPSA 'ipsa' nunc 'domina mea'. 30.3. ADVERSVM HVNC
apud hunc. Alibi (u. 42) 'et id gratum fuisse aduersum t. h. g.'.

31. (= u. 266) DVM IN DVBIO EST ANIMVS P. M. H. V. I. I. transla-　10
tio haec est a mole alicuius ponderis, quae antequam in loco
sederit, cum incerta pendet, facillime commouetur.

32.1. (= u. 267) QVISNAM HIC LOQVITVR MYSIS SALVE hoc secum; deinde conuersus uidit. 32.2. SALVE difficile est inuenire aliud
uerbum, quod sic declinetur: 'salue' et 'saluere', quippe huius　15
109W. uerbi per modos rara est declinatio. 32.3. QVIS HIC L. principium
Terentianum in iungendis personis. 32.4. O SALVE PAMPHILE 'o' in-

28.1 *cf. Don. An. 271.1 (ubi cf. alia)* ‖ 29 *cf. Don An. 176.1; Charis. ars p. 441, 9
B.; Prisc. GL III p. 138, 22* ‖ 31. *cf. Cur. epit. Don. 250* ‖ 32.1 *cf. Don. Hec. 453.2*
‖ 32.2 *cf. Charis. ars p. 333.9 B.; GL I 348,30; GL II 450, 15; Phoc. De nom. et uer.
p. 65,1 C.; Sacerd. GL VI 433,5; Id. ibid. 490,21; [Prob.] GL IV 38,17; Seru. auc.
Aen. 5,80; Cur. epit. Don. 780* ‖ 32.4 *cf. Diom. GL I p. 419, 14; Don. ars mai.
p. 652, 5 H.; Id. Ad. 544.2; Seru. Aen. 11, 536; al; Cur. epit. Don. 624*

Γ; Σ {Θ, Λ}

1 ETNE ε | AGO C (*corr.* C²) | ADVERSET A | *ante* pronomen *add.* sed Θ | hic Λ
uim] *om.* Θ ‖ **2** tam *Steph.*: an ω | ET NE A | VT EGO Θ | ADVERSETVR A
3 uidetur] uideretur A : uidere^r K | secundum] fecundum C | sed *Steph.*: et A
Λ: ad et K: *om.* Θ ‖ **4** reuoluetur A: reuolueretur K Σ ‖ **5** uersu CT: uersus Fq
6 NON C | AVT₁] VT K: *om.* T | IPSA] ILLA Λ | *post* IPSA *add.* est K | AVT₂] *om.*
Fq ‖ **7** feminae AK | *add. Jakobi 1996 (p. 170, n. 478)* | sententie C (*corr.* C²)
9 *ante* alibi *add.* et Θ | aduersum] a CT: apud q | t. h.] n. CT: te habeo F: te q
g.] *om.* q Λ: o. CT: gnatam F ‖ **10** P.-I.₂] *om. sp. rel.* Σ | v.-I.₂] v. I. I. *Wess.*:
VEL I. Γ ‖ **13** QVISNAM] QVIS Λ (*exc.* β) | hoc–**14** SALVE] *om.* Fq ‖ **14** aliud
inuenire Σ ‖ **15** *post* declinetur *add.* ut *Schopen**, *sed cf. Jakobi (1996, p. 81, n.
215)* | *post* salue *add.* pluraliter ε | saluere A: saluete K Λ: saluare Θ | huius]
h(ab)es Θ ‖ **16** uerbum Θ | rara] recta Θ | L.] LOQVITVR Σ ‖ **17** in] s(cilicet) C

teriectio est optantis aduentum aut repente percussi. 32.5. QVID
AGIT amatorie et familiariter non addidit 'quae'. Vergilius (*Aen.* 4,
479) 'quae mihi reddat eum uel eo me soluat amantem'. 32.6. RO-
GAS lenta quaedam et tristis responsio est et dolore plena.

5   33.1. (= u. 268) LABORAT EX DOLORE duplicem laborem Glycerii
esse dicit: unum partitudinis, alterum curae et sollicitudinis
Pamphili nuptiarum. 33.2. LABORAT EX D. A. E. H. M. S. D. callide
aggreditur iuuenem, nam utrumque propter illum perpetitur, et
'dolorem' et 'sollicitudinem'. 33.3. ATQVE EX HOC M. S. E. D. Mysis,
10 quae contra patrem suasura est, incertum inueniens Pamphilum
facile ad se conuertit mentione dominae suae et maxime ⟨eo⟩,
quod addidit, ut illam aegram esse dicat: qua re statim perfectum
est quod uolebat, 'egone istuc conari queam?' ut dicat Pamphilus.
33.4. SOLLICITA EST DIE [TVM AVTEM HOC TIMET] 'sollicitudo'
15 rerum incertarum magis, [IN HVNC SVNT CONSTITVTAE N.] hic
certior metus est et grauior.

    34.1. (= u. 269) QVIA OLIM IN HVNC SVNT CONSTITVTAE
NVPTIAE nec addidit 'a patre', sed inuidiose, quasi et a Pamphilo

---

32.5 *cf. Seru. auct. Aen. 4,479* ‖ 32.6 *Don. An. 184.6* ‖ 33.1–33.3 *cf. Eugr. ad*
loc. ‖ 33.4 *cf. Don. An. 261.2,4*

Γ; Σ {Θ, Λ}

1 est] *om.* Θ: *ante* aut *transp.* Λ | aduentum Fq: affectus uel aduentus A:
aduentus K CTΛ | perculsi *Steph.* ‖ **2** AGIT K: AGIT? A: AGITVR Θ: AGIT *uel*
AGITVR *codd.* Λ | amiratiue CF: amotiueT: amatiue q | non – quae] *om.* Fq
3 quae] *om.* ε | amorem C (*corr.* C²) ‖ **4** quaedam *ex* quidem C² ‖ **6** dicit] dum
Γ | partitudinis] partus et egritudinis Λ (*prob. Zwierlein 1970, p. 149*) ‖ **7** D.₁]
DOLORE Σ | A. E.] ATQVE EX Fq | H. M.] HOC MISERA Fq: M. T | S.] SOLLICITA Fq
D.₂] DE C: E. DE T: EST Fq: EST *uel* E. *codd.* Λ ‖ **9** HOC] H. CT | M.] MISERA Fq
Λ | *ante* s. *add.* atque β | S.] SOLLICITA Fq Λ | E. D.] *om.* Θ (*sp. rel.* C): E. *uel* EST
codd. Λ ‖ **11** mentione] mentio est T: propter mentionem e(st) C: propter
mentionem C²q Λ: propter inuentionem F | *add. Rabbow** ‖ **12** aegram] et
gratiam A ‖ **13** qui C | uolebat] quaerebat Λ | egone *ex* ego C² | queram C: q.
T ‖ **14** *sch. 33.4 post 34.5 in* ω, *transposui* | *post* DIE *add.* cum autem hoc (hic
K) timet KΛ, *del. una cum* DIE *Steph.* ‖ **15** incertarum *Steph.*: inceptarum ω
IN – N.] *del. Wess. (ut uid.)* ‖ **16** et] quia Fq ‖ **17** OLIM IN HVNC] DIE(M) IN HVNC
C: DI(CITVR) IN HVNC T: DVDVM (DVM F) IN HVNC DIEM Fq | SVNT] *om.* AK:
post CONSTITVTAE *transp.* C ‖ **18** et] *om.* Λ

sint constitutae. 34.2. ⟨...⟩ An timet in negotio ⟨...⟩? 34.3. IN HVNC
SVNT C. idem enim dies est, quo placuerant destinatae nuptiae,
110W. quamuis Chremes renuntiauerit. 34.4. *Et* supra (u. 102) 'hic nuptiis
dictus est dies'. 34.5. TVM AVTEM HOC TIMET 'tum' praeterea:
tertiam sollicitudinem habere Glycerium ostendit, ne deseratur a   5
Pamphilo.

35.1. (= u. 270) EGONE ISTVC CONARI QVEAM ideo sic Pamphilus, quia illa inuidiose non 'deserere cogaris' dixit, sed 'deseras'.
35.2. EGONE ISTVC C. Q. non 'perficere' sed 'conari': 'uelle' aliquid
ad scelus effectio est, etiamsi non potest fieri; hic enim uoluntas,   10
non factum damnatur, ut Vergilius (*Aen.* 6, 624) 'ausi omnes i. n. a.
p.'. 35.3. Ergo 'conari' leuius est quam [facta] 'facere'.

36.1. (= u. 271) EGONE PROPTER ME ILLAM magna uis est in
pronominibus: et diuersa sunt et singula et non praecipitantur nec
dicuntur uno spiritu, sicut in Eunucho (65) 'egone illam, quae   15
illum, quae me'. *'Quae illum'* id est amat, *'quae me'* id est non
amat. 36.2. EGONE euidenter subauditur 'id fieri sinam ?'

37.1. (= u. 272) QVAE MIHI SVVM A. ab eius beneficiis. 37.2. SVVM
ANIMVM quantum ad amatorem pertinet. 37.3. ATQVE OMNEM VI-

34.5 *cf. Eun. prol. 4.2; Seru. auc. Aen. 1, 164; Seru. Aen. 3, 228* ‖ 35.2 *cf. Seru.*
Aen. 6, 624 ‖ 36.1 *cf. Don. Eun. 65.1; Id. ibid. 797. 3; Id. Ad. 697.2; Id. ibid.*
934.1; Id. An. 263.1; 285.1

Γ; Σ {Θ, Λ}

1 *lacunas sign. Wess.* ‖ **2** SVNT] *om.* Θ | C.] DIEM Σ ‖ **3** quamuis] quis Λ
denuntiaret Θ ‖ **4** est dies] *om.* C | TIMET – *sch. 33.4* HVNC (*uerba 33.4*
'SOLLICITA – grauior' *post 34.5 exhib.* ω)]*om.* F | 'tum' praeterea – *sch. 33.4*
TIMET KΛ: *om.* AΘ ‖ **5** ostendit Λ: *om.* K ‖ **8** illam Fq | cogatis ε | dixit *ex*
dicitur C² | sed] si Θ ‖ **9** CONARI Fq: C. *uel* CONARI *codd.* Λ | QVEAM Fq: Q. *uel*
QVEAM *codd.* Λ | *post* perficere *add.* dixit Λ | *post* conari *add.* nam *Wess.*
10 etiamsi *Steph.*: iam si ω ‖ **11** ut] *om.* Fq | i.] *om.* C: r. FT: i. *uel* r. *codd.* Λ
post n. *add.* r C ‖ **12** leuius] melius ε | quam V: quam facta ω ‖ **13** magna – **16**
illum₁] *om.* A ‖ **14** pronominibus] nomi(ni)bus K ‖ **15** quae illum Λ: *om.* KΘ
16 quae non Λ (*ex Ter.*) | id est₁] idem CT: deest *Steph.* ‖ **17** euidenter *Wess.*:
uadenter A: siuadenter K: suadenter Σ | id *Wess.*: ut ω ‖ **18** MIHI SVVM A]
NIHIL SVMAT Θ | ab – **103,1** A.₁] *om.* A | *post* beneficiis *add.* sum(m)it Λ

TAM hoc est: ut maritum speraret. 37.4. QVAE MIHI SVVM A. A. O. V.
C. argumenta a consequenti: si eam deserit, haec subiciuntur.

38. (= u. 273) QVAM EGO ANIMO ⟨EGREGIE⟩ CARAM PRO VXORE   *111W.*
HABVERIM ⟨ut⟩ (u.58) 'nihil ⟨egregie⟩ praeter cetera s.', ⟨id⟩ est
5 'nimis'.

39.1. (= u. 274) BENE ET PVDICE EIVS DOCTVM hic illud soluitur
(u. 75) 'lana et tela uictum quaeritans', ut hoc praestruat 'bene et
pudice' Glycerium esse eductam; ⟨nam⟩ 'lana et tela uictum
quaeritans' non pertinet ad argumentum, nisi propter uitam
10 Glycerii intellegas. 39.2. BENE ET PVDICE ab honesto. 39.3. BENE ET
PVDICE EIVS DOCTVM hanc sententiam quasi de exemplo probat,
nam bene educta etiam Chrysis est, quae (u. 74) 'primo pudice
uitam parce ac duriter agebat'.

40.1. (= u. 275) COACTVM EGESTATE propterea quod Chrysis (u.
15 71) 'inopia et cognatorum n. c.'. 40.2. COACTVM EGESTATE non
'paupertate' sed 'egestate', cui contrarium 'inopia et cognatorum
n.'

41. (= u. 276) HAVT VEREAR SI IN TE S. S. S. acuit animum
adulescentis contra patrem, cuius etiam nomen graue est.

37.4 *cf. Grill. 1, 17, 7* ‖ 39.2 *cf. Eugr. ad loc.; Don. An. 24.6 (ubi cf. alia)*

Γ; Σ {Θ, Λ}

1 A.₁ KT: ANIMVM CFq Λ | A.₂ AKT: ATQVE CFq Λ | O.] OMNEM CFq | V.] VITAM
CFq ‖ 2 C.] CR. C: CREDIDIT Fq: EX T | argumentum Θ | consequenta A
3 ⟨EGREGIE⟩ Q: *om.* ω | CARAM (*ex* CORAM *corr.* C²) ANIMO Σ ‖ 4 *add. Schoell**
s. id est *Schoell**: s. V: si est AK Λ: sic est Θ ‖ 5 minus Λ ‖ 6 DICTVM A | hinc
AK ‖ 7 ut–9 quaeritans] *om.* Θ | hoc Λ: haec A: hic K ‖ 8 *add. Wess.*
9 propter *Rabbow (1897, p. 308)*: post ω | uita Tq ‖ 11 quasi–12 est] *om.* F
12 etiam Chrysis est *Rabbow**: est a Chryside ω | qui AK ‖ 14 CO(H)ACTA Θ
postea Θ: propter id Λ | quod Λ: quid Γ: quae Θ | C(h)rysis Θ: *om. sp. rel.* A:
Crisidis K Λ ‖ 15 n.] negligentia Σ (negl. C: negligentiam F) | c.–17 n.] *om.* C
(*rest.* C²) | c.] i Θ: c. *uel om. codd.* Λ | COACTVM–17 n.] *om.* K | COHACTAM F
16 egestate *partim codd.* Λ: paupertate ω ‖ 17 n. A: negli. C²T: negligentiam
F: neglegentia q Λ ‖ 18 VEREOR Θ: VEREAR *uel* VEREOR *codd.* Λ | IN] I. *uel* IN
codd. Λ | s. s. s. *Wess.*: s. F. A: SI SED K: s. s. CT: SIT SOLO SITV(M) Fq: *mire uar.*
Λ | acuit *Steph.*: argute ACTF: arguit KC² (aliter *praep.*) q Λ ‖ 19 cuius] aut A

42.1. (= u. 277) SED VIM VT Q. F. et hic 'uereor' subauditur.
42.2. 'Ut' pro 'ne non' posuit, ut sit: sed uereor, ne non queas uim
patris ferre. 42.3. Et VT ⟨Q.⟩ ne non possis: non damnatio est uiri-
112W. um adulescentis, sed prouocatio in contemptum patris. 42.4. AD-
EON ME IGNAVVM a uerisimili. 42.5. IGNAVVM quod aduersum 5
necessitatem proferendum fuit, id primum dixit: adesse sibi
uirtutem; quae sequuuntur, ad fidem pertinent. Ita pro tempore
contemptum patris pro fortitudine habet. 42.6. IGNAVVM ignauus
est, qui uim non potest ferre, qui non est perseuerans.

43.1. (= u. 278) ADEON PORRO INGRATVM 'porro' ⟨nunc⟩ con- 10
iunctio est expletiua, alias aduerbium temporis. 43.2. IGNAVVM et
INGRATVM αὔξησις est. 43.3. INHVMANVM AVT F. propter subiecta
dixit. 43.4. ADEON PORRO INGRATVM AVT INHVMANVM mira omnis
conuersio: non enim dixit 'adeon me obsequentem patri existimas,
adeo gratum, adeo pium, adeo mansuetum'. Ita amatoris per 15
omnia seruat condiciones, ut oratorie hoc cogatur scelus esse, si
pareret nunc patri.

42.2 cf. Don. An. 3.1 (ubi cf. alia) ‖ 42.6 cf. Isid. orig. 10, 142; Synon. Cic.
Charis. ars p. 431, 21 B.; Id. ibid. 414, 27; Id. ibid. 429, 6; Non. I 137, p. 61 Mazz.;
Seru. Aen. 1, 435; Paul. Fest. p. 353 L.; Cur. epit. Don. 403 ‖ 43.1 cf. Don. An.
596.4; Id. Ad. 335.2; Id. Hec. 778.1; Id. Eun. 167.3; Prob. GL IV 145,30; Cled. ars
p. 104, 3 B.; [Asper] GL Suppl. 57,20; Cur. epit. Don. 662 ‖ 43.2 cf. Don. An.
139.2 (ubi cf. alia)

Γ; Σ {Θ, Λ}
P: 43.2 auxesis

1 VIM] IVM A: V. T | VT (V. T) Q. (QVEAS Fq) Θ: VTQ(VE) Γ: VT N. Q. Λ | F.] R.
CT: FERRE FQ: F. uel FERRE codd. Λ | et hic] educ Γ ‖ **2** posuit Steph.: possit Θ:
possis Γ Λ | sit] possit Θ | ne₂] om. Θ ‖ **3** QVEAS add. Wess., Q. scripsi | uirium
Schoell*: uerum AK Θ: om. Λ ‖ **4** prouatio F: prouotio q | contentum TF (sic et
infra) ‖ **5** a uerisimili Steph.: an uerisimile ΓΛ: aut (⟨AVT INHVMANVM PVTAS⟩
F: ⟨AVT INHVMANVM⟩ q) uerisimile Θ | IGNAVVM₂] IGNAVVM] om. Θ
6 preferendum β | dicitur C (corr. C²) ‖ **7** fidem Steph.: finem ω ‖ **8** habuit β
IGNAVVM Steph.: INGENIVM ω ‖ **10** INGRATVM] INGNATVM A: I(N)GRA. T:
IGNAVVM F | add. Zwierlein (1970, p. 154) ‖ **11** alias] alia sunt A | IGNAVVM ex
IN MANVM C² ‖ **12** αὔξησις M⁴: auxesis P: ΑξεCiC A: αυξετις K: om. sp. rel. Σ
F.] FERVM Fq Λ | propter Wess.: post ω ‖ **13** hominis Λ ‖ **14** existimans Θ
15 ante adeo₁ gratum iter. per omnia – pateretur nunc patri C (del. C²) | ita]
om. sp. rel. C: a(n)i(m)a T ‖ **17** pareret Λ: pateretur Γ Θ

44.1. (= u. 279) VT NEQVE ME CONSVETVDO NEQVE AMOR non ordinem reddidit: 'ferum' enim reddidit ad consuetudinem, qua etiam ferae mansuescunt; 'neque amor' ad illud 'inhumanum': amor namque uehementior est in homines. Vergilius (*georg.* 3, 258–259)
'quid iuuenis m. c. u. i. o. i. d. a.?'; 'pudorem' ad 'ingratum' rettulit. 44.2. VT NEQVE ME CONSVETVDO NEQVE AMOR 'consuetudo' aduersus feritatem, 'amor' aduersus inhumanitatem, 'pudor' aduersus ingratum animum. 44.3. VT NEQVE ⟨ME⟩ CONSVETVDO   *113W.*
NEQVE AMOR ἀπόδοσις ad superiora.

45.1. (= u. 280) COMMOVEAT NEQVE COMMONEAT αὔξησις ad maiora. 45.2. VT SERVEM FIDEM exquisite: non dixit 'ut contemnam patrem'.

46.1. (= u. 281) VNVM HOC SCIO HANC MERITAM in eodem haeret, ut excitet iuuenem, neque audire se fingit, quod dicit. 46.2. VNVM HOC SCIO uide quam callida sint, quae a Myside subiciuntur ad irritandam promissionem Pamphili. 46.3. VNVM HOC SCIO subicit illa, quod ardentem incendat magis; nam dixit ille omnia, quibus cogitur fidem seruare, sed merito eius aut nihil addixit aut parum. 46.4. VNVM HOC s. quasi dicat: quid tu facturus

---

44.1 *cf. Seru. georg. 3, 258* ‖ 44.2 *cf. Don. Hec. 555.1* ‖ 44.3 *cf. Don. An. 288.2; Id. Ad. 847.3; Id. Phorm. 191.3* ‖ 45.1 *cf. Don. An. 139.2 (ubi cf. alia)*

Γ; Σ {Θ, Λ}
P: 44.3 apolosis; 45.1 auxesis

1 CONSVETVDO] CON. FT │ non–**3** amor₁] *om.* A ‖ **2** ordinem] amorem ε consuetudinem K: mansuetudinem Σ │ qua *Rabbow**: quod ω ‖ **5** m.–a.] *maius. litt. in* A │ c.] E. A: c. *uel* cui *codd.* Λ │ i.₂] s. C ‖ **6** NEQVE₁] NEC C consuetudinem Θ ‖ **7** ueritatem K ‖ **8** *sch.* 44.3 *post* 45.1 *in* ω │ *add.* e² ‖ **9** ἀπόδοσις *Lind.*: ΑΠΟΔΟCΙΟ A: apolosis P: ἀπολογια M⁴: *om. sp. rel.* Σ ‖ **10** COMMONEAT] COMMOVEAT AK (*ut uid.*) TF: COMMOVEAT *uel* COMMONEAT *codd.* Λ │ ΑΥξΗCΙC A: auxesis P: αὔξεσισ M⁴: *om. sp. rel.* KΣ ‖ **11** non] *om.* Θ d(icitu)r C │ contepnam A: contempnet K: contem(p)nem C Λ: contemnerem C²: contemneret Fq: contendere T ‖ **13** HANC–**15** SCIO] *om.* Θ ‖ **16** HOC KCFq: H. AT: *om.* Λ ‖ **17** SCIO] s. AT │ subicit–**19** s.] *om.* Θ │ illa] illud Λ │ quod] ut Λ │ uicendat A: intendat K │ magis] *ante* incendat *transp.* Λ ‖ **18** meritam Λ eius] *om.* K Λ ‖ **19** ad(d)icit (*uel* adiicit) Λ │ paruum A │ HOC] H. A │ s. AK: s. *uel* SCIO *codd.* Λ │ q. *uel* quasi *codd.* Λ │ d. *uel* dicat *codd.* Λ

sis, equidem nescio, sed 'unum scio'. 46.5. VT MEMOR ESSES SVI
inuidiose quasi oblito: adeo commouetur hoc dicto Pamphilus.
46.6. VT MEMOR ESSES SVI bene praeterito, ἐμφατικῶς, quoniam
quae praeterita sunt, in recordatione magis lacrimabilia et misera-
bilia sunt, ut Vergilius (*Aen.* 2, 677–678) 'c. p. I., cui pater et c. q. t.   5
d. r. ?'; idem alibi (*Aen.* 9, 300) 'per caput h. i., p. q. p. a. s.'

47.1. (= u. 282) O MYSIS MYSIS primum uocandi, alterum incre-
pandi est. 47.2. ETIAM NVNC SCRIPTA id argumentum est, quam
uiuae memor sit, qui etiam uerborum mortuae meminerit Chrysidis de Glycerio.   10

114W.   49.1. (= u. 284) IAM FERME MORIENS 'ferme' aduerbium est
aestimantis. 49.2. IAM FERME M. M. V. ex tempore probauit locutam
uera esse et non ficta et simulata; nam qui sani sunt, spe longioris
uitae adulantur. Vergilius (*Aen.* 10, 782*)* 'et dulcis m. r. A.'
49.3. IAM FERME MORIENS affectus a tempore, quod postrema uox   15
erat.

46.6 *cf. Seru. Aen. 6,113* ‖ 47.1 *cf. Seru. Aen. 8, 84* ‖ 49.1 *cf. Varro ling. 7,92:*
'Ferme' dicitur quod nunc fere; utrumque dictum a ferendo, quod id quod
fertur est in motu atque aduentat; *GL VI 237,12; Comm. Mon. An. 284, p. 82 S.;*
Don. An. 460.3; Cur. epit. Don. 316

Γ; Σ {Θ, Λ}

1 scio] *om.* Θ | ESSE VSI A ‖ **2** inuidiose–**3** SVI] *om.* Θ | oblito K: obluto A:
oblite Λ | dicti A ‖ **3** ESSES *Ter.*: ESSEM AK Λ | SVI] *om.* Λ | ἐμφατικῶς *Jakobi*
(1996, p. 66, n. 169): effert *Rabbow**: et frater A: et futuro Θ: usus est Λ: *om.*
K ‖ **5** c.₁–**6** s.] *om.* K | c.₁] o. Σ | cui] eici C: c. Λ | et A: e. CT Λ: o Fq | c.₂] *om.*
A | t.] tu Σ ‖ **6** h. i.] hoc iuro Σ | *ante* q. *add.* o. Σ | p.₂] *om.* Σ ‖ **7** inuocandi C
8 id] id(est) A | quam uiuae] quī in K: quod uiuae Λ ‖ **9** quae CT | et Λ
uerborum] *ante* meminerit *transp.* Λ | mortuae] motae C: morte C²
12 aestimantis *Rank (1927, pp. 20–21)*: festinantis ω | IAM FERME] IDEO Θ
M.₁] MORIENS ε | M.₂] ME Λ | V.] *om.* C: VOCAT Λ | locuta Σ ‖ **13** uera *codd. dett.*
apud Wess.: uerba ω | et₁ *om.* Θ ‖ **14** adulant Θ | m. r. A.] m. i. A A

50.1. (= u. 285) ACCESSI VOS SEMOTAE NOS SOLI figurae proprie
Terentianae, ἀσύνδετον et ἔλλειψις: 'uos semotae' deest 'estis',
'nos soli' deest 'remansimus'; ut est illud (*Eun.* 65) 'egone illam q.
i. q. m.' 50.2. INCIPIT deest 'dicere'. 50.3. Praeparatio et quasi uesti-
5 bulum orationis est. 50.4. 'Inceptio' dicitur orationis, quae longa
taciturnitate meditate grauiterque profertur, ut Vergilius (*Aen.* 10,
100) 'tum pater omnip., r. c. ⟨p.⟩ p., i.' 50.5. VOS SEMOTAE N. S.
habuit fidem, quod soli fuimus, quod nemo testis. An timuit, ne
hoc pater ante firmatum amorem cognosceret?

10   51.1. (= u. 286) MI PAMPHILE μίμησις per prosopopoeiam et
principium a blandimento. 51.2. MI PAMPHILE imitatus est etiam
blandimentum Chrysidis. 51.3. HVIVS FORMAM ATQVE AETATEM
amat compendium lassitudo; 'formam' enim dicendo pulchritudi-
nem significat, 'aetatem', quod parua. 51.4. HVIVS FORMAM ATQVE   *115W.*
15 AETATEM duplex causa commendationis: 'formae' et 'aetatis'. Et
supra (u. 118) 'forte unam aspicio adulescentulam, ⟨f.⟩'. 51.5. MI
PAMPHILE uide redditam uoci morientis densis interuallis
interruptam orationem utpote lasso anhelitu interueniente.

50.1 ἀσύνδετον] *cf. Don. An. 127.5;* ἔλλειψις] *cf. Don. An. 285.1; Eun. 143.2;*
Phorm. 142.3; Jakobi 1996, pp. 114–120 ‖ 50.3 *cf. Don. Phorm. 238.2; Id. An.*
352.3 ‖ 50.4 *cf. Don. Hec. 621.1* ‖ 51.1 μίμησις] *cf. Don. An. 110.1 (ubi cf. alia)*

Γ; Σ {Θ, Λ}
P: 50.1 asindeton et eclipsis, s(cilicet) estis, s(cilicet) remansimus, s(cilicet) incipit

1 NOS–2 semotae] *om.* Fq ‖ **2** ἀσύνδετον et ἔλλειψις *Wess. (praeeunte*
Stephano): ASINƎETOC ET EMEIΨıC A: ἀσύνδετον ἔλλειψις M⁴: asundeton
et eclipsis P: *om. sp. rel.* KΣ ‖ nos KT ‖ estis APq: estas K: istis C (fu *s.l.* C²) T:
istos F: iuistis Λ ‖ **3** ut] at Θ ‖ illam] illa CT ‖ q.] qu(a)e K Σ ‖ **4** i. AKT: illum
Σ ‖ q. m. A: q(ue) m. KT: qu(a)e me Σ: *om.* ε ‖ quasi et ω, *corr. Steph.*
6 meditate *uel* medietate *codd.* Λ: medietate ΓΘ ‖ ut] *om.* Fq ‖ **7** tum] tu Θ
omni P. A: omnipotens Σ ‖ c. Fq Λ: e. Γ CT ‖ p.₁ *ex Verg.: om.* ω ‖ N. S. AT: NOS
SOLI K Fq Λ: nos so C ‖ **8** habuit *Steph.*: ubi Γ: ibi Σ ‖ quod₁ e²: quam ΓΘ: quia
Λ ‖ quod₂ et Λ ‖ **10** μίμησις M⁴: MIM HCI6 A: *om. sp. rel.* KΣ ‖ per] ac Θ
prosepopoeiam ΓΛ: prosopopoeia Θ ‖ **11** etiam est ε ‖ **12** FAMAM C ‖ **14** quod]
qu(a)e Λ ‖ parua Θ: paruam Λ: *om.* Γ ‖ HVIVS] HAEC SVNT A: HOC K ‖ **15** *post*
duplex *add.* animus Θ ‖ et Fq Λ: *om.* Γ CT β ‖ **16** ⟨f. ⟩ *Cioffi,* ⟨forma⟩ *iam add.*
U ‖ **17** uocem Θ ‖ **18** interruptam KΛ: interfunctam A: intersumptam Θ
interuenientes Θ

52. (= u. 287) VTRAEQVE VTILES legitur et 'inutiles sient'.

53.1. (= u. 288) ET AD PVDICITIAM quia 'formam' dixit, ET AD
REM TVTANDAM quia dixit 'aetatem'. 53.2. ET AD REM TVTANDAM
ἀπόδοσις.

54.1. (= u. 289) QVOD TE PER HANC DEXTERAM 'quod' 'propter   5
quod', ut (Verg. Aen. 2, 141) 'quod te per superos'. Et ordo: propter
quod oro. 54.2. PER HANC DEXTERAM tenet eum, ut apparet.
54.3. PER HANC DEXTERAM fidei et foederis membrum et manum
conuentionis [sit]. 54.4. ET INGENIVM legitur et 'genium'.

55. (= u. 290) PER HVIVS SOLITVDINEM legitur et 'sollicitudi-   10
nem'.

56.1. (= u. 291) OBTESTOR 'obtestatio' dicitur, quando eum
adiuramus, quem rogamus, per eas res, propter quas rogamus; ut
Vergilius (Aen. 10, 45–46) 'per euersae, g., f. T. e. ⟨o.⟩.'. 56.2. NE ABS
116W. TE HANC SEGREGES NEV D. ad 'fidem' 'ne segreges' rettulit, ad   15
'solitudinem' 'neu deseras'. 56.3. ⟨NE ABS TE HANC SEGREGES NEV
DESERAS⟩ hoc est: ne aliam ducas aut amare desinas, etiamsi nunc

---

53.2 ἀπόδοσις]*cf. Don. An. 279.5 (ubi cf. alia)* ‖ 54.1 *cf. Don. Ad. 253.2; Id.*
Hec. 276.3; Id. Hec. 338; Seru. auc. Aen. 2,141 ‖ 54.3 *cf. Seru. Aen. 4, 307; Cur.*
epit. Don. 203 ‖ 56.1 *cf. Don. An. 540.2; Id. Hec. 387.2; Fest. p. 201 L.; Seru. Aen.*
9, 258; Id. ibid. 10, 524; Isid. diff. 1, 290, p. 216 C.; Cur. epit. Don. 592

Γ; Σ {Θ, Λ}
P: 53.2 apolosis; 54.1 propter quod] postquod

1 VTREQVE *ex* VTROQVE C² | INVTILES ΚΛ | et inutiles] *om.* Γ: et utiles Λ | fient
A: si essent *ut uid.* K ‖ **2** forma Γ β ‖ **3** quia–4 ἀπόδοσις] *om. sp. rel.* K | dixit]
post aetatem *transp.* Λ (*om.* β) ‖ **4** ἀπόδοσις Steph.: ΑΠΟΔΟCΙC; A: *om. sp.*
rel. Σ ‖ **5** QVID A | *post* TE *add.* ego Λ | DEXTRAM Θ | quod–7 DEXTERAM] *om.*
Fq | propter V: *post* ω ‖ **6** propter V: *post* ω ‖ **7** DEXTRAM C: DEXTRAM *uel*
DEXTERAM *codd.* Λ | eum] enim Θ | apparet FΛ: appareret ΓΘ ‖ **8** DEXTRAM C:
DE. T: *om.* F | et₂ T: ad ω | manum] immanium A, *fort.* K ‖ **9** conuentionis
Wess.: conterentionis sit Γ: sit conuentionis Σ (conuentoris T: contentionis
F) ‖ **10** SOLLICITVDINEM F | *post* SOLITVDINEM be C (*del.* C²) ‖ **13** rogamus₁]
iter. ω, *corr.* Schopen* (*coll. An. 540.2*) | propter *Steph.*: *post* ω | ut] *om.* Σ
14 euersae *Verg.*: uerse A: cum se Θ: eum se K Λ (eum β) | f. T. e. *Verg.*: f. t. ω
(*sic* C²: fit Γ: f. te C) | *add. Wess* | NE] NEVE *uel* NE *codd.* Λ ‖ **15** D.] DESERAS Σ
ad₁–**16** deseras] *om.* F | finem C (*corr.* C²) ‖ **16** solicitudinem CT ε | neu *Ter.*:
ne ω | NE–**17** DESERAS *add. Wess.* ‖ **17** ne aliam] aliam ne Σ | nunc *Wess.*: non
K Σ: *om.* A

ducas aliam. 56.4. NE ABS TE HANC S. quasi ipsam ⟨non⟩ amans.
56.5. HANC propter formam et aetatem. 56.6. SEGREGES *hoc uerbum*
simplex fieri non potest. NEV DESERAS propter amorem. 56.7. TE
OBTESTOR sextum παρέλκον: dixit enim iam (u. 289) 'quod ego te
5 per hanc dexteram oro'.

57.1. (= u. 292) SI TE IN GERMANI FRATRIS 'si' tunc dicimus,
quando praestitimus aliquid et tamen nolumus exprobrare, ut
Vergilius (*Aen.* 9, 406–407) 'si qua tuis umquam pro me p. H. a. d.
t.' et alibi (*Aen.* 4, 317) 'si bene quid de te merui'. 57.2. IN GERMANI
10 FRATRIS nec 'fratris' solum, sed etiam 'germani'.

58. (= u. 293) SIVE HAEC TE SOLVM si aut mihi quoque te
praetulit aut nullum alium nouerit amatorem in domo meretricis.

59. (= u. 294) SEV TIBI MORIGERA FVIT hoc quasi amanti, ut ille
(*Aen.* 4, 317–318) 'fuit aut tibi quicquam dulce m.'

15 60.1. (= u. 295) TE ISTI VIRVM DO haec, ut diximus (u. 271), et
singula sunt et non praecipitantur nec dicuntur uno spiritu.
60.2. AMICVM TVTOREM PATREM potest enim et maritus esse et non
amicus; sed ⟨ad⟩ affectum mariti rettulit 'amicum'. 60.3. TVTOREM
quasi orbae, PATREM quasi paruae. 60.4. 'Virum' 'ne segreges',   *117W.*
20 'amicum' 'ne deseras'; ⟨ad illud quod ait (u. 288) 'ad rem tutandam

---

57.1 *cf. Don. Hec. 389.1* ‖ 59. *cf. Seru. Aen. 4, 318*

Γ; Σ {Θ, Λ}
P: 56.7 parelcon

1 alias CT | s. ACT: SE Fq: *om.* K Λ | ⟨non⟩ amans *scripsi*: amantem ω
2 propter *Steph.*: post ω ‖ **3** NEV] NON K | propter amorem *Rabbow**:
postremo ω ‖ **4** ΠΑΡεΛΚΟΝ A: *om. sp. rel.* K: parelcon PΣ ‖ **5** hac C (*corr.* C²)
7 praestetimus C²T | et] est CT: *om.* Fq | uolumus *uel* nolumus codd. Λ | *ante*
exprobrare *add.* aliquid Σ (*post* exprobrare Fq) ‖ **8** qua–umquam A: qua tui
sum quam K: quam uisum quam (q. Λ) Σ | pro me] p. m. Λ | a.] u. β | *post* d.
add. d. Σ ‖ **9** quod Γ ‖ **10** nec] non Λ ‖ **11** SIVE] SI Fq | HOC (*post* TE *transp.* Λ)
KΛ | aut] autem A Θ β | te quoque ε ‖ **13** *sch. 59 post* 60.3 *in* ω | SEV] SE A
TIBI] VT IBI A | ut ille *Wess.*: utile ω ‖ **14** fuit] fiat ε | tibi] *om.* Σ | m. Γ: meum
Θ (*om.* C): in Λ ‖ **15** haec] h. K | dicimus Θ | et] *om.* Λ ‖ **16** singularia C | sunt]
om. TFq ‖ **17** TVTOREM] AMATOREM A | PATREM–**18** TVTOREM] *om.* F | et₁] *om.*
Λ | esse maritus Λ | et₂] sed Σ ‖ **18** ⟨ad⟩ affectum *Rabbow**: affectu ω
19 Mirum Θ | ne] non K ‖ **20** deseres K: deferas C | ad₁–**110,1** tutorem *add.*
Rabbow*

'tutorem'⟩ et ⟨ad⟩ illud quod ait 'et ad pudicitiam' 'patrem'.
60.5. Conclusio per mandatum et obtestationem efficax satis.
60.6. TE ISTI VIRVM DO A. T. P. apparet, quod iungens dexteras
haec dicebat. Ideo et supra (u. 289) 'per hanc d. o.'.

61.1. (= u. 296) BONA NOSTRA HAEC TIBI haec uerba quasi 5
supellectilem suam ostendentis sunt. 61.2. BONA NOSTRA hoc est
(u. 288) 'ad rem tutandam'.

62.1. (= u. 297) HANC MIHI IN M. D. confirmatae sunt legitimae
nuptiae per ⟨in⟩ manum conuentionem. 62.2. Et mire 'hanc', non
'huius manum'. 62.3. MORS CONTINVO IPSAM O. quo magis memo- 10
rem esse oportet eorum, post quae illa nihil locuta est.

63.1. (= u. 298) ACCEPI 'accepi' proprie quasi uxorem. 63.2. AC-
CEPI A. S. conclusit partem deliberationis suae per electionem.

64.1. (= u. 299) OBSTETRICEM A. quae opem tetulerit, 'obstetrix'
dicitur, unde et parturientes 'fer opem' clamant. 64.2. SED CVR TV 15
ABIS AB ILLA corripit, unde abeat ab illa. 64.3. Non est interrogantis sed corripientis et increpantis quod Glycerium deserat.

60.6 cf. Fayer 2005, 2, p. 508 ‖ 62.1 cf. Seru. Aen. 4,104: PERMITTERE DEXTRAE
quasi per manus conuentionem; secundum ius locutus est; Kaser 1971, p. 79;
Fayer 2005, 2, pp. 301–325 ‖ 64.1 cf. Don. An. 473.5; Comm. Mon. An. 515, p. 90
S.: 'obstetrix' dicitur ab o⟨b⟩stando, eo quod obstet puerum ab uno in aliud;
Ambr. epist. 8,56,119; Cur. epit. Don. 593 ‖ 64.3 cf Prisc. GL III 123,23; GL VII,
519,6; Diff. ed. Beck p. 80; [Aug.] rhet. p. 49,12 G.; Cur. epit. Don. 183; Poliziano
p. 48, 23sq.

Γ; Σ {Θ, Λ}

1 ad₁ add. Rabbow* ‖ **2** concluso Θ ‖ **3** A.] A. A. K: AMICVM Fq | T. P.] TVTOREM
PATREM Fq | iungas CT: iungant Fq | dextras KCF ‖ **4** supra] si qua A | per]
om. Θ | dextram uel d. codd. Λ | oro uel o. codd. Λ ‖ **8** IN] M. C | M.] MANVS Fq
Λ | D.] DAT Fq: DAT uel D. codd. Λ ‖ **9** ⟨in⟩ manum Steph. (prob. Fraenkel 1964,
p. 781): manuum ω | Et] om. Λ | hanc non] non K: non hanc ε ‖ **10** O.]
OCCVPAT Fq Λ | memorem esse] memorie A (corr. A²) ‖ **11** eorum] om. A |
nihil] post est transp. Θ ‖ **13** A.] ACCEPTAM Fq Λ | S.] SERVABO Fq Λ | conclusit
GHQJ: concussit ω | patrem A: par e(m) K | lectionem Γ ‖ **14** A.] ACCERSO Fq
Λ | ret(t)ulerit Fq: detulerit Λ ‖ **15** parturientis Γ T | fer opem] per opem A:
popem K ‖ **16** habea A: abea K | ante non add. cur Λ

64.4. PROPERA ATQVE AVDIN et interrogatio quo eat et reuocatio ad argumentum magni amoris accedit.

    65.1. (= u. 300) VERBVM VNVM CAVE D. N. deest 'dicas': figura   *118W.*
ἔλλειψις. 65.2. VERBVM VNVM CAVE D. N. non quo hodie futuras
5 nescierit Glycerium, sed quod illas hodie indixerat pater filio, cum
supra (u. 269) et Pamphilo et Glycerio disturbatae uiderentur,
'quia sunt constitutae in hunc diem'. 65.3. CAVE adnotant quidam
'caue' hic corripiendum esse. 65.4. NE AD MORBVM HOC ETIAM
iterum ἔλλειψις, deest enim 'accedat'.

65.3 *cf. Jakobi 1996, pp. 47–48*

Γ; Σ {Θ, Λ}
P: 65.4 eclipsis

1 et₁] *om.* β | interrogatio *Steph.*: inter(r)ogat ω ‖ **3** *post* CAVE *add.* ne CF | D.]
DE. K CTF² Λ: DICAS DE Fq | N.] NV. C: NVPTIIS Fq Λ ‖ **4** ἔλλειψις *Steph.*: est;
MISIS A: *om. sp. rel.* K: *om. nul. sp.* Σ | VNVM VERBVM C: V(ERBV)M V. T | CAVE
(*incert.*) *ex* CAVIT A: C. CT: CAVE NE F: C. *uel* CAVE Λ | D. N. non] *om. sp. rel.*
A | D. C Λ: DE K FT: DICAS DE q | NV C: NVPTIIS Fq | non] *om.* β | que A: quod
Λ | hodie futurum K: futuras hodie Λ ‖ **5** hodie] *ante* illas *transp.* K | indixerat
K: indixerit A Fq Λ: indixere CT ‖ **6** disturbatae *Steph.*: distribut(a)e ω |
uidentur AK: uiderērētur C ‖ **8** caue] *post* hic *transp.* Λ (*ante* quidam β)
9 ἔλλειψις *Steph.*: eclipsis P: est; misis A: *om. sp. rel.* K Σ | *post* accedat *add.*
charinus birria pamphilus A (*maiusc. litt.*) K

1.1. (= u. 301) QVID AIS BYRRIA D. I. P. H. N. in hoc colloquio altera pars ostenditur fabulae, siquidem Andria ex duorum adulescentium periculis gaudiisque componitur, cum fere solam Hecyram Terentius [ex] unius comoediam adulescentis effecerit. 1.2. QVID AIS B. D. N. I. H. P. N. has personas Terentius addidit 5 fabulae (nam non sunt apud Menandrum [*An.*, *frg.* 36 K.-A.]) ne †OΠIΘΕΛΤΟΝ† fieret Philumenam spretam relinquere †sancte† 119W. sine sponso Pamphilo aliam ducente. 1.3. QVID AIS B. ex uerbis Charini apparet Byrriam nuntiasse futuras nuptias Pamphilo; nec adducitur tamen, ut statim credat et accommodet animum. 10 Saepius ergo repetit interrogando. 1.4. Et bene 'illa': amatorie, uelut de certa loqueretur persona. Sic Vergilius (*Aen.* 4, 421–422)

1.1 cf. *Don. An. 977:* [...] Et audacter et artificiosissime binos amores duorum adulescentium et binas nuptias in una fabula machinatus est (et id extra praescriptum Menandri, cuius comoediam transferabat); *Euanth. de com. III 9, p. 171 C.:* Nam excepta Hecyra, in qua unius Pamphili amor est, ceterae quinque binos adulescentes habent ‖ 1.2 *cf. Lefèvre 2008, pp. 58–63* 1.4 cf. *Charis. ars p. 392,13 B.; Prisc. GL III 142,30; Id. GL II 578,24*

Γ (A K); Σ {Θ, Λ [ε (α, a D M O p QJ s x), GH NY U z]}

1 AGIS A (*sic et infra*) | D.] DATVR Fq Λ | *ante* I *add.* NE *uel* N. KΣ | H. (*om.* A) P. KΛ | N.] NVPTV(M) Fq ‖ **2** Andria siquidem Λ | adulescentum *uel* adulescentium *codd.* Λ ‖ **3** gaudiisque *ex* gaudium *corr.* A² ‖ **4** ex ω, deleui: et *Rabbow** | comoedia Θ ‖ **5** B.] BIR(R)IA KΛ | I.] *om.* Θ | terent(er ?) A **7** NEOΠIΘΕΛΤΟΝ A: ne ἀπίθανον *Nencini 1891, p. 36 (prob. Fraenkel 1968, p. 240): om. sp. rel.* KΣ (ἐπίθετον *rest.* M⁴ *etiam* 'ne' *rubr. litteris rescrib.:* ne *sp. rel.* β): ne παθητικόν *Rabbow*:* ne ὄπις θεατῶν *Schoell 1912, 40* | relinqueres K: relinqueret *uel* relinqueres *codd.* Λ | sancte–8 sponso (-sa *ante corr.*) A, *cruc. statui (scilicet pro* sancte ?): authiphine sponso K: sane sine sponsa Θ: aut sine sponso Λ (cf. *Cioffi 2015, p. 367*): sine sponso *Westerh.*: sancienti *Schoell 1912, pp. 10–11:* ἀνυμφῆ *Hyperdonat coll. Men. frg. 877 K.-A., uu. 8–9*) **8** ducentem CT: dicente Fq | B. e²: H. AK: BYR. Θ: HOC *uel* HEC Λ ‖ **9** nuntiasse futuras] *om.* Θ | *post* nuptias *transp.* futuras K, *add.* factas Σ ‖ **10** inducitur Λ **11** ergo saepius C | reperit Θ | illa amatorie uelut *Klotz:* illa uelut am- uelut A Θ: uelut illa am- uelut K: illa uelut amatorie Λ (illam u- a- ε) ‖ **12** de certa] decreta A

'solam nam p. i. t. c., a. e. t. c. s.'. Ergo non 'Aeneas' sed 'ille', et item non hic 'Philumena' sed 'illa' dixit. 1.5. QVID AIS B. miratur magis quam interrogat, uel potius indignatur. 1.6. SIC EST hoc cum indignatione stomachi dixit.

5   2.1. (= u. 302) QVI SCIS non uult enim uerum esse, qui quaerit 'unde hoc scis ?' 2.2. APVT FORVM M. E. D. A. de loco 'apud forum', de tempore 'modo', de persona 'e Dauo'. 2.3. VAE MISERO MIHI tandem aliquando perductus est, ut crederet. 2.4. VAE interiectio est in his rebus, quas exsecramur. 2.5. APVD FORVM M. E. D. A. 10 plurima dicit ad confirmandum Byrria, quod interrogatus est: a loco, a tempore et a persona.

3.1. (= u. 303) VSQVE ANTE HAC id est: antequam tua uerba audirem. 3.2. Et duas praepositiones posuit, ut uidetur, sed unum est totum ⟨'antehac'⟩. Vel 'usque' aduerbium, non iam praepositio. 15 3.3. ATTENTVS FVIT ut 'attentus auditor' dicitur. 3.4. VSQVE ANTE-   *120W.* HAC ATTENTVS nulla praepositio praepositioni adiungi separatim potest. Sed 'usque' eiusmodi est, ut sine aliqua praepositione raro inueniatur.

1.5 *cf. Don. An. 137.1; Id. Eun.* 654 ‖ 2.1 *cf. Cur. epit. Don.* 733 ‖ 2.4 *cf. Don. Ad.* 327. 1; *[Acro] Hor. carm.* 1, 13, 3, p. 61 *K.; [Prob.] GL IV* 154,9; *Audax GL VII,* 356,15; 357,11; *Isid. diff.* 1, 408, p. 268 *C.; Cur. epit. Don.* 897 3.1–3.2 *cf. Cur. epit. Don.* 939 ‖ 3.4 *cf. Don. ars. mai.* p. 649, 15 *H.; Seru. GL IV* 419,16; *Id. ibid.* 442,15; *Id. Aen.* 7, 289; *Id. ibid.* 11, 262; *Pomp. GL V* 273, 29; *Arus. exem. eloc.* p. 100, 3 *Di St.; Cled. ars* p. 106, 14 *B.; Ars Ambros.* 127, 152 *L.*

Γ; Σ {Θ, Λ}

1 p.] perfidus ε | i.] u C: ille *uel. i. codd.* Λ | t.₂ Θ: *om.* A Λ: s. K | c.₂] *om.* Fq s.] *om.* Θ ‖ **2** hic non Fq | illa] illaᶜ C: ille KT | B.] H. A: BIRRIA KFΛ: BIR. q **3** potius] posterius K | cum hoc AK ‖ **4** dicitur C ‖ **5** querit A: quatenus KΣ **6** hoc unde Θ | APVD Kq: APVD *uel* APVT *codd.* Λ ‖ **7** de₂] a. AK | e Λ: *om.* AKΘ | Daui K ‖ **8** aliquando] aliquo modo Λ | p(re)dictus A: productus C **9** est] *om.* Σ (*exc.* β) | E. D.] D. E. K: E. A ‖ **10** dicit A: dixit KΣ | Birriam A quod *Rabbow**: quando ω ‖ **11** et] *om.* Σ ‖ **12** VSQVE] *om.* Θ | HAC] HOC C **13** Et] ex K | posuit] preposuit Cq: proposuit FT | uidetur *Wess.:* dicitur ω una Λ ‖ **14** totum Θ: tota AK: *om. nul. sp.* Λ | *add. Rabbow** | uel usque *Rabbow**: uelut ω | non K Σ: nunc A ‖ **15** FVI Θ | attentius AK | audire A: audiat K | VSQVE *om.* Θ ‖ **16** ATTENTVS] ATTENTIVS A ‖ **17** Sed] *om.* Θ

4.1. (= u. 304) LASSVS C. C. S. 'lassus cura' ex praeterita spe: nunc 'confectus' est, sicut uulneratus uel percussus, ut sanari non possit. 4.2. LASSVS CVRA C. ⟨'lassus'⟩ adempta attentione, 'cura confectus' confirmato timore, 'stupet' abiecta spe.

5.1. (= u. 305) QVAESO EDEPOL obiurgantis est 'quaeso' uel   5 rogantis. 5.2. QVONIAM NON POTEST ID FIERI Q. V. I. V. Q. P. consolatio, ad id quod fieri non potest, ⟨id quod fieri potest⟩ suadens.

6.1. (= u. 306) ID VELIS QVOD POSSIT prouerbiale est. 6.2. NIHIL VOLO ALIVD N. PH. hoc magis gemitu amatorio quam ut responderet Byrriae, et quasi magis Philumenam uelit, quam uitam et   10 lucem. Idem alibi (Ad. 49) 'in eo me oblecto s. i. e. c. m.' Non enim dixit 'nullam uolo aliam quam Philumenam', sed 'nihil uolo aliud', quod infinitum est.

121W.   7.1. (= u. 307) QVANTO SATIVS EST T. I. D. O. Q. I. A. 'qui' pro ut. 7.2. QVI ISTVM AMOREM AB. A. A. T. legitur 'ex corde eicias'.   15

4.1 cf. Cur. epit. Don. 140 ‖ 5.2 cf. Eugr. ad loc.: [...] Ut uoluntas ab eo quod fieri non potest consolatione suscepta ad id quod fieri potest conuertatur 7.1 cf. Don. An. 6.2 (ubi cf. alia)

Γ; Σ {Θ, Λ}

1 C. C] om. Θ: CVRA CONFECTVS Λ | S. AK: ET SI Θ: STVPET Λ ‖ 2 uel Wess.: ut ω (et β) ‖ 3 CONFECTVS STVPET Fq: om. KΛ | add. Steph. ‖ 4 confirmatio C timere CT | stupet] confusus sscr. C²: studet ε | adiecta A ‖ 5 obiurgantis] O' iurgantis A | uel Wess.: uelut ω (uult C: uelut C² s.l.) ‖ 6 ID] om. uel post FIERI codd. Λ | Q.₁] QVOD uel Q. codd. Λ | V.₁] V. uel VIS codd. Λ | I.] ID Λ | V.₂] VELIS uel V. Λ | Q.₂] QVOD uel Q. codd. Λ ‖ 7 id₂–potest₂ Rabbow* (praeeunte Hartman 1895, p. 137) ‖ 9 N.] ENIM Θ: NISI FΛ | PH.] F. A: I. K: om. Θ: PHILOMENAM FΛ | hoc] si hic Θ | gemitu V²: geminata A: geminatio K: geminatu Θ: geminato Λ | ut] om. C (rest. C²) ‖ 10 Byrrio A | et₁] dicit Θ: dixit Λ | uelit ex uenit A² | quam–11 lucem] om. sp. rel. A: quam idem sp. rel. K 11 in eo] meo ε, fort. K | oblecto s. Θ: oblecto β: oblectes AK Λ ‖ 13 infinitum est] est indefinitum Λ ‖ 14 QVANTO] QVAM uel QVANTO codd. Λ | SACIVS A | T.] TE Σ | I.₁] I. ID K: ID Σ | D.] DARE Fq, D. uel DARE codd. Λ | O.] OPERAM uel O. codd. Λ | Q.] QVI uel Q. Λ | I.₂] ISTVM F: ILLVM q: I. uel ISTVM Λ | A.] R. K: om. C: AMOREM F | qui–15 T.] om. A | qui pro ut] queritur K ‖ 15 ISTVM] ISTE K AMOREM Θ: AMOR EST K: A. Λ | AB.–T.] om. K | AB] A uel EX codd. Λ (cf. codd. Ter. ad loc.) | A.₁] ANIMO Fq: E. uel A. codd. Λ | A.₂] A CT: REMOVEAS Fvq: A. uel R(E) Λ | T.] R. CT: R TVO ε: TVO Fq Λ | post legitur add. et Λ, fort. recte | eicias] om. sp. rel. A: dicas K

10.1. (= u. 310) TV SI HIC SIS ALITER SENTIAS 'hic' gestu scaenico melius commendatur, nam haec magis spectatoribus quam lectori scripta sunt. *'Hic' ergo se ipsum ostendens dicit.* Et est 'hic' pronomen. 10.2. SED PAMPHILVM VIDEO 'sed' inceptiuum est
5 pro: *'atque eccum Pamphilum'*, ut Sallustius (*Hist., frg. dub.* 4; *cfr. et* 5 *Ram.*) 'sed Metellus in ulteriorem H.', non discretiuum, *ut si dicas: sapiens sed miser; hoc enim discretiuum erit.* 10.3. AGE AGE VT L. aduersus haec non habuit, quid loqueretur. Et est permissio reprobantis ea, quae consentit.
10   11. (= u. 311) OMNIA EXPERIRI CERTVM EST idem alibi (*Eun.* 789) 'omnia prius experiri quam a. s. d.'. Vergilius quoque hanc posuit sententiam (*Aen.* 4, 415) 'ne quid inexpertum f. m. r.'
    12.1. (= u. 312) Per ἀποστροφήν finguntur ⟨...⟩. 12.2. IPSVM HVNC O. H. S. bene 'ipsum' quasi auctorem et principem rei. Refer-

---

10.1 *cf. Prisc. GL III 191, 17; Varro ling. 8, 45; [Prob.] GL IV 133,1; Don. Ad. 312; Don. ars mai. p. 631, 12 H.; Prisc. GL III 142,30; Jakobi 1996, pp. 10–11* 10.2   *cf. Don. Phorm. 171.1; Seru. Aen. 10,411; Cur. epit. Don. 793* 10.3 *cf. Müller 1997, p. 114* ‖ 11 *cf. Seru. auc. Aen. 4, 415* ‖ 12.1 *cf. Quint. inst. 4, 1, 63; Aquila rhet. de fig. p. 17,3 E.; Mart. Cap. 5, 523*

Γ; Σ {Θ, Λ}

1 SIC C (*corr.* C²) | hic₂ *Wess.*: di A: hoc KΣ ‖ **2** melius] magis Λ commendatur nam] commenda *sp. rel.* A: commendandi est K | magis] *post* lectori *transp.* Λ | spectatoribus *ex* spectoribus A² ‖ **3** lectoribus Fq | hic Fq: hec A: hoc KCTΛ | dicit – hic] di *sp. interp.* o A | dicit Θ: dixit KΛ | Et] *om.* K ‖ **4** sed₂–**7** erit] *om.* A | sed₂ ω (*om.* K): ac *Macr. Sat.* 3, 13, 6: at *Non.* III 1, p. 389 *Maz.* ‖ **6** Metellus] *om.* K | ulteriorem *Wess.*: ulteriore K: ul(l)ipie C²T Λ: ulpie C: uulnere Fq | H.] HI. F: *om.* T ‖ **7** *post* dicas *add.* non Λ | hoc] hic Fq **8** L.] LVBET Fq Λ | aduersum C | haec *Steph.*: hanc AKΘ: hunc Λ | Et] ut AK promissio ε ‖ **9** consentit *Steph.*: sentit ω ‖ **10** sch. **11** *post.* **12.1** *in* ω | *post* EXPERIRI] *add.* H. C: HOC Fq: HIC T | CERTVM] c. K C: E. T | EST] E. K C | alibi] *om.* C (*rest.* C²) ‖ **12** ne quid] nequit A | expertum Θ ‖ **13** per ΑΠΟΣΤΡΟΦΕΝ A: per am c t p o e n Θ: ἐπιστροφήν M⁴: *om. sp. rel.* KΛ | *post* finguntur *lac. stat. Wess.*, ⟨dici ea, quae aduersus ipsum dicere Charinum pudet⟩ *Rabbow*, cfr. Aquila rhet. de fig. p. 17,3 E.* ‖ **14** O.] *om.* Θ: ORABO Λ | H. S.] *om.* KΘ bene] aliene Θ | autorem K: actorem Tq | principem *uel* principium *codd.* Λ rei refertur *ed. Med.*: rei fertur ω (refertur Fq)

122W. tur etiam ad dignitatem. 12.3. IPSVM HVNC ORABO H. S. 'oramus'
quae bona sunt, 'supplicamus' in aduersis [malis] uel cum lacrimis. 12.4. AMOREM HVIC N. M. nec 'studium' aut 'uoluntatem' sed
'amorem', nec 'aperiam' sed 'narrabo' dixit: totum magnifice.
12.5. HVNC ORABO H. S. prooemia sunt petitionis, quibus ostendit   5
poeta rationem, qua noua et improba res tamen petitur.

13.1. (= u. 313) VT ALIQVOD SALTEM N. P. D. desperatis rebus
solam petentes salutem hoc utimur uerbo 'saltem'. 13.2. PRODAT
proferat, prolatet, differat. Lucilius in quinto (frg. 18 Cha.) 'an
porro prodenda dies sit'.   10

14.1. (= u. 314) INTEREA FIET A. S. tale est hoc, quale illud (u.
398) 'interea aliquid acciderit boni'. Sed nihil illum dixisse poeta
per seruum ostendit dicendo 'id aliquid nihil est'. 14.2. FIET
ALIQVID ut supra (u. 313) 'impetrabo'.

12.3 cf. Cur. epit. Don. 619 ‖ 12.5 cf. Her. 1, 4, 6; Quint. inst. 4, 1, 1; Id. ibid.
4,1,3 ‖ 13.1 cf. Don. An. 494.1; Id. Ad. 249.3; Seru., Seru. auc. Aen. 4, 327; Gell.
12, 14, 3; Cur. epit. Don. 781 ‖ 13.2 cf. Non. 577 L.; Fest. 282 L.: 'Prodidisse' non
solum in illis dicitur, qui patriam hostibus prodiderunt, sed etiam tempus
longius fecisse; Cur. epit. Don. 686

Γ; Σ {Θ, Λ}

1 HVNC] om. A | H.] HVIC FΛ | S.] SVPPLICABO FΛ ‖ 2 [malis] uel Cioffi:
maliuolis Rabbow* | cum] om. C ‖ 3 N. M.] NARRABO MEVM Fq Λ | nec] in eo
Θ: non Λ | uoluntatem A: uoluptatem ω ‖ 4 aperiam Rabbow (1897, p. 310):
petam ω | totum dixit Λ ‖ 5 H. S.] HIS A: AC S. Θ | prooemia U: pro hoeuma A:
prohemia K Σ ‖ 6 rationem Steph.: narrationem ω: nunc rationem dub. Wess.
qua Uf: quam ω | neua A: nouam Fq | improba res AK: in re probares Θ: in
reproba re Λ | tamen] tantum Λ ‖ 7 ALIQVOT Λ | N.] NVPTIIS Fq Λ | P.]
PROTRAHAT Fq: P. uel PROTRAHAT codd. Λ | D.] D. uel DIES codd Λ | disperatis
A: desperantis F (corr. F²) q ‖ 8 salutem] saltem Fq | utimur] utin A: utimur
uel utuntur codd. Λ | PRODAT] om. A: PROTRAAT C²: PRODAT PROTRAHAT Λ
11 INTEREA] IN TERRA A Θ | A.] ALIQVID Λ | S.] F. K: SPERO Λ | est] ter A
post quale add. est K (sed del.) Λ ‖ 12 accidit C: accidet Fq: a. T ‖ 13 seruum]
ferrum A | id–est] id̄ aliquid̄ inhabē A | FIET] šVT A: SVT K

15.1. (= u. 315) ADEON AD EVM consuetudine magis quam ratione dicitur; unum enim ⟨'ad'⟩ abundat. 15.2. QVIDNI SI NIHIL I. aut QVID NISI NIHIL IMPETRES? In utroque idem sensus est, sed superior per ironiam, inferior per simplicem explanationem
5 soluitur. 15.3. Et si 'quidni' legeris, subaudiendum 'adeas', ut sit: *123W.* 'quidni adeas, ut te arbitretur s. p. m., s. i. d. ?' 15.4. QVIDNI SI NIHIL IMPETRES 'nihil' ironia uidetur dictum: quidni? Si nihil petas? Quoniam petitionem saepe impetratio sequitur.

18.1. (= u. 318) CHARINVM VIDEO s. non imperite Pamphilum
10 priorem loqui fecit, sed ut fiduciam det Charino loquendi; quod et Vergilius eleganter (*Aen.* 1, 321–322) 'heus, inquit, iuuenes m. m. u. s. h. e. f. s.'. 18.2. CHARINVM VIDEO ad hoc prior incipit Pamphilus, ut ad confessionem Charini non nimis clausa prae pudore sit uia.

15   19.1. (= u. 319) AD TE VENIO SPEM SALVTEM A. C. E. eleganter, quoniam demens et improbum est, quod petit, nouissimum posuit 'consilium', ut si non possit concedi, uel consilium expetat ad sanandam dementiam. 19.2. ⟨SPEM SALVTEM⟩ Cicero (*Lig.* 30) 'tu da

15.1 *cf. Prisc. GL III 287, 33* ‖ 18.1 *cf. Tib. Don. Aen. 1, 321*

Γ; Σ {Θ, Λ}

1 magis consuetudine K ‖ **2** ratione] nomine CT | *add. Steph.* | QVIDNI–I. *Wess.* (*praeeunte Lind.*): QVID NICHIL NISI A: QVID NISI NICHIL K: QVID NISI NIHIL IMPETIT C: QVID NISI N. IN T: QVID SI NIHIL IMPETRES ε: QVID NISI NIHIL IMPETRES FΛ ‖ **3** aut] *om.* ε | QVID] QVOD Σ (*om.* ε) | NISI NIHIL IMPETRES *Lind.*: NISI NICHIL A: NI ET SIC NICHIL IMPETRES K Σ (*om.* ε) ‖ **5** Et si] nisi A: et sic K | quid nichil K: quidem Θε ‖ **6** te] tu K | *post* arbitretur *add.* ibi K | s.₁ AK: esse C: e. T: sibi FqΛ | s.₂] u. K: si FTq | i.] *om.* A: u C: illam Fq: i. *uel* illam *codd.* Λ: id T | *post* d. *add.* paratum mecum ut id K | QVIDNI–7 NIHIL₁ *Ter.*: QVID NICHIL NISI A: QVID NI(SI) NIHIL K Σ ‖ **7** per (h)ironiam Σ dictum uidetur Σ | quidni? Si *Goetz**: quidem si A: quid est si K: siquidem si (*om.* C) Σ | nihil₃] in hiis K ‖ **8** Quoniam *ex* quā *corr.* C² ‖ **9** VIDEON C | s.] SED KΘ ‖ **10** sed ut] scilicet K: sed et Θ | det Char- fid- Λ | quod] *om.* C ‖ **11** m.₂ (*om.* K) – s.] *om.* A ‖ **12** u.] *om.* CT | ad hoc] ad A C (hoc C²): adhuc T: hoc ε *ante* prior *add.* inquit Θ ‖ **13** nimis] minus Cq | causa Θ ‖ **15** VENIO] ADVENIO KC, *Ter.* | SALVTEM] s. K CT | E.] EI C: E. EI T: EXPETENS F ‖ **16** quoniam] quam CT | petis *ex* petit A² ‖ **17** consilium₁ *ex* consilio A² | expetat] ex(s)pectat AK: spectat C (*in* expetat *corr.* C²) ‖ **18** *add. Cioffi, Jakobi* | Cicero] Cice. C | da salutem ω: idem fer opem *Cic.*

salutem, qui spem dedisti'. 19.3. SPEM SALVTEM A. C. E. ut in petitionibus fieri solet, beneficium petens utitur partibus delibera-tiuae.

20.1. (= u. 320) NEQVE POL CONSILII L. H. N. A. C. ⟨'neque consi-lii locus'⟩ apud amantem, 'neque auxilii facultas' apud inopem. 5

124W. 20.2. NEQVE POL CONSILII ⟨L. H. N. A.⟩ C. his duobus ostendit etiam sese amatorem. 20.3. NEQVE POL CONSILII quia amo, NEQVE A. C. quia sum miser.

21.1. (= u. 321) SED ISTVC QVIDNAM EST hoc si non adderet, lo-cus confitendi amoris Charini nullus fuisset. 21.2. HODIE VXOREM 10 D. uide miram interrogationem ante confessionem. 21.3. AIVNT 'aiunt' de ea re dicimus, quam uolumus esse falsam.

22.1. (= u. 322) SI ID FACIS H. P. M. V. nihil prius quam moritu-rum dixit pudenda dicturus. Inde datum est, ut ille instantius quaereret causam. 22.2. Plus dixit, quam si moriturum dixisset. 15 22.3. HODIE P. M. V. a necessario, quia uiuere non potest. 22.4. Et 'postremum' modo aduerbium est.

21.3 *cf. Don. Eun. 139.1:* AIT semper 'ait' dicimus, cum uel inuisa nobis et audientibus uel uana dicta narramus alicuius; *Id. An. 353.3, Id. Hec. 357.2, Id. Phorm. 380; Cur. epit. Don. 48* ‖ 22.3 *cf. An. 261.2 (ubi cf. alia)* ‖ 22.4 *cf. Arus. exem. eloc. p. 84, 17 Di St.*

ab sch. 20.3: Γ (A B, K); Σ {Θ; Λ}

1 E.] C. K C | in pet-] impet- A ‖ **2** beneficium] *om.* ε | deliberatiu(a)e AK: deliberatiuis C: deliberationis T: delibera(n)tis Fq: deliberatiui *uel* -uis *codd.* Λ ‖ **4** A. C. *Wess.: om.* A: C. A. K Θ: C. ε: AVXILII COPIA Λ | neque – **5** locus *add. Wess.:* neque consilii facultas *add.* Λ *(exc.* ε*)* ‖ **5** apud₁ – **6** CONSILII] *om.* ε *(exc.* α*)* | apud₁] *om.* Kα | amantem] autem *(ut uid.)* amantem K: amentem Θ: amat amantem α | facultas] possibilitas Λ *(exc.* α*)* ‖ **6** *add. Wess.* ‖ **7** *sch.* 20.3 *post* 21.1 *in* ω | NEQVE₂ – C.] *hic incipit* B | C.] E. CT ‖ **8** sunt A ‖ **9** QVIDNAM ISTVC Θ | ad(d)erit Θ ‖ **10** clari Θ: Charino *Steph.* ‖ **11** D.] DVCIS Fq Λ ‖ **12** aiunt] *om.* AB T | ea] *om.* Σ | dicimus] *om.* C *(rest.* C²*)* | quam *ex* quod A² ‖ **13** ID] IT A H.] HODIE K Θ | mor- dixit] mor- dixisse Θ: se mor- dixit Λ ‖ **14** inde AB: unde K Σ ‖ **15** causam quaereret Λ | quam – dixisset] *om.* Λ *(cf. sch.* 22.3) moriturum K: mortuum AB: maior(e) C: morior Σ (C²) | dixisset *ante* moriturum *transp.* Θ ‖ **16** P.] POSTREMVM Σ | M. (ME Λ) V. (VIDES Λ)] *om. sp. rel.* Θ | *post* V. *add.* D. A, quam si moriturum dixisset HODIE P. M. V. Λ | a] an Θ ‖ **17** modo] *om.* Θ

24.1. (= u. 324) SPONSAM HIC TVAM A. nulla cunctatione Byrria, sed παρρησίᾳ seruili paratissime narrat. 24.2. NE ISTE HAVT M. S. 'ne' 'ualde' ut Cicero (*Catil.* 2, 6) 'ne i. u. e.'. 24.3. Sensus est: hic non id amat, quod amo, nec id odio habet, quod odi. 24.4. Hoc est:
5 ualde iste, inquit, non mecum sentit: idem amat, quod ego odi. *125W.* 24.5. SPONSAM HIC T. A. callide et 'sponsam' et 'amat', hoc est: 'neque adhuc uxor tua est neque aliquid admisit, qui amat tantum'. 24.6. NE ISTE H. M. S. 'ne' 'ualde' aut, ut quidam uolunt, 'o quam'. Lucilius in decimo (= *frg.* 2 *Cha.*) 'ne ⟨tu⟩ in arce bouem
10 descripsti magnifice! Inquit'.

25. (= u. 325) AH PAMPHILE artificiose Terentius personam expressit nuptias recusantem et simul τὸ πρέπον uirgini reseruauit.

26.1. (= u. 326) QVAM VELLEM utique 'uitiatam', ut esset causa
15 recusandae. 26.2. NVNC TE PER AMICITIAM suam et Pamphili dicit.

24.2 cf. Don. Ad. 441.1; Id. ibid. 835.2; Id. An. 772.1; Id. Eun. 285.1; Cur. epit. Don. 557 ‖ 24.6 cf. Hsch. lex. p. 341 L.: β ο ῦ ς ἐ ν π ό λ ε ι · χαλκοῦς ὑπὸ τῆς βουλῆς ἀνατεθείς; Paus. 1, 24, 2

Γ; Σ {Θ, Λ}

1 HIC TVAM] LVCTVAM K (*incert.*) | A.] AMAT Σ (AMO C, *corr.* C²) | contatione A: cuntatione K ‖ **2** παρρησίᾳ Steph. (*Deufert ap. Cioffi 2015, p. 369sq.*): *om. sp. rel.* AB: fr(atr)i mo(r)e K: facete Σ: facilitate *Wess.* | seruili K: seruili AB Θ: seruili *uel* seruili *codd.* Λ | *ante* paratissime *add.* sermone Λ | M. S.] *om.* KΣ **3** ne₁] *s.l.* C² | ualide K | ut – e.] *om. sp. rel.* AK: *om. nul. sp.* B | *post* ut *add.* a Θ | Cice. ne C: Cicerone Fq | i.] iste Λ | u.] *om. uel* ne *codd.* Λ | e.] t q: *om. uel* iste *codd.* Λ | *post* sensus *add.* talis Λ | est hic non AK: non B: hic est non Θ: est si Λ ‖ **4** nec] ne Λ | *sch.* 24.4 *om.* Κβ | Hoc–**5** inquit] *om.* Λ | Hoc est] idest B (*sic fere semper*): hic est CT ‖ **5** inquit] *om.* B | non] haud Λ | sentit mecum B | idem–odi] *om.* B | idem V: id A: id Θ: i(idest) Λ | ego] *om.* A ‖ **6** T.] TVAM Σ | et₂] *s.l.* K: *om.* Θ | ama A | hoc] id B ‖ **7** *post* neque₁ *add.* adhuc B | omisit B | quia Θ ‖ **8** NE₁–ualde] *om.* B | s.] FILIVS K: SENTIT Fq | aut] haut AB: haud Θ ‖ **9** decimo AK: X BΣ | ne Γq: neque Σ | tu *ante* in arce *add. Housman* (*1907, p. 57*) ‖ **10** descripsti *Wess.*: discripsti K: descripsit C: descripsi *cett.*: discerpsi *Steph.* ‖ **11** Ah AB: a. h. a. Θ (*et Ter. plerr. codd.*): *om.* KΛ ‖ **12** τὸ πρέπον e²: ton πππον A: TON ΠΠΠΟΙΥ B: ton n. p. c. n. n. o. n. Θ: *om. sp.rel.* K q Λ **14** QVAM–**15** PER] *om.* B | uitiatam V: *om. sp. rel.* A: uitiata KΣ | ut] *post* utique *transp.* Λ | causa] cē C: cause T ‖ **15** recusandi Λ | TE] *om.* K | dicit– **120,1** PER₁] *om.* B | dicit] *om.* Θ

26.3. ET PER AMOREM OBSECRO 'per amorem' suum tantum circa uirginem.

    27.1. (= u. 327) PRINCIPIO VT NE DVCAS sufficeret dixisse 'ne ducas'. 27.2. DABO EQVIDEM OPERAM plus promisit quam ille poposcit. 27.3. SED SI ID NON POTEST deest 'fieri'. 27.4. SED SI ID 5

126W. NON POTEST hoc ad patrem rettulit. 27.5. DABO E. O. pronuntiatione leuandum est: plus enim dixit 'dabo o.', quam si diceret 'non ducam'.

    28.1. (= u. 328) AVT TIBI NVPTIAE H. S. C. hoc ad Pamphilum pertinet; non enim unum et idem est. Nam si idem esset, 'tibi 10 nuptiae hae sunt c.' superuacuum esset additum. 28.2. CORDI animo, a cura. 28.3. SALTEM ALIQVOT DIES P. D. P. A. N. V. primo quae maiora sunt petit, postremo quae ex his uidentur minima. Et

---

28.2 *cf. Isid. orig.* 11, 1, 118: 'Cor' a Graeca appellatione deriuatum, quod illi καρδίαν dicunt, siue a cura. ‖ 28.3 *cf. Seru. Aen. 1, 70; Id. (et auc.) ibid. 1, 562:* Sciendum sane, quia cum petuntur uel promittuntur aliqua, a ualidissimis inchoandum est, ut hoc loco. Et est genus argumenti a necessario. [...] qui pollicetur statim debet promittere, tunc subiungere si qua uult, ne exspectatione suspensus detineatur auditor; *Diom. GL I p. 418, 4–11*

Γ; Σ {Θ, Λ}

1 OBSECRO–amorem₂] *om.* B | *post* OBSECRO *add.* et C (*corr.* C²) | suam A | *post* tantum *add.* dicit quem habuit B ‖ **3** NE₁] N. A: NON K | DVCAS] D. A sufficeret–**4** ducas] *om.* F | sufficere A: suffecisset Λ | dicere B: duxisse K ne₂–**4** ducas] *om.* A (*ante corr.*) B ‖ **4** *post* plus *add.* iste Λ: *add.* illi Θ | ille] iste Λ ‖ **5** deest–**6** POTEST] *om.* FT ‖ **6** hoc] deest K | rett- ad patrem Λ | *sch.* 27.5 *post* 28.3 *in* ω | E. B: E.Q. A: EQVIDEM KΣ | O. AB: OPERAM KΣ (*post* dabo *transp.* Λ) | cum *ante* pronuntiatione *add.* Λ ‖ **7** leuandum B C: leuiandum AK: legendum Σ (C²) | O.] operam KΣ ‖ **9** H.] *om.* K: HE. Θ | S. C] s(VNT) CORDI B Σ ‖ **10** idem₁ ε: id ω ‖ **11** hae] *om.* K C (*rest.* C²) | cordi B Σ | superuacue Λ esset] *post* K: id esset C | addidit K ‖ **12** *post* animo *nou. schol. stat. Wess.* | a cura *scripsi*: acute K: acuto ω: acue τò cordi *tempt. Wess.* | *post* cura *lacun. sign. Wess.* | P.₁–**121,2** p.] *om.* B | P.₁–V.] PRAECEPIT V. K | P.₁] PROFER FΛ | V.] I. A C ‖ **13** ex his] *om.* Λ | minima] nimia Θ | Et hoc arte] m. t. K: *om.* Λ

hoc arte, ut (Verg. *Aen.* 1, 69) 'incute uim uentis', ad postremum
(Verg. *Aen.* 1, 70) 'aut age diuersos et disice c. p.'

  29.1. (= u. 329) PROFER prolata, produc, differ. 29.2. DVM PROFI-
CISCOR A. N. V. 'aliquo' dixit, ut exsilium esset incertum. 29.3. AVDI
5 NVNC IAM correptio impatientis, qui non sinat ⟨...⟩.

  30.1. (= u. 330) EGO CHARINE sententiae, quae a pronominibus
incipiunt, seria semper et uera promittunt. Vergilius (*Aen.* 12,
27–28) 'me natam n. u. s. p. f. e.'. 30.2. EGO CHIARINE NEVTIQVAM
OFFICIVM sensus hic est: 'non puto', inquit, 'liberum hominem, qui   *127W.*
10 cum nihil praestet, deberi sibi gratiam poscat. Ergo cum nihil tibi
praestem, nolo mihi gratias agas. Non enim tui causa fugio, quam,
priusquam me peteres, magis nolebam ducere, quam tu cupis'.
30.3. *NEVTIQVAM una pars orationis est pro* 'nequaquam'.

29.1 *cf. Non. 461, 596 L.* ‖ 30.1 *cf. Cur. epit. Don. 262* ‖ 30.2 *cf. Eugr. An. 330:*
Ergo hic erit sensus: ego, Charine, non arbitror liberi hominis officium esse,
ut nihil praestet, unde sibi huius gratia debeatur; *Charis. ars p. 270 B.*
30.3 *Fest. p. 163,5 L.*

Γ; Σ {Θ, Λ}

1 ut] *om.* A | *post* ut *add.* Virgil. Λ | *post* uentis *add.* et Σ (summersasque
ebriae (obruᶜ) puppes et Fq) | ad] id A | postrem C (*corr.* C²) ‖ **2** disice A:
discice C β: dissice K Tq: disiice F: dis(s)ice *uel* dicute *codd.* Λ | c.] corpora K
Fq Λ | p.] v. A: ponto K Fq Λ ‖ **3** produo A: et duc K | differt AK
PROFICISCOR A Fq: PROFICIS B: PROFICISCVNTVR K: PROFICIS c C: PROFICI T:
PROFICISCAR Λ ‖ **4** A. N. V. *Wess.:* A. N. I. V. A: A. N. V. I K: A. N. V. M. CT: ALIQVO
NE Fq: ALIQVO N. V. Λ | *ante* A. *add.* c. C | *post* ut *add.* in B | esset incertum]
om. sp. rel. AB: esset timendum (*ut uid.*) K ‖ **5** NVNC IAM] NVNC *fort.* B:
NVNCTIATA C: NVPTIA T: NVNCTIA Fq | qui] *incert.* B | non sinat ⟨...⟩ *Cioffi:*
non *om. sp. rel.* A: *sp. rel. post* tres *uel* quatt. *euan. litt.* B: non sunt in exilium
ire sunt K: non sinat audire Σ (*post* audire *add.* de exilio Λ) ‖ **6** a] ex Σ
7 seria *Westerh.:* sera ω | et *Klotz:* sed ω (se K) | uera] dicere K ‖ **8** me natam]
me moram AB: *om.* K | u.] g. Σ | e.] c. Σ | EGO–**11** agas] cum is nihil prome B
NEVTIQVAM] VT VTIQVE C (*corr.* C²) F: NE VTI QVAM K ‖ **9** inquit] *om.* C (*rest.*
C²) ‖ **10** gratiam sibi Θ | poscat–**11** gratias] *om.* Λ | tibi nihil Θ ‖ **11** nolo] m.
nolo CT ‖ **12** petere(nt) Θ | ducere nolebam Λ | cupis] cuperes B ‖ **13** *sch.* 30.3
post 31.1 *in* ω | est] *post* pars *transp.* Σ: *om.* B

31.1. (= u. 331) CVM ⟨IS⟩ NIHIL MEREAT 'merere' est aliquid mercedis pro labore sumere. Cum dicimus 'nihil meretur', hoc intellegitur: nihil mercedis dignus est accipere. Vel alio modo dicitur: 'cum is mereat' id est praestet, ut (*Aen.* 6, 664) 'quique sui memores aliquos f. m.' et (*Aen.* 4, 334–335) 'numquam, regina, 5 negabo promeritam'. Et e contrario laedit (u. 139) 'quid commerui aut peccaui, p.?' 31.2. CVM IS NIHIL MEREAT laboret et mereatur, uel: mercedis petere debeat, ut (*Pseud.* 1185) 'quid meret machaera' Plautus in Pseudulo. 31.3. POSTVLARE ID GRATIAE PONI aut 'id' 'propter id' aut 'id' quod nihil mereat. 31.4. ID GRATIAE 10 PONI SIBI addi in gratiam suam. 31.5. Id est: sibi gratiam mereri.

32. (= u. 332) NVPTIAS EFFVGERE EGO ISTAS M. QVAM TV A. interposita distinctione uultuose hoc dicitur, *hoc est cum gestu.*

128W.   33.1. (= u. 333) REDDIDISTI ANIMVM plus dici non potuit. 33.2. AVT TV AVT HIC BYRRIA 'hic' δεικτικῶς: quasi efficaciorem 15 ostendit. 33.3. Ergo ad comparationem alterius refertur.

31.1 *cf. Isid. diff. 1, 264, p. 208 C.; Seru. Aen. 4, 335; Id. ibid. 6, 664; Cur. epit. Don. 526* ‖ 31.3 *cf. Don. An. 157.2 (ubi cf. alia)* ‖ 33.2 *cf. Don. An. 30.2 (ubi cf. alia); Ferri 2016, 250*

Γ; Σ {Θ, Λ}

1 CVM] EVM C | *add. edd. uett. (ex Ter.)* | MEREAT–**2** nihil] *om.* A | mereri Fq est] *om.* Θ ‖ **2** cum] eum C: ut cum *Bentley** | meretur] mereret CT: mereatur F: mereat *uel* mereatur *codd.* Λ | hoc] *om.* B ‖ **3** intellegitur] i. B: intelłe C: intelligere Fq | nihil] nullus (*uel* nullius) ε | est] *ante* mercedis₂ *transp.* Σ | uel B: aut AK Σ | alio modo] aliter ante B ‖ **4** mereret B: mereatur Λ | id est KB: id A Σ | quique BK: quisque A Σ ‖ **5** f.] fi. CT: fecere B F(*s.l.*) | m.] merendo B: meremur F: mere(re) q | reginam B ‖ **6** negabo] negas AK CT | e] *om.* B Θ ledat A ‖ **7** *post* aut *add.* quid B | p.] pater B Λ | is] HIIS K | et AΘ: uel BKΛ **8** uel] uelut Θ | mercedem Λ ‖ **9** machaera] in Ecchira *uel* in hechira Σ Plautus] Plau. C ‖ **10** propter id *Rabbow**: postulare ω | aut₂–ID₄] *om.* B | aut id₂ AK: *om.* Σ ‖ **11** est] *om.* Θ | *post* gratiam₂ *add.* suam id sibi gratiam Θ mereri] mere; A: merem K ‖ **12** M.] MA. C: MALO Fq Λ | A.] AD(IPISCIER) Fq: A. *uel* ADIPISCIER *codd.* Λ ‖ **13** dicit Θ: dicit *uel* dicitur Λ | hoc est] hec est A **14** potest A ‖ **15** TV AVT] *om.* AK Θ | BYRRIA] *om.* K: BIR. B | δεικτικῶς *Steph.*: dicticos ω | *post* quasi *add.* Birriam Λ | efficationem A ‖ **16** ostendat Λ

34.1. (= u. 334) FACITE FINGITE I. E. 'fit' quod uerum est, 'fingitur' quod falsum est, 'inuenitur', ne temere fiat. 34.2. 'Inuenite'
ergo 'cogitate' dixit, post cogitationem 'efficite' id est in effectum
perducite. Sallustius (*Cat.* 1, 6) 'nam et priusquam incipias
5 consulto et u. c. m. f. o. e.' 34.3. FACITE FINGITE INVENITE mire
exprimit animum Pamphili nuptias metuentis, cui quicquid dixerit
parum est. 34.4. QVI DETVR TIBI 'qui' pro 'quemadmodum'.

35.1. (= u. 335) MIHI NE DETVR ueteres frequenter 'ne' pro
'non' dicebant. 35.2. EGO ID AGAM MIHI QVI NE D. non dixit 'ego
10 non instabo ut ducam', sed quod est amplius ⟨'ego id agam m. q. n.
d.'⟩. 35.3. Et recte: utriusque opera opus est: non enim continuo
ducet Charinus, si non duxerit Pamphilus. 35.4. SAT HABEO sic
antiqui pro 'sufficit' 'satis habeo' dicebant. 35.5. An uelut
'habundo'?

15   36. (= u. 336) AT TV HERCLE HAVT QVICQVAM deest 'effers'   *129W.*
'dicis' 'nuntias'.

34.1 *cf. Don. 257.2 (ubi cf. alia); Cur. epit. Don. 315* ‖ 34.4 *cf. Prisc. GL III,*
p. 137, 15; Porph. Hor. sat. 1, 1, 1; Cur. epit. Don. 733 ‖ 35.1 *cf. Don. An. 784.1;*
Id. Eun. 508.1; Id. Phorm. 314; Cur. epit. Don. 557 ‖ 35.4 *cf. Non. 616 L.:*
SVFFICIT *significat consuetudine sat est; Cur. epit. Don. 782*

Γ; Σ {Θ, Λ}

1 I.] INVENITE BF Λ | E.] c. K: *om.* T: EFFICITE BFε | quod C | falsum] uerum
Θ | est KΛ: *om.* AB Θ ‖ **3** cogitate *ed. Med.*: agite ω | dixit] *ante* cogitate
transp. B: dicit Σ | efficit AK | id est] eadem A (ea^i^dem A^2^): eidem K: id Θ
4 perducit o K: producite CΛ | *post* incipias *add.* opus est B ‖ **5** consulte A | u.
AK: ubi B Fq Λ: u^i^ C: *om.* T | c.] e. C: consuluerit B: consuleris q: consulueris
F | m.] nature F: mature B: m. *uel* mature *codd.* Λ | facto opus est B Fq Λ
6 Pamphili animum Σ | metuentis] re***entis C: retinentis T: renuentis Fq
9 non₁] ut B | non₂] *om.* A ‖ **10** ut] quod B | dicam K | quod] qui Θ | *add.*
Wess. ‖ **11** est] *om.* Θ ‖ **12** dicit Θ | duxerat A: duxit T: dixerit q | sic – **13**
antiqui] *post* sufficit *transp.* B ‖ **13** satis – dicebant] *om.* B | An – **14** habundo]
om. Λ | An uelut *Wess.*: an uel AB Θ: uel K ‖ **14** habundo *Rabbow**:
habundabant Γ C: abundant C^2^ FT: abundabat q ‖ **15** *post* TV *add.* MIHI Fq
HERCLE] HODIE CT | HAVT] HAVD KΣ ‖ **16** dices Θ | nuptias] numtias C:
nuptias T: nuntiabis nuntias F: nuptiabis q

37.1. (= u. 337) NISI EA QVAE NIHIL OPVS SVNT hoc est (u. 301)
'daturne illa hodie nuptum Pamphilo?' et (u. 302) 'sic est apud
forum modo e Dauo audiui', quod memor est Charinus se non
libenter audisse. 37.2. FVGIN HINC comminantis est et abigentis a
se. 37.3. EGO VERO AC LVBENS nemo liber fugit nisi necessitate 5
coactus, hic etiam 'libens' dixit, quod est libenter.

Γ; Σ {Θ, Λ}

1 QVAE] QVOD C | SVNT] *om.* B: SINT Θ | *post* est *add.* ne C ‖ 2 hodie] h. CT ε
nuptum] n. CT: nuptu F: nu. q: n. *uel* nuptum *codd.* Λ | Pamphilum A:
Pamph. K: pa(m) q: p. CT: p. *uel* Pamphilo *codd.* Λ, *ante* n(uptum) *transp.* | et]
om. Fq ‖ 3 *post* Charinus *add.* aḥnu Θ | se] sed Θ ‖ 4 FVGIN] FVGI NE C | HINC]
om. B: H. T: H *uel* HINC *codd.* Λ | est] *om.* Θ (*exc.* C) | abigentis *Steph.*:
arguentis ω (argueatis A) ‖ 5 IVBENS AK | liber *Rabbow* (*1897, p. 310*): libenter
ω | necessitati A ‖ 6 lubens Λ | quod est] pro Λ

1.1. (u. 338) DI BONI BONI QVID P. haec scaena consilium continet personarum, ad quas maxime pertinet argumentum. Et hic est locus, in quo, ut fieri solet, fortuna mixta rebus dispositis magnas turbas dat. 1.2. DI BONI BONI Q. P. non mirum, quod
5 insolentius Dauus exsultat, qui, ut Simo dicebat (u. 173), timidus fuit, ut ipse Dauus etiam desperauit ex nuptiarum terrore, quas nunc falsas comperit. 1.3. DI BONI B. Q. P. ex proximo repetiuit bis, sed tamen alterum nominatiuo plurali, alterum genetiuo singulari dictum est. 1.4. BONI QVID PORTO non solum enim corpore, sed *130W.*
10 etiam animo portamus tam bona quam mala. Sic alibi (u. 73) 'ne quid Andria a. m.'
2. (= u. 339) VT METVM IN QVO NVNC EST A. A. E. A. G. ordine locutus est: prius enim metum adimere, sic demum gaudio perfundere. Hic ordo etiam in laude seruatur.
15 3.1. (= u. 340) LAETVS EST NESCIO QVID deest 'propter', ut sit: 'propter nescio quid'. 3.2. NESCIO QVID aduerbiale.

1.4 *cf. Don. Hec. 513.3; Id. Phorm. 197.1; Diff. ed. Beck p. 76, 18* ‖ 2. *cf. Seru. Aen. 1, 755; Eugr. ad loc. (rec. α):* Et est hic species definitionis, quae fit per laudem uel uituperationem. Vel definitio rhetorica, quae est ex arbitrio loquentis ‖ 3.1 *cf. Don. An. 841.1–2; Id. Ad. 79.2*

Γ; Σ {Θ, Λ}

1 BONI QVID] QVID BONI Θ (*om.* C) | PORTO Σ ‖ **2** pertinet maxime B ‖ **3** mⁱxta A | dispositis] đpositis C (dispositis C²): desperatis *Hartman (1895, p. 138)* **4** dat turbas B | *ante* DI *add.* addidit Θ | BONI₂ Q.] BONIQVE A: Q. K: BO. Q. CT: QVID BONI F: QVID q: BONI QVID Λ | non mirum] nimirum Θ ‖ **5** timendus KΛ ‖ **6** disperauit A ‖ **7** BO. Q. CT: QVID BONI F β: Q. q: *om.* B | P.] *om.* B | bis ATC: ƀ B: hiis K: boni Λ ‖ **8** plurali] popłi A ‖ **9** PORTE A: POR. B: P. CT **10** etiam] *om.* B ε: et Λ | animo] *om.* C ‖ **12** VT–G.] SED VBI INVENIAM ETC. B A.₁] AD. C | A.₂] ATQVE Θ | E.] EX. CT | A.₃] ANIMVM SVVM F: ANIMVM q | G.] GA. C | ordine–15 QVID] *om.* T ‖ **13** enim] hoc *incert.* K: *om.* Θ: licet Λ admere C (*corr.* C²) | *post* demum *add.* animum *Jakobi coll. Ter. ad loc.* **14** ordo etiam] etiam ordo B | laude ω: Plauto *Rank (1927, p. 177)* | *post* seruatur *quaedam uerba excidisse puto* ‖ **15** propter V: post AK Σ: post quid B ‖ **16** propter V: post ω | NESCIO QVID] *om.* BΣ | *post* aduerbiale *add.* est Λ

5. (= u. 342) EXANIMATVM Q. 'perterritum' et 'perturbatum'.

6. (= u. 343) SED VBI QVAERAM QVO NVNC in omnes se uersat partes quaerens, quo dirigat cursum.

7.1. (= u. 344) ABEO uidetur quasi constitisse, dein quasi elegisse quo pergat. 7.2. HABEO 'inueni'. Legitur et 'abeo' ut merito 5 illi dicatur 'resiste'. 7.3. QVID HOMO EST QVI ME O PAMPHILE ante uidit, quam compleret orationem.

8.1. (= u. 345) EVGE CHARINE 'euge' modo pro interiectione positum est. 8.2. AMBO OPPORTVNE deest 'adestis', non: 'opportune uos uolo'.   10

9.1. (= u. 346) DAVE PERII proprium dolentibus praefestinare ad indicanda, quae dolent. 9.2. ⟨PERII⟩ ἀπόλωλα. 9.3. DAVE PERII
131W.   habet nonnullum affectum, quod addidit 'Daue'. 9.4. QVIN TV HOC AVDI 'quin' modo pro 'immo', alias (Ad. 247) 'quare non'.

10.1. (= u. 347) MEA QVIDEM HERCLE C. certa sententia est: 15 uidetur Charinus plus dixisse 'interii' quam Pamphilus 'mea

---

5 cf. Don. Hec. 364; Seru. Aen. 1, 484; Id. Aen. 4,672; Isid. diff. 1, 403, p. 266 C.
7.2 cf. Don. Eun. 475.1: 'habes' pro 'inuenisti'; Jakobi 1996, p. 30sq.
8.1 cf. Gloss. L. 3, Abol. eu. 16, ibid. 19ᵃ (cf. Gloss. L 4 Plac. e 5); Diom. GL I 419,
9; GL Suppl. p. 218, 15; Schol. Hor. Vind. ars 328; [Aug.] regul. p. 155, 18 M.
8.2 cf. Seru. auc. Aen. 12, 342: ambo antiquo more 'ambo': Terentius (345)
'ambo opportune uos uolo', sicut superius dictum est, cum hodie ambos
dicamus ‖ 9.1 cf. Cur. epit. Don. 640 ‖ 9.4 cf. Don. Eun. 902.2; Cur. epit. Don.
744 ‖ 10.1 cf. Cur. epit. Don. 640

Γ; Σ {Θ, Λ}
9.4 Bern. 276: quinimmo ·|· quare non. Donatus in commento Andrie.

1 Q. A: om. B Σ: QVE K | et] om. B CT ‖ 2 SED–NVNC] PRIMVM INTENDAM B
ante QVO add. aut Fq | uersat] seruat Θ ‖ 3 partes ante se transp. B: post se
transp. Θ ‖ 4 ABEO Wess. Ter. codd. (excepto p): ADEO ω: HABEO edd. uett.
constitisse] extitisse Σ | dein AK: de hinc B: deinde Σ ‖ 5 HABEO] ABEO HABEO
per H B | abeo] habeo A: ABEO sine H B | ut] et K: om. C (rest. C²) ‖ 6 rescice
C | QVID] QVIS K | QVI ME] PRIME K: QVI VOCAT ME Fq: om. C ‖ 7 uidet B Θ
complerit Θ ‖ 11 post proprium add. est Σ ‖ 12 PERII add. Wess. | ἀπόλωλα–
PERII₂ Wess.: ἀπολόλα M⁴: Απολω MeΘPe AB: om. sp. rel. K Σ: ἀπολούμεθα
Steph. ‖ 13 effectum β | TŪ A | HOC] om. Λ ‖ 14 immo] omnino Θ ‖ 15 c.] om.
Σ | certa–127,1 c.] om. Γ | certa–est] om. Fq | ante certa add. in dubio uita est
Fq Λ ‖ 16 interii] perii Θ

quidem hercle c. in d. u. e.', sed non est hoc; plus enim Pamphilus
dixit. Nam qui uiuit, non potest interisse, is autem qui uiuit, potest
in dubio uitam habere. Ideo et iurauit 'hercle' et adfirmans
iusiurandum 'certe' addidit. 10.2. HERCLE CERTE bene 'certe', quasi
illud 'interii' falsum sit. Ita Pamphilus plus fecit periturum se esse
dicendo quam Charinus interisse. 10.3. ET QVID TV SCIO mira
compendia, quae contrahit poeta longitudine fabulae nec tamen
perdit affectus personarum. 10.4. ET QVID TV deest 'timeas'.

    11.1. (= u. 348) ET ID SCIO ἐν ὑποκρίσει, tamquam dicat 'nihil
est'. 11.2. ET ID SCIO legitur 'etsi scio'. 11.3. HODIE tempus addidit
tamquam rem ⟨ne⟩scienti. 11.4. OBTVNDIS idem saepe repetendo
dicere 'obtundere' est: translatio a fabris, qui saepe repetunt tun-
dendo aliquid malleo et idem obtundunt atque hebetant. 11.5. OB-
TVNDIS TAMETSI sincerius est et melius subdistinguere.

    12.1. (= u. 349) ID PAVES NE DVCAS deest 'ob', ut sit: 'ob id'. Hoc   *132W.*
autem Pamphilo dicit. 12.2. TV AVTEM VT DVCAS hoc Charino.
12.3. VT DVCAS pro 'ne non' 'ut' posuit.

11.3 cf. *Eugr. An. p. 35, 11sqq. W.:* Pamphilus autem tamquam inscio seruo et
adhuc ignoranti ingerit causam calamitatis suae, cum dicit NVPTIAE MIHI
11.4 cf. *Don. Ad. 113; Id. Eun. 554.2–3; Isid. orig. 10, 198; Cur. epit. Don. 594;
Fantham 1972, pp. 61–62* ‖ 12.1 cf. *Don. An. 376; Id. ibid. 535.1; Id. Ad. 791; Id.
Eun. 393.1,2* ‖ 12.3 cf. *Don. Ad. 627.2; Id. An. 277.2; Id. ibid. 705.2; Id. Phorm.
59.2; Id. ibid. 965*

Γ; Σ {Θ, Λ}

1 hercle] *om.* β | c.] *om.* FΛ | in d. u. e.] ind. V E A: in u. e. C: in du uita e T:
in dubio uita B: in dubio est uita Fq ‖ **2** potest₁–**3** uitam AKΛ: potest uitam
in dubio B: uitam potest in dubio Θ | is] his A: hic K ‖ **3** uitam in dubio AB
haberi Θ ‖ **4** bene certe] *om.* FT ‖ **5** illud] *om.* Θ | feci C (*corr.* C²) | periturum]
interiturum B: peritorum C: periculo Fq ‖ **6** *post* Charinus *sp. rel.* B | TV QVID
B ‖ **7** compendia *ex* compendio A² | tamen] *om.* C (*rest.* C²): *ante* nec *transp.*
F ‖ **8** perdit *ex* prodit A² | QVID TV] TV QVID Θ ‖ **9** ID] VT A | *om. sp. rel.* C
(*rest.* C²) | EN YΠORPICI AB: ἐν ὑποκρίσι M⁴: *om. sp. rel.* KΣ ‖ **10** legatur A
11 ⟨ne⟩scienti Beck (*apud Jakobi GFA**): sciens B: scientis AK Σ: scienti
Bentley (prob. Rank 1927, p. 179) | idem₁ Θ: *om.* ΓΛ ‖ **13** idem] *om.* AB
obtundunt Λ: obtundit Γ: obtundant Θ | atque AB: atque et K: et Σ | hebeant
A: ʰebetant B: et etant K ‖ **14** *ante* sincerius *add.* potest esse ἀναστροφή sed
Steph. | et melius est Λ ‖ **15** sch. 12.2 *om.* B ‖ **16** hoc–**17** DVCAS] *om.* Σ ‖ **17** ut]
om. CB (*rest.* C²) | posuit] *om.* B | *post* posuit *add.* hoc Charino dixit Λ

13.1. (= u. 350) ATQVE ISTVC IPSVM NIHIL P. E. ἐν ὑποκρίσει: ille
enim hoc idem dixerat cum exclamatione, quod quasi uanum
contemnit. 13.2. ME VIDE utrum: quia laetus sum, an: me specta
fidei datorem, ut dici solet 'me habes, me respice ?'

14.1. (= u. 351) OBSECRO TE QVAM P. H. L. M. M. cum precibus et   5
tempus admiscuit. 14.2. Et bene 'libera': perfecta enim securitas
'liberatio' nominatur. 14.3. EM 'ecce': demonstratio est facti.

15.1. (= u. 352) VXOREM TIBI NON DAT IAM CHREMES oratorie a
summa coepit, cuius partes multis dicentur. 15.2. NON DAT IAM
CHREMES bene 'iam': quod si non dixisset, intellegeret Pamphilus   10
uel postea Chremetem filiam esse daturum. Sed addito 'iam' plena
securitas est; 'iam' enim renuntiatio est perpetuitatis. 15.3. SCIES
praeparatio est auditoris ad eam narrationem, quae ostendit
argumenta falsarum nuptiarum.

133W.   16.1. (= u. 353) TVVS PATER MODO ME PREHENDIT pro 'prendit':   15
addita aspiratione geminauit syllabam. 16.2. Et 'prehendit' dixit
quasi uitantem se ac fugientem. 16.3. AIT TIBI VXOREM D. 'ait'

14.2 *cf. Cur. epit. Don. 503* ‖ 14.3 *cf. Don. An. 919.2; Id. Hec. 339.2; Id. Ad.
622.1; Id. ibid. 266.1; Id. ibid. 373.1; Id. ibid. 467; Palaemon ap. Charis. ars
p. 311,12 B.; Cominian. ibid. p 311,4 B.; Prisc. GL III 138,15; [Asper] GL V
554,14; Cur. epit. Don. 384* ‖ 16.1 *cf. Varro ling. 5,121; Paul. Fest. p. 50 L.; Diff.
ed. Beck p. 30, 17; Vel. de orth. p. 55, 15 Di Nap.; Ter. Scaur. de orth. p. 29, 7 Bid.;
Cassiod. orth. p. 17,79 S.; Alc. de orth. p. 267, 395 B.*

Γ; Σ {Θ, Λ}

1 P.] PERIC(V)LI B Fq Λ | E.] C K: EST Fq ε: HOC CHARINO B | ἐν ὑποκρίσει M⁴:
ENIΠOKPICI; A: επιποRρισι B: *om. sp. rel.* KΣ | ille] iVe A ‖ **3** contempsit B
utrum] an B | quia] *om.* Σ | an me] anⁱ me A² ‖ **4** uti B | dici] *ante* me *transp.*
B | soleat A | habe B ‖ **5** P.] PRIMVM Fq: PRIMVM *uel* P. *codd.* Λ | H.] HOC *uel* H
codd. Λ | L.–M.₂] M. M. L. M. Λ ‖ **7** liberatio] *post* nominatur *transp.* Fq
nominatur] dicitur Λ | EM] HEM ω (NAM C) ‖ **8** DATVR A: D. Tq | oratorie–**10**
CHREMES] *om.* T ‖ **9** NON–**10** CHREMES] IAM B ‖ **11** audito AB: adito C (*corr.*
C²) ‖ **12** renuntiatio est] renuncionem B: renuntiatio B Θ | *ante* SCIES *add.* qui
scis B | SCIES Θ: SCIO ΓΛ ‖ **15** ME] M. C | APREHENDI A: APPREHENDIT K Fq: P.
CT: PREHENDIT *uel* APPREHENDIT *codd.* Λ | pro] *om.* B | prehendit AK: *om.* B:
prendit *uel* prehendit *codd.* Λ ‖ **16** Et prehendit] comprehendit A ‖ **17** uitante
B | ac] et B | fugiente B | VXOREM] V. *uel* VXOREM *codd.* Λ | D.] DICVNTVR K:
DVCENDAM CT: DARE q | *ante* ait₂ *add.* h. sis B

proprie, quia contemnenda dicuntur. 16.4. AIT TIBI V. D. H. coniecturam facit ex malis, quae praecesserint. 16.5. AIT TIBI V. D. S. H.
dicit cur primo crediderit ueras, dicturus subinde cur falsas putet.

    17.1. (= u. 354) ITEM ALIA MVLTA QVAE NVNC N. E. N. L. bene
5 distulit narrationem, ne audirent Charinus et Byrria, ne desinant
dolos aduersus uigilantissimum senem. 17.2. ITEM A. M. Q. N. N. E.
N. L. commoda narratio de necessariis tantum. Minas autem senis
praetermisit, ne corrumperet bona, quae nuntiabat. 17.3. NARRAN-
DI LOCVS modo tempus et spatium eius. 17.4. QVAE NVNC NON EST
10 N. L. non uult dicere, quam minaciter secum egerit senex quamque
instet nuptiis, ne Charinum Byrriamque spe deiciat, quos uult
secum anniti, ne uxorem Pamphilus ducat.

    18.1. (= u. 355) CONTINVO AD TE PROPERANS argumentum est
quaerere potuisse eum, qui sit territus; nam timor curam parit.
15 18.2. CONTINVO AD TE PROPERANS PERCVRRO uide quantum dixerit: *134W.*
et 'properans' et 'percurro', ut continuationem cursus ostenderet.

Γ; Σ {Θ, Λ}

1 quia] *om.* A | contemnenda] contempnanda A: contenenda K:
contempnenda CT | AIT] AVT K | *ante* v. *add.* M K | D.] DARE FTq
coniecturam–**2** H.] *om.* ε ‖ **2** AVT K | TIBI] T. C | V.] VXOREM Fq | D.] DARE Fq
sese *post* d. *add.* F, *ante add.* q | s.] *om. uel* s. *codd.* Λ ‖ **3** cur₁ *ex* cum C² | falsa
K | putarit Σ ‖ **4** ITEM] HINC CT | QVAE–L.] Q. N. CT | N.₁] NON Fq Λ | E.] EST
Fq Λ | N.₂] NARRANDI FqΛ | L.] LOCVS Fq: L *uel* LOCVS *codd.* Λ ‖ **5** audiret KΘ:
audire B | et] e. Γ ‖ **6** aduersis A: aduersum CTq : aduersus aduersum F
ITEM] HINC CT | A.] Ał A B: ALIA Σ | M.] MVLTA Λ | E.] *om.* A ‖ **7** N.₃] *om.* A
autem] *om.* C (*rest.* C²) | senis praetermissit] praetermisit (a *sscr.* C²) aut (*del.*
C²) senis (b *sscr.* C²) C ‖ **9** *post* LOCVS *add.* EST K | et e²: *om.* Γ: est Σ | eius] *om.*
B | NVNC] N. *uel* NVNC *codd.* Λ | NON] N. CTΛ | EST] E. C: E. *uel* EST *codd.* Λ
10 *post* uult *add.* me CT | egerit] gerrit A: g̶e̶ egereit K | quamque] quam Θ
(*corr.* C²) ‖ **11** instat A: istec FTq | ne] nec K | birriaque K: et Birriam B:
Birriam CT | *ante* spe *add.* de Σ ‖ **12** ducat] *om.* B ‖ **13** sch. *18.1 post 17.2 in* ω
CONTINVO AD TE PROPERANS PERCVRRO *Jakobi* GFA* *coll. Eugr. ad loc.:* QVAE
NVNC (NVNC NON Θ) ω ‖ **14** eum] cum CT | qui] quis CT: quis *uel* qui *codd.*
Λ ‖ **15** CONTINVO *ex* CONTINVVS A² | PERCVRRO] *om.* Θ | dixerit] dixit K: *post*
properans *transp.* Σ ‖ **16** et₁ *antep. sp.* B: ut K: *om.* Σ | percurens A: percurrit
K | ostenderet cursus B

19.1. (= u. 356) VBI TE NON INVENIO IBI 'ubi' modo non est aduerbium loci sed temporis pro 'postquam'. 19.2. VBI TE NON INVENIO IBI a summo ad imum diuisiones, quibus dicta et facta continentur, sub quorum genere sunt species non dictorum nec factorum cum consideratione rerum personarumque.   5

20.1. (= u. 357) NVSQVAM deest 'uidi'. 20.2. FORTE IBI HVIVS VIDEO BYRRIAM deest 'seruum'. 20.3. Et recte: dixerat enim (u. 302) 'apud forum modo e Dauo a.'.

21. (= u. 358) ROGO NEGAT VIDISSE mira breuitas et imitanda.

23.1. (= u. 360) PAVLVLVM OBSONI hinc est, quod ait (u. 450)   10 'nimium parce facere sumptum'. 23.2. IPSVS TRISTIS DE IMPROVISO N. mire et moraliter: ex his enim, quae facta non sunt, docet, quid fecisse deberet. 23.3. Et 'de improuiso' et 'nuptiae' pronuntiandum.

24.1. (= u. 361) EGOMET CONTINVO A. C. bene 'continuo', ut si   15 ab utroque hoc fieret, uera esset suspicio Daui. 24.2. EGOMET CONTINVO deest 'duco': consuetudine dictum est et ἐλλειπτικῶς.

19.1 cf. Don. An. 848.1; Id. Eun. 406.2; Diom. GL I 408, 11; Seru. auc. Aen. 1,81; Seru. Aen. 1, 714: ILLE VBI postquam, ut Horatius (carm. 4, 7, 14) 'nos ubi decidimus', hoc est postquam; nam si loci esset, 'quo' diceret. Ergo 'ubi' interdum aduerbium loci est, interdum temporis; Rem. GL Suppl. 260, 24; Cur. epit. Don. 893 ‖ 19.2 cf. Eugr. An. 347 ‖ 24.2 cf. Jakobi 1996, pp. 125–126; Ferri-Probert 2010, pp. 34–35

Γ; Σ {Θ, Λ}

1 TE] om. AK | NON₁-2 temporis] om. B | non est modo Θ ‖ **2** pro] i(dest) B VBI-3 IBI] IBI ASCENDO IN Q LO B ‖ **3** IBI ex AIBI C² | imum] unum Θ | et] uel β ‖ **4** sub] s(ed) Θ | non] nunc KB | nec Wess. (coll. Eugr. ad loc.): meo A: nunc KB: non Σ ‖ **5** cum] om. Γ ‖ **6** NVSQVAM] NVSQ; A: om. sp. rel. K | IBI] om. Cq (rest. s.l. C²) | VIDEO HVIVS Σ ‖ **7** VIDEO–deest] om. B ‖ **8** e Dauo] uel auo A: ut lauo K | a.] audiui Σ ‖ **9** NEGATO AK: NE B: NEGAT TE F | breuitas mira B **10** OBSONII Θ β | ait] dixerat B ‖ **11** parce] per parce β | IPSVS Σ: IPSOS K: IPSIVS A: om. B ‖ **12** N.] NVPTIE Σ (exc. C) | ex] om. sp. rel. K ‖ **13** et] om. Σ post pronuntiandum add. est Λ ‖ **15** A.C.] ET AK Σ: AD C(RE) B ‖ **16** fueret A esset uera Θ | Daui] laudis A: Dauus Θ ‖ **17** dico Tq Λ | et ἐλλειπτικῶς Steph.: et ἐκλεπτικωσ M⁴: et eaΛΙΠΤΙΚΟ A: et ΕΑΛΙΠΤΙΚΟC B: sp. rel. Θ: et sp. rel. KΛ

24.3. EGOMET una pars orationis est. 24.4. ⟨CHREMEN⟩ Chremen et *135W.*
Chremetem, ut Daren et Daretem.

    25.1. (= u. 362) CVM ILLO ADVENIO SOLITVDO A. O. signa ab his,
quae sunt, quae non esse deceret. 25.2. SOLITVDO ANTE OSTIVM
5 quasi circumuentum et non consentientem Pamphilum excitat ad
gaudium laetitia sua. 25.3. CVM ILLO ADVENIO sic Vergilius (*Aen.* 1,
697) 'cum uenit, aulaeis iam se r. s.'.

    26.1. (= u. 363) RECTE DICIS ⟨hoc Charinus dicit⟩. 26.2. PERGE
uultu enuntiandum: hoc dicit Pamphilus. 26.3. MANEO ne tempe-
10 rius fugerit. 26.4. INTEREA temporis longi significatio. 26.5. INTRO-
IRE NEMINEM ⟨a⟩ non factis.

24.4 *cf. Don. An. 532.2; Seru. Aen. 5,460; Charis. ars p. 85, 22 B.; ars Bobiensis*
p. 16,7 De Nonno; [Prob.] GL IV 24, 22; Consent. GL V 365,16; Prisc. GL II 317,11
| *Daren – Daretem*] *cf. Seru. Aen. 5,460; Prob. GL IV 4, 22, 24* ‖ 25.3 *cf. Seru.*
Aen. 1,697: CVM VENIT *aut pro* 'cum ueniret', *aut ut* 'cum' *sit aduerbium*
temporis pro 'dum'*; nec enim potest coniunctiui modi particula iungi*
indicatiuo. Sane sciendum, malo errore 'cum' *et* 'dum' *a Romanis esse*
confusa ‖ 26.4 *cf. Don. An. 69.1 (ubi cf. alia)*

Γ; Σ {Θ, Λ}

1 EGOMET – est] *om.* B | *add. Steph.*, CHREMEN *sic add. Wess.* | Chremen]
Chremem KΘ: Chremem *uel* Chremetem Λ | et] *om.* A ‖ **2** Chremetem]
Chrementem AK | *ante* ut *add. et* Chreme(m) β | ut] *om.* Θ | Daren]
Daret(em) K: Darem Θ | et] *om.* K | Daretem] retem K ‖ **3** ILLO] IL. C: R. T:
ILLVC Fq: ILLOC *uel* ILLO *codd.* Λ | ADVENIT K: ADVE. C | SOLIT. C | A.] ANTE Fq
Λ | O.] HOSTIVM Fq Λ: H. CT | signa – **4** OSTIVM] *om.* F | ab his] *om.* Θ ‖ **4** quae
sunt] *om.* B | deceret Λ: decerent AK Θ: deceretur B | *post* SOLITVDO *add.* EST
AK | HOSTIVM Σ ‖ **5** circumuentum *Schoell* coll. An.* 524.2: conuentum ω
Pamphilum *Steph.*: filium ω: per silentium *Rank (1927, p. 179)* ‖ **6** CVM ILLO
ADVENIO *Wess. coll. Seru. Aen.* 1, 697: IAM ID GAVDEO ω | sic] *om.* B ‖ **7** cum
uenit] conuenit KΛ | se r. s.] sers A: ser. C: sere T: ict q: seris KΛ: iam se
regina etc B ‖ **8** *post* RECTE *add.* iam Θ | DICIT s. A: D. D. B: DICIT Θ (DIC. C)
add. Wess. | PERGE] ET Θ: PERGE ET Λ ‖ **9** uultu] uult A: *an* uultuose *dub.*
Wess. | enuntiandum] uenir̥euntiandi A: enun(c)tiandi K Σ: ᵉpronuncianddi
B | temperius *scripsi*: temporius *Wess.*: in (ui B) temporis AB: temporis K Σ
10 fugerit *Wess.*: fuerit ω | *post* fugerit *add.* dilatio Λ: *add.* littera K | INTEREA]
om. sp. rel. K ‖ **11** NOMINEM A | *add. Steph.*

27. (= u. 364) EXIRE NEMINEM quid si intus erant? Ideo ait 'exire neminem'.

28. (= u. 365) NIHIL ORNATI ἀρχαισμός. Sic Sallustius (*Hist.* 1, *frg. 67 La Penna-Funari*) 'igitur senati decreto seruiendumne sit?'

29.1. (= u. 366) MAGNVM SIGNVM proprie 'signum' pro argumento. 29.2. NVM VIDENTVR CONVENIRE a consequentibus argumentum.

136W.   30.1. (= u. 367) NON OPINOR DAVE OPINOR ille opinionem accommodat tantum, hic multum attribuit coniecturis. 30.2. OPINOR NARRAS quoniam argumenta sunt ex coniectura, 'opinor' dixit; nam contra opinionem 'certa res est'. Quae autem opinamur, putamus; quae putamus, incerta sunt. 30.3. OPINOR NARRAS bene a prima ad secundam personam.

31.1. (= u. 368) ETIAM PVERVM INDE ABIENS CONVENI CHREMI sic 'Chremi', ut 'Ulixi' et 'Achilli'. 31.2. ETIAM PVERVM 'etiam' pro 'praeterea'.

---

28. *cf. schol. Bemb. Ter. Eun.* 237: Quid istuc inq⟨uam⟩ ornati est: nos dicimus 'huius ornatus', ceterum arc⟨h⟩aismos est, id est antiquitas exigit, 'huius ornati'[...]; *[Sergii] GL 4, 515, 32; Frg. Bob. de nom. et pron. p. 3, 12 P.:* Apud Sallustium quoque 'duobus senati consultis' pro senatus; apud Terentium etiam 'nihil ornati, nihil tumulti'; *Jakobi 1996, p. 79* ‖ 30.2 *cf. Müller 1997, pp. 290sqq.* ‖ 31.1 *cf. Quint. inst. 1, 5, 63; Plin. dub. serm. frg. 85 Della Casa; Charis. ars p. 86, 19 B.; Id. ibid. 168, 32 B.; [Prob.] GL IV 24,22; Prisc. GL II 247* 31.2 *cf. Seru./Seru. auc. Aen. 11,373; Cur epit. Don. 280*

Γ; Σ {Θ, Λ}

1 NEMINEM *rep.* A: NE. B | si intus] finius A ‖ **3** ΑΡΧΑΙCΜΟC AB: *om. sp. rel.* K: *om. nul. sp.* Θ: archaismos Λ | Sic] *om.* B ‖ **4** igitur] ergo Θ | senati Θ: senatus ΓΛ | seruiendumne sit] *om.* B | seruiendum Θ: seduidendi AK *(incert.):* sed uidendum Λ | ne] non ε ‖ **5** signum] *om.* B ‖ **6** NVM] NON K | *post* VIDENTVR (VIDE² K: VI. B) *add.* hec Λ, H. *add.* B | *post* CONVENIRE *add.* NV(PTIIS) B Λ ‖ **8** OPINOR₁] OPINOR *uel om. codd.* Λ ‖ **9** hic] duo A: huc K attribuit] accom(m)odat Θ ‖ **10** ex D: et ω | coniectura *Wess.* (-ris *Schopen 1821, p. 63):* -r(a)e ω | opinor *Steph.:* op(p)inionem ω | dixit] *om.* B ‖ **12** bene] *om.* B ‖ **13** *post* prima *add.* persona B | ad] a B | personam] *om.* B Λ ‖ **14** *sch.* 31.1, 31.2 *post* 32.2 *in* ω ‖ **15** sic Chremi] *om.* B | Ulixi ut Θ | et] *om.* B Θ Achilli] at illi A: at attilli K: Acchilli Θ | pro] *om.* B CT Λ ‖ **16** praeterea *ex* propterea *corr.* C²

32.1. (= u. 369) HOLERA ET PISCICVLOS MINVTOS sufficeret
diminutiue 'pisciculos' dixisse, quod sic 'minutos' dixit, et
[pretium] 'obolo' esse emptos, quae est ultima nummorum significatio; sunt enim genera piscium minutorum, quae magno ueneant.
5 Hic ergo etiam de pretio uilissimos pisces significauit. 32.2. Et †si
quid si 'minutos' sed omnibus† 'seni' dixit, ut obsonationis ostenderet causam. 32.3. HOLERA ET PISCICVLOS quod supra (u. 360)
generaliter 'paululum obsonii', hic specialiter dixit. 32.4. IN CENAM
SENI misere 'seni', cuius maior est cura domi.
10   33. (= u. 370) NVLLVS SVM 'nullus' pro 'non', ut alibi (Hec. 79)   137W.
'nullus dixeris'.
      34.1. (= u. 371) QVID ITA una pars orationis. 34.2. RIDICVLVM
CAPVT ⟨'caput'⟩ pro toto homine. Nemo enim ore contempto ex aliis
membris hominem uelit significare. Et est συνεκδοχὴ τρόπος.
15   35.1. (= u. 372) QVASI NECESSE SIT SI HVIC NON DET ostendit
uitiosum ἐνθύμημα hoc esse, in quo altero sublato non necessario

---

32.1 cf. Cur. epit. Don. 595 ‖ 33. cf. Eugr. ad loc.; Don. Eun. 216.2; Id. Hec. 79;
Id. Phorm. 202.1; Charis. ars 268, 12 B.; Seru. auc. Aen. 1, 181; Id. georg. 1, 125;
Cur. epit. Don. 581 ‖ 34.2 cf. Don. Ad. 261.2: [...] Nam 'caput' Aeschini dicit,
hoc est ipsum Aeschinum, ut in toto pars sit per συνεκδοχήν, in qua figura
ea pars pro toto ponenda est, quae aut eminet ex toto aut maioris pretii est
ad id quod agitur; Seru. Aen. 1, 399

Γ; Σ {Θ, Λ}

1 ET] om. B C ‖ 2 diminuentem K | dicere Λ | quod ω: quos Schopen* (prob.
Wess.) | minuto (corr. C²) | post dixit interpunx. edd. uett. prob. Ammannati
(2015, p. 191)‖ 3 pretium] secl. Wess. | emptos esse B | ultima est β ‖ 4 sunt ex
sed C² | piscium minutorum] nummorum piscium Θ | magna CT | ueneunt
B ‖ 5 iulissimo A: uilissimo B | significat Fq | si–6 omnibus] cruc. signaui | si
quid si Γ (si quid K): quidem si Θ: quidem sic Λ: quid si e² ‖ 6 minutes A:
minutas K | sed omnibus] sp. rel. sed B: se donibus K: non omnibus Λ | post
omnibus add. sed in cenam Λ | dixit] om. Λ | ut] om. Fq ‖ 9 mire Λ | est maior
B Σ ‖ 10 NVLLVS SVM] om. B Λ (exc. β) | nullus] om. Θ | ut] om. TB F (rest. s.l.):
et Λ | ullus ante alibi add. Λ ‖ 12 QVOD K ‖ 13 add. Wess. | contempno B:
contento FT ‖ 14 post membris add. se Λ | uelit hominem K | συνεκδοχὴ
τρόπος Steph.: συνεκδοχῆς τροπος Scot. 212: sinedoche tropos (uel tropus)
ω ‖ 15 NECESSE] NECCIE C | SIT–DET] etc B | post DET add. te illam uxorem
ducere Λ | ostendit–134,3 DET] om. Θ ‖ 16 uiciosum Γ | ἐνθύμημα M⁴:
ENEYMHMA A: HNΘYMHMA B: om. sp. rel. KΛ | sublato altero B

alterum relinquatur. 35.2. SI HVIC NON DET TE I. V. D. hoc laborat
Dauus, quemadmodum Philumenam Charinus propris laboribus
promereatur uxorem. 35.3. SI HVIC NON DET TE ILLAM VXOREM
DVCERE artificiose Dauus Charinum excitat, ut, si fieri possit,
adiuuetur negotium Pamphili, dum ille sibi prouidet.   5

    36.1. (= u. 373) NISI VIDES 'uides' prouides. 36.2. AMBIS magna-
rum rerum desiderium et appetitus 'ambitio' dicitur.

    37. (= u. 374) VALE confirmata re a factis et persona delibera-
tiua nascitur.

36.1 cf. Don. Hec. 729.2; Id. ibid. 189.3 ‖ 36.2 Non. p. 362 L.; Seru., Seru. auc.
Aen. 4, 283; Seru. Aen. 7,333; Cur. epit. Don. 68; Paul. Fest. p. 15 L; [Caper] GL
VII 107,15; Isid. diff. 1,214, p. 190 C.; Diff. ed. Beck p. 36, 70

Γ; Σ {Θ, Λ}

1 I. AK: *om.* B: ILLAM Λ | V.] VERO A | hoc] hic Λ ‖ **4** Dauus] *om.* B ‖ **5** illa C
(*corr.* C²) ‖ **6** uides] *om.* Λ ‖ **8** re a] rei A: re et a β | *post* et *add.* a Σ (C²)
persona *uel* personis *codd.* Λ

1.1. (= u. 375) QVID IGITVR SIBI VVLT PATER haec scaena deliberationem continet Daui et Pamphili. 1.2. Et bene 'igitur': si enim
falsae sunt nuptiae, quid cogitat? Stomachose etiam hoc dixit   *138W.*
⟨'quid⟩ sibi ⟨uult'⟩, ut ille (Verg. *Aen.* 6, 318) 'quid uult concursus
5 ad amnem?'

    2. (= u. 376) SI ID SVCCENSEAT 'id': 'ob id', 'propter id'.

    3. (= u. 377) NEQVE ID INIVRIA id est: usque adeo iniustus sibi
uidebitur, ut se iniustitiae ipse condemnet.

    4. (= u. 378) AD NVPTIAS PERSPEXERIT 'perspicere' est ad
10 plenum et perfectum uidere.

    6.1. (= u. 380) TVM ILLAE TVRBAE τὸ 'illae' ad terrorem rettulit.
6.2. QVIDVIS PATIAR hoc est: patiar me uxorem ducere. 6.3. PATER
EST PAMPHILE hoc uultuose pronuntiandum est. 6.4. Et mire 'pater'
dixit, ut in ipso nomine uideatur habere auctoritatem. 6.5. Et uel-
15 uti dormitantem et oblitum potestatis paternae his tribus excitat:
'pater est, Pamphile' 'difficile est' 'haec sola est mulier'. 6.6. QVID-
VIS PATIAR sunt qui 'quiduis' pro 'quicquid euenerit' intellegant,
quia dixerat (u. 277) 'adeo me ignauum putas'. Alii pronuntiant, ut

---

2 *cf. Don. An. 157.2 (ubi cf. alia)* ‖ 3. *cf. Don. Hec. 71.2; Seru. Aen. 9, 107*
4 *cf. Cur. epit. Don. 641* ‖ 6.3 *cf. Ferri 2016, p. 252* ‖ 6.6 *cf. Ferri 2016, p. 240*

Γ; Σ {Θ, Λ}

1 *post* IGITVR *add.* DAVE Λ ‖ **2** Pamphili et Daui continet B | enim] *om.* C (*rest.*
C²) ε ‖ **3** fase C (*corr.* C²) | hoc etiam ε | **4** quid₁] *add. Wess.* | ⟨uult₁ ⟩ *edd. uett.*
6 SVCCENSENT A: SVCCENSE B: SVCCENSERAT K: SVCCENSEAS C | propter
Steph.: post ω ‖ **7** INIVRGIA C²F | id est] est K: id Θ | usque] neque Λ
8 uidetur C (*corr.* C²) ‖ **10** perfecte Λ ‖ **11** TVRBAE–illae₂] *om.* B | to AK: *om.*
Θ: tum Λ | rettulit] retultit B ‖ **12** QVIDVIS] QVID INS A: QVEM VIS CT
PATIAR₁] PARTIAR K | patiar₂] partiar AK ‖ **13** PAMPHILE] Pā B | uoluptuose
K | est] *om.* B | et] *om.* B | mire] nunc ε ‖ **14** dixit *ex* dicit C² | in] *om.* Σ
uideatur *ex* uidentur A² ‖ **15** paternae potestatis B ‖ **16** est₁] *om.* ΓΘ | *post*
Pamphile *add.* resistere Λ | est difficile est Λ | est mulier] *om.* B: mulier Θ
17 *post* PATIAR *add.* QVIDAM Λ | qui quiduis] quicquiduis Θ | quiquid A:
quidquid K | euenere CFq: euenire C²T ‖ **18** adeo] ad et A: adeon Θ (C², *om.*
C) | mei ignauum A: ᵐᵉ ignauum K | ut] *om.* C (*rest.* C²)

sit sensus: 'quid me uis facere? An ut hoc patiar mihi uxorem dari?' 6.7. PATER EST a necessario argumentum.

7.1. (= u. 381) DIFFICILE EST hoc est 'resistere' 'contradicere'.

139W. 7.2. DIFFICILE Pamphilo, perniciosum Glycerio. 7.3. SOLA ⟨id est⟩ ἐρήμη: sine defensoribus propriis. 7.4. Et 'sola' et 'mulier' dixit. 7.5. SOLA sine auxilio ac per hoc 'deserta'. 7.6. DIFFICILE EST ἀπο-σιώπησις cum uultu: deest 'resistere.' 7.7. DICTVM AC FACTVM pro-uerbium celeritatis, id est 'cito'. 7.8. DICTVM AC FACTVM INVENERIT pro 'inueniet': subiunctiuo modo pro indicatiuo usus est. Et est honesta locutio.

8.1. (= u. 382) QVAM OB REM EICIAT O. callide ad eius periculum se conuertit, cui plus amator timet quam sibi; ideo uincitur statim. Apparet autem Dauum male sic agere, quia cum caueat Pamphilo, tum cum maxime formidat senem. 8.2. OPPIDO ex oppido, ex ciuitate. 8.3. EICIAT miratur et stupet. 8.4. CITO illo admirante hic etiam confirmauit. Addidit etiam tempus celeritatis.

6.7 cf. Don. An. 261.2 (ubi cf. alia) ‖ *7.8 cf. Don. Phorm. 516.1* ‖ *8.2 cf. Don. Hec. 238.3*

Γ; Σ {Θ, Λ}

1 hoc] *om.* BC (*rest.* C²) ‖ **2** dare KT ‖ **3** hoc est] *om.* Θ | resistere] *ante* hoc *transp.* Λ ‖ **4** PAMPHILO difficile Θ | Glycerio perniciosum B | addidi ‖ **5** ἐρήμη *scripsi:* int(er) A: *om.* B: autem K Σ (aucte aute C, 'aucte' *del.* C²): autem idest β | et] est Λ ‖ **6** ac] et B: ac *uel* et *codd.* Λ | ΑΠΟCΙωΠΝCΙC A: ΑΠΟCΠΗCΙC B: *om. sp. rel.* K: a n o ci o n u ci s Θ: aposiopasis Λ ‖ **7** cum uultu: deest *Steph.:* cum uultu ut deest A: cum deest uultu K: cum uultu BΘ: deest Λ resistere] desistere Θ | DICTVM–**8** FACTVM *hic om.* B (*cf. infra*) | DICTVM AC FACTVM] *rep.* FTq | est *post* prouerbium *add.* K, *post* celeritatis *add.* Λ ‖ **8** id est] uel Θ | DICTVM] FACTVM K ‖ **9** pro₁] *om.* B | inueniret Tq | subiunctiuo–est] *post* locutio *transp.* B | subiunctiuo *Jakobi 1996, p. 60, n. 149:* coniunctiuo ω | *post* indicatiuo *add.* modo K | et est] in hac C: et haec Θ (C²) ‖ **10** *post* locutio 7.8 'modo pro modo' *et* 7.7,7.8 'prouerbium – DICTVM aliter FACTVM' *transp.* B ‖ **11** EICIAT Fq | o.] OP(P)IDO Λ ‖ **12** timet] *post* sibi *transp.* B **13** Dauum] *post* agere *transp.* B | sic agere Γ: se agere CT: suadere C² ('aliter') Fq Λ ‖ **14** tum] tunc B | ex oppido] *om.* B | ex ciuitate] exiuitate A: ciuitate CB ‖ **15** EICIAT Fq | minatur B | *post* stupet *add.* Pamphilus Λ | CITO] CETV Θ hic] hoc Λ ‖ **16** etiam₁] *om.* Λ | confirmet K: confirmat Σ | etiam₂] et Θ

9.1. (= u. 383) CEDO 'cedo' singularis numeri est, 'cette' pluralis,
ut 'salue', 'saluete'. 9.2. DIC TE DICTVRVM pronuntia 'dic' quasi rem
facilem et nullius praeiudicii. 9.3. DIC TE DVCTVRVM hoc est, quo a
principio nitebatur.

10.1. (= u. 384) EGONE DICAM τὸ 'ego' ἔμφασιν habet, hoc est
uel: quem non oporteat dicere, uel: quem non conueniat fallere   *140W.*
atque mentiri. 10.2. CVR NON non interrogat, sed facilitatem rei
ostendit. 10.3. NVMQVAM plus habet negationis quam 'non'.

11. (= u. 385) EX EA RE QVID FIAT VIDE ἀπὸ τῆς ἐκβάσεως.

12.1. (= u. 386) VT AB ILLA EXCLVDAR HOC CONCLVDAR mire
'hoc': amicam pronomine significat dicens 'ab illa', huic nec
sexum seruauit, ne uxor esse uideatur. 12.2. Et ex ferarum translatione 'concludar' dixit, ut alibi (*Phorm.* 744) 'conclusam hic habeo
uxorem saeuam'. 12.3. VT AB ILLA EXCLVDAR HAC CONCLVDAR
ἐν ὑποκρίσει, nam aliud infert atque intellegit Dauum dicere.

9.1 *cf. infra 15.1; Diom. GL I 346,16; Prisc. GL II 420,15; [Prob.] GL IV 38,15;
[Serg.] GL IV 551, 30; Non. II 26, p. 147 Maz.; Pomp. GL V 240, 20; Phoc. de nom.
et uer. p. 65,1 C.; Cled. ars 79, 18 B.; Cur. epit. Don. 122* ‖ *10.2 cf. Cur. epit. Don.
575*

Γ; Σ {Θ, Λ}

1 cedo₂] *om.* B Θ | numeri KB Θ: numerus A: numerus *uel* numeri *codd.* Λ
est–pluralis] *om.* B | *post* est *add.* tantam K | cette *Schopen**: certe A: certa K:
cetera Σ | *ante* pluralis *add.* tempora Λ | pluralis] pł A: *om.* K F (*sp. rel.*)
2 *post* pluralis *add.* tantum Σ | saluete] soluere A: saluere KB ‖ **3** *post* hoc *add.*
illud Λ | quo *Schopen**: quod ω | a principio] ab initio Θ ‖ **5** EGON Θ | DICO(M)
A: DI. B | τὸ — habet] *om. sp. rel.* K | to AC Λ: tu(m) B: et F: te Tq | ἔμφασιν
Lind. (*praeeunte Steph.*): ΕΝΦΑϹΙΝ AB: en quia em Θ: emphasim Λ
6 quem₁] que Λ ‖ **7** non₂] ñon A: *rest. s.l.* C² | facilitatem KΘB: facultatem
AΛ ‖ **9** EX] ET Θ | QVOD A | FIET Θ | ἀπὸ τῆς ἐκβάσεως *Steph.*: ΑΠΤΝϹ
ΕΚΒΑϲΕωϹ A: ΑΠΤΝϹΕΡΒΑϹΕΟϹ B: *om. sp. rel.* K Σ: ἀπὸ τῆς M⁴ (*postp.
sp.*) ‖ **10** HOC] HOC F: (H)AC ω ‖ **11** hoc *Wess.*: hanc ω (hac β) | amicam *Wess.*:
cum ω | huic *Wess.*: illic ω | nec] *om.* C: *rest.* C² ‖ **13** habet A ‖ **14** VT–
EXCLVDAR] *om.* Λ (*exc.* α) | EXCLVDAR HAC] *om.* A: EXCLVDAR AC K | HAC–**15**
ἐν ὑποκρίσει] *om. sp. rel.* Θ ‖ **15** ἐν ὑποκρίσει M⁴: ΕΝΥΠΟΡΙΟΙ A:
ΕΝΠΟΚΡΙΟΙ B: *om. sp. rel.* K Λ | NAM A | aliud] illud K | atque] quod Λ
Dauum] dictum Θ

13.1. (= u. 387) NEMPE HOC SIC ESSE OPINOR DICTVRVM PATREM coniectura atque diuinatio, an hoc an illud euenturum sit. 13.2. NEMPE HOC SIC ESSE OPINOR ab imitatione. *Mimesis enim dicitur.* 13.3. NEMPE HOC a possibili.

15.1. (= u. 389) CEDO QVID IVRGABIT 'cedo' singularis tantum, 5 'cette' pluralis. 15.2. HIC REDDES OMNIA 'hic' aduerbium loci non

141W. est, sed aduerbium temporis, ut Vergilius (*Aen.* 9, 246) 'hic annis grauis atque a. m. A.' 15.3. REDDES facies, restitues. 15.4. CEDO QVID IVRGABIT ab utili.

16. (= u. 390) INCERTA VT SIENT hic est euentus.   10

17.1. (= u. 391) SINE OMNI PERICVLO hoc est: sine ducenda Philumena. 17.2. NAM HOC HAVT DVBIVM ne consentiat Chremes filiam dare.

18.1. (= u. 392) NEC TV EA CAVSA M. H. Q. F. NE IS MVTET SVAM SENTENTIAM [NEC TV EA CAVSA MINVERIS] hoc est quod supra 15

13.2 *cf. Don. An. 773.2; Quint. inst. 9, 2, 58; Porph. Hor. epist. 1, 17, 46; Cur. epit. Don. 141; Fantham 1972, p. 47* ‖ *13.3 cf. Don. An. 409.2, Id. ibid. 597.2; Id. ibid. 809.2; Id. Hec. 392; Id. Phorm. 452.1, al.* ‖ *15.1 cf. sch. 9.1* ‖ *15.2 cf. [Asper] GL Suppl. p. 53,12; Diff. ed. Beck p. 62,2; Charis. ars p. 356,14 B.; Prisc. GL III 139,17; Cur. epit. Don. 387.* ‖ *15.4 cf. Don. An. 25.1 (ubi cf. alia)*

Γ; Σ {Θ, Λ}

1 NEPE A | HOC SIC ESSE] ESSE HOC Θ: HOC FICT(VM) SIC ε: HOC SIC Λ DICTVRVM–**3** OPINOR] *om.* K, DICTVRVM PATREM *om.* B ‖ **2** an₂] *uel* Λ uenturum Σ ‖ **3** HOC] *om.* Θ | ab imitatione] alimitatione Σ | mimesis BTq: numesi AK: numesis C: mimensis F: *om. sp. rel.* Λ: μιμήσει *Klotz* | enim] *post* dicitur *transp.* Θ ‖ **4** dicitur AΛ: ducitur KΘ: dicitur ducitur B | NEMPE] NEQVE Λ ‖ **5** QVID] QVOD AK | IVRGABITVR AK: IVR. B | *ante* cedo₂ *add.* tecum Λ, *post* cedo *add.* quid A | singularis tantum KF: singł tantum A: singularis numerus B: singulariter tantum (tandem T: tamen C) Θ: singulariter Λ | *ante* cette *add.* cedo K ‖ **6** cette *Schopen**: cetera ω | *ante* pluralis *add.* tempora Λ | pł AB: pluraliter Σ | loci–**7** aduerbium] *om.* B | non est *post* hic *transp.* Λ ‖ **7** ut] *om.* B | annis] omnis B ‖ **8** atque–A.] etc. B | atque e²: adq. ω ‖ **10** SIENT] SCIENT AC (*corr.* C²): FIENT K ‖ **12** sch. 17.2 *om.* B | AVT A CT | DVBIVM] *in ras.* A *post* DVBIVM *add.* est KΛ | Chremes] dire me A ‖ **14** EA] ES K | F.] s. A: ʃ C *post* F. *lac. susp. Wess.* | IS] HIS AK | SVAM] TVAM C (*corr.* C²): *om.* F: s. T **15** SENTENTIAM] *om.* B: *post* mutet *transp.* Σ | NEC–MINVERIS ω, *om. edd. uett.* | hoc–**139,2** MINVERIS] *om.* AK

(u. 242) 'id mutauit, quia me immutatum uidet'. 18.2. NEC TV EA
CAVSA MINVERIS quia promisisti te esse ducturum.

19.1. (= u. 393) NE IS MVTET SENTENTIAM Chremes scilicet.
19.2. NE IS MVTET redit ad consilium et coniungit euentum.

5   20. (= u. 394) PATRI DIC VELLE VT CVM V. T. I. L. N. Q. scilicet ne
securus, quod non sit daturus Chremes filiam suam, parui faciat
iram patris et neget uxorem ducere utpote fretus neminem alium
sibi commissurum coniugem.

21.1. (= u. 395) NAM QVOD TV SPERES sunt qui 'speres' pro
10 'timeas' habeant. 21.2. NAM QVOD TV S. alium daturum. 21.3. PRO-   *142W.*
PVLSABO hoc est: causam inanem esse monstrabo, id est: 'ostendam nihilominus te esse ducturum aliam uxorem, etiamsi hanc
non duxeris'. 21.4. PROPVLSABO eleganter pro eo, quod est 'repel-
lam'. 21.5. VXOREM HIS MORIBVS deest aliquid, ut sit: 'his moribus
15 agenti', aut: 'his moribus praedito'. 21.6. VXOREM HIS MORIBVS
DABIT NEMO ne alteram quaerat.

22.1. (= u. 396) INVENIET INOPEM ὑποφορὰ εὔστοχος. 22.2. IN-
VENIET INOPEM sed ne inopem quaerat. 22.3. INVENIET INOPEM

21.1 cf. Don. ars mai. p. 658, 8 H. (ubi cf. alia): Acyrologia est inpropria dictio,
ut (Verg. Aen. 4, 419) 'hunc ego si potui tantum sperare dolorem', sperare
dixit pro timere ‖ 21.4 cf. Cur. epit. Don. 687 ‖ 22.1 cf. Don. An. 258.3

Γ; Σ {Θ, Λ}

1 quia B (*cf. Ter. ad loc.*): quoniam Σ | EA] E. BT ‖ **2** promixisti C (*corr.* C²)
3 IS] HIS A | MITET A: *om.* B | SENTENTIAM] *om.* B | scilicet Chremes B | *post*
Chremes *add.* suam sententiam B ‖ **4** NE IS] *om.* B | redit] reddit ACq (*corr.*
C²): reddat F (*post* consilium *transp.* Θ) | *post* coniungit *add.* suum B ‖ **5** HIC
K | *post* DIC *add.* TE. Λ | scilicet *Steph.*: sed ω ‖ **6** Chremes daturus Θ | faciet
A ‖ **7** negat Θ ‖ **9** NAM–**10** daturum] *om.* B | SPERES₁] SPERAS FΛ | speres₂]
speras Kβ ‖ **10** timeas] caueas K | s.] SPE. Θ: SPERES *uel* SPERAS *codd.* Λ | alium
Klotz: aliam AK Θ: illam Λ ‖ **11** esse (rem A) inanem KΛ | *ante* monstrabo
add. et K ‖ **12** nihilominus] nihil minus B | esse] *om.* B | ducturis B | uxorem]
om. B | etiamsi] est si Fq ‖ **13** eleganter–est] *om.* B, *sed cf. seq.* | repellas CT
post repellam *add.* eleganter B ‖ **14** MORIBVS] M. D. NE B | moribus] mo. B
16 ne] *om.* K | *post* quaerat *add.* idest β ‖ **17** INVENIET₁] INVEVENI INVENI ET
K: INVENIAT Tβ | ὑποφορὰ εὔστοχος *Steph*: ΥΠΟΦΟΡΑΕΨΕΨϹΤΙΚΟϹ A:
ΥΠΟφυΡΑΕΨϹΤΙΡΟϹ B: *om. sp. rel.* K Σ.: ὑποφορὰ ἐφεκτικὸς *Lind.* | *ante*
INVENIET *add.* inueniet eleuationem et superbiam inopem Fq ‖ **18** sed–**140,1**
inopem] *om.* B | INVENIET] INVENIAT FT

sunt qui κατὰ ἀνθυποφορὰν dici putant 'inueniet inopem potius, quam te corrumpi sinat'.

23. (= u. 397) SED SI TE AEQVO ANIMO FERRE ACCIPIET NEGLE-GENTEM FECERIS hoc est: etiam in paratis nuptiis.

24.1. (= u. 398) ALIAM OTIOSVS ex otio, hoc est securus. 5
24.2. INTEREA ALIQVID A. B. sed ne quaerendo inueniat. 24.3. INTE-REA ALIQVID mortem patris adulescentis in delicto pro bono ser-uus ostentat. 24.4. ACCIDERIT et ad causam refertur et certe, quia mortem patris bonum denuntiat. 24.5. ACCIDERIT nota 'acciderit' etiam pro bono et ab hoc et apud ueteres frequentatum. 10

25.1. (= u. 399) HAVD DVBIVM ID QVIDEM EST plus intulit, quam
143W. interrogatus est. 25.2. VIDE QVO ME INDVCAS 'quo me inducas' in eadem translatione permansit, qua sursum dixit (u. 386) 'hoc concludar'. 25.3. Bona οἰκονομία, ut mox iuste Dauo succenseat Pamphilus. 25.4. QVIN TACES 'quin taces ?' 'cur non securus es?' 15 significat —nam nunc 'tacere' ⟨est⟩ securum esse—, ut in Adelphis

---

24.1 cf. Don. Ad. 156.3; Id. An. 843.2; Id. Eun. 919.1–2; Non. 533 L.; Cur. epit. Don. 601 ‖ 24.5 cf. [Caper] GL VII 98, 8: 'Accidere' aliquid aduersi dicito, contingere aliquid pulchri; Agroec. orth. p. 70 P.; Beda orth. p. 12,123; Gloss. V 250, 23; Cur. epit. Don. 13 ‖ 25.4 cf. Cur. epit. Don. 864

Γ; Σ {Θ, Λ}

1 qui] om. K | ΚΑΤΑ ΑΝΤΙΠΟΦΟΡΑΝ A: om. sp. rel. K Σ | inuenie C (corr. C²) ‖ 3 SED–ACCIPIET] om. B | SI TE] sit ea A | FERRE] om. Fq | ACCIPIAT β 5 ALIAM AK: ALIA Σ: om. B ‖ 6 A. B.] B A: ACCIDERIT BONI Λ | sed] s. Θ quaererendo A | 7 delictis B | pro bono] probo Θ | seruus] om. A | 8 ostendit Σ | post quia add. est K ‖ 9 denuntiate A | ACCIDERIT₁ A C²: om. KB Λ: DECIDERIT Θ (C) ‖ 10 etiam] om. C: rest. C² | ab hoc] adhuc KΛ (cf. Cioffi 2015, pp. 361–362) ‖ 11 ID QVIDEM EST] ID EST QVIDEM ID EST K | plus] om. Θ 12 est] om. Θ: sit uel est codd. Λ | INDVCAS A Λ: INDICAS K²: DVCAS Θ | quo me inducas] om. B Σ (inducas β) ‖ 13 eodem A: eandem Θ (C², ex emdem) translationem Θ | remansit Λ | qua Λ: quia Γ Θ E | rursum Θ | dicit Θ | hoc Ter.: hac ω ‖ 14 οἰκονομία Steph.: OI konoMIA A: oiRonomia B: om. sp. rel. K: yconomia CT: oeconomia Fq Λ | Dauo post Pamphilus transp. Σ ‖ 15 quin taces Kβ: qui itaces A: om. B Σ ‖ 16 significat] sig (lineol. supra g.) A: om. B nam] iam A | nunc] non Σ | add. Goetz* | ante securum add. pro B | post esse add. dicitur Λ | ut] om. C

(u. 209) 'tace, egomet conueniam Pamphilum'. Et ideo ille ut consentire dicenti 'taces' uideretur, 'dicam' ⟨ait⟩, ut scias illum non silentium sed securitatem imperasse. 25.5. QVIN TACES correptio est silentium praecipientis de eo dumtaxat, ne timeat de
5 nuptiis. 25.6. Id est: esto securus, nam 'tacere' securi est.

    26.1. (= u. 400) PVERVM AVTEM NE RESCISCAT uidetur hoc illi contrarium esse, quod dixit (u. 219) 'quicquid peperisset d. t.' Sic ergo soluitur: quod ibi seruus cum stomacho dixit, hic tamen Pamphilum uerecunde locutum accipimus. 26.2. PVERVM AVTEM
10 NE R. num diuinat an 'puerum' pro quolibet sexu — 26.3. *Subolem, hoc est filium significat, ut* (u. 219) *'quicquid peperisset d. t.'* — ut Graeci [pueros] παῖδας? Homerus (*Il.* 1, 255) Πριάμοιό τε παῖδες   *144W.* et Horatius (*carm.* 1, 12, 25) 'dicam et Alcidem puerosque Ledae'. 26.4. CAVTIO EST cautione opus est, hoc est cauendum est.

25.5–25.6 *cf. Don. Eun. 834.2*: TACE non silentium indicentis est, sed securam facientis, ut (*Ad.* 209) 'tace, egomet conueniam ipsum' ‖ 26.2 *cf. Seru. Aen. 2,598*: Filius, ut (*Aen.* 4, 94) 'tuque puerque tuus'. Horatius (*carm.* 1, 12, 25) 'puerosque Ledae'. Et est Graecum, nam παῖδας dicunt. Interdum tamen etiam ad aetatem refertur; *Id. Aen. 4, 94*; [Acro] *Hor. carm. 3, 2, 2, p. 214 K.*; *Porph. Hor. carm. 1, 12, 25*; *Fest. p. 248 L.*; *Charis. ars p. 106, 1 B.*; *Prisc. GL II 231,13*; *Id. ibid. 562,8*; *Isid. diff. 2, 19, p. 51 A. S.* ‖ 26.4 *cf. Non. VIII 82, 125 G.-S.*: CAVTIO pro cautela; *Cur. epit. Don. 114*

Γ; Σ {Θ, Λ}

1 tace] mee Θ | ego Θ | conuenio AK: conuenio *uel* conueniam *codd.* Λ Pamphilum ω: iam ipsum *Ter. cod.* A: ipsum *Ter. cod.* Σ ‖ **2** dicenti] dicturi K taces *Wess.* (*praeeunte Steph.*): tacens ω (*iter.* C) | ait *add. post* uideretur Λ, *transp. Wess.* ‖ **3** impetrasse Θ ε ‖ **4** *post* dumtaxat *add.* c. Θ ‖ **5** est] *om.* Θ *post* nam *add.* non Σ ‖ **6** RESCITAT AK: etc. B ‖ **7** esse *ante* contrarium *transp.* B: *om.* β | peperisse B | d. t.] decreuere tolle. B: de. to. Θ ‖ **8** ubi Θ | hinc AΘ **9** locutum uerecunde B | accepimus Θ ‖ **10** NE] N. BT | R.] RESCI C: RESCISCAT Fq | num] nam Θ: aut Λ | an] aut Λ: *om.* C (*rest.* C²) ‖ **11** hoc est] *om.* B: hoc Fq | foetum Λ ‖ **12** pueros KB: pueris A: puerum Σ: *del. Schopen* * | παῖδας *Steph.*: ΠΑΙΔc A: ΠΑΙΔΑC B: *om. sp. rel.* K Σ (παιδα M⁴) | πριάμοιό τε παῖδες z: priamo eo te p(a)edes AK Σ: priamo *** eotepedes B: *om. sp. rel.* β **13** Laede A ‖ **14** CAVTO Tq | EST₁–est₂] *om.* B

27.1. (= u. 401) NAM POLLICITVS SVM SVSCEPTVRVM 'promissio' et 'pollicitatio' eandem uim habent, sed 'pollicitatio' maioris asseuerationis est. 27.2. HANC FIDEM ordo est: ut hanc fidem darem sibi, me obsecrauit, qui ⟨se⟩ sciret non deserturum.

29. (= u. 403) CVRABITVR non 'curabo', sed impersonaliter cum 5 difficultate, quod quasi arduum est et graue, dixit.

27.1 *cf. Don. Hec. 402.1:* 'Pollicitus sum': plus quam 'promisi'; *Id. An. 612.3; Seru. Aen. 1, 237; Isid. diff. 1, 217, p. 190 C.; Cur. epit. Don. 688.* ‖ 29 *de scholio deperdito cf. Seru. georg. 1, 96:* NEQVE NEQVIQVAM *id est non sine causa: nam semper duae negatiuae unam confirmatiuam faciunt. Unde male quidam locum illum legunt in Terentio (403)* 'pater adest, caue te tristem sentiat' — *si enim hoc est, dicit, uide ut te tristem esse sentiat: quod procedere minime potest* — *sed ita legendum est: caue te tristem esse sentiat. Nam et* 'ne' *et* 'caue' *prohibentis est* | *cf. Cur. epit. Don. 184*

Γ; Σ {Θ, Λ}

1 NAM–SVSCEPTVRVM] polli B ‖ **2** eandem] tandem A ‖ **3** adseuerationis AK est] *om.* B Θ ‖ **4** sibi darem Σ | qui *ex* quia C² | ⟨se⟩ O: *om.* ω | *post* deserturum *add.* se Λ ‖ **5** 403] ad hoc u. scholium excidisse recte suspic. Wess. coll. Seru. georg. 1, 96 (*cf. Wess. 1902, app. p.511; Zetzel 1974, pp. 372–376; Jakobi 1996, p. 38*) ‖ **6** esse Λ | et graue] graueque Λ | dixit] ostendit Σ

1.1. (= u. 404) REVISO QVID AGANT AVT Q. C. C. haec scaena
nodum inicit erroris fabulae et periculum comicum; facit etiam
exsecutionem consiliorum. 1.2. REVISO QVID A. A. Q. C. C. πρὸς τὸ
'quid agant' auribus est opus, πρὸς τὸ 'quid captent' prudentia et
5 sagacitate. 1.3. Et quod supra dixit, non paenituit idem repetere
(uu. 169–170) 'obserues filium, quid agat, quid cum illo consilii
captet'; quod enim prudenter dictum fuerit, non piget repetere.
Actio tamen ex his tribus consistit: cogitatione, dicendo, gerendo. *145W.*
1.4. REVISO redeo, ut uideam. 1.5. QVID AGANT quid respondeant,
10 quid dicant.
    2. (= u. 405) HIC NVNC NON DVBITAT non dixit 'senex' aut
'pater', sed 'hic' cum odio, quoniam auerso animo loquitur.
    3.1. (= u. 406) EX SOLO LOCO 'solo' deserto, ubi meditari facilius
possit. Menander (*An., frg.* 37 K.-A.) εὑρετικὸν εἶναί φασι τὴν

1.1 *cf. Jakobi 1996, p. 148* ‖ 1.3 *cf. Varro ling. 6,41* ‖ 1.4 *Cur. epit. Don. 759*
1.5 *cf. Cur. epit. Don. 44* ‖ 2 *cf. Ferri 2016, p. 249* ‖ 3.1 *cf. Seru. Aen. 11, 545; Id.*
ibid. 5, 613; Non. 556 L.

Γ; Σ {Θ, Λ}

1 *ante* REVISO *add.* Simo Dauus Pamphilus A │ QVID–C.₂] etc B: QVID
CAPTENT CONSILII Fq Λ │ AVTEM AK │ Q.] QVIA K │ haec B FΛ: hac AK CT q
(*incert.*) │ scaena Λ: sententia ΓΘ ‖ **2** nodum AB: modum KΛ: nom(en) β │ *post*
nodum *add.* Pamphilus K │ inicit *edd. uett.*: iniecit ω: innectit *Sabbadini* (*1894,*
p. 91) │ etiam] quam C ‖ **3** consecutionem B │ REVISO–πρὸς τὸ] *om. sp. rel.* K
QVID] QVE A: Q. B │ A. A A: *om.* B: AGANT AVT Λ: AGANT Θ │ Q. B: QVE A: QVID
q: Q. *uel* QVID Λ │ C. C. Λ: *om.* ABΘ │ πρὸς τὸ *Klotz*: poeto A: presta(t) Θ: *om.*
sp. rel. Λ ‖ **4** opus est Σ │ πρὸς τὸ M⁴: ΠΡΟC ΘΟ AB: n. p. o. c. e. o. Θ: *om. sp.*
rel. KΛ ‖ **5** sagacitatem AK │ dicit Θ │ idem] i. C: idest q ‖ **6** filius C (*corr.* C²)
agat] petagat B │ cum] c. Θ │ consilii] *om.* B: c. Θ ‖ **7** quid A ‖ **8** gerendo]
uerendo B: regendo Θ ‖ **9** ut uideam] *om.* A ‖ **11** NVNC] ME Θ ‖ **12** hic] senex
B: *om.* C: *rest.* C² │ odio] ideo Γ (iō B) │ animo auerso Σ ‖ **14** εὑρετικὸν
*Bentley**: EYPHEIKON A: EYPHΘIKON B: *om. sp. rel.* K Σ: εὑρετικὴν *Steph.*
εἶναί *Steph.*: EINAI AB: *om. sp. rel.* KΣ │ φασι *Steph.*: OACI A: ΦACI B: *om. sp.*
rel. KΣ │ τὴν *Steph.*: TNN A: ΓNN B: *om. sp. rel.* KΣ

ἐρημίαν οἱ τὰς ὀφρῦς αἴροντες. 3.2. VENIT MEDITATVS ALICVNDE terror obiurgaturi patris hortatio est ad promittendum Pamphilo quod iubetur.

4. (= u. 407) *Et 'orationem' dixit, quod quasi ad plenum cogitari potuisset, quippe* ⟨*uenit*⟩ *meditatus alicunde ex solo loco'.*   5

5.1. (= u. 408) QVA DIFFERAT TE 'differat' 'disturbet' et 'in diuersum ferat'. Vergilius (*georg.* 3, 197) 'atque arida d. n.',— 5.2. Et in Adelphis (486) 'miseram me, differor doloribus' — hoc est 'in diuersum rapit', 'dissipat'. 5.3. PROIN TV FAC APVD TE SIES non ne timeat cauet Dauus, sed ne amore a consilio suo alienetur Pamphi-   10

146W. lus. 5.4. APVT TE SIES pro 'paratus sis', cui contrarium est (*Haut.* 921; *Phorm.* 204) 'non sum apud me'.

6.1. (= u. 409) MODO VT POSSIM DAVE 'ut' 'ne non'. 6.2. MODO VT POSSIM a possibili. 6.3. POSSIM apud me esse.

5.1 *cf. Aug. in Hept. p. 266, 1185; Seru. georg. 3,197; Id. Aen. 8,439; Non. 438 L.; schol. Bemb. Ter. Haut. prol.16; Prisc. GL III 368,7; Cur. epit. Don. 221* 6.1 *cf. Don. An. prol. 3.1; Id. An. 277.2,3; Id. ibid. 349.3; Id. ibid. 705.2; Id. ibid. 914.1; Id. Hec. 101.2; Id. ibid. 257; Id. Phorm. 59.2; Id. ibid. 965; Id. Ad. 627.2* 6.2 *cf. Don. An. 387.3; Id. ibid. 597.2; Id. ibid. 809.2; Id. ibid. 392; Id. Phorm. 452.1, al.*

Γ; Σ {Θ, Λ}
M: 408.2 differor – 430.2 dicitur *deest*

1 ἐρημίαν *Steph.:* EPEMIAN AB: *om. sp. rel.* ΚΣ | οἱ *Steph.:* OI A: O B: *om. sp. rel.* ΚΣ | τὰς ὀφρῦς *Steph.:* ΤΑCΟΦΡΙC AB: *om. sp. rel. cett.* | αἴροντες *Steph.:* AI *pontes* AB: *pontes* K Σ | ALIVNDE Θ ‖ **2** terror] cesor Θ (teror C²) obiurgatur Θ: obiurgationis obiurgaturi B | oratio K ‖ **4** *sch. 4. post* 3.1 *possit in* ω ‖ **5** *add. Wess.* | aliunde K Θ ‖ **6** TE *differat*] *om.* Θ | disturbet et] disturbetur C ‖ **7** horida Fq | d. n.] *om.* B ‖ d.n. A: d.n.o. K Λ: d.n.a. Θ: *om.* B **8** in₁] *om.* B Θ | differam Cq | in₂–9 diuersum] *om.* B: in aduersum Θ **9** rapior B | dissipor B | SIES APVD TE B | non ne] none K ‖ **10** caueat Σ **11** SIES Θ: SIS AK Λ: *om.* B | pro paratus *Sabbadini (1894, p. 93)*: preparatus A Σ: paratus (*ut uid.*) B: *om.* K | sis] *om.* K Σ | est] *om.* B ‖ **13** ut] et C (*corr.* C²) *post* ut *add.* pro Λ | ne non] nonne (*uel* non ne) Θ ‖ **14** apud] caput A

7.1. (= u. 410) NVMQVAM HODIE TECVM ab utili ⟨et⟩ euentu.
7.2. 'Numquam' plus asseuerationis habet quam 'non', ut Vergilius
(Aen. 2, 670) 'numquam omnes hodie m. i.' 7.3. COMMVTATVRVM
PATREM iurgium habiturum. *Hoc est enim 'uerba commutare'.*
5   7.4. COMMVTATVRVM altercaturum. In Phormione (uu. 638–639) sic
'tria non commutabitis uerba hodie inter uos', quod est 'dabitis
atque accipietis', id est 'iurgabitis'. 7.5. Ego puto 'commutare
uerba' esse 'pro bonis dictis mala ingerere', hoc est iracundia in
maledicta compelli.

7.1 *cf. Seru. auc. Aen. 2,670; Eugr. An. 409; ab utili]* cf. Don. An. 25.1 *(ubi
cf. alia)* ‖ 7.2 *cf. Don. An. 384.3; Id. Hec. 465.2; Cur. epit. Don. 575*
7.3–7.4 *cf. Don. Phorm. 639.1,2; Cur. epit. Don. 142*

Γ; Σ {Θ, Λ}

1 TECVM–**3** hodie] *om.* Θ | TECVM] TOTVM A: *om.* B q Λ | et euentu *Wess.:*
euentu B: euentum AK Λ: inuentum *Sabbadini (1894, p. 93)* ‖ **2** Numquam–**3**
i.] *om.* B ‖ **3** m.] moriemur *uel* m. *codd.* Λ | i.] *om.* K: i. *uel* inulti *codd.* Λ
4 *ante* PATREM *add.* idest Λ | iurgia Λ | commutare *Klotz ex Ter. Phorm.*
638–639: mutare ω ‖ **6** tria–dabitis] *om.* q | tria] tua Λ | non] *om.* B
commutabitis] esse mutabis CT: comutabis Λ | hodie] odio A: *post* inter uos
transp. Θ | uos] nos B *(ante corr.)* Λ | quod est] hoc est KΛ: hoc Θ | dabis Λ
7 accipies Λ | id est] id Θ | iurgabis Λ ‖ **8** esse] hoc est Θ | mala] *om.* Θ | est]
om. Θ | in] et C *(corr.* C²*): om.* B

1.1. (= u. 412) ERVS ME RELICTIS REBVS I. P. H. O. uide quam mire, cum omnes consulto consilio sibi agere uideantur, omnes tamen rerum exitu inopinato ludificentur, et Simo et Pamphilus et 147W. Dauus et Charinus et ipse Byrria. 1.2. ERVS ME R. R. ad hoc uenit Byrria, ut in errorem concitet Charinum. 1.3. Et in hac scaena 5 quattuor personae sine implicatione intellectus locuntur. 1.4. ERVS ME R. R. 'imponitur manus' rebus, cum perficitur id quod coeperit, ut Vergilius (*Aen.* 7, 573) 'imponit regina manum'; 'relinquuntur' uero res, cum imperfectae relinquuntur, ut Vergilius (*georg.* 3, 519) 'atque opere in medio defixa r. a.' 1.5. PAMPHILVM HODIE OBSER- 10 VARE 'obseruatio' duplex est: uel captationis uel obsequii. 1.6. ERVS ME R. R. adeo praeposuit hoc negotii omnibus rebus.

3.(= u. 414) ID PROPTEREA NVNC HVNC V. S. necesse est aut alterum esse superuacuum aut 'propterea' 'propter' accipiendum.

1.1 *cf. Jakobi 1996, p. 148* ‖ 1.4 *cf. Seru. Aen. 7,572:* Quod superest perficit. Et est translatio a pictura, quam manus complet et ornat extrema; *Cur. epit. Don. 415* ‖ 1.5 *cf. Don. An. 169.2 (ubi cf. alia)*

Γ; Σ {Θ, Λ}

1 ERVS] Crus A (*sic et infra*): HERVS BC: H. *uel* HERVS *codd.* Λ: *om.* K (*fort. rel. sp.*) | OMNIBVS *post* RELICTIS *add.* Λ, *post* REBVS *add.* Θ | I. P. H. O] P. Θ: IVSSIT PAMPHILVM OBSERVARE β: IVSSIT PAMPHILVM HODIE OBSERVARE *uel* I.O.H.O. *codd.* Λ ‖ **2** mire] me AK | consilio sibi *ante* consulto *add.* B | sibi] *om.* Θ omnes₂–**3** tamen] tamen omnes Θ ‖ **3** exiit A: exitus β | inopinato (-ta B)] *ante* rerum *transp.* B | ludificarentur Θ: ludificantur B | et₂–**4** Dauus] et Dauus et Pamphilus B ‖ **4** Charinus] cari. B | et₂–Byrria.] *om.* Σ | R.₁] O. Θ: O. *uel* OMNIBVS *codd.* Λ | uenit *edd. uett.*: ueniet ω ‖ **5** *post* ut *fort.* rursum *addend.* (*cf. Don. Hec. 513.2*) | in errorem] n errorem A: moerore β | concitet *Wess.*: conciliet AB: consilii et K: conculpet Σ ‖ **6** locutum C ‖ **7** R.₂] O Θ manus rebus] *om.* A | quod] qui A ‖ **8** ut] *om.* B | relinquantur FT ‖ **9** uero] *om.* B | relinquuntur] dimittuntur Λ | ut] *om.* B: item CT: hem Fq ‖ **10** atque] aut B | defixa r. a.] defixara A: defixa reliquit arata B ‖ **11** obseruatio BUq: seruitio AK: seruatio Σ | captionis AΘ | obsequii BK C²q: obsequi AΣ | HERVS B Σ ‖ **12** R.₁] RELICTIS Θ ε | R.₂] *om.* Θ: O. *uel* OMNIBVS *codd.* Λ | adeo praeposuit] adcomposuit A: adeo posuit B ‖ **13** ID (est) AK | V. S.] VENIENTEM SEQVOR BFΛ | aut] ut A ‖ **14** esse] esset AB | propter *Klotz*: post ω

4. (= u. 415) HOC AGAM in gestu est, nam est figura corporis
obseruantis, quid agatur.

5. (= u. 416) VTRVMQVE ADESSE VIDEO et Dauum et Pamphilum.

6.1. (= u. 417) QVASI DE IMPROVISO RESPICE AD EVM interest

5   eius, qui repente aspexerit; nam uidebitur nihil dolose locuturus.
6.2. Ut (Verg. *Aen.* 12, 671) 'respexit ad urbem'. 6.3. QVASI DE
IMPROVISO RESPICE AD EVM scilicet ne meditata eum intellegat
habuisse consilia.

7. (= u. 418) HODIE VXOREM D. V. D. V. 'uolo' et 'nolo' nimis   *148W.*

10   imperiosa et superba dictio est, ut alibi (*Ad.* 376–378) 'piscis
ceteros purga D.; g. i. m. i. a. s. l. p.; u. e. u. e.; p. nolo'.

8. (= u. 419) NVNC NOSTRAE TIMEO PARTI Q. H. R. ⟨....⟩

9.1. (= u. 420) IN ME MORA recusantis est magis, non uolentis
consensio tam segnis ac tepida, si penitus consideres. 9.2. HEM

15   percussus hoc dicto Byrria interiectione magis quam uerbo excla-
mauit.

10 (= u. 421) QVID DIXIT nota hic Byrriae personam quartam,
sed non admixtam.

11.1. (= u. 422) CVM ISTVD QVOD P. I. C. G. nimis obsequenter

20   locutus est pater: et 'postulo' pro 'iubeo' et 'impetro' pro 'extor-

---

7. *cf. Don. Ad. 379.1* ‖ *9.2 cf. Palaemon. Charis. ars p. 311, 12 B.; Cominian.
ibid.. p. 311, 4 B.; [Max. Victor.] GL VI 205,1; Prisc. GL III 138,15; [Asper] GL V
554,14; Don. Hec. 339.2; Id. Ad. 266.1; Id. ibid. 373.1* ‖ *11.1 cf. Don. Phorm.
142.1; Quint. inst. 10, 1, 110*

Γ; Σ {Θ, Λ}

1 ingestum FT ‖ **5** uidebatur B ‖ **6** .₁] *sch.* 6.2 *om.* B | *post* QVASI *add.* dixit Θ
DE] D. A ‖ **7** IMPROVISO] I A: IMPRO. C | RESPICE] R. AK Θ: R. *uel* RESPICE *codd.*
Λ | *post* RESPICE *add.* I. Θ | meditata Θ (meditata F²q) ‖ **9** HODIE–V.₂] VOLO B
VXOREM HODIE Λ | D. V.₁] DVCAS VT FΛ | D.₂] DIXI Λ | V.₂ AK T: VOLO B F Λ:
VO. Cq | nolo et uolo Σ ‖ **10** et] est A: etiam K | superbia A | alibo C (*corr.* C²)
pisces Σ ‖ **11** cereos ε | g.–nolo] etc B | g. i.] u. Σ | i.₂] *om.* KΛ | e.₁] c. ω | nolo]
uolo Σ ‖ **12** *sch.* 8. *om.* B | TIMET A | Q.] QVIA K: QVID *uel* Q. *codd.* Λ | H. R.]
HIC RESPONDEAT *uel* H. R. *codd.* Λ | *post* R. *lac. stat.* Klotz ‖ **13** excusantis β
non] quam Λ ‖ **14** tam] ea Θ: iam β ‖ **15** perculsus B ‖ **17** *sch.* 10 *post* 11.2 *in*
ω | DIXIT] DO. A | hic] hanc Σ | quartam Λ: quartum Γ: partem Θ ‖ **19** CVM–
G.] IMPETRET etc. B | ISTVD] ID ε | QVOD] QVID A | P.] POSTVLO Λ: PO. Θ | I. C.
G.] I. G. Θ: IMPETRO CVM GRATIA Λ ‖ **20** iubeo] uideo Γ

queo'. 11.2. POSTVLO iuste uolo; 'petimus' enim [quae] precario, 'poscimus' imperiose, 'postulamus' iure. 11.3. ⟨CVM⟩ ... IMPETRO pro 'cum impetrem'.

12.1. (= u. 423) ERVS QVANTVM A. V. E. 'cadere spe' dicuntur, qui leuati animo a summo ad inferiora labuntur. 12.2. VXORE hoc 5 est matrimonio ac nuptiis. 12.3. SVM VERVS id est ueridicus, ut (u. 647) 'falsus' pro 'fallaci'. 12.4. VXORE EXCIDIT quod Graeci dicunt ἀπέτυχεν.

149W.   14. (= u. 425) NVLLANE IN RE ESSE CVIQVAM HOMINI F. non 'in nullis rebus', sed 'neque in rebus neque in persona', ut Vergilius 10 (*Aen.* 4, 373) 'nusquam tuta fides', cum amore fracta esset ab eo (*ibid.* 4, 599) 'quem subiisse u. c. a. p.' audierat. Alibi Terentius

11.2 *cf. Seru. Aen. 9,192 (= Varro frg. 106 G.-S.):* 'Poscere' est secundum Varronem quotiens aliquid pro merito nostro deposcimus, 'petere' uero est cum aliquid humiliter et cum precibus postulamus; *Cur. epit. Don. 642; Poliziano p. 56, 15* ‖ 12.1 *cf. Cur. epit. Don. 112* ‖ 12.3 *cf. Don. An. 647.1; Id. ibid. 257.2 (ubi cf. alia); Cur. epit. Don. 898* ‖ 14 *cf. Don. Ad. 330.2:* Fides aut personae est cui creditur, aut ipsius rei qualitate, si ea res creditur, in qua fallere cui creditur aut non debet aut non potest. Hic ergo mire in utroque dixit iam fidem nullam esse: et in persona et in re; *Seru. Aen. 4, 373:* NVSQVAM TVTA FIDES EST hoc est, nec apud rem, nec apud hominem: Terentius (*Ad.* 330) 'quid credas, aut cui credas?'

Γ; Σ {Θ, Λ}

1 enim] *om.* C (*rest.* C²) | quae ω, *om. iam edd. uett.* ‖ **2** imperiose] imperio sed Λ | *add.* Wess. ‖ **3** pro – impetrem] *om.* A | **4** HERVS Σ | A. KCT: AVDIO AB Fq Λ: AB. β | v.] VXORE FΛ | E.] EXCIDIT BΛ ‖ **5** animo Σ: *om.* Γ ‖ **6** matrimonii Θ | id est] *om.* B: hoc est C (*corr.* C²) ‖ **7** quia Θ ‖ **8** ἀπέτυχεν Steph.: ANETYXEN A: ΑΠετγχεν B: *om. sp. rel.* K Σ ‖ **9** *post* NVLLANE *add.* PVTES Λ CVIQVAM (CVPIAM K)] *post* HOMINI *transp.* KΛ | HOMINI F. *ex Ter.:* HOMINIS AK: HOMINVM FIDEM Σ | non in nullis] in non ullis A: in ullis K ε ‖ **10** rebus₁ Schopen* (cf. *Ad.* 330.2; *Seru. Aen.* 4, 373): terris ω | rebus₂ Schopen*: terris ω **11** cum] et Θ: et in Λ ‖ **12** u.c.a.p. AK: humeris confectum etate parentem B: ucar Θ: uerear Λ | Terentius] *om.* B

(*Phorm.* 60–61) 'cuius tu fidem in pecunia perspexeris, uerere ei uerba c.? Ubi quid mihi lucri est?' Et hic ad rem 'perspexeris'.

15.1. (= u. 426) VERVM ILLVD VERBVM EST id est 'prouerbium et sententia'. 15.2. Et sic ueteres 'uerbum' pro 'sententia'.

16. (= u. 427) OMNES SIBI MELIVS MALLE QVAM A. sic alibi (u. 636) 'proximus sum egomet mihi'.

17. (= u. 428) EGO ILLAM VIDI V. F. B. hic corrigitur a poeta, quod per iracundiam dixit Pamphilus (u. 250) 'aliquid monstri alunt'.

18.1. (= u. 429) MEMINI VIDERE aut: 'memor sum me uidisse', aut 'memini uideri' ('non uidere'), hoc est 'intellego', 'scio'. 18.2. An memini quod uiderim? 18.3. MEMINI VIDERE pro 'uidisse'. Ennius (*Ann.* I, *frg.* 9 *Sk.*) 'memini me [quam] fiere pauum'. Alii — 18.4. Sic *150W.*

15.1 [*Aug.*] *regul. p. 69,8 M.* ‖ 15.2 *cf. Don. An. 45.1–3 (ubi cf. alia)*
18.1 *cf. Don. Phorm. 74.4:* Et sic dixit 'memini relinqui', ut in Andria (429) 'memini uidere' et 'memini me fieri pauum' Ennius*; Id. Ad. 106.2; Charis. ars p. 124 B.; Eugr. An. 429; Agroec. orth. p. 40 P.; Seru. georg. 4,127; Id. Aen. 2,12; Seru. auc. Aen. 1, 619; Arus. exem. eloc. p. 64, 18 Di St.; schol. Bern. georg. 4,127* ‖ 18.3 *cf. Frg. Bob. de nom. et pron. p. 40, 4 P.:* Ennius tamen in X annalium 'fiere' dixit, non 'fieri'

Γ; Σ {Θ, Λ}

1 prospexeris A: perspexerit Fq | uerere ei uerba] uere ei uerbum T: uere illud uerbum (u. C, uerbum *praep.* C² *s.l.*) est CFq ‖ **2** c.–**3** VERBVM EST] *om.* Cq (*rest.* C²) | c. AK C²T: credere B Λ: *om.* F | Ubi–est] etc. B | mihi lucri est *ex Ter.:* michi licet A: nichil esset K: mihi l. esset C²TF: mihi nihil esset Λ | et] ei C²TF | perspexeris C²TF: perspexit Γ Λ | **3** VERE C²TF | VERBVM] v. C²TF id est AK: *om.* B: id Θ (C² *tam in textu quam in mg.*, illud C): id *uel* idest *cett.* Λ | et] est ε: est et Λ ‖ **4** Et] *om.* B | *post* ueteres *add.* ut B | *post* sententia *add.* posuere Λ ‖ **5** OMNES–MELIVS] *om.* B | MALLE MELIVS Σ | *post* MALLE *add.* sibi B | A.] AL. B: ALTERI Σ | sic] *om.* B ‖ **6** sum egomet mihi (m. AK)] ego mihi sum B ‖ **7** v. FT: *om.* Γ Cq Λ | F.] FORMA BΛ | B.] BONA Λ ‖ **8** per iracundiam] *post* dixit *transp.* B | dixerit β | aliquos T: aliquod F ‖ **10** VIDERE] VIᴅE (e *ex* i) A: v. T | aut₁–**11** uideri] *om.* q | aut₂] ut AK (*ante corr.*) TF ‖ **11** memini–uideri] *cf.* Jakobi (1996, p. 43) | *post* memini *add.* me B | uideri non uidere AB: uideri et non uidere Kβ: uideri Θ: uidere Λ | hoc–**12** VIDERE] *om.* K | An] aut Λ ‖ **13** me memini A | quam ω, *om. iam edd. uett., secl. Wess. coll. Don. Ad. 106.2 et Phorm. 74.4, item Charis. 124, 16 B.* | fiere *Ilberg 1852 (coll. Bob. de nom. et pron. p. 40, 4 P.):* fieri ω | pauidum Σ | alibi Σ

'memini uidere' ut 'noui probare' — 'forma bona' distinguunt.
18.5. QVO AEQVIOR 'quo' hoc est 'qua re'. 18.6. AEQVIOR SVM PAM-
PHILO beniuolentior, non iratus uel minus iniquus.

19.1. (= u. 430) SI SE ILLAM IN SOMNIS 'in somnis' per noctem,
ut Vergilius (*georg.* 1, 208) 'libra die somnique pares u. f. h.' et   5
Plautus (*Merc.* 225–226 = *Rud.* 593–594) 'miris modis ⟨di⟩ ludos
faciunt hominibus mirisque exemplis omnia in somnis danunt'. —
19.2. ⟨AMPLECTI⟩ *quod uulgo dicitur* 'cum illa manere', 'cum illa
dormire'. — alii 'insomnis' uigilans, sed melius 'per noctem'.

18.5 *cf. Don. An. 472; Id. ibid. 655.5; Cur. epit. Don. 749* ‖ 19.1 *cf. Seru. Aen.*
2,270; Id. ibid. 4,9; Id. ibid. 1, 353; Charis. ars 121, 1 B.; Cur. epit. Don. 430
19.2 *cf. Porph. Hor. serm. 1, 5, 84*

Γ; Σ {Θ, Λ}

1 uidere ut *P. Daniel:* uideretur A: uidere et BK: uidere Σ | distingunt AK Λ:
distinguitur B Θ ‖ **2** *post* AEQVIOR₁ *add.* sum B | *post* AEQVIOR₂ *add.* ei A
SVM] *om.* Θ | PAMPHILVS AK ‖ **4** SI SE ILLAM] SESILLAM A: *om.* B: SESE ILLAM
KΘ: SAEPE ILLAM Λ | IN SOMNIS₁] *om.* C | in₂–7 somnis] *om.* A | in somnis₂]
om. Θ | *post* noctem *add.* in somnis C ‖ **5** ut] *om.* B | dies Σ | u.] ubi (*etiam* B)
uel u. codd. Λ | f. h.] fecerit horas B | et] *om.* B: ut Θ ‖ **6** di *Plaut. Merc.* 225 (=
Rud. 593) ‖ **7** *ante* danunt *add.* quod illum amplecti B | danunt *Plaut. Merc.*
226 (= *Rud.* 594): dan uno A: da nunc BK Θ: det nunc Λ ‖ **8** *add. Wess.* | quod
AB: quia K Σ | cum₂–9 dormire] *om.* B ‖ **9** aliis Θ

1.1. (= u. 432) HIC NVNC ME C. A. S. F. haec scaena dolos continet utriusque personae, quibus utraque et capit et capitur miro modo. 1.2. HIC NVNC ⟨ME⟩ CREDIT ALIQVAM SIBI FALLACIAM Dauus ita uidetur loqui, ut spectator, non senex audiat, sed hoc
5 agit, ut uelit a sene audiri.

2. (= u. 433) GRATIA 'gratia' ueteres pro 'causa' ponebant.

3.1. (= u. 434) QVID DAVVS NARRAT uidetur illi blandius locutus esse. 3.2. AEQVE QVICQVAM NVNC QVIDEM bene 'nunc quidem', *151W.*
similiter 'nunc nihil' (*Haut.* 267), ut paulo ante, cum dixit (u. 185)
10 'id populus curat scilicet'. 3.3. AEQVE QVICQVAM NVNC QVIDEM hoc est: nihil.

4.1. (= u. 435) NIHILNE HEM 'hem' interectio est irati aduersum eum, qui neget se aliquid esse locutum. 4.2. Simul quid sit 'aeque quicquam nunc quidem' senex explicandum dat: 'nihil'. Et est εὐ-
15 φημισμός antiquorum pro 'nihil'. 4.3. NIHIL PRORSVS id est: neque

---

2 *cf. Don. An.* 587; *Paul. Fest. p.* 73 *L.*: Ergo ... producte idem, quod χάριν, hoc est gratia, cum scilicet gratia intellegitur pro causa; *Cur. epit. Don. 369; Karakasis 2005, 60.* ‖ 3.3 *cf. CGL V 530, 19 (Lindsay 1925, p. 34)* ‖ 4.1 *cf. An. 420.2*

Γ; Σ {Θ, Λ}

1 NVNC] NON B | MEI AK | C. AK: CREDIT B Σ | A. S. F.] etc. B: ALIQVAM SIBI FALLACIAM FΛ | *ante* haec *add.* portare FΛ ‖ **2** utraque] *post* capit *transp.* B et₁] *om.* Θ ‖ **3** CREDIT] C. BT | ALIQVAM] A. BT | SIBI] S. TΛ | FALLACIAM] F. T: F. *uel* FALLACIAM *codd.* Λ ‖ **4** uideretur AB | spectator–senex] nullus spectator Θ: spectator nullus Λ ‖ **5** agit] ait Σ | **6** GRATIA₁] GNA A: ET EA ETC. B | gratia₂] *rest. s.l.* C² ‖ **7** blandius] bla***dius A | locus Fq ‖ **8** EQ(VE) C QVICQVAM] QVIDEM B | QVIDEM] Q. BT | bene nunc quidem] *om.* C (*rest.* C²) quidem nunc B ‖ **10** curat populus β | EQVI C | N. *uel* NVNC *codd.* Λ | Q. *uel* QVIDEM Λ | hoc–**14** quidem] *om.* A ‖ **12** hem₂] *om.* B | est] *om.* B | aduersus *uel* aduersum *codd.* Λ ‖ **13** eum] cum C | neget se] negat se Θ: se negat Λ se–locutum] *om.* C (*rest.* C²) | locutum esse Σ | equi C ‖ **14** explicandum dat] explicat cum ait *Steph.* | nihil] mihi Fq | et est] *om.* Θ | ΕΥΦΗΜΙСΜΟС B: epohaᵘcMOc A: *om. sp. rel.* K Σ ‖ **15** antiquorum] *maiusc. litt.* A | pro nihil *maiusc. litt.* A | NIHIL PRORSVS *maiusc. litt.* A | est] *om.* Θ

⟨quicquam⟩. 4.4. 'Nihil prorsus' dicitur, in quo nulla est ambiguitas; est enim confirmatio negantis. 4.5. ATQVI EXSPECTABAM QVIDEM 'exspectamus' tam bona quam mala, 'speramus' bona.

5.1. (= u. 436) PRAETER SPEM EVENIT 'praeter' pro 'contra', ut (*Haut.* 59) 'praeter aetatem tuam'. 5.2. HOC MALE HABET V. εἰρωνι- 5 κῶς 'uirum' dixit defessum senem. Modo enim ioculariter dixit 'uirum'. 'Vir' enim modo ad uituperationem cum ironia, modo ad laudem sumitur [ironia].

6. (= u. 437) POTIN ES MIHI V. D. integrum 'potisne ⟨es⟩', id est 152W. 'potes' ut Vergilius (*Aen.* 3, 671) 'nec potis Ionios f. a. s.' et deest 10 illic 'est'. Est autem nomen 'potis' et facit 'potis' 'potior' 'potissimus'.

7. (= u. 438) NVM ILLI MOLESTAE Q. H. S. N. 'quippiam' significatio est minimae rei.

8.1. (= u. 439) PROPTER HVIVSCE HOSPITAE CONSVETVDINEM 15 haec omnia pronominibus bene mollita sunt; etenim atrocia sunt,

---

4.5 cf. Seru. Aen. 4, 419; Diff. ed. Beck p. 84, 27; Non. 467 L.; Isid. diff. 1,267, p. 208 C.; Cur. epit. Don. 295 ‖ 5.1 cf. Don. An. 879.1; Id. Hec. 763.1; Dosith. gramm. p. 79,5 B. ‖ 5.2 cf. Don. Eun. 307.4 ‖ 6 cf. Don. Phorm. 379.1; Seru. Aen. 3, 671; Arus. exem. eloc. p. 81, 18 Di St.; Diom. GL I 385,31; Don. ort. p. 163,105; Prisc. GL II 84, 15 (cf. GL II 251, 17); Id. GL III 68, 6; Cur. epit. Don. 664 ‖ 8.1 cf. Jakobi 1996, p. 58

Γ; Σ {Θ, Λ}

1 *add.* Schopen*: nec *add.* B (*sed del.*): prorsus *add.* α | prorsus nihil Σ ‖ 2 est enim *P. Daniel*: est nunc A: et est et B: est et K Fq: est C: et et T: est etiam Λ firmatio A | AVT QVI A: ATQVE Θ ‖ 3 bona] mala Θ: mala *uel* bona *codd.* Λ mala] bona Θ: bona *uel* mala *codd.* Λ ‖ 4 ut] et β ‖ 5 HOC] *om.* B | HABET MALE Λ: *om.* B | v.] VIRVM B Λ | εἰρωνικῶς V²: hyronikos AK: hironocos B: ironicos Σ ‖ 6 defexum Tq | Modo] non CT | *post* enim *add.* uirum Λ ‖ 7 *post* uirum *add.* dixit Λ | Vir–modo₁] *om.* Λ | uir Schopen*: uirum AK Θ: *om.* B | ad₁–8 laudem] *om.* q | modo₂–8 laudem] ad laudem modo Σ ‖ 8 sine *ante* ironia *add.* Steph. ‖ *del.* Schopen* ‖ 9 POTIN ES AB: NE K: POTESNE C (*corr.* C²): POSTISNE Fq: POTIS ENIM T: POTISNE A²Λ | MIHI V. D.] *om.* B: MIHI VERVM DICERE Λ | es₂] *add.* Umpfenbach | id est] pro Σ ‖ 10 potis Σ | ut] *om.* B Ionios] *om. sp. rel.* K: inonios B: corilos Θ: eonios ε, *alia codd.* Λ | f.] fluctus Bq: f. *uel* fluctus *codd.* Λ | a. s.] equare sequendo Bq ‖ 11 illic *Klotz*: illi Γ Θ: ibi Λ | est] *om.* Θ: es Λ ‖ 13 significatio est Λ: finges est A: sui generis est K: signum est B: significationem Θ ‖ 16 molita B β

si cum suis nominibus nuda ponantur. 8.2. HVIVSCE HOSPITAE C. et 'hospitae', non 'meretricis' et 'consuetudinem', non 'amorem' dixit: ita omnia extenuat, ut Dauus audeat confiteri.

9. (= u. 440) AVT SI ADEO BIDVI EST AVT TRIDVI bene ait 'si
5   adeo', ne, si omnino negaret, 'cur igitur tristis est?' ille diceret.

10.1. (= u. 441) SOLLICITVDO propter turbationem. 10.2. NOSTIN DEINDE DESINET in significatione multorum, quae compendii facimus, 'nostin ?' dicimus.

11.1. (= u. 442) EAM REM REPVTAVIT VIA 'reputauit' 'retracta-
10 uit', quia 'putare' 'purgare' est, unde et arbores et uites putare dicimus. 11.2. VIA consilio, ratione.

12.1. (= u. 443) LAVDO senex inducitur et credit. 12.2. DVM LICITVM EST EI 'licitum est' per te, hoc est: dum tu permisisti. 12.3. Et mire hic utitur senis uerbis: ipse enim supra dixerat (u.   *153W.*
15 188) 'dum tempus ad eam r. t., s. a. u. e. s.'. 12.4. DVMQVE AETAS TVLIT dum esset immatura aetas nuptiis. 12.5. TVLIT duo signifi- cat: 'attulit' et 'abstulit', 'passus est' et 'pertulit'. 12.6. DVM LICI-

---

10.2 *cf. Cur. epit. Don. 576* ‖ 11.1 *cf. Varro ling. 6,63; Don. Eun. 632.2; Id. Ad. 601.1; Id. ibid. 796.2; schol. Bemb. Ter. Haut. 485; Gell. 7,5,6; Seru. Aen. 6, 332; Seru. auct. Aen. 2, 522; Paul. Fest. p. 96 L.; Fest. p. 240 L.; Non. I p. 52, 1 Maz.; Id. 587 L.; Isid. orig. 17, 5; Cur. epit. Don. 760* ‖ 11.2 *cf. Eugr. ad loc.; [Ascon.] in Verr. 1, 48, p. 211, 11 St.; [Acro] Hor. ars 404, p. 371 K.; Seru. 3, 395; Id. ibid. 6, 96; Id. ibid. 6, 194; Id. ibid. 11, 128; Id. georg. 1, 41; Id. ibid. 2, 22; Id. ibid. 3, 8; Seru. auct. georg. 1, 122; Non. 678 L.; Isid. orig. 1, 142; Cur. epit. Don. 916* 12.2   *Cur. epit. Don. 251* ‖   12.5   *cf. Don. An. 142.2–3; Id. Hec. 594.1* 12.6 *cf. Seru. Aen. 10, 106; Charis. ars 331,19 B.; Diom. GL I 398,9; Prisc. GL II 560,26; Cur. epit. Don. 504*

Γ; Σ {Θ, Λ}

---

1 nominibus Λ: omnibus uel nominibus Γ: omnibus Θ | ponantur nuda Λ | H. BT | C.] I. A: C. *uel* CONSVETVDINEM *codd.* Λ ‖ **3** audeat] uideat Θ (-tur T) **4** BIDVI–**6** SOLLICITVDO] *om.* Θ | ait] aut KB ‖ **5** ne si BK β: nisi A: ne si sibi *uel* ne sibi Λ | est] *om.* B ‖ **6** NOSTIN–**7** DESINET] NOS INDE INDE SINET A: NOSTINDE VIDE SVRET K ‖ **7** quae] qui Θ | compendii *Bentley**: compendio ω **9** VIA] *om.* Λ | reputauit] *om.* Θ ‖ **10** et₁] *om.* B ‖ **12** creditur A | DVM–**13** EST₁] si B ‖ **13** EI (ET CT) licitum Θ: illicitum Γ: *om.* Λ | est₂ *edd. uett.*: et Θ: ei ΓΛ tu] tunc A ‖ **14** uerbis senis Σ ‖ **15** eam] ipsam β | r.] rem B Σ | t.] tulit B Λ s.₁–s.₂] *om.* B ‖ **16** immatura] *post* aetas *transp.* Σ | esset B: *om.* ε (*exc.* β) **17** et₁] uel B: *om.* q ε | passus–pertulit] *del. Schopen**

TVM EST EI sic et 'placitum' et 'puditum' dicebant, quod nos 'placuit' et 'puduit'.

13.1. (= u. 444) TVM ID CLAM bene 'clam'. Quia nunc liquido apparet Pamphilum uoluntatem propositumque mutasse. 13.2. TVM ID CLAM NE VMQVAM INFAMIAE ⟨EA RES⟩ SIBI ESSET *mire utitur* 5 *senis uerbis: ipse enim supra dixerat (u. 188)* 'dum tempus ad eam rem tulit, s. a. u. e. s.'

15.1. (= u. 446) NVNC VXORE OPVS EST ANIMVM AD VXOREM APPVLIT quasi denuntiatio est quaedam senis necessitatis impositae. 15.2. Et bene 'appulit' quasi ab iactatione fluctuum et aestus 10 marini; has enim tempestates habet amor. 15.3. Et sic dixit 'ad uxorem appulit', ut supra (u. 1) 'animum ad s. a.'.

16.1. (= u. 447) SVBTRISTIS VISVS EST ESSE A. M. 'sub' tempera-
154W. mentum est plenae pronuntiationis — ut 'subridet' non ad plenum [tristis aut] ridet —, ut confessionem eliceret. 16.2. SVBTRISTIS V. E. 15 A. M. mire seruatum est in adulescente libero τὸ πρέπον et in

---

13.2 *cf. Cioffi Hermes** ‖ 15.2 *cf. Seru. Aen. 4, 532; Fantham 1972, pp. 42–43* 16.1 *cf. Tib. Don. Aen. 10, 740, p. 384, 22:* 'Subridere' non plenum ridentis adfectum demonstrat; *Prisc. GL III 54, 19; Id. ibid. III 365, 15; Cur. epit. Don. 848* ‖ 16.2 *cf. Jakobi 1996, pp. 172–173*

Γ; Σ {Θ, Λ}

1 EI] ENIM C | sic] *ex sui corr.* A² | placidum *uel* placitum *codd.* Λ | puditum puditum *(ut uid.)* K: pudicum AB Σ | dicebat Λ | quia Θ ‖ **2** et Λ: *om.* Γ Θ **3** CLAM] *om.* A (DĀ *s.l.*): DAREM C (*corr.* C²) | *post* CLAM *add.* c. Θ | nunc e²: non ω ‖ **5** mire–7 s.₂] *obliq. litt. scripsi (cf. Cioffi Hermes**)* ‖ **6** uerbis senis C eam–7 s.₂] etc. B ‖ **7** rem tulit] r. t. CT ‖ **8** VXORE] *om.* Θ ‖ **9** denuntiatio est] denuntiationis Σ | quaedam] quidem K: *om.* B: quadam Λ | senis *ante* quaedam *transp.* Θ: seni Λ (*post* necessitatis *transp.*) | impositae] site Θ **10** ab iectatione Θ: ab iectatione *uel* abiectione *codd.* Λ (*exc.* β) | et] *om.* Σ marini aestus Σ ‖ **11** tempestatis B ‖ **12** *post* uxorem *add.* animum Σ (*ante* ad *transp. Jakobi*): *om.* Γ | s. a.] scribendum appulit B: s. a. *uel* scribendum appulit *codd.* Λ ‖ **13** EST] e. C | ESSE] *om.* Σ | A. M.] ALIQVANTVLVM MIHI Λ temperamen Θ ‖ **14** plenae] *om.* A | ut *ex* et C² ‖ **15** *secl.* Wess. | confexionem Tq | eliceret B: elicet A: elicerent K: diceret Σ | v.] VISVS Fq: v. *uel* VISVS *codd.* Λ | E.] EST F: e. *uel* EST *codd.* Λ: *om.* q ‖ **16** A. M.] *om.* B Θ | mire] misere CT | libere A | ΤΟΝ ΠΡΕΠΟΝ A: ΤΟΝ ΠΡΕΝΟΝ B: *om. sp. rel.* K Σ

amatore τὸ πιθανόν, nam et honesto iuueni non congruebat
uersipellis uultus et amatorem absurdum fuerat ingenii celare
tristitiam. Itaque nec ad plenum tristis fuit, quia, ⟨ut⟩ dixit (u. 403),
celanda res erat, nec gaudium fuerat, quia et ingenium et amoris
5 necessitas in tristitiam retrahebat.

17.1. (= u. 448) SED EST QVOD SVCCENSEAT TIBI quod ille a
summo ad imum proposuit, hic causae deriuationem opposuit.
17.2. QVOD SVCCENSEAT TIBI 'succensere' potioris est. 17.3. 'Succensere' in re graui et iusta irasci.

10 18.1. (= u. 449) PVERILE EST apparet Dauum nunc quaerere,
quid respondeat et ad quam causam deriuet auersa suspicione
tristitiam Pamphili, quam animo aduertit senex. 18.2. PVERILE EST
... NIHIL EST utrum magis ideo suspendit, ut senex audire deside-
ret, an quia necdum commentus est causam contra rependendam
15 propositioni senis? 18.3. NIHIL uidetur non posse inuenire.

19.1. (= u. 450) AIT NIMIVM PARCE FACERE SVMPTVM mirum   *155W.*
ipsum dicere, ueluti 'fecit': et 'nimium' et 'parce'. 19.2. PARCE FA-

---

17.3 *cf. Don. Phorm. 361.1:* [...] 'succensere' dicimus eum, qui cum amare
debeat laesus irascitur; *Quint. inst. 5, 13, 26; Cur. epit. Don. 849*

Γ; Σ {Θ, Λ}

1 τὸ πιθανόν *Steph.*: ΤΟΠΤΕnon A: ΦΠΙΘnon B: non *praepos. sp.* K: *om. sp.
rel.* Σ | nam] nam non Λ *(cf. Cioffi 2015, pp. 362–363)* | et] *om.* Λ | honeste β
non] *om.* K Λ ‖ **2** *ante* amatorem *add.* ab C, *add.* in q | surdum B | ingenii BK:
ingeni A: ingenium Σ ‖ **3** tristitiam] tristitia Γ | Itaque] atque A *in ras.* | nec]
nihil β: *in ras.* A | *add. Wess.* | dixerat B ‖ **4** celanda] occultanda Θ | erat] est
β | *ante* nec *add.* sed Λ | et₁] nᶜ C | amatoris Σ ‖ **5** retrahebatur *uel* trahebatur
codd. Λ ‖ **6** SED–TIBI] NICHIL PROPTER ETC. B | quod–**8** TIBI] *om.* C (*rest.* C²)
7 deriuatione Γ | proposuit O: opposuit Γ Σ (C²; posuit q) ‖ **8** SVCCENSERAT A
succensere–est] *om.* Σ (*exc.* β) ‖ **10** nunc] ň A ‖ **11** ad quam causam] a qua
causa *Schopen** | deriuet] de *sp. rel.* et C | suspicione] *om.* T: suspicatione F
12 aduerte K | EST] *om.* A ‖ **13** adeo β ‖ **14** an] *om.* K | nedum A (*rest. s.l.*):
nedum *uel* necdum *codd.* Λ | commotus A | repetendam Λ ‖ **15** *post* NIHIL
add. est Λ | non posse *post* inuenire *transp.* Θ | *post* inuenire *add.* quid
respondeat *Jakobi coll. 449.1, Eugr. ad loc.* ‖ **16** AIT–SVMPTVM] PARCE etc B
AIT] *om.* K | PARCE] PERPARCE FΛ: SE PARCE q | mire Σ ‖ **17** et₂] *om.* Θ
perparce ε | PARCE] *om.* C (*rest. s. l.* C²) | *ante* FACERE *add.* EQVALIVM Θ

CERE SVMPTVM pepercit, ne diceret 'sordide'. 19.3. Et ⟨MENE⟩
perturbati indicium est, quia se ipsum pronomine ostendit.

22. (= u. 453) MEORVM AEQVALIVM POTISSIMVM 'aequalium'
⟨ab⟩ aetate, 'potissimum' ⟨a⟩ dignitate. *Etenim 'potis' 'potior' 'po-*
tissimus' facit.   5

23. (= u. 454) NVNC ET QVOD DICENDVM HIC SIET bene 'hic', ubi
non sit adulescens.

24.1. (= u. 455) TV QVOQVE PERPARCE bene 'quoque', quasi
dicat: cum ille peccet, quod pueriliter succenseat, tu quoque
peccas. 24.2. TV QVOQVE PERPARCE NIMIVM et 'perparce' et   10
'nimium', cum sufficeret 'per'; etenim 'per' et 'nimium' uitupera-
tio est, ut (u. 61) 'ne quid nimis'. 24.3. NON LAVDO quia 'perparce'
et quia 'nimium'; nam 'parce agere' laudis, 'nimium' peccati ⟨est⟩.
24.4. NON LAVDO magna moderatione 'non laudo' dixit potius
quam 'reprehendo'.   15

25.1. (=u. 456) COMMOVI ideo 'commoui', quia argumenta dixit
156W. seni, quibus proditur non esse ueras nuptias. 25.2. COMMOVI supra

---

22. *cf. Don. An. 437 (et loci sim. ad loc.); Cur. epit. Don. 273* ‖ *24.2 cf. Comm.*
Mon. An. 455, p. 87 S.; Prisc. GL III 156, 6; Id. ibid. III 85, 27 ‖ *24.3 cf. Cur. epit.*
Don. 626

Γ; Σ {Θ, Λ}

1 pepercit] perparce dicit *Teuber (1881, p. 19)* | *add. Steph.* ‖ **2** ostendit] posuit
Θ ‖ **3** AEQVALIVM] *om.* Tq | POTISSIMVM] po. K Θ ‖ **4** ⟨ab⟩ *et* ⟨a⟩ *Wess.*
Etenim] *ex* enim C²: r. n. q ‖ **6** ET] *om.* β (*rest. s. l.*) | QVOD] QVID Λ | SIET] FIET
AK: SCIET C (*corr.* C²) | hic₂] dic AK ‖ **7** sit] est B: sciet C (*corr.* C²) ‖ **8** quoque]
quamquam (*ut uid.*) A ‖ **9** dicat] d. BT | ille] bene C (*corr.* C²) | suscenseat
AK | tū A ‖ **10** TV QVOQVE (QVO A)] *om.* Λ | PERPARCE₁ Λ: PER Γ Θ | *post*
NIMIVM *add.* faciendo sumptum Λ | et₁] *om.* Λ | perparce₂] parce K (*corr.* K²):
pernimium et perparce Λ | et₂] *om.* Λ ‖ **11** cum] cum unum Λ | sufficeret]
efficeret Θ | *post* sufficeret *add.* nimiam uituperationem inducunt Λ | etenim
per] enim Λ | nimium₂] nimiam Λ | uituperatio–**12** est] uituperatio ne Θ (C²,
uict- C) ‖ **12** ut] et A | ne quid] nequit B F | NON] BΛ: QVIA PER NON A: PER
NON K: QVIA NON PER Θ | quia perparce Λ: nam Γ Θ ‖ **13** et–parce] *om.* β
nam parce] parce enim Λ | *post* laudis *add.* est sed perparce et Λ | *add.* BQ:
om. ω ‖ **14** non laudo] *om.* B ‖ **15** reprehendo] uitupero Θ: reprehendo uel
uitupero Λ ‖ **16** commonui CT ‖ **17** seni *Steph.*: senis ω | quibus–**157,4** senis]
om. q | supra] pro *Schopen**

'sollicitaui'† dixit, modo 'commoui'. 25.3. Et 'commoui' dixit apud
se, ut spectator audiat, non senex.

    26.1. (= u. 457) QVIDNAM HOC EST REI uerba sunt secum
cogitantis senis aut de his, quae nunc locutus est Dauus, aut de
5 aduentu mulierum, quae in scaenam ueniunt. 26.2. QVIDNAM HOC
EST REI pulsatus est senex ⟨ex⟩ argumento falsarum nuptiarum (u.
360) 'paululum obsonii', tamquam se illuderet Dauus. 26.3. QVID
HIC VVLT VETERATOR SIBI 'ueterator' est uetus in astutia et qui in
omni re callidus ⟨est⟩. 26.4. Et hi duo uersus ostendunt pulsatum
10 esse senem ex argumento falsarum nuptiarum, illo argumento,
quod ait (u. 360) 'paululum obsonii', tamquam se illuderet Dauus.
26.5. Sunt ergo uerba, ut diximus (An. 457.1), secum cogitantis
senis aut de his, quae nunc locutus est Dauus, aut de aduentu
mulierum, quae in scaenam ueniunt modo.

15   27.1. (= u. 458) NAM SI HIC MALI EST QVICQVAM si promissa non
compleuerit Pamphilus. 27.2. ILLIC EST HVIC REI CAPVT 'caput' est
origo et summa unius cuiusque rei, ut Vergilius (Aen. 11, 361) 'o
Latio caput horum et causa m.'.

26.3 *cf. Eugr. ad loc.*: *Seruum* ueteratorem appellat hoc est callidum et astutia
uetusta roboratum; *Synon. Cic. Charis. ars 412,28 B.; Paul. Fest. p. 507 L.*:
Callidi dicti a multa rerum agendarum uetustate [...]; *Cur. epit. Don. 899*
27.2 *cf. Seru. Aen. 11,361; Seru. Aen. 12,572; Seru. auc. Aen. 12,600; Isid. orig.*
11,1,25; Cur. epit. Don. 110

Γ; Σ {Θ, Λ}

1 *cruc. signaui* | modo] tamen Θ | commonui CT ‖ **3** uerba–**6** REI] *om.* K C
(*rest.* C²) ‖ **4** senis] *ante* secum *transp.* B | aut₁] ac B | est] *om.* β ‖ **5** ueniunt f:
ueniant ω | QVIDNAM] QVODNAM A ‖ **6** REI pulsatus] pulsatus B: repulsatus A:
pulsato K (*ut uid.*), *post* 3 REI (*cf. supra de uerbis omissis*) | ex *add.* Jakobi
GFA* *coll.* 457.4 ‖ **7** obseni A: ob. B | inluderet A | QVID–**13** Dauus] *om.* q
8 est–astutia] qui in astutia uetus est B | ueterator A | in₂–**9** omni] in omni
Steph.: una ω | **9** *add. edd. uett.* | duo] II° A | esse senem pulsatum Bb ‖ **10** illo
argumento] scilicet Λ ‖ **11** obsonii] ob. BT | inauderet A: inluderet K
12 uerba *post* diximus *transp.* Λ | ut diximus] *om.* B ‖ **13** Dauus locutus est Σ
14 ueniant Λ (*exc.* α) ‖ **15** EST MALI KCq | premissa KΘ ‖ **16** ILLIC–CAPVT] *om.*
B | ILLIC A: ILLICO K: ILLE Σ | HVIVS K Fq | *post* caput *add.* id β | est₂] *om.* B
17 *post* origo *add.* id est β | summa] causa B | unius–ut] *om.* B | o Latio *Verg.*:
elatio A: oratio K: latio B: o latium Σ ‖ **18** m.] M. A. MISI DAVVS SIMOLES BIA
A: *om. sp. rel.* K: *om. nul. sp.* Θ: malorum *uel* ma *codd.* Λ

157W.   1.1. (= u. 459) ITA POL QVIDEM RES EST VT DIXTI LESBIA in hac
scaena nouo modo cessante Dauo fallitur Simo per nimiam sagacitatem suam. Simul in hac scaena id agit poeta, ut ad nuptias
faciendas magis accendatur Simo. Et quaedam industria, quaedam
uelut casu eueniunt, ut nunc suspicio senis; in multis enim   5
οἰκονομία comicorum poetarum ita se habet, ut casu putet spectator uenisse, quod consilio scriptoris factum sit. 1.2. ITA POL
QVIDEM R. E. V. D. L. ex hoc sermone, quem habent ingredientes,
scaenae apparet principium. Quod enim auditur, non quod incipi-
tur, dicunt. 1.3. ITA POL Q. R. E. productio est narratiua ad explen-   10
dum modo potius iusiurandum. 1.4. VT DIXTI L. et 'dixti' et 'dixisti'
legitur.
      2.1. (= u. 460) FIDELEM HAVD FERME 'fidelem' maluit quam
'fidum' dicere; 'fidum' enim honestius dixisset. 2.2. FERME pro
'facile' posuit. 2.3. Et 'ferme' facilitatem significat, quia sunt   15

1.1 *casu ... sit*] *cf. Don. Eun. 356.3* ‖ 2.1 *cf. Don. Phorm. 76.2; Charis. ars 403,
11 B.; Seru. Aen. 1,113; Seru. auct. Aen. 1,113; [Caper] GL VII 97,9; Isid. orig.
10,98; Id. diff. 1,48, p. 108 C.; Beda orth. p. 25,460* ‖ 2.2–2.3 *cf. Don. An. 284.3;
[Max. Victor.] GL VI 201,22; Don. ort., p. 167,191; Cur. epit. Don. 316*

Γ; Σ {Θ, Λ}

1 DIXI Σ | in hac scaena] *om.* Θ ‖ **2** Dauo] *om.* C ‖ **3** in–id] hoc B | ait Θ (*sic*
C²: agit C) ‖ **4** Simo] senex B | quaedam₁] quadam Λ | *post* quaedam₂ *add.*
agit Λ ‖ **5** euenerint *uel* euenerit *codd.* Λ | in] *om.* KΛ ‖ **6** OIKONOMIA A: o i
Ronomia B: *om. sp. rel.* K: orconomica Θ: (o)economia Λ | spectatio F (*corr.*
F²) Tq ‖ **7** scriptorum B ‖ **8** R.] I. A: RES Θ: R. *uel* RES *codd.* Λ | E.] EST Θ: E. *uel*
EST *codd.* Λ | V.] VT Θ: V. *uel* VT *codd.* Λ | D. L.] DIXI L. C: DIXTI LE. q | ex
Lind.: et Γ: *om.* Σ | habuit Θ ‖ **9** apparuit Θ | quod] id B | recipitur C (*corr.* C²)
10 *ante* dicunt *add.* initium Λ | Q. R. E.] QVIDEM R. E. Θ: EST QVIDEM Λ | *ante*
productio *add.* ut Σ | narratiue Λ ‖ **11** modo] *om.* C (*rest.* C²) | VT] ET Λ
DIXTI₁] VIXTI A: DIXI Θ | LESBIA – legitur] *om.* B | L. Γ: *om.* Θ: LEGITVR Λ | et₁]
om. Γ | dixti₂ *ex* dixsti C²: disti F: dixisti β | dixisti] dixti β ‖ **12** legitur] *om.* Λ
13 fidelem₂] fidem A ‖ **14** dicere–enim] ducere fidum unum A | dicere *post*
maluit *transp.* Λ

aduerbia aestimationis. 2.4. INVENIAS VIRVM secundam pro tertia
persona posuit, pro 'inueniat quis' uel 'inuenire quis possit', ut   *158W.*
Vergilius (*Aen.* 4, 401) 'migrantis c. t. e. u. r.'

    3.1. (= u. 461) AB ANDRIA EST ANCILLA HAEC simpliciter dixit
5 'ab Andria est' pro 'Andriae est', nam ex usu sic dicere solemus.
3.2. Ergo 'ab Andria est' hoc est: Andriae est. 3.3. ⟨An⟩: Andriae
fauet, ut cum dicimus 'ab illo sto', hoc significamus: illi faueo, illi
accomodo suffragium?

    4.1. (= u. 462) SED HIC PAMPHILVS semper 'sed' contrariae sen-
10 tentiae significatio est. 4.2. Et bene 'hic', ut ostendat de illo fuisse
sermonem. 4.3. HEM interiectio est accipientis uerba et admirantis.

    5.1. (= u. 463) VTINAM AVT HIC SVRDVS comice et facete. 5.2. AVT
HIC SVRDVS quia † discedere non possunt. 5.3. AVT HIC S. A. H. M.
σύλληψις per genera.

15   6.1. (= u. 464) IVSSIT TOLLI haec est (u. 290) 'fides'. 6.2. ⟨IVSSIT
TOLLI id est⟩ suscipi. Legitimos filios faciunt partus et sublatio:

2.4 *cf. Don. An. 66 (ubi cf. alia)* ‖ 4.1 *cf. Cur. epit. Don. 793* ‖ 4.3 *cf. Palaemon.*
ap. Charis. ars p. 311,12 B.; Cominian. Charis. ars p. 311,4 B.; [Max. Victor.] GL
VI 205,1; Prisc. GL III 138,15; [Asper] GL V 554,14; Don. Hec. 339.2; Id. Ad. 266.1;
Id. ibid. 373.1; Id. ibid. 622.1; Id. Eun. 805.7; Id. An. 194.1; Comm. Mon. An. 462,
p. 87 S.; cf. Köves-Zulauf 1990, pp. 36–38; Citti 2008, pp. 273–278

Γ; Σ {Θ, Λ}

1 eximationis CFq: extimationis C²T Λ | INVENIES A | secunda Λ ‖ **2** persona
posuit] est persona scilicet inuenias Λ | pro–possit] *cf. Jakobi (1996, p. 67)*
3 migrantes B: migratis AK Σ | c. – r.] cernas totaque ex urbe ruentes B | c. t.
e.] et c. Θ ‖ **4** HAEC ANCILLA EST Θ | simpliciter e²: similiter ω ‖ **5** nam–**6** est₁]
om. F | ex A q: et *cett.* | usu *ex* usum C² | **6** hoc] *om.* C (*rest.* C²) | est₃–**7** fauet
Wess.: fauet (faue A) Andriae est ω ‖ **7** *ante* ut *add.* ergo Θ, *add.* est K | ut] *s.l.*
K: et β | *ante* dicimus *add.* illo K | sto *Schoell**: est ω | hoc significamus] idest
B | faueto K: fauet B ‖ **10** significatio est] significatione Θ ‖ **13** quia–possunt]
ne possit audire Λ | quia Γ Θ: ne Λ: qui e² (*prob. Wess.*) | *post* quia *cruc.*
signaui | discedere AK: discere B: dicere Θ: audire Λ | possunt A Θ: *om.* B:
possit KΛ | *post* possunt *add.* 'aut hec muta' ne possit dicere Λ | AVT–M.] *om.*
C, AVT – s.] *om.* B | s.] SVRDVS K | A. H. (s. Θ) M.] AVT HAEC MVTA B ‖ **14** σύλ-
ληψις M⁴: CYAHM TIC A: CYLLHMYIC B: *om. sp. rel.* K: sile(m)psis Σ
15 TOLLIT A | IVSSIT₂–**16** est] *add. Wess.* ‖ **16** est–**160,1** tollere] *om. sp. rel.* Λ
(*exc.* α H); hic a pluribus codicibus Λ noua scaena distinguitur | suscipi] *om.*
K | filios legitimos Θ

matris est parere, patris tollere. 6.3. IVPPITER QVID EGO AVDIO
bene rursus adducitur ad desperationem senex Mysidis uerbis.

159W.   7.1. (= u. 465) ACTVM EST in summa rerum desperatione
ponitur, ⟨ut⟩ (Eun. 54–55) 'actum est, ilicet, peristi'. 7.2. Haec res
secundum ius ciuile dicitur, in quo cauetur, ne quis re acta apud 5
iudices repetat. Sic ipse in Phormione (Phorm. 419) 'actum aiunt
ne agas'.

    8. (= u. 466) BONVM INGENIVM NARRAS ADVLESCENTIS 'ingeni-
um' naturam.

    10. (= u. 468) QVID HOC secum senex ἐλλειπτικῶς, deest enim 10
'rei est'.

    11.1. (= u. 469) ADEON EST DEMENS EX PEREGRINA ἔλλειψις per
ἀποσιώπησιν apta cogitanti. Reliquum autem sic pronuntiat quasi
reperto consilio. 11.2. Et bene 'adeo', quia iam demens est, quod
amat. 11.3. EX PEREGRINA id est 'ex meretrice'; mulieres enim 15
peregrinae inhonestae ac meretrices habebantur. Sic ipse alibi

---

7.1 cf. Don. Ad. 324.4; Id. Eun. 54.1; Id. ibid. 54.3; Id. ibid. 717; Id. ibid. 985.1; Id.
Phorm. 208.4 ‖ 7.2 cf. Müller 1997, pp. 290–291 ‖ 8. cf. Porph. Hor. sat. 2, 4, 7;
schol. Bemb. Ter. Ad. 829; Synon. Cic. Charis. ars p. 430, 3 B.; Charis. ars p. 462,
8 B.; Non. p. 506 L. ‖ 11.3 cf. Don. Eun. 107: SAMIA MIHI MATER FVIT puduit
dicere Thaidem 'meretrix mihi mater fuit', quod tamen significauit dicendo
aliunde ciuem alibi habitasse. Nam ideo 'meretrices' peregrinae dictae sunt
in comoediis, ut in Andria [...]; Id. An. 146.2 (ubi cf. alia)

Γ; Σ {Θ, Λ}
8. Bern. 276*: Inge(niu)ᵐ .i. n(atur)ᵃ. donatᵘˢ i(n) co(mmen)ᵗᵒ and(r)ⁱe. et ec(on)(uers)°
or(atius) i(n) ar(te) poe(ti)ᶜᵃ

---

1 parere, patris Wess.: pater matris Γ Θ, defend. Köves-Zulauf (1990, p. 37):
patris α H | QVOD Θ | A. AKT ‖ 2 post bene add. et exp. et B | rursum Fq
adducitur q: ad(d)icitur AB Σ: additur K | desperationem] separationem K:
separ- uel desper- codd. Λ ‖ 3 EST] om. B C (C² rest. s.l.) | desperatione rerum
β ‖ 4 add. Schopen* | ilicet B: licet AK: s.(cilicet) Σ | periisti Θ (C², peristi C) ε
5 re acta ω: rem actam V (prob. Wess.) ‖ 7 ne agas] om. Θ ‖ 8 sch. 8 om. B
ante BONVM add. .N. (= enim?) Θ | NARRAS] N. AKT | ADVLESCENTIS] A. AKT
10 ἐλλειπτικῶς M⁴: ΕΛΛΙΠΤΙΚΟC A: ΕΑΛΙΠΤΙΡΟC B: om. sp. rel. K Σ
12 ADEON EST] om. Θ | DEMENS] d². B | EX PEREGRINA] EX PE. A: e. ** (fere
duas litt. in ras.) B | ἔλλειψις Steph.: ΛΛΗ ΜΨΙC A: ΑΑΜΨΙC B: om. sp. rel.
KΣ ‖ 13 ἀποσιώπησιν Steph.: aposipesin Γ: aposipesin Θ: aposiopasin Λ
acta C | autem] om. Θ ‖ 14 repertum Θ | tam KB Λ, corr. Westerh.: om. A Θ

(*Eun.* 107) 'Samia mihi m. f., ea h. R.' Et seruus (*Eun.* 108) 'potest taceri hoc'. *Quid est 'potest taceri hoc'? Meretricem habuisse matrem uerisimile est* (cf. *Don. Eun. 108.1–2*). 11.4. EX PEREGRINA ἀποσιώπησις, deest enim 'ut filium suscipiat' aut aliquid tale.

5   12.1. (= u. 470) VIX TANDEM S. S. pulchro colore uitae inducto poeta ostendit non minus falli suspiciosum, quam qui stultus est;   *160W.* huic enim ueritas fallacia uidetur, dum nimis est acutus ac perspicax. Et hoc est, quod ab euentu fingit poeta; non enim in Dauo est sic errare nunc senem. 12.2. VIX TANDEM SENSI STOLIDVS quinque

10   sunt sensus: quorum duos, uisum et auditum, magis nos sensibiles habemus quam pecora. Unde Cicero (*Catil.* 1, 8) 'non solum uideam, sed etiam audiam planeque s. [sentiam]'. 12.3. ⟨SENSI⟩ quasi ad tactum rettulit, quo etiam pecora impelluntur ad sensum. 12.4. Duabus ergo rebus scimus: aut ratiocinatione aut sensu,

15   quibus maxime praestamus ceteris animalibus. 12.5. Ergo senex ⟨dicit⟩ se non sensu, non ratione sensisse, sed ueluti calcaribus et stimulis punctum.

      13.1. (= u. 471) HAEC PRIMVM ADFERTVR IAM MIHI satis se sagacem senex ostendit, quando ipsa principia inceptionesque

---

12.2 *cf. Cur. epit. Don.* 794

Γ; Σ {Θ, Λ}

1 mihi] m. Θ | m. f.] mater fuit B | ea] et ea B: ała C | h. R.] habitabat r(h)odi B | poten Θ ‖ **2** Quid est *Wess.*: quidem ω | potest ΑΛ: *om.* ΚΒ: poten Θ taceri₂] *om.* B | hanc Λ ‖ **3** uerisimilis A ‖ **4** ἀποσιώπησις V²: ΑΠΟCΙΟΠΗCΙC A: ΑΠΟCΙΟΠΝCΙC B: *om. sp. rel.* Κ Θ: aposiopasis Λ | deest] id est C ‖ **5** s.s.] STOLIDVS BT: *om.* C (*s.l. rest.* C²): *om. sp. rel.* F: STOL(L)IDVS SENSI Λ | uitae] mire Λ ‖ **6** falli–**7** nimis] *om.* F | falsi Θ | qui] *om.* B ‖ **7** uidetur] *om.* C (*rest.* C²): dicitur Λ (*exc.* β) | actus Fq ‖ **8** Et] ex β Θ: et ex Λ | est₁] *om.* A | *post* euentu (-um A) *add.* est K | fugit B ‖ **9** nunc] *om.* K: *post* errare *transp.* B | s. s. B: STOLIDVS SENSI Λ | quinque] V B ‖ **11** non–**12** audiam *sic* ω: non modo audiam sed etiam uideam *Cic.* ‖ **12** sed] si AK | pleneque Σ | s.–SENSI *Cioffi* (*praeeunte Wess.*): s. sentiam Γ: s. Θ: sentiam *uel* sentiam sententiam *codd.* Λ **14** rebus] *om.* C (*rest.* C²) | ratiocinationem C: ratione β ‖ **16** *suppleui* sensisse BΣ: sensisse est AK: sensisse ⟨ait⟩ *Wess.* (cf. *sequ.* Λ) ‖ **17** *post* punctum *add.* ait Λ ‖ **18** MIHI] *om.* B: *ante* IAM *transp.* ε | se] est Θ ‖ **19** quando] quia C (*corr.* C²) | ipsa (eius C)] *post* principia Θ: *om.* Λ

comprehendit. 13.2. HAEC PRIMVM bene 'primum' quasi ex multis, quas parauerat Dauus.

14. (= u. 472) QVO CHREMETEM 'quo' qua re.

15.1. (= u. 473) IVNO LVCINA 'Iuno' ab iuuando dicta. — 15.2. IV-
NO LVCINA Iunonis filia, Graece Εἰλείθυια [Latina Nixos] dicitur. — 5
'Lucina' ab eo, quod in lucem producat. 15.3. Et gemina uota sunt:

161W. ut et partus et pariens seruetur, nam 'fer opem' propter partum, 'serua me' propter parientem dicitur. 15.4. IVNO LVCINA F. O. S. M. O. nota hoc uersu totidemque uerbis uti omnes puerperas in comoediis nec alias induci loqui in proscaenio; nam haec uox post 10 scaenam tollitur. 15.5. FER OPEM propter quod Lucina est. Inde

15.1– 15.3 *cf. Varro ling. 5, 69:* Quae (*sc.* Proserpina) ideo quoque uidetur ab Latinis Iuno Lucina dicta uel quod est e⟨t⟩ terra, ut physici dicunt, et lucet uel quod ab luce eius, qua quis conceptus est, usque ad eam, qua partus quis in lucem, ⟨l⟩una iuuat, donec mensibus actis produxit in lucem, ficta ab iuuando et luce Iuno Lucina; *Id. frg. 146 F.; Isid. orig. 8,11,57; Tert. anim. 37; Cic. nat. deor. 2,68; Plin. nat. 16,235; Fest. p. 397 L.; Id. ibid. p. 182 L.:* Nixi di appellantur tria signa in Capitolio ante cellam Mineruae genibus nixa, uelut praesidentes parientium nixibus […]; *Seru. auc. georg. 3,60; Philarg. Verg. ecl. 4,10; Mart. Cap. 2,149; Prisc. GL II 78, 1* ‖ 15.1–15.2 *cf. Cur. epit. Don. 482* 15.5 *cf. Don. An. 299.1; Comm. Mon. An. 473, p. 88 S.; Varro logist. frg. 5 B. (ap. Non. V 105, p. 45 G.-S.); Seru. Aen. 1,8; Soran. p. 6,3 R.; Ambr. epist. 8, 56, p. 89.122 Z.*

Γ; Σ {Θ, Λ}

1 *post* multis *add.* uitiis *uel* fallaciis *codd.* Λ ‖ **3** QVO CHREMETEM] HANC SIMVLANT etc. B | QVO Λ: QVOD AK: CONTRA Θ | quo KBΛ: *om.* A Θ | *ante* qua *add.* idest B ‖ **4** *post* LVCINA *add.* fer opem Θ α | dicta] *om.* BΛ | IVNO₂–**5** dicitur] *om.* Θ ‖ **5** Εἰλείθυια *Steph:* IAIETIA A: IAΘΠA B: *om. sp. rel.* K Λ Latina Nixos AK, *deleui:* latine Nixos BΛ: latini Nixos *falso Lind. attrib. Wess.* | dicitur Λ: dicuntur Γ *Schoell*:* dicunt A (*post ras.*) *Wess.* ‖ **6** Lucina Θ (C², *om.* CF): Iuno Lucina ΓΛ: iuuare Lucina *Schoell** | Et] *om.* Θ | uota] nota Γ ‖ **7** seruentur Λ ‖ **8** me] *om.* B | dixit C | IVNO–**9** o.] *om.* Λ (*exc.* β) | LVCINA] L. BT | F.–**9** o.] *om. sp. rel.* K: *om. nul. sp.* β | F.] E. A: *om.* B: FER. Fq | O. S.] S. B: O. EX FT | M.] ME CF ‖ **9** totidem Θ ‖ **10** pro in scaenio Θ

'obstetrix', quod 'opem tulerit'. 15.6. SERVA ME OBSECRO obstetri-
ciam hanc potestatem Iunoni attribuit, quamquam illam Menander Dianam appellet (*An., frg.* 38 K.-A.) et hoc sentiat in Bucolicis
Vergilius (*ecl.* 4, 10).

5   16.1. (= u. 474) HVI TAM CITO 'tam cito', ut celeritatem partus
ostendat incredibilem. 16.2. TAM CITO ad reprehensionem, RIDIC-
VLVM ad irrisionem. 16.3. Et inspice 'ridiculum', aduerbium sit an
nomen, ut sit: uide hominem ridiculum. Sed aduerbium magis est.

17.1. (= u. 475) NON SAT COMMODE DIVISA SVNT TEMPORIBVS
10 confusa tibi sunt, inquit, omnia nec unum quidque suo tempore
geritur, qua re proderis. 17.2. NON SAT non satis. 17.3. DIVISA SVNT
digesta et composita et distributa. 17.4. TEMPORIBVS id est per
tempora.

18.1. (= u. 476) MIHIN adhuc Dauus non percipit. 18.2. Et bene,   *162W.*
15 quasi dicat: cum ille loquatur, illae agant. 18.3. MIHIN NVM

15.6 *cf. Eugr. ad loc.*: Hanc (*scil.* Iuno Lucina) quidam tamen Dianam potius
esse dixerunt, nam Menander ipsam uocat, cum dicit Ἄρτεμις. Quamquam et
Vergilius eandem Lucinam Dianam uoluit [...]; *Cic. nat. deor. 2, 68*: eadem est
enim Lucina, itaque ut apud Graecos Dianam eamque Luciferam sic apud
nostros Iunonem Lucinam in pariendo inuocant; *Porph. Hor. carm. 3, 21, 7;*
Seru. ecl. 4,10 ‖ 18.3 *cf. Don. Ad. 288.4*: [...] Sunt enim nomina ad aliquid,
quibus nos tamen uelimus ab omnibus appellari, ut magister medicus orator;
Fantham 1972, pp. 35–37

Γ; Σ {Θ, Λ}

1 tulerat C (*corr.* C²): *an* tetulerit *dub. Wess.* (*coll. An.* 299.1) | obstetriciam
Schopen*: hoc extra etiam ω ‖ **2** attribuit Θ: attribuuntur A ('ur' *del.* A²) K:
attribuitur BΛ: attribuit ⟨Terentius⟩ *Dziatzko* (*1876, p. 237*) ‖ **3** et hoc sentiat
BΛ: *om.* A: et hic sentiam K: et sentiat hoc Θ: et hoc significat *Schopen**
Buco. C: buc^is T ‖ **4** Vir. C ‖ **5** HVI] HVIC A: *om.* B: HVINC T | tam cito₂] *om.* B
Θ (*rest.* C², *exc.* F) | ut] in A Θ | celeritatem *scripsi*: felicitatem ω: facilitatem
Lind.: uelocitatem *Schopen**, *Klotz* ‖ **7** *post* ridiculum *add.* si Σ | aduerbium]
an uerbum B | sit] *ante* aduerbium *transp.* Σ ‖ **8** est magis BΘ ‖ **9** DIVERSA C
(*corr.* C²) ‖ **10** tibi] *post* omnia *transp.* B | inquit] *post* omnia *transp.* Θ | nec]
nunc C | quidque] quid Θ: quodque *uel* quodam *codd.* Λ ‖ **11** prodiris K
12 et₁] *om.* B | et₂] *om.* B | id est] *om.* B: uel Θ ‖ **14** MIHINE B CTq: MIHI NON
K (*sic et infra*) | Dauus adhuc Λ | Dauus] *ante* adhuc *transp.* Λ: *post* percipit
transp. B | pepercit Θ: percepit Λ ‖ **15** q. d. B | loquantur *uel* loquat- *codd.* Λ
agat Θ β

INMEMORES DISCIPVLI 'discipuli' Mysis, Lesbia et Pamphilus: omnes, per quos agitur fallacia. Bene ergo discipulos imperitos ostendit et magistrum Dauum, quia supra dixit (u. 192) 'tum si quis magistrum cepit ad eam rem improbum'. Alii hic Pamphilum significari putant discipulum, quia Dauus magister; ⟨nam⟩ nomen 5 est ad aliquid 'discipulus', ut 'magister'. 18.4. Et nunc 'discipuli' genetiuus singularis est casus. Alii nominatiuum pluralem putant, ut 'discipulos' dixerit omnes, per quos agitur fallacia, secundum illud (u. 192) 'tum si quis magistrum cepit ad eam rem improbum'.

19.1. (= u. 477) EGO QVID NARRES NESCIO quasi fabulam. 10 19.2. NVM INMEMORES DISCIPVLI deest 'nunc'. 19.3. Et bene 'discipuli', quia ipsum magistrum supra fecit (u. 192). 19.4. EGO QVID N. N. semper ita respondet Dauus seni, tamquam non intellegat, quid loquatur.

163W.   20. (= u. 478) HICINE ME SI IMPARATVM redit ad illam senten- 15 tiam (uu. 159–160) 'simul sceleratus Dauus si quid consilii habet, ut consumat nunc'.

Γ; Σ {Θ, Λ}

1 INMEMORES] IMME C (mor *add.* C² *s.l.*): IMMEMŌ Fq: M. MED. T: IMMEMOR ES Λ | discipuli] *om.* FT | Mysis] misidis F: mis. T: *ante* Pamphilus *transp.* B Lesbia et] Lesbia B: Lesbie K: et Lesbia et Λ ‖ **2** per quos omnes ε | *post* fallacia. *add.* et Θ ‖ **3** *post* dixit *add.* q. K | cum AK CT ‖ **4** cepit–5 magister] etc. B | cepit] coepit F: *om.* T | alias AK ‖ **5** significare Θ | magister] magistri Σ | *add.* Wess. ‖ **6** *post* aliquid *add.* uero sunt Λ | discipulus] magister Λ | ut *Goetz**: et ω | magister] discipulus Λ | *post* magister *add.* alii dauum discipulum putant tamen B ‖ **7** genetiuus–casus AK: genitiuus est singularis casus (*om.* B) B Θ: genitiuus singularis est Λ | nominatiui Σ | plr A: pluralis Σ | *post* putant *add.* esse Λ ‖ **8** *post* dixerit *add.* erit A ‖ **9** tum] *om.* β | capit *uel* cepit *codd.* Λ: caput A: capit A²K: *om.* B Θ | cepit–improbum] *om.* B **10** NESCIO] N. AK T | quasi–13 N.] *om.* Θ | quasi] q. B | fabulam] fabula sit Λ **11** NVM] NON B | IMMEMORES] IMMEMOR ES Λ: IMMEMOR EST B | nunc] sunt *Schopen (1821, p. 28)* ‖ **12** supra magistrum β | N. N.] NARRES NESCIO Λ **13** seni tamquam] sententiam quam A | non] *om.* Θ | quod β ‖ **15** HICINE] HIC ME AK: HIC Θ: *om.* B | ME] MI A: *om.* B | SI] *om.* Θ | redit B: rediit AK: reddit Θ: r. *uel* reddit *codd.* Λ

21.1. (= u. 479) ADORTVS ESSET 'adortus' dicitur, qui ex insidiis repente inuadit: dictum ab eo, quod corpora aggredientium exsurgant subito atque increscant. 21.2. ADORTVS aggressus.

22. (= u. 480) ⟨EGO IN P. NA.⟩ Omnia haec ex translatione maris
5 sunt dicta μεταφορικῶς.

21.1–21.2 *Don. Ad. 404.2; Id. An. 669.2; Cur. epit. Don. 29*

Γ; Σ {Θ, Λ}

1 dicitur C, *in* dix^it *corr.* C² | insidii C (s *add. s.l.* C²) ‖ **2** egredientium C
4 *add. Zeunius* | translatione] tranquillitate Θ ‖ **5** μεταφορικῶς *Steph.*: met(h)aforicos ω | *post* μεταφορικῶς *add. personar. nomina* A, *sp. rel.* K

1.1. (= u. 481) ADHVC ARCHYLIS QVAE ADS. Q. Q. O. specta in hac
scaena, quam scite expressa sit consuetudo medici uel medicae
egredientis ex aegri domo: nam ueniens de negotiis eius loquitur,
abiens de morbo. Et haec sunt praeter οἰκονομίαν quae dicuntur
εὑρήματα. 1.2. ADHVC ARC. sic ueteres scribebant 'adhuc', quando 5
incerti futurarum rerum ex praesentibus firmum intimabant, quod
est genus cautissimae promissionis et certae. 1.3. ADHVC ARC. Q.

164W.   ADS. medicina aut in ratione est aut in consuetudine et in exemplis. 'Adsolent' ergo consuetudinis est, 'oportent' rationis. 1.4. Et
sunt qui 'adhuc Archylis' correptionem esse nimium sollicitae 10
nutricis putent, quod ego non probo.

2.1. (= u. 482) SIGNA ESSE AD SALVTEM deest 'haerentia' aut
'pertinentia'. Sic in Heautontimorumeno (u. 207) 'atque haec sunt
ad uirtutem omnia'. 2.2. Absolute ergo dixit, ut desit aliquid tale.
Unde et nos dicimus 'quid ad rem?' uel 'quid ad me?' 15

1.1 cf. Jakobi 1996, 167 ‖ 1.2 cf. Cur. epit. Don. 30

Γ; Σ {Θ, Λ}

1 ADS.] ADSOLENT Θ (C): ASSOLENT C² Λ | Q. Q.] Q. Θ: *uar.* Λ | O.] OPORTENT
uel OPORTET *codd.* Λ | *post* O *add.* S.(IGNA) Λ | in hac scena specta Λ ‖ **2** scite]
sciente K: site AT | medici uel medicae] ᵐᵉᵈⁱᶜᵉmediciᵘᵉ B: medici uel medicine
β ‖ **3** egredientes C (*corr.* C²⁾ | ex] de Λ ‖ **4** οἰκονομίαν *Steph.*: OIKONOMIAN
AB: *om. sp. rel.* ΚΣ (*inuenta suppl.* C²⁾ ‖ **5** εὑρήματα *Steph.*: EIPNMATA A:
EYPEMATA B: *om. sp. rel.* ΚΣ | ARC.] A. Q. Θ: ARCHIL(L)IS Λ | *sic Wess.*: sicut ω
scribunt Θ | quando Λ: quā ΓΘ (quē T) ‖ **6** incerti β D: incertis ω | *ante*
futurarum *add.* fiet C² | futurarum] adhuc uiarum C | *post* praesentibus *add.*
rebus Σ | firma Σ ‖ **7** cautissimae] certissime Σ | promissionis] *post* certae
transp. B | certe] caute Λ | ARC. Q. ADS.] ARC. Q. A. S. AK: etc B: AR. Q. A. Θ:
ARCHIL(L)IS Q. A. Λ ‖ **8** ratione] oratione BΘ (*exc.* T) | est] *ante* ratione *transp.*
B: *om.* Θ | et *Wess.*: aut ω ‖ **9** oportet BΛ ‖ *sch.* 1.4 *post* 3.1 *in* ω ‖ **10** nimiam
β ‖ **11** probabo Θ ‖ **12** ESSET A | ferentia *Schopen** ‖ **13** sic] sic(ut) B: *om.* A
Heautontimorumenon ω, *corr. Westerh.* | atque] *om.* B | haec] *om.* C (*rest.*
C²⁾ ‖ **14** ergo absolute Θ ‖ **15** quid₁–rem] quid me Θ (C², ad me C)

3.1. (= u. 483) NVNC PRIMVM FAC ISTA VT LAVET imperitiae
notantes Menandrum aut Terentium ipsi ultro imperiti inueniuntur, nam et ille (*Men. An., frg.* 39 K.-A.) 'λούσατ᾽ αὐτήν' dicens a
consuetudine non recessit, cum λοῦσαι σαυτόν [se lauisse] a toto
5 partem significet, et Terentius propius ad significationem accessit
'ista' dicendo, ne pudenda nominaret. 3.2. FAC ISTA VT LAVET 'ista'
quae ex puerperio sordebant. Quidam 'ista' ipsam puerperam
dicunt — sic enim et Menander (*An., frg.* 39 K.-A.) 'λούσατ᾽ αὐτήν
αὐτίκα' — sed imperitiae accusantur, quod non continuo solent
10 post puerperium lauare, sed diebus omissis.

3.1 *cf. Varro ling. 9,107*: Omnino et laua[n]t et lauatur dicitur separatim recte
in rebus certis, quod puerum nutrix laua⟨t⟩, puer a nutrice lauatur, nos in
balneis et lauamus et lauamur. Sed consuetudo alterum utrum cum satis
haberet, in toto corpore potius utitur lauamur, in partibus lauamus, quod
dicimus lauo manus, sic pedes et cetera; *[Caper] GL VII, 104, 14; Charis. ars
p. 352, 6 B.; Seru. GL IV 437, 28; Pomp. GL V 233, 26*

Γ; Σ {Θ, Λ}

1 imperitiae] ita peritie Θ ‖ **2** imperati C (*corr.* C²) ‖ **3** et] *om.* C (*rest.* C²)
ille–**4** non] *om.* K | λούσατ᾽ αὐτήν *Steph.*: ΛΟΥC ΑΤΑΥΤΚΝ A: ΛΟΥCΑ-
ΤΑΥΤΗΝ B: *om. sp. rel.* Σ | a] *om.* C ‖ **4** *ante* cum *add.* ut α | λοῦσαι — [se
lauisse] *scripsi*: λοῦσαι αὐτήν *Sabbadini (1894, p. 126)*: lauisse se (*om.* B) aut
non se lauisse ω | a–**5** partem *Schopen**: a parte totum (potum Θ) ω: pro
parte totum *Sabbadini (1894, p. 126)* ‖ **5** significet α: significant Λ: signifi-
cantes ΓΘ | et] *om.* K: sed Λ ‖ **6** VT LAVET] LAVENT β | ista₃] *om.* Λ (*exc.* β)
7 puerperio] puero Θ | ista] istam Γ Θ ‖ **8** λούσατ᾽ αὐτήν *Steph.*:
ΛΟΥCΑΤΕΑΡΤΗΝ A: ΑΟΥCΑΤΗΑΥΤΗΝ B: λούσατε αὐτήν M⁴: *om. sp. rel.*
K Λ: *om. nul. sp.* Θ ‖ **9** αὐτίκα *Bentley**: ΥΤΙCΑ A: ΥCΙϚ B: *om. nul. sp.* Θ: *om.
sp. rel.* Λ: ὡς τάχιστα *Grauert* : τάχιστα *Casaub. (apud Lind.)*: ὅτι τάχιστα
Meineke | imperitiae] peritiae Θ | quod Θ B: quid A: qui K Λ | non] *om.* Σ
10 puerperam Θ

165W.   4.1. (= u. 484) QVOD IVSSI DARI BIBERE ET QVANTVM IMPERAVI
DATE consuetudine quam ratione dixit pro: date ei potionem.
Lucilius in quinto (*frg. 19 Cha.*) 'da bibere ⟨ab⟩ summo'. 4.2. DARI
BIBERE ⟨...⟩ nam duo uerba iniuncta nullum habent significatum
sine nomine aut pronomine, ut si dicas 'dic facere'. 4.3. QVOD IVSSI   5
DARI BIBERE ET Q. I. et qualitatem et modum rei dixit.

       5. (= u. 485) MOX EGO HVC R. uide ut auctoritatem et iactantiam
medicorum imitetur dicendo 'quod iussi'; et non sufficiebat, sed
etiam 'imperaui' dixit. Simul haec dicit, quae solent medici
promittere frequenter 'mox ego huc reuertor'.   10

4.1–4.2 *cf. Seru. Aen. 1,318:* COMAM DIFFVNDERE ... Graeca autem figura est.
Sic alibi (*Aen.* 5, 248) et argenti magnum dat ferre talentum (*Aen.* 1, 79) 'et tu
das epulis accumbere diuum': unde 'da bibere' usus obtinuit, quod facere
non debemus, ne duo uerba iungamus, nisi in poemate; *Id. ibid. 5,248; Porph.
Hor. carm. 3,21,7:* Attende elocutionem 'descende promere', pro 'descende ut
promas', ut est illud Lucili: 'A ne da bibere ab summo'; *Charis. ars p. 158,1 B.:*
Biber τὸ πιεῖν. *G. Fannius annalium VIII* (*frg. 2 P.²*), 'domina eius, ubi ad
uillam uenerat, iubebat biber dari'; *Cato quoque Originum* (*frg. 121 P².*) * sed
et *Titinius in Prilia* (u. 78 R.³) 'date illi biber, iracunda haec est'; *[Sergius] GL
IV 502,32:* [...] Sed ista consuetudo ex Graeco usu descendit: nam Graeci
uerbo et articulos iungunt dicentes δὸς τὸ πιεῖν; *Pomp. GL V 213,14; [Iul.
Ruf.] RhLM 58,3; Heraeus (1937, 195–196, n.3)*

Γ; Σ {Θ, Λ}

1 *post* IVSSI *add.* EI Λ | DARI] DA. B: DARE Fq Λ | BIBERE] B. BT: A. C (BI. C²)
TE *post* IMPERAVI *add.* Θ ‖ **2** consuetudinem AT | *ante* quam *add.* magis B α
3 quinto] V B FT | da] date (*uel* -re) Θ | bibere ω: biber *Lind.* (*coll. Charis.
158, 1 B.*): | ab *Porph. ad Hor. carm. 3, 21, 7 edd.*: e *Lind.* | DARI] DATE q Λ
4 *lac. stat. Wess. dubitans utrum* mire 'dari bibere' *an* ἑλληνισμός *suppl.* (*cfr.
Seru. Aen. 1, 318*) | nam] *om.* Λ | *post* uerba *add.* non Λ | coniuncta Λ
nullam Σ | significationem Σ ‖ **5** aut] uel B | ut] *om.* Γ ‖ **6** DARI K: DA. AB Θ:
DATE Λ | *ante* BIBERE *add.* MIHI Θ | BIBERE] *om.* α | ET₁] *om.* Tq | Q. I.] *om.* B:
QVANTVM IVSSI *uel* IMPERAVI *codd.* Λ | *post* dixit *add.* quod iussit quantum
quod iussi date bibere et quantum idest Θ, *add.* quod iussi date bibere et
quantum iussi Λ ‖ **7** EGO] *om.* Σ | R.] ET Γ: RED(D)EO Θ | uide] *om.* Σ ‖ **8** et] *om.*
Θ ‖ **9** simul dixit haec B | *ante* Simul *add.* et Λ | dicit] *om.* BΛ: dum Θ
medici] dici Θ ‖ **10** frequenter B: ut frequenter AΘ: frequenter ut KΛ

6.1. (= u. 486) SCITVS PVER EST satis obstetrici est adhuc incertum aeui, ut ita dicam, et a matre sanguinulentum non 'pulchrum' (quod ipsum nimium uideretur) cito dicere, sed 'scitum' pronuntiat. 6.2. Ideo subblanditur, ut operae pretium
5 maius accipiat. 6.3. PER ECASTOR per Castorem et Pollucem *166W.* ornatiua sunt iurandi apta feminis. 6.4. Et 'natus Pamphilo' dixit, ut Vergilius (*Aen.* 1, 617–618) 'quem Dardanio A. a. V. F. g. S. a. u.'. 6.5. SCITVS elegans, pulcher, quem Graeci κομψόν dicunt. *Quod enim quis scit, hoc 'scitum' et pulchrum est.* 6.6. Et est diaeresis,
10 nam ordo est: perscitus ecastor, ut in Hecyra (uu. 58–59) 'per pol quam paucos r. m. f. e. a., S.', ut sit: perquam paucos.

7.1. (= u. 487) DEOS QVAESO VT SIT SVPERSTES Alias 'supersti-tes' sunt senes et anus, qui aetate multis superstites iam delirant. Unde et 'superstitiosi', qui deos nimis timent, quod est signum

---

6.3 *cf. Gell. 11, 6; Charis. ars. p. 258,2 B.; Eugr. An. 486; Cur. epit. Don. 644* 6.4–6.5 *cf. Don. Hec. 740.3; Id. Phorm. 110.3; Fest. p. 444 L.; Non. 650 L.; Alc. orth. 381, p. 32,6 B.; Diff. Charis. ars p. 394, 13 B.; Synon. Cic. Charis. ars p. 445,20 B.; Cur. epit. Don. 811* ‖ 7.1 *cf. Seru. Aen. 8,187*: Superstitio est timor superfluus et delirus. Aut ab aniculis dicta superstitio, quia (quae ASF) multae (multis AS) superstites per aetatem delirant et stultae sunt; *Isid. orig. 8,3,6*: Alii dicunt a senibus, quia multis annis superstites per aetatem delirant et errant superstitione quadam; *Cur. epit. Don. 850*

Γ; Σ {Θ, Λ}

1 EST₁] *om.* Θ | est₂] *om.* KΘ | incertum adhuc B ‖ **2** aeui ut Γ: cui ut Θ: que ut Λ (atque ut β) | dicam ita Θ | et] ut C (*corr.* C²): *om.* Λ: atque *Schopen** ‖ **3** ipsi B | nimium] minimum B | cito] *post* ipsum *uel* nimium *transp. codd.* Λ **4** pronuntiauerat C (*corr.* C²) ‖ **5** maius] magis BC | *post* ECASTOR *add.* per castor A ‖ **6** apta] acta C | feminis] senanis A: f(rat)ris K (*incert.*) | *lac. post* dixit *sign. Jakobi GFA*, suppl. e. g.* 'ne esset pater incertus' *coll. Seru. Aen. ad loc. cit.* ‖ **8** *post* elegans *add.* puer Θ | κομψόν *Wess.*: KONYON AB: *om. sp. rel.* K Σ (κόνιον M⁴) ‖ **9** quis *Steph.*: qui ω | scit *Steph.*: sint Γ: sunt Θ: sint *uel* sunt *codd.* Λ | est] *om.* Θ | dicheresis A: didiersis K ‖ **10** ut] *om.* BΘ | Hecyra] Hec. ita Θ: hoc Λ ‖ **11** r.–S. K: R M S E A S A: re. B: r. *sp. rel.* Θ: *om. sp. rel.* Λ perquam] quam Θ ‖ **12** alias] alia s. K | superstites] *iter.* β: superstes K CT **13** senes] senex Θ (C², senes C) | qui *scripsi*: quia ω | aetate] senes Σ | multi KΘ | superstites] supestes Θ | iam] etate Λ : *om.* Θ | delirant] erant Θ **14** timent (C², timen C) nimis Θ | signum est Σ

deliramenti. 'Superstes' nunc saluus. 7.2. QVANDO QVIDEM IPSE EST
'quando' et 'cum' interdum causales sunt coniunctiones. 7.3. Et
'quando' pro 'quoniam' et pro 'quia' intellegimus. 7.4. QVANDO
QVIDEM IPSE EST transit a puero ad ipsum Pamphilum.

    9.1. (= u. 489) VEL HOC QVIS NON CREDAT ironia est. 9.2. 'Vel' 5
167W. modo non est disiunctiua coniunctio, sed pro 'etiam' posita, ut
apud Vergilium (*Aen.* 11, 259) 'uel Priamo miseranda manus' et
(Verg. *ecl.* 8, 69) 'carmina ⟨uel⟩ c. p. d. l.' 9.3. Et bene 'uel hoc':
subaudias 'exceptis illis, quae reprehendit supra'. 9.4. ABS TE ESSE
NATVM et 'ortum' legitur, ut sit: instructum, commentum et 10
compositum.

    10.1. (= u. 490) NON IMPERABAT C. 'coram' ad certas personas
refertur, 'palam' ad omnes. 10.2. QVID OPVS FACTV ESSET imperso-
natiue dicitur 'opus facto esse'. 10.3. PVERPERAE datiuus casus est:

7.3 *cf. Don. Ad. 348; Non. XII 31, 187 G.-S.; Prisc. GL III 83,2* ‖ *9.2 cf. Don.
Phorm. 143.2; Seru. Aen. 11,259; Id. ecl. 8,69; schol. Bemb. Ter. Eun. 397; Non.
XII 32, 187 G.-S; Conr. fab. p. 291,16; Cur. epit. Don. 900* ‖ *10.1 cf. Varro frg 421
F. (= ap. Seru. Aen. 1,595); Seru. Aen. 2,538; Prisc. GL III 52,5; Audax GL VII
354,18; Isid. diff. 1, 168, p. 170 C.; Diff. ed. Beck p. 48,52; Suet. diff. p. 286,5 Reiff.;
Ulp. dig. 50,16,33; Don. Ad. 608.2; Sedul. in art. Don. mai. p. 303, 11 L.; Cur. epit.
Don. 143*

Γ; Σ {Θ, Λ}

1 delimenti Θ | Superstes–saluus] *transp. ante* alias *Steph.* (*prob. Wess.*)
Superstes ΓΛ: superstites Θ | QVIDEM–**2** et] etc. B | *post* EST *add.* ingenio tam
bono Σ ‖ **2** sunt causales Θ | *post* causales *add.* interdum β | coniunctiones]
om. Θ | Et Θ: *om.* Γ Λ ‖ **3** pro₁] *om.* Λ | quia] quoniam K: *om.* Λ ‖ **4** EST A: *om.*
KBΣ | transiit AK | ipsum] *om.* B ‖ **5** VEL Λ: *om.* ΓΘ | QVIS Λ: *om.* B Θ: QVI
AK | NON BΛ: *om.* AKΘ | CREDIT Θ | est] sed Θ ‖ **6** sed] et Γ | *post* posita *add.*
est Λ ‖ **7** et carmina] *om.* Θ ‖ **8** uel₁ *ex Verg.: om.* ω | c.–l.] etc. B ‖ **9** exemptis
β | supra reprehendit Λ | ABS] ABSIT Θ | TE] *om.* Θ ‖ **10** NATVM] ORTVM Λ
ortum] natum Λ ‖ **11** compositum] nunc positum Θ ‖ **12** IMPERABAT]
IMPERABIT B: VI(C)TVPERABAT Θ | te *ante* C. *add.* C² | C.] CORAM B Σ ‖ **13** ad
omnes palam Θ | QVOD Θ | FACTV BΛ: FACTVM AK (*incert.*): FACTO Σ; *cf. Haut.*
941 | ESSET] *om.* C (*rest.* C²) | *ante* impersonatiue *add.* puerperae β
imperatiue Tq ‖ **14** *post* dicitur *add.* quid Λ (*exc.* β) | factu B | esse] e. T: *om.* Λ
(*exc.* β) | *sch.* 10.3 *om.* Λ (*exc.* β), *rest. cum* 10.4 QVID OPVS POST *post* 10.4
faciam | PVERPERAE–**171,1** ESSET] *om.* T | casus–**171,1** puerperae] *om.* B

ipsi puerperae coram imperaret. 10.4. QVID FACTO OPVS ESSET sic
enim dicimus 'quid uis tibi faciam ?' 10.5. PVERPERAE omnis, quae
peperit —10.6. 'Puerpera' πρωτότοκος— et non quod 'puerum',
sed quod 'fetum', 'puerpera' dicta. Et apud ueteres 'puer' 'puellus',
5 'puera' 'puella'.

11.1. (= u. 491) ILLIS QVAE SVNT INTVS CLAMAT DE VIA
argumentum ex eo quod non factum est, cum fieri oportuerit, et
ex eo quod est factum, cum fieri non oportuerit. 11.2. CLAMAT DE   *168W.*
VIA mire 'clamat', quasi dicat: maluit clamare quam sine labore
10 intus imperare.

12.1. (= u. 492) O DAVE ITANE CONTEMNOR hoc est: usque
adeone. 12.2. ITAN CONTEMNOR ualde temnor, — 'temnor' autem

10.5–10.6 cf. *Paul. dig. 50, 16,163; schol. Iuu. 6,594, p. 113 W.; Isid. orig. 11,2,14;*
schol. Bemb. Ter. Ad. 921: quae p[uerum pe]perit; *Cur. epit. Don. 719; Isid. diff.*
1, 387, p. 258 C. ‖ 10.6 *Et – puella] cf. Prisc. GL II 231,13* ‖ 12.2 *cf. Charis. ars*
p. 366,26 B.; Diom. GL I 441,22; Don. ars mai. p. 396, 8 H; Non. I 19, p. 316 Maz.;
Pomp. GL V 297,8; [Probus] GL IV 263,7; Iul. Tol. ars p. 192,35 M. Y.; Seru. Aen.
1,203; Id. ibid. 665; Seru. auc. Aen. 1,542; Schol. Stat. Theb. 2,570; Cur. epit. Don.
144

Γ; Σ {Θ, Λ}
12.2 Bern. 276*: Temno/ s(i)n(e) p s(ecundum) p(r)ᶦs./ in X a te(m)nu(m)/ G(re)(co) q(uod)
(est) cedor (ue)l reici/or lati(n)ᵉ s(ecundum) do(na)ᵗ⁽ᵘᵐ⁾ i(n) co(m)(men)ᵗᵒ/ and(r)ᶦe

---

1 *ante* ipsi *add.* ut sit Λ | *post* coram *add.* non Σ (*exc.* q β) | imperaret A β:
impararet K: imperet BΘ: imperabat Λ | OPVS FACTO Λ (*exc.* β): O. F. B | sic]
sicut F Λ (*exc.* β) ‖ **2** dicimus] dicturus Θ | tibi uis B ‖ **3** πρωτότοκος *Steph.*: P
ω T ω TOKOC A: PωTωROC B: pu *postp. rel.* K: *om. sp. rel.* Σ | quod] quae
Schopen* | ~~filium~~ puerum B ‖ **4** quod fetum *Wess.*: quod filium ω: quod filium
peperit *Steph.*: et quae filiam peperit *Schopen** | *post* dicta *add.* est Λ | Et] *om.*
BΣ | puellus] puellis A | *post* puellus *add.* et Λ ‖ **5** puera puella Θ β: puerula
puella Γ: puella puera Λ | *post* puella *add.* uocaba(n)tur Λ ‖ **6** ILLI β | QVAE]
QVI Γβ | VIA B Λ: *om.* AK: EO Θ | **7** oportuerit–**8** fieri] *om.* BΘ | est] *om.* K
8 potuerit Θ ‖ **9** clamat] *om.* B: clamauit Θ | dicat] d. BT | labore] dolore α
10 intus] *om.* Θ ‖ **11** ITAN Θ: ITA(N) *uel* ITANE *codd.* Λ | CONTEMPTOR A:
CONTE(M)PNOR K C: CON. T: *om.* B | *ante* hoc *add.* abs te Fq | usque] *om.* Θ
(*prob. Schopen**) ‖ **12** temnor₁] tempnor K: contem(p)nor B Θ: temnor *uel*
contemnor *codd.* Λ | temnor₂] tempni B: tenum Θ: temnere K (*uel potius*
tenere?) Λ

Graecum est, id est caedor et reicior, — nam ueteres 'temnere'
dicebant sine praepositione. 12.3. ITANE TANDEM indignatio est ad
aestimationem reuocantis eius dicta uel facta, ⟨a⟩ quo contemnitur
quis. 12.4. IDONEVS 'aptus' et 'huic rei natus'.

13. (= u. 493) APERTE FALLERE δύο δι' ἑνός cito: et 'fallere' et   5
'aperte'.

14.1. (= u. 494) SALTEM ACCVRATE mire 'saltem', quod ponitur
in desperatione rerum; primum enim fuerat 'ut ne conareris
fallere'. 14.2. SALTEM ACCVRATE V. M. ζεῦγμα a superiore 'fallere
incipias'. 14.3. Aut certe σύλληψις 'fallere incipias'. 14.4. CERTO SI   10
RESCIVERIM utrum pro 'cum resciuerim' an quia stultum me
putas?

15.1. (= u. 495) CERTE HERCLE NVNC HIC SE I. F. H. E. hoc ita
169W. dixit, ut audiat spectator, non ut Simo. 15.2. EDIXI TIBI hic illud
reddidit (u. 204) 'edico tibi, ne temere facias'.   15

12.4 *Don. An. 757.1; Id. Hec. 361.4; Char. ars. p. 403, 19 B.; Paul. Fest. p. 122 L.;*
Synon. Charis. Cic. ars p. 415 B. ‖ *14.1 cf. Don. An. 313.1*

Γ; Σ {Θ, Λ}

1 et] *om.* Λ | reicior] deicior Λ: reicior τὸ τέμνομαι *Steph.* | temnere] tenere K:
tempnere B: tempeiere C: temp(er)ere F: tendere T: *incert.* q   ‖   **3**
aestimationem] extimationem *uel* esti- *codd.* Σ | *add. Steph.* | contemnitur *ex*
compnitur C (*corr.* C²): contendere T ‖ **4** actus Θ ‖ **5** *ante* APERTE *add.* quem
tam B | APTE Θ | δύο δι' ἑνός *Steph.*: d. i(n) YOΔIENOC B: YOAIENOE A: *om.*
sp. rel. KΣ | cito] *om.* K | et₁] *om.* Σ ‖ **7** *post* ACCVRATE *add.* et Θ: *add.* ut metui
uidear Λ | mire–**9** ζεῦγμα] *om.* F ‖ **8** primum B: primo ω | *post* enim *add.*
(h)ortatus Λ | fuerat] erat B | *post* fuerat *add.* Dauum Λ | ne] non Λ: nec Θ
conareris] conaretur Λ: orareris Θ ‖ **9** SALTEM fallere Θ | v. AK: VIDEAR B: VT
Λ: *om.* Θ | M. K: IN. A: METVI BΛ: *om.* Θ | ζεῦγμα *Steph.*: xegma A: ζeugma K:
zeuma B Λ (Σeuma β): *om. nul. sp.* Θ ‖ **10** *sch.* 14.3 *om.* ε | σύλληψις *Steph.*:
CYMEMEΨIC A: CIAHMΨIC B: *om. sp. rel.* K Θ: sile(m)psis Λ | CERTO AK Θ:
om. B: CERTE Λ (*Ter.*) ‖ **11** RESCIVERIM] VERVM Θ | et *ante* utrum *add.* KΛ
13 CERTE–E.] fallit B | hic se] *om.* Λ | i.] *om.* BFT: IPSVS Λ | F. H. E.] F. A. E.
F: F. H. E. T: FALLIT HAVT EGO B: se fallit Λ ‖ **14** dixit K Σ (dicitur Fq): d. A:
dauus B | spectator audiat Λ | EDIXI B: ED. A: EDIXTIN K: EDIXIN Σ
15 reddit T | edico ω: sed dico *codd. Ter.* | temere] *om.* C (*rest.* C²): t. T

16.1. (= u. 496) INTERMINATVS SVM NE F. pro 'minatus sum'
Plautus in Aulularia (u. 558) 'interbibere sola si u.'. 16.2. NVM
VERITVS 'ueretur' liber, 'metuit' seruus. — 16.3. Et deest 'es': apta
ἔλλειψις irascenti. — Alibi (*Phorm.* 232) 'non simultatem meam
5 reuereri'. 16.4. QVID RETVLIT 'retulit' profuit uel interfuit. Et
producit RE syllabam. 16.5. Et est sensus: sic contempsisti, quasi
tibi non comminatus sim.

18.1. (= u. 498) TENEO QVID ERRET ET QVID AGAM HABEO hoc
dixit non ut Simo, sed ut spectator audiat. Hoc denique senex
10 probat dicens Dauo 'quid taces?' 18.2. ET QVID AGAM HABEO et
quid respondeam scio. 18.3. QVID T. 'propter quid' aut 'propter
quam rem' aut 'quomodo' [aut per quid].

19.1. (= u. 499) QVID CREDAS repetit uerbum eius, quod ait
'credon': quare adiuuandum pronuntiatione est. 19.2. QVASI NON
15 TIBI RENVNTIATA nuntiata: compositum pro simplici.

16.1 *cf. Don. Eun.* 80: INTERCIPIT proprie 'intercipit' quasi totum capit.
Plautus in Aulularia (557) 'quae sola interbibere' [...]; *Cur. epit. Don.* 431
16.2 *cf. Cur. epit. Don.* 901 ‖ 16.4 *cf. Don. Phorm.* 646; *Seru. auc. georg.* 3,48;
Seru. GL IV 454,31; Beda orth. p. 29,550; Cur. epit. Don. 761 ‖ 18.3 *cf. Don. An.*
234.2 (ubi cf. alia)

Γ; Σ {Θ, Λ}
16.1 Bern. 276: Therentius in Andria interminatus ·|· minatus secundum Donatum in
commento Andrie

---

1 F. Γ: FACIAS Θ: FACERES Λ | minatus] nun(c)tiatus K Λ *(cf. Cioffi 2015, p.*
364): ualde minatus Schopen* *coll. Eun.* 80: *an non* comminatus ? *dub. Wess.:*
an potius eminatus *coll. Isid. orig.* 5, 26, 17 ? ‖ **2** interbibere A Θ *codd. Plaut.:*
inter huunc K: interhibere B: inte(r)mine Λ (interminet β) | si ui *Plaut.:* sibi
ω ‖ **3** ueretur] fueretur A | es apta] epta A ‖ **4** ἔλλειψις *Wess.:* ΥΙϹ A:
ΕΑΑΙΨΙϹ B: *om. sp. rel.* K Θ: eclipsis Λ | Alibi–**5** reuereri] *om.* B | non D:
num AK Λ: nunc Θ | simultatem] *ex* simulantem C²: *ex* simultantem F²
5 reuereri] reueteri A: ~~reuer~~ meam re *postp. rel.* K | retulit] *om.* FT | uel–**6**
producit] *om.* T | uel] *om.* B ‖ **6** producit] produxit C (*corr.* C²): producunt F
Et est] *om.* B: est K | sic] si Tq ‖ **8** ERRAT A: ER. B ‖ **9** ut₁] *om.* B: *ante non*
transp. β ‖ **10** dicens probat Θ | *ante* quid *add.* etiam C (*del.* C²) | ET₁] ETIAM
Θ ‖ **11** sch. 18.3 *om.* B | T. *scripsi:* CREDAS AKΛ: CREDAM Θ | propter₂] *om.* Θ:
secl. Schopen * ‖ **12** quam rem] quare Schopen* | aut₂–quid] *del. Schopen* *
propter Θ ‖ **14** credon] credens KΛ (taces β) | est pronuntiatione Λ | TIBI
NON Σ ‖ **15** *post* RENVNTIATA *add.* pro B

20.1. (= u. 500) MIHIN QVISQVAM fauet sibi senex in eo, quod se
170W. uult perspicacem uideri. 20.2. EHO AN TVTE 'eho' nunc interiectio
est admirantis, alias ad se uocantis, ut (u. 183) 'ehodum ad me'.

21. (= u. 501) NAM QVI ISTAEC 'qui' unde.

22. (= u. 502) QVASI TV DICAS FACTVM ID C. M. 'dicas' pro 5
'credas'; non enim dicimus nisi quod credimus: ab eo quod sequitur id quod praecedit. —22.2. Figura μετάληψις a posterioribus ad
priora. — idem alibi (Plaut. Capt. 401, Merc. 726, Most. 916, Pseud.
828) 'audacter dicito' et alibi (Phorm. 493) 'faeneratum istud beneficium pulchre tibi dices', id est credes, scies, senties. 10

23. (= u. 503) NON SATIS ME PERNOSTI ETIAM QVALIS SIM SIMO
'etiam' pro 'adhuc', ut Vergilius (Aen. 6, 485) 'Idaeumque etiam c.,
e. a. t.'

24.1. (= u. 504) EGONE TE duobus istis pronominibus ostendit
senex omnia se scire. 24.2. SED SI QVID TIBI NARRARE OCCEPI 15

20.2 cf. Don. An. 184.2 (ubi cf. alia) ‖ 21 cf. Don. Eun. 779.3; Id. Hec. 279; Id.
ibid. 334.2; Id. ibid. 553.4; Id. Phorm. 381; Id. ibid. 396.4; Pomp. GL V 251,10; Cur.
epit. Don. 733 ‖ 22 Don. Phorm. 104.2 ‖ 23 cf. Don. An. 116.1; Id. 940.3; Id.
Hec. 535.2; Seru. Aen. 6,485; Id. ibid. 11, 373; Seru. auc. Aen. 11, 352; Id. georg.
3,189; Id. ibid. 2,292 ‖ 24.2 cf. Cur. epit. Don. 600

Γ; Σ {Θ, Λ}
24.2 cod. Vict. (D): uel "occoepi" s. D.

1 MIHI Ñ A | post QVISQVAM add. non A: add. et KB | quid A | se] sibi ε (om.
β) ‖ 2 EHO₁] ET HAEC A | nunc] om. B ‖ 3 est] om. B: ante interiectio transp.
Λ | ut] om. Θ ‖ 4 ISTAEC] STA HEC A: ISTA TE K: om. B: ISTHEC β | ante qui
add. tibi incidit suspicio Λ | qui] que A: om. T | ante unde add. i.(dest) Θ
5 DICAS₁] DICIS A | C. M.] CONSILIO MEO FΛ: CONSILIO Θ ‖ 6 credimus Nf B²:
creditur ω | post sequitur add. ad Θ ‖ 7 μετάληψις Steph.: meta lesis A:
methale(m)psis K: met(h)alensis B Λ: melepsis Θ | a–8 priora] ad priora a
posterioribus Λ ‖ 9 fenerarium Θ | istud] illud β ‖ 10 id est] idem K: uel B
credas CT ‖ 11 NON] NAM CT, corr. C² | PERNOSTIN C (corr. C²) ‖ 12 ut] om. B
idemque Λ | c.–13 t.] om. B | c.] o Σ ‖ 13 post e add. r K | post t. add. potest
AK Λ: add. pater Θ ‖ 14 istis duobus K Λ ‖ 15 senex–scire] se senex scire
omnia Θ | si] om. β | ACCEPI A

'occepi' melius quam 'incepi'. Dicitur ab 'occipitio'; est enim 'occepi' quasi 'caput rei institui'.

25.1. (= u. 505) FALSO potest et εἰρωνικῶς 'falso' pronuntiari, potest et 'falso loqueris' dici, ut (Sall. *Iug.* 1, 1) 'falso queritur de n. *171W.*
5 s. g. h.' 25.2. Et uocalitatis causa sic dixit, ut 'sedulo' 'optato' 'certo', quam 'false' 'sedule' 'optate' 'certe'. 25.3. NIHIL IAM MVTIRE Ennius (*frg. 27*, p. 79 FPL⁴) 'nec dico nec facio ⟨mu⟩' (unde et 'mutos' dicimus), quod Graeci φθέγγεσθαι.

26.1. (= u. 506) EGO VNVM HOC SCIO NEMINEM 'neminem'
10 dicendo maiorem confirmationem fecit: non solum Glycerium non peperisse, sed 'neminem'. 26.2. Et 'hic' dicendo ostendit domum. 26.3. Et est 'neminem' 'nullum hominem'. 26.4. Et nota in feminino genere etiam 'neminem' positum.

25.1 cf. Cled. ars p. 87, 1 B.; [Aug.] regul. p. 109,12 M.; Id. ibid. p. 119, 9 M.
25.2 cf. Quint. inst. 1, 5, 4; Don. An 533.5; Don. ars mai. p. 641.2 H.; Charis. ars
p. 149,4 B.; Id. ibid. 249,29 B.; Prisc. GL III 68, 24; Frg. Bob. [13], p. 334 M.
25.3 cf. Varro ling. 7, 101: Mussare dictum, quod muti non amplius quam μῦ
dicunt; a quo idem (= Ennius) dicit id quod minimum est: 'Neque, ut aiunt,
μῦ facere audent'; Paul. Fest. p. 6 L.; Seru. Aen. 11, 345; Non. V 22, p. 16 G.-S.;
Apul. (frg. 5 FPL⁴) ap. Charis. ars 314,4 B.: 'Mutmut non facere audet'
26.4 cf. Prisc. GL II 207,2; Cled. ars p. 64, 12 B.

Γ; Σ {Θ, Λ}

1 occepi (accepit A) melius Γ: melius Θ: et (sed α) melius occepi Λ | *ante*
quam *add.* dixit Λ | *ante* Dicitur *add.* et Λ | Dicitur] *post* melius *transp.* B
occipitio B: hoc cipitio A: occipitione K β: occipio Θ: occipite Λ | est] *om.* K
2 rei caput Λ ‖ **3** εἰρωνικῶς z: ironicos ω ‖ **4** et potest Λ | de] d. C: de *uel* d.
codd. Λ | n.] natura B: natura *uel* n. *codd.* Λ ‖ **5** s.] sua B: sua *uel* s. *codd.* Λ | g.]
s. K: genus B: c. Θ: genus *uel* e *codd.* Λ | h.] h. h. K: human. B: humanum *uel*
h. Λ (*ante* g. β) | uocalitatis] nobilitatis β | ut] *om.* B | optato] optate *uel* -to
codd. Λ ‖ **6** quam false AK: *om.* B: quasi Σ | optate] *om.* K ‖ **7** mu *add.* Lind.
coll. Char. ars 314, 4 B. ‖ **8** quod Graeci] *om. sp. rel.* Θ | φθέγγεσθαι. Steph.:
ΦΕΕΝΤΕCAr A: ΦΘΕΝΤΕCΘAI B: *om. sp. rel.* K Σ ‖ **10** confirmationem]
comparationem Θ | fecit] *om.* B: facit Θ | *post* fecit (= facit Θ) *add.* uel
confirmationem (C², comperationem C) fecit Θ ‖ **11** *post* sed *add.* etiam Θ
Et] *om.* Σ ‖ **12** Et est] *om.* B | Et₂] *om.* B | *post* nota *transp.* neminem B
13 etiam] *om.* β | neminem] gⁿeminem A: *om.* B | *post* neminem *add.* esse β

27.1. (= u. 507) REFERETVR MOX HVC PVER ANTE OSTIVM pro feretur. 27.2. HVC quasi nobis.

28.1. (= u. 508) ID EGO IAM TIBI RENVNTIABO fingit se prodere, quod ipse facturus est, ut non credat senex ab illo fieri, quod praedixit fore. 28.2. ID EGO IAM TIBI RENVNTIABO ERE FVTVRVM 5 're' syllaba apud ueteres interdum abundat, ut modo 'renuntio' pro 'nuntio' et Cicero (*Verr.* 2, 2, 149) 'renuntiatur mihi'. 28.3. RE-NVNTIO quasi secretum consilium, ut supra (u. 501) 'renuntiatum est'.

172W.   29 (= u. 509) DAVI FACTVM CONSILIO AVT DOLIS commotius et 10 magna cum inuidia dixit 'Daui', quam si 'meo' dixisset, ut Vergi-lius, cum Turnus incusaretur, ait (*Aen.* 12, 11) 'nulla mora in Turno'.

30.1. (= u. 510) PRORSVS A ME OPINIONEM 'prorsus' quasi 'porro uersus', quod Graeci dicunt μακράν. 30.2. PRORSVS pro 'uere' 15 positum putatur, ego pro eo quod est 'omnino'. Sunt qui coniunc-

---

28.2 *cf. Cur. epit. Don. 762* ‖ 29 *cf. Seru. auc. Aen. 12, 11*: NVLLA MORA IN TVRNO plus est 'in Turno', quam si 'in me' dixisset, ut (*Aen.* 1, 48) 'et quisquam numen Iunonis adoret praeterea'. Et bonum principium eius, qui (in) suspicionem timiditatis inciderat ‖ 30.1–30.2 *cf. Don. Eun. 306.3–4; Fest. p. 268 L.; Cur. epit. Don. 689* ‖ 30.2 *uere] cf. Don. Ad. 844.2*: 'prorsus' autem recte, certe ac uere significat

---

ab sch. 28.1: Γ; Σ {Θ, Λ [ε (α + a D O p QJ s x), GH M NY U z]}

1 REFERETVR Θ: REFERTVR K: *om.* AB: DEFER(E)TVR Λ ‖ MOX–2 feretur] *om.* F ‖ MOX–OSTIVM] *om.* B ‖ HVIC A ‖ PVERVM β ‖ OSTIVM C: HOSTIVM ω ‖ **2** HVC] VT Γ Θ ‖ *post* quasi *add.* ñr Θ, *add.* dicat Λ ‖ **3** IAM (TAM C) EGO Θ ‖ TIBERI A NVNTIABO A: RENVNTIO q Λ ‖ fingit–**5** RENVNTIABO] *om.* A ‖ **4** illo] eo Θ **5** praedixerit B ε ‖ fore K Θ: *om.* BΛ ‖ TIBI Θ: *om.* B: T. K: T. *uel* TIBI *codd.* Λ RENV(N)TIO Θ (C, *corr.* C²): R. *uel* RENVNTIO *codd.* Λ ‖ FVTVRVM HERE Λ **6** *post* ueteres *add.* ut A ‖ ut modo] *om.* Σ ‖ renuntio–**7** mihi] *cf. Jakobi (1996, p. 64, n.162)*: *om.* T ‖ **7** et] *om.* B ‖ Ci. C ‖ renuntiate A ‖ *post* renuntiatur *add.* sibi β ‖ **10** DAVI–DOLIS] DICAS DAVI B ‖ CONSILIO FACTVM Σ ‖ commotius *Klotz 1865*: commodius ΓΛ: cum odiis Θ ‖ **11** eum A ‖ quam] quod B: qua Σ ‖ si meo] sis in eo A: siue K: sine eo B e: si sine eo Σ ‖ ut] *om.* B ‖ **12** ait] aut B: *om.* ε: dixit Σ ‖ mora] maiora Θ ‖ **14** prorsus Λ: *om.* Γ Θ ‖ **15** μακράν *Steph.*: macran AK: macra B: *om. sp. rel.* Θ: longum uel tractum C²Λ ‖ *post* PRORSVS *add.* quidam prorsus *Steph.* ‖ uere *Wess.* (*cfr. Ad. 844.2*)] quare ω (quasi ε) ‖ **16** putatur Γ: putant Σ ‖ ego *Steph.*: ergo ω

tionem uelint esse. 30.3. OPINIONEM TVAM HANC 'hanc tuam' cum
taedio eius dixit, hoc est: nimis molestam, nimis suspicacem,
nimis accusatricem — 30.4. *Sic dixit 'hanc tuam', ut ille de apibus*
(Verg. georg. 4, 22) 'uere suo' et (Aen. 6, 641) 'solemque suum, s. s. n.'
5 — ut in Adelphis (uu. 754–755) 'iam uero omitte, Demea, tuam
istam iracundiam'.

31.1. (= u. 511) AVDIVI ET CREDO locus communis, an famae
credendum sit. 31.2. Bene subiunxit 'credo': non enim audisse
statim 'credere' est. 31.3. MVLTA CONCVRRVNT SIMVL QVI CONIECTV-
10 RAM HANC restat enim, ut multis concurrentibus signis una coniectura confletur.

32.1. (= u. 512) IAM PRIMVM HAEC SE EX PAMPHILO a falso   *173W.*
concepit, secundum quod credit, senex. 32.2. Et a summo ad imum
et ex factis et ex dictis et ex rebus atque personis sumit
15 argumenta.

33. (= u. 513) POSTQVAM VIDET NVPTIAS DOMI PARARI eleganter
omisit, in cuius domo.

31.1 *cf. Eugr. ad loc.* ‖ 32.2 *Eugr. Eun. 507; Id. Hec. 674; Id. Haut. 274*

Γ; Σ {Θ, Λ}

1 uelint] uolunt KΛ | tuam B: tu A: *om.* K Σ ‖ **2** eius] *om.* Σ ‖ **3** Sic B Θ: *om.* A:
supra K: et Λ | dixit–tuam] tuam – dixit Λ | ut ille] sic(ut) Virg(ilius) Λ ‖ **4** et]
om. B Λ | solem Θ | s.₋₁–**5** ut] *om.* B | s.₋₁] s. *uel om. codd.* Λ: *om.* AK: h Θ ‖ **5** ut
Schopen*: et ω | istam tuam B Λ ‖ **7** ET] *om.* Θ ‖ **8** enim] bene C (*corr.* C²)
9 est] *om.* K | QVI] QVE A ‖ **10** HANC] *om.* Θ | enim] ante Θ ‖ **12** PRIMVM]
PRIDEM α | HAEC] HOC C (*corr.* C²) | *post* SE *uel post* PAMPHILO *add.* grauidam
Λ | EX] E. Λ (*exc.* β) | a falso] *om.* Σ ‖ **13** concepit] dixit esse inuentum est
falsum Λ | secundum Λ: sed Γ Θ | senex credit Λ | Et Λ: Est Γ Θ | ad imum]
om. sp. rel. K ‖ **14** et₁] etiam Fq: *om.* Λ | factis] dictis Λ | et₂] *om.* Λ (*exc.* β)
dictis] factis Λ | et₃] *om.* Λ (*exc.* β) | atque] et Λ | sumit] sunt β: sumitur C
15 argumentum *uel* -ta *codd.* Λ ‖ **16** VIDIT Θ | DOMI] *om.* Θ | APPARARE F:
APPARARI Λ ‖ **17** amisit Θ

34 (= u. 514) MISSA EST ANCILLA ILICO quod Graeci dicunt αὐτόθεν, αὐτῇ, αὐτοῦ; nam loci significatio est, etiam breuitatem temporis notans.

36.1. (= u. 516) NIHIL MOVENTVR NVPTIAE non perturbabuntur nuptiae. 36.2. MOVENTVR differuntur.   5

37. (= u. 517) QVID AIS CVM INTELLEXERAS quaqua se uerteret Dauus, obuium infestumque inuenit senem, et tamen uersute it obuiam et iam comprehensus elabitur.

39.1. (= u. 519) QVIS IGITVR EVM AB ILLA ABSTRAXIT non frigide intulit dixisse se, sed cum magna asseueratione. 39.2. Et 'abstraxit'   10 proprie, ut supra (u. 243) 'me a Glycerio miserum abstrahat' et
174W.   (Verg. Aen. 2, 434–435) 'diuellimur inde Iphitus et P. m.' 39.3. QVIS IGITVR EVM hoc sic audiendum est, quasi dicat 'dixi'.

40.1. (= u. 520) QVAM MISERE HANC AMARIT 'misere' ualde, nimis. 40.2. NVNC SIBI VXOREM EXPETIT oratorie pro eo quod non   15 recusat, 'expetit'.

34 cf. Don. Ad. 156.4; Non. 509 L.; Isid. diff. 1, 287, p. 216 C. ‖ 40.1 cf. schol. Hor. sat. 1,9,14.; Seru. Aen. 5,655: MISERVM ... aut magnum, ut Terentius 'eam misere amat': aut [...]; Don. Ad. 522.1; Id. Eun. 412.1; schol. Bemb. Ter. Haut. 365; Cur. epit. Don. 531

Γ; Σ {Θ, Λ}

2 αὐτόθεν–αὐτοῦ Sabbadini (1894, p. 126): auto***INML ThIAUTO A: AUTOEMyAMThIAUTO B: om. sp. rel. ΚΣ ‖ ante significatio add. est β temporis breuitatem B ‖ 3 notans] nec afis A: notafis K: om. B ‖ 4 perturbabuntur AK: perturbantur B Σ ‖ 5 nuptiae₂ – MOVENTVR] om. Λ ‖ ante differuntur add. non Λ ‖ differantur Θ ‖ 6 QVID] QVIS C ‖ quaqua Steph.: quamquam Γ Uᵐ: qua Θ: quo Λ ‖ uerterat Θ ‖ post uerteret add. Pamphilo B 7 et] om. Σ ‖ tamen] tam etiam Θ: ita α: tam Λ ‖ post uersute add. tamen Λ it B Λ: id A: ut ΚΘ ‖ 8 et] ut Λ ‖ iam] om. Λ ‖ compensus C (corr. C²) 10 abseueratione C ‖ 11 abstrahat] abstrahatus AK ‖ 12 Iphitus B C²q: a ficus A: et ficus K: om. C: infei F: inscius T Λ ‖ m.] mecum B ‖ 13 sic] sub Σ ‖ est] om. B ‖ dicat] d. BT ‖ 14 sch. 40.1, 40.2 post 41.3 in ω ‖ AMARE A ‖ 15 nimis] nimu sy K: om. B ‖ EXPETIT oratorie] ex penatorie A: ex amatorie B ‖ eo] ieci A: id B

41.1. (= u. 521) POSTREMO ID MIHI DA NEGOTI de proiectione pueri pro foribus. 41.2. TV TAMEN IDEM 'idem' abundat. 41.3. Apud ueteres 'tamenidem' integrum fuit, unde apud nos et 'tandem' et 'tamen' natum est. Sic et 'identidem' ‹iterum› iterumque' dictum.
5   41.4. TV TAMEN IDEM 'tamen idem' aut pro 'tamen' positum est aut pro 'tandem', ut ‹sit: tu tandem has nuptias› — 41.5. TV TAMEN IDEM HAS NVPTIAS ut caueatur ab appositione pueri ante ostium — perge facere ita ut facis.

43. (= u. 523) QVOD PARATO OPVS EST PARA diserte et Latine
10 dixit 'quod parato opus est'.

44.1. (= u. 524) NON IMPVLIT ME HAEC NVNC OMNINO VT CREDEREM 'non impulit' non persuasit, non perfecit, *ut crederem Glycerium peperisse*. 44.2. Et cum dicit 'omnino', ostendit quaedam   *175W.* se credidisse, in quibusdam iam esse circumuentum. Mire autem
15 cautum capi inducit senem, ut crederet, quod Glycerium ‹non› peperisset.

41.2–41.3 *cf. Seru. auc. Aen. 1,369; Non. 653 L.; Fest. p. 494 L.* ‖ 41.3 *cf. Cur. epit. Don. 865*

Γ; Σ {Θ, Λ}

1 DA NEGOTI] DAVE NAGEON A: DA NEGO EN K | de proiectione] pro delectione Σ ‖ **2** foribus] fratribus K: foribus *uel* fetibus (feri-) *codd.* Λ | idem₂] id est T: *om.* F ‖ **3** et₁] *om.* Σ ‖ **4** identidem–iterumque *Wess.* (*duce Schoell**): idem et (*om.* Λ) eorumque ω ‖ **6** pro] *om.* Θ (per C: *del.* C²) | sit *add. Steph.,* tu – nuptias *add. Wess.* | TV] *om.* CT (*rest.* C²) ‖ **7** IDEM] INDE C | ante] tamen C (*corr. in text. et fort. s.l.* C²) | (h)ostium] ociosum C ‖ **8** perge–**9** PARA] *om.* B *ante* perge *add.* pueri Fq ‖ **9** diserte–**11** OMNINO] *om.* Tq ‖ **10** *post* est *add.* para Σ ‖ **11** ME–**12** impulit] *om.* B | OMNINO KΛ: *om.* AB Θ ‖ **12** non perfecit] *om.* B: non perfecerit Θ | *obliq. litteris scripsi* | ut KΛ: *om.* A Θ: et B crederem₂] crederim Θ ‖ **13** Glycerium peperisse] *om.* B | periisse C: properisse T | Et cum] nec non A: *om.* Θ | dicit] *om.* Θ | se quaedam KBq Λ **14** iam] tamen Λ ‖ **15** cautum] *om.* C (*rest.* C²): *post* capi *transp.* β | capit C (*corr.* C²) | crederem A | *add.* Λ Hartman (*1895, p. 146*)

45.1. (= u. 525) ATQVE HAVT SCIO AN QVAE DIXIT SINT VERA O. quae praeterea ⟨dixit⟩ Dauus. 45.2. Et bene 'omnia', ut appareat senem multa credere uera esse, quae Dauus dixerit.

46. (= u. 526) MVLTO MAXIMVM EST 'multo' et comparatiuis antiqui adiunxerunt.   5

47. (= u. 527) QVOD MIHI POLLICITVS EST 'pollicitatio' multarum rerum promissio est.

48. (= u. 528) GNATO VXOREM subauditur 'ut det'.

49.1. (= u. 529) QVID ALIAS 'quid' pro 'cur'. 49.2. ALIAS alio tempore.   10

52.1. (= u. 532) ATQVE ADEO IN IPSO TEMPORE in ipsa opportunitate, in ipso articulo. 52.2. ECCVM IPSVM OBVIAM ⟨CHREMEM⟩ continuo mutauit declinationem [ut] (u. 533) 'iubeo Chremetem'.

47. cf. Cur. epit. Don. 665 ‖ 49.1 cf. Seru. Aen. 6, 389 ‖ 49.2 cf. Don. Hec. 80.1; [Caper] GL VII 97,16; Charis. ars p. 253,9 B.; schol. Hor. sat. 1,4,63; Aug. enarr. p. 197, 7 G.; Alc. de orth. p. 3,14 B.; Beda orth. p. 9, 48 ‖ 52.2 cf. Don. An. 361.4 (ubi cf. alia)

Γ; Σ {Θ, Λ}

1 QVAE] QVOD A: Q. Θ | DIXIT uel D. codd. Λ: D. AK Θ | SINT VERA] s. v. Θ: V(ERA) S(INT) E | O.] om. Θ: OMNIA BΛ ‖ 2 praeterea Wess.: postea ω | add. Steph. ‖ 3 credere] ante esse transp. C | uera V²: uerba KBΘ: herbatem A esse] om. AB | dixisset K: dixerat Λ ‖ 4 post comparatiuis add. et superlatiuis V² ‖ 5 adiunxerunt] ante antiqui transp. B: affi(n)xerunt (uel -xere) Σ (exc. β) 6 QVID C | pollicitatio–7 est] om. β ‖ 7 est] om. BΘ ‖ 9 quid] om. Θ | pro cur] procul Θ | alio] del. C² ‖ 11 IN₁] CVM A | in ipsa] om. B: in ipso A ‖ 12 in] om. B | sch. 52.2 om. B | ECCVM] ET CVM K | IPSAM K | OBVIAM ⟨CHREMEM⟩ Westerh., OBVIAM seclus. Craig (1926, p. 200), Kauer-Lindsay (ad loc.): OBVIAM ω (om. C, rest. C²), Ter. codd. γ: OBVIAM CHREMEM Ter. codd. δ ‖ 13 dictionem Λ | del. Wess.

1.1. (= u. 533) ɪᴠʙᴇᴏ ᴄʜʀᴇᴍᴇᴛᴇᴍ haec congressio duorum *176W.*
senum ad tale periculum adigit fabulam, ut id non uideatur consilio, sed euentu posse uitari: qui euentus est Critonis praesentia,
nam nunc ex falsis fient uerae nuptiae. 1.2. ɪᴠʙᴇᴏ ᴄʜʀᴇᴍᴇᴛᴇᴍ
5 ferme aliquid iubere 'uelle' est, '*iubeo*' *ergo: uolo*. — 1.3. Et deest
'saluere', quod opprimitur ab alterius personae interuentu. — ut
Vergilius (*Aen.* 5, 386) 'reddique uiro p. i.'. 1.4. Et μεταλημπτικῶς,
quia qui dicit 'salue', iubet: 'uolumus' enim animo, 'iubemus'
uerbis. 1.5. ᴛᴇ ɪᴘsᴠᴍ ǫᴠᴀᴇʀᴇʙᴀᴍ placabilis et lenis amicus per
10 totam fabulam inducitur Chremes, ut cognitioni ad ultimum
interesse possit. 1.6. ᴏᴘᴛᴀᴛᴏ ᴀᴅᴠᴇɴɪs 'optato' aduerbium est, ut
Vergilius (*Aen.* 10, 405) 'ac uelut optato uentis'.

2.1. (= u. 534) ᴀʟɪǫᴠᴏᴛ ᴍᴇ ᴀᴅɪᴇʀᴠɴᴛ 'aliquot' hoc est: 'nec
multi nec pauci'. 2.2. Et 'adierunt', non 'accesserunt', quia 'aditus'
15 arduus difficilisque est. 2.3. ᴀᴅɪᴇʀᴠɴᴛ quasi importune et interpel-
lantes. 2.4. ᴀᴅɪᴇʀᴠɴᴛ sic alibi (uu. 314–315) 'Byrria, quid tibi

---

1.2 *cf. Seru., Seru. auc. Aen. 3,261; Id. ibid. 2,3; Id. ibid. 11,218; Schol. Stat. Theb.*
7, 506; schol. Bemb. Ter. Ad. 925; Paul. Fest. p. 92 L.; Non. p. 508 L.; Isid. diff. 1,
251, p. 204 C.: 'Iubere' ibi dicebatur apud ueteres, ubi uoluntatis erat
obsequium, 'imperare' autem, ubi debito quisque imperio parebat; *Prob. app.*
p. *17, 82 A.-P.; Cur. epit. Don. 483* ‖ 2.1 *cf. Don. An. 771.2; Cur. epit. Don. 56*
2.2–2.4 *cf. Charis. ars p. 222, 173 B.; Non. 355 L.; Paul. Fest. p. 17 L.; Cur. epit.*
Don. 31

Γ; Σ {Θ, Λ}

1 ᴄʜʀᴇᴍᴇᴍ B ‖ **2** adigit KB: adegit A: agit Θ: redigit Λ | non] *om.* K Λ (*sed cfr.*
infra), *post* uideatur *transp.* B ‖ **3** sed euentu] *post* uitari *transp.* Λ | non *ante*
posse *add.* Λ | nitari AK: uitare C (*corr.* C²): mutari Λ ‖ **4** fieri Θ ‖ **5** ferme
Schoell*: firme ω | aliquod CF | nubere uellē A | Et] *om.* B ‖ **6** exprimitur Σ
7 redditque AK Θ ε | p. i.] *om.* B | μεταλημπτικῶς *Steph.*: meta ANMPROC A:
ΜΕΤΑΛΗΜΤΙRωC B: meta sp. rel. K: metallencticos Σ ‖ **8** enim uolumus Θ
10 cognitio Θ ‖ **12** ueluti CF (*corr.* F²) ‖ **13** ᴀʟɪǫᴠᴏᴛ] ᴀʟɪǫᴠɪᴅ AK ‖ **14** Et] *om.*
B Σ | adiere B ‖ **15** ᴀᴅɪᴇʀᴇ AB | et] *om.* K ‖ **16** ᴀᴅɪᴇʀᴠɴᴛ] ᴀᴅɪᴇ. ɴᴏɴ A: ᴀᴅɪᴇs
B: ᴀᴅɪᴇʀ. T | sic – **182,1** eum] *om.* B | quod C

uidetur? Adeon ad eum?'. 2.5. EX TE AVDITVM ut supra (u. 302) 'e
177W. Dauo audiui'. 2.6. EX TE AVDITVM ergo non iam rumor, sed ueritas.

3.1. (= u. 535) ID VISO 'id' 'ob id'. 3.2. VISO deest 'te'. 3.3. Et
'uiso' ad uidendum uenio. 3.4. TVN AN ILLI INSANIANT tu insanis,
si dixisti, illi insaniunt, si non audita referunt.   5

4.1. (= u. 536) AVSCVLTA PAVCIS et 'paucis' et 'pauca' legitur.
4.2. ET QVID EGO TE VELIM a docilitate.

6.1. (= u. 538) PER TE DEOS ORO ordo: per deos te oro, ut Vergilius (Verg. Aen. 12, 56) 'per has ego te'. 6.2. ET NOSTRAM AMICI-
TIAM CHREMES legitur et 'Chreme'.   10

7.1. (= u. 539) QVAE INCEPTA A PARVIS CVM AETATE mire ait
'incepta a paruis cum aetate', ut ostendat non nuper cognitam
amicitiam sed antiquam, ut (Verg. Aen. 3, 82) 'ueterem Anchisen a.
a.'; idem alibi (Verg. Aen. 11, 537–538) 'neque enim nouus iste D. u.
a.' 7.2. ACCREVIT ut supra (u. 494) 'accurate': 'ad' praepositione   15

3.1 cf. Don. An. 157.2 (ubi cf. alia); Cur. epit. Don. 917 ‖ 4.1 cf. Prisc. GL III
281,14 | cf. Zetzel 1975, pp. 335–354; Grant 1986, p. 64; Jakobi 1996, pp. 19–20.
‖ 7.1 cf. Seru. Aen. 11,537: Firmiores enim sunt antiquiores amicitiae:
Terentius 'per amicitiam, quae coepta a paruulis' [...]

Γ; Σ {Θ, Λ}

1 Adeon] ad hoc A | ad eum Θ: om. A: adierunt K: ad eum uel adierunt codd.
Λ | EX TE] ABSTE C (ab in ex corr. C²) | ut–2 AVDITVM] om. Cq (rest. C²)
supra] est C² | e] om. A ‖ 2 post Dauo add. modo C²T | iam] om. KΛ ‖ 3 ante
VISO₂ add. sit Λ | deest] s. B | Et Schopen*: ut ω (ne A: om. β) ‖ 4 uidendum]
imitendum A: intuendum Schoell* | TVN Klotz: TV B Θ: om. AK: TVNE Λ (cf.
Ter. DΛ) ‖ 6 ASCVLTA C (corr. C²) | PACIS A: PAV. B | et₁] om. C (rest. C²) β
pauca et paucis β ‖ 7 post VELIM add. et quod tu quaeris scies B ‖ 8 post ordo
add. est Σ | per₂–te₂] te per deos Σ | ut] om. Bq ‖ 10 CHREMES] c. AK T:
CHREME(N) Θ: CHREME CHREME Λ | legitur] post Chreme transp. B | et–13
amicitiam] om. A | creme B: Chremes Λ ‖ 11 QVAE] QVASI C (corr. C²) | ait]
autem Θ ‖ 12 paruis A C² (ut uid. postea deletum) Λ: pueris KB Θ | coitam
Steph.: coniugatam Schoell* ‖ 13 Anchisen CTq, incert. B: anchise N. A:
anchisem KC²: anchise F: anchisem uel -en codd. Λ | a. a.] a. d. Λ: agnoscit
amicum B | a.] ante a add. n. (= enim) Θ ‖ 14 D.] om. Θ ‖ 15 ACCREVERIT Θ
(exc. F) | ad (a AC: om. T) praepositione familiariter] fam- ad prep- Λ

familiariter utitur. 7.3. ADCREVIT hinc Vergilius (*ecl.* 10, 54)
'crescent illae, crescetis a.'.

8.1. (= u. 540) PERQVE VNICAM GNATAM T. ET M. G. ineptum est
sic adiurare aliquem: per salutem filii mei, ut facias id, quod te   *178W.*
5 rogo! Sed hic caute subiunxit 'cuius tibi potestas summa seruandi
datur': in tua est, inquit, potestate et tuus est. 8.2. Haec ergo
'obtestatio' dicitur, cum per eas res adiuramus aliquem, de quibus
agitur causa, ut (Verg. *Aen.* 2, 431) 'Iliaci cineres et f. e. m.'; idem
alibi (Verg. *Aen.* 10, 45–46) 'per euersae, g., f. Troiae excidia
10 obtestor'.

10.1. (= u. 542) VT ME ADIVVES IN HAC RE ⟨ab⟩ ipsa petitione.
10.2. NVPTIAE VT FVERANT FVTVRAE F. breuiter et Latine. Et hoc
genus compositionis ueteres non uitabant.

11.1. (= u. 543) AH NE ME OBSECRA τῷ ἑλληνισμῷ: (Menander ?,
15 *An. frg.* 41 K.-A.) μὴ λιτάνευε, μὴ μάχου. 11.2. ⟨NE ME OBSECRA⟩
pro 'ne obsecres'.

8.2 *cf. Seru. Aen. 2,431*: Naturale est iurare per id quod carum quis habuit
11.1–11.2 *cf. Don. An. 868; Seru. Aen. 6,544; Id. ibid. 2,606; Prisc. GL III 60,6;
Charis. ars p. 295,4 B.; Diom. GL I 394,12; Dosith. gramm. p. 93,12 B.; Jakobi
1996, p. 92, Adams-Mayer 1999, p. 164; Karakasis 2005, p. 85*

Γ; Σ {Θ, Λ}

1 utitur] nititur AB ‖ **2** crescent] crescere Θ | crescitis A: credetis Θ:
crescentis B: *crescentis uel crescetis codd.* Λ | a. K: amores B: a. amare AΘ: a.
uel amores *codd.* Λ ‖ **3** PER QVOD A | TVAM Θ: T. *uel* TVAM *codd.* Λ | M. G.] M. G.
uel GNATVM MEVM Λ ‖ **4** adiurare sic B ‖ **5** rogo] oro Λ | Sed] *om.* C (*rest.* C²)
hic T ΘD: hinc (*uel etiam huic*) ω | caute *Wess.*: autem Γ Θ: *om.* Λ | summa
potestas β | datur seruandi Θ ‖ **6** potestatem T ‖ **7** obstentatio C (*corr.* C²)
8 Iliaci q: abaci Γ Λ: ilia in Θ | et–m.] *om. sp. rel.* B | f.] p. AK Λ | idem] idest
A ‖ **9** peruerse Γ: per ensem Σ | g. f.] *om. nul. sp.* B | *post* Troie *add.* et Θ
exidicia A: excidicia K: et excidia Θ ‖ **11** *sch. 10.1 om.* B | ⟨ab⟩ ipsa petitione
Jakobi GFA* (*ex Eugr. ad loc.*): ipsam petitionem ω: ITA petitio est *Wess.* (*duce
Schopeno**) ‖ **12** F.] FIAT B: FIANT Σ | et] ut F: *om.* CTq ‖ **13** non] *om.* B
uitabant] mutabant AB ‖ **14** OBSECRA] *ex* OBSECRANT *corr.* A²: *ex* OBSERVACRA
C² : OB. T | τῷ–**15** μάχου *Pithoeus**: T ωAA HNIC Mon M h N AI
TANEREMNMACOR A: *om. sp. rel.* K: *om. nul. sp.* B: *sp. rel.* Σ: Menander *pro*
μὴ μάχου *Jacobs**, (*quaestio extat, utrum Menandri locus sit an exemplum ad
hoc fictum, cf. K.-A. VI. 2, p. 65*) ‖ **15** *add. Jakobi* ‖ **16** pro ne] prome K: pro B:
pro ne me Λ

12. (= u. 544) QVASI HOC TE ORANDO IMPETRARE OPORTEAT haec plena uox est et caritatis et officii; quod enim amicus ab amico petit, iustum esse debet, nec pro eo, quod est iustum, supplicare oportet.

13.1. (= u. 545) ALIVM ESSE CENSES NVNC ME ATQVE OLIM CVM 5
179W. DABAM nos dicimus 'cum darem'. Vergilius (*Aen.* 4, 597) 'tum decuit, cum sceptra dabas. E. d. f. q.' 13.2. Et nota 'olim' pro 'nuper'. 13.3. ALIVM ESSE CENSES NVNC ME non persona, sed rei condicio commutata est.

14.1. (= u. 546) SI IN REM EST VTRIQVE VT FIANT τῷ δευτέρῳ 10 συλλογισμῷ praue proposuit, ut recte replicaret. Hic syllogismus 'negatiuus' dicitur, nam in secundo λήμματι negat, quod prius dixit, 'sed si ex ea re plus mali est quam commodi'. 14.2. SI IN RE EST VTRIQVE ab utili argumentum. 14.3. SI IN RE EST VTRIQVE

13.2 *cf. Prisc. GL III 89,12; schol. Bemb. Ter. Haut. 443; Synon. Cic. Charis. ars p. 421,26 B.; Diff. ed. Beck p. 73,7* ‖ 14.2 *cf. Don. An. 25.1 (ubi cf. alia)* 14.3 *cf. Cur. epit. Don. 941*

Γ; Σ {Θ, Λ}

1 TE HOC K Σ | *ante* ORANDO *add.* impetrando C (*del.* C²) ‖ **2** plena uox est AΘ: est uox plena B: plenam uxorem K: uox plena est Λ | et₁] *om.* B | caritas (Ka- C, F¹) Θ | **3** nec] ne A Θ | est iustum] iustum non est Λ: non est iustum B ‖ **5** ME] *om.* Θ | CVM] NVNC A ‖ **6** DABAM–darem] *om.* F ‖ **7** sceptra] s. AK dabas] d. AK | E.–q. *Wess. duce Steph.*: et uentosque furentis A: et uentosque quasi furentis K: uentosque furentes B: et u q(ue) f Σ ‖ **8** person(a)e Θ **9** mutata est B | est] *ante* commutata *transp.* Θ ‖ **10** SI IN] SVNT A: SIM Θ FIANT] F. BT | τῷ–11 συλλογισμῷ M⁴: Τω AEU IE PωCY AAOΠCMω A: TωAEYTEPωCYAOTICMω B: *om. sp. rel.* K Σ ‖ **11** posuit B q: preposuit β: composuit C (*corr.* C²) | recta A | explicaret β | syllogismi A: sil(l)ogismus BK Λ: silogismos Θ ‖ **12** negatiuus *e*²: negius Γ Θ: negans Λ | λήμματι negat] *transp. post* dixit B | λήμματι *Steph.*: ANM M A TN A: ANMMATH B: ahmmath Θ: *om. sp. rel.* K Λ: ἀναλλαγή M⁴: λήμματε *Wess.* | NEGAT AB: *om.* KΛ: negat *ex* en g at *corr.* C²: ne g at FT: n g at q ‖ **13** sed–**185,1** Bene] *om.* B | re₁] *om.* K: *lac. uel re codd.* Λ | mali est] malis est A: est mali Λ ‖ **14** argumentum ab utili Λ | SI–VTRIQVE₂] *om.* Θ

'utrumque' de duobus constat. 14.4. Bene 'utrique': mihi et tibi,
non alteri utile, alteri inutile.

15.1. (= u. 547) SED SI EX EA RE id est nuptiarum. 15.2. Mutauit
numerum, ex plurali singularem: 'fiant' 'ex ea re'.

5   16. (= u. 548) IN COMMVNE id est: 'ex aequali prouide'.

17. (= u. 549) QVASI SI ILLA TVA SIT PAMPHILIQVE EGO SIM
PATER nota suauissimam uarietatem; non enim dicit 'quasi illa tua
sit et ille meus'.

18.1. (= u. 550) IMMO ITA VOLO quia utile est, quia 'in re est'.   *180W.*

10 18.2. ITAQVE POSTVLO 'itaque' modo duae partes orationis sunt, ut
in Hecyra (u. 207) 'itaque una inter nos agere aetatem liceat'.

19. (= u. 551) NISI IPSA RES MONEAT bene intulit 'moneat', non
'postulet', quia 'postulo' praetulit.

20.1. (= u. 552) IRAE SVNT INTER GLYCERIVM ET GNATVM hoc

15 laeto uultu pronuntiat Simo. − 20.2. Et hoc a possibili est. −
Loquitur enim apud eum, ex quo audierat Pamphilum pro uxore
habere hanc peregrinam. − 20.3. AVDIO ironia: mox 'fabulae'! − Et
hic paulo sapientior inducitur et minus obnoxius dolis.

22. (= u. 554) PROFECTO SIC EST 'profecto' confirmatio est.

---

16. *cf. Cur. epit. Don. 432* ‖ 18.1 *cf. Don. An. 546.1–2* ‖ 18.2 *cf. Don. Hec. 207.1*
‖ 20.2 *Don. Ad. 929.2; Id. An. 387.3; Id. ibid. 409.2; Id. ibid. 809.2; Id. Hec. 392;
Id. Phorm. 452.1; Id. ibid. 455.2* ‖ 22. *cf. Cur. epit. Don. 690*

ab sch. 20.3: Γ; Σ {Θ (CFT), Λ [ε (α = M²hf q + a D O p QJ s x), GH M NY U z]}

1 utrumque] utrum AK: uterque *Steph.*: utrique *Schopen** | *ante* Bene *add.* et
Λ (sed α) | *post* utrique *add.* scilicet Λ | *post* tibi *add.* quasi dicat Λ ‖ **2** non]
tum K: si mihi utile et tibi etiam Λ | utile alteri K: *om.* A Θ: bonum alteri B:
utile est (et alteri *add.* β) et nulli alteri Λ | inutile] malum B ‖ **3** id est] *om.* C
4 singularem ex plurali BΛ | fiant–**5** prouide] *om.* B ‖ **5** *post* COMMVNE *add.*
VT C. *Wess* ‖ **6** si] *om.* BΛ ‖ **7** nota] *om.* B | suauissima B | uarietate K: uarietas
B: ueritatem Cq: uirtutem T: ua^riᵉtatem F | enim] *om.* Γ | dicit KB: du(m) A:
om. Θ: dixit Λ | illa B: *om.* AK Σ (*exc.* β) ‖ **8** et] *om.* Θ ‖ **9** IMMO–**13** praetulit]
om. B ‖ **10** POSTVLO itaque] *om.* AK ‖ **11** unam Σ (*exc.* β) | aetatem agere Σ
12 *ante* IPSA *add.* quod α | *post* MONEAT₁ *add.* non postulem Λ | bene–
moneat₂ Σ: *om.* AK ‖ **13** postulet] postulem KΛ | protulit Θ ‖ **15** simo
pronun(c)tiat B Θ | a] *om.* A | possibile KΘ ‖ **16** eum] enim A | uxore] ux. B
19 SIC–profecto₂] *om.* B

23.1. (= u. 555) AMANTIVM IRAE sententia γνωμική, in qua a specie receditur et in omnes aliquid dicitur. 23.2. Παροιμία. *Est autem sine auctore sententia.* 23.3. INTEGRATIO instauratio.

24. (= u. 556) ID TE ORO deest 'ob', ut sit: ob id, ut Vergilius (*Aen.* 2, 141–143) 'quod te per superos ... oro'.   5

26. (= u. 558) PRIVS QVAM HARVM inuidiosius 'harum', cum una sit, ut in Eunucho (u. 48) 'non perpeti meretricum c.?'

181W.   27. (= u. 559) REDVCVNT ANIMVM AE. hoc ut supra (u. 193) 'ipsum animum aegrotum ad d. p. p. a.'.

28. (= u. 560) VXOREM DEMVS ἠθικῶς 'demus', ut in Heautonti-   10
morumeno (u. 477) 'quo modo minimo periculo id demus adule-
scentulo'.

32.1. (= u. 564) NEQVE ILLVM HANC PERPETVO amphiboliam de industria posuit. 32.2. Aut utrumque significat.

23.2 *cf. Varro ling. 7,31; Charis. ars p. 462,52 B.; Beda orth. p. 41, 839*

Γ; Σ {Θ, Λ}

1 γνωμική M⁴: ΓΝωΜΙΚΗ B: PNωΜΙΚh A: *om. sp. rel.* ΚΣ | in qua – 2 παροιμία] *om.* F | in] *om.* CT | qua] quam A: quia C: qua T | a KΛ: *om.* ΑΒΘ **2** specie] spem BC | in omnes] o inems C (*corr.* C²) | παροιμία M⁴: ΠΑΡΟΙΜΙΑ B: ΠΑΡΟΕΙΜΙΑ A: *om. sp. rel.* ΚΣ | Est] *om.* K: et est β ‖ **3** autem] enim Θ: *om.* Λ | auctoritate Σ ‖ **4** ID TE] ITEM A: ITE K ‖ **6** HARVM] HIC Θ **7** ut B: *om.* AKΘ: sic Λ | c.] *om.* KΘ: contumelias B: c. *uel* contumelias *codd.* Λ ‖ **8** *sch.* 27 *om.* B | REDVCANT Σ | AE] ET AK: *om.* Σ ‖ **9** *ante* ipsum *add.* animum β | ad] A D A | p.₂] *om.* Λ ‖ **10** ἠθικῶς M⁴: ΗΕΙΚωC A: ΗΘΙΡΟC B: *om. sp. rel.* ΚΣ | ut] ait A | in] *om.* B | he aut intimeumenon A: he autontime *sp. rel.* K: eautonturum' B: he(a)uton Σ (inueton C) ‖ **13** NEQVE–PERPETVO] NON POSSE ARBI B | amphiboliam K: amphibolia AB: amphiboloia Θ: amphibologiam Λ ‖ **14** Aut–significat] ut – significet *Schopen**: *dub. an ita* utrumque significat *rectius Wess.* | utrumque] iterumque Θ

33. (= u. 565) NISI PERICVLVM FECERIS temptamentum. Cicero
(*diu. in Caec.* 27) '†autem† tute tui p. f.?'; item Terentius (*Eun.*
476) 'fac periculum in l.'.

34. (= u. 566) AT ISTVC PERICVLVM memorabile dictum nimis et
5 id, quod merito in prouerbium cesserit.

36. (= u. 568) SI EVENIAT QVOD DI PROHIBEANT παρένθεσις per
εὐφημισμόν.

37. (= u. 569) AT SI CORRIGETVR QVOT C. V. alter est syllogismus
per contraria lemmata et ipse negatiuus.

10 38.1. (= u. 570) PRINCIPIO AMICO FILIVM R. 'principio' nec
intulit 'secundo'. 38.2. RESTITVERIS ... INVENIES ergo ἀνακόλουθον   *182W.*
duplex. 38.3. AMICO FILIVM ab honesto.

40.1. (= u. 572) QVID ISTVC SI ITA ANIMVM I. E. V. 'quid istic?'
concedentis et ueluti uicti uerbum, tamquam si diceret 'quid ⟨istic
15 resistam⟩?' 40.2. Abundat 'istic'. 40.3. Vel potius 'quid istic?'

---

33. *cf. Non. 577 L.; [Ascon.] ad Cic. loc. cit., p.195,6 St.:* 'Tute tui periculum'.
Ἀπὸ τῆς πείρας, tentamentum dicit; hoc est: quando tute ipse tentasti,
quando uel exercuisti uel protulisti?; *Eugr. An. 564:* ['periculum'
temptamentum, ut Cicero (*diu. in Caec.* 8, 27) 'quando tu tui periculum
fecisti?']; *Anon. de attr. et pers. p. 215, 14 R.:* Quando tute tui periculum
fecisti?; *Cur. epit. Don. 645* ‖ *40.1 cf. Don. Ad. 350.2; Id. Eun. 171.4; Cur. epit.
Don. 738*

Γ; Σ {Θ, Λ}

1 sch. 33 *om.* B ‖ **2** autem ω, *cruc. signaui: sed Cic.:* quando *Jakobi GFA** (*coll.
Eugr. An. 564, Anonym. De attr. et pers. p. 215,14 R.*): aut *Wess.:* an non at ?
tui] tuN A: t. Θ | p. f. *ex Cic.:* p. p. AK: q. f. Σ | item *Jakobi:* idem ω ‖ **3** l.]
litteris Σ ‖ **4** At AK: *om.* B: ast Θ: at *uel* ast *codd.* Λ | *post* ISTVC *add. in* filia
fieri Λ: in f. f. Θ | PERICVLVM] *om.* Θ | memorabile] graue (g(r) Θ) est mirabile
Σ | nimis] animus Θ ‖ **6** VENIAT Θ | παρένθεσις *Steph.:* parent(h)esis ω | pro
Θ ‖ **7** εὐφημισμόν *Steph.:* eufemismon ω (semisition C) ‖ **8** *ante* AT *add.*
DICESSIO B | SI CORRIGATVR FΛ | QVOT] Q. BΘ | C.V.] CO. IN Θ: COMMODITATES
VIDE Λ ‖ **9** lemmata] limi *sp. rel.* Θ: ent(h)imemata Λ | ipse] est Λ | negatiuus
Λ: negius ΓΘ ‖ **10** R.] RE Θ: RESTITVES Λ ‖ **11** RESTITVES Λ | ἀνακόλουθον
Steph.: anacoluton A: anatolaton K: anacolit(h)on B Λ: anochotim Θ
13 ISTIO AK: ISTIC Θ ε | SI–istic] *om.* B Θ | I. E. V.] INDVXISTI ESSE VTILE Λ
14 et *post* diceret *add.* B, *post* quid *add.* Λ | istic–**15** resistam *add. Jakobi*
GFA* (*ex Don Ad. 350.1; cf. Don. Eun. 171.4, id. Ad. 133. 2*) ‖ **15** quid] *om.* Θ
significat istic Θ

significat hominem de loco ac de sententia secedere, ut e contrario
'perstare' ac 'resistere' dicitur, qui aliquid negat. 40.4. SI ID
ANIMVM INDVXISTI legitur et 'animum induxisti' et 'animum
induxti', sed illud plenum est, hoc per metaplasmum συγκοπήν
diminuitur.   5

44.1. (= u. 576) IPSVS MIHI DAVVS QVI I. Q. E. C. DIXIT est commendatio testis, ut (u. 302) 'in foro modo e Dauo audiui'. 44.2. Ergo
'ipsus' quasi 'qui maxime sciat'.

47. (= u. 577) TVTE ADEO IAM EIVS AVDIES VERBA 'adeo' modo
παρέλκεται [et abundat], ut Vergilius (georg. 1, 24–25) 'tuque   10
adeo, quem mox quae s. h. d. c. i. e.'.

183W.   48. (= u. 578) ATQVE ECCVM VIDEO 'eccum' quasi 'ecce eum' ueteres dixerunt, ⟨ut⟩ 'eccillum', quod apertius significat 'ecce illum'
et obscurius 'ellum'.

40.4 *cf. Don. Eun. 831.2; Charis. ars 366 B.; Diom. GL I 441,27; Seru. GL IV*
447,36; [Prob.] Ult. Syll. GL IV 263,18 ‖ *44.1–44.2 cf. Cur. epit. Don. 468*
47. cf. Seru. auct. georg. 1,24 ‖ *48. cf. Don. An. 855.2; Id. ars mai. 631,7 H.;*
Expl. in Don. GL IV 548 6; GL Suppl. p. 137,12; Cled. ars p. 67, 11 B.; Pomp. GL
V 205,33; Id. ibid. 210,31; Prisc. GL II 593,25; Cur. epit. Don. 253

Γ; Σ {Θ, Λ}

1 ac] et Θ | de₂] *om.* Σ | decedere K α | ut] et α | e] *om.* C (*rest.* C²): in β
2 SI–**3** ANIMVM] *om.* B | ID] ITA Λ   ‖   **3** INDVXISTI–animum₁] *om.* q
INDVCTISIS A: INDVXI CT: INDVXTI FΛ | *ante* legitur *add.* et induxisti (*sic* f,
-xti h) legitur β | et₁] *ante* legitur *transp.* β | animum₁] in animum Γ (*om.* B,
rest. s.l.): si in animum β: *om.* Λ | induxti Γ F: induxi C: industi T | et₂–**4**
induxti] *om.* BTΛ | animum₂] *om.* C ‖ **4** induxti Λ: induxisti AK β CF | sed]
om. Λ | methaplasam Θ | συγκοπήν *Steph.*: syncopem ω ‖ **5** deminuitur A²
6 IPSIVS AK | QVI] Q. Θ | Q.] *om.* Θ | E.] ET K: E.E. C | est] *om.* Σ ‖ **7** in foro ω:
apud forum *Ter.*   ‖   **8** ipsius A: ipius K | quasi] *om.* β   ‖   **9** A. V. Θ
10 παρέλκεται *Steph.*: ΠΑΡΕΑΡΕΤΑΙ AB: *om. sp. rel.* K Σ | et (*om.* Θ) abundat
ω, *secl. Wess.* ‖ **11** quem mox quae] quemque A Θ: quemque *uel* quem mox
quae *codd.* Λ | s.–e.] sint habitura deorum consilia incertum est B: *om. nul.*
sp. Σ | d.] di. A ‖ **12** ET CVM A | eccum] et cum AK | quasi] *om.* B ‖ **13** dixere
A | ut eccillum *Wess.*: ec ciuium et cuius illum A: eccinum eccinus ellum K:
eccuicum eccuius ellum B: et cuius et cuium ellum Θ: eccum (*uel potius* ecce)
ellum (*uel illum*) Λ | significat *ex* signum *corr.* A: an potius sonat *dub. Wess.*
ecce–**14** ellum] ecce eum ecce illum Λ | **14** et] *om.* B | *post* obscurius *add.*
ecce B | *post* ellum *add.* apertius B

1.1. (= u. 580) [AD TE IBAM QVIDNAM ID EST CVR VXOR 'Dauus'   *183W.*
ut recte scribatur, 'Dauos' scribendum est, quia nulla littera
uocalis geminata unam syllabam facit. Sed quia ambiguitas
uitanda est nominatiui singularis et accusatiui pluralis, necessario
5   pro hac regula digamma utimur et scribimus 'DaꟄus' 'serꟄus'
'corꟄus']. 1.2. AD TE IBAM QVIDNAM hic locus est, in quo iam ad
discrimen mali perducta comoedia in meliorem partem iam incipit
inclinare.

     3.1. (= u. 582) EGO DVDVM NON NIHIL VERITVS SVM semper
10   grauis orationis inceptio est, quae exordium sumit a pronomine
'ego', ut (Verg. *Aen.* 4, 333–334) 'ego te quae p. f. e. u.' ⟨et⟩ (u. 35)
'ego postquam te e.' 3.2. EGO DVDVM NON NIHIL VERITVS SVM
aduerbia temporis aut certa sunt, ut 'hodie' 'cras', aut incerta, ut
'dudum', 'nuper'. Itaque incertis additur tempus, ut 'iam dudum',   *184W.*
15   'nunc nuper'. 3.3. NON NIHIL VERITVS SVM D. ABS T. N. F. breuiter

---

1.1 *cf. An. 174.4 (Cioffi Hermes*)* ‖ 3.1 *cf. Don. An. 330.1; Id. Hec. 635.1*
3.2 *cf. Don. Eun. prol. 9.2; Prisc.GL III 479,31; Id. ibid. 81,21; Cur. epit. Don. 395.*

Γ; Σ {Θ, Λ}

1 AD–**6** corꟄus] *del. Smutny (1898, p. 116), cf. An. 174.4* | AD–**2** scribatur] *om.*
B | QVIDNAM–VXOR] *om.* Λ ‖ **2** Dauos Σ: Dauus AK: Daum (*quasi lemm. pos.*)
Dauos B ‖ **3** una C: *om.* Λ | facit syllabam Θ | **4** uitanda est] *post* pluralis
transp. Λ | nominatiuus AB | accusatiuus AB | necessario] necesse C (*corr.*
C²): *om. sp. rel.* F ‖ **5** utimur] utitur Θ | et Λ: *om.* Γ Θ | scribentes B: *om.* Θ
DaꟄus serꟄus corꟄus *Wess.* (*duce Steph.*): Dauus seruus coruus A: daum
seruus uulgus B: dauus seruus (cer- K) uulgus coruus KΘ: dauus ceruus
coruus Λ ‖ **7** producta Θ | in] ad C (*corr.* C²) | iam] *del. Schopen** ‖ **8**
inclinare] declinare KΛ ‖ **9** *post* EGO *add.* iam B ‖ **10** inceptio orationis Σ | est]
om. Θ: *post* grauis *transp.* Λ ‖ **11** *post* ut *aliquid in ras.* A | quae] q. Σ | p.–u.₁]
etc. B: p. ero Θ: p. Λ | *add. Steph.* ‖ **12** ego₁] *om.* C (*rest.* C²) | te] *post* ego
transp. B | e. e²: i. A: emi BΣ: *om.* K | *ante* EGO₂ *add.* a Θ: a p(aruulo) Λ
DVDVM] *om.* B | NON–**15** NIHIL] *om.* Θ | NON NIHIL] *om.* Λ | *post* SVM *add.* d.
abste n. f. Λ ‖ **13** *post* hodie *add.* et B | *post* incerta *add.* sunt β | *post* ut₂ *add.*
iam β ‖ **14** *post* incertis *add.* certum Λ ‖ **15** NON] *om.* Λ | ABS] A. Λ | T. N.] TEN
AK CT: TENE BF: *om.* q: T. Λ | F.] FACERIS B | *post* F. *add.* idem B

pro: ueritus sum, ne quid abs te fieret. Sic et supra (u. 106) 'metui a Chryside' et Cicero (*Mur.* 1) 'quae precatus sum ab dis immortalibus' pro eo quod est: quae ab dis petii precatus eos.

5. (= u. 584) PROPTEREA QVOD AMAT FILIVS totum cum extenuatione protulit, tamquam qui satisfactum uoluerit Dauo ob comprobatam fidem eius.

7.1. (= u. 586) NAM PROPEMODVM HABEO IAM ridicula dilatio eius rei, quae iamdudum nota est audituro. 7.2. NAM PROPEMODVM HABEO IAM hoc est: prope modum, cuius auctiuum est 'admodum'.

8. (= u. 587) SED EA GRATIA SIMVLAVI 'gratiam' pro causa posuit noue.

9. (= u. 588) SIC RES EST quod Graeci dicunt οὕτως ἔχει.

12. (= u. 591) NVMNAM PERIMVS 'nam' παρέλκεται, ut 'quisnam'.

13.1. (= u. 592) QVIDNAM AVDIO legitur et 'audiam'; Menander enim sic ait (*An., frg.* 42 K.-A.) 'τί ποτ' ἀκούσομαι?' 13.2. OCCIDI

185W. HEM QVID DIXTI bene usus est παρομοίῳ 'occidi' et 'optime', ut similitudine falleret audientem.

14. (= u. 593) NVNC PER HVNC Chremem scilicet.

15. (= u. 594) IBO ATQVE HVC RENVNTIO uarie 'ibo' et 'renuntio'.

7.2 *cf. Gell. 6,7,5; Gloss. II 126,8*

Γ; Σ {Θ, Λ}

1 pro] *om.* C | et K: eos A: *om.* B: ut Σ | *post* supra *add.* ei Θ ‖ **2** A CHRISDE A: *om. sp. rel.* K | quae] qui A Σ | ab Γ: a Σ | dis₂ p: (h)i(i)s ω ‖ **3** eos] *om.* ε **4** PROPTEREA–FILIVS] Q. VVLGVS ETC. AMAT FILIVS B ‖ **7** HABEO IAM] TIBI IAM HABEO FIDEM B ‖ **8** quae] *om.* Θ | auditurio (*uel* audituribus) B: audire Θ **9** auctiuum *Wess.*: accusatiuum AB: acc factum K: auctuum Θ: actus Λ **10** SED–**11** noue] gratia causa B ‖ **12** οὕτως ἔχει *Steph.*: οὕτω ἐστί M⁴: OΥΤωC AB: *om. sp. rel.* KΣ: χαρ e² ‖ **13** nam *maiusc. litt. in* AB | παρέλκεται M⁴: ΝΑΡΕΛΚΗΤΑΕ A: ΠΑΡΕΛΡΗΤΑΕ B: *om. sp. rel.* K Σ ‖ **15** legitur et] uel B ‖ **16** τί–ἀκούσομαι *Dziatzko (1876, p. 238)*: ΠΡΟΤΟΝΚΥΜΕ A: ΠΡΟΤΟΝΡΥΔΙΕ B: *om. sp. rel.* K Σ ‖ **17** HEM] HOC EST AK | DIXTIM A: DIX. B: DIXISTI Λ | est] *om.* B | παρομίῳ M⁴: ΠΑΡΟΜΟω AB: *om. sp. rel.* K Σ | *post* optime *add.* dixit Λ ‖ **18** similitudine Γ Θ α: simulatione Λ | audientem] amantem B² ‖ **19** Chremem] *hic om.* Λ, *cf. infra* | scilicet] *om.* B: *ex* sed *corr.* C² | *post* scilicet *add.* per Chremetem Λ ‖ **20** IBO₁–**191,1** TE₁] *om.* B | HVC] HVNC K: HVIC Θ β | uarie–renuntio] *om.* AK

16.1. (= u. 595) NVNC TE ORO DAVE 'te' id est: per quem stat
summa negotii. 16.2. Et modo magis uere rogat quam tunc, cum
ait (u. 190) 'dehinc postulo siue aequum est te oro, Daue'; ibi enim
ironia latet, cum dicit 'siue aequum est'. 16.3. QVONIAM SOLVS MIHI
5 EFFECISTI non 'fecisti': est enim 'efficere' perficere faciendo. 16.4
Et bene 'has': quarum causa laboro.

17.1. (= u. 596) EGO VERO SOLVS διλογία. 17.2. Et hoc ad
increpationem, non ad confirmationem. 17.3. SOLVS id est: cui non
assentiebat Pamphilus. 17.4. PORRO ENITERE 'porro' in futurum,
10 deinceps. 17.5. Futuri temporis aduerbium aut hortantis ut (Verg.
Aen. 9, 190) '⟨percipe⟩ porro, q. d.'. 17.6. ENITERE elabora, quasi
difficile sit et conatu opus.

18.1. (= u. 597) FACIAM HERCLE SEDVLO productiones sunt comici stili 'hercle sedulo' ad fucum orationis positae. 18.2. POTES   *186W.*
15 NVNC DVM ANIMVS INRITATVS EST a possibili argumentum.
18.3. DVM ANIMVS INRITATVS quia dixerat (u. 552) 'irae sunt inter

---

17.1 *Don. Eun. 1089.1:* ISTI TE IGNORANT *figura* διλογία: *ad utrumque enim
pertinet, et ad laudem et ad* ⟨uituperationem⟩ ‖ 17.4 *cf. Don. An. 278.1 (ubi
cf. alia); Cur. epit. Don. 662* ‖ 17.5 *cf. Non. I 287, p. 102 Maz.; Seru. Aen. 9,188:*
PORRO *hortantis est; Cur. epit. Don. 662* ‖ 17.6 *cf. Non. I 276, p. 99 Maz.; Id.
461 L.; Id. VI 58, p. 63 L.* ‖ 18.2 *cf. supra, u. 552.2 (ubi cf. alia)*

Γ; Σ {Θ, Λ}

1 id est] id A: *om.* Θ ‖ **3** siue] si Θ | est] *om.* A | ibi] ubi Θ ‖ **4** ironia *Schopen*:
iracundia ω | latet] *ante* ironia *transp.* Λ | siue] *om.* C: si FT Λ | MIHI SOLVS
Λ ‖ **5** est] et Γ | perficere] *post* faciendo *transp.* Λ | in *ante* faciendo *add.* B
6 labore A ‖ **7** διλογία *Wess. (coll. Eun. 1089.3):* ΑΙΑοria A: αιλογία M⁴: *om.
sp. rel.* ΚΛ: *om. nul. sp.* B (ironia *in marg.*) T: DIANOIA *Lind.* | hoc] *om.* Λ
ad] non CF ‖ **8** *post* increpationem *add.* hoc dicit Λ | est] *om.* Θ ‖ **10** aut
hortantis *Wess.:* adorantis AΘ: adhortantis KB: hortantis Λ ‖ **11** *add. Wess.*
porro q. d. *Schoell* (coll. Seru. ad loc. cit.)] porro q q q ω: porro Quirites
Lind.; Laberio (cf. mim., frg. 91 P.) attrib. Schopen (cf. Macr. Sat. 2, 7, 5) ‖ **13**
FACIAM] FA. B | productiones–**14** sedulo] *om.* Θ ‖ **14** hercle sedulo] *om.* Λ
(*exc.* α) | fucum fq: suc(c)um ω ‖ **15** IRATVS C | EST–**16** INRITATVS] *om.* Θ
16 *post* INRITATVS *add.* est K (*s.l.*) Λ: *add.* idest ira commotus B

Glycerium et gnatum'. 18.4. IRRITATVS EST ira commotus, ut in Phormione (u. 240): ⟨'ita sum irritatus'⟩. Ducitur autem uerbum a canibus, qui restrictis dentibus R litteram imitantur.

19.1. (= u. 598) QVIESCAS pro 'quiesce' imperatiui modi, ne iniuriosum uideretur. 19.2. AGE IGITVR 'age' aut 'dic', ut est (*Hec.* 686) 'egi atque oraui tecum', aut aduerbium est hortandi. 19.3. QVIESCAS pro 'quiesce'. 19.4. Aut deest 'uolo' aut 'facito'. 19.5. MIRVM NI DOMI EST aestimationem intulit τὸ certum fugiens. Et est compositum quasi 'miror'. 19.6. MIRVM NI DOMI EST compositum est quasi: hoc miror, ni domi est. 19.7. Caute seruus callidam interrogationem senis paratus excepit: memor simulatae discordiae cum amica fingit non se eum alibi esse suspicari quam domi.

187W.　　20.1. (= u. 599) DICAM EADEM ILLI in aliis 'idem' scriptum est. Quod si est, pro 'item' accipiamus. 20.2. An: 'ego idem'? An pro 'item'? 20.3. NVLLVS SVM plus est 'nullum esse' quam 'perisse';

18.4 *Don. Ad. 282.2; Id. Phorm. 240.1; Charis. ars p. 159 B.; Prisc. GL III 67,20; Non. I 126, p. 58 Maz.*: INRITARE *dictum est proprie prouocare, tractum a canibus, qui cum prouocantur* INRIVNT; *Cassiod. psalm. p. 678, 271*: Irritat enim a canibus tractum est, quorum latratibus R littera plurimum sonat; *cf. Cur. epit. Don. 471* ‖ 19.1 *cf. Don. Hec. 638.3* ‖ 19.2 *cf. Don. Ad. 223.1*: AGE *nunc uerbum est significans* 'dic', *quod iam prope est, ut consentiat persuadenti; Id. Eun. 99; Id. Hec. 63.2; Cur. epit. Don. 43* ‖ 20.3 *cf. Don. An. 370; Id. Hec. 319.2; Id. Phorm. 941; Cur. epit. Don. 581*

Γ; Σ {Θ, Λ}

1 IRATVS C (IRRITATVS C²) | prouocatus *post* ira *add.* Σ | commotus] *om.* Θ **2** *suppl. Jakobi* | dicitur Θ | uerbum] *om.* Θ: *om.* B (*sed cf. seq.*) ‖ **3** *post* canibus *add.* hoc uerbum B | retractis C | R *scripsi:* hanc ω | irritatur Θ: irritantur Λ ‖ **4** pro quiesce] idest conquiesce Θ ‖ **5** *post* uideretur *add.* imperare B | AGE₁] AIT A | aut] *om.* Θ ‖ **6** egi B: aegi atque A: egitque KΛ: egi et Θ | oraui tecum] ore intentum Σ | est] *post* hortandi *transp.* K: *ante* aduerbium *transp.* Λ | orandi Θ ‖ **7** Aut] uel B | uolo] modo Θ ‖ **8** DOMI] DO DOLENDI Θ | extimatione(m) Θ: ext- *uel* est- *codd.* Λ | intulit] intulto Θ | τὸ certum *Wess. praeeunte Schoellio**: incertum ω (in *** certum C, interdum F) fugiens] fingens TΛ ‖ **9** *ante* MIRVM *add.* uel est Λ | MIRVM] MIROR K compositum–**10** est] *om.* TΛ ‖ **10** *post* hoc *add.* est AB C | miror ni] mironi A: uiro ni K: mirum ni Fq | Caute] hanc Θ | interiectionem ε ‖ **11** *post* excepit *add.* et ε ‖ **12** se] esse C (*corr.* C²) | alibi eum Θ ‖ **13** EADEM] ID ITEM Λ | ILLI– est] uel idem B | idem] *om.* Θ ‖ **14** An₁] *om.* Θ | pro₂] *om.* Λ ‖ **15** est] *om.* B

nam qui perit, uel corpus habet reliquum, qui uero nullus est, ita
non est, ac si non natus sit.

21.1. (= u. 600) QVID CAVSAE EST QVIN HINC AD. P. R. P. V. bene
'recta': ut uel corporis impulsionem lucri faciam. 21.2. Aut 'recta':
5 ut ⟨non⟩ eam ad precatorem aut ad Pamphilum. 21.3. Bene 'proficiscar': 'proficisci' enim in rem aegram et difficilem dicimus.
21.4. Et 'recta uia' plene dixit, non tantum 'recta'. 21.5. QVIN HINC
id est ex hoc loco.

22.1. (= u. 601) NIHIL EST PRECI LOCI RELICTVM subiungit ergo
10 causas, cur proficiscatur in pistrinum. 22.2. NIHIL EST PRECI quia
praedixit senex. 22.3. IAM PERTVRBAVI O. allocutio, in qua quid
metuat, quid uelit palam est.

23.1. (= u. 602) ERVM FEFELLI haec enumeratio causarum est,
qua magnifice exaggerauit errores suos. 23.2. IN NVPTIAS CONIECI
15 E. F. nec 'inmisi' sed 'conieci', quod impetum iniuriamque signifi-   *188W.*
cat. 23.3. ERILEM FILIVM τρόφιμον.

21.3 *cf. Synon. Cic. Charis. ars p. 423, 30 B.; Cur. epit. Don. 691* ‖ 23.2 *cf. Cur.*
epit. Don. 145 ‖ 23.3 *cf. Don. Eun. 289; Id. Phorm. 39.1*

Γ; Σ {Θ, Λ}

1 uel] *om.* K C (*rest.* C²) Λ ‖ **2** non₁] *om.* B | natus non KB Θ | sit] est K (*corr.*
K²) B F: esset C (uel sit C²) ‖ **3** QVID–V.] RECTA B | QVIN] QVI NVNC CT | HINC]
HVNC A: HIC C | AD.–V.] IN PISTRINVM R(E) P(RO)F V. Θ: Q. I. P. T. P. V. Λ
4 ut A: *om.* KB Σ | lucri V²: lucro Γ: lustri Σ | Aut] ut Θ ‖ **5** ut] ad ε | *add.*
Steph. | peccatorem A Θ ε | aut] uel Λ | proficiscar KΘ: proficisci quia B:
profiscar *uel* proficiscar *codd.* Λ ‖ **6** proficisci] profecisti K | enim] est B
7 plene F: plana ΓΛ: plena CT | dixit] dicit C | non–recta₂] *om.* Λ | recta₂]
om. Θ ‖ **9** EST–RELICTVM] etc. B | PRETII C: *aliter* PRECI C² | LOCI] LO. C
subiungit] *post* proficiscatur *transp.* B | ergo] *om.* B Λ ‖ **10** cur] curilitas A:
quare B | in pistrinum] *om.* B | quia] quod Λ (*exc.* β) ‖ **11** PERTVRBAVI O.]
PERTVRBATIO AK | O.] OMNIA Σ ‖ **12** *post* metuat *add.* et Λ | palam]
manifestum Σ ‖ **13** ERVM] HER. B | FEFELLI] PE FELLI A: FE. B ‖ **14** quam A Θ
mirifice F | exaggerat B ‖ **15** E.] ESSE A: ET. K: *om.* BΘ: HERILEM Λ | F.] S. K:
om. B: PAMPHILVM Θ (*aliter* P. T): FILIVM Λ | iniuriamque] et iniuriam Θ
16 ERILEM] HERILEM BΣ (*exc.* C) | FILIVM] FI. B | τρόφιμον *Steph.*:
ΤΡΟΦΕΙΜΟΝ A: ΤΟΡΟΦΕΙΜΟΝ B: τρόφικον M⁴: *om. sp. rel.* KΣ

24.1. (= u. 603) FECI HODIE VT FIERENT ⟨nec solum⟩ 'feci', uerum etiam addidit tempus 'hodie', ut ne diecula quidem eius sit quod fecerit mali. 24.2. INSPERANTE HOC ATQVE INVITO 'insperante' et 'inuito': duplex offensio.

25. (= u. 605) EM ASTVTIAS bona ironia pluraliter dixit 'astutias' 5 quasi is qui abundet astutiis, ut ei non una sufficeret.

27.1. (= u. 606) VTINAM MIHI ALIQVID ESSET H. Q. N. M. P. D. non dixit 'gladium' aut 'laqueum', ne esset tragicum. 27.2. Ergo bene pressit dicens 'praecipitem darem'.

Γ; Σ {Θ, Λ}

1 FECI₁] *om. sp. rel.* Θ | *add. Steph.*: nedum *add.* Λ ‖ **2** uerum] *om.* ε | addidit] reddidit ε | hodie tempus AK Θ | dieculam Θ | quidem eius sit] qui eme iussit A: *om.* B: quidam eius sit K: qui de me iussit Θ: quedam eius sit Λ ‖ **3** quid A fecerit] fecerat Θ | mali] *om.* CT ‖ **4** et] atque Λ | *post* offensio *add.* est Λ ‖ **5** EM *Wess. ex Ter.*: HEV HEM B: HEM AK Σ ‖ **6** ei] *om.* B | una] *om.* Θ: *ante* non *transp.* Λ ‖ **7** VTINAM–D.] PRAECIPITEM B | ESSET ALIQVID Θ | H.–D.] H(IC) Q(VO) M(E) P(RECIPITEM) D(AREM) Λ ‖ **8** traicum C ‖ **9** pressit] posuit Λ | dicens] *om.* Λ

1.1. (= u. 607) VBI ILLIC EST S. Q. M. P. haec scaena cuius pertur-
bationis esse debeat, iam supra (*An.* II 3) praestruxit poeta, cum ad
consentiendum Daui consilio tardum Pamphilum faceret. 1.2. VBI
ILLIC EST SCELVS accusatio. 1.3. VBI ILLIC EST SCELVS nimium
5 terribile est saeuire, antequam uideas eum, contra quem irasceris.
1.4. VBI ILLIC EST S. Q. M. ad intellectum, non ad uerba redegit. Et
est figura σύλλημψις per genera. — 1.5. Vergilius (*Aen.* 1, 212)   *189W.*
'pars in frusta secant'. Sed hic figura est per numeros. — Nam quia
'scelus' 'scelestus' intellegitur, modo 'qui' subiunxit, non 'quod'.
10 2.1. (= u. 608) TAM INERS sine arte, id est sine ἀρετῇ. 2.2. TAM
NVLLI ⟨CONSILI⟩ una pars orationis est. 2.3. NVLLI CONSILI nos
'nullius' et 'solius', recte autem ueteres 'nullus nulli' et 'solus soli'
declinabant.
3.1. (= u. 609) ME COMMISISSE F. non 'commendasse' sed
15 'commisisse': 'committimus' enim, quae magno cum periculo

1.5 *Don. ars mai. p. 656, 12 H. (ubi cf. alia)* ∥ 2.1 *cf. Lucil. 13,9 Ch.; Paul. Fest.
p. 97 L.; Synon. Cic. Charis. ars p. 429,7 B.; Seru. auct. georg. 4,25; Suet. diff.
p. 293,7 Reiff.; Diff. GL Suppl. p. 281,8; Diff. ed. Beck p. 85; schol. Bemb. Ter. Ad.
481; Isid. diff. 1, 61, p. 114 C.; Id. orig. 10,141; Seru. ecl. 1,27; Seru. auc. ecl. 8,24;
Comm. Mon. An. 608, p. 93 S.* ∥ 2.3 *cf. Charis. ars p. 142, 202 B.; Diom. GL I
333, 14; Cur. epit. Don. 581; Eugr. (rec. a) An. 608; Prisc. GL III 20,2; Prisc. GL II
131,25; Sacerd. GL VI 483,32; Mar. Victor. ars 4.8, p. 71 M.; schol. Bemb. Haut.
271* ∥ 3.1 *cf. Don. Eun. 886.2*

ab sch. 2.1: Γ; Σ {Θ (CFT), Λ [ε (α = M²hf q s + a D O p QJ x), GH M NY U z]}
2.3 cod. Vict. (D): nullius s. D.

1 EST–P.] EST SCELVS QVI ME PERDIDIT Λ | S.] SE C: SCAENA F ∥ **2** iam
Scheidemantel (1883, p. 54): etiam Γ: *om.* Σ | poeta praestruxit (praescripsit
CT: praestruit C²) Σ ∥ **3** consciendum Θ ∥ **4** nimirum CF ∥ **6** EST] *om.* A Θ
7 σύλλημψις *Steph.*: C I ΛΛΕΜΨΙC A: sile(n)sis B: *om. sp. rel.* K: sil(l)epsis Σ
8 frusta] frustra A (*corr.* A²) CT: frustra *uel* frusta *codd.* Λ | qui A
9 subiungit Θ: *post* quod *transp.* Λ ∥ **10** *sch.* 2.1 *om.* B | id est–ἀρετῇ] i(dest)
sine aue TH (ἀρετῇ *sscr. m. rec.*) A: *om. sp. rel.* K: *om. nul. sp.* Σ (id est sine *sp.
rel.* β) ∥ **11** ⟨CONSILI₁⟩ B Oa: *om.* ω ∥ **12** nullus B: nullo ω | nulli] li B | et₂] *om.*
Θ: *om. uel* et *codd.* Λ | solus B: solo AK Σ ∥ **14** ME–commendasse] *om.* T | ME]
om. B | F.] *om.* B ∥ **15** cum magno B Σ

uolumus esse seruata. 3.2. FVTILI leui, inani: a uase quod 'futile'
dicitur, quod non deponunt ministri sacrificiorum, quod est acuto
fundo et patulo ore instabileque est. Ut Vergilius (*Aen.* 11, 339)
'consiliis habitus non futilis a.' 3.3. Et est figura ἔλλειψις, ut apud
Vergilium (*Aen.* 11, 269) 'inuidisse deos, patriis ut r. a.'   5
    4.1. (= u. 610) ERGO PRETIVM et 'pretium' et 'praemium'
generaliter pro bono aut malo facto redditur, sed discernuntur hoc
modo: 'pretium' pro stultitia poena est, 'praemium' pro uirtute et
sapientia honor est et lucrum. − 4.2. PRETIVM OB STVLTITIAM sic
et Plautus locutus est (*Asin. arg.* 3) 'pretium ob asinos' pro 'asino-   10
190W. rum pretium'. − Vergilius (*Aen.* 9, 232) 'rem magnam pretiumque
m. f.' Et alibi (*Aen.* 12, 351−352) 'illum Tydides a. p. t. a. a. p.'

3.2 *cf. Paul. Fest. p. 79 L.; Seru. Aen. 11, 339*: Non inanis: nam futtile uas
quodam est lato ore, fundo angusto, quo utebantur in sacris Vestae, quia
aqua ad sacra *Vestae* hausta in terra non ponitur, quod si fiat, piaculum est:
unde excogitatum uas est, quod stare non posset, sed positum statim
effunderetur. Inde et homo, commissa non retinens, futtilis dicitur [...]; *Schol.*
Stat. Theb. 8, 297; Don. Phorm. 746.2; Isid. orig. 10, 109; Cur. epit. Don. 357
4.1 *cf. Non. p. 581 L.; Cassiod. psalm. p.434,132; Synon. Cic. Charis. ars p. 433,*
27 B.; ibid. p. 434,28 B.; Poliziano p. 43, 4 ‖ *4.1−4.2 Cur. epit. Don. 692*
4.2 *cf. Seru. Aen. 12,352*: ADFECIT PRETIO modo poenam *significat*: nam
pretium τῶν μέσων est: Terentius 'ergo pretium ob stultitiam fero'; *Id. ibid. 9,*
230

Γ; Σ {Θ, Λ}

1 inani *Schopen**: nam ω | futilis Θ ‖ **2** *post* dicitur *add.* futilis dicitur ΚΛ
post deponunt *add.* nisi Λ | sacrorum Θ | *ante* est *add.* quidem uas Λ
3 instabileque *Wess.*: instabilique ω: eoque instabile *Steph.* | est] *om.* Σ | *ante*
Ut *add.* significat futili Λ | Vergilius] *om.* Θ ‖ **4** futili Θ | a.] *om.* B Θ | *sch. 3.3*
post 4.2 in ω | ἔλλειψις *Steph.*: ΕΜ Ι Υ ΙΣ Α: ΛΑΙΥΣΙΣ Β: σέλλειψις Μ⁴: *om. nul.*
sp. Κ: *om. sp. rel.* Σ | ut − Vergilium] *om.* B (Vergilius *post* a. *add.*) ‖ **5** patrisis
Γ: patris CT (*corr.* C²) | ut r. a.] utra Γ: *om. nul. sp.* Σ   ‖   **6** ERGO] EGO ε
PRETIVM] *om.* B | et pretium] *om.* Λ | *ante* et₁ *add.* pretium₃ − uirtute B | et₂]
idest Λ ‖ **7** *ante* generaliter *add.* praemium uero Λ (et pr- ue- β) | aut] et Bᵃ·ᶜ·
T | malo] male Θ | *post* sed *add.* pretium et premium ita Λ | hoc (ita Θ) modo]
nam Λ ‖ **8** est poena Θ | *post* praemium *add.* uero Λ | et sapientia] pretium
pro stultitia Θ   ‖   **9** sic et] sicut Λ   ‖   **10** locutus] *om.* B | est] *om.* B Θ
12 Tydides] Tytide c ΚΛ | a.₁−p.₂] apta Θ

5.1. (= u. 611) POSTHAC INCOLVMEN SAT SCIO FORE ME sic dicere
solemus in magno periculo positi: numquam nos periclitaturos, si
illud periculum potuerimus euadere. 5.2. POSTHAC audacter se
incolumem in futurum promittit fore, cum uita hominis tam uariis
5 multisque sit periculis conferta. — 5.3. Sed hoc dicit: sic, inquit,
periclitor: si hoc euasero, scio me postea non periclitaturum. —
Menander sic (*An.*, *frg.* 43 K.-A.) ʽἄν Θεὸς θέλῃ, οὐκ ἄν
ἀπολοίμην'. 5.4. Et est sensus: tam difficile est hinc euadere, ut qui
hinc euaserit, uideatur immortalis futurus.
10   6.1. (= u. 612) NAM QVID EGO NVNC DICAM PATRI bene ʽpatri',
non ʽSimoni', ut de auctoritate huius nominis summus terror
exsurgat. 6.2. MODO POLLICITVS SVM ʽmodo' mire: etenim maiorem
uim habent recentiora promissa. 6.3. MODO POLLICITVS SVM oratorie ʽpollicitus sum' dixit quam si ʽpromisi' diceret.
15   7.1. (= u. 613) QVA FIDVCIA ID FACERE A. percutiendum ʽqua   *191W.*
fiducia': ad personam suam rettulit. 7.2. Et ʽfiducia' modo impudentiam significat.

7.1 *cf. Poliziano p.* 39,9

Γ; Σ {Θ, Λ}

1 FORE (FERE A) ME] ME FO Θ ‖ **2** nos] *om.* Θ | periclitatos C (*corr.* C²) ‖ **3** *post*
POSTHAC (*post* Θ) *add.* idest B ‖ **4** futurum] uisurum β | **5** sit] *post* conferta
transp. Λ | hec β | dicitur CF: *om.* Λ | *post* inquit *add.* Dauus Λ ‖ **6** periclitor]
periculum (*post* hoc *transp.* Λ) Σ | non postea Θ | periclitaturum] periturum
β ‖ **7** Menander sic] *om.* B: sic Menander Λ | ἄν ὁ Θεὸς θέλῃ οὐκ ἄν
ἀπολοίμην M⁴, *codex Strottii* (*cf. Wess.* 1902, *p. XLIV*): ΑΝΘΕΟCΘΕΤhΟ
ΚΑΝΑΠΟΑCΙΜΠΠΕ A: *om. sp. rel.* KΣ: *om. nul. sp.* B ‖ **8** tam] ita β | quod C
9 uidetur C: uidebitur F: uidere T ‖ **10** ERGO AK | bene patri] *om.* Λ (*rest. falso
loco* β, *cf. seq.*) ‖ **11** *post* Simoni *add.* sed patri et bene patri *add.* β | de] ex β
summus] magnus Λ | terror] *post* nominis *transp.* Λ ‖ **12** MODO₁ – **13**
promissa] *om.* B, modo – promissa *post* 6.3 diceret *add.* B | mire] in re C
13 *post* oratorie *add.* et melius Λ ‖ **14** sum] *om.* Γ | diceret promisi Λ
15 FACEREM CT | A.] AV. C: AVT T: AVDEAM FΛ | percutiendum] se percu-
tiendo Λ ‖ **16** suam] *om.* ε | Et] *om.* KΛ: quia Θ | modi C | impudicentiam K:
imprudentiam F: impudentiam *uel* imprudentiam *codd.* Λ ‖ **17** signum A:
signat K

8.1. (= u. 614) NEC QVID NVNC ME FACIAM S. nos 'quid faciam',
ueteres autem 'me' addebant. 8.2. Et nota 'faciam ⟨me⟩' ablatiuo
casu. 8.3. ATQVE ID AGO id quaero, hoc est: ut inueniam quid
faciam.

9. (= u. 615) ALIQVAM PRODVCTAM M. et 'productam' et 'produ-   5
cam' legitur. Significat autem differam, protendam, prolatem.

10.1. (= u. 616) EHODVM BONE VIR QVID AIS grauis interrogatio
et inuehentis [cum] pro iracundia. Et hoc ironia prosequitur, cum
omne genus contumeliae leue in eum ducimus, in quem ferimur
iracundia. 10.2. VIDEN ME TVIS C. hoc est: numquid negare potes?   10

11.1. (= u. 617) IMPEDITVM ESSE 'impeditus' est proprie, qui ita
pedes habet illigatos, ut progredi non possit. Sed hic ad negotium

8.1 cf. Prisc. GL III 16, 8 ‖ 9. cf. Non. 593 L.; Charis. ars p. 480, 18 B.; Cur. epit.
Don. 693; Victor 1990, p. 161 ‖ 10.1 cf. Don. An. 872.4: Et 'quid ais' non est
interrogantis sed inuehentis; Id. An. 137.1: QVIS AIS non interrogantis est sed
mirantis; Id. Eun. 654: QVID AIS hoc admirantis est potius quam interrogantis
‖ 11.1 cf. Non. 520 L.: IMPEDIRE est implicare, inuoluere; Seru. Aen. 5,593; Id.
ibid. 10,894; Comm. Mon. An. 619, p. 94 S.; Comm. Bern. Lucan. 4, 447; Synon.
Cic. Charis. ars p. 413,9 B.; Synon. Charis. ars p. 433, 32 B.; Id. ibid. p. 437, 20;
Cur. epit. Don. 416

Γ; Σ {Θ, Λ}

1 ME NVNC Σ | S. A: SED K α: SCIO BΛ: om. Θ | post lemma add. ablatiuus casus
me Σ | nos–3 casu Γ: om. Σ (rest. α, qui sed ante nos add. cf supra K), cf. Cioffi
(2012, pp. 153sqq.) ‖ 2 me₁ Steph.: nec Γ α | me₂ ante ablatiuo add. Jakobi (Don.
Phorm 282.2) ‖ 3 post casu add. nec quid de me B | ID₁] HIC K | post AGO (EGO
FT) add. sed K: add. sedulo Σ | hoc est] om. C: hoc β | ut] om. B ‖ 5 ante
ALIQVAM add. dicam B | post ALIQVAM add. etc B | PRODVCTAM Γ C (fort. C², P.
T) F: PRODVCAM uel PRODVCTAM Λ | M.] MORAM B L: MO Θ | et₁–6 legitur
scripsi (praeeunte Jakobi 1996, p. 44, n. 119): et prod- leg- AK Θ: leg- et prod-
BΛ | et₁] etiam C: om. T | productam AK: producam BΣ ‖ 6 significat autem]
id est B ‖ 7 AGIS C ‖ 8 et ω: est Wess. | inuehentis Wess. (coll. An. 872. 4):
mirantis Klotz (dub. Wess. coll. An. 137.1, Eun. 654): imminentis Γ: minantis
Σ | cum₁ seclusi: in eum Wess. | pro] om. Λ | hoc] om. C: hunc FT | persequitur
A ‖ 9 ducimus] dicimus B T | ferimur] feramur CT ‖ 10 ME TVIS] MITIVS AK
C.] om. AK: CONSILI B: CON. CT: CONSILIIS F Λ | hoc est] hoc Θ | numquid]
non B ‖ 11 IMPEDITVS] om. B: MEDITVM A | ESSE] om. B | proprie est Λ ‖ 12
habet pedes B | hic–199,1 sed] om. T | hic] post rettulit transp. Λ

rettulit. 11.2. AT IAM E. non defendit, sed emendaturum promittit.
11.3. Et bene ad 'impeditum' 'expediam' rettulit. 11.4. Duo promi- *192W.*
sit simul: et tempus cum celeritate et effectum.

    12.1. (= u. 618) IMMO MELIVS S. bene 'melius' comparatiuo,
5 quasi hoc bonum sit, illud melius. 12.2. OH TIBI EGO CREDAM F.
'furciferi' dicebantur, qui ob leue delictum cogebantur a dominis
ignominiae magis quam supplicii causa circa uicinias furcam in
collo ferre subligatis ad eam manibus et praedicare peccatum
suum simulque summonere ceter os, ne quid simile admittant.
10 Itaque et Cicero de seruo (*Deiot.* 26) 'quid deinde? Furcifer quo
progreditur?'

    13.1. (= u. 619) TV REM IMPEDITAM ET PER. multum progressus
est 'impeditam' dicens: modo 'perditam' dixit. 13.2. Sensus hic est:
integram perdidisti et perditam restitues? 13.3. ⟨TV⟩ hoc est: qui
15 integram expeditamque turbasti. 13.4. HEM QVO FRETVS SIEM
memor est se ante dixisse (uu. 335–336) 'Dauum uideo, cuius
consilio fretus sum'.

12.2 *cf. Isid. orig. 10, 108*: 'Furcifer' dicebatur olim qui ob leui delicto (*sic!*)
cogebatur ad hominis ignominiam, magis quam supplicii causa, furcam circa
uiam ferre, praedicans peccatum suum, et monere ceteros ne qui simile
peccarent; *Cur. epit. Don. 358; Smutny 1898, 133*

Γ; Σ {Θ, Λ}

1 retulit Γ | AT IAM E.] AT ETIAM B: ILLE ω | emendaturum] emendatus C
(*corr.* C²) | se *post* emendaturum *add.* Λ ‖ **2** ad] *om.* Θ | promittit C ‖ **3** simul]
om. β ‖ **4** S.] SCILICET Γ Θ: S. *uel* SCILICET *codd.* Λ | *post* comparatiuo *add.* usus
est Λ ‖ **5** OH–F.] *om.* B | OH *ex Ter.*: HO A: HOC K Σ | TIBI] IBI AK | EGO] *om.*
Θ | VT *post* EGO *add.* K | F.] S. A: FVR. Θ: FVRCIFER Λ ‖ **6** furciferi ΓΛ: furcifer
Θ | a dominis KBΛ: ad hominis AΘ (*Isid. orig. 10, 108*) ‖ **7** uicinias] uicinios
Θ ‖ **9** monere Λ (*exc.* β) | admittant–**10** seruo] *om.* T ‖ **10** et A Θ: ut K: *om.* B
Λ | *post* Cicero *add.* deinde K (*fort. del.* K²) | deinde AB: inde K Σ ‖ **12** ET–**15**
expeditamque] *om.* T | ET–**13** impeditam] *om.* C | PER] P. F: PERDITAM Λ
13 *post* est₁ *add.* modo Λ | dicens *Zeunius*: dicere ω | dixit] dicitur C: dicit β
14 *ante* integram *add.* rem Λ | et] quia Θ | *add. Steph.* | est] *om.* CF ‖ **15** *ante*
integram *add.* re(m) Λ | expeditamque ND: impeditamque AK Σ: *om.* B
turbasti] perturbasti β | SIEM] SI Θ ‖ **16** est memor Θ | se ante] ea n (= non?)
A: ante K (*corr.* K²) | dixisse] *om.* A: *post* dixisse *add.* sp. B | Dauum] *om.* A:
nunc B | cuius] aud A

15.1. (= u. 621) AN NON DIXI HOC FVTVRVM ut (u. 386) 'ab illa excludar, hoc c.' et (u. 399) 'uide quo me inducas'. 15.2. QVID MERITVS CRVCEM plena satisfactio est confessio peccati sine *193W.* recusatione poenarum; nam mitiores eos reddimus, quibus ultro [operae] pretium pro delictis offerimus nostris. Vergilius (*Aen.* 12, 5 931) 'equidem merui n. d., i.'

16.1. (= u. 622) SED SINE PAVLVLVM AD ME VT R. 'ad se redire' dicitur, qui animum recipit in sedem mentis. Vergilius (*georg.* 4, 443–444) 'uictus ad se redit'. *Et hic de corpore dixit. 'Ad se' autem 'redit', qui amens esse desistit.* 16.2. IAM ALIQVID DISPICIAM 'dispi- 10 cere' est disquirere consilium, 'despicere' deorsum aspicere.

17. (= u. 623) NON HABEO SPATIVM VT DE TE S. S. V. V. οἰκονο- μία.

15.2 *cf. Seru. Aen. 1, 519; Id. ibid. 12, 931* ‖ 16.1 *cf. Cur. epit. Don. 32* 16.2 *cf. Seru. Aen. 1,224:* 'Dispiciens' *deorsum aspiciens, sicut* 'suspiciens' *sursum aspiciens. Notandum sane quia si* 'dispiciens' *dixerimus,* 'diligenter inquirens' *significamus, sicut deduco et diduco [...]; Non. 444 L.; Id. 702 L.; schol. Cic. Gron. p. 389, 18 St.; ibid. p. 397, 32 St.; GL Suppl. p. 279, 9; Diff. ed. Beck p.39, 202; Isid. orig. 10, 76; Id. diff. 1, 245, p. 202 C.; Beda orth. p. 16,220; Cur. epit. Don. 204*

Γ; Σ {Θ, Λ}

1 AN Λ: ET A: AT KB Θ | FVTVRVM] VENTVRVM Λ | ut] *om.* B ‖ **2** hoc *Ter.:* hac ω | c. KΛ: exduasar A: concludar B Θ | et–**3** MERITVS] *om.* B | inducas–**3** peccati] *om.* B ‖ **3** peccati confessio K ‖ **4** mitiores ΓΛ: minores Θ | ultro *Lind.:* uultu ω ‖ **5** operae ω, *del. Scheidemantel (1883, p. 69)* | pro] *om.* B | delictis–**7** SED] de C | offerimus delictis B | Virgilius] iure A ‖ **6** n. d. i.] *om.* B: nec F: nec de T ‖ **7** SED SINE] *om.* C | PAVLVM A | VTI K | R.] *om.* AK: R. *uel* REDEAM *codd.* Λ | ad se] *om.* Σ (*exc.* β) ‖ **8** animam CF | in *Wess.:* et ω ‖ **9** uictus] *om.* Θ: *post* redit *transp.* B | ad se] in sese *Verg.:* *om.* Θ | redit] red C: rede F | et hic] idest C: *om.* FT: hoc Λ | de] *om.* C | dicitur C | Ad–**11** dispicere] *om.* T ‖ **10** redit₂] *om.* Θ | qui amens] *om.* A: quia meus Θ | resistit A | DESPICIAM Σ | disp-] desp- AK C²: disp- *uel* desp. *codd.* Λ ‖ **12** *ante* NON *add.* EI MIHI CVM B HABEAM B | VT–V.₂] ut D &E S S Vᵀ Vᵒˡᵒ A: VT DE TE SVM(M)AM SVPPLICIVM Λ: D. T. Θ | οἰκονομία *Steph.:* OIKONOMIA A: oiconomia B: *om. sp. rel.* K: inocomia Θ: (o)economia Λ

18. (= u. 624) NAMQVE HOC TEMPVS PRAECAVERE sic Vergilius
(*Aen.* 1, 135) 'sed motos praesta c. f.' Et est σύλλημψις: illud enim
'cogit', hoc 'sinit'.

Γ; Σ {Θ, Λ}

2 c.] compescere B: componere Σ | f.] fluctus B F Λ | σύλλημψις *Steph.*:
syllemsis A: sil(l)epsis K S: eclipsis B

1.1. (= u. 625) HOCINE EST CREDIBILE AVT MEMORABILE elegans
perturbatio, in qua inter se Simo, Dauus, Pamphilus, Charinus,
194W.   Byrria, Chremes omnes omnibus redduntur offensi. 1.2. HOCINE
EST C. A. M. et incredibile est, inquit, et nefandum; e contrario
enim ab interrogatione quadam incipiunt, qui nimis irascuntur, ut 5
est illud (u. 236) 'hocine est humanum f. a. i.? h. e. o. p.?' 1.3. Et
totum in pronuntiatione est: hoc enim genus interrogationis uim
negandi exprimit. 1.4. HOCINE EST CREDIBILE a generalitate incipit,
ut Cicero (Verr. 2, 2, 53) 'quam facile serpat iniuria et peccandi
locus, quam non f. r. u.' 1.5. Idem (Ad. 304) 'hocine saeclum! O 10
scelera, o g. s., o h. i.!'.
        2. (= u. 626) TANTA VECORDIA I. C. VT SIET singulari et plurali
numero respondet.
        3.1. (= u. 627) VT MALIS GAVDEANT cum dixisset 'cuiquam',
intulit numerum pluralem, ut alibi (Eun. prol. 1–3) 'si quisquam 15
est, qui placere s. b. q. p. et m. m. l., i. h. p. n. p. s.' 3.2. VT MALIS
GAVDEANT legitur et 'gaudeat' et 'comparet'. 3.3. EX INCOMMODIS

3.1 cf. Don. Eun. 3; Id. ibid. 168.2

Γ; Σ {Θ, Λ}

2 Pamphilus–3 Chremes] *maius. litt. in* A | Pamphilus Dauus Θ ‖ 3 HOCINE]
om. C ‖ 4 C.] *om.* Θ: CREDIBILE Λ | A. M.] ET ME B: *om.* Σ | inquit] *om.* B | et₂] &
A: est e β ‖ 6 est₁ Λ: ex AK: et BΘ | est₂] inter A: *om.* Θ | f.] factum KΣ | a.–p.
AK: *om.* BΣ ‖ 7 in] hoc Θ | pronuntiatione] pronunciandum C:
pronunctiatiuum T: pronuciuum F ‖ 9 iniuria] in iurgia TF ‖ 10 locus ω:
consuetudo *Cic.* | non] enim F: *om.* T | f. r.] fir AB | u.] *om.* Θ | Idem Λ: pið A:
idest K: *om.* BΘ | hoccine seclum B: hoc me se dum A: hoc(c)ine sedum KΛ:
hocine seđum Θ | o scelera o. *ex Ter.*: (h)osce clareo AK Λ: hos clareo B:
hosce solam Θ ‖ 11 g. s. o. h. i.] etc. B: *om.* Θ: *mire uar. codd.* Λ ‖ 12 TANTA–
203,1 A.₁] *post* 3.4 sua *transp.* B | VECORDIA] VEL C. A: V. C. K: VECOR B | I.–
SIET] etc B | I.] *om.* Θ: INNATA Λ (ne in nata β) | C. AK: CVIQVAM Σ | VT] IN VT
CT: MINATA F ‖ 13 respondetur Σ ‖ 14 VT–17 GAVDEANT] *om.* B | MALI CT
16 s.₁] studeat Θ: s. *uel* studeat *codd.* Λ | et] *om.* Θ | m.₁] *om.* AK | l.] ledere
Θ | i.] in Θ | p.₃] *om.* CT | VT–17 GAVDEANT *om.* B | MALIS] MAGIS CT
17 GAVDEAT Θ | et₂] ut BΛ

A. et hic 'gaudeat' subauditur. 3.4. ATQVE EX INCOMMODIS A. S. VT   *195W.*
C. C. hoc est: non intellegunt commoda sua, nisi ex alterius incommodis ea aestimauerint.

    4. (= u. 628) SVA VT COMPARENT hoc est 'adquirant' uel 'aesti-
5 ment'.

    5.1. (= u. 629) ID EST VERVM IMMO ID EST alii sic 'uerum est,
hoc genus hominum: ⟨hominem⟩ se probauit esse, cum malus sit'
et hic contra hoc 'immo non hominem, sed pessimum hominem se
probauit'. 5.2. VERVM IMMO ID EST parum accusauerat dicens 'id
10 est uerum hominum genus' et ideo addidit 'id est pessimum hominum genus', ut hoc facere non hominis modo sit, sed pessimi
hominis'.

    6.1. (= u. 630) IN DENEGANDO MODO 'modo' pro 'tantummodo'.
    6.2. QVIS PVDOR P. A. adest pudor, ne denegent, non adest, ut et
15 praestent.

    7. (= u. 631) POST VBI TEMPVS deest 'est', ut sit: 'tempus est'.

3.4 *cf. Seru. auc. Aen. 12, 694; Schol. Stat. Theb. 2, 18*: Nam cum malis
pasceretur alienis, prosperitate tabescebat. Terentius (*An. 627–628*): 'ut ...
commoda' ‖ 4 *cf. Cur. epit. Don. 146* ‖ 6.1 *cf. Don. Phorm. 59.3; Id. Eun. 309.1;
Id. ibid. 1073.1; Seru. Aen. 2,160; Id. ibid. 4,50*

Γ; Σ {Θ, Λ}

1 et] *om.* Λ | subaudietur A | *sch.* 3.4 *post* 4 *in* ω | A.₂–**2** C.₂] *etc* B | A.₂] A. AK:
ALIENIS Σ (*ante* INCOMMODIS Λ) | s.] SVA Θ | VT] V. CT: V. *uel* VT *codd.* Λ
2 C.₁] *om.* Θ | intelligit Σ | ex alterius incommodis] ex comm- alt- B: ex
incomm- ex alt- C ‖ **3** aestimauerint] extimauerint Θ (-rit C): existimauerint
ε: estimauerit Λ ‖ **4** COMPARENT] COMPARET T Λ | adquirent K: acquirant Θ:
a(c)quirat Λ | aestiment] acsument A: extiment CT: existime(n)t F β: exti- *uel*
estimet Λ ‖ **6** ID EST₂] IDNE EST K Σ | *post* EST₂ *add.* genus hominum
pessimum B | uerum est A Θ: idne uerum est KB: idne est uerum Λ | **7** *add.*
Steph. | probauit] proprio haut A: probat Λ ‖ **8** hic *Teuber* (*1891, p. 360*): sic ω
hoc] hominem C | non] *om.* FT | hominem₁] *om.* C, *cf. supra* ‖ **9** IMMO] HOⁱMO
A: HÔ B | ID EST₁] IDEM B: INDE C | *post* EST *sp. rel.* B | id₂–**10** est₁] *om.* B:
inde C: id T ‖ **10** uerum] *om.* Λ | et ideo- genus] *om.* C | hominum pessimum
Λ ‖ **13** modo₂–tantummodo] *om.* F | pro] *om.* B ‖ **14** PAVLVLVM Σ | A.] A. E. A:
A. C. K: ADEST B Θ: A. *uel* ADEST *codd.* Λ | *post* denegent *add.* et Λ ‖ **16** est]
post VBI *transp.* Θ

8.1. (= u. 632) TVNC COACTI N. S. A. mire ait 'necessario' quia natura sunt tales; necessitas autem in natura est constituta. 8.2. APERIVNT mire 'aperiunt', quoniam tunc, cum promittebant, mali erant, sed latebat malitia intra pectoris altitudinem.

9.1. (= u. 633) ET TIMENT ET T. R. P. D. bis numero subauditur 5

196W. 'denegare'. 9.2. Et melius 'timent', quam si diceret 'pudet eos'; nam 'timor' etiam malorum, 'pudor' tantum bonorum. 9.3. RES malitia scilicet: id est quia mali sunt ad rem, quam praestare non possunt.

11.1. (= u. 635) QVIS TV ES QVIS MIHI ES 'quis tu es' ad dignitatem refertur, 'quis mihi es' ad necessitudinem, id est frater aut 10 cognatus. 11.2. Et haec uerba mollia dictu sunt, sed animo aspera. 11.3. CVR MEAM TIBI ἔλλειψις.

12.1. (= u. 636) HEVS PROXIMVS 'heus' significatio est modo nominis ad intentionem considerationemque reuocandi. 12.2. PROXIMVS SVM EGOMET MIHI id est: carior mihimet ipse sum quam 15 quisquam alienus. 12.3. PROXIMVS carus, beniuolus. — 12.4. Et hoc est, quod ait supra (uu. 429–430) 'quo aequior sum Pamphilo, si se

9.1 cf. Don. An. 637.1 ‖ 11.3 cf. Prisc. GL III 174,5 ‖ 12.1–12.2 cf. Paul. Fest. p. 89 L; Charis. ars p. 248,5 B.; Don. An. 945; Id. Ad. 281.2; Id. ibid. 776.1; Dosith. gramm. p. 74,58 B.; Prisc. GL III 12, 8; Id. III 138, 14; Id. III 197, 10

Γ; Σ {Θ, Λ}

1 TVNC] TVM Λ | N. AK: NECESSARIO B Σ | S. A.] SE APERIVNT B Θ: SE AP(P)ERIVNT *uel* S. A. *codd.* Λ | mire ait] mox autem C: modo autem T | ait–**3** APERIVNT *hic om.* B, *post* 8.2 erant (*cf. infra ante* latebat) *rest.* ‖ **2** autem] *om.* Θ | est] *post* autem *transp.* β ‖ **3** APERVIT C | quoniam] quod iam *dub.* Wess. **4** *post* erant *rest.* 8.1 mire ait – 8.2 APERIVNT, *iter.* mire- erant B, *omisso* aperiunt | sed] si *uel* sed *codd.* Λ | **5** T. R. P.] TAMEN RES PREMIT B: TAMEN Θ: T. R. P. *uel* TAMEN RES PREMIT *codd.* Λ | *post* P. *add.* e. Λ | D.] *s.l.* K: DENEGARE B: *om.* Θ: D. *uel* DENEGARE *codd.* Λ | numeri AK ‖ **6** denegari AB | quam si] q(uas)i si C: quasi β | putet AB ‖ **7** tantum] tantummodo β | RES–**8** praestare] *om.* F | malitia–**8** quia] mala scilicet tamquam CT ‖ **8** quam] quod B ‖ **9** TV] MIHI Θ | MIHI] TV Θ | quis–es₃] *post* refertur *transp.* α ‖ **10** necessitatem Θ β: necessitatem *uel* affinitatem *codd.* Λ ‖ **11** cognatus] exornatus A | dictui (*post* sunt *transp.*) Θ ‖ **12** ΕΛΛΙΨΙC B: ΕΛΜΥΡΡΕ A: *om. sp. rel.* KΣ ‖ **13** PROXIMOS C (*corr.* C²) | significatiua B | modo est B | hominis Teuber (1891, p. 360) **14** reuocandi *ex* uocandi C²: se reuocantis (Teuber 1891, p. 360) ‖ **15** SVM SIC A | MIHI] *om.* Γ | mihimet–sum] *om.* B | ipse] *om.* Θ ‖ **16** quisquam] *om.* Θ **17** quo] qu(a)e AK | si *ex* se C²

illam in somnis quam illum amplecti maluit'. —Inde et 'proximi' et
'propinqui' dicuntur, qui nobis cari esse debent.

13.1. (= u. 637) NIHIL PVDET 'pudor' est mali facti, 'uerecundia'
recti et honesti. *Ergo mire posuit.* 13.2. SI ROGES abundat 'si roges',
5   sed ἠθικῶς additum est. 13.3. HIC VBI OPVS EST ubi iam promiserunt. 13.4. HIC VBI OPVS EST falso pudore.

14.1. (= u. 638) ILLIC VBI NIHIL nota 'illic' et 'ibi': aptum ira-   197W.
scenti repetitionis genus. 14.2. ILLIC legitur et 'illi'. 14.3. VBI NIHIL
OPVS EST ubi nondum promiserunt. 14.4. IBI VERENTVR quod ait
10 supra (u. 630) 'in denegando modo quis p. p. a.'

15.1. (= u. 639) SED QVID AGAM ADEAMNE AD EVM hic locus
deliberationis est, an adeat Pamphilum. 15.2. Et unum ⟨'ad'⟩
abundat. 15.3. Et moraliter uerba Charini sunt posita. 15.4. ET CVM
EO INIVRIAM pro 'de iniuria'. 15.5. EXPOSTVLEM 'expostulatio' est
15 aduersus eum, quem incusamus; nam 'expostulare' est querellam

---

13.1 *cf. Cur. epit. Don. 718* ‖ 13.2 *cf. Jakobi 1996, p. 122* ‖ 14.1 *cf. Don. An.
875.5* ‖ 15.1 *cf. Poliziano p. 56, 15sq.* ‖ 15.2 *cf. Prisc. GL III 194, 16; Arus. exem.
eloc. 11, 16 Di St.* ‖ 15.5 *cf. Don. Hec. 180.1–2:* [...] *2. Sed proprie
'expostulatio' est apud illum ipsum qui peccauerit, 'postulatio' de illo apud
alterum; Synon. Cic. Charis. ars p. 420,7 B.; Eugr. An. ad loc.; Cur. epit. Don.
666*

Γ; Σ {Θ, Λ}

1 quam] quam se CF: *om.* T: q. Λ | illum amplecti] i. a. Λ | maluit] m. AKT:
om. CF: u. Λ | unde KΛ | et₁] *om.* Θ ‖ **3** malefacti Σ ‖ **4** mire] *om.* F: miri T
(h)abundet Θ ‖ **5** *post* sed *add.* et negas uel CF: et in quo T | ἠθικῶσ M⁴:
hθΙΚωc A: hEIKOc B: *om. sp. rel.* KΣ | *ante* additum *add.* idem populariter C:
populariter F | ubi BΛ (*cf. sch. 14.3*): iđ A: *om.* K: ibi Θ | iam] nam B: non Θ
prouiderent Θ ‖ **6** *sch.* 13.4 *post* 14.1 *in* ω | VBI] *om.* Θ | falso *scripsi:* saluo ω:
subaudi (*Teuber 1891, p. 360*) ‖ **7** nota] et nota Λ: et Θ | ibi] di A: ubi B Λ: illi
K | irascenti] *om.* Θ | *ante* repetitionis *add.* esse Λ ‖ **8** petitionis Θ | NIL A
9 *post* ubi *add. et del.* nichil B | nondum] *post* promiserunt *transp.* B | VBI C
agit β ‖ **10** p.₁ K: P. A: *om.* B: paululum Σ: Pamphilum β | p.₂] A A: *om.* Θ:
pudor B | a. *uel* adest Λ: adest Γ: *om.* Θ ‖ **11** AGAM ADEAMNE AD EVM] AGAM
B: EGO ADEONE AD EVM Θ ‖ **12** deliberationum A: deliberatio B | adea A | *post*
adeat *add.* ad Θ | Pamphilum] p(er) e(st) du(m) A | Et] *om.* Σ | unum abundat]
om. Λ | *add.* Steph. ‖ **13** *post* abundat *add.* adeon ad B | ET–**14** EXPOSTVLEM]
om. B ‖ **14** EO] *&* A | expostulatio] expostulare Θ ‖ **15** excusamus K:
accusamus B | est] *om.* AB

apud eum ipsum deponere de eo ipso, qui fecit iniuriam, 'postu-
lare' autem querellam dicere de altero apud alterum.

16.1. (= u. 640) INGERAM MALA M. quasi tela ista se dixit
ingesturum mala. 16.2. ATQVE ALIQVIS D. N. P. hoc dicit: etsi
exsistat aliquis, qui mihi dicat 'quid profeceris?', respondeo 5
'multum'.

17.1. (= u. 641) MVLTVM non subiunxit, quomodo 'multum',
sed: 'aliud faciam'. 17.2. Transitum fecit dicendo 'molestus certe ei
198W. fuero'. 17.3. MVLTVM subauditur 'promouero'. 17.4. MOLESTVS
CERTE EI F. hoc est: 'si nihil aliud promouero, certe ei molestus 10
fuero'. 17.5. ATQVE ANIMO M. G. erit fructus iracundiae ex uindicta.
17.6. Et per iracundiam atque turbationem non inuenit, quid sit
'multum'; aliud ergo inuenit 'molestus certe ei fuero'.

18.1. (= u. 642) CHARINE ET ME ET TE IN. P. mire et artificiose
Pamphilum fecit priorem alloqui ad perfringendam iracundiam 15
Charini: alioquin si prior uociferari potuisset, tragica exclama-
tione usus fuisset. 18.2. IMPRVDENS est defensio ab imprudentia:

17.3–17.4 cf. Comm. Mon. An. 640, p. 95 S.

Γ; Σ {Θ, Λ}
17.3 cod. Vict. (D): idest (scilicet *Sabb.*) promouero

3 MALA M. K: MALā A: MALA B: MALA MVLTA Σ ‖ **4** mala] *om.* β │ D.] DICAT B Θ:
D. *uel* DICAT *codd.* Λ │ N.] NI B: NIHIL *uel* N. *codd.* Λ │ P.] PRO B: PROMOVERIS
Λ │ hoc–**5** profeceris] *om.* B ‖ **5** profueris Θ: promoueris Λ │ respondebo Σ
7 non] *om.* Θ │ quoquomodo Θ ‖ **8** aliud] illud B │ *sch. 17.2 ante 17.4* hoc est
transp. B │ modestus AK: *ex* molestes *corr.* C² ‖ **9** fuero *Ter.:* ero ω (ei B)
promoueri K: promoueo B: primo enim uero Θ ‖ **10** CERTE₁–F.] *om.* B │ EI. F.
ex Ter.: ſi A: SI K Λ: SED Θ │ promouero] primo uero Θ │ ei₂ B: uel ω
11 fuero] ero B │ ATQVE] *om.* B │ ANIMO M. T: A. M. AK: MORE(M) B: MORE(M)
ANIMO F Λ: ANIMVS MOX C │ G. AK: GESSERO B Λ: *om.* Θ │ erit] *om.* β ‖ **12** Et]
Atque K │ atque AB Λ: et K Θ │ turbationem] uerberationem Θ │ quid] quod
CF: quid *uel* quod *codd.* Λ │ *post* quid *add.* si β │ multum sit ε ‖ **13** fuero] fuerā
A: ero β ‖ **14** CHARINE–P.] *om.* B │ IN P.] IMPRVDENS PERDIDI B: *om.* Σ │ et₃]
om. Θ ‖ **15** fecit] *ante* Pamphilum *transp.* Θ: *post* priorem *transp.* Λ
perstringendam Θ ‖ **16** prius β │ uociferare Θ: -re *uel* -ri *codd.* Λ ‖ **17** est *Wess.*
(et est V): et Γ CT: *om.* F Λ

etenim nisi bonae esset conscientiae, numquam diceret 'te perdidi'
purgaturus.

19.1. (= u. 643) ITANE IMPRVDENS 'imprudens' distingue et
attende hoc illum repetere, quod indignatur magis, quasi audierit
5 'imprudens' et non audierit reliqua. 19.2. ITANE IMPRVDENS quia
articulus omnis defensionis per concessiuam qualitatem hoc dicto
est constitutus, idcirco hoc ipsum Charinus per infirmationem
repetit, hoc cupiens eripere Pamphilo, quo ille maxime nititur.

22. (= u. 646) QVI TVVM ANIMVM EX A. S. M. legitur et 'cum'.

10 23.1. (= u. 647) FALSVS ES modo participium est, id est 'falleris',
si Pamphilus dicit; si uero coniungitur, pro 'fallax' accipitur. *199W.*
23.2. HOC SOLIDVM VISVM 'solidum' 'plenum', 'idoneum', 'integrum'.

24.1. (= u. 648) NISI ME LACTASSES 'produxisses', 'oblectasses',
'induxisses', quae significatio frustrationem ostendit. 24.2. 'Lacta-
15 re' est 'inducere in aliquam uoluntatem' a 'laciendo'; unde et
'oblectare' dicitur.

23.2 *cf. Don. Eun. 318.5; Isid. orig. 16, 25, 14; Porph. Hor. serm. 2, 3, 240*
24.1 *cf. Schol. Stat. Theb. 12,246:* [A] blandimentis enim inducimur. Ut
Terentius (*An. 648*): 'nisi ... deluderes' id est blandimentis induceres
24.2 *cf. Don. An. 912.2 (et Eugr. ad eund. loc.); Paul. Fest. 104 L.:* Inducit in
fraudem. Inde est 'allicere' et 'lacessere'; inde lactat, illectat, oblectat,
delectat; *Non. I 47, p. 33 Maz.;* [Caper] *GL VII 98, 1; schol. Prud. p. 854,57 B.;*
Cur. epit. Don. 486

Γ; Σ {Θ, Λ}

1 bonae] *post* esset *transp.* ε | esset] essent CF | adiceret ΚΛ ‖ **4** illum] nū A:
ante hoc *transp.* Λ | repente Θ | quasi] quam si Θ ‖ **5** audient A: audiret Θ
sch. 19.2 hic Λ (-α): *post sch. 22 habent* Γ Θ, α (*qui sch. 22 ante sch. 19.2 habet*
et post sch. 19.2 rep.) | ITANE IMPRVDENS] *om.* Λ (-α) | ITANE] EADEM Θ | quia]
et quia Λ (*exc.* α) ‖ **6** *post* defensionis *add.* et Θ | dictum B Θ ‖ **7** confirmatio-
nem α ‖ **8** repetit] *ante* per *transp.* B: repetat A | *post* eripere *add.* a Λ | quo]
quod ε | nititur maxime B ‖ **9** QVI–M.] HEI ME MISERVM QVI TVVM ETC B | QVI]
QVIN Σ (TIBI T, *corr. fort. in* SIBI) | EX A. S. M.] EX AS M A: *om.* Θ | *post* M. *add.*
quin Λ ‖ **10** ES] EST A CF: ET T | *ante* modo *add.* falsus Λ | est₁] *om.* Θ
11 Pamphilus Λ: Pamphilum Γ Θ | *ante* d(icit) *add.* domino C (*del.* C²) | dicit]
dic K: d. Θ | uero] non β ‖ **12** *post* VISVM *add.* plenum C (*del.* C²) ‖ **13** ME] *om.*
Θ | produxisses] *Wess. dub. an* perduxisses ? *coll. Paul. Fest. 25 L.* ‖ **15** in] *om.*
Λ | a–**16** dicitur] *om.* B | laciendo *Schopen**: lactando ω ‖ **16** dicitur] *om.* Θ

25.1. (= u. 649) HABEAS permissio animi irati. 25.2. HABEAM ut
supra (u. 328) 'aut si tibi nuptiae hae s. c. ⟨c.⟩?'.

26.1. (= u. 650) QVANTAS HIC MIHI SVIS CONSILIIS ironia dixit,
ut supra (u. 336) 'cuius consilio fretus sum'. 26.2. Et cum 'uerser'
praetulerit, 'conficiat' debuit inferre. Est ergo ἀνακόλουθον, ut est   5
illud (uu. 570–571) 'principio amico filium r. ... i.' 26.3. CONFECIT
legitur et 'conflauit'. 26.4. SOLLICITVDINES perturbationes.

27.1. (= u. 651) MEVS CARNIFEX id est: in me carnifex, qui me
torserit, ut alibi (*Phorm.* 74) 'deo irato meo' hoc est: in me deo
irato. 27.2. DE TE SI EXEMPLVM C. utrum: si 'te imitatur', an: si de te   10
exigit poenas, ut ipse alibi (*Eun.* 1022) 'uterque exempla in te
edent?' 27.3. Sed melius 'te imitatur' accipimus.

28. (= u. 652) HAVT ISTVC DICAS SI COGNORIS nosti enim, sed si
cognoueris, non ita dicas.

200W.

26.2 *cf. Don. An.* 570.1–2 ‖ 28 *cf. Don. Eun.* 933.2: Suauiter non 'nouerit' sed
'cognouerit' dixit, quod est plene ac perspicue ⟨nouerit⟩; *Id. Hec.* 162.3

Γ; Σ {Θ, Λ}

1 promissio AK C: promissio *uel* permissio *codd.* Λ: *om.* B │ irati animi B
HABITAM A: HABEAS β ‖ 2 aut] ait β │ h(a)e B: hoc A: hii K: *om.* Θ: h. Λ │ s. c.
K: se A: sunt cordi B: *om.* Θ: s.c. *uel* sunt cordi *codd.* Λ │ ⟨c.⟩ *Wess.:* ⟨cordi⟩ V:
om. ω ‖ 3 QVAS Θ: QVANTASQVE Λ │ MIHI] *om.* Λ │ cum *ante* ironia *add. Jakobi*
dixit (dicitur C) ironia Θ ‖ 4 et] *om.* C │ cum uerser] c(on)uerseř A: cum uerse
K: cum uersus F: cum uê T ‖ 5 protulerit Σ: pertulerit β │ debuit] debite Θ
ergo–7 legitur] *om.* T │ ἀνακόλουθον *Steph.:* anacolut(h)on ω │ ut] aut Γ
6 filium r. ... i] filii u(est)ri A: filium restitueris B: filium K Σ │ CO *ante*
CONFECIT *add.* B ‖ 8 CARNIFEX₁] CARNIFIXVM A: car. B │ id–carnifex₂] *om.* Θ
me₁] meus β ‖ 9 irato deo Θ ‖ 10 DE₁–an] *om.* T │ EXEMPLVM B Λ: EXEMP. AK:
EX Θ │ c.] CAPIT B Λ │ p. *post* c. *add.* Σ │ an *Steph.:* aut Γ Λ: ut Θ ‖ 11 poenas
exigit β │ alibi ipse Θ │ in te edent] interdent A: *om.* B: in te edet Λ ‖ 12 *post*
melius *add.* est ut Λ │ te] *om.* B β │ accipiamus Λ ‖ 13 HAVT–DICAS] *om.* B
HAVD KΣ │ ISTVC] ISTV C ('d' *s.l.* C²): *om. sp. rel.* F │ COGNORIS A Θ:
COGNOVERIS KB Λ │ nosti–14 cognoueris] *rep.* A: *om.* C │ *ante* nosti *add.* uel
me uel meum amo B │ nosti] nescis *Schopen** │ sed] *om.* Θ ‖ 14 cognoris Θ

29.1. (= u. 653) CVM PATRE ALTERCASTI ab his quae facta sunt
ad ea quae facta non sunt. 29.2. CVM PATRE ALTERCASTI legitur et
'altercatus ⟨es⟩', non enim 'alterco' dicimus.

30. (= u. 654) NEC TE QVIVIT H. C. argumentum attulit ex his
5 quae non sunt facta, cum fieri debuerint.

31.1. (= u. 655) IMMO ETIAM pro: 'praeterea' et 'amplius'.
31.2. IMMO ETIAM deest 'audi'. 31.3. QVO MINVS TV SCIS 'quo' id est
'quod'. Et deest 'audi'. 31.4. Vel accipe, ut sit 'quod' uel 'quoniam'.
31.5. Vel 'quo' id est 'ex quo' aut 'qua re'. 31.6. Aut certe erit
10 sensus cum subauditione huiusmodi: immo etiam quo minus scis
aerumnas meas, eo magis audi, aut: immo etiam hae nuptiae non
apparabantur mihi, quo ipso minus tu scis aerumnas meas, id est
falsae nuptiae erant, quae res te magis fallit irascique mihi cogit   *201W.*
merito.

15 32.1. (= u. 656) HAE NVPTIAE legitur et 'haec nuptiae'; sic enim
ueteres dixerunt. 32.2. NON APPARABANTVR 'apparari' cum datiuo

---

29.2 cf. Diom. GL I 440,15; Prisc. GL II 392,24; Non. I 13, p. 83 Maz.; Jakobi 1996,
p. 82 ‖ 31.1 cf. Don. An. 368.2 ‖ 32.1 cf. Don. Eun. 269.2; Id. ibid. 582.2; Jakobi
1996, p. 80 ‖ 32.2 cf. Don. An. 690.1; Cur. epit. Don. 77

Γ; Σ {Θ, Λ}

1 ab–**2** ALTERCASTI] *om.* K ‖ **2** ea] eā C | facta] *post* sunt *transp.* Θ | et] *om.*
A | **3** ⟨es⟩ Λ: *om.* Γ Θ ‖ **4** QVIVIT] Q^iVIVŪ A: QVI M V IM (*incert.*) K | H. C. K:
HOC EST A: *om.* B: HODIE COGERE Σ | attulit argumentum *post* debuerint
transp. B ‖ **5** facta] *om.* β | **6** *sch.* 31.1 AK CF α: *om.* BT Λ | pro praeterea K:
propterea A Θ α | et] *om.* α ‖ **7** deest] idest C | TV–quo] *om.* B | TV *ante*
MINVS *add.* Θ | id est] id K: ide(m) C: a. T ‖ **8** audi 31.4 uel accipe] audit
accipe A: an dudum accipe K: audi audi B | sit] si A: *om.* C | quod] quidem K:
quando *dub. Wess.* ‖ **9** id est] *om.* Σ: uel K | *post* certe *add.* ut Γ ‖ **10** cum–
huiusmodi Λ: cum subauditione in huiusmodi Γ: in huiscemodi tamen
subauditione Θ | huiuscemodi *uel* huiusmodi *codd.* Λ | *post* minus *add.* tu B
11 etiam] *om.* C (*rest.* C²): et T | hae] hec C (*corr.* C²) ‖ **12** apparabant A:
parabantur Θ: apparantur *uel* apparabantur *codd.* Λ | ipso] *om.* A: ipse quo
Θ ‖ **13** erant Σ: cino te A, K (*qui in* cinoste (?) *corr., ut uid.*): *om. sp. rel.* B
quae res] quam aeres A: qua eres AK | fallit (*uel* facit *codd.* Λ) magis Σ
irascique] irasci quam Σ | mihi] me Λ ‖ **16** APPARABANTVR KB: PARABANTVR
Θ: CVRABANT A | cum–**210,2** parari] *om.* Θ

casu iunctum † semper cladem et perniciem significat, ut (Verg. *Aen.* 2, 132) 'mihi sacra parari'.

34. (= u. 658) TV COACTVS TVA VOLVNTATE hic est accusatio: ille enim excusat per imprudentiam, hic arguit uoluntatem. Hoc ergo dicit: eo grauius, quod nullo cogente, peccasti.   5

36. (= u. 660) CVR ME ENECAS 'enecas' 'excrucias'.

37. (= u. 661) INSTARE VT DICEREM ME DVCTVRVM PATRI SVADERE ORARE 'instare' 'suadere' 'orare': quartum nihil potest esse.

39.1. (= u. 663) DAVVS INTERTVRBAT 'Dauus' cum admiratione   10 pronuntiandum. 39.2. INTERTVRBAT deerat, ut et hic 'Dauus' diceret, sed plus intulit 'interturbat'. 39.3. Et 'inter' modo praepo-

---

36. *cf. Charis. ars p. 472,17 B.; Eugr. ad loc.; Id. Phorm. 856; Comm. Mon. An. 660, p. 96 S.* ‖ *39.3–39.4 cf. Don. Eun. 80; Seru. Aen. 2,681*: Mutauit accentum praepositio postposita. Sane 'inter' plerumque pro 'per' ponitur, sed raro apud Vergilium, ut (*Aen. 8, 30*) 'hunc inter fluuio Tiberinus amoeno'*; Id. ibid. 4,663; Id. ibid. 7,30; Id. ibid. 8,107; Id. ibid. 8,528; Id. ibid. 9,416; Id. ibid. 553; Macr. somn. 2, 8,6; Charis. ars p. 304,22 B.; Seru. auc. Aen. 12,437; Arus. exem. eloc. 51, 16 Di St.; Prisc. GL III 43,11; Isid. orig. 5,26,17; Fest. 100 L.; schol. Bemb. Ter. Haut. 448*

Γ; Σ {Θ, Λ}

1 casu iunctum *Wess.*: casui uni tunc A: casui iungitur B: casu unam tunc K: casu Λ │ *cruc. signaui (cf. Cioffi Hermes*)* ‖ 3 TV COACTVS] *post* TVA VOLVNTATE (-VPTATE T, *sic infra*) *transp.* Θ │ hic] hec Λ │ est] *om.* Θ ‖ 4 *post* excusat *add.* se Λ │ imprudenti cum hic A │ hoc] sic K ‖ 5 dicit] d(icitu)r C: dixit FT │ quod] quo Θ: quo *uel* quod *codd.* Λ: *om.* B │ peccasti K Λ: potuisti A: *om.* B: precasti Θ ‖ 6 enecas₂] *om.* B Θ │ crucias Θ ‖ 7 *sch.* 37 *om.* B │ DICEREM] DIXERE A (*corr.* A²) │ PATRE A: PATRIS K ‖ 8 instare–orare₂] *om.* A F │ quartum AK: quarto Σ: quando *Steph.* │ nihil potest esse Θ: nihil potestate K: nihil potuerit A: non plus dicere potest Λ ‖ 10 DAVVS INTERTVRBAT] *om.* Λ (*exc.* β) │ *post* INTERTVRBAT *add.* omnia Θ ‖ 11 pronuntiandum] pronun(c)tiat dum CT: pronun(c)tiat Dauus C² ('aliter') F: pronun(c)tiat Λ │ *post* INTERTVRBAT *add.* omnia Λ │ deerat–12 plus] *om.* Θ │ et] *om.* B Λ (*exc.* α) ‖ 12 *post* intulit *add. et del.* Dauus dum intertur C │ interturbat] *om.* Θ │ inter] me AB │ *post* modo *add.* nominis non exigit additamentum Λ │ praepositionis non habet significationem *scripsi*: pronuntiabat habetur significatio AB, *inter cruces Wess.*: pronomine hoc non habetur significatum K: pro non mediocri significat Θ: ⟨adeo ut⟩ pro non mediocri significatione ⟨sit sed quia maiorem habere non potest⟩ Λ (*post* auctiua *transp.*)

sitionis non habet significationem; est enim auctiua particula, ut   *202W.*
(Plaut. *Merc.* 833) 'interfectus, interemptus'. 39.4. Vel 'inter' modo
pro 'per', ut (Verg. *Aen.* 7, 30–32) 'hunc inter fluuio Tiberinus
amoeno u. r. et m. f. h. in mare pror.' 39.5. NESCIO quia irascitur
5   Dauo, dixit 'nescio'; alioquin scit.

40. (= u. 664) NISI MIHI DEOS FVISSE IRATOS deest 'quia', ut sit:
'nisi quia'.

41. (= u. 665) FACTVM HOC EST DAVE non quod non credat
interrogat, sed quod increpet.

10   42. (= u. 666) AT TIBI DI DIGNVM FACTIS EXITIVM DVINT 'at'
principium increptationi aptum, ut Vergilius (*Aen.* 2, 535) 'at tibi
pro scelere' et Horatius (*epod.* 5, 1–2) 'at o deorum quicquid in
caelo regit terras et h. g.'.

---

40. cf. Don. Ad. 153.2 ‖ 42. cf. Seru. Aen. 7, 363; Id. ibid. 9,142; Id. ibid. 10,411;
Paul. Fest. 11 L.; Prisc. GL III 99,21

Γ; Σ {Θ, Λ}
39.3 B: *post* habet (= habetur AB) *codex B exhibet quaedam falso loco posita, quae deinde
proprio loco iterat, inter se discrepantia. Haec sub signo B indicaui, illa sub signo B₂*

1 auctiua KΛ: tactiua A: adactiua B: actiua Θ | ut] uel BB₂ ‖ **2** interfectus] *om.*
B₂ | interemptus *uel potius* intereptus B: intercepit AB₂: interceptus K Σ
modo (*sic* B)] modus AK B₂ ‖ **3** pro per *Wess.* (*duce Schopen**): post ω (pro
post β) | ut B Σ: utili A B₂: ut in K: ut ille *Wess.* | hunc (*sic* B)] uno AB₂K
fluuium ABB₂ | Tiberinus] tibi o(mn)is AB: thyberinus β ‖ **4** amoeno]
am(m)ixtio AB: annectat K | u.–h.] rem c. h. AK: Rem *sp. rel.* e. h. B: R. *sp.
rel.* CT: per *sp. rel.* F: *mult. uar. codd.* Λ | pror. *Wess.*: pro hoc AB: proruat K:
prorupit (*uel* prorumpit) Σ | quia] ni(si) et Θ ‖ **5** dicitur C | scit] scita A
6 *sch. 40 et 41 ante* DECEPTVS *transp.* B | quia] qui A: quod Θ | ut sit] ut si est
A: absit CF ‖ **7** quia] quid T: qui F ‖ **8** DAVE] *om.* Θ | non credat B Θ α: h·
credat A: credat K: *om.* Λ ‖ **9** interrogat] ut (C², quod C) te roget Θ | increpet]
inepte CF: in ex te T ‖ **10** AT₁–DI] ACTIBVS A | AT₁] AC F: AST T | DI] *om.* β
DIGNVM–EXITIVM] *post* at tibi *transp.* B (*scil. instar* pro scelere, *cf. infra*)
DIGNVM] DI. C | FACTIS] FAC Θ | EXITVM β | DVINT at] *om.* B | DVINT K: DV
INTVS A: DENT Σ (*ante* EXITVM *transp.* Θ) | at₂] ad A: *om.* BK (ut *rest. s.l.*): ast
T: ac F ‖ **11** principium–**12** scelere] *ante* 43.3 *iter.* B (*quae sub nota* B₂
signaui) | increpationi V²: increpationis ω | ut (*sic* B₂)] *om.* B | Vergilius (*sic*
B)] irem AB₂ | at tibi (*sic* B)] at tili A: atuli B₂ ‖ **12** pro scelere *Verg.*: pro se
nox celere AB₂: per sene scelere K: pro s(c)euo scelere Σ: *om.* B (*qui huc*
DIGNVM – EXICIVM *transp., cf. supra*) ‖ **13** caelo] celorum Θ | *post* regit *add.* in
Θ: *add.* et Λ | terras et] *om.* B | h.] ah Θ: humanum B | g.] genus B

43.1. (= u. 667) EHO DIC MIHI 'eho' interiectio est intentionem
203W. audientis exposcens. 43.2. DIC MIHI semper τὸ 'dic mihi' iniuriosum est, ut ille (Verg. ecl. 3, 1) 'dic mihi, Damoeta, c. p. ?'. 43.3. SI
OMNES HVNC CONIECTVM cum odio hoc pronuntiandum est; ideo
'coniectum' dixit.   5

45.1. (= u. 668) DECEPTVS SVM concessio. 45.2. SCIO τὸ 'scio'
non ad deceptionem, sed ad defatigationem reddidit. Ergo cum
ironia sonandum.

46.1. (= u. 669) HAC NON SVCCESSIT deest 'quod conabamur'. Et
proprie de bono sic dicitur. 46.2. ALIA ADORIEMVR 'adoriri' proprie   10
dicitur repente ex insidiis aliquem inuadere.

51. (= u. 674) HOC TIBI PRO S. D. μεταληπτικῶς 'seruitium' pro
'seruitute' posuit, ut (Verg. Aen. 3, 327) 'seruitio enixae tulimus'.

53.1. (= u. 676) CONARI M. P. Q. ut supra (u. 161) 'quem ergo
credo, manibus pedibusque obnixe omnia facturum'. 53.2. Et accu-   15

43.1 cf. Palaemon. Charis. ars p.311,12 B.; Id. ibid. 311, 4 B.; Diom. GL I 419, 9;
Agroec. orth. p. 101 P.; Comm. Mon. An. 667, p. 96 S.; ibid. 184, p. 77 S.; Don.
An. 500.2; Id. ibid. 748; Id. ibid. 951.2 ‖ 43.2 cf. Don. Hec. 356.2; Cur. epit. Don.
223 ‖ 46.2 cf. Don. An. 479.1; Id. Ad. 404.2 ‖ 51. cf. Charis. ars p. 90,6 B.; Isid.
diff. 1,340, p. 238 C.; Cur. epit. Don. 795

Γ; Σ {Θ, Λ} | Γ; Σ {Θ, Λ}

1 sch. 43.1 post 43.2 B | EHO DIC ΚΛ: EHEDVM A: om. B: DIC Θ | MIHI M. AK:
om. B | eho₂ B Θ: et hoc A: om. K Λ | 2 post exposcens add. dic mihi et iter. 42
principium – scelere B | to ω | 3 ille] Virg. Σ | Dauo E T A A: cla moetas K:
Damet(h)a Σ: dammeta B | c. p. AK: cuium pet' B: cuium pecus Σ ‖ 4 ideo Λ:
adeo Γ Θ ‖ 5 eiectum C: atectum T: deceptus sum F | dicit B: dicitur C
6 concessio] censeo Θ ‖ 7 addece(m)ptione(m) A: ademptionem C: actentio-
nem F: adtptionem T | defatigationem B Σ (fatigationem ε): defetigationem
AK | reddidit] retulit β ‖ 8 post sonandum add. est β ‖ 9 NON] VERO A ‖ 10 sic]
sic(ut) C: post proprie transp. B | ALIA] om. B | ADORIEMVR] AGREDIAMVR
ENITAMVR MODO ALIAS Θ: AGGREDIAMVR VIA VEL ADORIAMVR ID EST
ENITAMVR Λ: om. B | adoriri] exoriri et Θ | proprie₂] proprium A ‖ 12 PRO₁] P.
S. A: PRO SERVITIO BKΛ: PRORSVS C: PRO SED T: PROS(ER) F | D. A: DEBEO ΚΛ:
om. B Θ | μεταληπτικῶς Lind.: ME TA AA AT MHK ωC A: om. sp. rel. K Σ:
om. nul. sp. B | seruitio] seruum Θ: seruitium Λ ‖ 13 seruitute] seruicio B
enixae] obnixe ε ‖ 14 M. P. Q. AK: MANIBVS PE. B: MANIBVS PEDIBVSQVE Σ
ergo] ego B Σ ‖ 15 manibus pedibusque] pedibus K: om. Θ | obnixe] om. Λ
(exc. α)

satiuo casu sine intermissione significat 'noctes et dies'. 53.3. MA-
NIBVS ET PEDIBVS ὑπερβολικῶς.

54.1. (= u. 678) SI QVID PRAETER SPEM EVENIT 'euēnit' producta
media, quia hoc perpetuo non uult accidere Pamphilo. 54.2. Ergo   *204W.*
5 'euēnit', non 'eueniet' aut 'euĕnit' media correpta.

55.1. (= u. 679) PARVM SVCCEDIT QVOD AGO si nostrum est
officia praebere, at nostrum non est fortunam posse praestare.
55.2. Et bene 'succedit', ut quod agimus ostendat successus esse
atque fortunae. 55.3. AT FACIO SEDVLO id est ex animo et sine dolo.
10 55.4. PARVM SVCCEDIT QVOD AGO utilis sententia pro sapiente
contra fortunam.

56. (= u. 680) ME MISSVM FACE id est: 'noli uti opera mea'.

57 (= u. 681) RESTITVE IN QVEM ME A. L. sensus hic est: omnia
mihi integra et salua redde, qualia tibi tradidi consulturo uel cum
15 nihil promisissem patri.

58. (= u. 682) HEM SED MANE 'hem' quasi incipientis est
demonstrantisque aliquid noui se inuenisse.

55.3 *cf. Don. An. 146.4 (ubi cf. alia)* ‖ 58. *cf. Don. An. 184.1 (ubi cf. alia)*

55.3 Bern. 276: Donatus in commento Andrie sedulo simpliciter et ex animo et sine dolo

2 ὑπερβολικῶς M⁴: ΥΠΕΡ Β ΟΛΙΚωC AB: *om. sp. rel.* KΛ: *om. nul. sp.* Θ ‖ **3** SI]
om. B Θ | QVID] *om.* B: QVOD Θ | EVENIT] EVENIET AK: EVEN^niet B: *om.* β
producta media *Jakobi* GFA*: productam magis Γ: productum magis Θ:
media correpta pro accidit Λ ‖ **4** quia] quasi Λ | hoc *ante* accidere *transp.* Λ
perpetuum Θ | non uult] nolit Λ | Pamphilo accidere Θ | Ergo–**5** correpta]
aut media producta pro euenerit Λ ‖ **5** non eueniet] pone ueniet Θ | media]
modo Θ ‖ **6** SVCCEDIT] SVCCIDIT A: SVCCESSIT B | si] sed Θ | nostrum]
uestrum Σ ‖ **7** officium Θ | nostrum] uestrum Λ | posse fortunam Λ ‖ **8** ut] &
A | ostendas Θ ‖ **9** atque] *om.* KB Λ ‖ **10** sch. 55.4 *post* 56 *in* ω | *post* AGO *add.*
hic deest CF ‖ **13** IN–est] etc. B | MEA L. AK: ME. C. L. Θ: ME ACCEPISTI LOCVM
Λ | *ante* omnia *add.* quasi B ‖ **14** integra mihi B | tradidi] reddidi ε | con-
sulturi A: consulto Θ: consulturus *Zeunius, fort. recte* ‖ **16** HEM₁] H⁻ EST A (*sic
et infra*): HEV (*sic et infra, ut uid.*) K | hem₂] hoc Θ | quasi] *om.* BT | est] et K:
om. Θ ‖ **17** se] *om.* β

59.1. (= u. 683) NVNCINE DEMVM pro 'denique'. 59.2. NIHIL AD TE QVAERO haec enim ad cogitantem nihil pertinere oportuit. 59.3. AT IAM HOC TIBI I. D. consilium scilicet, quo in pristinum restituaris locum.

59.1 *Don. An. 147.5–6 (ubi cf. alia)*

Γ; Σ {Θ, Λ}

1 NVNCINE] NVNC ME Θ | DEMVM] *iter.* Λ ‖ **2** enim haec Θ | AT–**3** I. D.] *om.* B
3 I. D.] ID A: INVENTAM DABO K: I. DABO Θ: INVENTVM DABO B Λ | restituaris
(-atis C) locum Θ

1.1. (= u. 684) IAM IAM VBI VBI ERIT INVENTVM T. C. in hac
scaena instauratio est adhortationis Pamphili per Mysidem; opus   *205W.*
est enim excitari rursus adulescentem, ne sub patris oppressione
frangatur. 1.2. IAM IAM VBI VBI ERIT opportune rursus aestuanti
5 Pamphilo amicae mentio obicitur per Mysidem, ne succumbat ad
nuptias patri, quamuis promiserit se ducturum coniugem. Aduersum quam difficultatem quia ipsius persona non sufficit, id agit, ut
ad ipsam Glycerium modo adducat Pamphilum, cui affectum
concitat non ex eo solum quod eum uocat puella, sed etiam quod
10 desiderat eum uidere. 1.3. VBI VBI ERIT IN. ⟨'ubi ubi'⟩ in prima
parte uim suam tenet, in posteriore productio est. Et est quemadmodum 'utut', 'quaqua', 'undeunde' pro 'utcumque', 'quacumque',
'undecumque'. 1.4. INVENTVM TIBI CVRABO ET M. A. T. P. non
solum se adducturam promisit, sed et tempus addidit. 1.5. Et bene
15 'tibi' quasi amanti.

1.1–1.2 *cf. Eugr. ad loc.* ‖ 1.3 *cf. Don. Ad. 394.1; Prisc. GL III 135,11; Cur. epit.
Don. 893*

Γ; Σ {Θ, Λ}

1 T. C.] TIBI CVRABO *uel* T. C. *codd.* Λ | hac scaena B T: scaena AK: scaena hac
Σ ‖ **2** adhorta(n)tis CF: adora(n)tis T | per Mysidem] *om.* A: Mysidem B
3 enim est Λ | excitari] exhortari Σ ‖ **4** frangatur] stringatur Θ: stringatur aut
frangatur Λ | ERIT] E. A | estuante Σ (estenuante C: estirante T) ‖ **5** subicitur
β ‖ **6** quamuis patri Λ | *post* promiserit *add.* patri B | se ducturum] sed
uincturum A | aduersum] aduersus B Θ: -sum *uel* -sus *codd.* Λ ‖ **8** ipsam] *om.*
Σ (*exc.* β) | affectatum Λ ‖ **9** concitat *Wess.*: cogitat ω: excitat *Steph.* | puella
uocat Σ | **10** INVENTVM Θ: *om.* Γ Λ | *add. Steph.* ‖ **11** productio est *Wess.*:
productionem ω | quamquam C ‖ **12** undeunde–**13** undecumque ubi ubi pro
ubicumque B | utcumque *edd. uett.*: ubicumque ω | quocumque Θ
13 INVENTVM–M.] *om.* B | M.] MECVM Σ | A. AK: AD Θ: ADDVCAM BΛ | T.] *om.*
Θ | P.] PA(M) Θ: PAMPHILVM *uel* P. *codd.* Λ ‖ **14** adducturum Γ C | et] etiam B

2.1. (= u. 685) TV MODO ANIME MI N. T. M. mollis oratio et feminea multis implicata blandimentis. *Ait enim 'tu modo, anime mi'.* 2.2. MI pro 'meus'.

5.1. (= u. 688) HOC MALVM INTEGRASCIT 'integratur', quod ad integrum redit, quod repetitur, quod instauratur, ut Vergilius 5
206W.   (*georg.* 4, 514–515) 'ramoq. s. m. c. i.' 5.2. HOC MALVM amor meus aut Glycerii sollicitudo, quam nescire oportuit 〈nuptias〉.

6. (= u. 689) SOLLICITARIER 'perturbari'.

7.1. (= u. 690) NVPTIAS QVOD MIHI APPARARI 'apparari' ad horrorem et timorem refertur. 7.2. *Et datiuo casui iunctum cladem* 10 *et perniciem significat, ut Vergilius (Aen. 2, 132) 'mihi sacra parari'.*

9.1. (= u. 692) AGE SI HIC NON INSANIT SATIS hic exsertius comprimit Charinum, ne fomenta iracundiae Pamphilo praeberet. 9.2. Aut: si paenitet te, quantum sua sponte insanit. 9.3. SI HIC NON INSANIT ironia est. An laus ad mitigandum Pamphilum? 9.4. AT- 15 QVE EDEPOL EA RES EST id est (u. 690) 'nuptias apparari sensit'.

10. (= u. 693) MYSIS asseueratio est, si a nomine eius incipias, cum quo loqueris.

2.2 *cf. Scaurus ap. Charis. ars p. 173, 4 B.:* Additque (*scil.* Scaurus) quia uocatiuus singularis generis masculini multos dissidentes etiam nunc generat, o mi an o meus facere debeat; *Don. Ad. 336.2; Id. ibid. 269.1; Id. An. 890.1; Id. Eun. 95.1; Id. Phorm. 254.1* ‖ *5.1 cf. Paul. Fest. p. 11 L.; Non. II 35, p. 223 Maz.; Cur. epit. Don. 433; Charis. ars. p. 473,4 B.; Schol. Stat. Theb. 5,30; Prisc. GL II 428,9* ‖ *6 cf. Don. An. 261. 3 (ubi cf. alia)* ‖ *7.2 cf. Don. An. 656.2 (paene ad litt.)*

Γ; Σ {Θ, Λ}

1 MODO] VERO Θ | N. T. M. AK: *om.* B Θ: NOLI TE MACERARE Λ | et] *om.* C
2 blandiciis β ‖ **3** MI AK: *om.* BΣ ‖ **5** redit KB: reddit AΘ: redditur Λ | ut] *om.*
B ‖ **6** romoq(ue) Θ | i.] *om.* Θ | sch. 5.2 *post* 6 *in* ω ‖ **7** aut] ac ε | glicerium AB
nesciri B | *add.* e² ‖ **8** *ante* SOLLICITARIER *add.* siccine atque illa m etc. B
9 *post* APPARARI₁ *add.* sentit Λ ‖ **10** honorem Θ | *sch. 7.2 om.* B, *obliq. litt.
scripsi (cf. An. 656.2)* | iunctum] subiunctum Θ ‖ **11** parari KΛ: P. A: para Θ
12 exercius AK: exertius B: excitus Θ: exitus Λ ‖ **13** *ante* comprimit *add. sp.*
B | Carinum *ex* -nus C² | praeberet Pamphilo B ‖ **14** paeniteret B ‖ **15** *post*
INSANIT *add.* satis β | an AK: aut B Σ (*uel* β) | ad imitandum Θ | *sch. 9.4 post
10 in* ω | ATQVE] AT β: *om.* B ‖ **16** EDEPOL] *om.* B | EST₁ Γ: *om.* Σ

11.1. (= u. 694) PER OMNIS TIBI ADIVRO DEOS 'ad' auctiua
particula est, ut 'admirabiliter' ualde mirabiliter *et* '*aduerto*',
'*addo*'. 11.2. Et hoc superest amissa fide, ut iurandum sit.

12.1. (= u. 695) NON SI CAPIVNDOS MIHI S. I. O. H. mira uerecundia 'omnes homines' maluit dicere, ut in his parentes quoque
significaret, quam aperte dicere 'patrem' cuius metu promisit nup-
tias. 12.2. Et contra illud (u. 277) 'sed uim ut queas ferre'. 12.3. NON   *207W.*
SI CAPIVNDOS M. S. ita dixit de uno, hoc est patre, 'omnis homines',
ut idem alibi (*Ad.* 790) 'o caelum, o terra, o maria Neptuni!'. Numquid et caelum Neptuni est? Non utique, sed omnia haec mare
uult esse, ut Vergilius (*ecl.* 8, 58) 'omnia uel medium fiant mare*'*.

13.1. (= u. 696) CONTIGIT quod uix euenit, 'contigisse' dicitur.
13.2. CONVENIVNT MORES recte et id quod matrimonium firmat
'conueniunt mores'. 13.3. VALEANT hoc est 'abeant', 'recedant',

---

11.1   *cf. Don. An. 61.1; Id. Hec. 268; Id. Phorm. 203.1; Cur. epit. Don. 33*
12.3   *cf. Don. Ad. 790.4; Seru. auc. ecl. 8,58*: 'medium fiat', id est ut nihil nisi
mare, hoc est diluuium fiat ‖ 13.1 *cf. Non. 410 L.; Id. 657 L.; Isid. diff. 1, 187,
p. 178 C.; Cur. epit. Don. 147* ‖ 13.3 *cf. Seru. Aen. 11,97*: Varro in libris
logistoricis dicit, ideo mortuis 'salue' et 'uale' dici, non quod aut ualere aut
salui esse possunt, sed quod ab his recedimus, eos numquam uisuri. Hinc
ortum est ut etiam maledicti significationem interdum 'uale' obtineat, ut
Terentius 'ualeant qui inter nos discidium uolunt', hoc est ita a nobis
discedant, ut numquam ad nostrum reuertantur aspectum. Ergo cum mortuo
dicitur 'uale', non etymologia consideranda est, sed consuetudo, quod nullis
'uale' dicimus nisi a quibus recedimus*; Id. Aen. 3, 493; Id. Aen. 5,80; Cur. epit.
Don. 891*

Γ; Σ {Θ, Λ}

---

1 PER] PRO A | OMNES Θ | IVRO B | ad auctiua] adauctiui C: ad T: ad actiui F
2 est] *om.* Θ ‖ **3** ut] *post* superest *transp.* β | adiurandum B ‖ **4** NON] NAM β
CAPIENDOS AK | MIHI] *om.* B CT: M. F | S.] S. E. F: SCIAM ESSE Λ ‖ **5** ut–**6**
patrem] *om.* T | quoque parentes Σ ‖ **6** significat Θ | pater Θ ‖ **7** ut queas (q.
T)] nequeas CF | NON] NAM Λ ‖ **8** CAPIENDOS AK | M. S.] NE S. K: MIHI S. Θ:
OMNES HOMINES Λ | dicitur C | *post* dixit *add.* omnes homines Λ | de] pro Λ
uno] hunc A | hoc est] hoc C: scilicet Λ | omnis homines] *om.* Λ ‖ **9** alibi]
mihi Θ | o terra] contra A | Neptuni BΛ: Neptum A: Neptilui K: Neptunia Θ
10 Neptuni] Neptum A: Neptunium Θ | sed] hic Σ | haec] hoc | mare] maria B
(*post* uult *transp.*) ‖ **12** contigisse euenit ε ‖ **13** id] *om.* K | matri monuit C:
mare monium T ‖ **14** *ante* recedant *add.* et K

quia et discedentibus et mortuis 'uale' dicitur, ut Vergilius (*Aen.*
11, 97–98) 'salue aeternum m., m. P., a. q. u.' 13.4. Vel potius τῷ
εὐφημισμῷ: cum male optaturus esset, considerato patre παραδό-
ξως locutus est et non dixit, quod intenderat, 'pereant'. 13.5. Et
attende, quam moderate pluraliter dixerit, cum significaret 5
patrem. 13.6. VALEANT renuntiationis et imprecationis est uerbum.

14.1. (= u. 697) HANC NISI MORS ETSI ualeant: — 14.2. HANC NISI
MORS haec concessio est — hoc enim per concessionem dicitur.
14.3. HANC NISI MORS MIHI ADIMET NEMO perseuerat, ne dicat
'pater'. 14.4. Pro: 'non adimet pater'.   10

208W.   15.1. (= u. 698) RESIPISCO spiritum reuocat sensim. 15.2. MAGIS
VERVM aut 'magis uerum' aut 'uerius' dicimus.

16.1. (= u. 699) VT NE PATER ut non. 16.2. VT NE PATER PER ME
STETISSE 'stetisse' hoc est 'esse', ut ille (Verg. *Aen.* 8, 191–192) 'de-
sertaque montis stat d.' Aliter 'plenum est', ut idem (*ecl.* 7, 53) 'stant 15
et iuniperi et c. h.', aliter 'horrent', ut (*Aen.* 6, 300) 'stant lumina f.'

13.4 *cf. Frg. Bob. De nom. 146, p. 341 M.* ‖ 14.2 *cf. Eugr. An. 651* ‖ 15.2 *cf. Don.*
Eun. 227.2; Seru. Aen. 4, 31: Antiqui frequenter pro comparatiuo iungebant
'particulam magis'; *Cur. epit. Don. 514* ‖ 16.2 *cf. Non. 627 L.; Gell. 8,5; Seru.*
ecl. 7,53: STANT ET IVNIPERI modo 'plenae sunt'; *alias* 'horrent', ut (*Aen. 6,*
300) 'stant lumina flamma'; *alias uere* 'stant', ut (*Aen. 3, 63*) 'stant manibus
arae'; *Id. Aen. 1,646; Id. Aen. 3,63; Id. Aen. 3,210; Id. Aen. 6,300; Id. Aen. 12,407;*
Cur. epit. Don. 844

Γ; Σ {Θ, Λ}
16.2 Bern. 276: stat ... super hoc loquitur Donatus in commento Andrie Therentii

1 et₁] *om.* Σ | uale] ualere AK: ualere ualere B ‖ **2** m.₁–u.] etc. B | τῷ εὐφημι-
σμῷ *Steph.*: TωΕΥΦΗΜΙC MON A: TO ΕΥΦΗΜΙC MωΝ B: *om. sp. rel.* KΣ: τῷ
ἀφημισμῷ M⁴ ‖ **3** operaturus Θ | παραδόξως *Steph.*: NAPAΔOξωC A:
ΠΑΡΑΑξωC B: *om. sp. rel.* K Σ: παρὰ δόξωσ M⁴ | *ante* locutus *add.* ut K
4 locus AB | intenderet A: incenderat Θ | Et–5 quam] *om.* B ‖ **5** pluralis Θ
dixit B | significat A ‖ **7** HANC₁] HAC CT | *post* MORS *add.* mihi ad n B | *sch.*
14.2 om. K ‖ **9** NISI] N. K | MORS] M. KB T: MOX C | *ante* MIHI *iter.* 14.1 et si
ualeant *et lemm.* HANC NISI MORS Θ | ADIMIT C: A. B T | NEMO] N. B T
11 RESIPISCO] RESIS PICO A: RESPIRO *fuisse putat Schopen*** | sensim *Zeunius*:
sensus ω | *sch. 15.2 om.* B ‖ **12** VERVM] ENIM Θ ‖ **13** non A: ne non BK Σ
14 ille] Virg(ilius) Λ | desertioque A ‖ **15** est] *om.* Λ | ut] et Θ | stant–**16** et₁]
stan C: et stat et F ‖ **16** et₂] e. CF | lumina HQq: lumine ω | f.] p. Θ ε

et Lucilius (*frg.* 136 *Cha., hex. inc. sed.*) 'stat sentibus fundus'. 16.3.
PER ME STETISSE hoc est: per me factum esse, ne fierent nuptiae.

19.1. (= u. 702) MISER AEQVE ATQVE EGO bene 'atque ego', quia
et hic amore uexatur. 19.2. ⟨CONSILIVM QVAERO FORTIS⟩ Et intulit
5 παράδοξον, nam uolebat sibi dici 'fortis', quod illi tamen mox
dicetur. Hic igitur aliter respondet atque interrogauerat Pamphilus
ideo, quod uideat impossibile esse palam resistere parenti.

20.1. (= u. 703) SCIO QVID CONERE sensus est: scio quidem quid
coneris, sed an efficere possis nescio. 20.2. SCIO QVID CONERE si
10 Pamphili est persona, cum ironia dicitur, si Charini, simplex
laudatio est. 20.3. Sed si Pamphili est, hoc significat, quod supra
(u. 674) 'ex unis geminas mihi conficies nuptias'. 20.4. Sed non
esse personam Pamphili ex subiectis ostenditur.

21.1. (= u. 704) NON TIBI HABEO NE ERRES deterret etiam nunc   *209W.*
15 Charinum, ut et ipse adiuuet Dauum, ne Pamphilo nubat Philumena. 21.2. Et eodem sensu utitur Dauus aduersus Charinum, quo
supra (u. 373) 'quasi necesse sit, si huic eam non dat, te illam
uxorem ducere'. 21.3. NON TIBI HABEO NE ERRES uel, ut etiam
Charinus pro se sentiat, hoc dicit, uel, ut solent serui contumacio-

---

16.3 *cf. Eugr. ad loc.*

Γ; Σ {Θ, Λ}

1 Lucilius] Lucius Γ: lucubris C | stat] stāt C | sensibus Θ ‖ **2** *post* esse *add.* et
β ‖ **3** MISER AEQVE] MISEREREQVE A: MISER B | atque ego] hic eque C: eque
FT | et quia AΘ ‖ **4** amore] amor CT | CONSILIVM–FORTIS *rest. Jakobi*
5 παράδοξον *Steph.*: paradoxon ω | nam] non AB C | uolebat] nolebat *uel*
uolebat *codd.* Λ ‖ **6** atque] ad quod Λ ‖ **7** esse] *om.* β | palam] Pamphilum *uel*
palam Λ ‖ **8** SCIO₁–CONERE *Zeunius*: CONSILIVM QVAERO ω | sensus–**9** nescio]
om. T | *post* sensus *add.* hic ε | quidem] quid est Θ: equidem β | quid] *om.* C
9 sed] *om.* Θ | CONERE AK: CONERIS Θ: CONARE Λ: CO. B ‖ **10** simpliciter Λ
11 est laudatio Λ | Sed] *om.* Λ | *post* si *add.* ergo Λ | signum Θ ‖ **12** confi. Θ
nup. B Θ ‖ **13** esse] rem A | persona AK | Pam. B ‖ **14** etiam nunc] autem Θ:
nunc Λ ‖ **15** adiuuat β | *ante* Dauum *add.* ipsum Λ ‖ **16** *post* utitur *add.* ipse
Λ | aduersum Θ (*sic et infra*) | quo] quod β ‖ **17** eam] *om.* Σ | det B: datur Λ
te–**18** ducere] etc B ‖ **18** HABEO] AB EIVS A | ut] *om.* C ‖ **19** uel] *om.* C

res aduersus amicum domini, quia nuper a Charino accusatus est,
uel, quia et quid dicat non habet et uidet tacendum non esse.

22.1. (= u. 705) SAT HABEO quia dilatio facta est. 22.2. VT SATIS
SIT 'ut' pro 'ne non'.

23.1. (= u. 706) NE VACVVM ESSE NVNC ME 'ne' pro 'nedum'. —   5
23.2. Aut aduerbium prohibentis, ut sit 'ne' non — Sallustius in
secundo libro (*frg. 104 R.*) 'ne illa tauro paria sint' *pro nedum.*

24.1. (= u. 707) PROINDE HINC VOS AMOLIMINI 'amoliri' dicuntur
ea, quae cum magna difficultate et molimine submouentur et tol-
luntur e medio. 24.2. Sic dixit quasi odioso et molesto. 24.3. 'Disce-   10
dere' dicitur qui facile abit e medio, 'amoliri' qui uix recedit.
24.4. PROINDE HINC VOS AMOLIMINI molestum impedimentum ex
rei magnitudine iacentis in medio. Et ideo impedientibus se
'amolimini' hic ⟨dicit⟩, non 'abite'. 24.5. PROINDE HINC VOS A. spe
210W. iniecta iam etiam imperat domino callidus seruus. 24.6. NAM MIHI   15
I. E. utrum hoc uerum dicit an fingit, quia adhuc consilium non
inuenit, quod narrare possit?

22.2 *cf. Don. An. prol. 3.1 (ubi cf. alia)* ‖ 24.1–24.4 *cf. Non. II 35, p. 125 Maz.:*
AMOLIMINI *est recedite uel tollite. Terentius in Andria (707)* [...]; *Seru. Aen.
10,477; Prisc. GL III 280,13; Cur. epit. Don. 65; Varro ling. 6,38; Ascon. p. 63,6
K.-S.; Isid. diff. 1, 183, p. 77 C.; Id. ibid. 1,60 p. 206 C.*

Γ; Σ {Θ, Λ}

1 domino B | a] de Θ | est] *om.* C ‖ **2** quia] qui β | et₁] *om.* Λ | quid BK: quod A
Σ | praedicat Θ ‖ **3** quia] quod Θ ‖ **4** *ante* ut *add.* agendum B, *add.* non K
(*postea del.*) | ne] *om.* A ‖ **5** *post* VACVVM *add.* NON Θ | NVNC] *om.* Θ | ME]
MENE A ‖ **6** *sch.* 23.2 *om.* B | ⟨a⟩ aut A | prouerbium A | *post* aduerbium *add.*
est Θ | in] *om.* Θ ‖ **7** parias inte A: paria sunt Θ ‖ **8** PROINDE–AMOLIMINI] *om.*
B | PERINDE C: *om.* T | VOS HINC Σ | AMOLIMINI] AMOL. C: *om.* BK: i. (idest?)
A | moliri C ‖ **10** e] et A ‖ **11** abit] abiit Θ | e] a β | amoliri] amolitur Θ (aliter
C², emolitur C) ‖ **12** DEINDE Θ | VOS HINC Σ | AM(AN)DI CT ‖ **14** hic Θ: hinc Γ
Λ (*post uel ante* amolimini *exhib.*) | *add. Schoell* (qui hic om.):* dixit *ante*
amolimini *add.* Λ | DEINDE CT | VOS HINC Σ | A.] AM. C: AMOLIMINI F ‖ **15** iam
etiam] immo etiam etiam ecciam B | imperat etiam Λ | dominis Θ | seruus
callidus Σ | NAM] *om.* B | MIHI] M. K: *om.* B Λ ‖ **16** I. E. A: IMPE. ESTIS CF:
IMPE. ET T: IMPEDIMENTVM ESTIS B K Λ | uere Λ | quia *Schopen*:* qui ω

25.1. (= u. 708) EGO HANC VISAM Glycerium scilicet. Et cum commiseratione puellae 'hanc'. 25.2. QVID TV QVO HINC TE AGIS ut tarditatem discedentis ostendat; 'agere se' enim tardi et tristes dicuntur. Sic Vergilius (*Aen.* 5, 271–272) 'amissis remis atque o. d.
5   u. i. s. h. r. S. a.'; idem alibi (*Aen.* 6, 337) 'ecce gubernator sese P. a.'. 25.3. QVID TV HINC QVO TE AGIS admonitio discedentis, ut solet; nam a quo discedere desideramus, admonemus eum [ubi uadat uel quo eat] idem facere. Per interrogationem admonet Dauus Charinum, ut ⟨et⟩ ipse abscedat Charinus, qui nunc ultimus remanet.
10 25.4. VERVM VIS DICAM pro initio sedulae narrationis hoc sumimus. An sic respondet Charinus, tamquam qui intellegat non dici sibi uelle Dauum quo eat, sed id agere ut abscedat? 26.1. (= u. 709) NARRATIONIS INCIPIT INITIVM narrationis scilicet quo eat, quia 'uerum uis dicam ?' uelut prooemium narraturi
15 est. 26.2. QVID ME FIET quid ergo, inquit, quid me fiet? 26.3. Ab eo   *211W.*

25.2 *Varro ling. 6,41; Paul. Fest. 21 L.; Seru. 6,337:* 'sese agere' est sine negotio incedere; *Seru. auct. Aen. 4,245; Id. 9,693; Non. p. 364 L.; Cur. epit. Don. 44* 25.3 *cf. Don. Ad. 433.3:* ABIS qui consuetudinis memor est, animaduertit has interrogationes non inquirendi causa poni, sed admonitionis loco esse apud eos, quos uelimus abscedere. Sic igitur interrogat, ut hortetur, et sic pronuntiat, ut et fiat et amplietur, quod facit ‖ 25.4 *cf. Eugr. ad loc.*

Γ; Σ {Θ, Λ}

---

2 puellae] *om.* C | *post* hanc *add.* dicit Λ | HINC TE] HINC QVE (*in* TE *corr.* A²) A: TE HINC Θ: TE NVNC Λ | AGES B (*ante corr.*) ‖ **3** ostendit β | enim se B | *post* enim *add.* et β ‖ **4** o.–**5** a.] *om.* Θ | d.–**5** a.] *om. sp. rel.* B ‖ **5** i.] *om.* K | idem Θ: iđ AB: uel K: et Λ | P. a.] palinurus agebat B: palinurus agebat *uel* p.a. *codd.* Λ ‖ **6** HINC] NVNC Λ (*post* TE *transp.*) | QVE A | TE] T. BT | AGIS] AGAM A: A. BT | discedendi *Schopen (1821, pp. 28sq.)* ‖ **7** desideramus] uolumus B | eum] cum CT | ubi (quo B *Schopen 1821, pp. 28sq.*) uadat – **8** eat] *post* interrogationem *transp. Schopen (1821, p. 28sq.), seclusi (cf. Cioffi CQ*)* **8** idem *Wess.:* iđ A: id BK Σ | facete *Bentley** ‖ **9** et *ante* ipse *add. Wess.* discedat C (*corr.* C²): discedat *uel* abscedat *codd.* Λ | Charinus] *post* ipse *transp.* Λ | nunc] *om.* C: non T ‖ **10** hoc sumimus] *om.* B ‖ **11** An] ac B C (*corr.* C²)T: *om. sp. rel.* F | sic] si est CF ‖ **12** eat] erat FT | sed–**14** eat] *om.* T **13** *post* NARRATIONIS₁] *add.* mihi Λ (*exc.* ε) | INITIVM INCIPIT A | INCIPIS Λ **14** dicam] dicat AC | narraturi] narratiuum Σ (narrationum β T) ‖ **15** FIET₁] FIAT T | quid₁–**222,2** FIET] *om.* FT | quid₁–fiet₂] *om.* B | ergo] igitur C | ab eo] habeo A: abhoc K

hoc quasi ab iocante pronuntiandum est, nam sic ille 'impudens'
respondet. 26.4. QVID ME FIET de Philumena ducenda.

27.1. (= u. 710) EHO TV IMPVDENS NON SATIS proprie Charino
'impudens' dixit quasi et insolita et multa poscenti, quippe qui et
sponsam alienam petere ausus sit et non satis habeat per Dauum   5
sibi moram praestitam Pamphili nuptiarum. 27.2. QVOD IAM TIBI
DIECVLAM ADDO 'dieculam' moram. 27.3. Et est ὑποκόρισμα
'diecula', hoc est tempusculum, et sumitur ab eo quod est 'haec
dies'. 27.4. 'Diecula' mora et quasi dies parua. 27.5. Et 'diecula', in
qua scilicet ambias quantum potes ad ducendam Philumenam;   10
uult enim se Dauus adiuuari per Charinum et Byrriam.

28.1. (= u. 711) PROMOVEO 'differo'. 28.2. PROMOVEO NVPTIAS
memoriter Dauus: scit enim illum his uerbis petisse (uu. 328–329)
'saltem aliquot dies p., d. p. a., n. u.' Cuius rei oblitus Charinus
etiam ut ducat uxorem petit.   15

29. (= u. 712) RIDICVLVM deest 'hominem'.

27.2.–27.5 *cf. Don. Eun. 734.3; Id. Hec. 127.1; Id. An. 603.1; [Ascon.] Verr. 1,6
p. 207,15 St.:* 'Dies' feminino genere tempus, et ideo diminutiue 'diecula'
dicitur breue tempus et mora; *Seru. auc. Aen. 2, 324; Charis. ars 141,12 B.;
Prisc. GL II 158,13; Cur. epit. Don. 224* ‖ 28.2 *cf. Eugr. ad loc.*

Γ; Σ {Θ, Λ}
D: *post* 710.1 poscenti *usque ad An.* 726.1 *litterae euanidae sunt*

1 ab AK: ad C: a B Λ | iocantem C: *an potius* iurgante ? | ille V: illi ω
2 ducendo CT ‖ **3** TV] *om.* B | IMPV. B | NON SATIS] etc B | NON] NAM CT
impudens Charino B ‖ **4** dixit (dicitur C) impudens (-pudes C) Θ | qui] *om.* K
β ‖ **5** satis] *ante* per *transp.* Λ | habeat] habet BC: habeat *uel* habet *codd.* Λ
6 TIBI IAM Σ ‖ **7** DIE AVRICVLAM A (*sic et infra*) | ADDO dieculam] *om.* Θ
moram *Schopen**, *Klotz*: horam ω | *om.* B | ὑποκόρισμα *Scot.* 212 *e*[2]: ypo-
corisma ΓΘ: hipocrisma Λ ‖ **8** hoc–**9** diecula] *om.* K | haec] hes C ‖ **9** die š A
diecula – dies] *om.* T | et] *om.* Λ | sch. 27.5 *om.* B | Et diecula ΑΛ: *om.* Θ
10 ambiat C | potes AK: potest C: poterit Θ (C[2]): poteris Λ ‖ **11** Dauus se ε
12 PROMOVEO₁] DEMOVEO Θ ‖ **13** memora(m) A: memoratum B | enim] *om.*
Λ ‖ **14** salutem Σ | dies] d. β | p.₁–u.] profer d(um) etc B ‖ **15** uxorem–223,1
VENIAM] *om.* T

30. (= u. 713) AGE VENIAM VIX concedentis et uix consentientis est 'age ueniam'.

31. (= u. 714) TV MYSIS DVM EXEO a Glycerio scilicet.

30. *cf. Don. Ad. 223.1*

Γ; Σ {Θ, Λ}

1 et–**2** est] *om.* T | et] *om.* B ‖ **2** est] et CF ‖ **3** a Glycerio] *om.* β

212W.   1.1. (= u. 716) NIHILNE ESSE PROPRIVM CVIQVAM haec scaena administrationem doli habet, quo fit ut deterreatur Chremes filiam suam Pamphilo dare. Et uide non minimas partes in hac comoedia Mysidi attribui, hoc est personae femineae, siue haec personatis uiris agitur, ut apud ueteres, siue per mulierem, ut nunc uidemus. 5
1.2. NIHILNE 'ne' aduerbium percontantis est. 1.3. NIHILNE ESSE P. *omne, quod habemus, aut 'mutuum' est aut 'proprium'.* Ergo 'proprium' perpetuum, ut (Verg. *Aen.* 6,871) 'propriae haec si dona f.' 1.4. Ergo nihil nobis proprium esse potest. Quod enim non fuit, ne esse quidem potest, aut quod eripi potest, non est nostrum, nisi 10 illa quae eripi non possunt, ut sapientia, iustitia, prudentia, quae fortuna neque dare neque eripere cuiquam potest. 1.5. Et simul hoc ipsum et a re et a persona: a re 'nihil esse proprium', a persona 'cuiquam'. 1.6. PROPRIVM perpetuum, non temporale ac mu-

---

1.1 cf. *Don. An. praef. III 3; Jakobi 1996, p. 12; Webb 2002, p. 282; Kragelund 2012*, pp. 418–420 ‖ 1.2 *cf. Don. An. 17.1; Charis. ars p. 244, 13 B.; Prisc. GL III p.31,5; Id. ibid. 96, 13; Cur. epit. Don. 570* ‖ 1.3–1.4 *cf. Seru. auc. ecl. 7,31:* 'Proprium' sane ueteres perpetuum, stabile, firmum dicebant: Terentius (*An. 959–960*) 'ego deorum uitam ea propter sempiternam esse arbitror', quod eorum uoluptates propriae sunt, id est firmae et perpetuae; *Id. Aen. 8, 275; Philarg. Verg. ecl. (rec. I) 7, 31; Eugr. An. 716:* NIHIL NE ESSE CVIQVAM PROPRIVM perpetuum et fixum ut Vergilius (*Aen. 3, 85*) 'da proprium Thymbraee domum'; *Non. 574 L.; Cur. epit. Don. 695; Cioffi Hermes**

Γ; Σ {Θ, Λ]
U: *ab An. 716.1 usque ad An. 763 descriptus e codice K uidetur esse*

2 quo *edd. uett.:* quod ω | fit] *om.* C ‖ **3** uide] inde K Θ | comoedia] *om.* Θ
6 ne] *om.* Σ | est] *om.* Σ | NIHILNE₂] *om.* B | ESSE] *om.* B Λ | P.] PROPRIVM B F Λ ‖ **7** *obliq. litt. scripsi (cf. Cioffi Hermes**) | post* quod *add.* nimium est Θ | aut habemus Θ | proprium ... mutuum Bβ ‖ **8** haec] hoc AK | si] sunt CF Λ: *om.* T ‖ **9** f.] fuissent B: c.et f. C: hec T: *om.* F Λ | proprium] *om.* B ‖ **10** ne AB: non K: nec Σ ‖ **11** iustitia prudentia] uirtus B ‖ **12** potest] *om.* Θ ‖ **13** et₂] *om.* C *post* persona₁ *add.* hic ostendit Λ | esse] est Λ | *ante* a₄ *add.* et CF
14 temporabile C: *om. sp. rel.* T | ac] aut Θ

tuum. 1.7. DI VESTRAM F. admirantis aduerbium est cum exclamatione. 1.8. FIDEM 'fidem' dixit opem et auxilium, ut (Verg. *Aen.* 10,
71) 'Tyrrhenamque fidem'.

2. (= u. 717) SVMMVM BONVM ESSE mirum, quod pleno et
5   neutro extulit 'summum bonum ... Pamphilum'.

3.1. (= u.718) AMICVM A. V. 'amicus' animi est, 'amator' corpo-   *213W.*
ris. Non enim continuo amator et bene uult, ut Dido amauit
quidem Aeneam, sed non et amica fuit, quae ait (Verg. *Aen.* 4,
600–601) 'non potui a. d. c. e. u. s.' et item Catullus (72, 8) 'cogit
10 amare magis, sed bene uelle minus'. Et est hic officium et blandimentum. 3.2. 'Amatorem' et 'uirum' dixit ad discretionem, ut per
ea quae enumerat 'maritum' ostenderet. 3.3. IN QVOVIS LOCO
PARATVM ⟨'paratum'⟩ dixit ad omnes affectus, quicumque de
proximo esse possunt. Et maxime ad Homericam sententiam
15 respexit (*Il.* 6, 429–430) Ἕκτορ ἀτὰρ σύ μοί ἐσσι πατὴρ καὶ
πότνια μήτηρ ἠδὲ κασίγνητος, σὺ δέ μοι θαλερὸς παρακοίτης'.

1.8 *Seru. auc. Aen. 10,71; Tib. Don. Aen. 8, 317* ‖ 3.1 *cf. Plaut. Truc. 172:* Longe
aliter est amicus atque amator; *Seru. Aen. 1, 663; Mart. Cap. 4, 368; Cur. epit.*
Don. 62 ‖ 3.2 *cf. Don. An. 295.2*

Γ; Σ {Θ, Λ}

1 DI VESTRAM (VES B: VOSTRVM K)] DIV EST A | F. A: *om.* K: FI. B: FIDEM Σ
admirantis–**2** fidem₂] *om.* T | admiratis K (*post* aduerbium *repetit*):
admirationis Θ | est] *om.* Σ ‖ **2** fidem₂] *om.* Γ Λ | ut] et K ‖ **3** tyre namque A:
tyrre namque B: terrenamque Θ ‖ **4** mirum BK: MYRVM A: mire Σ ‖ **6** A. v.]
AMATOREM VIRVM B Σ | *ante* amicus *add.* ere putaui B | animi est] enim est
animi Λ | *post* amator *add.* uero Λ ‖ **7** et bene] est qui bene Λ | amauit] amans
Θ ‖ **8** quidem Aeneam Γ: Aeneam quidem Θ: Aeneam Λ | et *post* sed *add.* K
(*corr.* K²) | et] *om.* Λ | quae] quod Σ | ait] eat C ‖ **9** potuit AΘ | abreptum B: a.
uel abreptum *codd.* Λ | d. c. AK: corpus diuellere B: d. o. Θ: d. Λ | e. u. s.] et
undis spargere num socios B: u. e. s. K | idem β | catillus Θ ‖ **11** dicitur C
12 enumerat] inuenerat Θ | ostenderat Θ ‖ **13** *add.* Steph. | dixerat Θ | ad] *om.*
Θ | adfectus A: adfectum Θ: effectus *uel* affectus *codd.* Λ ‖ **14** esse] *om.* Θ
15 Ἕκτορ–**16** παρακοίτης *Hom.*: ΕΚΤΟΡ ΑΤΑΡCΥΜΟΙΕCCΙΠΑΤΗΡ ΚΑΙ
ΠΟΤΝΙΑ ΝΗΙΗΡ ΗΑΕΑCΙΓΝΗΤCCCΥΔΕƏΘΑΛΕΡΟCΠΑΡΚΟΙΤΙC A: *om. sp.*
rel. K Σ (ἐχῖνος M⁴): *om. nul. sp.* B

4.1. (= u. 719) VERVM EX EO id est Pamphilo. 4.2. NVNC MISERA
QVEM C. D. cum admiratione pronuntia 'quem' et cum exclamatione quadam.

5.1. (= u. 720) FACILE HIC PLVS M. 'facile' aduerbium confirman-
tis est, id est 'liquido' et 'manifesto'. 5.2. Veteres 'facile' dicebant   5
pro 'certo', ut Cicero (*S. Rosc.* 15) 'illius ciuitatis f. p.'. 5.3. DOLOREM
214W.   'dolorem' distinxit Probus (= *frg.* 44 Vel.) et post intulit separatim
quod sequitur. 5.4. FACILE HIC PLVS MALI EST in dolore ⟨et⟩ metu
scilicet amittendi, QVAM ⟨ILLIC BONI⟩ in uoluptate retinendi.
5.5. QVAM ILLIC BONI in 'bono summo'; dicit enim ex bonis, quae   10
bona existimamus, plus nos mali capere, cum aut amissuros nos
credimus aut amittimus, quam boni, cum habemus. 5.6. FACILE HIC
PLVS MALI EST 'plus mali' in dolore et metu, ut diximus. (*cf. supra*
5.4). 5.7. QVAM ILLIC BONI id est in 'amico', 'amatore' et 'uiro'.

6.1. (= u. 721) MI HOMO QVID ISTIC OBSECRO EST ex Myside   15
uerbis quid Dauus faciat demonstratur. 6.2. QVID ISTVC MALI EST
inuolutum puerum portabat Dauus, et ideo dicit mulier 'quid istuc

---

4.2 *cf. Seru. Aen. 1,615:* Quis, qualis; admirantis enim est, non interrogantis,
ut (*Aen. 9, 35*) 'quis globus, o ciues!' Non enim interrogat ille qui nuntiat.
5.1 *cf. GL Suppl. p. 259,29; Cur. epit. Don. 316* ‖ 5.5 *cf. Cur. epit. Don. 296*

Γ; Σ {Θ, Λ}
5.3 cod. Vict. (D): uel "laborem" secundum Donatum

1 id est] *om.* K | Pamphilum K ‖ **2** C. D.] CAPIT DOLOREM B: C. L. CF: CAPIT
LABOREM *uel* CAPIT DOLOREM *codd.* Λ | pronunciat Λ ‖ **3** quadam] *om.* C:
quedam T ‖ **4** M.] MALI B Σ | *ante* facile₂ *add.* est (*om.* B) quam illic boni B Λ
comminantis (*uel potius* commirantis) ε ‖ **5** id est] idem idest CF: id quod est
ε ‖ **6** Ci. C | eius uicinitatis *Cic.* | f. *Wess.:* facile Σ: *om.* Γ | p.] P. Q. AK: p. *sp.*
rel. B ‖ **7** dolore Θ | dixtinxit A: destruxit Θ | Probus *Umpf.:* probe ω ‖ **8** et
metu *Steph.* (*coll. sch. 6*): metu B: meto A: moetus Θ: metus KΛ ‖ **9** *add.*
Westerh. | uoluptate U²Nf: uoluntate ω ‖ **10** BONVM Θ | summo bono B Σ
dixit Λ | enim] *om.* CT ‖ **11** existimamus AB: estimamus K: extimamus Θ:
exti- *uel* estimamus *codd.* Λ | nos₁] *post* mali *transp.* B: *om.* T | *post* capere
add. opinamur Λ | amissuros nos] missuros nos A: uos (C², oos C) amissuros
Θ ‖ **13** mali₂] *om.* Θ | ut] *om.* Θ ‖ **14** *post* et *add.* in β ‖ **15** ISTVC C (*corr.* C²) F
β ‖ **16** faciat Dauus β | ISTIC Θ | EST] *om.* Θ ‖ **17** mulier] *om.* C | istic Θ

mali est?', dum ille euoluit et puerum profert; quem postquam
expediuit pannis, tum illa dixit 'quo portas puerum?'

5   7.1. (= u. 722) MYSIS NVNC OPVS EST A. H. R. haec scaena
actuosa est, magis enim in gestu quam in oratione est constituta.
7.2. MYSIS NVNC OPVS properantis et impense agentis Daui uerba
monstrantur.
     8.1. (= u. 723) EXPROMPTA in medium prolata. 8.2. MEMORIA
10 ATQVE ASTVTA 'memoria' ut praecepta retineat Daui, 'astutia' ad
agendum strenue quae imperaret. 8.3. MEMORIA simpliciter magis: *215W.*
ut memor sit Daui praeceptorum. 8.4. *Et* MEMORIA modo pro
'intellegentia', ut Vergilius (*Aen.* 2, 244) 'instamus tamen inm.'.
     11.1. (= u. 726) EX ARA SVME H. V. T. 'ex ara' Apollinis scilicet,
15 quem Λοξίαν Menander (*An., frg.* 44 K.-A.) uocat. 11.2. Aut quod
Apollini comoedia est dicata, in cuius honorem aram statuebant

---

8.1 *cf. Eugr. ad loc.* ‖ 8.4 *cf. Don. Eun. 422*: Conuenit stultum eundum et
immemorem esse, quia et ⟨memoria⟩ intellegentia est ‖ 11.1 *cf. Men. Sam.*
474 S.; Id. frg. 893 K.-A. ‖ 11.2–11.3 *cf. Euanth. de com. I 3, p. 162 C.; Diom.*
GL I, p. 487, 11; Varro ling. 7, 89; Porph. Hor. epist. 2, 1, 180

Γ; Σ {Θ, Λ}

1 est] *om.* Θ | euolauit Θ | et puerum] puerum et puerum et B | quem]
quoniam C ‖ **2** port. B | puerum] pu. B: *om.* Θ ‖ **3** *hic noua scaena in* ω ‖ **5** A.
AK: AB (*ut uid.*) B: AD Σ | H. AK T: HANC B CF: *om.* Λ | R. AK CT: REM B F Λ
ante haec *add.* TV CT: T. M. Λ: expromta memoria atque astutia tua B | sunt
ante scaena *add.* A ‖ **6** est₁] *om.* Γ: *post* constituta *transp.* β ‖ **7** *post* OPVS *add.*
EST Σ ‖ **9** EXPROMPTA A Θ: ET PROMPTA KB Λ | *ante* in *add.* in medium
prompta β ‖ **10** daui retineat Λ ‖ **11** strenue] tremu. *sp. postp.* C: *om. sp. rel.*
FT | importaret Θ: imperet *Steph.* | simplex C: super T: sumpᵗ F ‖ **12** Et
MEMORIA] *om.* Λ (*exc.* α) | pro] *om.* C (*rest.* C²) ‖ **13** tamen] t. Λ | inm. *edd.*
uett.: im. B: ira A: g. *sp. postp.* C: in me T: *om.* F: m. K Λ ‖ **14** *ante* sch. 11.1
add. accipe a me h o atque ianuam nostram appone Mi obsecro humane da
B | SVME H. KF: SVMME H. AC: H. S. B: *om.* T: HINC SVMME *uel* HINC S. *codd.* Λ
V. T. AK: VER. TIBI B: T. C: *om.* FT: VERBENAS TIBI Λ ‖ **15** Λοξίαν *Meineke*
(1841, p. 710), dub. Dziatzko (1876, p. 239), cf. et Cioffi CQ: asiaion A: A: aſ
ΛΙΟΗ B: as(s)ion Σ: asi *sp. rel.* K: Ἀγυιαῖον *Meineke (1841, p. 84 'fortasse')*:
Δήλιον *uett. edd.* ‖ **16** statuebant AB Λ: stratuebat K: constituerunt Θ:
instruebant β

comoediam celebrantes. 11.3. Apollini ergo comoedia, Libero patri
tragoedia. 11.4. VERBENAS TIBI 'uerbenae' quasi 'herbenae' redimi-
cula sunt ararum. 11.5. Tò 'tibi' quasi gestum quendam et motum
stomachantis habet, ut alibi (*Haut.* 61) 'nam ... quid uis tibi ?'.
11.6. Et 'tibi sume' dixit, non 'tibi substerne'. 11.7. EX ARA S. V.   5
uerbenae sunt omnes herbae frondesque festae ad aras coronan-
das uel omnes herbae frondesque ex loco puro decerptae. 'Verbe-
nae' autem dictae ueluti 'herbenae'. Menander sic (*An.*, *frg.* 44
K.-A.) 'ἀπὸ Λοξίου σὺ μυρρίνας †χχηησαιετεινε†'.

12. (= u. 727) QVAMOBREM TVTE ID NON FACIS 'tute' tunc   10
dicitur, cum pronomen ad eam reuocatur personam, a qua

11.5 *cf. Don. Ad. 97.2* ‖ 11.7 *Fest. 425 L.*: 'Sagmina' uocantur 'uerbenae', id est
herbae purae, quia ex loco sancto arcebantur a consule praetoreue, legatis
proficiscentibus ad foedus faciendum bellumque indicendum; uel a
sanciendo, id est confirmando; *Seru. 12,120*: abusiue 'uerbenas' iam uocamus
omnes frondes sacratas, ut est laurus, oliua uel myrtus. Terentius 'ex ara
sume hinc uerbenas', nam myrtum fuisse Menander testatur, de quo
Terentius transtulit; *Seru. auc. ecl. 8,65; Id. Aen. 12,120; Philarg. Verg. ecl. 8,65;
Isid. orig. 17,55; Cur. epit. Don. 902* ‖ *12. cf. Seru. auc. Aen. 4, 606; Prisc GL II,
580, 26; Cur. epit. Don. 888*

Γ; Σ {Θ, Λ}

2 *post* TIBI *add. et del.* quasi C | uerbane Γ: *om.* β | herbenae Λ: uerbene Γ:
(h)erbae Θ ‖ **3** sunt] *om.* β | το AB: *om. nul. sp.* K Σ | quendam] *post* motum
transp. Λ ‖ **4** nam] *om.* Λ (*exc.* β) | quod C | uis tibi] *om. sp. rel.* T ‖ **5** Et tibi]
om. CF: tibi T | sume] su B | dicitur C | suscerne C | s. v.] sv AK: s B: svme Θ:
svm(m)e VERBENAS *uel* s. v. *codd.* Λ ‖ **6** uerbenae₁] herbene C | herbae] *om.*
C ‖ **7** *post* ex *add.* aliquo F Λ (alio β), hoc CT | *post* loco *add.* ex aliquo loco C
puro] pure Θ: pure *uel* puro *codd.* Λ | decerptae AB: decerte K: decerpere Θ:
deserte Λ ‖ **8** herbenae] habent A | sic Menander Λ: *om.* B ‖ **9** ἀπὸ Λοξίου
Saekel (1914, p. 13): κολεξιασ A: *om. nul. sp.* B: *om. sp. rel.* KΣ: κοΔΕξΙΑC
Lind.: ἀπὸ δεξιᾶς *Bentley*: ἀφ'ἑστίας *Jakobs (apud Meineke 1823, p. 21)*: ἀπὸ δ'
ἑστίας *Zeunius*: ἀπὸ Λοξία *Meineke* | σὺ μυρρίνας *Clericus (1709, p. 16)*:
CYMMYPP YNAC A: *om. nul. sp.* B: *om. sp. rel.* KΣ: σὺ μυρρίναις *Dziatzko
(1876, p. 239)*: CYMYPPYNAC *Lind.* | †χχηησαιετεινε† A: *om. nul. sp.* B: *om.
sp. rel.* KΣ: XXHCΔIEYEYEINE *Lin*: λαβοῦσ' ὑπότεινε *Saekel (praeeunte
Meineke)*: ἐπὶ γῆς διάτεινε *Dübner* (διάτεινε *iam Zeunius*): χρῆσαι γύναι
Dziatzko (1876, p. 239) ‖ **10** ID–tute] *om.* T | NON] NOS C | *post* FACIS *add.* id ε
tunc] tune C: nunc AF

sumitur. Ut uerbi gratia cum dicimus 'tu lege', ille nobis respondet
'cur tute non legis ?'

    13.1. (= u. 728) QVIA SI FORTE OPVS SIT AD ERVM I. M. sic   *216W.*
locutus est ut explicari atque intellegi non possit; aut enim deest
5 'ius', ut sit: ius iurandum, − 13.2. IVRANDVM pro ius iurandum. −
aut ut uulgo dicitur 'iuramentum'. 13.3. Et 'opus est illam rem',
non 'opus est illa re'.

    14. (= u. 729) VT LIQVIDO POSSIM 'liquido' pure et manifeste,
nam quae sunt pura et defaecata, 'liquida' sunt.

10   15.1. (= u. 730) NOVA NVNC RELIGIO IN TE ISTAEC bene: ius
iurandum metuere seruum monstri simile est. 15.2. 'Noua religio'
in seruo et subita. 15.3. NOVA NVNC R. seruum nolle mentiri 'noua
religio' est. 15.4. CEDO porrigentis est manum 'cedo'.

    16. (= u. 731) VT QVID AGAM PORRO I. 'porro' aduerbium est
15 modo ordinis, alias temporis.

13.3 *cf. Diom. GL I 316,29; Non. VII 112, p. 105 G.-S.; Prisc. GL III 288, 14; Arus.*
exem. eloc. 72, 6 Di St.; Cur. epit. Don. 612 ‖ *14 cf. Non. p. 526 L.; Seru. Aen.*
6,202; Don. Eun. 331.1–2: Liquidum est, constans et manifestum et certum…
et est 'liquet' uerbum iuris, quo utebantur iudices, cum amplius
pronuntiabant, obscuritate commoti causae magis quam negotii simplicitate
(cf. et Eugr. ad loc.); Cur. epit. Don. 505 ‖ *15.1–15.3 cf. Don. Hec. 427.1*
15.4 cf. Non. p. 378 L.; Seru. Aen. 6,102; Cur. epit. Don. 122; Müller 1997,
pp. 51–53 ‖ *16 cf. Don. An. 278.1 (ubi cf. alia)*

Γ; Σ {Θ, Λ}
13.2 Bern. 276*: iurandu(m)/ p(ro) i(us) iu(ran)d(um) do(na)t(us)/ i(n) and(r)ia
cod. Vict. (D): iurandum s. D.

1 ut] et C | dicamus Γ | nobis] *post* respondet *transp.* ε | respondent A:
respondeat B ‖ **3** HERVM Σ | I.] v. B: IVRANDVM C: IVS T: IVSIVRANDVM F:
IVRANDVM *uel* IVSIVRANDVM *codd.* Λ | M. AK: MIHI B: *om.* Σ | *ante* sic *add.*
nota in testu solum iurandum debere esse C ‖ **4** atque] aut Λ | posset Θ
5 *om.* B | IVRANDVM] *om.* Θ | ius₃] *om.* A Θ (*rest.* A²) ‖ **6** *post* rem *add.* ei ΓΘ
8 liquido] loqui de A ‖ **9** sunt₂] *om.* Θ ‖ **10** ISTA ET A: ISTA ESSE K (*ut uid.*): IST
INCˢ B | bene–**14** PORRO I.] *om.* T | bene] idest bene Θ: idest Λ ‖ **11** meruere
Θ | monstri–**12** seruum] *om.* CF ‖ **12** et] est *Zeunius* ‖ **13** est₁] *om.* C | CEDE C:
CE B ‖ **14** I. AK: INTELLEGAS B Λ: INTELLIGE C: INTELLI. F | est] *om.* Θ
15 modo] *ante* aduerbium *transp.* Λ

17 (= u. 732) SPONSAE PATER I. mire non dixit 'Chremes', ne cum dixisset 'quis Chremes?', rursus hic responderet 'sponsae pater'. Et non temere hoc facit poeta, nam promiserat se rediturum Chremes (u. 594) 'domum modo ibo, dicam ut apparentur, a. h. r.'.

18.1. (= u. 733) REPVDIO CONSILIVM QVOD P. I. bene 'intende- 5 ram': uerbum a uenatoribus translatum, qui retia intendunt ad feras captandas. Hic ergo, quia parat Chremem et Simonem fallere, 'intenderam' dixit. 18.2. Vel a sagittariis atque arcu.

19.1. (= u. 734) NESCIO QVID NARRES bene 'narres': 'narrare' enim aliena et quae nobis non sunt necessaria dicimus. 19.2. EGO 10 QVOQVE HINC AB. D. V. M. A. bene ait 'quoque', quia et Chremes ueniebat.

20. (= u. 735) TV VT SVBSERVIAS recte 'ut subseruias' dicit, non enim tantum loquetur Mysis quantum Dauus.

21.1. (= u. 736) ORATIONI [MEAE] VT CVMQVE OPVS SIT VERBIS 15 'orationi' meae, tuis 'uerbis'; plura enim loquetur Dauus, inde 'orationi' dixit, illa subsequetur, ideo 'uerbis'. 21.2. VIDE cauta esto, specta, intellege.

23. (= u. 738) AVT VT TV PLVS VIDES si sapis, intellegis.

18.1 *cf. Non. p. 518 L.; Gloss. L IV Plac. I 9; Cur. epit. Don. 434; cf. Fantham 1972, pp. 39–40* ‖ 19.1 *cf. Varro ling. 6,51; Charis. ars p. 390,27 B.; Don. An. 477.1; Id. Hec. 784.3* ‖ 20. *cf. Eugr. An. 766* ‖ 23. *cf. Don. Eun. 813.3*

Γ; Σ {Θ, Λ}

1 PATER I. K: PATER A (I. *s.l. rest.* A): INTER. B: PATRI C: PATER TF: INTERVENIT Λ ‖ 2 quid Θ | responderet hic B ‖ 3 hoc] *om.* β | *post* rediturum *add.* domum Λ ‖ 4 domum–5 QVOD] *om.* B | modo domum Σ ‖ 5 P.] PRIMVM B: PRIVS *uel* P. *codd.* Λ | I. AK: INT. CT: INTEND. B: INTENDE REM F: INTENDERAM *uel* I. *codd.* Λ | intenderam] intend B ‖ 6 *post* translatum *add.* est Θ 7 capiendas B Σ | Hic] *om.* Λ | quia] qui B F: *ante* ergo *transp.* Λ | appararat B | Chremetem T Λ ‖ 8 *post* fallere *add.* bene Λ | dixit intenderam Λ | sagictis Θ | atque] et Θ ‖ 9 NESCIO–NARRES₁] *om.* B | NARRES₁] ET A: N. K: NAR. C 10 non] *om.* Θ | EGO–11 A.] *om.* B ‖ 11 HINC] HVC C: HIC *uel* HINC *codd.* Λ AB] A. Λ: AD T | D.] DE C ‖ 13 TV–SVBSERVIAS] *om.* B | SVBSERVIAS] OBSERVIAS C: OBS. T | recte–subseruias] *om.* A | obseruias Θ | dixit Θ: *om.* Λ 14 loquitur BT ‖ 15 MEAE–16 meae] *om.* B | MEAE ω, *del.* Steph. ‖ 16 tuis uerbis] *ante* orationi meae *transp.* Σ | loquetur] loquitur AB ‖ 17 dicitur C subsequeretur B ‖ 18 intellege specta Λ ‖ 19 sapis] capis K

24. (= u. 739) NE QVID VESTRVM REMORER C. 'remorer' retardem, retineam: a 'remora', pisce minutissimo, qui nauem retinet; nam Graece ἐχεναίς uocatur.

---

24 cf. Don. Eun. 302.1; Seru. auc. Aen. 8,699:[...] Plinius Secundus in historia naturali dicit, quod Antonii nauem piscis echeneis retinuerit, qui piscis latine 'remora' dicitur (cf. Plin. nat. 9, 79: Est paruus admodum piscis adsuetus petris, echeneis appellatus. Hoc carinis adhaerente naues tardius ire creduntur, inde nomine imposito); Fest. p. 345 L.; Comm. Bern. Lucan. 6, 675; Isid. orig. 10,110; Id. ibid. 12, 6, 34; Cur. epit. Don. 763

Γ; Σ {Θ, Λ}

24 Bern. 276: echinus aliter dicitur iste pisciculus remora quia nauem detinet et remoratur ut dicit Donatus in commento Eunuchi Therentii. idem dicit in commento Andrie ut puto

1 REMORER₁] REMOREM uel REMORER codd. Λ | c.–retardem] om. sp. rel. F | c.] COM. C: COMMODVM Λ | remorer₂] remorem C: remorer uel remorem codd. Λ retardam K ‖ 2 minutissimo] uilissimo β | nauim Θ | retinere A ‖ 3 εχειναιc AB: ἐχῖνος M⁴: exaNais K: om. sp. rel. Σ

1. (= u. 740) REVERTOR POSTQVAM Q. O. F. adest ipse nunc Chremes, cuius causa scaena fraudibus instructa est, ne promissas compleat nuptias.

2.1. (= u. 741) VT IVBEAM ACCERSI recte 'iubeam', quia summa

218W. potestas nuptiarum in patre puellae est. 2.2. SED QVID HOC non 5 interrogantis est, sed mirantis et non intellegentis, ut appareat eum non oculis prius quam corporis offensu sensisse puerum iacentem.

3.1. (= u. 742) PVER HERCLE EST 'hercle' ornatiua particula est. 3.2. MVLIER magis quam 'Mysis'. 3.3. VBI ILLIC EST Dauum quaerit, 10 qui nunc abscessit, ut et ipse de foro uenire uideatur.

4. (= u. 743) NON MIHI RESPONDES bene 'non respondes': se enim memor est uetitam quicquam dicere, nisi subseruiat orationi Daui.

5.1. (= u. 744) RELIQVIT ME HOMO. A. A. mire 'hominem', non 15 'Dauum' dixit, ut etiamsi audiat Chremes, incertam personam hominis audiat, non Dauum. 5.2. DI VESTRAM FIDEM *aduerbium est admirantis cum exclamatione.*

2.1 *cf. Don. An. 102.3,5; Id ibid. 239.6* ‖ 3.1 *cf. Don. An. 347.1; Id ibid. 486.3; ars Laures. p. 117,17; Cled. ars 90,2 B.; Cur. epit. Don. 385* ‖ 5.2 *cf. Don. An. 716.7 (ubi cf. alia)*

Γ; Σ {Θ, Λ}

1 POSTQVAM–F.] etc B | Q. O. F.] QVE OPVS FVERE Θ: QVE FVERE AD NVPTIAS Λ | nunc ipse Σ ‖ **2** promissas compleat] promissa sunt compleat A: compleat promissas Θ ‖ **4** ACCERSI] ARCCERSI A: AC. B: A. T ‖ **5** HOC est *uel* HOC *codd.* Λ ‖ **6** est *post* intellegentis (intelligītas B) *add.* Θ | ut] et Σ | appareat *Wess.:* appareat ω ‖ **7** prius] *ante* non *transp.* C (*corr.* C²) | offensa B: offensus A **8** iacentem U: latentem ω ‖ **9** hercle₂] *om.* Θ | est₂] *om.* Θ ‖ **11** abcessit A C: adcessit FT ‖ **12** bene–respondes₂] *om.* K | si K: sed Θ ‖ **13** uetitam B: ueti etea(m) A: uetuitam KCΛ: *om. sp. rel.* FT ‖ **15** A. A.] ATQVE ABIIT Λ **16** dicitur C | audiret Θ (*sic infra*) ‖ **17** *obliq. litt. scripsi* | aduerbiu(m) *ex* aduerbia(m) *corr.* A | est] *om.* BΘ ‖ **18** cum – 233,1 FORVM] *om.* T

6.1. (= u. 745) QVID TVRBAE EST APVD FORVM haec uerba sunt
uenientis de foro. 6.2. QVID ILLIC HOMINVM LITIGANT legitur et
'litigat'.

7.1. (= u. 746) TVM ANNONA CARA EST comminiscentis est
5 potius quam alicui referentis. 7.2. QVIDNAM ALIVD DICAM hoc
propter spectatores.

8.1. (= u. 747) CVR TE OBSECRO ME HIC SOLAM ἀποσιώπησις
tertia. 8.2. HEM QVAE HAEC EST FABVLA fabulam se dicit audire, qui   219W.
rei principium rationemque ignorat.

10   9. (= u. 748) EHO MYSIS 'eho' interiectio est [uel principium]
animaduersionem in se poscentis aut repente cernentis.

11.1. (= u. 750) QVI HIC NEMINEM A. V. callide affirmat non sibi
uisum Chremem, cum et praeuiderit uenientem et praesentem
uideat. 11.2. MIROR VNDE SIT 'miror' ueteres *cum* '*unde*' pro 'ne-
15 scio' ponebant, nam admiratio ab ignorantia descendit. Plautus
(*Aul. prol.* 1) 'ne quis miretur qui sim, paucis eloquar'.

8.1 *cf. Don. An. 790; Id. ibid. 872.2; Id. Hec. 745.2, Id. Phorm. 618* ‖ 9 *cf. Don.
An. 184. 2 (ubi cf. alia)* ‖ 11.2 *cf. Don. Eun. 290.2; Id. ibid. 661.2; Id. Phorm.
235.1:* DEMIROR pro 'nescio', nam admirationem ignorantia facit; *Cur. epit.
Don. 532*

Γ; Σ {Θ, Λ}
6.2 cod. Vict. (D): pro: quot homines s. P(riscianum, *secundum* Schlee, 86, 26) aliter
"litigant" s. D.

1 QVID–**2** HOMINVM] *om.* B ‖ *post* sunt *add.* tamquam Λ ‖ **2** LITIGANT] ITA
GÃT B: *ante* HOMINVM *transp.* C ‖ legitur et] uel B ‖ **4** est₂ DfUN: et ω ‖ **5** sch.
7.2 *om.* T ‖ **6** propter *Rabbow (1897, p. 308):* post ω ‖ **7** TE] TV T β ‖ *ante*
OBSECRO *add.* hic s. C (*del.* C²) ‖ ἀποσιώπησις *Steph.:* aposiopesis ΓΛ: *om. sp.
rel.* Θ ‖ **8** tertia] *om. nul. sp.* Σ (*exc.* α) ‖ QVI C ‖ EST HAEC Σ ‖ dixit AK ‖ audiro
A ‖ qui] quasi Λ ‖ **9** ignoret Λ ‖ **10** MYSIS eho] *om.* BT ‖ MYSIS AK α: *om.* Σ
interiectio] aduerbium C (*corr.* C²) ‖ *del. Zeunius* ‖ *post* principium *add.* uel B
11 adueusionem A: animaduersionem B: animaduersitatem Θ ‖ aut] uel B
repetenti C (*corr.* C²) ‖ **12** A.] AL. Θ: *om.* Λ ‖ V.] VI B Θ: VIDEO Λ
13 Chremetem β ‖ prouiderit AK: prouideat B ‖ **14** VNDE–miror₂] *om.* B
15 ponebant–admiratio] *om.* Θ ‖ **16** qui sim] quis in Γ ‖ colloquar Θ

12.1. (= u. 751) AV interiectio est consternatae mulieris. 12.2. CONCEDE AD. D. bene 'ad dexteram': sinistra enim uenit Chremes. 12.3. Et non uult proximum ei Chremetem, sed iuxta; supra enim dixit (u. 734) 'ego quoque hinc ab d. u. m. a.'

13.1. (= u. 752) DELIRAS NON TVTE IPSE deest 'eum mihi dedi-   5 sti?' sed et supra et nunc interturbat Dauus, ne mulier totum dicat. 13.2. NON TVTE IPSE summissa uoce. 13.3. VERBVM SI MIHI VNVM accomodate comminatur Dauus: paene enim Mysis uniuersa narrabat.

14.1. (= u. 753) PRAETEREA QVAM QVOD TE ROGO hoc et sensim   10
220W. et ut senex audiat pronuntiari potest '⟨praeter⟩ quam quod te ro- go'. 14.2. CAVE gestu comminatus est et uultu, ut suspenderet comminationem; deinde infert gestum. 14.3. Ordo: caue faxis.

15.1. (= u. 754) MALEDICIS cum contemptu loqueris, conuicium facis. Apparet ergo 'maledicis' lentius dictum esse, cum dixerit   15 'dic clare'.

12.1 cf. Don. An. 781; Id. Eun. 680.2; Id. ibid. 899.3; Roman. Char. ars 341,18 B.; Prisc.GL III 73, 14; Cur. epit. Don. 91 ‖ 15.1–15.2 cf. Fest. p. 101 L.; Aphth. GL VI 44,27; Porph. Hor. epist. 2,1,155; Synon. Cic. Charis. gramm. p. 428, 14 B.; Cur. epit. Don. 516

Γ; Σ {Θ, Λ}

2 CONCEDE–D.] om. B | D.] DEX F: DEXT(E) RAM Λ | bene–dexteram] om. F ante bene add. et Σ | ante sinistra add. a Λ (exc. β) | uenit] om. B ‖ 3 ei proximum Θ | sed] si C | iuxta] iūx C: dixit T ‖ 4 dixit B T: dicit AK C Λ: om. F | hinc ΓF: h. T Λ: hunc C | ab ΓC: a. F Λ: ob T | d. u. m. a.] dextera uenire me assimulabo B ‖ 5 NVM Λ | ante deest add. dixit K | eum] enim ε ‖ 6 sed] om. Θ | et₁] etiam β | Dauus interturbat B ‖ 7 MIHI] MI C: post VNVM transp. T: om. sp. rel. F ‖ 8 VLLVM Λ | accomodare Θ | comminante Θ | Dauo Θ | post enim add. etiam C ‖ 10 QVAM] om. B Θ | post QVOD add. ego Θ | hoc] iter. CF paene ante sensim add. K | sensim et] om. Θ ‖ 11 ut] ante et transp. KΛ senex audiat BKΛ: senex A: sentiat senex Θ | pronuntiari B: pronuntiare ω praeter Ter.: om. ω | quam–rogo] om. Λ (exc. α) | te] om. F: t. T ‖ 12 com- minantis Σ | est] om. Θ β ‖ 13 comminatione C | infer AB ‖ 14 conuictum K: cum uicium Θ ‖ 15 ergo] om. C | lentius Σ ('maledicis' Mysidi adtribuit Don.): lenius Γ | esse dictum Λ | dixerit] dicê Θ: subiungit Λ ‖ 16 clare (dare C) dic Θ

15.2. MALEDICIS noue 'maledicis' pro comminatione posuit, cum pro conuicio poni soleat, nisi forte quia contumeliae genus est comminatio. 15.3. Quidam putant esse unam personam, Daui scilicet dictum superius Mysidis non satis manifestum Chremi in
5 maledicti similitudinem deriuantis. 15.4. VNDE EST DIC CLARE hoc pressius dixit. 15.5. IMPVDENTER MVLIER SI FACIT quia 'a nobis' parum intellegebatur, hic addidit morem meretricis, ut uel sic intellegat senex.

16.1. (= u. 755) MIRVM VERO ⟨'uero'⟩ saepe ad ironiam refertur.
10 16.2. MIRVM VERO IMPVDENTER bono ordine locutus est: primo enim causa impudentiae natura est, deinde condicio.

17. (= u. 756) AB ANDRIA EST A. H. *effecit quod uoluit Dauus, nam intellexit Chremes, ex qua sit Pamphilo natus puer.*

18.1. (= u. 757) ADEON VIDEMVR VOBIS E. I. 'idoneus' est aptus
15 ad omnia et bona et mala. 18.2. ADEON adeone, ut (u. 315) 'adeon ad eum ?'

16.1 uero] *cf. Don. Eun. 89.2*: Nam 'uero' ironiae conuenit ut *(Verg. Aen. 4 93)* 'egregiam uero laudem et s. a. r.'; *Id ibid. 894; Id ibid. 908.3* ‖ 18.1 *cf. Don. Hec. 361.4; Charis. ars p. 403, 19 B.; Id. ibid. 403,19 B.; Diff. ed. Beck p. 37, 85; Paul. Fest. 109 L.; Synon. Cic. Charis. ars p. 415 B.; Cur. epit. Don. 401*

Γ; Σ {Θ, Λ}

1 noue maledicis AK C: noue B Λ: no. maledicis *sp. interp.* F: *om.* T **2** conuicio] uitio A: conuĩctio C: conuix^{one} T: coniuntio F | solent poni Θ foret β | quia] *om.* KΛ | contumeliae] comedie Θ ‖ **3** est] sit Λ | esse unam A Θ: enim unam K: unam B: unam hic esse *uel* hic unam esse *codd.* Λ | scilicet Daui B ‖ **4** *post* scilicet *add.* s. *s.l.* B: *add.* qui Λ | superius] *om.* Λ (*exc.* α) **5** deuiantis B: deriuatum per istud (*uel* illud) Λ | *post* EST *add.* h(oc) AK | hoc] hic Θ: *om.* Λ ‖ **6** expressius Λ | *sch. 15.5 post 16.2 in* ω | IMPVDENTER MVLIER SI FACIT *Zeunius*: A NOBIS ω ‖ **7** addit β | more CF: in hora T | ut] *om.* B **8** intelligat K Θ ‖ **9** *add. Wess.* | saepe – **10** VERO] *om.* T ‖ **10** IMPRVDENTEM CF: IMPRVDENTER TΛ | prima Θ ‖ **11** imprudentiae Θ | nature β ‖ **12** *sch. 17 post 19.2* quibus *in* ω | AB] AN. HL. K | EST – H.] etc B | EST] E. K | A. AK T: AN C: ANCILLA F Λ | H. AK CT: HEC F Λ | efficit F: effecit *uel* efficit *codd.* Λ | uolebat Λ (*exc.* β) ‖ **13** intellexerit C | ex qua] quia Σ | natus] *om.* Λ ‖ **14** ADEON – I.] *om.* B | VOBIS *ante* VIDEMVR *transp.* Λ | E. I. AKT: ESSE C: ESSE IDONEI FΛ | est] et C | *post* aptus *add.* et β ‖ **15** omnia et] omnia B C: *om.* Λ | *sch. 18.2 ante sch. 19.3 transp.* Σ: *om.* Γ | adeone] ad eum Θ | ut H: an Σ

19.1. (= u. 758) IN QVIBVS SIC INLVDATIS et 'inludo in te' septi-
221W. mo casu et 'inludo te' accusatiuo dicimus. 19.2. Sed 'in' primo superuacuum est, ut sit: quibus sic inludatis. 19.3. VENI IN TEMPORE
cum prouisus sit, interuenisse ⟨se⟩ putat. 19.4. VENI IN TEMPORE
'in tempore' opportune. Nos sine praepositione dicimus 'tempore'   5
et 'tempori'.

20. (= u. 759) PROPERA ADEO PVERVM TOLLERE hic uersus clare
dicitur, sequens, ne senex audiat, presse.

21.1. (= u. 760) CAVE QVOQVAM EX ISTO EXCESSIS LOCO necessario Dauus retinet Mysidem; nondum enim omnia audiuit Chre-   10
mes, nondum comperit, unde sit mulier et puer de quo susceptus
sit. 21.2. EXCESSIS pro excedas, ut (u. 753) 'faxis'.

23. (= u. 762) AT ETIAM ROGAS rursus iurgium repetit et turbu-
lentam orationem.

24. (= u. 763) CEDO CVIVS P. 'cedo' idem significat, quod 'dic et   15
222W. da mihi'. — *Ergo repetitionem significat, non superuacuam orationem.* — Et est dictum cum quadam fiducia et contemptu eius, cum
quo sermo est, interrogantis aliquid.

19.1–19.2 *cf. Don. Phorm. 915; Diom. GL I 320,6; Seru. Aen. 9,631; Arus. exem.
eloc. p. 48, 6 Di St.; Id. ibid. p. 84, 19 Di S.; Cur. epit. Don. 408* ‖ 19.4 *cf. Don.
Phorm. 464; Id. Hec. 622; Id. ibid. 626.2; Cur. epit. Don. 435* ‖ 21.2 *cf. Cur. epit.
Don. 297* ‖ 24. *cf. Don. An. 383.1 (ubi cf. alia); Sacerd. GL VI 490, 19*

Γ; Σ {Θ, Λ}
21.2 cod. Vict. (D): ince (uide⟨licet⟩ *Sabb.*) excedas. aliter excessis s. D.

1 IN₁–INLVDATIS] *om.* B | ET LAVDATIS A | et *om.* T | septimo] ablatiuo Λ
2 inludete A | *post* te *add.* in Λ | in] *om.* K | *post* primo *add.* in Λ ‖ **3** sic
inludatis K Σ: sic inlaudatis eum A: *om.* B | *sch. 19.3 om.* K: *post sch. 19.4
transp.* B *(om. lemmate)* ‖ **4** *add.* Schopen* | VENI IN TEMPORE AK: *om.* B: VENI
Σ ‖ **5** tempore₂–**6** tempori] et těpř A: *om.* BT ‖ **6** *post* tempori *add.* cum
prouisus sit interuenisse putat B *(cf. supra)*, *add.* eui/enim K ‖ **7** PROPERA]
PROPRIE K ‖ **8** sequens ne] ne sequentem (*uel* -es β) Λ | senex] *post* audiat
transp. β | audiat] audeat F: audiens T | expresse Λ ‖ **9** necessarium Θ
10 nondum] non β ‖ **11** et] e. KT | susceptus sit] suscepit A ‖ **12** excedis K
post faxis *add.* pro facias Λ ‖ **13** rursus] rursum CT | et] *om.* K: ut Θ
15 CEDO₁–P.] *om.* B | CVIVS AK: c(v) Θ: CVIVM Λ | P.] PVERVM Λ | quod–**16**
significat] *om.* FT | quod] quid AK | dic et da] dic da C: dic *uel* dic dic *codd.* Λ

25. (= u. 764) MITTE ID QVOD S. hoc lentius et summisse.

26.1. (= u. 765) HEM QVID PAMPHILI apparet mulierem 'uestri' et 'Pamphili' lentius pronuntiasse quam Dauus uellet, et ideo hunc repetisse nomen 'nostri ? Pamphili ?' 26.2. HEM QVID duas res ope-
5 ratur Dauus simul: et ut ignarissimum se ostendat et ut Pamphilus nominetur. Et argute repetit nomen Pamphili quasi per indignatio-nem, ut soceri auribus adulescentis nomen inculcet; metuit enim, ne non audiat uelut senex.

27.1. (= u. 766) RECTE EGO H. S. F. N. et hic effecit quod uoluit
10 Dauus, ut et Pamphili Chremes puerum esse cognoscat et recuset generum. 27.2. HAS FVGI id est: huiusmodi.

28.1. (= u. 767) O FACINVS ANIMADVERTENDVM ἀποσιώπησις quarta. 28.2. QVID CLAMITAS clamitauit enim Dauus, ut [puer] audiret Chremes.

15 29. (= u. 768) QVEMNE EGO H. V. A. V. A. V. uult negando in-ritare mulierem ad confirmanda quae uult.

30.1. (= u. 769) O HOMINVM A. exclamatio Mysidis testimonium ueritatis est. 30.2. VERVM VIDI C. S. uide infirmum argumentum:

28.1 *cf. Don. Phorm. 122.1* ‖ 28.2 *Eugr. ad loc:* Ita omni modo Chremes Pamphili filium ⟨esse⟩ ex altercatione cognouit

---

Γ; Σ {Θ, Λ}

1 S. BT: SCIO Σ: SED AK | su(b)missius α ‖ **2** QVID TΛ: QVOD ΓΘ | mulier Θ **3** leuius B | uellet Dauus Θ | hunc *Schopen**: nunc ω ‖ **4** repetisse] *post* Pamphili *transp.* B: (Dauus *add.*) repetit Λ | uestri B Θ | *ante* Pamphili *add.* et Λ ‖ **5** simul Dauus Λ: *om.* Θ | et₁ B: *om.* ω ‖ **6** repetit] repeti B | Pamphili nomen Θ | quasi–7 nomen] *om. nul. rel.* Θ (*om. sp. rel.* T, *qui etiam* inculcet *om.*) ‖ **7** nomen] *ante* adulescentis *transp.* Λ ‖ **8** senex] *om.* Θ ‖ **9** RECTE EGO] *om.* B | H. S. F. N. *ex Ter.:* H. E. S. F. N. AK: EFFVGI NVP. B: H. S. E. N. (NVPT. F) Θ: SEMPER FVGI HAS NVPTIAS Λ | H. S. F. (E Θ: EFFVGI B) N. (NVP(T) BF)] SEMPER FVGI HAS NVPTIAS Λ | efficit AK FT β ‖ **10** et₁ A: *om.* BK Σ | puerum Chremes B Λ | esse] *om.* β | recusat K: recusari Θ ‖ **12** ἀποσιώπησις *Steph.*: aposiopesis ΓΛ: ap(p)ositio po(s)sis Θ ‖ **13** quarta] *om.* Λ (*exc.* α) | puer Γ: puerum Σ, *del. Hartman (1895, pp. 149sq.): an potius* Pamphili esse *ante* puerum *addendum? (cf. et Jakobi GFA*)* ‖ **15** QVEMNE EGO] *om.* B | H.–V.₃] H. V. A. A. V. AK: AFFERRI VIDI B: H. V. V. A. Θ ‖ **16** *post* confirmanda *add.* ea β **17** HOMINEM *uel* HOMINVM *codd.* Λ | A.] A. *uel* AVDACEM *codd.* Λ ‖ **18** C. S. AK: CAN. SVF. C: C. SVFFAR. F: C. D. T: SVFFARCINATAM B: CANTHARAM SVFFARCI-NATAM Λ

223W. prius 'uidi puerum adferri' dixit, post non 'puerum' sed 'Cantharam subfarcinatam'. 30.3. 'Canthara' nomen est anus. 30.4. Et hoc
dixit, ut leuiter redarguat Mysidem, non ut uincatur: hoc enim
uidisse se, 'subfarcinatam' Cantharam, non 'puerum portantem'.

31. (= u. 770) SVBFARCINATAM proprium anibus subfarcinatas 5
esse, ut Persius (4, 21) 'pannucia Baucis' et Plautus (*Pseud.* 659)
'doliarem claudam crassam'.

32.1. (= u. 771) QVOD IN PARIVNDO A. A. L. indicium secuta
confirmatio est, quam expressit Daui refutatio. Superest, ut etiam
concludatur effectus doli negante Chremete se daturum filiam, 10
quod subinde efficit Dauus dolo. 32.2. ALIQVOT LIBERAE nec pau-
cae nec multae. 32.3. LIBERAE testimonia libera contra seruum. Et
hoc proprium Terentii est, nam de Romano more hoc dixit.

33.1. (= u. 772) NE ILLA ILLVM 'ne' ualde. Cicero (*Catil.* 2, 6) 'ne
illi uehementer errant'. 33.2. NE ILLA ILLVM Chremem scilicet. 15

34.1. (= u. 773) CHREMES SI POSITVM PVERVM ἐν ὑποκρίσει. Et
est μίμησις ; transit enim a mixto ad imitatiuum characterem.

---

31 *cf. Eugr. An. 769; Cur. epit. Don. 851* ‖ 32.2 *cf. Don. An. 534.1*
32.3 *cf. Lefèvre 1971, 31; RLG I, 109.* ‖ 33.1 *cf. Don. An. 324.1, Id. Ad. 441.1, Id.*
ibid. 835.2; Id. Eun. 285.1; Cur. epit. Don. 557 ‖ 34.1 *cf. Don. Eun. 244.1*

Γ; Σ {Θ, Λ}

1 uidit Θ: *om.* B | afferri puerum B | dicitur C ‖ **2** *post* subfarcinatam *add.* dixit
B | nomen est] *om.* B | **3** leniter Θ | non ut] ñ ũ B (*in marg.* ũ ñ B): non enim
ut β ‖ **4** *post* se *add.* innuit Λ | subfarcinatam Cantharam] cantharam
uidelicet suffarcinatam Λ | Cantharam–5 SVBFARCINATAM] *om.* T, Cantha-
ram – 5 subfarcinatas *om.* F (*sed cf. infra post* Persius) ‖ **5** *post* proprium *add.*
est Λ ‖ **6** *post* Persius *rest.* 4–5 'cantharam – subfarcinatam' *et iter.* 'esse ut
Persius' F | pannucia ΓF *Porph. Hor. epist. 1, 13, 14:* pannu et a CT: pannucea
Λ *Pers.* | Baucis] paucis B CT | et–7 doliarem] dolia rem Θ ‖ **7** cludam CT
classam C (*corr.* C²)T ‖ **8** QVOD–PARIVNDO] *om.* B | QVOD *uel* QVI codd. Λ
A.₁–L. AK: ALIQVOT LIBERE B: A. A. Θ: ALIQVOT A. L. Λ ‖ **10** dolo A | chreme
Θ | filiam daturum Λ ‖ **11** *post* Dauus *add.* sub K | ALIQVOD Θ | nec multae
nec paucae B ‖ **12** LIBERA K Λ | testimonium β ‖ **13** dixit] dicit aliter dicitur
C ‖ **14** *post* ualde *add.* ei Θ | Cicero] Ci. C ‖ **15** *sch. 33.2 post 34.1 in* ω
16 ἐν ὑποκρίσει–**17** μίμησις] *om. sp. rel.* Θ | ἐν ὑποκρίσει M⁴: ΕΝΥΠΟΚΡΙCΙC
AB: *om. sp. rel.* K Λ

34.2. CHREMES SI P. P. μίμησις, quando aliena uerba sic pronuntia-
mus, ut uana uideantur.

    36.1. (= u. 775) NON HERCLE F. bene enim ipse de se tertiam   *224W.*
personam fecit, ut supra (u. 179) 'at nunc faciet'. 36.2. VT TV SIS
5 SCIENS eloquenter: sic enim ueteres pro 'scias'.

    37.1. (= u. 776) IAM EGO HVNC I. M. V. P. bene 'in mediam u.',
quia ante fores positus iacebat. 37.2. PROVOLVAM TEQVE I. P. I. L. de
proximo παρόμοιον repetiuit. *Quando nomina sunt, παρονομασία,*
quando uerba, παρόμοιον dicitur. 37.3. PROVOLVAM porro uoluam.
10 37.4. Et dolo quidem minatur quod facturus non est, uerum sedulo
id agit, ut iam puer tollatur e medio. Simul enim seruat Chremeti,
ut ipse recuset generum, non ut a quoquam passus uideatur
iniuriam.

    39.1. (= u. 778) TV POL HOMO NON ES S. 'sobrius' est sanae
15 mentis quasi 'sebrius', hoc est quasi separatus ab ebrio, ut 'secre-

---

36.1 *Don. An. 179.2* ‖ *37.3 cf. Don. An. 218.1 (ubi cf. alia)* ‖ *39.1 cf. Cur. epit.*
Don. 833

Γ; Σ {Θ, Λ}

1 MIMHCIC AB: μίμησιν M[4]: *om. sp. rel.* K Λ | aliena] aliqua Λ (*exc.* β) ‖ **3** F.
AK: FA. B: FACIET Σ | enim ipse Γ Θ, *cfr. Jakobi (1996, p. 68, n. 174):* enim Λ:
[enim] ipse *Schopen* * (*prob. Wess.*) ‖ **4** facit C (*corr.* C[2]) ‖ **5** SCIENS eloquenter]
eloquenstur sciens C (*ordin. corr.* C[2]): s. eloquens T | *post* scias *add.* dixerunt
(*uel* -xere) Λ ‖ **6** IAM–P.] VIAM B | HANC C | I.] I I C (*corr.* C[2]) : IN FT: I. *uel* IN.
Λ | V.] N. C : *om.* F | media B | u.-2 AK: *om.* B: uiam Σ ‖ **7** ante] an C
PROVOLVAM] *om.* Λ (*sed cf. inf.* PER.) | I.-1] ILLICO IBIDEM Λ | P. A: Q. B: PRO K
(*ut uid.*) Θ: PROVOLVAM Λ | I. L.] IN LV. B: IN L F: IN S. T: IN LVTO Λ
8 ΠΑΡΟΜΟΙΟΝ AB: παρόμιον M[4]: *om. sp. rel.* K Σ | Quando–**9** dicitur] *cf.*
Don. An. 242.3 | παρονομασία *Steph.:* paranomasia AB Θ: paromenasia K:
paronomasia est Λ ‖ **9** παρόμοιον *Steph.:* paranoeon AB: parameon K Σ
dicitur] *om.* B | *post* PROVOLVAM *add.* id est Λ ‖ **11** ut iam] utinam Θ | puere
B | e AB: i (*uel potius* et) K: in Σ | medium Σ | enim] eum *uel* eam *codd.* Λ
Cremem B: *om.* C ‖ **12** uideatur passus B ‖ **14** TV–S.] *om.* B | S.] *om.* A:
SOBRIVS K Σ | id *ante* est *add.* B ‖ **15** sobrius Σ: seebrius *dub. Wess.* | hoc] id
B | quasi-2] *om.* BΛ | ab ebrio separatus B

tus' separatus ab his qui cernuntur. 39.2. FALLACIA ALIA ALIAM T. prouerbium, cui subiacet 'memorem mendacem esse oportere'.

41. (= u. 780) CIVEM ATTICAM ESSE H. transit ad imitationem.

42. (= u. 781) AV interiectio est conturbatae mulieris.

225W.   43.1. (= u. 782) IOCVLARIVM IN MALVM e contrario: pro graui et   5
molesto ac nimio. 43.2. ⟨IOCVLARIVM⟩ 'iocosum', ergo κατὰ ἀντίφρασιν.

44.1. (= u. 783) QVIS HIC LOQVITVR O CHREME principium loquendi Dauus Chremeti dat perfectis quae ipse conatus est.
44.2. PER TEMPVS A. idem est 'per tempus' quod 'in tempore'.   10
44.3. Aut certe 'per tempus' tempestiue. 44.4. O CHREME PER TEM-
PVS A. astute, quasi eum nunc primum uiderit.

45.1. (= u. 784) AH NEC TV OMNIA aut 'nec' pro 'non' legitur
aut 'ne omnia', ut 'nē' producatur et accipiatur pro 'non'. 45.2. NEC
TV OMNIA 'audisti' subauditur.   15

39.2   Quint. inst. 4,2,91; Apul. Apol. 69: Saepe audiui non de nihilo dici
mendacem memorem esse oportere; Hier. adu. Ruf. 3,13 ‖ 42. cf. Don. An.
751.1; Grant 1986, pp. 81–82 ‖ 43.1–43.2 cf. Don. Phorm. 134.2; Porph. Hor.
epist. 2,2,60; Eugr. Phorm. 134; Cur. epit. Don. 467 ‖ 44.2 cf. supra 758.4
45.1 cf. Don. An. 335.1 (ubi cf. alia)

Γ; Σ {Θ, Λ}
42. cod. Vict. (D): aliter "au" s. D.
45.2 cod. Vict. (D): aliter "an haec tu omnia" scilicet "audisti" s. D.

1 qui] que Σ | cernuntur Schopen*: discernuntur ω | FALLACIA] AFFALLACIA K
(ut uid.) | ALIAM] A. BT: ALIA K | T. AB: TIBI K: TRVDIT Λ: om. Θ
2 memorem] memor est Θ   ‖   **3** ESSE] om. B | H.] om. B: HANC Λ
immutationem Λ ‖ **4** AV] AN Θ: HAV β ‖ **6** ac] et B | addidi | iocosum Γ: iocoso
Θ: iocularium Λ | ergo] ego A (corr. A²⁾: igitur Θ | κατὰ ἀντίφρασιν z: cat(h)a
antifrasin ω ‖ **9** dat Chremeti Λ | perfectis] perfecturus ea Λ ‖ **10** PER₁–est]
om. B | idem est A: i. K: idest Σ (i. est C) | per tempus] in tempore Λ | quod]
id est B: quomodo Λ ‖ **11** Aut–tempus] uel B: id est Λ (et β) | tempestiui Θ
o–**12** A.] om. B ‖ **12** A. AK: ADVE Θ: ADVENIS Λ | astute] auscul F: ausculto T
eum nunc] nunc eum B: eum non C: post primum transp. β | prius CT
13 NEC₁] NE Λ | aut–**15** OMNIA] om. K | nec₂] n(on) A: ne Λ | non] om. A: an
Λ ‖ **14** aut] om. FT | sch. 45.2 om. Λ | NEC AB: om. Θ

46.1. (= u. 785) AVDISTI OBSECRO HEM exsultans Dauus infert et inculcat frequenter repetendo 'audisti'. 46.2. AVDISTI O. HEM difficile credendo affirmat non sciuisse praesentem, ut hac confirmatione nihil illum de se faciat suspicari.

5   47. (= u. 786) IN CRVCIATVM HI. A nec 'in crucem' sed 'in cruciatum'.

48.1. (= u. 787) HIC EST ILLE 'ille' cum emphasi quasi 'uir magnus'. Sed hoc Chremetem ostendens dicit cum ironia. 48.2. NON TE   226W. CREDAS D. L. Vergilius (Aen. 10, 581) 'non Diomedis equos n. c. c. A.'

10   49.1. (= u. 788) NIHIL POL FALSI DIXI MI SENEX bene 'senex', quia quasi alienior est et ignotus. 49.2. MI ⟨S.⟩ subpalpatio muliebris.

50. (= u. 789) NE ME ATTINGAS quaedam ostenduntur aperte in comoediis, quaedam ex aliis personis intelleguntur.

51 (= u. 790) SI POL GLYCERIO NON OMNIA HAEC ἀποσιώπησις
15 tertia, quod alienae personae intercessione reticetur. Fiunt autem ἀποσιωπήσεις, id est reticentiae, modis tribus: aut enim tacet per se ipsum et ad aliud transit et est prima, aut tacet nec ultra aliquid

48.1 cf. Pris. GL III 206, 25; Cur. epit. Don. 409 ‖ 51 cf. Quint. inst. 9, 3, 60; Aquila rhet. de fig. p. 13 E.; RhLM. 526, 11; Seru. auct. Aen. 1, 135; Macr. Sat. 4, 6, 20; Cur. epit. Don. 96; Ferri 2016, 268–269

Γ; Σ {Θ, Λ}

1 AVDISTIN Λ | infert Dauus Λ | et] om. CT ‖ **2** audisti] om. Σ | AVDISTIN C Λ
O. AK: OBSECRO B F: OBSE. C: OB. T: OB. uel OBSECRO codd. Λ | HEM] H. uel
HEC codd. Λ ‖ **3** non sciu-] se non sciuisse (uel fuisse) Λ | post praesentem
add. Chremem Λ ‖ **4** facit β | **5** IN₁] om. Λ | HI A. AK: om. B: A. HI. (H. T: HIC
F) Θ: H. A. ε: HINC A.(RRIPI) uel A.(RRIPI) codd. Λ | nec] est nec Θ: non Λ | in₃]
om. Σ ‖ **7** ille₂] om. Θ β | henfasi A: infasi K: esiphasis Θ ‖ **8** sed] om. C | hunc
B: hoc est Θ | Chrem(e)te A: Chreme tunc Θ | offendens Θ | dicit] dictum β
9 D. L. A C: om. BK: I. D. L. T: DAVVM ILLVDERE F Oa: DAVVM LVDERE Λ
Diomedi se quos Θ: Diomedis eq. β | n.–A.] etc. B: nota Θ | c.₁] o. Λ ‖ **10** NIL
C | quia] om. Θ ‖ **11** post ignotus add. Mysidi Λ | MI B Θ: ME AK: ME MISERAM
Λ | add. Wess. | mulieris Θ ‖ **12** NE] NON β | quaedam] quidam Θ (sic et infra)
14 SI POL] om. BΘ | GLYCERIO] GLI B (post HAEC transp.) | HAEC ex HE C²
ἀποσιώπησις Steph.: ΑΠΟCΙΟΠΗCΙC III A: aposiopesis III B: om. sp. rel. K
Θ: aposiopesis Λ ‖ **15** post quod add. quaedam Wess. | alie Θ | interuentu Λ
reticetur Λ: reticeuntur A: reticeantur B: recitentur K: reticent Θ: reticentur
Wess. | fiunt] habet β ‖ **16** ἀποσιωπήσεις Steph.: aposiopesis ω | enim tacet
AB Θ: om. KΛ ‖ **17** aliud Schopen* (cf. Phorm. 121.2)] alium ω

dicet et est secunda, aut alterius interuentu personae silet et est
tertia.

52. (= u. 791) NESCIS QVID SIT ACTVM 'nescis' plerumque
dicitur ei, non quem uolumus redarguere imperitiae aut ignorantiae, sed quem facere uolumus ut uelit libenter audire.   5

55.1. (= u. 794) PAVLVM INTERESSE noue pro 'multum': ἐλάττω-
σις σχῆμα. 55.2. EX ANIMO OMNIA VT F. N. F. figura ἐφεξήγησις;
227W. nam quid est 'ex animo' nisi 'ut fert natura'? 55.3. Et haec sententia a Terentio ἐρωτηματικῶς prolata est, quam Menander (An., frg.
45 K.-A.) ἀποδεικτικῶς posuit.   10

56 (= u. 795) VT FERT N. naturalis et ingenita actio, quam
ἔμφυτον dici scimus, ut Vergilius (georg. 2, 204) 'et ⟨cui⟩ putre
solum — namque h. i. a.'

52. cf. Don. Hec. 875.2; Cur. epit. Don. 564; Ferri 2016, 272 ‖ 55.1 Fortun.
p. 120,2 C. ‖ 55.2 cf. Cur. epit. Don. 298 ‖ 56 cf. Cur. epit. Don. 436

Γ; Σ {Θ, Λ}

1 interuentu alterius Λ ‖ **4** aut ignorantiae Λ: ignorantis Γ T: ignoramus C:
ignoranti F ‖ **5** sed] om. β | quem] quoque T: que C: si qua β | facere] om. β
libenter uelit Λ ‖ **6** PAVLVM] PAVLVM uel PAVLVLVM codd. Λ | multum Λ: multo
Γ: multorum Θ | ἐλάττωσις σχῆμα Wess.: ēΘΑΑΤΤΙCΙC CREMA B: ē
ΘΑΑΠCΙΕΜΑ A: est sp. postp. K Σ ‖ **7** EX–ἐφεξήγησις] om. Θ | F. N. AK: FERT
NATVRA BΛ | F.₂ AK: FACIAS post OMNIA transp. B: om. Λ | figura AK: om. BΛ
ΕΦΕΞΗΓΗCΙC B: ÷ΞHRHCΙC A: om. sp. rel. K: ephexegesis (uel ephegesis) Λ
8 quid est] quid K (est add. s.l. K²): quidem Θ | nisi] om. CT | ut] om. T | fert]
infert CT, fort. nafert K ante corr. | post haec add. est Θ ‖ **9** a Terentio Steph.:
a(b) initio ω | ante a add. ut β | ἐρωτηματικῶς] ΕΡωΘΗΜΑΤΙuic A:
ΕΡωΘΗΜΑΤΚΟC B: om. sp. rel. K Σ ‖ **10** ἀποδεικτικῶς Kaibel (apud FCG V.2,
frg. 45): epidicticos ω: ἐπιδεικτικῶς Steph. ‖ **11** N. Wess.: NATVRA hoc est Λ:
om. Γ Θ | quam – dici scimus] an de industria idest scientia et prouidentia ea
enim que discimus et scimus operatione genita et industria quadam scimus
Λ | quam–**12** ἔμφυτον scripsi: quam ea quae Γ Θ: cruc. ante ea sign. Wess.:
quam αὐτοφυῆ Schoell*: quam extemporalem temp. Wess. (coll. Quint. inst. 10,
7, 16) ‖ **12** dici scimus scripsi: dicimus A (in disci- corr. A²): discimus K:
dicimus discimus B: diximus Θ: discimus et scimus Λ | cui ex Verg.: om. ω
13 h. i. a. AK: hoc imitamur arando B: hoc imitamur arando uel h. i. a. codd.
Λ

1.1. (= u. 796) IN HAC H. P. D. E. C. in hoc loco persona ad catastropham machinata nunc loquitur, nam hic Crito nihil argumento debet nisi absolutionem erroris eius. Simul ex uerbis suis quam grauis quam modestus sit quamque iustus ostendit. 1.2. IN
5 HAC H. P. D. E. C. non 'habitare', sed quia mortua est, 'habitasse' dixit. 1.3. PLATEA Graeci 'πλατεῖαν' dixerunt, quam nos 'plateam' dicimus. Secundum formam eiusmodi et 'Μήδειαν' 'Medeam' 'σπονδεῖον' 'spondeum' scribimus.

1.1 *cf. Jakobi 1996, pp. 152–153* ‖ 1.3 *cf. Seru. Aen. 1,257*: Omnia quae apud Graecos ει diphthongon habent apud Latinos in e productum conuertuntur, ut Κυθέρεια Cytherea … Μήδεια Medea; *Id. ibid. 3, 108; Id ibid. 3, 694; Isid. orig. 15,2,23; Prisc. GL II 40,13; Id. 41,6,13; Id. 71,1; Sedul. in art. Don. mai. p. 73,97*

Γ; Σ {Θ, Λ}

1 H. AK: HABITASSE B Σ | P.–C.] etc B | P. D. AKT: PLATEA DIC. (TVM F) CF: PLATEA D. *uel* PLATEA DICTVM *codd.* Λ | E. C. T: EIC AK: EST CHRISIDEM Θ: EST C. *uel* CHRISIDEM *codd.* Λ ‖ **2** nunc Γ: non Σ: *del. Schopen** | Crito] Crac A argumentum Θ ‖ **3** ad solutionem β | eius] *del. Schopen** | suis] *om.* Θ
4 quam₁] et β | sit] ut A: *post* iustus *transp.* Λ | *post* iustus *add.* sit Λ ‖ **5** H.] HABITASSE Σ | P.] PL. Θ: PLATEA Λ | C.] CR C: *om.* F | *post* habitare *add.* dixit Λ *post* sed *add.* habitasse˙ Λ | habitasse dixit (dicitur C)] *om.* Λ (*cf. supra*)
6 PLATEA F Λ: PLATA A: PLEREA (*ut uid.*) K: PLATEAM B CT | πλατεῖαν UQJ: placiam Γ: palatiam Θ: platian Λ | dixere A β ‖ **7** dicimus] diximus CT plateam *post* dicimus *transp.* Λ | cuiusmodi β | et] *om.* Λ | Μήδειαμ Medeam V: median medeam AB: mediam mediam K: medeon medium Θ: Median et Medeam Λ ‖ **8** σπονδεῖον V²: spondaion A: spondaum K: spondeion B C: sondero(n) FT: spondion et Λ | spondeium C (*corr.* C²)

2.1. (= u. 797) QVAE SESE INHONESTE O. 'optare' est unum de
228W. duobus ⟨...⟩. Vergilius (Aen. 1, 425) 'pars optare l. t.'. 2.2. PARERE
HIC D. animo heredis dixit 'parere diuitias'.

3.1. (= u. 798) POTIVS QVAM IN P. primum dolet Crito, quia
meretrix fuit Chrysis; secundo progressus queritur, quod mortua   5
est. — 3.2. Et nota, quod tria dicit contempsisse Chrysidem:
patriam, honestatem, paupertatem. — Τὸ πρέπον etiam seruatum
est graui uiro, cum illum sobrinae pudet. Simul et hic ostenditur
eius generis fuisse Chrysidem, ut probe uiuere potuerit, nisi, ut ait
(u. 71), necessitas cogeret. 3.3. QVAM IN PATRIA H. ἀντίθετον   10
primum. 3.4. POTIVS QVAM IN P. H. P. V. his uerbis iam honestus a
poeta inducitur Crito et dignus, cui credi oporteat. 3.5. PAVPER
VIVERE sed (u. 71) 'cognatorum n. c.' est.

2.1 cf. Seru. Aen 1,425: OPTARE eligere [...]; Id. ibid. 3, 109: OPTAVITQVE elegit
ut (1, 425) 'pars optare locum'; Seru. auc. Aen. 1,76; Fest. p. 201 L.; Synon. Cic.
Charis. ars p. 448, 25; Isid. orig. 9,3,41; Non. I 339, p. 115 Maz.; Isid. diff. 1, 215,
p. 190 C.; Cur. epit. Don. 613

Γ; Σ {Θ, Λ}

1 QVAE–INHONESTE] om. B | O. K: ὁ A: OBTAVIT B: OPTAVIT Σ | est] om. C
2 lac. statui: eligere add. Λ | par C | l. KF::i· A: locum B Λ: le CT | t.] tectis B:
tecto uel tectis codd. Λ | PARARE Σ ‖ 3 D. AKT: DI. B: DVCIT C: DAVIT F:
DIVITIAS Λ | heredis] om. A | parare Θ: parere uel parare codd. Λ | diuitiis C
4 P.] PATRIA Λ ‖ 5 querit Θ | quod] quia Λ ‖ 6 est] sit B | post nota add. hic Θ
dicit AB: dixit KΛ: om. Θ | ante contempsisse add. Crito Λ ‖ 7 ante
paupertatem add. et Λ | τὸ πρέπον e²: ΤΟΠΡΕΠΟΝ A: ΤΟΠΡΕΝΟΝ B: om. sp.
rel. K Σ ‖ 8 sobrinae illum B: illinc sobrine K | et] om. Σ ‖ 9 ut₁ KB: om. A: aut
Θ: utque uel utquam codd. Λ | ait] aut Θ ‖ 10 H.] HONESTE B Λ | ἀντίθετον e²:
ante hecton A: ant(h)itet(h)on KB Σ ‖ 11 P.₁] PATRIA Λ ‖ 12 dignus] indignus
CT | credi] credo K: credere β ‖ 13 post VIVERE add. ad illud reddi(di)t Λ | n.
c.] negligentia c. Θ: negligentia coacta Γ (add. n. c. B): coacta negligentia Λ
est] e est B (corr. B²): e. Θ: e. f. Λ

4. (= u. 799) AD ME LEGE REDIERVNT B. hic ius tractauit dicendo
'redierunt', quia in familiam redeunt, si non est heres de proximo
aut ex testamento.

5. (= u. 800) SED QVOS P. V. 'interrogatio' est, cui necessario
respondetur 'aut etiam aut non', 'percontatio', cui nihil horum, ut
si quis dicat: 'ubi habitabat Chrysis?', dicatur: 'ecce hic'. *Perconta-*
tio', ut si quis dicat: cur adulterium commisisti? Simul etiam mode-   *229W.*
ste et mature et de se nihil interrogaturus coepit a blandimentis.

6. (= u. 801) ESTNE HIC CRITO S. C. 'sobrini' sunt consobrino-
rum filii — nam sic dicit Menander (*An., frg.* 46 K.-A.) ⟨...⟩; uerum
ut alii putant, de sororibus nati, ut sint 'sobrini' quasi 'sororini'.

---

4 *cf. Cic. Verr. 1, 115; Id. de inu. 2,148; Gaius inst. 3,17* ‖ *5. cf. Eugr. Eun. 293;*
Fest. p. 236 L.; Aug. doctr. christ. 3,3,6; Isid. diff. 1,152, p. 162 C.: Inter
'percontationem' et 'interrogationem' Augustinus hoc interesse existimat
dicens, quod ad percontationem multa responderi soleant, ueluti: quid est
hoc aut illud?, ut respondeantur diuersa uel uaria. Ad interrogationem
autem non multa respunduntur, sed aut etiam pronuntiabitur, ueluti: factum
dictumue est? Verum aut falsum est? Respunditur aut non aut etiam
6 *cf. Ar. Byz. frg. 254 S.; Poll. 3, 28 B.; Gaius dig. 38,10,1,6; Id. inst. 3, 10; Paul.*
dig. 38, 10,10,15; Inst. Iust. 3,6,4; Aug. de ciu. 15, 16, p. 477, 28; Don. Hec. 459.2;
Fest. 379 L.; Non. 557 L.; Isid. orig. 9,6,4; Cur. epit. Don. 834

Γ; Σ {Θ, Λ}

1 *ante sch. 4 add.* ea *uel* eius Λ | AD–REDIERVNT] *om.* B | LEGERE A: LEGEM K
REDIERVNT Θ: dixer(e) A: DICERE K: REDEVNT Λ | B.] BONA B Λ: *om.* Θ | *ante*
hic *add.* et in familiam redierunt Θ ‖ **2** redierunt K Θ (*om.* C): rediere AB:
redeunt Λ | *post* quia *add.* et C[2] (*fort. del.*) | redeunt] redierunt Θ: *om.* B | si]
sed Θ | non] *om.* C | heres de proximo] proximus heredis Θ ‖ **3** ex] et CF: in
T: de β ‖ **4** P.] PER B: PERCONTER C | V.] VIDEO *uel* v. *codd.* Λ ‖ **5** etiam] sic Λ
aut₂] *om.* Θ | percunctatio Λ (*sic et infra*) | *ante* ut *add.* interrogatio β
6 habitat BΘ ‖ **7** *post* adulterium *add.* non K | etiam] et Θ: etiam et Λ
8 interrogatus Σ | a blandimentis *ex* ab randimentis C[2] ‖ **9** s. c.] SOBR. CHR. C:
SO CHRIS F: SOBRINVS CHRISIDIS Λ ‖ **10** *post* Menander *lac. sign.* Schopen*, huc
Men. frg. 619 K.-A. rettul. Nauck* | uerum] uel B ‖ **11** ut₁] aut CT: hi Λ | sint]
sunt *uel* sint *codd.* Λ | *post* sororini *add.* dicti Λ

7. (= u. 802) O MYSIS SALVE SALVVS SIS C. 'saluus sis' asseueratio salutantis est, non quasi responsio.

8.1. (= u. 803) ITAN CHRYSIS HEM non nunc interrogat, sed commiseratur, et ita sequebatur, ut diceret 'periit'; sed magis gemitu significat, quod minus dixerat. 8.2. NOSQVIDEM POL 5 MISERAS PERDIDIT hic intellegitur supra subaudiendum 'periit'; nam πρὸς τὸ 'periit' haec reposuit 'perdidit'.

9.1. (= u. 804) QVID VOS QVOD PACTO HIC progressio loquentis ad interrogandum, id est: puto, inquit, quod illa periit, uos autem quomodo? 9.2. QVO PACTO HIC significatio est peregrinantis. 10 9.3. NOSNE SIC VT QVIMVS A. τὸ 'sic' nudum est. Et est significatio languoris cuiusdam et lentitudinis. 9.4. SIC VT QVIMVS A. Q. V. V. N. L. et ad praesentis et ad praeteritae uitae excusationem pertinet 230W. ista responsio, qua purgatur uoluntas in quaestu meretricio Chrysidis. Caecilius in Plocio (*frg.* 11 *G.*) 'uiuas ut possis, quando 15 nequit ut uelis'.

---

7 *cf. Cur. epit. Don.* 783 ‖ 8.1 *cf. Eugr. ad loc.* ‖ 8.2 *schol. Bemb. Ter. An.* 804

Γ; Σ {Θ, Λ}

1 O MYSIS–C.] SALVE B | SIS₁] *om.* β | C. AKT: C(H)RITO C Λ: CHR. F ‖ **2** non] et β: *post* quasi *transp.* CF ‖ **3** ITAN CHRYSIS] CHRYSIS *praep. sp.* K: *om.* B | HEM] H‾ E; A: HIC Θ | nunc non K ‖ **4** commiseretur B | sequebatur] perseuerat Θ disceret A | sed–**6** periit] *om.* T | magis] magni β ‖ **5** gemitu *Westerh.*: gemitus ω | significabat β ‖ **6** supra intellegitur β ‖ **7** prosto Γ: profecto Θ: pro to Λ | periit Λ: perit ΓΘ | reposuit] respondidit β ‖ **8** PACTO] PAC. K: P. BT **9** id est Γ: inde C: id̂ F: id T: idem Λ | puto *Lind.*: puta ΓΘ: putas Λ | periit Λ: perit ΓΘ ‖ **10** est] *om.* K: *post* peregrinantis *transp.* Λ ‖ **11** QVIMVS A.] *om. sp. rel.* K | A.] AIVNT B: A. *uel* AIVNT *codd.* Λ | to ω | est₁] *iter.* A: e. B significatiuum C (*ut uid.*)T: significatum F ‖ **12** cuiusdam] credam B | lentitudinis β: lenitudinis ω (lenitatis C) | A.–N.] AIVNT QVANDO VT VOLVMVS NON B Λ ‖ **13** LICET B Λ: I. C | ad₁] *om.* C ‖ **14** in] et C | meretricio] meretricis K Θ | Chrysidis] *post* uoluntatis *transp.* Λ ‖ **16** nequit] nec quis *Ribbeck*: non quis *Fabric.*: nequeas *Seyffert*: nequitur *Spengel* | uelit A (*corr.* A²)

11.1. (= u. 806) QVID GLYCERIVM IAM H. S. conuenit hereditatem petenti, conuenit indici futuro. 11.2. Ergo recte et ordine quaesiuit 'quid Chrysis? Quid uos? Quid Glycerium?'

12.1. (= u. 807) VTINAM nouo genere exoptationem pro
5 negatione intulit. 12. 2. HAVT AVSPICATO HVC M. A. id est 'inauspi-catus', quod non esset auspicatus. Et usitatum ueteribus sic dicere, si quando aliter quid euenisset, quam uellent.

13. (= u. 808) NVMQVAM HVC TETVLISSEM PEDEM Vergilius (Aen. 2, 657–658) 'mene efferre pedem g., t. p. r. s.' et (georg. 1, 11) 'ferte
10 simul F. p. D. q. p.' Sed critici adnotant altius esse charactere comico 'tetulissem pedem'.

14.1. (= u. 809) SEMPER ENIM DICTA EST E. H. A. H. E. S. aut ueris credendum est aut etiam falsis, quae tamen inueterauerint. Hinc Cicero (Verr. 2, 2, 87) 'ita habeantur itaque dicantur': 'habita' ergo
15 plus est quam 'dicta'. 14.2. SEMPER EIVS a possibili et utili.

12.1 cf. Cur. epit. Don. 945 ‖ 12. 2 cf. Cur. epit. Don. 437 ‖ 13. cf. Don. An. 832; Id. Ad. 638.3; Eugr. An. 832; Diom. GL I 452, 8; Sacerd. GL VI 451, 30; [Probus] GL IV 262, 29; Isid. orig. 35,2; Iul. Tol. ars p. 192, 24 M. Y.; Jakobi 1996, pp. 129–130 ‖ 14.1 cf. Don. Ad. 48.2 ‖ 14.2 cf. Don. An. 387.3 (ubi uide alia); Id. An. 25.1 (ubi uide alia)

Γ; Σ {Θ, Λ}

1 GLYCER B: GLICERIV A | IAM] I. FT | H. S.] HIC SVOS Λ ‖ 2 petenti] quaerenti Λ | conuenit] ut Λ | indici] iudici Λ | post futuro add. de pluribus indagare Λ | recte ergo Λ | post et add. bono Λ ‖ 5 negotione AK | HAVT AB: HAVD K Σ (AVT T) | HVC–A.] om. B | HVC] H. FT | A.] O. AK: om. CF ‖ 6 post usitatum add. erat Λ | sic] si B ‖ 7 quando] aliquando Σ | quid] om. Λ | uellet C β 8 HVC] HIC A (corr. A²): H. BT | RETVLISSEM uel DETVLISSEM codd. Λ: T. B FT C | PEDEM] P. BT | Vergilius–9 pedem] om. ε ‖ 9 mene] ne me AK Θ | offerre A: efferte K | g.–s. AK: genitor te posse relicto sperasti B: c. r. n. n. s Θ: mire uar. Λ | ferte] fert F: scire T ‖ 10 f.] faunique B: e Θ | p.₁–p.₂] pedem driadesque puelle B | adnotant] ex antant corr. C²: post altius transp. Λ altius] alicuius B: alt(er)ius K | diaractere A ‖ 11 intulisse Θ: retulissem Λ 12 SEMPER–S.] DICTA ET HABITA B | aut] an K ‖ 13 inueterauerint Steph.: inueterauerunt ε: inueterauerant ω ‖ 14 Cicero] Ci. C | ita habeantur (habeatur Λ)] fore uideantur Cic. | dicantur] dicatur uel dicantur codd. Λ 15 dicta Schopen*: credita ω | EIVS] ENIM Σ | utili ex inutili C²

231W.   15.1. (= u. 810) NVNC ME HOSPITEM L. S. et 'me' et 'hospitem' et
'lites sequi' mire dicit: — 15.2. ME cum emphasi, id est senem et
remotum a litibus, HOSPITEM hoc est peregrinum, LITES SEQVI id
est pauperem. — totum ⟨μετ'⟩ ἐμφάσεως.

16. (= u. 811) QVAM ID MIHI SIT FACILE A. V. id est difficile et   5
inutile. Et est comicum.

19.1. (= u. 814) GRANDIVSCVLA IAM PROSPECTA EST ad partem
aetatis refertur 'grandis', — 19.2. *Id est: grandis natu est.* — 'maior'
autem generaliter et ad summam aetatis refertur et ad comparationem aetatis pariliter positum.   10

20.1. (= u. 815) SYCOPHANTAM hoc est: cum in me conueniunt
lites. 20.2. SYCOPHANTAM bene 'sycophantam', quia bonam causam
habet et nihil aliud timet nisi conuicia. 20.3. Et 'sycophantam'
subdistingue et sic infer sequentia.

21.1. (= u. 816) TVM IPSAM DESPOLIARE NON L. ab honesto.   15
21.2. Et bene, quia nihil suum habet nisi Chrysidis [habet].

15.1 *schol. Bemb. Ter. An. 810* ‖ *19.1–19.2 cf. Eugr. ad loc.; Don. Phorm. 362.5:*
⟨'Grandior'⟩ hic comparatiuus non est, sed habet significationem a positiuo
minus; *Id. Ad. 673.1; Cur. epit. Don. 372* ‖ *20.1–20.2   cf. Don. Ad. 780.1; Id.*
Phorm. 319.1 ‖ *21.1–21.2 cf. Eugr. An. 796*

Γ; Σ {Θ, Λ}
21.1 cod. Vict. (D): uel 'licet' s. D.
21.2 cod. Vict. (D): a bonis Chrysidis

1 HOSPITEM₁–S.] etc B | L.–hospitem₂] *om.* Λ *(exc.* β) | L. S] ET LITES SEQVI β
et₁–**2** sequi] *om.* T ‖ **2** enenfasi A: enfas K ‖ **3** *ante* a *add.* et Θ | hoc est] *om.*
B: id est T Λ ‖ **4** *ante* totum *add.* et β | ⟨μετ'⟩ ἐμφάσεως *Wess.:* enas eos A:
emphaseos B: enfaseos K: emphason Θ: per emphasin Λ ‖ **5** QVA A: QVASI β
FACILE A. V.] FA *postsp. sp.* B: ET VTILE Λ ‖ **7** IAM–EST] *om.* B | PROSPECTA A:
P. Θ: PROFECTA K Λ | EST] E. T: F. CF | patrem C ‖ **8** *post* aetatis *add.* id Λ | et
Θ ‖ **9** autem] aut β | et₁] *om.* Σ ‖ **10** pariliter AΘ: pariter B: pueriliter α:
pariliter *uel* pariter *codd.* Λ | *ante* positum *add.* comparatiue et similitudi-
narie Λ | *post* positum *add.* est Λ ‖ **11** hoc–**12** sycophantam₂] *om. hic, post*
20.2 habet *rest.* Θ H, *iter.* 20.2 'quia – habet' ‖ **12** SYCOPHANTAM₁] *om.* Σ *(exc.*
β) ‖ **13** et Λ: *om.* ΓΘ | nisi] et B: quam Λ ‖ **14** et Λ: *om.* ΓΘ | infert Θ
15 DESPOLIARE AK: D. B: DISPOLIARE Σ | L. A: LICET BK Λ: *om.* Θ ‖ **16** habet ω,
om. Λ

22.1. (= u. 817) OPTIME HOSPES P. C. A. O. 'antiquum' absolute
dixit, ut 'aequum' aut 'bonum', quod antiqui solebant. 22.2. Aut
certe per ἔλλειψιν, id est 'morem et ingenium' (cf. *Hec.* 860).

23.1. (= u. 818) DVC ME AD EAM QVANDO HVC V. V. V. 'ueni huc'   *232W.*
5 inquit 'ut uideam'; cur autem 'ut uideam'? Quia timet. 23.2. Et est
ordo: duc me ad eam, ⟨ut uideam⟩.

24. (= u. 819) NOLO ME HOC IN TEMPORE V. S. bene 'senex':
Simo enim cum Chremete est. Propter hoc uideri non uult, ne eius
utatur apud socerum testimonio, rem esse Pamphilo aduersus
10 Glycerium, et rursus nuptiae confirmentur.

Γ; Σ {Θ, Λ}

1 P.–O.] *om. sp. rel.* B | P.] P. A. C (*corr.* C²): POL *uel* P. *codd.* Λ | C.] CRITO *uel* C.
codd. Λ | A.] *ex* O C² | antiquam A ‖ **2** dicitur C ‖ **3** per ἔλλειψιν *Steph.*: per
ΕΛΛΙΨΙΝ B: per ΕΑΑΙΥΙΝ A: p e m K: per *postsp. sp.* Σ | id est] *deest dub.*
Wess. ‖ **4** AD–V.₃] etc B | ueni huc *Wess.*: uel (uelut C) hoc ω ‖ **5** uideam₁ Λ:
uideas Γ Θ | timet *uel* timetur *codd.* Λ: timetur Γ Θ ‖ **6** *add. Steph.* ‖ **7** HOC]
post TEMPORE *transp.* Λ | IN] *om.* Θ | V. S.] V. SENEX B: VIDEAT SENEX Λ
8 uideri] *post* uult *transp.* B | esse] eius Θ ‖ **9** Pamphili Θ

1.1. (= u. 820) SATIS IAM S. S. S. E. T. A. M. haec scaena [officio-rum] disceptationem continet patrum inter se de officio amicorum et paterna pietate tractantium. 1.2. SATIS I. S. S. S. haec ueluti quaedam controuersia est, namque iniuriarum reus fit Simo: contradicitur per coniecturam falsum esse quod intendit, cum 5 Pamphilus neque amet neque ex eo filius natus sit, et adhibetur deriuatio causae, qua dicitur meretricem ista omnia esse molitam ad disturbandas nuptias. 1.3. SATIS I. S. S. S. bene negaturus filiam purgat prius officium suum de fide promissi et ultro accusat ipse. 1.4. SPECTATA probata, ut ille ait (Verg. *Aen.* 8, 151) 'et rebus s. i.' 10

233W.   4.1. (= u. 823) IMMO ENIM 'enim' παρέλκον est figura. 4.2. IM-MO ENIM NVNC CVM MAXIME ABS TE POSTVLO renuntiare affinitati Chremem aut parum adhuc intellegit Simo aut subtiliter dissimu-lat, ut ad fidem promissi hominem compellat.

5. (= u. 824) VT BENEFICIVM VERBIS I. 'initum' coeptum, ab in- 15 eundo, unde et 'initia' quoque dicta.

1.4 *cf. Don. An. 27.2 (ubi cf. alia)* ‖ 4.1 *cf. Don. Phorm. 332.1* ‖ 5. *cf. Cur. epit. Don. 438*

Γ; Σ {Θ, Λ}
5. cod. Vict. (D): promissum et inchoatum, coeptum d.D.

1 S.₁] SATIS B Σ | S.₂–M. AK: *om.* B: E. T. A. C: C. T. Q. T: SIMO SPECTATA ERGA TE F Λ | officiorum ΓΛ, *del. Jakobi* GFA*: officionem Θ (*aliter praep.* C², offensionem C) ‖ **2** inter] intra Θ | officiis B ‖ **3** I. *Wess.*: Y A: *om.* K: IAM B Σ S.₁–S.₃ AK: SA B: SATIS Θ: SATIS S. S. Λ | haec] *om.* C ‖ **4** est] *om.* BΘ | fit] sit Θ ‖ **6** natus filius β ‖ **7** qua] quia Cβ: que FT ‖ **8** ad] a C₁| distribuendam *in* -as *corr.* A² | SATIS–S.₃ AK: I SA B: IAM SATIS Σ ‖ **9** promissi *edd. uett. (cf. sch. 4.2)*: promis(s)is Γ: promissa Σ | ultimo β | ipsum Λ ‖ **10** ille] Virgilius Λ | et rebus] *om.* C | i.] *om.* BK ‖ **11** enim₂] *om.* Θ | παρέλκον *Steph.*: parelcon ω (parelion A) | IMMO₂–**12** CVM] NVNC NVNC Θ ‖ **12** NVNC] *om.* Λ (*exc.* β) | CVM] QVAM Λ (*exc.* β) | renuntiare] se nuntiare Θ ‖ **13** adhuc (adhuic A) parum C | aut₂] cum Θ ‖ **14** ut] et Θ | promissi Γ: promissam Σ ‖ **15** VERBIS–initum *Wess.*: V. I. A Θ: V. I. VERBIS INITIVM K Λ: *om. sp. rel.* B

6. (= u. 825) DVM ID EFFICIAS QVOD VELIS legitur et 'quod lubet'.

7. (= u. 826) NEQVE MODVM B. N. Q. M. O. C. id est: non cogitas aut quantum de benignitate amoris exigendum aut praesumendum sit aut quam sit impossibile quod petas.

5   8. (= u. 827) REMITTAS IAM 'remittas' pro 'mittas'.

9.1. (= u. 828) PERPVLISTI ME VT H. A. hic est tota accusatio.

9.2. HOMINI A. sic Sallustius (*Iug.* 12, 5) 'occultans se tugurio mulieris ancillae'.

11. (= u. 830) FILIAM VT D. I. S. inuidiose non 'promitterem' inquit, sed 'darem', quantum in te est.

10

13 (= u. 832) DVM RES TETVLIT compositum pro simplici est 'tetulit'. *Et altius, quam decet comicum characterem, dictum uidetur.*

15. (= u. 834) PER EGO TE DEOS O. V. N. A. I. I. C. defensio per   *234W.* coniecturam. Et est ordo: per deos oro te ego.

---

8 *cf. Non. 551 L.* ‖ 9.2 *cf. Don. Phorm. 292.2; Seru. Aen. 1,409:* Item sunt elocutiones, quarum una pars plena est: quae si conuertantur, habent aliquid superfluum. In Sallustio 'in tugurio mulieris ancillae': bene addidit 'ancillae'. At si dicas 'in tugurio ancillae mulieris', erit superflum 'mulieris'; ancilla enim et condicionem ostendit et sexum; *Id. ibid.* 8,337 ‖ 13 *cf. Don. An. 808 (ubi cf. alia)* ‖ 15. *cf. Eugr. ad loc.; Don. Hec.* 198.1

Γ; Σ {Θ, Λ}
6. cod. Vict. (D): uel "uelis" legitur et "quod iubet" s. D.

1 DVM–EFFICIAS] *om.* B | DVM] *om.* Λ *(exc. β)* | ID] *om.* C | VELIS] VEŁ B: CVPIS QVOD VELIS Λ | et BΛ: *om.* AK Θ | lubet *Klotz 1865*: iubet AK FT: iubes B Λ: *om. sp. rel.* C ‖ **2** MO B | B. AKC: BE. B: BENIG. F: BENIGNITATIS T Λ ‖ **3** aut₁] *om. sp. rel.* K | quam] quantum Λ ‖ **5** pro mittas] praemittas F: *om.* ε **6** PEPVLISTI Λ | ME VT H. A.] etc B: ME H. A. I. Θ | hic] haec B | tota] *om.* Θ **7** A.] H K: ADOLES. FI VT DA. B: ADVLESCENTVLO Λ | sic] *om.* B | occultans B Θ: occulta sis AK: occultanti Λ (occultantis β) | tugurio Γ: tugurium Θ: in tugurio β *(cf. Seru. Aen. 1, 409, Id. ibid. 8, 337; Don. Phorm. 292.2)* ‖ **8** mulieris] *om.* Θ | ancillae] a. Θ ‖ **9** D.] DAREM BF: DAR. C: D. *uel* DAREM *codd.* Λ | I.–**10** darem] *om.* F | inuidiose] studiose β ‖ **10** inquit] *post* inuidiose *transp.* CT te] aliter re C² ‖ **11** DVM] DEM C *(corr.* C²) | DETVLIT Θ (RET- F²) ‖ **12** Et–uidetur] *cf. ad An.* 808 | dictum] *om.* Θ ‖ **13** O. AK: ORO B Σ | V.–C.] *sp. rel.* B: V. N I A I C Θ: VT NE ILLIS INDVCAS CREDERE Λ | N.–C.] N I A I C Θ: NE ILLIS INDVCAS CREDERE Λ ‖ **14** Et–**252,1** persona] *om.* B | per] *post* oro *transp.* ε

16.1. (= u. 835) QVIBVS ID MAXIME argumentum a persona.
16.2. QVIBVS ID MAXIME VTILE EST a causa ratiocinatiua.

18.1. (= u. 837) VBI EA CAVSA QVAM OB REM HAEC FACIVNT
ἀνακόλουθον, nam non intulit 'ob quam causam', cum supra
dixerit 'ea causa'; sed quasi dixerit 'ubi ea res', intulit 'quam ob   5
rem'. 18.2. ⟨VBI EA CAVSA QVAM OB REM⟩ H. F. E. A. aut 'rem'
abundat aut 'causa'.

20.1 (= u. 839) VVLTV VERO quasi dixerit Simo 'simulabat
ancilla'. 20.2. CVM IBI ADESSE ME NEVTER SENSERIT quaeritur: etsi
uisus a Myside erat, tamen ignorabatur Chremes esse, donec dice-   10
ret Dauus (u. 787) 'hic est ille, non te c. D. l.'? 20.3. CVM IBI ADESSE
'tum' deest, ut sit integrum 'tum cum'.

21. (= u. 840) DAVVS DVDVM PRAEDIXIT MIHI hic ostenditur,
quod uidit callidus Dauus, ut praediceret futurum seni, quod ipse
erat facturus.   15

22.1. (= u. 841) NESCIO QVID TIBI SVM O. deest 'propter', ut sit:
'propter nescio quid'. 22.2. Aut: 'nescio ⟨quid⟩' pro 'quare', ut sit
aduerbiale. 22.3. AC VOLVI DICERE 'ac' pro 'contra quam'.

22.1– 22.2 *cf. Don. An. 340.1–2*

Γ; Σ {Θ, Λ}
20.2 cod. Vict. (D): intellexerat aliter nt s. D.
20.3 cod. Vict. (D): s. D., "tum" in uersu (in usu *Sabb.*) non scribitur, sed subauditur
22.1– 22.2 cod. Vict. (D): id est propter quid uel pro quare s. D
22.3 cod. Vict. (D): pro "contra quam" s. D.

---

1 MAXIMA Θ (M. T) | a] *om.* Θ ‖ **2** ID] HOC B | EST] *om.* B | a] *om.* A ‖ **3** HAEC]
HOC *uel* HAEC *codd.* Λ ‖ **4** ἀνακόλουθον *Steph.* (*praeeunte* e²): anac(h)oluton
ω ‖ **5** ea₁–dixerit₂] *om.* T | ea₁] a Γ C ‖ **6** VBI–REM₁] *add. Lind.* | H.–A.] HAEC
FACIVNT ERIT ABLATA B ‖ **8** VVLTV] MVLTVM Λ | VERO] QVO Θ | d. B: dixere
FT ‖ **9** IBI–NEVTER] NEVTER M A B | SENSERIT] SENS. B: SENSERAT ε
quaeritur A β: queritur KΘ: quare B: creditur Λ | etsi] *om.* B ‖ **10** *ante* uisus
add. uisi Θ | erat] *om.* F: era T | esse Chremes Λ ‖ **11** ille] *iter.* B | tei A | c. d.
l.] e. c. dauum illi F ‖ **12** tum deest] deest tum B: tum demum Θ ‖ **13** hic
ostenditur] *om.* B: hic ostendit Θ ‖ **14** quod₁–seni] *om.* T | quod₁ B Θ: quid
AK Λ ‖ **16** QVID–17 nescio₂] *om.* F | TIBI SVM O. AK: TIBI OB. B: TIBI SVM
OBLITVS Λ: *om.* Θ | deesse AK ‖ **17** *add. Jakobi (1996, p. 71, n. 184)* | pro quare
Γ: quare Σ ‖ **18** AC₁] AT β | VOLVIT CT | ac₂] at β

1.1. (= u. 842) ANIMO NVNC IAM OTIOSO ESSE IMPERO haec   *235W.*
scaena principium indicii et iracundiam senis continet, atque in ea
uehementer exprimitur consuetudo patris ac domini offensi et
indignantis. 1.2. ANIMO N. I. O. E. exsultans egreditur Dauus nunti-
5 ans prona esse omnia ad securitatem. 1.3. Et OTIOSO securo, quia
'negotium' sollicitudo est. 1.4. IMPERO pro 'uolo'. An ut statim fiat
tamquam illud quod imperatur? 1.5. Et 'impero' superbe dixit:
summum enim indicium securitatis est superbia.

    2.1. (= u. 843) VNDE EGREDITVR hic non interrogat, sed cum
10 admiratione uel magis cum indignatione dicit. 2.2. MEO PRAESIDIO
A. H. id est 'animo nunc iam otioso esse impero'. 2.3. ATQVE HOSPI-
TIS Critonis scilicet.

    3.1. (= u. 844) EGO COMMODIOREM HOMINEM hic Dauus admira-
tur, quod in ipso articulo periculi superuenerit Crito. 3.2. EGO
15 COMMODIOREM H. potest enim et commodus esse quis et alieno
tempore superuenire potest: — 3.3. *Et 'commodum' in homine est,*

1.3 *cf. Eugr. ad loc.; Don. An. 398.1 (ubi cf. alia); cf. Cur. epit. Don. 601*
1.4 *cf. Cur. epit. Don. 417*

Γ; Σ {Θ, Λ}
1.5 Bern. 276: superbia ... Donatus in commento Andrie Therentii: summum indicium
securitatis est superbia

1 IAM] *om.* Θ: *post* NVNC *transp.* Λ | IMPERO] I. KT ‖ **2** scaena] *om.* C
continetur C ‖ **4** N.–E.] *om.* B | N.] NVNC Σ | I.] IAM (*post* ANIMO *transp.*) Λ
OTIOSO *uel* O. *codd.* Λ | E.] ESSE C:*om.* F: ESSE *uel* E. *codd.* Λ ‖ **5** Et] *om.* B Λ
post OTIOSO *add.* ESSE B ‖ **7** dixit] *om.* B ‖ **8** enim] *om.* β ‖ **9** cum] *om.* Λ
10 uel–indignatione] uel cum ind- magis B: magis ind- C: magisue *uel* magis
uel (magna uel magis β) cum ind- *codd.* Λ | uel] *om.* C: *post* magis *transp.* Λ
11 A. AKT: ATQVE BF: AT C: A. *uel* ATQVE *codd.* Λ | H.] HOS B: HO C: HOSPI F:
HOSPITIS *uel* H. *codd.* Λ | id est KΛ: id A: iđ B: *om.* Θ | iam nunc (*ante* impero
transp.) Λ | iam–impero] *om.* T | ociso A | esse] *ante* otioso *transp.* Λ (*om.* β)
ante impero *add.* iam nunc Λ | *ante* ATQVE *add.* meo praesidio KΛ
13 HOMINEM hic Dauus] *om.* B | hic–**15** H.] *om.* F ‖ **15** HOMINEM (N. β) Σ
potest–esse] commodus enim potest esse β | commodum Θ | et₂] *om.* Λ

sed et opportunus 'aduentum' malum habere potest. — nam 'commodum' in homine est, 'aduentus' in facto eius, 'tempus' in
opportunitate facti. 3.4. COMMODIOREM H. σύλλημψις. 3.5. SCELVS
236W. QVEM. H. L. 'scelus ... hic' non est soloecismus: ad sensum enim,
non ad uerba respexit. *Etenim propter sensum uerba sunt, non* 5
propter uerba sensus.

4.1. (= u. 845) OMNIS RES EST IN VADO 'in uado' in securitate:
nam ut in profundo periculum est, ita in uado securitas est.
4.2. Prouerbiale 'in uado' in tuto.

5.1. (= u. 846) QVID AGAM plus est dicere 'quid agam?' quam 10
cogitare de fuga. 5.2. SALVE BONE VIR ironia maior est quam
increpatio; cum enim omne genus criminis aliquis superauerit,
tunc exclusi ironia laudamus. 5.3. EHEM SIMO interiectio perturbati
est. 5.4. O NOSTER CHREME 'noster' dicendo latenter significat
Glycerium filiam Chremetis esse inuentam. 15

6.1. (= u. 847) OMNIA APP. S. I. quia infecta sunt, dicit parata
esse. 6.2. CVRASTI PROBE memoriter: supra enim senex dixerat

4.1–4.2 *cf. Eugr. ad loc.; Cur. epit. Don. 439* ‖ 5.2 *cf. Don. An. 616.1; Cur. epit.
Don. 472*

Γ; Σ {Θ, Λ}

1 et opportunus B: et op(p)ortunus et AK Λ: oportunum et Θ | malum
euentum β ‖ **2** tempus] corpus C: opus F: temporis T ‖ **3** HOMINEM Σ
σύλλημψις *Steph.*: sile(m)psis ω (silemsis B) | SCELVS] *om. sp. rel.* F: *om. nul.
sp.* T ‖ **4** QVEM – scelus] *om.* B | QVEM] *om.* Θ | H. L.] HIC LAVDAT Λ | scelus₂]
om. Θ | hic] *post* est B ε | sensum Λ: sensus Γ Θ ‖ **5** sensum *Wess.*: sensus Γ Λ:
om. Θ ‖ **7** OMNIS–in₂] *om.* B | *post* EST *add.* IAM Λ | in uado] *om.* Θ | in₃] *om.*
B ‖ **8** fundo Λ | est₁] *om.* B | ita] sic B | est₂] *om.* B ‖ **9** in₂] *om.* B ‖ **10** dicere]
post agam *transp.* Θ ‖ **11** SALVE] *om.* B | BONE VIR] BONE V. B: B. V. T | est
maior B ‖ **12** omne enim Θ | *post* criminis *add.* uel criminationis A | aliqui Λ
superauerit BK: supreuerat A: separauerit Θ: superauerint Λ: spreuerit *cod.
Hulsii apud Westerh.* ‖ **13** exclusi] elusi *Westerh.* | laudant Σ (*exc.* β) | HE HEM
CF: HEM T Λ | perturbatio K: perturbantis F ‖ **14** est] *om.* B: *ante* perturbati
transp. β | O–CHREME] *om.* B | O NOSTER] *om.* T | CHREMEM T: CHREMES Λ
15 esse] *om.* Θ ‖ **16** APP. *Ter.*: P. P. AK: P. B CT: AP. F: APPARATA Λ | S. I.–**17**
CVRASTI] *om.* B | S. I.] I. S. Θ: IAM SVNT Λ | quia] quod CT | infecta sunt]
infacta se A | dicit parata esse *scripsi*: dicit parata s. *Schoell**: de paratis ω
17 supra BΛ: et supra AK Θ

(u. 523) 'immo abi intro, ibi me opperire et quod parato opus est para'.

7.1. (= u. 848) VBI VOLES ACCERSE 'ubi' pro 'quando', non est enim loci sed temporis aduerbium. 7.2. BENE SANE ⟨'sane'⟩ ualide,
5   quia qui sanus, idem et ualidus. 7.3. ID ENIM VERO H. N. ABEST 'abest' pro deest.

8.1. (= u. 849) ETIAM TV HOC RESPONDES deest 'an non'. 8.2.   *237W.*
ETIAM TV HOC RESPONDES 'etiam' aut hortatio est aut coniunctio.
8.3. Et uide quanta dixerit: et 'quid' et 'istic' et 'tibi'. 8.4. MIHINE
10   quando non sumus parati ad respondendum, ducendo tempus eludimus. 8.5. MIHINE apparet ita turbari Dauum modo consilio poetae, ut omnes amittat fallacias et oppressus prodat Pamphilum, dum malum comminus perhorrescit. Totumque hoc ex argumento est: uult enim poeta iam catastropham patefieri.
15   9. (= u. 850) MODO INTROII hoc signum perturbati inducit ob conscientiam Daui.

7.1 *cf. Don. An. 356.1 (ubi cf. alia)* ‖ 7.2 *cf. Don. An. 195 (ubi cf. alia)*
8.2 *Seru. Aen. 11,373 (cf. et Seru. auc.):* ETIAM TV 'heia': nam hortantis aduerbium est hoc loco: *Terentius etiam responde. Alias 'adhuc' significat et est temporis* aduerbium, *ut [...]. Alibi pro coniunctione, ut [...]. Apud maiores 'etiam' consentientis fuerat, quod tamen in his recentibus idoneis non inuenitur; Id. ibid. 6,485; Id. ibid. 10,390; Don. Ad. 279.1*

Γ; Σ {Θ, Λ}

1 abi] ab. A: abi et C | intro ibi] *om.* B: i. T | et] *om.* Θ | paratum Θ ‖ **3** non–**4** loci] *om.* B | est] *om.* Θ ‖ **4** *post* temporis *add.* est B | aduerbium–BENE] *om.* B | SANE₁] *hic om.* C, *post* ualide *transp.* | sane₂] *add. Wess.* | ualide *ex* ualde C²: ualidus B ‖ **5** qui] *om.* Θ | *post* sanus *add.* est Σ | et] *om.* B | ID–ABEST] *om.* B | ABEST] P. A. *uel* A. *codd.* Λ ‖ **6** abest]*om.* K Θ | **7** sch. 8.1 *om.* Θ | HOC TV Λ **9** quanta] quando Θ | et₁] *om.* B | quod B Θ | et₂] *om* C (*rest.* C²): m T **10** non] nos Θ | ducendo KΛ: dicendo AB Θ· ‖ **11** MIHINE] *om.* Θ | ita–modo] dauum ita modo turbari Λ ‖ **12** amittant Θ ‖ **13** comminus] quo minus FT tantumque B | ex] et Θ | argumentum C (*corr.* C²) ‖ **14** *ante* uult *add.* enim A poeta iam] poeta C: *post* catastropham *transp.* Λ | catastropham] catastrofam A: catastrophan B ‖ **15** INTRO I Θ: INTROIVI Λ | hic Λ | signo C (*corr.* C²) perturbati *Wess.:* perturbatum ω (*ex* -bato C²) | induci *Steph.* | ob] ab Σ **16** consc(i)entia Σ | Dauum *Steph.*

10.1. (= u. 851) CVM TVO GNATO VNA serui excusatio filii accusatio est. 10.2. Et hoc quasi a perturbato dicitur seruo, sed consilio
poetae ad exitum festinantis et resolutionem fabulae. 10.3. ANNE
EST INTVS PAMPHILVS causa irae uehementioris inuenta.

12.1. (= u. 853) SVNT nulla ratione dicit 'sunt', sed ne nihil   5
respondeat; nam turbatus est utpote oppressus. 12.2. QVID ILLVM
deest 'propter' ut sit: propter ⟨quid⟩. 12.3. QVID ILLVM C. C. I. L.
238W. Chremi conuenit hic sermo: hic enim irridet, qui et supra dixit
(u. 555) 'amantium irae amoris integratio est'. 12.4. Et sic hoc dicit,
ut alibi (*Eun.* 98) 'credo, ut fit, m. p. a. e. h. f.' 12.5. CVM ILLA   10
LITIGAT irridet Simonem Chremes, qui dixerat (u. 552) 'irae sunt
inter Glycerium et gnatum'.

13.1. (= u. 854) IMMO VERO INDIGNVM CHREMES bene ad eum
loquitur, qui est a nuptiis deterrendus, uel qui non interturbet
orationem suam uel quem iam sibi precatorem destinet. 13.2. Ita   15
loquitur, quasi haec sit causa, cur sit Pamphilus ingressus, quod
quasi ei lis intendatur a Critone hospite ducendae uxoris, cum
ciuem Atticam uitiauerit.

14.1. (= u. 855) NESCIO QVIS SENEX MODO VENIT bene 'nescio
quis': etenim si notus esset, uideretur gratificari, *id est gratiosus*   20

10.2 *Don. Hec. 143.1; Id. ibid. 715.2* ‖ 12.2 *cf. Don. An. 841.1*

Γ; Σ {Θ, Λ}

1 excusatio] accusatio Θ ‖ **2** a] *om.* A Θ | perturbatio CF ‖ **3** extremum Σ (*exc.*
β) | et] de β | ANNE] AC NE α ‖ **4** cause Θ | irarum Θ | uehementioris *Zeunius*:
uehementior ΓΛ: uehementiarum Θ | inuente Θ: inuenta est Λ ‖ **5** ratione] re
C ‖ **6** nam turbatus est] *om.* Λ: nam turbatus α ‖ **7** deest–ILLVM] *om.* AT
deest–propter₂ Λ: propter BK: deest (aliter dicitur C²) p(otes)t C: deest post
F | *add. edd. uett.* | C.₁] CENSES B Σ | C. I.] CVM ILLA B ‖ **8** dixerit Θ ‖ **9** amoris –
est] inte. a BT | sic Λ: si Γ Θ | hoc] *om.* Λ ‖ **10** ut₁] *om.* Γ | fit] sit Θ | m. p. a. e.
h. f K: m p h a e h s A: etc. *sp. rel.* B: MISERA P. N A E B P Θ: *uar.* Λ
11 LITIGATVR K: LI B | dixit CT ‖ **13** *ante* INDIGNVM *add.* CHREMES C
14 nuptias A | deterrendus e²: deserendus ΓΛ: deferendus Θ | non] *om.* β
interurbet A ‖ **15** sibi iam ε | preceptore(m) Σ ‖ **16** cur] quare K (*fort. exp.* 'a')
quod quasi eilis (*sic*) B: quod quasi tilis AK: quod quasi eius Θ: quatinus (*uel*
quaten-) scilicet eius Λ ‖ **17** a–hospite] *om.* A: *post* uitiauerit *transp.* Θ | *post*
uxoris *add.* animus Λ | cum *Zeunius*: quam ω ‖ **18** uitiauerat C (*corr.* C²) :
nunciauerit Λ ‖ **20** enim Θ

esse testis et minus uerus. 14.2. ELLVM ueteres quod nos 'illum'
dicimus, uel 'ellum' uel 'ollum' dicebant. Quamuis 'ellum' quidam
'ecce illum' uelint intellegi, tamquam pro ipso domum Glycerii
ostendat Dauus dicens 'ellum'. 14.3. ⟨ELLVM⟩ quasi 'en illum'; est
5 enim, ut alii ⟨uolunt⟩, pronomen, ut alii, aduerbium demonstrantis. Nam pronomen huiusmodi ueteres sic proferebant: 'ille' 'ollus'
'ellus'. 14.4. Sed, ut diximus (*fort.* uu. 855.2–3), aduerbium compositum ex pronomine uideri potest, ut sit 'en' uel 'ecce illum'.
14.5. CONFIDENS 'confidentem' hic pro 'constanti', non mala signi-   *239W.*
10 ficatione posuit. 14.6. CATVS callidus, doctus. 14.7. ⟨CATVS⟩ ardens
παρὰ τὸ καίεσθαι, unde 'Cato' dictus; ingeniorum etenim igneus
uigor est.
15.1. (= u. 856) VIDETVR ESSE QVANTIVIS PRETII ad magnitudi-
nem refertur 'quantiuis', ⟨'quiuis'⟩ ad paruitatem pretii. 15.2. Et
15 totum oratorie: scite enim locutus est. 15.3. Sed interest inter 'quiuis' et 'quantiuis'; nam alterum contemptionis est, alterum laudis.

14.2–14.4 *cf. Don. An. 580; Id. Ad. 260.4–5* ‖ 14.5 *cf. Don. An. 876. 1 (ubi*
cf. alia); Non. 401 L.; Cur. epit. Don. 148 ‖ 14.6–14.7 *cf. Plin. nat. 7,118; Porph.*
Hor. carm. 3,12,10; Seru. Aen. 1,423: [...] *Alii* 'ardentes' 'ingeniosi' *accipiunt;*
nam per contrarium segnem, id est sine igni, ingenio carentem dicimus:
unde et a Graeco uenit catus, id est ingeniosus ἀπὸ τοῦ καίεσθαι; *Isid. orig.*
*12,2,38 (*ἀπὸ τοῦ καίεσθαι*); Prisc. GL II 121,16; Cur. epit. Don. 115*

Γ; Σ {Θ, Λ}

1 *post* nos *add.* ecce Λ ‖ **2** dicimus] *om.* B ‖ uel₁] *om.* Λ ‖ **3** quidam] *hic om.* B,
post illum *transp.* ‖ uelint B Θ: uolunt AK Λ ‖ ipsa Θ ‖ domo Θ ‖ **4** *add.*
Schopen* ‖ quasi] *om.* C ‖ **5** ⟨uolunt⟩ Λ (*prob. Wess.*): *om.* ω ‖ ut₂] at *Zeunius*
6 sic] *om.* Θ ‖ ellus ollus Λ ‖ **8** en] in eo K: in eo uel en Λ ‖ *post* en *add.* et A
post ecce *add.* ut ellum idest en uel ecce Λ ‖ **10** CATVS₁] CAVTVS KΛ ‖ CATVS₂
add. Schoell* ‖ **11** παρὰ τὸ καίεσθαι *Jakobi GFA**: παρὰ τὸ κάειν *Steph.*:
parato ole in A: parato olem K: pararoclein B: paratode (est) C: paratotleut T:
om. sp. rel. FΛ (ἀπὸ τοῦ κάειν f²: παρατοολεμ U: ατοοτōνκαιω Q; ἀπὸ τοῦ
κάιω J) ‖ igneus] ingenuus Θ ‖ **12** uigor est] uirorem AB: uiror dictus est K
13 VIDEBITVR ESSE A: *om.* B ‖ PRETII] P. T: *om.* B ‖ **14** quantiuis–**16**
quantiuis] *om.* B ‖ *add. Jakobi GFA** ‖ prauitatem Θ ‖ **15** oratorie V: oratoris
AK Θ: oratoris est Λ ‖ locutus] locus Θ (*fort.* C, *corr.* C²) ‖ quiuis] quamuis
KT ‖ **16** alterum₁ *Wess.*: alter ω ‖ contentionis AK FT ‖ est] *ante*
contemptionis *transp.* Σ ‖ alterum₂ *Wess.*: alter ω

16. (= u. 857) TRISTIS ad laudem interdum sumitur, non ad amaritudinem 'tristis'. Cicero (*Verr.* 1, 30) 'iudex tristis et integer'.

18 (= u. 859) GLYCERIVM SE SCIRE CIVEM ESSE ATTICAM bene: constanter ad ea, quae locutus est, 'scire se' dixit.

19.1. (= u. 860) DROMO DROMO commotus ira et dolore nihil 5 dicit, nisi lorarium repetendo saepius uocat. 19.2. VERBVM SI ADDIDERIS bene, quia omnia praesente socero contra nuptias loquitur.

20.1. (= u. 861) AVDI OBSECRO plerumque a uerberandis uel indulgentia † loquitur uel mora. 20.2. SVBLIMEN id est sublime, per 10 altum. 20.3. QVANTVM POTEST hoc est celerrime, quia segniores se ostendunt serui ad puniendos conlibertos, scilicet mora ueniam captantes indignantium dominorum.

21.1. (= u. 862) QVIA LVBET hoc sensu et supra dictum est (u. 213) 'ut, si libitum fuerit, causam ceperit, quo iure quaque 15 iniuria'. 21.2. QVIA LVBET Dauo dicit, RAPE INQVAM Dromoni.

240W. (in left margin, line 11)

---

16 *cf. Seru. Aen.* 6, 275: TRISTIS *seuera, quae gignit seueritatem. Cicero* (*in Verr. 1, 29*) 'iudex [...]'; *Id. ibid. 374; Id. ibid. 10,612; Id. georg. 3, 37; Id. ecl. 2, 14; Seru. auc. georg. 1, 75; Schol. Stat. Theb. 1,88; Non. 656 L. (cf. et Id. 660 L.); Isid. orig. 10,268* ‖ 19.1 *cf. Don. An. 638.1; Id. ibid. 875.5; Id. Eun. 818.2*

Γ; Σ {Θ, Λ}

1 TRISTIS *uel* TRISTIS tristis *codd.* Λ | laudes β | interdum] *om.* B ‖ **2** tristis₁] *om* Λ | Cicero–tristis₂] *om.* T ‖ **3** GLYCERIVM–ATTICAM] SCIRE SE etc B | E. A. T | *post* bene *add.* et B | **4** *post* quae *add.* se Θ | est scire] es scire A: conscire Θ: scire ε | dicitur C ‖ **6** *post* nisi *add.* quod Λ | lolarium B: iorarium Θ saepius repetendo β ‖ **7** quia omnia] quoniam *Schopen** ‖ **9** uel–**10** loquitur Σ, *cruc. sign. Wess.* (*qui inuocatur uel imploratur in app. tempt.:* petitur V: rogatur *Westerh.:* alii alia): *om.* Γ | uel Θ: *om.* Λ ‖ **10** SVBLIME A: SVBLIMEM CT: *om.* B | idest] *om.* B | sublime] sublimen C: *om.* T ‖ **11** hoc est] id est BΛ segniores] segnitiores CF: seniores T ‖ **12** puniendos] seruiendos AK conliberos C: conseruos *Westerh.* ‖ **14** LVBET Λ: LIBET Γ β: IVBET CT: IVBE F et] ut Σ: sicut ε ‖ **15** ut] aut V (*fort. hic recte*), *Ter. ad loc.* | si] *om.* C: sub β causa AK | quaque Λ: qⁱa A: qua KB F: qʼ C: *om.* T ‖ **16** LIBER B: IVBET Θ RAPE–**259,1** INVENIES] *om.* B | *post* INQVAM *add.* hoc Λ

22. (= u. 863) SI QVICQVAM INVENIES MENTITVM ME OCCIDITO hic plus ⟨quam⟩ supra (u.199) dixit; ibi enim 'uerbera' [dixit], nunc 'occidito'.

23. (= u. 864) COMMOTVM citum, celerem.

24.1. (= u. 865) QVADRVPEDEM C. utrum genus ligaturae sic dicitur 'quadrupes' an 'quadrupedem' ut feram? 24.2. An 'quadrupedem' id est: cum pedibus et manibus? 24.3. An 'quadrupedem' pro ceruo ac fugitiuo ponit? Sic Vergilius (*Aen.* 7, 500) 'saucius at quadrupes n. i. t. r.' 24.4. CONSTRINGITO mire: ne quid fiat tragicum in comoedia, usque ad uincula ira progreditur nec quicquam temptat ulterius.

25. (= u. 866) SI VIVO TIBI qui certa minari uolunt, incertam faciunt uitam suam.

26. (= u. 867) ERVM QVID SIT P. F. 'erum' et 'patrem' cum ingenti pronuntiatione dicit. Et alibi (*Ad.* 55) 'nam qui mentiri aut   *241W.*
fallere i. p., au. t. m. a. c.'.

24.1–24.3   *cf. Eugr. ad loc.; Fest. p. 460 L.:* Seruorum dies festus uulgo existimatur Idus Aug., quod eo die Ser. Tullius, natus seruus, aedem Dianae dedicauerit in Auentino, cuius tutelae sint cerui; a quo celeritate fugitiuos uocent ceruos; *Isid. orig. 12,1; Id. diff. 1,479, p. 298 C.; Cur. epit. Don. 723*

Γ; Σ {Θ, Λ}

1 INVENIES AF: INVENIAS K C Λ: IN V T | MENTITVM ME AK: ME MEN B: ME Σ ME] MEN. B ‖ **2** hic–**3** occidito] *om.* C | *add. Wess.* | supra] *hic transp. Wess.:* post uerbera *exhib.* ω | ibi *Wess.:* tibi ω | dixit$_2$] *deleui* ‖ **5** c.] CVRA ω (*om.* B) utrum genus ligaturae] utrum ligaturae CF: ligare T: utrum ligaturae genus Λ ‖ **6** quadrupes] quadrupedes C ‖ **7** manibus et pedibus B ‖ **8** seruo F Λ (*sed cf. Fest. p. 460 L.*) | ac] et *uel* ac *codd.* Λ | ponit Γ FT: posuit C Λ | sic] ut CT: *om.* F: *om. uel* ut *codd.* Λ | at] ait K: ut B: ad FT ‖ **9** n.–r.] etc. *sp. rel.* B | r.] a Θ ‖ **10** ira] ita Λ | quicquam *Steph.:* quoquam AK Θ (C²): quoque B C **11** tentat B: temptat *uel* tentat *codd.* Λ | alterius Γ ‖ **14** ERVM–F.] *om.* B | EREM K: HERVM Σ | P. F.] PERICVLI FALLERE *uel* P.F. *codd.* Λ | erum – dicit et] *om.* C erem K: herum Σ ‖ **15** dicit] dixit Λ | moniti CF: *om.* T | aut] causa *uel* aut *codd.* Λ ‖ **16** i. – c.] insueuit patrem etc. B

27. (= u. 868) NE SAEVI TANTO OPERE 'ne' imperatiuo magis quam coniunctiuo adiungit, ut Vergilius (*Aen.* 6, 544) 'ne saeui, magna sacerdos'.

28.1. (= u. 869) PIETATEM GNATI ἔλλειψις, deest enim 'uides' aut quid tale. Et est ironia pro: 'impietatem'. 28.2. Et uide inuidiam 5 quasi parricidam accusantis: non enim 'pudorem' dixit, sed 'pietatem'.

29. (= 870) TANTVM LABOREM C. σύλλημψις, assumendum est enim extrinsecus 'me'.

---

27 *cf. Don. An. 543.1 (ubi cf. alia); Seru. Aen. 6, 544 (cf. et supra, Don. An. 598.1):* NE SAEVI Ne irascere: Terentius 'ne saeui tanto opere'. Et antique dictum est: nam nunc 'ne saeuias' dicimus, nec imperatiuum iungimus aduerbio imperantis

Γ; Σ {Θ, Λ}

1 imperatur CT: imparuo F ‖ **2** adiungit *scripsi*: adiungitur (coniungitur B) ω ut] *om.* B ‖ **4** PIETATEM GNATI] *om.* Θ | *post* GNATI *add.* non te miseret mei Λ ἔλλειψις *Steph.:* eclipsis ω ‖ **5** impietatem *Wess.:* impietate ω ‖ **6** parricidam] particulam C ‖ **8** c.] CA. B: CAPERE Λ | σύλλημψις *Steph.:* syl(l)empsis (*uel* sill-) ω ‖ **9** me extrinsecus B

1.1. (= u. 872) QVIS ME VVLT P. P. EST hic accusatio est, quae soluitur defensione: in eo quod ad amorem pertinet, per concessionem, in eo quod ad Critonis personam, per coniecturam. 1.2. QVID
AIS OMNIVM ἀποσιώπησις tertia. Et est ad deformationem perso-
5 nae. 1.3. Et est irati familiaris ἀποσιώπησις, cum pro dignitate
peccati non inueniat conuicium. 1.4. Et 'quid ais' non est interrogantis sed inuehentis. 1.5. Et est ἔλλειψις multa significans, quod
ait 'omnium'.

3. (= u. 874) QVASI QVICQVAM IN H. I. G. D. P. quam quod fecit,   *242W.*
10 quam quod peccauit.

4.1. (= u. 875) AIN TANDEM C. G. E. quaerit Probus 'ain' quae
pars orationis sit et an una sit (*frg. 46 Vel.*). Est autem 'ain' quasi
'aisne'. 4.2. Et mire, quasi ipse dicat, quod Dauus dixerat. 4.3. Ergo
'ain' percontatiuum uerbum est. 4.4. TANDEM pro 'tamen'. 4.5. ITA
15 PRAEDICANT artificiose pro 'dicunt' posuit: adeo in hac re

---

1.4 *cf. Don. An. 137.1; Id. ibid. 301.5; Id. ibid. 616.1; Id. Eun. 654; Eugr. Phorm.
754* ‖ *4.1 cf. Cic. orat. 154; Don. Hec. 415.2; Cur. epit. Don. 50* ‖ *4.4 cf. Don. Ad.
685.3; Id. Eun. 907.1; Id. An. 521.3; Non. pp. 652–653 L.; Seru. auc. Aen. 1, 369*

Γ; Σ {Θ, Λ}
4.1–4.5 Bern. 276: Donatus dicit quod ain ·|· aisne est uerbum perconctatiuum ·|·
interrogatiuum. hoc dicit in commento Andrie. Probus uero querebat an esset una pars
orationis

---

1 ME VVLT] ME VEL C (*corr.* C²): ME RVIT T: ME VOLT F | P. P.] *om.* B | P.₁ AKF:
PERII CT Λ | P.₂] PATER Λ | EST₁] *om. sp. rel.* C: ETS F: E. T ‖ **2** conceptionem
Θ ‖ **4** OMNIVM] IMPIVSVM C ('s' *del.* C²): ENIM T: ANIMVM F | ἀποσιώπησις
Steph.: aposiopesis ω (aposio pedes A) ‖ **5** ἀποσιώπησις *Steph.*: aposiopesis
ω ‖ **6** Et] *om.* Λ | agis AK ‖ **7** inuehementis AT | ἔλλειψις *Steph.*: E ΛΛ I ΨIC
A: eclipsis B Λ: *om. sp. rel.* K Θ (*etiam* 'et est' *om.* T) | *post* significans *add.* in
eo Λ | quod – omnium] *om. sp. rel.* T | quid ais CF ‖ **9** H.] HVNC B Λ | I.–P.]
om. B | I.G.] I. O. C: I. G. *uel* IAM GRAVIVS *codd.* Λ | D. P.] O. P. K: D. P. *uel* DICI
POSSIT Λ | quod] quid A: *om.* Σ (*exc.* β) ‖ **10** quod] *om.* A Σ (*exc.* β) ‖ **11** AIN₁]
AIN *ex* AM C²: *om. sp. rel.* F ‖ **12** an] ain Γ | una] unde Γ ‖ **14** percuntatiuum B:
percontantium C: per contrarium T | ITA] *om.* B ‖ **15** *ante* artificiose *add.*
praedicant *Wess.* (*coll. sch. 6.3*) | pro dicunt] productum Θ (-dictum F) | *ante*
posuit *add.* praedicant C (*del.* C²)

uehementer commotus senex hoc ipsum repetit 'praedicant' per
iracundiam. Et ita est ἐν ἤθει, ut repetantur uerba, in quibus
arguitur impudentia.

    5.1. (= u. 876) Et 'confidentia' modo pro audacia et pro impro-
bitate, ut in Phormione (u. 123) 'homo confidens'; aliter ac supra   5
(u. 855) 'confidens' pro constanti et graui. 5.2. Ergo 'confidentia'
interdum in mala significatione, interdum in bona significatione
ponitur; sed 'fiducia' semper in bona significatione ponitur.

    6.1. (= u. 877) NVM COGITAT Q. D. 'amens' est, qui nesciat quid
dicat, 'amentior', quem non paeniteat facti sui. 6.2. NVM COGITAT   10
QVID DICAT quia iniuriarum se alligat. 6.3. NVM FACTI PIGET quia
243W. 'praedicant' dicit, non 'dicunt'. 6.4. Et ut solent irascentes, auertit
orationem a secunda ad tertiam personam, *ab ea cum qua loque-*
batur ad aliam.

5.1 *cf. Don. An. 855.5; Id. Phorm. 123.2; Comm. Mon. Phorm. 123, p.156 S.;*
Comm. Bruns. An. 876: audaciam et superbiam, confidentiam proprie in malo;
[Acro] Hor. serm. 1, 7, 6; Seru. Aen. 1, 132; Seru. auc. georg. 4, 444; Charis. ars
p. 254, 23 B. ‖ *5.1–5.2 Non. p. 401 L.; Mar. Victor. rhet. 2, 163, p. 208 R.; Seru.*
Aen. 1,132: [...] Et hoc loco fiduciam pro confidentia posuit, cum fiducia in
bonis rebus sit, confidentia in malis; *Seru. auc. Aen. 2, 61; Isid. diff. 1,128,*
p.152 C.; Diff. ed. Beck p. 58,24; Diff. GL Suppl. p. 287, 26; Cur. epit. Don. 148
6.1 *cf. Seru. Aen. 12,622:* AMENS consilii egens, nescius rei gerendae; *Cur. epit.*
Don. 66

Γ; Σ {Θ, Λ}

1 senex Λ: Chremes Γ Θ | repetit] redderet ε | praedicit Θ ‖ **2** est ita Θ | ἐν
ἤθει *Steph.:* ΕΝΗΦΕΙ Β: ΕΝΘΕΙ Α: *om. sp. rel.* Κ Σ: ἔλλιψισ M⁴ | repetuntur Λ
4 *ante sch. 5.1 add.* o ingentem confidentiam Λ | modo–**6** confidentia] *om.* T
et *(iam* V) pro *Wess.:* est cum pro A: est cum BCF: est tamen pro ΚΛ *(cf.*
Cioffi 2015, p. 366) | *post* improbitate *add.* ponitur Λ ‖ **5** ac *Zeunius:* hic ω
7 in₁] pro β | significatione₁] *om.* ΒΣ ‖ **8** fidentia ΑΚ | significatione] *om.* Σ
9 *ante sch. 6.1 add.* o ingentem confidentiam Θ | NVM] NON Θ | Q.] QVIA Κ:
QVASI Θ: QVID Λ | DICAT Σ | quid] qui C ‖ **10** facti sui] facto *sp. rel.* F
11 QVID] QVASI α | DICAT] D. ΒΤ Λ | iniurias B: iniuriatum Λ | allegat ΤΛ
quia₂] qui B ‖ **12** dicit praedicant Λ (praedicatur T) ‖ **13** ab ea] *om.* Θ | qua]
quo ΑΚ ‖ **14** ad aliam] *om.* C

7.1. (= u. 878) NVM EIVS C. P. S. V. I. 'signum' est parua
quaedam significatio indicans totius rei qualitatem. 7.2. NVM EIVS
C. P. paterno animo dicit, namque patribus uelle erubescere filios
pudentesque esse familiare est. Cui contrarium est (*Ad.* 643)
5 'erubuit: salua res est'. 7.3. Hoc ergo dicit: nec timet, inquit, nec
eum paenitet nec pudet.

8.1. (= u. 879) VT PRAETER CIVIVM M. 'praeter' pro: contra
ciuium m. *Nunc enim 'praeter' 'contra' significat.* 8.2. INPOTENTI
minus potenti. 8.3. Vel certe debili et deuicto. 8.4. CIVIVM MOREM
10 ATQVE L. ET S. V. P. tria contempta sunt: mos, lex, imperium patris.

10. (= u. 881) TAMEN cum non dixerit 'quamuis', subiecit
'tamen'. — Et est figura ἀνακόλουθον.

11.1. (= u. 882) ME MISERVM initium defensionis et deploratio
calamitatis et miseriae, qua in amorem culpam remouet a uolun-
15 tate sua, cum pater, quod amat filius, uitium mentis dicat esse,
non impulsum dei. 11.2. MODONE ID DEMVM SENSISTI PAMPHILE
comprobatione ostendit eum esse miserum. 'Demum' autem

7.2 *cf. Don. Ad. 643.1; Id. Ad. 84.3; Cur. epit. Don. 820* ‖ *8.1 cf. Don. An. 436.1*
(ubi cf. alia); Cur. epit. Don. 675 ‖ *8.2 cf. Seru. Aen. 1, 502.; Charis. ars p. 303,4*
B.; Cled. ars p. 25, 24 B.; Agroec. de orth. 77, p. 86 P.; Synon. Cic. Charis. ars
428,5 B. ‖ *11.2 cf. Don. Ad. 938.4*

Γ; Σ {Θ, Λ}

1 NVM] NON K (*sic et infra*) | C.] COLOR Λ: *om.* B | P.] PVDORIS Λ | F. CF:
SIGNVM Λ ‖ **2** significatu A | qualitatem] significationem Θ ‖ **3** C. P.] COLOR
PVDORIS Σ | *ante* paterno *add.* s. Λ | uelle] *om.* Σ (*exc. α*) ‖ **5** *post* ergo *add.* sed
del. inquit C | dixit β ‖ **6** eum] *om.* B: ei (= enim ?) Θ ‖ **7** M. KBT: *om.* A: NON
C: MOREM F Λ | praeter pro A Θ: idest B: praeter K Λ ‖ **8** ciuium m. *scripsi:*
ciui. mo B: ciuium AK Θ: *om.* Λ | *an* ut sit contra *ante* ciuium *suppl. dub.*
Wess. | Nunc–significat] *om.* B ‖ **9** minus Λ: nimis Γ CT: idest nimis F
debilius CT ‖ **10** L.–P.] ET SVI IMPERIVM PATRIS B: ET SVI VOLVNTATEM PATRIS
uel ET S. V. P. *codd.* Λ | L. AK: LEGEM B Θ: L. *uel* LEGEM *codd.* Λ | contenta B
FT: concepta C | *ante* imperium *add.* et β ‖ **11** dixere C ‖ **12** figura] *om.* B
ἀνακόλουθον Steph.: anacolut(h)on ω ‖ **13** ME] ESSE CT ‖ **14** qua] quia B:
qu(a)e Θ ‖ **15** filium Σ (*exc.* C) | uitium–esse] dicat esse uitium mentis B
16 non] quasi Θ | dei] *om.* Θ ‖ **17** cum probatione β

signum est tarditatis. 11.3. Et 'sentire' dicitur, qui uix se colligit
uixque animaduertit, ut alibi (u. 470) 'uix tandem sensi stolidus'.

244W.   12. (= u. 883) OLIM obiurgatio est, quod dictum est 'olim'.
Confirmationem autem per repetitionem ostendit, ut ille (Verg.
Aen. 2, 602–603) 'diuum inc., d. ⟨h.⟩ e. o.'.   5

13. (= u. 884) ALIQVO PACTO quoquo modo.

14. (= u. 885) ⟨ACCIDIT⟩ euenit, fuit.

15.1. (= u. 886) SED QVID EGO CVR ME E. proprium est parentibus indignatione uelut abicere curam filiorum, cum destomachati
fuerint. 15.2. SED QVID EGO A. C. M. E. ἔλλειψις per ἀποσιώπησιν.   10
15.3. CVR ME M. C. MEAM S. non 'me' sed 'meam senectutem', quod
plus est et miserabilius, dicit.

16. (= u. 887) SOLLICITO sollicitam reddo, id est 'contristo' et
'perturbo'.

18.1. (= u. 889) IMMO HABEAT VALEAT VIVAT CVM I. non irascitur   15
ut pater, sed dissimulat ut alienus, quia uehementer dolet. 18.2. Et
HABEAT subauditur 'illam'.

11.3 *cf. Non. 358 L.; Id. 458 L.; Cur. epit. Don. 794* ‖ 12 *cf. Don. Ad. 392; Id. Phorm. 214.2* ‖ 13. *cf. Don. An. 49.1* ‖ 16 *cf. Don. An. 261.3 (ubi cf. alia); Cur. epit. Don. 831*

Γ; Σ {Θ, Λ}

1 est signum BT │ qui] quod B: quia CT ‖ **2** stolidus sensi B: sensisti stolide Θ ‖ **3** obiurg^s B: obiurgantis F ‖ **5** diuum] demum β │ inc. d. h e. o. Verg.: c. d. e. o. ω ‖ **6** sch. 13 post 14 in ω │ FACTO A ‖ **7** add. Steph. │ fuere Θ ‖ **8** CVR] AVT Θ │ E. Λ: EI. AK: EXCRVCIO B: ET Θ: MACERO α ‖ **9** indignationem AK │ uelut] *ante* indignationem *transp.* Λ │ obicere β ‖ **10** EGO] E. BT │ C.] CVR B: *om.* CF M] ME K CF: MA. T │ ἔλλειψις–ἀποσιώπησιν Steph.: ΕΛΜΙΨΙC P(ER) ΑΠΟCΙ ωΠΗCΙΝ A: ex eclipsis per aposiopesim B: e. *om. sp. postp.* K: e. *sp. interp.* per aposia *sp. post.* Θ: eclipsis per aposiopesim Λ ‖ **11** sch. 15.3 post 16 in ω M.] MEA C: MA. F: MACERO Λ │ C. MEAM] MEAM C: ME A. T: *om.* F: CVR MEAM Λ S.] SED C: SENECTVTEM B: SENECTVTEM ME F: SENECTVTEM *uel* s. codd. Λ **13** SOLLI B: SOLICITI Θ │ sollicitum CT │ id est] idem Θ ‖ **14** perturbo] conturbo B α ‖ **15** H. BT │ VALEAT] VA B: *om.* CF │ VIVAT CVM] VI CVM B: V. C. Λ │ I] IL. B: VL' C: ILLA F

19.1. (= u. 890) MI PATER 'mi' meus. 19.2. Et principium factum a conciliatione personae. 19.3. QVASI TV HVIVS I. P. 'huius' se ostendens dixit, ut ille (Verg. *Aen.* 9, 205) 'est hic, est animus lucis c.'

20.1. (= u. 891) DOMVS VXOR L. I. mira grauitate sensus elatus   *245W.*
5   est; nec de Menandro, sed proprium Terentii. 20.2. 'Liberi inuenti' dixit, cum unus esset; sed inuidiosius 'liberi'. 20.3. Et 'inuenti', non 'geniti', secundum illud (u. 506) 'hoc ego scio, neminem p. h.' 20.4. Addidit 'domus', non 'lupanar'. 20.5. Oratorie de uno pluraliter loquimur.

10   21. (= u. 892) VICERIS uerbum est eius, qui uix sibi extorquet, ut abiciat curam, et proprium patribus ac familiare iratis.

22. (= u. 893) PATER LICETNE P. titubans et balbutiens oratio pudore et conscientia.

24. (= u. 895) AT TAMEN DICAT SINE AGE DICAT hoc totum non
15   ex animo permittentis, sed cum stomacho patientis est.

25.1. (= u. 896) EGO ME AMARE H. F. ἀμφιβολία τῆς ἐρωμένης. 25.2. HANC FATEOR bene 'hanc' dicit, non 'Glycerium', cuius in

---

19.1 *cf. Don. An. 685.2 (ubi cf. alia)* ‖ 19.3 *cf. Seru. Aen. 9, 203:* 'Hic' *potest esse et aduerbium demonstrantis, ut sit* 'est hic', *id est in meo pectore* 20.1 *cf. Maltby 2014, p. 212* ‖ 20.5 *cf. Don. Phorm. 87.3; Id. Hec. 770.1–2; Jakobi 1996, pp. 125–126* ‖ 25.2 *cf. Don. Eun. 107; Id. ibid. 108.2; Id. An. 85.4; Id. ibid. 146.1–2; Id. ibid. 496.3; Id. Phorm. 415.1*

Γ; Σ {Θ, Λ}

1 factum principium B ‖ **2** consolatione CT (*corr. in* conciliatione C²) | *post* personae *add.* poetae B | QVASI–P.] *om.* B | *post* HVIVS *add. m.* C | I.] D. C: INDIGNAS F: INDIGEAS *uel* I. *codd.* Λ | P.] PATRIS *uel* P. *codd.* Λ | ostendens se Θ ‖ **3** animus] *ante* hic *transp.* Σ | c.] con. B: ô A ‖ **4** L.] LI. B: LIBERI *uel* L. *codd.* Λ ‖ **5** *post* Terentii *add.* est Λ | Et *ante* Liberi *add.* Σ ‖ **6** dixit–inuenti] *om.* T | dixit *Jakobi* GFA*: dicit ω | inuidiosum CF | non geniti] ingeniti B **7** hoc] *om.* Λ | p. h.] peperisse hic B ‖ **8** domus addidit Λ | *ante* oratorie *add.* et Λ ‖ **9** loquimur] dixit seu loquitur ε ‖ **10** VICERIS] VISCERIS A: NI RERIS C: *om.* T: *iter.* Λ ‖ **11** ut] *uel* C | curat B | *ante* ac *add.* est Λ ‖ **12** LICETME FΛ PAVCA LO B: PAVCA FΛ ‖ **13** *ante* pudore *add.* prae *Schopen** ‖ **14** TAMEN] TANTVM B: TVM Λ | non] *om.* B ‖ **15** permittentibus T: promitt- β | est] *om.* C: *ante* sed *transp.* Λ ‖ **16** EGO–F.] EGONE AMARE H. S. A: HANC A ME FATEOR B ἀμφιβολία τῆς ἐρωμένης *Lind.*: AmFIBOLIA THCEPωMEN E C A: amfibolia THCHPO MEN E C B: amphibolia(m) *interp. sp.* e c K: a(m)phibologia *interp. sp.* me nec (et Λ) Σ: ἀμφιβολία τίς ἐρῳ *Steph.* ‖ **17** in A, K (*incert.*): *om.* B Σ

nomine offenditur senex, nec 'peregrinam', ignominiam scilicet
uitans. 25.3. SI ID PECCARE EST FATEOR noli, inquit, me incusare,
quoniam amo; amantem enim nemo incusat, ut febricitantem
nemo potest incusare, cur febricitet. Sed amare, inquit, si putas
esse peccatum, fateor me etiam hoc peccasse. Mire igitur et subde-   5
fendit culpam et assensus irato est. 25.4. FATEOR ID QVOQVE 'me
peccare' scilicet. 25.5. SI ID PECCARE EST 'peccare': quia amor deus
est, non uoluntas.

246W.   26.1. (= u. 897) TIBI PATER ME DEDO bene 'dedo' quasi hostilia
et contraria uolenti, nam 'deditio' in hoste fieri solet. 26.2. QVID   10
VIS ONERIS IMPONE IMPERA exsecutus est translationem oneris
dicendo 'impone' 'impera'.

27.1. (= u. 898) VIS ME VXOREM D. H. V. A. quod unum est, duo
fecit, ut ostendat se non posse sufferre. 27.2. VT POTERO FERAM
obsequium sine uoluntate ostendit. Et multum ualet sub Chreme-   15
tis praesentia haec confessio ad recusandas nuptias.

28.1. (= u. 899) VT NE CREDAS pro 'ut non'. 28.2. ALLEGATVM
adhibitum. 28.3. HVNC SENEM Critonem scilicet. 28.4. Et non
'Critonem' sed 'senem' dicit, ut de hac appellatione pondus adice-
ret testimonio.   20

26.1 *cf. Don. An. 63.2; Id. ibid. 199.2* ‖ 28.1 *cf. Don. An. prol. 3.1 (ubi cf. alia)*
28.2 *cf. Varro ling. 6,66; Isid. orig. 10,20*

Γ; Σ {Θ, Λ}·

1 senex] *om.* Λ ‖ **2** noli] non est A: mali C | *ante* me *add.* de A | incusare AB:
accusare Θ: recusare KΛ ‖ **3** quoniam] quâ A: quia Θ ‖ **4** potest] *ante* cur
transp. Θ | accusare Θ | febricitet] febriciter C: febricitum T | putes Λ
5 peccatum esse Θ ‖ **6** irato] *om.* T | est] ad te C: ac de F: et de T | ID QVOQVE
me B: me ID QVOQVE A Θ: ID QVOQVE K Λ ‖ **7** peccare₁] peccato (*s.l.* uel re)
A | ID] *s.l.* C² | *ante* PECCARE₂ *add.* QVOQVE Θ | PECCARE₂] P. AK: *om.* B | *post*
peccare₃ *add.* dicit Λ | quia] quare C ‖ **9** PATER] PATET C: PATRI T | dedo₂ BΛ:
dedam AΘ: *om.* K ‖ **10** uolenti] nolent C | in hoste] inhoneste C: inhonestis
T ‖ **11** ONERIS₁ – **12** impera] O. DICENDO IMPO ME INPERA T | IMPONE IMPERA]
om. BF ‖ **12** dicendo] dedo C | impera] et feram *edd. uett., fort. delend.* ‖ **13** D.]
DVCERE BFT Λ | H.] *om.* B: HANC Λ | V.] VIS B | A.] AMITTERE B: ET Θ | est]
om. B: *om. sp. rel.* K ‖ **14** ferre B Θ ‖ **16** confectio C ‖ **18** scilicet] *om.* B: *om. sp.
rel.* F

29. (= u. 900) SINE PATER 'ut me purgem', non 'adducam'.

30.1. (= u. 901) AEQVVM POSTVLAT DA VENIAM artificiose interponit loquentem Chremem, quem uolens usque ad cognitionem filiae retinere non facit irasci Pamphilo ob contemptum filiae suae
5 et propter hoc abire de medio. 30.2. DA VENIAM concede et indulge.

31. (= u. 902) AB HOC ME FALLI COMPERIAR o paterna pietas! Ipse accusator est et redargui se cupit.

32. (= u. 903) PAVLVLVM S. S. E. P. 'supplicium' dicit ipsam
10 accusationem.

30.2 cf. Don. Ad. 942.1; Synon. Cic. Charis. ars 428.7 B.

Γ; Σ {Θ, Λ}

1 sch. 29 post 30 in ω | PATER–purgem] om. AB | PATER Σ: PATERE K α | ut me K: idest ut me Λ: idest Θ (om. C: s.l. C²) ‖ **2** DA] AD C ‖ **3** Chremetem B Σ recognitionem B ‖ **4** retinere–filiae₂] om. ε ‖ **5** propter Rabbow (1897, p. 380): post ω | concedo C² | et₂] om. FT ‖ **7** AB] AD Θ ‖ **8** ⟨ut⟩ et A: et ⟨ut⟩ B redarguit A ‖ **9** PAVLVLVM] om. B: PAMPHILVM C | s.₁–P.] SVP B: T. P. Θ: SVPPLICI SATIS EST P. Λ | dicit] d (dicit K) dicit AK

247W.   1.1. (= u. 904) MITTE ORARE VNA HARVM QVAEVIS C. hic in scaenam progreditur Crito, in cuius uerbis non modo quod ipse promittit, sed etiam quid ei Pamphilus dixerit, demonstratur. Et hic omnino error omnis aperietur fabulae. 1.2. MITTE O. V. H. Pamphilo dicit. 1.3. Et dicendo 'una harum' ostendit multas esse 5 causas et iam pares esse magnitudine dicendo 'quaeuis'.

3.1. (= u. 906) ANDRIVM EGO C. bonum initium cognituri filiam, itaque compendii causa non laborat de agnitione personae Critonis, ut ab eo facile doceri possit. 3.2. SALVVS SIS CRITO ne laboret ad persuadendum, miro compendio poetae iam Crito notus est 10 Chremi.

4.1. (= u. 907) QVID TV A. I. 'insolens' insuetus, insolitus. Cicero (*Deiot.* 5) 'moueor etiam loci i.', Sallustius (*Hist.* 4, *frg. 46 R.*) 'insolens uera accipiendi'. 'Insolens' et 'arrogans' intellegitur. 4.2. Qui praeter legem agit humanam et naturalem, 'insolens' dicitur. Cice- 15 ro (*Marcell.* 9) 'in uictoria, quae natura insolens et s. e.' 4.3. EVENIT SED HICINE EST SIMO pudet fateri propter hereditatem uenisse. Et

1.1 *cf. Don. Ad. 221* ‖ 4.1–4.2 *cf. Non. p. 505 L.; Porph. Hor. carm. 2, 4, 2; Charis. ars p. 411,24 B.; Synon. Cic. Charis. ars p. 424, 26 B.; ibid. p. 423,19 B. (cf. et ibid. p. 437, 27 B.); Diff. ed. Beck p. 28, 4; Cur. epit. Don. 440*

Γ; Σ {Θ, Λ}

1 ORARE–C.] etc B | HARVM] H. CT | QVAEVIS] Q. V. CT: Q. V. *uel* QVAEVIS *codd.* Λ | CAVSA *uel* C. *codd.* Λ ‖ **2** scena A Θ ‖ **3** promitte A: promittat KΛ etiam] et C | quid K (*incert.*) F: quod A CT: *om.* B: quod *uel* quid *codd.* Λ dixerat T ‖ **4** omnino] omnia Θ | error–5 Pamphilo] *om.* Θ | MITTE–5 Et] *om.* B | O. V. H. AK: ORARE VNA HARVM *uel* O. V. H. *codd.* Λ ‖ **5** esse multas C **7** C.] CRITO B: *om.* AK Θ: CRITONEM ε | agnituri Σ ‖ **8** causas AK | agnotione C: agna *sp. rel.* F: agnitudine β ‖ **9** posset AK: possunt C | CRITO] C(H)REME Λ ‖ **10** compendium A (*ante corr.*) | Crito] *om. hic, post* est *transp.* Λ **12** QVID–A. I.] *om.* B | *post* QVID *add.* iam β | A. I. AK: ATH C: A I(N) T: ATH INSO F: ATHENAS INSOLENS Λ | insolens] *om.* AK Θ | insuetus] insultus A: *post* insolitus *transp.* ε ‖ **13** etiam] *ante* moueor *transp.* Θ | loci i. *Cic.*: locus K, *in ras.* A: locu B: loci Σ ‖ **14** Insolens] *om.* Θ ‖ **16** quae] quod Θ | s. e.] s. CF: *om.* T ‖ **17** *post* fateri *add.* se β | propter] *om.* Θ

uide ipsum esse, qui dixerat supra (uu. 814–815) 'clamitent me   *248W.*
sycophantam, h. p., m.'

6. (= u. 909) ITANE HVC PARATVS id est subornatus et composi-
tus dolo.

5   7.1. (= u. 910) TVNE IMPVNE H. F. mire acriter aggressus Critonem dilatauit incusationem et generalem fecit uirtute oratoria,
quae δεινότης dicitur. 7.2. TVNE HIC id est Athenis, ubi delicta
uindicantur.

8. (= u. 911) IN FRAVDEM INLICIS 'inligas', unde Vergilius (*ecl.* 8,
10 73–74) 'terna tibi haec primum t. d. c. l. c.'; 'licia' enim [hic] sunt
quasi 'ligia'.

9.1. (= u. 912) SOLLICITANDO ET POLLICITANDO EORVM ANIMOS
LACTAS hinc etiam 'oblectatio' dicitur. 9.2. LACTAS quasi teneros
animos. 'Lactare' est dulcedine aliqua tenere, ad persuasionem
15 inducere, unde et 'delectare' et 'oblectare' dicimus.

7.1 *cf. Don. Ad. 410; Id. Hec. 210.2*: Haec exaggeratio est, quae δεινότης
appellatur, cum ex uno maleficio multa fiunt ab oratoribus crimina
8. *cf. Seru. ecl. 8,73*: Bene utitur liciis, quae ita stamen implicant, ut haec
adulescentis mentem implicare contendit; *Philarg. Verg. ecl. 8, 74; Paul. Fest.*
p. 26 L.; Non. I 11, p. 18 Maz.; Isid. orig. 19, 29, 7; Synon. Cic. Charis. ars p. 444,
13 B.; Cur. epit. Don. 410 ‖ 9.1 *cf. Isid. orig. 10, 199* ‖ 9.2 *cf. Don. An. 648.1–2*
(ubi cf. alia)

Γ; Σ {Θ, Λ}
9.2 cod. Vict. (D): aliter "lactas" s. D.

1 uidet Θ | qui] quae Θ | dixerat] dixerit B β | supra] *om.* β | clamitent A² B T:
clamitant AK CF Λ | me] *post* dixerat *transp.* B ‖ **3** *post* PARATVS *add.* ADVENIS
Σ | id est] impune B: *om.* T: hoc est Λ | compositor doli Θ (-sisio T) ‖ **5** H. F.]
om. Θ: HOC FACIAS *uel* H. F. *codd.* Λ | Critonem aggressus Σ ‖ **6** incusationem]
in accusationem C | et] esse C (*corr.* C²) | facit C | uirtutem oratoriam Γ
7 quae] *om.* Θ | δινοτης M⁴: ΔΙΗΟΤΗC B: ΔΙΝΟΤΗC A: *om. sp. rel.* K Σ | id
est] idem Θ ‖ **9** IN FRAVDEM] *om.* B | INLICIS] ILLIVS B ‖ **10** terna (ter β) –
haec] *om.* B | t.–c.₂] triplici distincta colore licia circumdo B | l.] b. Θ | hic ω
(dicta D), *deleui* ‖ **12** sch. 9.1 *om.* B | ET AKT: *om.* CF: ATQVE *uel* NEQVE *codd.*
Λ | POLLICITANDO] *om.* C: POLLICENDO Λ ‖ **13** hic Θ | et C: esse F | oblatio Θ
LACTAS₂] *om.* Θ ‖ **14** est] *om.* Θ | ad (*om.* C, *rest.* C²) persuasionem] ac
persuasione *Wieling ap. Westerh.* ‖ **15** *post* unde *add.* oblectatio B

10.1. (= u. 913) AC MERETRICIOS A. N. C. uide oratorie agi: ut grauius Critonem accuset, Simo nunc defendit filium, quem iamdudum increpuerat. 10.2. AC MERETRICIOS AMORES peius lenocinio crimen ingessit, non 'amicam' facere de meretrice, sed 'coniugem'. 10.3. NVPTIIS CONGLVTINAS hoc grauius est lenocinio.   5

11.1. (= u. 914) METVO VT S. H. 'ut' 'ne non'. Lucilius (*frg.* 10 *Cha., sep. inc. sed.*) '⟨me⟩tuam, ut memoriam retineas'. 11.2. Et bene 'hospes' ait, non 'homo' uel 'Crito': est enim ⟨in⟩ ipso nomine causa diffidentiae.

12.1. (= u. 915) NON ARBITRERE id est non arbitreris. 12.2. BO-   10
NVS EST HIC VIR cum pondere et distinctione inferendum. 12.3. HIC SIT VIR B. 'hic' per ironiam: nec uirum nec bonum esse dixit. 12.4. HIC VIR SIT B. mire poeta, cum oportuerit Critonem inimiciorem Chremi esse quam Simoni, sic rem inducit, ut ei sit notior, contra quem maxime uenerat, atque ab eo defendatur magis, ut   15 res progredi ad catastropham possit.

13. (= u. 916) IN IPSIS N. in ipso articulo nuptiarum.

14. (= u. 917) VT VENIRET ANTEHAC N. plerumque casus imitatur industriam et hinc saepe fit, ut etiam sedulo facta suspecta sint.

11.1 *cf. Don. An. prol. 3.1 (ubi cf. alia)*

Γ; Σ {Θ, Λ}

1 AC–C. AK: CONGLVTINAS B: AC MERETRICIOS AMORES NVNC C: AC MERE-TRICIOS A. N(V). C(ON). FT: AC MERETRICIOS AMORES NVPTIIS CONGLVTINAS Λ | uide] un(de) K T: inde C | oratorie] amatorie (*iter.*) B | agit CT **2** accusent C: assenset T | defendat CT ‖ **3** increpauerat Σ | MERETRICIS A AMORES] A. K T | peius] penis A ‖ **4** crimen] *post* ingessit *transp.* B: Chritonem F | ingressit CF ‖ **6** *post* VT *add.* i. K | s. h.] SVB. B: SVBSTET HOSPES Λ **7** metuam *Bentley**: tuam AK Λ: tu iam B Θ | retineas A: retinebas BK Σ **8** ait] at Θ | uel] non B | *add. Zeunius* ‖ **10** ARBITRARE β | id est K Λ: et Θ: iam AB | non₂] nunc Θ | arbitreris β: arbitraris ω ‖ **11** inferendum] ponendum α **12** VIR AK: *om.* Θ: *ante* SIT *transp.* Λ | B. AK: BO. B: BONVS Σ ‖ **13** HIC–B.] HIC S. BO. B: *om.* C: HIC V. S. T: FIT F | B.] BONVS *uel* B. *codd.* Λ | inimiciorem] *om. sp. rel.* K ‖ **14** esse] Chritonem Θ | Simonem Θ | ei] *post* notior *transp.* Σ (*om.* T) ‖ **16** progredi ad] progrediatur Θ | castastrafon Θ (castastrfon C, *corr.* C²) posuit C (*corr.* C²) ‖ **17** N. *Wess.*: NVPTIIS K Σ: N. VETVS A: *om.* B ‖ **18** N. AK: NVMQVAM B: *om.* Σ ‖ **19** hinc] hoc Θ

249W.

16.1. (= u. 919) SYCOPHANTA hoc est, quod minime uoluit sibi
dici Crito, nam ita locutus ⟨est⟩ (uu. 814–815) [ut] "clamitent me
sycophantam, hereditates p., m.". 16.2. HEM principium iracundiae: *250W.*
audiuit enim, quod maxime uitabat; nam ait supra (uu. 814–815)
5   'c. m. ⟨s.⟩'. 16.3. SIC CRITO EST HIC MITTE hic Chremes traducit
illum ab iracundia dicendo sic eum esse. Menander (*An., frg.* 48
K.-A.) οὕτως αὐτός ἐστιν. 16.4. Et recte, quia naturae ignoscitur,
uoluntati non.

17. (= u. 920) SI MIHI PERGIT QVAE VOLT DICERE grauiter et
10   mature.

18.1. (= u. 921) EGO ISTAEC MOVEO AVT CVRO est enim syco-
phantae perturbare rem bonam et curare malam. Hoc ergo dicit
cum ὑποκρίσει: ego haec turbo aut cogito, quemadmodum tu
dicis, Simo? 18.2. NON TV TVVM M. AE. A. F. 'malum feres': non
15   'filium', sed 'amorem in filio' significat. An quia iratus est? 18.3. Et
quaere, an conueniant haec uerba pro Pamphilo uenienti. Immo
enim conueniunt; nam quanto magis dissimulat fauorem, tanto
plus acquirit ad ea, quae loquitur.

16.2 *cf. Don. An. 184.1 (ubi cf. alia)*

Γ; Σ {Θ, Λ}
16.3 cod. Vict. (D): "sic" scilicet "Crito est hic mitte" s. D., hic enim Chremes traducit illum
ab iracundia dicendo sic eum esse
18.1 cod. Vict. (D): id est turbo s. D.

1 SYCOPHANTAM CF | uolet Θ ‖ **2** ⟨est⟩ Λ: *om.* ΓΘ | supra *post* est *add.* Λ
Steph. | ut *del. Steph.* ‖ **3** hereditatem B | p.–**4** uitabat *om.* Θ | p.] pe B: *om.* Θ
m] *om.* Θ ‖ **4** ait *Wess.*: ut ω ‖ **5** s. *add. Wess. (praeeunte V)* | *post* SIC *add.* me
Θ | HIC EST Λ | MITTE] *om.* B | inducit C: reducit T ‖ **6** Menander–**7** ἐστιν]
om. nul. sp. B ‖ **7** οὕτως–ἐστιν *Clericus (1709, p. 16):* otoy artoc ET TIN A:
otor artor *sp. rel.* K: οὕτοσ αὑτὸσ ἐστιν M⁴: *om. sp. rel.* Σ ‖ **8** *post* non *add.*
item *Steph.* ‖ **9** SI] SED Θ | QVAE] QVOD C | VVLT CF: v. T ‖ **11** ISTAEC] INSTA
HAEC A: ISTA ET K: ISTA HEC Θ | MONEO Σ ‖ **12** *post* curare *add.* rem α | ergo]
igitur Σ ‖ **13** cum] cur Θ | YΠORPICEI AB: ὑπόκρισει M⁴: ei *sp. praep.* K: *om.
sp. rel.* Σ | *ante* ego *add.* ei K ‖ **14** TVVM–A.] *om.* B | TVVM] NŪJ C: TE T | M.]
MALVM Λ | AE] E. *uel* AEQVO *codd.* Λ | F.] FERES B: FERES *uel* F. *codd.* Λ
malum feres] *om.* Λ (*exc.* β) ‖ **16** quaere *Wess.*: querere Γ: quare Θ: querens Λ:
quaeritur *Steph.* | pro] *om.* Θ | uenienti] ueniam petenti *Teuber** | Immo enim]
om. sp. rel. K | immo] uno CF ‖ **17** fauore B ‖ **18** adquirit A: adquiro K | ad ea]
adeo Θ

19. (= u. 922) IAM SCIRI P. addidit et temporis celeritatem et magna maturitate dixit.

20. (= u. 923) ATTICVS QVIDAM N. F. haec pars argumenti est, quae et supra (u. 221) iam dicta est.

21. (= u. 924) FORTE ADPLICAT 'adplicat' proprie de naufrago in 5 litus eiecto atque egenti.

22.1. (= u. 925) PRIMVM AD C. P. quid est 'primum'? An quia postea mortuus est? 22.2. FABVLAM IN. aut ad comoediam rettulit 'fabulam', quia 'fabula' comoedia est et quia argumentum quasi 'fabulae' narratur, aut certe ad irrisionem narrationis dicit; etenim 10 'olim' fabulae proprium est, ut Horatius (*serm.* 2, 6, 79–81) 'olim rusticus urbanum murem mus paupere fertur accepisse cauo, ueterem uetus hospes amicum.'

23.1. (= u. 926) ITANE VERO OBTVRBAT si subdistinguitur, 'inter- strepit' accipe, sin distinguitur, 'euertit' intellegas. 23.2. ITANE VE- 15 RO OBTVRBAT potest 'itane uero' subdistingui et sic cum commi- natione inferri 'obturbat'.

24. (= u. 927) IBI AVDIVI EX ILLO magna confirmatio ueritatis est.

---

21. *cf. Non. p. 356 L.; Cur. epit. Don. 74; Fantham 1972, 42–43.* ‖ 22.1 *cf. Don. Ad. prol. 7: ut apud Graecos* δρᾶμα, *sic apud Latinos generaliter fabula dicitur, cuius species sunt tragoedia, comoedia, togata [...]; Id. exc. de com. V 1sqq., p. 22 W.* ‖ 22.2 *cf. Varro ling. 6,55; Diom. GL I 490,22; Macr. somn. 1,2,7–9; Isid. orig. 1,40,1* ‖ 23.1 *cf. Eugr. ad loc.*

Γ; Σ {Θ, Λ}

1 SCIRE Λ | P.] PO B: Θ: POTES Λ ‖ **3** *post* QVIDAM *ex Ter. add.* o. F: *add.* olim Λ N. F.] NAVI FRACTA *uel* N. F. *codd.* Λ ‖ **4** dicta est *Wess.*: dicte A: dicta BK Σ **5** FORTE ADPLICAT] *om.* B | adplicat₂] *om.* Σ | naufragio Σ ‖ **6** lites C: litit T iniecto CT: iacto F | atque agenti CT ε: *om.* B ‖ **7** PRIMVM] *ex* PRIMO *corr.* C² AD C. P. AK: *om.* B: AD CHRISIDIS P.(ATREM) Σ ‖ **8** postera Θ | est] *om.* Γ | IN. B: *om.* AK Σ | ad] *om.* C ‖ **11** olim₁] *iter.* B | proprium fabulae B | ut] *om.* B β Horatius] *om.* B ‖ **12** paupere] *om.* Θ | effertur Θ ‖ **14** si] sed K: sic B: *om.* C: similiter F | subdistinguit ω, *correxi*: subdistinguis *Zeunius* | intrestripit C: *om.* T ‖ **15** distinguit ω, *correxi*: distinguis *Zeunius* ‖ **16** OBTVRBAT Λ: OB. B Θ: o. AK | com(m)unicatione Θ ‖ **18** IBI] ID K Λ | AV. BT | IL. B | ueritas AK

25.1. (= u. 928) NOMEN TAM C. T. non negantis est, sed difficile se dicturum ostendit. 25.2. PHANIA hoc ita dicit Crito, ut nemo audiret, scilicet adhuc dubitans an ipse sit. 25.3. HEM sunt qui putent Simonem dicere irascentem filio Critonem submonenti.

5   26.1. (= u. 929) PERII hoc Pamphilus propter iracundiam patris. An Chremis est dolentis uel eius mentionem uel quod in filiam paene peccarat? 26.2. VERVM HERCLE O. hoc adhuc cunctanter est   252W. dictum et ideo indiget confirmationis.

27.1. (= u. 930) RHAMNVSIVM SE 'Rhamnusium': Piraeus,
10   Sunium et cetera huiusmodi maritima ⟨τῆς⟩ Ἀττικῆς proprie intellegenda sunt. 27.2. 'Rhamnus' pagus Atticae est.

28.1. (= u. 931) MVLTI ALII IN ANDRO hoc testimonium 'caecum' dicitur; testimoniorum enim modus duplex est: 'manifestus' et 'caecus'. 'Manifestus' est, qui certos testes et praesentes habet,
15   'caecus', in quo multitudinem aut ciuitatem dicimus scire, ut Cicero (*Verr.* 2, 3, 149) 'testis est tota Sicilia' quod tamen audientem consternat. Est etiam in 'caeco' iusiurandum, tabulae absentesque personae.

25.3 *cf. Don. An. 184.1 (ubi cf. alia)* ‖ 27.1–27.2 *cf. Don. Eun. 290.5:* Piraeeum, ut Sunium, est Atticae maritimae accessus litoris clementior; *Plin. nat. 4, 24, 1; Id. ibid. 4, 27, 1.* ‖ 28.1 *cf. Quint. inst. 5, 7, 1*

Γ; Σ {Θ, Λ}

1 C. T. AKT: CITO B: CITO TIBI Σ ‖ **2** PHANIAM Λ | ita] ipse C (*corr.* C²) **4** putant Σ | sermonem CT | submouenti C ‖ **5** propter *Schopen**: post ω ⟨post⟩ patris A ‖ **7** O. AK: om. B CT β: QVI F | cunctanter] i(n)e^i um totum C: in eautontuntum F: ineuto(n)tum T: contanter *uel* cunctanter *codd.* Λ **9** RHAMNVSIVM SE Rhamnusium] RĀNVSI 'uerserā nusiū A: RĀ s (*del., ut uid.*) rannusium B: RAMNISIVM se Ramnusium K: PANVSIVM seranusium C: RHAMNVSIVM F | Piraeus (*sic iam edd. uett.*), Sunium *scripsi (coll. Eun. 290.5):* Piraeum Rhamnus ω *Wess.* | *post* Piraeus *transp.* 27.2 Rhamnus – est ⟨et⟩ Λ **10** et–**11** Rhamnus] *om.* Θ | τῆς Ἀττικῆς *scripsi:* ΑΠΙϹΕ A: *om. sp. rel.* K: Atticae BΛ | propria KB²: propria *uel* proprie *codd.* Λ ‖ **11** Attica AK ‖ **12** IN ANDRO] *om.* C: IN AN. B ‖ **13** ducitur CF | modus *post* est *transp.* Λ ‖ **14** est] *om.* B | quod A | testes *post* praesentes *transp.* C ‖ **15** *ante* multitudinem *add.* aut α | scire] *om.* β ‖ **16** Sicilia ω: prouincia *Cic.*

29. (= u. 932) CVIAM IGITVR uetuste ⟨'cuiam'⟩, quod omnibus generibus et casibus seruit.

30.1. (= u. 933) ARRIGE AVRES P. translatio a pecudibus, quibus intendit† accipiendam esse uocem. 30.2. ARRIGE A. P. hoc Simo uidetur dicere, ut alii putant, ipse sibi Pamphilus.   5

31. (= u. 934) NORAM ET SCIO 'noram' Phaniam, 'scio' fratrem fuisse. Ergo et ad personam et ad rem rettulit.

253W.   32.1. (= u. 935) MEQVE IN ASIAM P. P. bene 'in Asiam', ubi bellum non erat, sed in Graecia. 32.2. Et 'persequens' dixit perse-uerationem sequentis ostendens; 'persequitur' enim, qui non   10
desinit sequi. Vergilius (Aen. 9, 217–218) 'multis e matribus a. p.'

34.1. (= u. 937) VIX SVM APVD ME hoc est argumentum sapienti-bus laetitiam uehementem in bonis moderandam, cum unus quisque gaudens ita perturbetur, ut apud se ipsum iam non sit. 34.2. VIX SVM APVD ME non sum apud me: consuetudine magis   15

---

29 cf. Don. ars mai. p. 631,6 H.; Seru. ecl. 3,1: [...] 'Cuium' autem antique ait, uitans homoeoteleuton, ne diceret 'cuius pecus', quod modo trium est generum. Antiqui dicebant sicut 'meus' 'mea' 'meum', sic 'cuius' 'cuia' 'cuium': Terentius (Eun. 321) 'quid? Virgo cuia est?'; Aug. gramm. 39, p. 17sq. Bon.; Seru. GL IV 436, 7; Philarg. Verg. ecl. 3,1 (rec. 1–2); Charis. ars 206.23 B.; Pomp. GL V 210, 27; Prisc. GL III 133,24; 179,7; schol. Bemb. Ter. Haut. prol. 8.1 ‖ 30.1 cf. Paul. Fest. 14 L.; Seru. Aen. 1,152: Translatio a mutis animalibus, quibus aures mobiles sunt; Id. ibid. 12,618; Id. ibid. 2, 303; Sedul. in art. Don. mai. p. 348,88: [...] 'Arrectio' est proprie uirilis membri, proprium transtulit ad aures: arrige, id est eleua aures, nimirum callide significans Pamphilum fuisse libidinosum; Fantham 1972, p. 42 ‖ 32.2 cf. Don. Hec. 616.2; Cur. epit. Don. 646 ‖ 34.2 cf. Eugr. An. 937; Eugr. Ad. 310 (cf. et. rec. α)

Γ; Σ {Θ, Λ}

1 CVIAM] CVM IAM Θ (corr. C²) | uenuste Θ | ⟨cuiam⟩ Λ: om. Γ Θ ‖ 3 AVRES] om. B: A. T | P.] PRO A: om. B: PAMPHI C: PAMPHILE F Λ | pedibus Θ ‖ 4 cruc. statui, cf. Seru. auc. Aen. 1, 152 | ARR. B | A. P.] P. A. AK CT: A PAMP. F: om. B: AVRES PAMPHILE uel A. P. codd. Λ | hoc] om. C ‖ 5 dicere] intendere β | putant] om. B ‖ 6 NORAM₁] HORAM A: NOMEN Θ | famam ABC ‖ 7 et₁] om. K β ‖ 8 IN₁– P.₂] om. B | INASIA A | P.₂] Q A: v. T | Asia B ‖ 9 persequens] per consequens C β ‖ 11 multis e Verg.: multi se AK: multis e B Σ ‖ 12 APVD] A. BT | ante sapientibus add. a C ‖ 13 ante laetitiam add. ad Λ ‖ 14 perturbatur FT 15 non–me₂] om. K | post sum add. forte C | magis consuetudine B Θ

quam ratione dicitur. Aut forte sic dicit, quasi abierit animus et
rursus redierit. 34.3. ITA ANIMVS C. M. EST duo carnifices futurarum rerum: 'spes' et 'metus', 'dolor' enim et 'gaudium' praesen-
tium rerum intelleguntur. Vergilius (*Aen.* 6, 733) 'hinc metuunt c.
5   q., d. g. q.', sed 'dolorem' hic in laetitia non posuit. 34.4. Et mire
ordinem seruauit: sic enim se haec inuicem secuntur.

35.1. (= u. 938) Et ἀσυνδέτως distinguendum est 'spe gaudio',
ut separatim inferatur 'mirando tanto hoc tam rep. b.' 35.2. MI-
RANDO TANTO 'mirando' dum miror. Et est participium.

10   36.1. (= u. 939) NE ISTAM MVLTIS 'ne' nimis. Cicero (*Catil.* 2, 6)
'ne isti u. e.', Sallustius (*Catil.* 52, 27) 'ne ista uobis mansuetudo et
misericordia'. 36.2. GAVDEO 'gaudemus' nostris, 'gratulamur'   *254W.*
alienis, ut Cicero (*Verr.* 1, 19) 'ei uoce maxima u. g.'. 36.3. NE ISTAM
M. non 'multis modis inueniri', sed 'tuam inueniri'. Alii 'multis

---

34.3 *cf. Seru. Aen. 6,733*:[...] Varro et omnes philosophi dicunt quattuor esse
passiones, duas a bonis opinatis et duas a malis opinatis rebus: nam dolere et
timere duae opiniones malae sunt, una praesentis, alia futuri: item gaudere
et cupere opiniones bonae sunt, una praesentis, altera futuri; *Id. georg. 2, 499;*
Cur. epit. Don. 842 ‖ 36.1 *cf. Don. An. 17.3 (ubi cf. alia); Cur. epit. Don. 557*
36.2 *cf. Prisc. GL II 404,15; Agroec. de orth. 87, p. 94 P.; Isid. diff. 1, 96, p. 132 C.;*
Diff. ed. Beck p. 66, 2; Cur. epit. Don. 363

Γ; Σ {Θ, Λ}
36.1 cod. Vict. (D): aliter "ne" s. D.

1 dicitur] dixit B | forte sic] for(e) C: fortis sic T (sic *iter. post* dicit T) ‖ **2** c. M.
EST Γ (E. K): C. E. M. Θ: COMMOTVS EST M.(ETV) Λ ‖ **3** *post* rerum *add.* sunt Λ
4 intelleguntur] *ante* rerum *transp.* B: sunt Θ | hic Θ | c.–**5** q.2] c. q. q. d. AK
Θ: cupiunt gaudentque dolentque B ‖ **5** dolor CF: dolor est T | laetitia(m) Γ
6 se] si A ‖ **7** ἀσυνδέτως Steph. (*praeeunte* e2): asindetos Γ: asyndot(h)os Θ:
asint(h)etos Λ | spe] sepe α ‖ **8** inferantur Λ (*exc.* β) | mirando1] admirando
AK Θ | tanto–**9** mirando] *om.* B | hoc tanto Λ | tam–b. *ex Ter.*: tam re P. b. A:
tare p. b. K: tam r. b. (u. C) Θ: repentino bono Λ ‖ **9** TANTO mirando AK: *om.*
Σ | principium C ‖ **10** ISTAM] ISTVM AB: ISTA Θ | Scicero A: Ci. C ‖ **11** isti] illi
Cic. | Sallustius] Sal. C: *om.* A | nobis B FT ‖ **12** GAVDEO] *om.* Θ | gratulor Θ
13 Cicero *scripsi (cf. Cioffi 2015b, pp. 346–353)*: Sallustius ω (*cf. Hist. I frg. 82*
La Penna-Funari) | ei] Ei C: et et T: et (*corr. ex* ei?) F | uoce(m) A: uoce est K
g.] gaude B | NE–**14** M.] T IN M MO GAVDEO B ‖ **14** M.] MVLTIS Θ | modis]
malis C: m. T | *om.* F | tuam] num CT | ali A: aliis K: alibi β

modis tuam inueniri gaudeo'. 36.4. ⟨CREDO P.⟩ hic iam redit in
gratiam Simo cum filio, nisi forte 'patrem' socerum appellat, ut
Turnus apud Vergilium (*Aen.* 12, 50–51) 'et nos tela, p., f. q. h. d. d.
s.', non quomodo infra (u. 947) dicit 'quod restat, pater'. An ideo
'restat', quia haec iam maior pars reconciliationis est? 36.5. CREDO   5
PATER incertum, utrum qui gratulatur Simo sit, quamuis Pamphilus respondeat; potest enim 'pater' et Chremes uideri. 36.6. CREDO
PATER sic responderi solet dicenti 'gaudeo'.

    37.1. (= u. 940) AT MIHI VNVS SCRVPVLVS ETIAM R. 'at' discreti-
uum est superiorum dictorum. 37.2. 'Scrupulus' a scrupo lapide   10
dictus lapillus minimus, nam nimis molestae sunt pedibus scrupo-
losae uiae, ut Vergilius (*Aen.* 6, 238) 'scrupea, t. l. n. n. q. t.'
37.3. ETIAM pro 'adhuc'. 37.4. DIGNVS ES C. T. R. O. aut 'dignus

---

36.6 *cf. Don. Eun. 1051.1* ‖ 37.1 *cf. Virg. gramm. ep. 6, 38 L.; Id. ibid. 6, 43 L.*
37.2 *cf. Eugr. ad loc.; Don. Ad. 229.1; Seru. Aen. 6,238:* SCRVPEA *lapillosa: nam*
scrupus proprie est lapillus breuis, qui incedentibus impedimento est et
pressus sollicitudinem creat: unde etiam scrupulus dictus est; Fest. 448 L. (ex
Paul. Fest. suppl.): ⟨*scrupi aspera saxa* [...]*; unde scrupolosam* ⟨*rem dicimus,*
quae aliquid habet⟩ *in se asperi; Isid. orig. 16, 3, 5; Id. ibid. 16, 25, 2; Id. ibid.*
10, 252; Cur. epit. Don. 813; s.u. etiam Maltby 1991, p. 553 ‖ 37.3 *cf. Don. An.*
116.1 (ubi cf. alia) ‖ 37.4 *cf. Pomp. GL V 173,9 (cf. et Id. ibid. 188, 10); Cled. ars*
p. 58, 3 B.

Γ; Σ {Θ, Λ}

---

1 *ante* gaudeo *add.* sed num inueniri C | gaudio AK | *sic add. Wess.* (CREDO
uel CREDO PATER *iam add. codd.* Λ) | reddit CT ‖ **2** *post* filio *add.* cum Θ | *post*
nisi *add.* cum Θ | appellet B ‖ **3** nos] non C ‖ **4** s.] sed Θ | non] nam Γ
quomodo] modo F: quo T | ideo] *ante* quia *transp.* Λ ‖ **5** *post* restat *iter.* pater
an ideo restat B | quia–iam] iam quia hoc iam K | conciliationis β
6 incertum–**8** PATER] *om.* Θ | qui *uel* cui *codd.* Λ: cui Γ | gratulatur Λ:
gratuletur Γ β ‖ **7** Chremes et pater Λ ‖ **8** si AK | gaudio AK ‖ **9** AT₁] VT C
MIHI–R.] H. B | ETIAM–**10** Scrupulus] *om.* A C: *post* 37.2 dictus *transp.* T
ETIAM Λ: *om.* K FT | R. KT: EST F: RESTAT Λ ‖ **10** a–**11** dictus] *om.* B | scrupo
Steph.: scrupulo ω ‖ **11** molesti Θ | **12** uiae] *ante* pedibus *transp.* B | ut] *om.* B
F | scrupea–t.₂ *Verg.:* scrupeat in q t Γ: scrupi at i n q t Θ (scu- C): *uar. codd.*
Λ ‖ **13** *sch.* 37.3 *om.* B | .₂] C.] CVM Σ (*om.* T) | T. R. E. K: T. R. E A: TYO B: TVA
R. O.(DIVM) Θ (R. *del.* C²): *mire uar.* Λ | an Λ

odio', aut accusatiuus pro ablatiuo est positus, pro 'odio', aut
separatim 'odium' legendum, ut sit: dignus qui male habearis.

5 38.1. (= u. 941) NODVM IN SCIRPO QVAERIS 'scirpus' palustris *255W.*
res est et leuissima. Lucilius in primo (*frg. 23 Cha.*) 'nodum in
scirpo, in sano facere ulcus'. — 38.2. Est autem 'scirpus' sine nodo
et leuis iunci species. Alibi ipse (*Eun.* 316) 'reddunt curatura
iunceas'. — Plautus (*Aul.* 595) 'scirpo induitur ratis'.

40. (= u. 943) ID QVAERO rursus Crito obliuiosus est utpote
alienarum rerum.

10 41. (= u. 944) VOLVPTATI OBSTARE nunc 'laetitiae' et 'gaudio'.

42. (= u. 945) HEVS CHREMES 'heus' dicendum erat, quia
Chremes Critonem intuebatur.

43.1. (= u. 946) EX IPSA MILIES A. duas res ostendit Pamphilus:
et quam uerum sit, quod ex ipsa saepe audierit, et quam sua sit

38.1 cf. *Varro ling.* 5,139; *Fest.* p. *444 L.*; *Cled. ars* p. *58, 3 B.*; *Isid. orig. 17, 7, 97*;
Non. 604 L.; *Cur. epit. Don. 809* ‖ 38.2 cf. *Eugr. ad loc.* ‖ 42. cf. *Don. An. 636.1*
(*ubi cf. alia*)

Γ; Σ {Θ, Λ}
37.4 cod. Vict. (D): aliter "odium" s. D.
38.1–38.2 Bern. 276: scirpus quid sit ostendit Donatus in commento Andrie Therentii

1 aut₁] an Λ │ *post* ablatiuo *add.* casu Θ │ pro odio] *om.* Λ │ aut₂] an Λ
2 habeatis A (*corr.* A²) F │ **3** NODVM–QVAERIS] *om.* B │ CIRPO A: SCRIPO K
QVAERIS] *om.* CT: QVAE. F │ scirpus] *ex* scirpis *corr.* K²: cirpus A: syrpus C:
stripus T │ palustris res est Λ: palustris res AK: palustris est B: est palu-
striceps Θ │ palustris] palustri Θ ‖ **4** res est] res AK: *om.* B: ceps Θ │ et] *om.* ε
lenissima Γ (*incert.* K) ‖ **5** *post* scirpo *add.* est β │ in sano ω: insanus *Müller:*
insane *edd. uett.* │ ulcus] iunctus F: uultis *Marx* ‖ **6** leuis] lenis AB Θ: leui K
iunci] unci A: siunti K: iu(n)ctci B │ *ante* species *add.* et A │ spes K: ˢp B:
p(re)pes │ ipse] ipsas (*post* reddunt *transp.* B, *del.* B²) B: ipsi ε │ curatura]
curuaturas (*uel* -tura) Λ ‖ **7** iunceas] iuncⁱeas C: iuncus F: moras T: iuncias
uel iunceas *codd.* Λ │ scirpo (*sic etiam Fest.* p. *444 L.*)] stripo K: scyrps Θ:
sirpea *codd. Plaut.*: scirpea *Fest.* 168 L. │ inducitur Θ │ raris Θ ‖ **8** QVAERO]
QVAM C: QVANTO T │ utpote] ut poete AC: ut pasto K ‖ **10** VOLVPTATIO A:
VOLVNTATI T │ OBSTARE *Ter.*: obstaret ω │ nunc] non Λ ‖ **11** CHREMES heus]
om. B │ quia] qua A ‖ **13** A. AK: AVDIVI B Θ: A. *uel* AVDIVI *codd.* Λ ‖ **14** quam₁]
quod B │ quod] quia Λ │ saepe] spe C │ audierat Σ │ quam₂] quod B

Glycerium. 43.2. OMNIS NOS GAVDERE HOC CHREME aut 'hŏc gaudere' correpte aut 'hōc' producte, ut sit: hac re. 43.3. Et GAVDERE
supra adnotauimus (u. 939): nostris 'gaudere', alienis 'gratulari'.
Cicero (*Verr.* 1, 19) 'et ei u. m. u. g.' Plus est ergo gaudere quam
laetari.   5

44. (= u. 947) QVOD RESTAT PATER hoc est: ne irascaris.

256W.   45. (= u. 948) O LEPIDVM CAPVT in quo leporis est plurimum,
lepidus dicitur, nam 'lepos' est uenustas.

47.1. (= u. 950) NEMPE SCILICET 'nempe' et 'scilicet' dicentes
manu uel uultu dotem significant, quod uix intellegit Chremes.   10
Alii ἀπὸ τοῦ 'scilicet' Chremetis faciunt personam. 47.2. DOS PAM-
PHILI EST: id est: Pamphilo pro uxore dabitur.

48.1. (= u. 951) DECEM TALENTA ACCIPIO ille nisi dixisset 'accipio', dos non esset; 'datio' enim ab acceptione firmatur nec potest
uideri datum id, quod non sit acceptum. 48.2. EHO M. C. 'eho'   15
admirationis est ⟨uel⟩ intentionis ad id, quod dicturi sumus.

43.2 *cf. Don. Ad. 225.4* ‖ 43.3 *cf. Non. 712 L.; Diff. Beck. p. 59, 1* ‖ 47.2 *cf. Cur.*
epit. Don. 238. ‖ 48.1 *cf. Don. Eun. 466.3; Cic. top. 37* ‖ 48.2 *cf. Don. An. 184.2*
(ubi cf.alia)

Γ; Σ {Θ, Λ}

1 OMNIS NOS] *om.* B | OMNES Σ | HOC CHREME] etc B: CHREME C (*corr.* C²)
gaudere–**3** gratulari] *om.* A ‖ **2** corrupte B | sit] si BF | hac re *post* GAVDERE
transp. C | Et] *om.* C β ‖ **3** supra–gratulari] nostris est, ut supra adnotauimus,
gratulari uero alienis Λ | **4** Cicero *scripsi* (*cf. sch. 939.2*): Sallustius ω (iustius
A) | ei] Ci Θ | g.] gau Θ: c. Θ ‖ **6** QVOD AB: QVID K Σ | PATER] *om.* B | hoc est]
om. B: hic est K | ne] *om.* C: nec F: non Λ | irascentis C ‖ **7** CAPVT] PATREM
Ter. ad loc. (sed cf. Id. Ad. 966) | plurimum] multum Λ ‖ **10** manu] ma C | uel
AK: et B Σ | uult C | dotem] docere B: *om.* C | significant Λ: significat AK Θ:
sigˢ B | uix] mox Λ ‖ **11** alii apotoy B: ali aNOTOY A: ali a *postp. sp.* K: alii
anotoi Θ: alii *postp. sp.* Λ | *post* scilicet *add.* ob Θ | Chremetem Θ | personam
faciunt Λ | PAMPHILI–**12** Pamphilo] *om.* B ‖ **12** id est] idem CF: uel T
dabitur] datur Pa(m). B ‖ **14** ab] ob Λ | acceptione B CT: acceptorone AK:
acceptum F Λ | confirmatur Λ | nec] n(on) ei A ‖ **15** datu A | M. C. *scripsi:* hinc
AK Σ: hic B | eho] *om.* B: heo K ‖ **16** admirationis *scripsi:* ⟨non⟩ admirationis
Schoell* (*coll. An. 500.2*): admiratio ω (admratio A): adhortatio Schopen* (*coll.*
Don. Eun. 130.1) | *addidi: sed add.* Schoell*: *an non potius* admira⟨tionis
interiec⟩tio est, ⟨sed⟩ *dub.* Wess.

50. (= u. 953) DAVO EGO I. I. D. N. addidit et temporis celeritatem.

51. (= u. 954) QVI quam ob rem.

52.1. (= u. 955) PATER NON RECTE VINCTVS EST id est: non iuste.
5   Sed hic ad causam rettulit 'non recte', senex uero ad rem rettulit.
52.2. HAVT ITA IVSSI quia 'quadrupedem' constringi iusserat quasi
recte ac diligenter. Et hoc ipsum non uacat, nam iam ioculariter
loqui et minus irascentis est et placabilis animi. 52.3. HAVT ITA I.
eleganter lusit ad amphiboliam et simul ostendit, quam propitius   *257W.*
10 sit Pamphilo pater et quam facile ueniam Dauo impetrare possit
ab eo, quippe qui iam etiam iocetur; Pamphilus enim dixerat 'non
iuste', ille sic respondit, quasi dixerit 'non diligenter uinctus est'.
52.4. Et HAVT ITA IVSSI sic enim praeceperat (u. 865) 'quadrupedem c.'.

51. *cf. Don. Hec. 553.4; Cur. epit. Don. 732*

Γ; Σ {Θ, Λ}

1 EGO] IGITVR β: ERGO FT | I.₁–N.] *om.* B: ID TELAM NEGOCII CF: ID DEDAM N.
T: I. D. N. ε | sceleritatem CT ‖ **3** QVI–**4** PATER] *om.* B ‖ **4** *ante* NON₁ *add.*
tamen C | VINCTVS – id est *om.* B | VINCTVS K: IVNCTVS A: VICTVS Θ: v. Λ
EST₁] EST AK Θ: E. Λ | est₂] *om.* K ‖ **5** *ante* recte *add.* iuste Θ | rettulit] *om.* B
6 HAVT] AVT CT: HAVD Λ | stringi Σ (*om.* β) | quia C ‖ **7** uocat AK: uocat *uel*
uacat *codd.* Λ ‖ **8** *post* animi *add.* est CT | HAVD Σ | I.] IVSSI Λ ‖ **9** lusit BK Λ
(*post* amphiboliam *transp.* B): iussit A | amphibologiam Σ ‖ **11** qui (*om.* β) iam
quippe Λ | enim *Schopen**: aut ω | non iuste dixerat β ‖ **12** respondit sic B
diligenter] non negligenter α ‖ **13** HAVT] HAVD B Σ ‖ **14** c. AK: constri. B: *om.*
Σ

1.1. (= u. 957) PROVISO QVID A. P. A. E. haec scaena alterum generum Chremeti comparat, ne aut Charinus tristis recedat aut non prouisum uideatur Philumenae. 1.2. PROVISO Q. A. hoc colloquium propter compendium fabulae inducitur, ut una narratione etiam negotium Charini transigi possit. 1.3. PROVISO Q. A. 5 dupliciter res ab oculis spectatorum mouentur: aut enim futura promittuntur aut facta narrantur. 1.4. PROVISO 'prouiso' duas res significat: et procedo et uideo.

2.1. (= u. 958) NVNC SIC ESSE HOC VERVM L. 'sic' delicate pronuntiandum est et separatim distinguendum. 2.2. AT MIHI NVNC 10 SIC ESSE ⟨HOC⟩ VERVM LVBET sensus hic est: alii putent ut uolunt, ego autem uerum esse confirmo, quod mihi libet uerum credere.

258W.   3.1. (= u. 959) EGO DEORVM V. P. S. E. A. omne quod habemus aut 'mutuum' est aut 'proprium'. 'Mutuum' est, quicquid ad tempus habemus nec postmodum nostrum futurum est, ut uilla, 15 domus, uxor, filii et cetera in hunc modum, 'proprium', ut uirtus

---

1.1 *cf. Don. An. 301.2* ‖ 1.4 *cf. Don. Ad. 889.2; schol. Bemb. Ter. Ad. 889:* progredior ut uideam; *Id. ibid. Eun. 394.2; Cur. epit. Don. 696* ‖ 3.1–3.4 *cf. Don. An. 716.3–4 (ubi cf. alia), cf. Cioffi, Hermes*; Sottili 1988, pp. 314sqq.*

Γ; Σ {Θ, Λ}

1 QVID–E.] *om.* B | A. P.] AGAT. PAM. C: AGA(N)T PAMPHILVS F Λ | A. E.] ATQVE ECCVM F: A. E. *uel* ATQVE ECCVM *codd.* Λ ‖ **2** aut₁] haut AT: a. K: *om.* β | aut₂] a ut AK: *om.* T ‖ **3** uideretur Θ | Q. A.] QVE A. K: QVID AGAT *uel* Q. A. *codd.* Λ **4** colloquium] conlo qui non A: colloqⁱ *interp. sp. non* B: conloqui non K *propter Grauert (1833, p. 197):* post ω (potest B) | pabule C | ut] *om.* B ‖ **5** Q. A.] Q.(VE) A. A: QVID AGAT *uel* Q. A. *codd.* Λ ‖ **7** promittuntur B Λ: promittunt AK Θ | prouiso AK: *om.* B Σ | duas res] duo Σ ‖ **8** procedo] prouideo Σ uideo] procedo Σ ‖ **9** NVNC] NON C | ESSE] *post* HOC *transp.* B | HOC VERVM] H. V. Λ | L.] ET B: IN C: LVBET F: LV. T | delicande C (*corr.* C²) ‖ **11** SIC] s. *uel* SIC *codd.* Λ | HOC *ex Ter.: om.* ω | VERVM *uel* V. *codd.* Λ | putant Σ ‖ **12** quod] quid AB | lubet Λ ‖ **13** V.–A.] *om.* B | V.] VITA(M) Σ ‖ **14** est₁] *om.* B | habemus ad tempus B ‖ **15** nostrum] *post* futurum *transp.* T: *om.* F | uilla domus] *post* filii *transp.* ε ‖ **16** *post* proprium *add.* est β | uirtus] *om.* Θ, *cf. et Pizolp. (apud Sottili 1988, p. 314)*

animi, est bonum sempiternum, quod proprie de diis dicitur; non
enim aliunde uenerunt, sed apud se ipsos sunt semper. Et Epicu-
rum secutus hoc dixit. 3.2. Proprie ergo de diis 'sempiternum'
dixit, nam inter 'sempiternum' et 'perpetuum' hoc interest, quod
5 'sempiternum' ad deos, 'perpetuum' proprie ad homines pertinet.
3.3. EGO DEORVM V. P. S. E. A. hanc sententiam totam Menandri de
Eunucho transtulit (*frg.* 146 K.-A.). Et hoc est quod dicitur (u. 16)
'contaminari non decere fabulas'. 3.4. EGO DEORVM VITAM non
dixit quod 'sit', sed quod 'uerum putet'. Et est δόγμα Ἐπικούρειον,
10 quod a ceteris philosophis repudiatur, de otio deorum ac perenni
uoluptate.

4. (= u. 960) PROPRIAE SVNT perpetuae, sempiternae, quae non
sint accommodatae ad tempus ac mutuae. Sic et supra (u. 716)
'nihilne esse proprium cuiquam!'

15   5. (= u. 961) SI NVLLA AEGRITVDO HVC GAVDIO I. scilicet secundum supra dictam sententiam: si propria, inquit, haec fuerit
uoluptas, deus sum.

7. (= u. 963) QVID ILLVD GAVDI EST in aliis Daui persona infertur.

3.2 *perpetuum*] *cf. Non. p. 573 L.; Nigid. frg. 1, p. 67 S.; Isid. sent. 1,12,3; Isid.
diff. 1,8, p. 90 C.; Diff. ed. Beck, p. 33, 44* ‖ 3.4 *cf. Cic. nat. deor. 1,51; Diog.
Laert. 10,139; Porph. Hor. sat. 1, 5,101* ‖ 4. *cf. Don. An. 716.3–4 (ubi cf. alia)*

Γ; Σ {Θ, Λ}
7 cod. Vict. (D): in aliis libris Daui persona hic infertur

1 est *Wess.*: et ω | quod–**3** sempiternum] *om.* C | *post* de *add. et del.* dēs B
2 semper sunt B | Epicuros Λ ‖ **3** sempiternum] *om.* B ‖ **4** inter–quod] *om.* B
interest Λ: est AKΘ (*ante hoc transp.* C) | quod] quia Λ ‖ **5** ad homines
proprie B β | pertineat AK ‖ **6** v.] VITAM F: v. *uel* VITAM *codd.* Λ | P.] PROPTER
β ‖ **8** VITAM] VI B: VITA C: v. *uel* VITAM *codd.* Λ ‖ **9** est] *om.* Θ | δογμὰ ἐπικού-
ριον M⁴: ΑΟΓΜΗΕΠΙΚΟΥΡΙΟC A: ΑΟΤΜΗΕΠΙΚΟΥΡΙΟC B: *om. sp. rel.* KΣ
10 repudietur C: repudiat T ‖ **11** uoluntate F: uoluntatis T ‖ **12** PROPE FT
13 sunt Σ ‖ **14** nihilne] nihil non CT: nihil β | propri B | cuiquam–**15** GAVDIO]
om. B ‖ **15** HVC AK: HVIC Θ: HVIC *uel* HVC *codd.* Λ | I.] INTER Θ (INTERE C):
INTERVENIT B: INTERCESSERIT *uel* I. *codd.* Λ ‖ **18** QVOD A | GAVDII ω

259W.   8.1. (= u. 964) NAM HVNC SCIO MEA SOLIDE ⟨GAVISVRVM GAVDIA⟩ ἀρχαισμός. 8.2. SOLIDE SOLVM figura παρόμοιον.

Γ; Σ {Θ, Λ}

1 *suppleui duce Blundell (1987, p. 479, n.5)* ‖ **2** ΑΡΚΑΙϹΜΟϹ AB: *om. sp. rel.* K Θ: archaismos Λ | παρόμοιον *Steph.*: ΠΑΡΟΙΜΟΙΟΝ A: ΠΑΡΟΙΜΟΝ B: *om. sp. rel.* K Σ

1.1. (= u. 965) PAMPHILVS VBINAM H. E. in hoc actu mira arte ea,
quae restant de comoedia, breuiter explicantur et designantur
duarum sororum binae nuptiae. 1.2. PAMPHILVS VBINAM H. E. DAVE
QVIS HOMO in affectu gaudentis Pamphili et Daui gratulatione
5 cognitionem rerum Charino praebuit, cuius persona parce utitur
propter compendium.

2. (= u. 966) CERTE ID SCIO QVID MIHI OBTIGERIT 'scio' id est
persensi.

3.1. (= u. 967) MORE HOMINVM 'hominum' abundat. 3.2. MORE
10 HOMINVM EVENIT VT QVOD SIM NACTVS MALI quia fama mali
celerior est quam boni. 3.3. Id est: ut facilius mala quam bona
nuntientur. Ad hoc ergo dixit, quod ille prior rescierit quod esset
uinctus, quam ipse cognitam Glycerium cognosceret.

5. (= u. 969) MEA GLYCERIVM S. P. R. haec ita narrantur Dauo, ut
15 eadem opera etiam Charinus audiat.

3.2– 3.3 *Cur. epit. Don. 322* ‖ 3.3 *cf. Don. Hec. 189.4; Id. ibid. 867.1*

Γ; Σ {Θ, Λ}

1 PAMPHILVS] (P)AM C: *om.* B K | VBINAM] *om.* B: VBI T | H. E.] HIC EST Σ (E.
T) | *post* E. *add.* DAVE QVIS K ‖ **3** duorum sociorum Σ | PAMPHILVS–DAVE] *om.*
B | PAM. C | H. E.] HIC EST Θ: H. E *uel* HIC EST *codd.* Λ ‖ **4** effectu C | pam C
gratulationem C ‖ **6** propter *Zeunius:* post ω ‖ **7** CERTE ID] CERTE IDEST A:
om. B | OBTIGERIT] CON. B T: CONTINGERIT CF | scio₂–est] *om.* B ‖ **8** *post*
persensi *add.* quidem mihi B ‖ **9** HOMINVM–abundat] HOMINVM abundat KF:
HOMINVM abundat hominum β | MORE₂] MO C *in fine lin.* (*corr.* C²)
10 EVENIT] E. T ε | VT] V. ε | QVOD] Q. T ε: *om.* C | SIM] S. ε | NACTVS] N. ε
11 est₁] *om.* Θ | id est] idem Θ | bona quam mala Γ | quam bona] *post*
nuntientur *transp.* β ‖ **12** ad hoc] *om.* Σ | rescierit *Schopen* (*cf. Hec.* 189.4;
ibid. 867.1): dixerit (*uel* sci *s.l.*) A: scierit BK Σ ‖ **13** ipse *Steph.*: is Γ Θ: quod
Λ | cognitam] *post* cognosceret *transp.* Λ ‖ **14** MEA–P.] *om.* B | S. P.] SVOS
PARENTES *uel* S.P.*codd.* Λ | R.] REP F: REPPERIT ETC B: REPPERIT *uel* R *codd.* Λ

6.1. (= u. 970) PATER AMICVS SVMMVS haec omnia, ut diximus
260W. (*An.* 969), propter Charinum dicuntur, ut audiat. 6.2. AMICVS SVM-
MVS deest 'eius'.

7. (= u. 971) NVM ILLE SOMNIAT EA QVAE v. hinc Vergilius (*ecl.*
8, 108) 'credimus? An qui a., i. s. s. f.?' 5

8. (= u. 972) AH DESINE compendium attulit.

11.1. (= u. 975) BENE FACTVM a gratulatione coepit. 11.2. OMNIA
compendium. 11.3. AGE ME IN TVIS SECVNDIS [REBVS] RESPICE haec
sunt, quae absolute dicuntur. Et est admonitio; sunt enim, qui
felicitate elati ne respicere quidem uelint amicos. 11.4. Et 'respi- 10
cere' est proprie retro aspicere. 11.5. Id est: quem praecedis
felicitate, non obliuiscaris.

12. (= u. 976) TVVS EST NVNC C. Lucilius in septimo (*frg. 6 Cha.*)
'nunc, praetor, tuus est; meus, si discesserit horno, Gentius.'

13. (= u. 977) ATQVE ADEO LONGVM EST ILLVM EXPECTARE quia 15
et audacter et artificiosissime binos amores duorum adulescen-
261W. tium et binas nuptias in una fabula machinatus est (et id extra
praescriptum Menandri, cuius comoediam transferebat), idcirco
aliud in proscaenio, aliud post scaenam rettulit, ne uel iusto

---

11.4 *cf. Fest. p. 366 L.; Isid. diff. 1, 245, p. 202 C.; Non. V 84, p. 37 G.-S.; Prisc.*
GL III 57, 9; Cur. epit. Don. 764

Γ; Σ {Θ, Λ}

1 AMICVS] A. BT | SVMMVS] SVM B: S. *uel* SVMMVS *codd.* Λ | ut diximus] *om.* B
2 SVMMVS] SVMMORVM Θ ‖ 3 deest] dicit Θ | 4 NAM C: *om.* B | ILLE] *om.* B | EA
QVAE] *om.* B: EA QVAE *uel* E. Q. *codd.* Λ | v. AK: *om.* B: VIGILANS Σ | *ante* hinc
add. v.(OLVIT) Λ | hinc] *om.* A F ‖ 5 a.–f.] amant ipsi sibi sopmnia fingunt B
s. s.] s g Θ: f g ε ‖ 6 AH] A N H Γ: A. N. N. Σ ‖ 7 FACTVM] F. BT ‖ 8 AGE ME] A. M.
B: AGE M. T | IN TVIS] IRATVS A: IN T BT: IN TI K (*ut uid.*) | SECVNDIS B (*ex*
Ter.): SECVNDIS REBVS ω | ASPICE C ‖ 9 ab salute A | commonitio Σ (*exc. α*)
10 uolunt Θ | Et] *om.* B ‖ 11 est proprie ACT: proprie est BK FΛ ‖ 13 EST–C.]
om. B | NVNC] N(OSTE)R C | C.] CHR Θ: CHREMES Λ | septimo AK: VII° B: 7° CF:
9° T: secundo Λ ‖ 14 homo Θ | Gentius *L. Mueller:* gentilis *Lind.:* gentili ω
15 *sch. 13 post sch. 14.1 in* ω | EST LONGVM B ‖ 16 et₁] *om.* Θ | adulescentum
uel -scentium *codd.* Λ ‖ 17 binas nuptias] *om.* C ‖ 18 idcirco] ideo Λ
19 scaena C | rettulit–285,7 scaenam] *om.* K (*exc. sch. 14.1, cf. supra de coll.*
schol. in ω) | rettulit] *om.* C | iusto] multo Θ

longior fieret uel in eandem propter rerum similitudinem cogeren-
tur.

14.1. (= u. 978) [TV DAVE ABI DOMVM] hi uersus (*sc. alter exitus
suppositicius uu. 1–20*) usque ad illum (*u. 20*) 'gnatam tibi meam
5 Philumenam uxorem' negantur Terentii esse adeo, ut in plurimis
exemplaribus bonis non inferantur. 14.2. SEQVERE ME INTVS APVD
GLYCERIVM iam post scaenam itur, quia ulterius in proscaenio nihil
agitur.

16. (= u. 980) NE EXSPECTETIS DVM EXEANT HVC INTVS DESPON-
10 DEBITVR mire dixit latenter se laudans: quo uerbo auidum adhuc
populum audiendi adeoque cupidum et intentum ostendit, ut
finem comoediae uenisse non senserit.

17.1. (= u. 981) INTVS TRANSIGETVR SI QVID EST QVOD RESTAT
artificiose poeta hereditatis iustam repetitionem ex Critonis
15 persona praetermisit, quae ei Glycerio cognita iure tribuebatur, ne
uel paruae rei Critonis tractatu aut defraudatione Glycerii infusca-
retur finis fabulae ad laetum exitum spectans. 17.2. SI QVID EST
QVOD RESTAT quia narratione dignum non est quod Charinus
roget.

14.1 *cf. Eugr. ad locum; de altero exitu cf. Marti 1961, p. 225; Reeve 1983,
pp. 418–419; Jakobi 1996, pp. 26–27, Deufert 2003; Victor 2007, pp. 7–10*
14.2 *cf. Don. Ad. 511.2* ‖ 16 *cf. Seru. Aen. 6,890:* Confert autem in
compendium narrationis prolixitatem: sic Terentius propter longum actum
ait 'intus despondebitur, intus transigetur, si quid est quod restat'

Γ; Σ {Θ, Λ}

1 longius FT | *post* in eandem in eandem *add.* καταστροφήν *Schopen** | bini
amores *ante* propter *add. Ritschl (1845, p. 599)* | congerentur A Θ ‖ **3** TV–
DOMVM *del. Ritschl (1845, p. 597), Skutsch (1957, pp. 53–54)* ‖ **4** natam B:
gratam Θ | meam Philumenam] phil. meam B: Philumenam Λ ‖ **5** uxorem
Philumenam ε | negant AK Θ | esse Terenti Λ | ut] *om.* TF | in] *om.* C
pluribus Σ ‖ **6** ferantur Θ | ME] *om.* Θ ‖ **7** quia] quod β ‖ **9** NE] NON β
EXSPECTETIS] EXSPECTIS A: EX B: EXPECTERIS C | HVC] HV(N)C C ‖ **10** dicit Σ
auidum] *post* populum *transp.* B ‖ **11** ostendit] *post* cupidum *transp.* B
12 uenisse] euenisse Θ ‖ **13** QVID EST] QVIDEM K CF: E. T ‖ **14** petitionem Θ
15 praetermissit C | tribuatur B ‖ **16** paruae] pate B (u *add. sup.* u) | tractatio
CF | infuscaretur] non fuscaretur AK Λ (non frustraretur α): fuscaretur B:
infuscar(en)tur C ‖ **17** SI QVID EST B Λ: SI QVIDEM AK Θ ‖ **19** rogat C

INDEX LAVDATORVM LOCORVM

Ii tantum loci memorati sunt, qui lemmatibus exceptis in Commento inueniuntur. Crassioribus litteris titulos et librorum numeros inuenias, quos Donatus ipse affert.

INDEX NOMINVM ET LOCORVM

Auctorum nomina exclusa sunt, quorum uerba a Donato laudantur (cf. sub "Index loc. laud."), et personarum, quae in lemmatibus et locis laudatis inueniuntur.

Achilles: 368.1

Aeneas: 301.4

Andria (*scil. comoedia et persona*):
praef. I, 1; praef. I, 7; praef. III, 1;
10.1; 13.1; 14; 73.2 (*bis*); 86; 301.1;
461.2–3

Andros (-ius): praef. II, 1; 73.2

Apollo: 726.1; 726.2; 726.3

Archylis: 228.1; 231.3

Athenae: praef. II, 1 (*bis*); 910.2

Atheniensis: praef. II, 1

Attica (-cus), Ἀττική: praef. I, 1;
85.4; 854.2; 930.1; 930.2

Byrria: praef. III, 2 (*bis*); 301.3;
302.5; 306.2; 324.1; 354.1; 354.4;
412.1; 412.2; 420.2; 421; 625.1;
710.5

Canthara: 769.3; 769.4

Castor: 486.3

Charinus: praef. II, 1 (*ter*); praef. III,
2; praef. III, 4; praef. III, 5; 64.2;
119.3; 301.3; 318.1; 318.2; 321.1;
335.3; 337.1; 347.1; 347.2; 349.2;
354.1; 354.4; 363.1; 372.2; 372.3;
412.1; 412.2; 625.1; 639.3; 642.1;
643.2; 692.1; 703.2; 704.1; 704.2;
704.3 (*bis*); 708.3 (*bis*); 708.4;
710.1; 710.5; 711.2; 957.1; 957.2;
965.2; 969; 970.1; 981.2

Chremes: praef. I, 4; praef. II, 1
(*bis*); praef. III, 3; praef. III, 4;
praef. III, 5; 119.3; 132.2; 144.2;
172.2; 241.1; 241.2; 241.4; 242.2;
243.3; 248.1 (*bis*); 248.2; 248.4;
251.1; 252.1; 269.3; 352.2; 361.4;
368.1; 391.2; 393.1; 394; 532.2;

533.5; 538.2; 593; 625.1; 716.1; 732
(*ter*); 733.1; 734.2; 740; 744.1;
750.1; 751.2; 751.3; 754.3; 756,
760.1; 766.1; 767.2; 771.1; 772.2;
776.4; 783.1; 787.1; 819; 823.1;
839.2; 846.4; 853.3; 853.5; 898.2;
901.1; 906.2; 915.4; 919.3; 929.1;
939.5; 945; 950.1 (*bis*); 957.1

Chrysalus: 226.4

Chrysis: praef. I, 1; praef. II, 1; 69.2;
69.4; 71.1; 74.1; 77.3; 85.3; 105.1;
113.2; 129.4; 274.3; 275.1; 282.2;
286.2; 798.1 (*bis*); 798.2; 800;
804.4; 806; 816.2

Cicero, Tullius: 68.1 (*bis*)

Claudius: praef. I, 6

Crito: praef. II, 1; praef. III, 5; 71.2;
533.1; 796.1; 798.1; 798.4; 843.3;
844.1; 854.2; 872.1; 899.3; 899.4;
904.1; 906.1; 906.2; 910.1; 913.1;
914.2; 915.4; 919.1; 928.2; 928.3;
943; 945; 981.1 (*bis*)

Dares: 361.4

Dauus (*uel* Dauos): praef. I, 4;
praef. II, 1; praef. III, 1; praef. III,
2 (*bis*); praef. III 3 (*ter*); praef. III,
4; praef. III, 5; 28.6; 119.3; 173.4
(*ter*); 175.1; 206.1; 206.2; 226.2;
241.4; 338.2 (*bis*); 361.1; 372.2,
372.3; 375.1; 382.1; 386.3; 399.3;
408.3; 412.1; 416; 432.2; 439.2;
449.1; 457.1; 457.2; 457.4; 457.5;
459.1; 470.1; 471.2; 476.1; 476.3
(*bis*); 477.4; 498.1; 517; 525.1,
525.2; 576.1; 580.1 (*ter*); 584; 607.1;
625.1; 663.1; 663.2; 663.5; 704.1;
704.2; 708.3; 708.4; 710.1; 710.5;

711.2; 721.1; 721.2; 722.2, 723.2,
723.3; 735; 736.1; 739.2; 742.3; 743;
744.1 (*bis*); 752.1; 752.3; 754.3,
756; 760.1, 765.1; 765.2; 766.1;
767.2; 771.1 (*bis*); 783.1; 785.1;
839.2; 840, 842.2; 844.1; 849.5; 850;
855.2; 862.2; 875.2; 955.3; 963;
965.2; 969
Dido: 718.1
Dromo: 862.2

Εἰλείθυια: 473.2
Ennius: 18.1 (*bis*)
Epicurus: 959.1
Eunuchus: 959.3

Flaccus: praef. I, 6
Fuluius, M.: praef. I, 6

Geta: 192.3
Glabrio, M.: praef. I, 6
Glycerium: praef. II, 1; praef. III, 3;
    69.4 (*bis*); 71.1; 109.1; 134; 136;
    211.2; 212.1; 236.1; 268.1; 269.5;
    274.1 (*bis*); 282.2; 299.3; 300.2
    (*bis*); 381.2; 506.1; 524.1; 524.2;
    684.2; 688.2; 708.1; 714; 806.2; 819;
    846.4; 855.2; 896.2; 946.1; 967.3;
    981.1 (*bis*)
Graecia: 935.1
Graecus: praef. I, 1 (lingua); praef.
    I, 6 (comoedia); 13.4 (non G., *scil.*
    Andria); 26.2 (integrae); 55.3
    (Graeci dicunt 175.2; 400.2; 423.4;
    473.2; 486.5; 492.2; 505.3; 510.1;
    514; 588; 739; 796.3); 117.1
    (efferre); 194.5 (pronuntiatio)

Hecyra (cf. etiam 'Index loc. laud.'):
    28.6; 301.1
Homerus (-ricus; cf. etiam 'Index
    loc. laud.'): praef. II, 2; 175.5

Iuno: praef. I, 10; 473.1, 473.2, 473.6

Latinus: lingua praef. I, 1; praef.II,
    3; 28.3; 55.3 (dicunt); 194.5
    (pronunties); [473.2]; 523 (diserte
    et l.); 542.2 (breuiter et l.)
Lesbia: 226.4; 476.3
Lesbos: 226.4
Liber: 726.3
Lucina: praef. I, 10; 473.1; 473.5
Luscius Lanuuinus: 1.5; 7.6

Marcellus, M.: praef. I, 6
Medea (Μήδεια): 796.3
Megalensis: praef. I, 6
Menander: praef. I, 1; 9.2; 12.1; 14;
    473.6; 483.1; 726.1; 891.1; 959.3;
    977
Mysis: praef. III, 3; praef. III 4;
    226.4; 236.1; 236.3; 268.3; 281.2;
    464.3; 476.3; 684.1; 684.2; 716.1;
    721.1; 735; 742.2; 752.3; 754.3;
    760.1; 769.1; 769.3; 839.2

Naeuius (cf. etiam 'Index loc.
    laud.'): 68.1
Neptunus: 695.3

Oedipus: 194.2; 194.3; 195.5 (*bis*)

Pamphilus: praef. II, 1 (*sexiens*);
    praef. III, 2 (*bis*); praef. III 3;
    praef. III 4 (*bis*); praef. III 5; 34.1;
    64.2; 69.4 (*bis*); 73.1; 81.1; 83.4;
    88.1; 88.2; 88.3; 88.4; 91.1; 92;
    110.3; 115.3; 115.7; 119.3; 145.3;
    145.5; 172.2; 209; 211.2; 211.3;
    226.2; 228.1; 236.1; 239.3; 241.4;
    243.3; 248.1; 248.4; 248.2; 268.1;
    268.3; 268.3; 269.1; 269.5; 270.1;
    281.2; 281.5; 300.2; 301.2; 301.3;
    318.1; 318.2; 326.2; 328.1; 334.3;
    335.3; 347.1 (*bis*); 347.2; 349.1;
    352.2; 354.4; 362.2; 363.1; 372.3;
    375.1; 381.1; 382.1; 400.1; 406.2;

INDEX EXEGETICVS ET GRAMMATICVS

Hoc indice continentur uerba, quae praecipue ad exegeticae artis lexin et Grammaticam pertinent.

comicus (-ce): praef. II, 2; 105.3
(mortes); 206.1 (deliberatio); 226.4
(seruorum); 235 ('numquidnam');
404.1; 459.1 (poetarum); 463.1;
597.1 (stili); 808 (characterem
832); 811

comoedia: praef. I, 1; praef. I, 10
(palliata); 28.2 (periocham); 85.4
(nomen); 106.3; 301.1 (unius
adulescentulis); 473.4; 580.2 (in
meliorem partem); 716.1; 726.2
(bis); 726.3 (Apollini dicata); 789;
865.4 (tragicum); 925.2 (fabula);
965.1; 977; 980

compendium: 228.2; 286.3; 347.3;
441.2; 906.1; 906.2; 965.2; 972;
975.2

compositio: 542.2

compositum: 499.3 (pro simplici
832); 598.5–6; 855.4

coniectura (-ralis): 51.2 (per c.
820.2; 834; 872.1); 142.1; 144.1;
249.3 (argumentum); 353.4; 367.2;
387.1; 511.3

coniunctio: 3.1; 278.1; 487.2; 489.2;
510.2; 849.2

consentiuus: 205.1

consuetudo (scil. dicendi): 118.1
(bis); 187.2; 315.1; 361.2; 483.1;
484.1; 937.2

controuersia: 820.2

corripio (-rrepte, -rreptio): 17.1;
81.3; 184.1; 299.2–3 (bis); 300.3;
329.3; 399.5; 481.4; 678.2; 946.2

critici: 808

datiuus: 490.3; 656.2; 690.2

declino (-natio): 27.1; 254; 267.2;
532.2; 608.3

deest: 10.4; 29.2; 30.3–4 (bis); 34.4;
52.1–2 (bis); 61.4; 65.2; 82.2; 83.6;
93.2; 94.2; 119.3; 138.2–3 (bis);
145.1; 149.2; 186.3; 188.1; 188.4;
191; 232; 234.5; 285.1; 285.2; 300.1;
300.4; 327.3; 336; 340.1; 345.2;

347.4; 349.1; 357.1–2 (bis); 361.2;
381.6; 395.5; 437; 468; 469.4; 477.2;
482.1; 496.3; 533.3; 535.2; 556; 598;
631; 655.2–3 (bis); 664; 669.1; 712;
728.1; 752.1; 839.3: 841.1; 848.3;
849.1; 853.2; 869.1; 970.2

demonstratio (-tiuus): 180.2; 186.2;
351.3

deriuatio: 448.1 (causae 820.2)

deuerbium: praef. I, 8

digamma: 174.3; [580.1]

diminutiuus: 55.6; 369.1

distinctio (-nguo): praef. I, 7; praef.
II, 3; praef. III, 6; 145.2 (incerta
228.3); 118.3; 118.5; 332
(interposita); 429.4; 643.1; 720.3;
915.2; 926.1; 938.1; 958.1

distributio (tripertita): 49.3

diuido (-uisio): II, 3 (actuum); III, 6
(fabulas); 49.2 (istae diuisiones);
49.4 (in narratione); 155.1; 356.2
(a summo ad imum)

eleganter (-ns): 7.7; 73.2; 318.1;
319.1; 395.4; 513; 625.1; 955.3

emphasis: 787.1; 810.2; 145.5

error (scil. fabulae): praef. II, 1;
220.1; 221.1; 404.1; 904.1

exclamatio (-mo): 246.1; 246.2;
350.1; 420.2; 642.1 (tragica e.);
716.7; 719.2; 744.2; 769.1

exemplar: 978.1

exemplum: 18.2 (ab e.); 91.1 (ad e.);
274.3 (de e.); 481.3 (in e.)

exiguitas: 178.1

exordium: 582.1

exquisite: 280.2

extrinsecus: 870 (assumendum)

fabula: praef. I, 1; praef. I, 9 (bis; in
principio ... partibus); praef. II, 1
(bis; error in fabula; nodum);
praef. II, 2 (bis; initium ... finis);
praef. II, 3 (Latinis); praef. III, 6

128.5; 132.4; 148.1; 161.1; 217.2;
239.3; 239.4; 251.2; 285.1; 298.1;
346.1; 353.3; 366.1; 519.2; 617.1;
669.1; 669.2; 710.1; 716.3; 770 (p.
anibus); 771.3 (p. Terentii 891.1);
886.1 (p. parentibus); 892 (p.
patribus); 924 (p. de naufrago);
925.2 (fabulae p.); 930.1; 959.1–2
(ter; de diis ... ad homines); 975.4
proscaenium: praef. II, 3 (bis)
prouerbiale (-ium, -ialiter): 40.7;
161.1; 190.5; 214; 248.2; 306.1;
381.7; 426.1; 566; 778.2; 845.2

qualitas: 226.4; 263.1; 484.3; 643.2
(concessiuam); 878.1

ratio: 7.4; 56.2 (extra r.); 74.3
(contra r.); 164.1; 187.2; 188.2
(mira r.); 312.5; 315.1; 442.2; 470.5;
481.3 (bis); 484.1; 747.2; 853.1;
937.2
ratiocinatio (-tiua): 142.1; 470.4;
835.2
rectus (-cte): 22.1; 55.5; 74.1; 173.4;
335.3; 357.3; 546.1; 580.1; 608.3;
696.2; 735; 741.1; 806.2; 914.4;
955.2
repeto (-etitio; scil. uerba): 112.3;
239.1; 301.3; 338.3; 348.4 (bis;
'obtundere'); 404.3 (bis); 499.2;
638.1 (-tionis genus); 643.1–2;
688.1; 762; 763; 765.1; 765.2; 776.2;
785.1; 860.1; 875.5 (bis); 883; 981.1
resolutio: 851.2
responsio: 192.1; 267.6; 802; 804.4

scaena: praef. I, 10 (inuocatio post
scaenam 473.4); praef. II, 3 (bis;
uacua ... superior); 10.1 (prima
14); 28.1–2 (haec 338.1; 375.1;
404.1; 412.2; 432.1; 457.1; 459.1;
481.1, 607.1; 684.1; 716.1; 722.1
actuosa; 820.1; 842.1; 957.1); 226.1
(altera); 457.3 (de aduentu

mulierum ... in scaenam); 459.2
(principium); 740 (fraudibus
instructa); 977 (post scaenam)
scaenicus: 28.1 (actio); 310.1 (gestu)
sensus: 1.5 (s. hic est 330.2; 619.2;
681; 958.2); 12.2; 13.1; 25.2 (ut sit
s. 380.5); 74.3 (sine s.); 110.1;
118.1; 180.2; 315.2; (s. est 324.2;
495.5; 611.4; 702.3); 470.3; 470.4;
470.5; 655.6; 704.2; 844.5 (ter);
862.1; 891.1
sentencia: 12.5 (oratio in s.); 36.3;
45.1 (uerbum, ἀξίωμα 45.3; 426.2);
60.2 (prudentia); 61.2
(peruulgata); 67 (improbatur);
68.1 (παράδοξος, ἀμφίβολος);
138.2; 219.2 (proferre 238.1); 242.2
(mutare); 250.3; 265.1 (congruit);
274.3; 311 (scil. Vergilii); 330.1 (a
pronominibus incipientes); 347.1
(certa); 426.1–2 (bis; prouerbium
et s. ... 'uerbum' pro 's.'); 462.1
(contrariae); 478 (redit ad s.);
555.1 (γνωμική); 555.2 (sine
auctore); 572.3 (secedere de s.);
679.4 (utilis); 718.3 (Homerica);
794.3 (a Terentio s.); 959.3
(Menandri); 961 (supra dictam)
sermo: praef. III, 2; 28.1 (s. longus
ac senilis oratio); 206.2; 459.2;
462.2; 763; 853.3 (conuenit)
sermocinatio: praef. III, 3
significare (-catio, -nter): 3.1; 4.2;
15.1; 35.4; 45.3; 81.1; 132.3; 142.3;
152.2; 154; 175.3; 206.3; 208.2;
286.3; 363.4; 369.1; 371.2; 386.1;
399.4; 400.2; 438; 441.2; 443.5;
460.3; 461.3; 462.1; 483.1; 484.2
514; 564.2; 572.3; 580; 602.2; 613.2;
615; 636.1; 648.1; 656.2; 663.3;
676.2; 690.2; 695.1; 696.5; 703.2;
763; 803.1; 804.2; 804.3; 846.4;
855.5; 872.5; 876.2; 878.1; 879.2;
921.2; 950.1; 957.4

simplex (-liciter; *scil. uerb. et sim.*):
[146.4]; 291.6; 315.2; 461.1; 499.2;
723.3; 832
singularis: 173.4; 338.3; 383.1;
389.1; 476.4; 547.2; [580.1]; 626
soloecismus: 844.4
spectator: praef. II, 2; 175.1; 310.1;
432.2; 456.3; 459.1; 495.1; 498.1;
746.2; 957.3
specialiter: 18.1; 230.1; 253.2; 369.3
stilus: 12.2–5 (*quater*); 597.1
stomachus (-chose, -antis): 216;
237.2; 239.1; 301.6; 375.2; 400.1;
726.5; 895
subaudio (-tio): 33.2; 57.1; 93.2;
94.1; 179.2; 210.5; 271.2; 277.1;
315.3; 489.3; 528; 627.3; 633.1;
641.3; 655.6; 784.2; 803.2; 889.2
subdistinctio (-nguo): 11.1; 55.3;
75.1; 88.1; 348.5; 815.3; 926.1
subiunctiuus (*scil. modus*): 381.8
subiungo: 120.2; 250.3; 511.2; 540.1;
601.1; 607.4; 641.1
sufficio: 51.4 (unum 'ex');
235 ('quid'); 239.5; 327.1 ('ne');
335.4 (pro 'sufficit'); 369.1
(diminutiue ... dixisse); 455.2
('per'); 485; 604; 684.2
syllaba: 173.4; 229.2; 353.1; 496.4;
508.2; 580.1
syllogismus: 546.1; 569

tractatio (*scil. uerbor.*): 37.1
tragicus: praef. I, 5; praef. II, 2
(auctores); 105.3 (mortes); 606.1;
642.1 (exclamatio); 865.4

translatio: 82.3 (ex ... ferarum
386.2); 266; 348.4 (a fabris); 399.2;
480 (ex ... maris); 897.2 (oneris);
933.1 (a pecudibus)

uarietas (uarie): 549 (-tas
suauissima); 594
uenuste: 112.3; 169.1
uerisimilis: 69.4; fallacia 220.2;
277.4; 469.3
uersus: 10.1; 68.1; 120.2
(subiungere duos u.); 457.4; 759;
978.1 (negantur Terentii esse)
uerto: 55.2
ueteres: 55.3; 167.1; 218; 251.3;
335.1; 398.5; 426.2; 433; 481.2;
490.6; 492.2; 508.2; 521.3; 542.2;
580; 608.3; 614.1; 656.1; 716.1;
720.2; 750.2; 775.2; 855.2; 855.3
uis (*scil. uerbi*): 184.5 (uerbi 243.2);
184.5 (negantis, -ndi u. 625.2);
263.1 (in pronim. 271.1); 401.1;
684.3
uitium (-tiosus): 15.2; 45.3; 57.2;
372.1; 882.1
uocalis (-litas): 173.4 (littera 580.1);
505.2
uultus (-tuose): 119.1; 119.3; 120.1
(*bis*); 123; 183.1 (seruili); 184.4;
226.3; 232.1; 363.2; 380.3; 381.6;
447.2 (uersipellis); 552.1 (laeto);
753.2; 950.1

INDEX GRAECVS RERVM ET VERBORVM